EDUCATION

Cristina Banfi - Cristina Peraboni

MOSAICO

VIVENTI

SCIENZE

CORSO DI SCIENZE
PER LA SCUOLA SECONDARIA
DI PRIMO GRADO

- Studio con metodo
- Compiti di realtà
- CLIL
- Scienze per tutti

FABBRI EDITORI

in collaborazione con

Erickson

INSIEME

INCLUSIONE Ogni studente è unico, perché uniche sono le sue esigenze, la sua personalità, il suo stile di apprendimento. Promuovere i princìpi della didattica inclusiva e cooperativa significa valorizzare le differenze, esprimere i talenti, sviluppare le potenzialità di tutti. Nessuno escluso.

SUCCESSO FORMATIVO Il compito della scuola è "insegnare a imparare", accompagnando gli studenti nel percorso di apprendimento e di sviluppo di abilità e competenze che ne formeranno la personalità, la consapevolezza critica e la professionalità. "Imparare a imparare": il primo passo del cittadino di domani.

INNOVAZIONE Prevedere i cambiamenti della scuola e rispondere proattivamente ai suoi bisogni tramite lo studio, la ricerca continua e la sperimentazione. Innovare: uno degli obiettivi della proposta didattica di Rizzoli Education.

EMOZIONI Lo sviluppo delle competenze emotive è parte integrante della crescita cognitiva e relazionale degli studenti. Un approccio didattico completo deve essere attento anche alle dinamiche delle emozioni nel gruppo classe e alla formazione dell'autoconsapevolezza negli individui.

MULTIMEDIALITÀ L'approccio alla progettazione didattica di Rizzoli Education "nasce" multimediale, per offrire alla scuola strumenti semplici e personalizzabili, sia cartacei che digitali, che potenzino le dinamiche di apprendimento collaborativo e propongano nuove opportunità di interazione docente-studente.

ECCELLENZA La storia dei marchi Rizzoli Education è da sempre tesa all'eccellenza, per proporre un'offerta editoriale completa ed efficace che si sposa con la ricerca didattica, pedagogica e formativa di partner quali Erickson, Oxford University Press e Università Ca' Foscari.

Progettare il futuro costruendo il presente. Insieme.

Rizzoli
EDUCATION

hub

HUB scuola, l'ambiente digitale interattivo di Rizzoli Education. Innovativo, facile, gratuito.

HUB scuola è il sistema digitale polifunzionale per lo studio e l'insegnamento che integra i prodotti e gli strumenti di Rizzoli Education sviluppati per la didattica digitale e cooperativa.
La piattaforma HUB scuola permette a docenti e studenti di condividere i materiali, monitorare i risultati, realizzare oggetti digitali e aggregare contenuti multimediali integrati ai propri testi, reperiti in rete o autoprodotti in classe.
Per accedere a HUB scuola è sufficiente essere registrati a rizzolieducation.it; effettuato il login, dalla propria area personale è possibile accedere ai libri, ai contenuti digitali e a tutti gli strumenti didattici gratuiti.

I prodotti e gli ambienti di HUB scuola sono inclusivi e multimediali; i **libri digitali** sono personalizzabili e interattivi: è possibile evidenziare i contenuti, integrarli con note vocali, testuali e con link diretti al web, e condividere i materiali realizzati in autonomia.
Pratici e intuitivi, sono pensati per stimolare le dinamiche di apprendimento degli studenti e favorire l'inclusione: le pagine accessibili permettono di impostare la dimensione e il tipo di carattere, fra cui il font ad alta leggibilità, e attivare la lettura automatica del testo.
I **libri digitali**, fruibili anche offline, sono utilizzabili su computer (PC, Mac e Linux) e tablet (Android e iOS) e sono ottimizzati per LIM e videoproiettori.

Con HUB scuola è possibile accedere ai **contenuti digitali integrativi** che espandono e arricchiscono l'offerta del corso. Sono disponibili video, animazioni, audio, mediagallery, mappe concettuali, laboratori multimediali e verifiche interattive, oltre ad approfondimenti e materiali didattici accompagnati da eventuali aggiornamenti effettuati lungo il corso dell'anno scolastico.
I **contenuti digitali integrativi** permettono di impostare percorsi didattici innovativi e personalizzati ad alto coefficiente di collaborazione, come la flipped classroom (classe capovolta), grazie all'ampio assortimento di materiali dedicati al potenziamento delle dinamiche inclusive in classe.

hub SCUOLA

Rizzoli EDUCATION

Indice

hub YOUNG Digi Scienze

Classe capovolta: Video, Contenuto integrativo — Allegato scaricabile, Contenuto integrativo — Audio, Verifica interattiva — Video

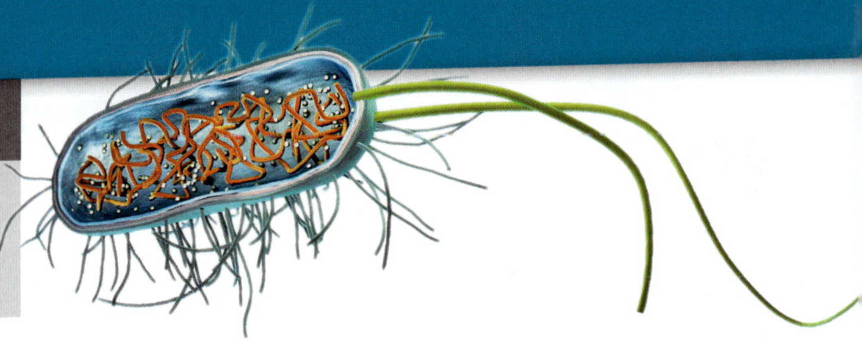

Viventi

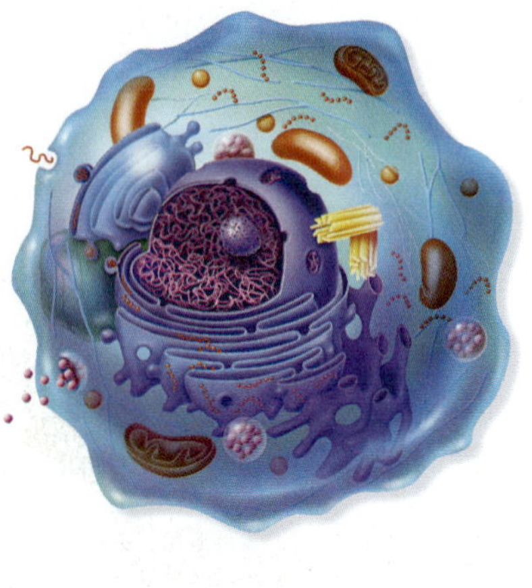

Indice

hub YOUNG Digi Scienze

Classe capovolta: Video · Contenuto integrativo | Allegato scaricabile · Contenuto integrativo · Audio · Verifica interattiva · Video

1 I viventi

Digi Scienze

CLASSE CAPOVOLTA

Contenuto integrativo

Preparati per la lezione:
- guarda la presentazione multimediale
- compila la scheda

Nelle prossime pagine troverai altri contenuti digitali

- Allegato scaricabile
- Contenuto integrativo
- Audio
- Verifica interattiva

Gli organismi viventi sono caratterizzati da proprietà che non si trovano nel mondo inanimato. La biologia è la scienza che studia questi organismi anche in relazione all'ambiente che li circonda.

1 La biologia

Audio

La biologia è la branca della scienza che studia gli esseri viventi

Parole di scienze

biologia: dal greco *bios* = vita + *lògos* = discorso, studio.
microscopio: dal greco *mikròs* = piccolo + *skopéin* = vedere, esaminare.

Le scienze hanno tanti campi di indagine: uno di questi è il vastissimo mondo degli esseri viventi e la branca che se ne occupa si chiama **biologia**. È però solo negli ultimi secoli che la biologia è diventata scienza a se stante. La straordinaria varietà degli esseri viventi e le loro caratteristiche così speciali hanno da sempre incuriosito l'uomo. Già gli antichi Greci erano attenti osservatori della natura. Nel IV sec. a.C. il filosofo Aristotele, per esempio, descrisse molti fenomeni naturali connessi alla vita che poteva vedere con i suoi occhi e ne diede delle spiegazioni: ma, non facendo uso di un metodo scientifico, e non possedendo gli strumenti che hanno oggi gli scienziati, le sue supposizioni non potevano essere dimostrate in alcun modo.

1 Jean Baptiste de Lamarck: fu questo grande naturalista francese a usare, per primo, alla fine del Settecento, il termine "biologia" in senso moderno.

Nel corso dei secoli, l'elaborazione di un metodo scientifico di indagine e lo sviluppo della tecnologia, che ha messo a disposizione degli scienziati strumenti sempre più perfezionati, hanno consentito di aumentare le conoscenze sul mondo dei viventi: pensiamo all'invenzione del **microscopio**, nel XVII secolo, che ha permesso di osservare un intero mondo impossibile da vedere a occhio nudo, o alla scoperta del DNA (ne avrai sentito parlare, anche se studierai più avanti di che cosa si tratta). Inoltre, i campi di indagine sono diventati talmente vasti che non è più possibile per i biologi occuparsi di tutto; ciascuno è specializzato in un campo ben preciso:

- il **botanico** studia le piante;
- lo **zoologo** studia gli animali;
- il **microbiologo** studia i batteri e altri esseri microscopici;
- l'**etologo** studia il comportamento animale.

Curiosità

Esistono anche delle "superspecializzazioni": tra gli zoologi, per esempio, esistono gli **ornitologi**, che studiano gli uccelli, gli **entomologi**, che studiano gli insetti, i **cetologi**, che studiano i cetacei, cioè le balene e i delfini ecc. Cerca tu altri superspecialisti!

Che cosa differenzia un essere vivente da un oggetto inanimato?

Non abbiamo certo difficoltà a inserire un cane o un sasso nelle due diverse categorie "viventi" e "non viventi". Sembra facile, ma... come consideriamo un osso, oppure una conchiglia? In quale delle due categorie collochiamo questi oggetti? Sono tutti sicuramente "inanimati", anche se sono parti di esseri viventi (rispettivamente di un vertebrato e di un mollusco).

Per poter risolvere questo problema, è necessario utilizzare due termini che ormai conosci: "organico" e "inorganico". Osserva lo schema: una coccinella, un fungo, un'alga sono esseri viventi, formati da **molecole organiche**, costituenti delle **cellule**; una piuma o un corno sono oggetti non viventi e inanimati, come la sabbia o un cubetto di ghiaccio. Tra di loro, tuttavia, vi è una differenza essenziale: i primi hanno un'**origine organica**, mentre i secondi no.

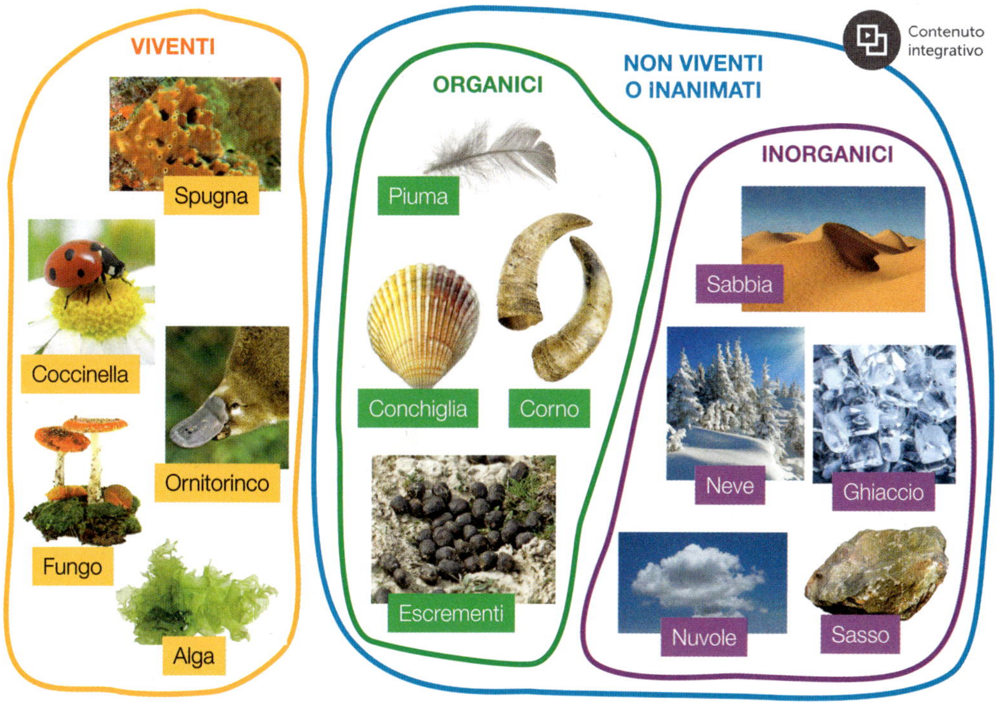

2 Una piuma, una conchiglia, un corno sono inanimati, ma formati da molecole organiche. Le cellule di cui sono composti sono state viventi, finché hanno fatto parte di un organismo vivente: un uccello, un mollusco, una mucca.

Essere organico o inorganico, dunque, è la prima differenza fondamentale tra gli esseri viventi e gli oggetti non viventi. Nei prossimi paragrafi però prenderemo in considerazione le altre caratteristiche che distinguono con certezza gli organismi viventi dagli oggetti inanimati, cioè:

- essere un sistema organizzato di cellule capace di scambiare energia con l'esterno;
- avere la capacità di creare copie di se stessi;
- avere un ciclo vitale di nascita, crescita, riproduzione e morte;
- rispondere agli stimoli.

Queste funzioni compiute dagli esseri viventi si definiscono **funzioni vitali**. Si definisce **essere vivente** un organismo che le presenta tutte. Inoltre, generazione dopo generazione, gli esseri viventi hanno la capacità di evolvere, cioè di modificarsi nel tempo adattandosi ai cambiamenti ambientali.

Con metodo

Analizzo il testo

1. Di che cosa si occupa la biologia? Sottolinealo nel testo.
2. Evidenzia con colori diversi le caratteristiche che contraddistinguono con certezza un essere vivente.

Comprendo il testo

3. Rispondi.
   - **a** Chi fu il primo scienziato a utilizzare nell'accezione moderna il termine "biologia"?
   - **b** Da che cosa deriva questo termine?

Comprendo le parole

4. Abbina a ogni termine il significato corretto.
   - Botanico ....
   - Zoologo ....
   - Microbiologo ....
   - Etologo ....

   a studia i microrganismi
   b studia le piante
   c studia il comportamento animale
   d studia gli animali

Collaboro

5. Formate **delle coppie**; ciascuno scriva su un foglio il nome di una decina di oggetti che si trovano in natura. Interrogatevi a vicenda sull'appartenenza degli oggetti selezionati ai viventi o ai non viventi e, nel caso di non viventi, specificate se sono organici o inorganici.

2 I viventi come sistemi organizzati

Audio

I viventi sono sistemi organizzati perché le loro cellule collaborano per compiere le funzioni vitali

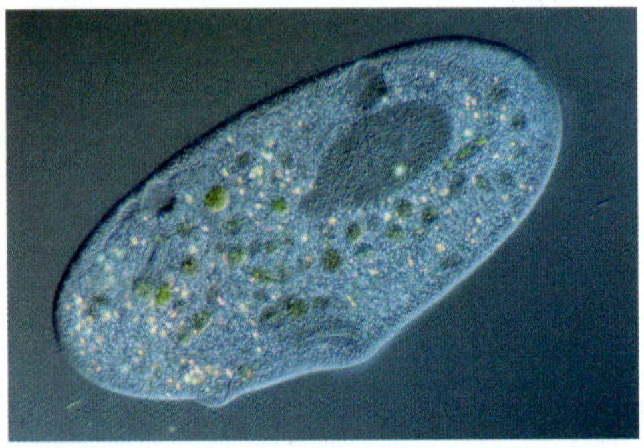

1 Un paramecio (unicellulare).

2 Un pesce tropicale (pluricellulare)

Tutti gli esseri viventi, o **organismi**, sono costituiti da piccole unità, le cellule, formate a loro volta da molecole organiche. I viventi più semplici sono formati da un'unica cellula (**organismi unicellulari** 1), mentre i più complessi possono arrivare ad avere un corpo formato addirittura da parecchi miliardi di cellule (**organismi pluricellulari** 2).

La cellula è la più piccola unità vivente, capace di compiere le funzioni vitali.

Negli unicellulari, l'unica cellula presente svolge da sola queste funzioni, mentre nei pluricellulari le cellule sono specializzate per svolgere precisi compiti. Le cellule con la stessa specializzazione formano un **tessuto**; tessuti diversi lavorano insieme e formano un **organo**, che ha un compito complesso; più organi connessi formano un **apparato** (o un **sistema**) e compiono una funzione importante per tutto l'organismo.

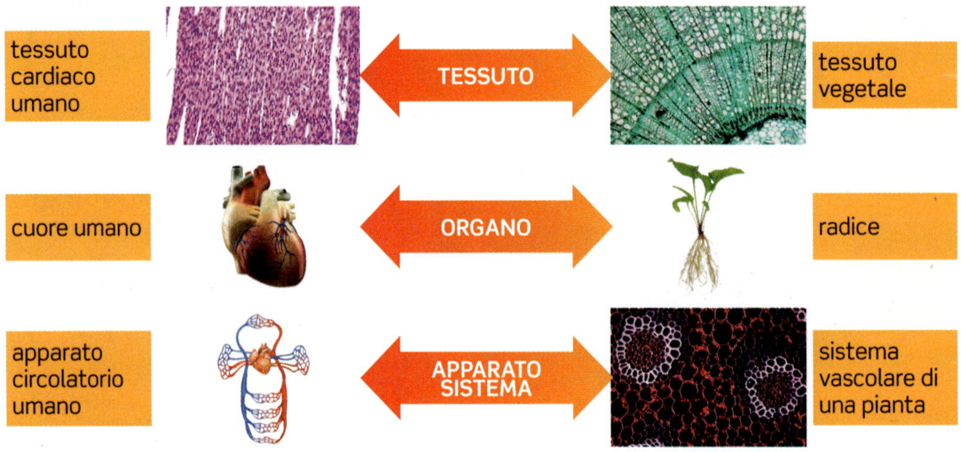

Gli esseri viventi si nutrono per avere energia

Tutti i viventi, unicellulari e pluricellulari, hanno bisogno di energia per compiere quelle funzioni che li rendono così diversi dagli oggetti inanimati. Anche le macchine hanno bisogno di energia (un'automobile funziona solo se c'è benzina), ma non crescono, né si riproducono: le macchine svolgono solo la funzione per cui sono state costruite dall'uomo.

Per ottenere l'energia loro necessaria, gli organismi si nutrono, cioè recuperano dall'ambiente esterno sostanze diverse (il loro "cibo"), e le trasformano in materiali identici a quelli che formano il loro corpo.

Gli organismi dunque sono in grado di fabbricare continuamente nuova "materia vivente". Contemporaneamente, però, producono anche sostanze di scarto, che escono dall'organismo e ritornano nell'ambiente.

Attenzione però! Questi scarti non solo non inquinano, ma anzi riforniscono l'ambiente di sostanze riutilizzabili.

Parole di scienze

metabolismo: dal greco *metabolé* = modifica.
autotrofo: dal greco *autòs* = da sé + *trophé* = nutrimento.
eterotrofo: dal greco *héteros* = altro + *trophé* = nutrimento.

Questo ininterrotto scambio di energia con l'esterno e la trasformazione di sostanze all'interno dei corpi viene detto **metabolismo**.
Il metabolismo è indispensabile non solo per la crescita dell'organismo, ma anche per rinnovare o riparare le sue strutture.

Attraverso il metabolismo, gli organismi viventi riescono a regolare tutte le funzioni che sono necessarie per la propria sopravvivenza. Nel mondo inanimato non esiste alcun "sistema" così complesso e organizzato.

Come si nutrono gli esseri viventi?

Non tutti nello stesso modo.
I vegetali riescono a produrre da sé il proprio nutrimento a partire da sostanze inorganiche (acqua, sali minerali), un gas (l'anidride carbonica) e dall'energia luminosa del Sole: per questa loro capacità le piante vengono dette **autòtrofe**.

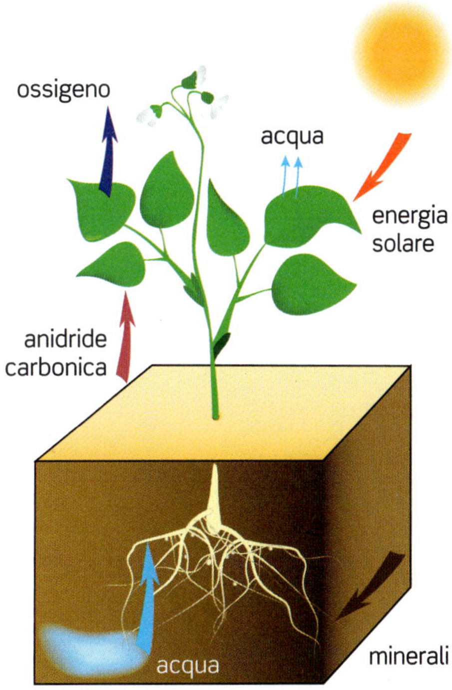

Gli animali, invece, hanno bisogno di ingerire altri esseri viventi o comunque sostanze organiche: per questo vengono detti **eteròtrofi**.
Sono eterotrofi anche i batteri, organismi unicellulari.

Con metodo

Analizzo il testo

1. A quali termini corrispondono le seguenti definizioni? Sottolineali nel testo.
- **a** La più piccola unità vivente in grado di compiere le funzioni vitali.
- **b** Organismi in grado di costruire da sé le sostanze nutritive.

Comprendo il testo

2. Rispondi.
- **a** Qual è la caratteristica principale degli organismi vegetali?
- **b** Qual è la caratteristica principale degli organismi animali?

Comprendo le parole

3. Scrivi il significato delle parole.
- **a** Unicellulari
- **b** Pluricellulari
- **c** Metabolismo

Lavoro sulle immagini

4. Osserva le seguenti immagini e cerchia con il colore rosso quelle che si riferiscono a organismi autotrofi e con il colore blu quelle che si riferiscono a organismi eterotrofi.

Collaboro

5. Formate delle **coppie**. Ciascuno studi accuratamente il testo e prepari delle domande. Chiudete poi il libro e interrogatevi a vicenda, cercando di rispondere al maggior numero di domande.

3 La riproduzione

Audio

È una caratteristica degli **esseri viventi**, che sono in grado di creare copie di se stessi

Si narra che un giorno, alla corte di Svezia, il grande filosofo Cartesio avesse affermato che gli animali non erano altro che automi meccanici. La regina Cristina allora, lo portò davanti a un orologio e gli chiese se poteva fare un figlio.
Il filosofo rimase in silenzio... Già, perché i figli sono il prodotto di una capacità che solo gli esseri viventi possiedono: quella di **autoreplicarsi**, ovvero di dare origine a nuovi individui simili a loro stessi.

Questo meccanismo è chiamato **riproduzione**.

Per tutti gli organismi esiste un **ciclo vitale** che prende avvio con la **nascita** e si conclude con la **morte** dell'individuo 1.

1 Fasi principali del ciclo vitale.

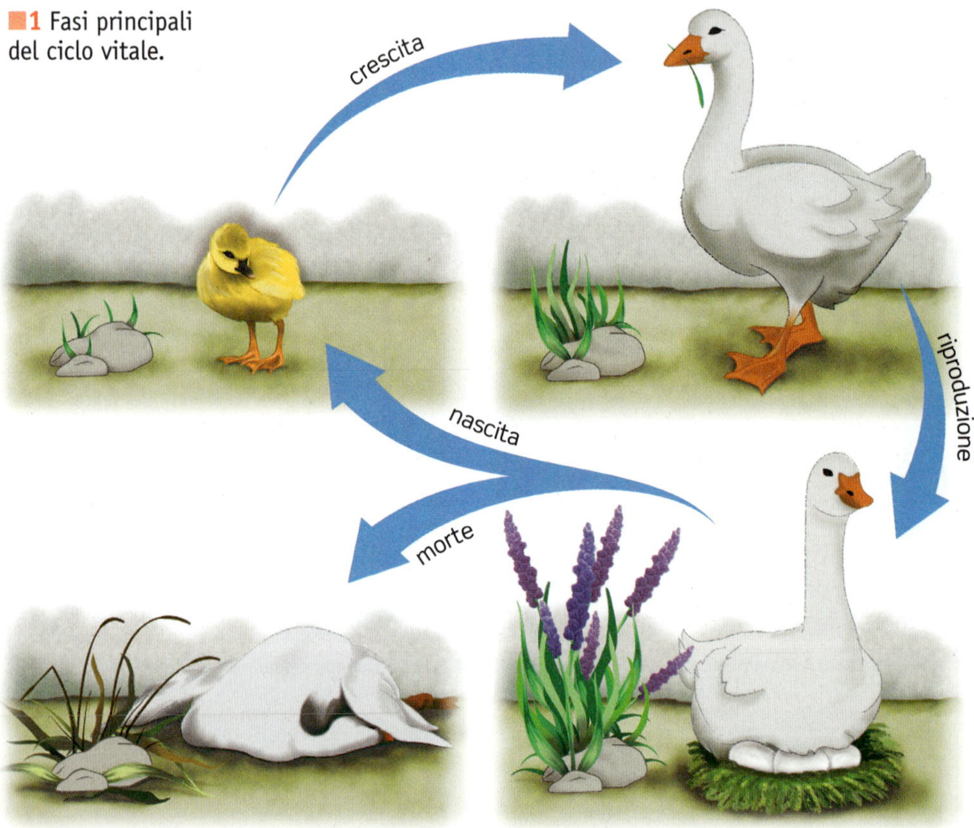

2 Gli ulivi possono essere centenari; un batterio, invece, generalmente vive pochi minuti.

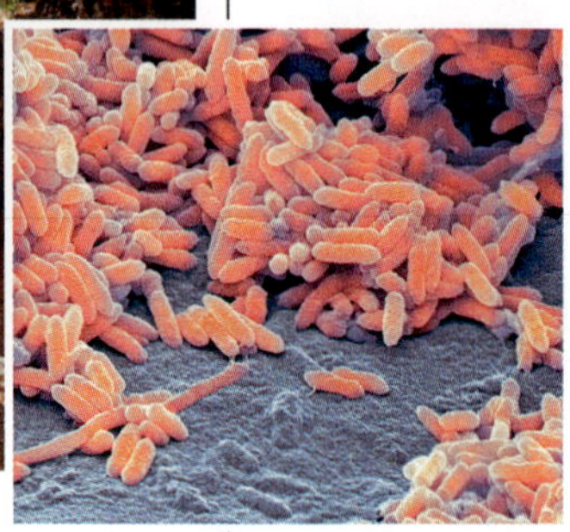

La durata di questo ciclo varia da specie a specie e può andare da pochi minuti a diverse centinaia di anni 2.

Nel corso della sua vita, quindi, ogni essere vivente è in grado di produrre delle "copie" di se stesso, che conservano le caratteristiche dell'originale e le trasmettono a loro volta alla prole.

Riproduzione sessuata e asessuata

La riproduzione può avvenire in due modi e si definisce:

- **asessuata** quando un solo individuo vi partecipa: semplicemente esso si può dividere in due (*divisione*), generare un nuovo organismo da una parte del suo corpo (*gemmazione*), o da ogni singola porzione del corpo frammentato (*frammentazione*).
  Negli organismi unicellulari prevale questo tipo di riproduzione, e il nuovo organismo generato è **identico al genitore** 3.

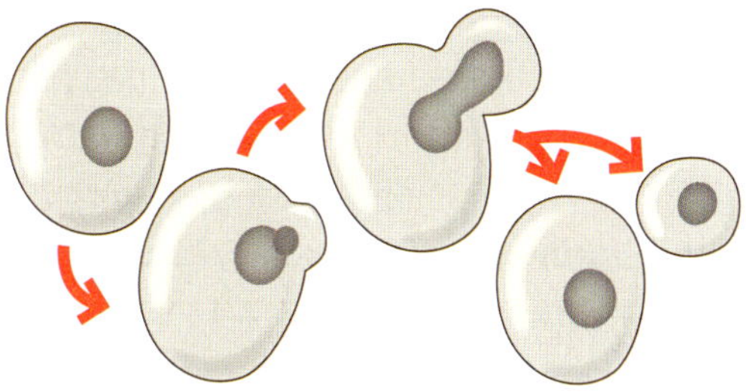

3a Divisione (batteri).

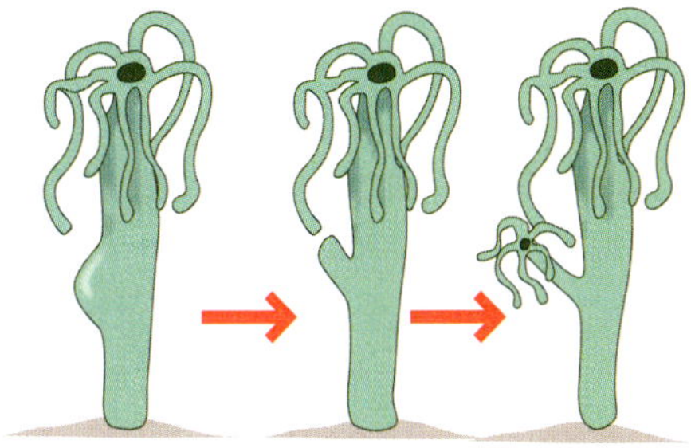

3b Gemmazione (idra).

- **sessuata**, se è necessaria la presenza di due individui "genitori", che producono cellule specializzate per lo scopo, dette **gameti**, o cellule sessuali. I gameti si uniscono (*fecondazione*), generando la prima cellula del nuovo individuo che sarà **simile, ma non identico, ai genitori**. I nuovi organismi prodotti con la riproduzione sessuata sono generalmente più piccoli rispetto ai genitori e alla nascita possono avere addirittura un aspetto completamente diverso 4-5. Il neonato di qualsiasi specie deve affrontare lo **sviluppo**, ovvero un processo più o meno lungo, che con il tempo lo porterà ad aumentare di dimensioni e complessità, fino ad arrivare allo stadio adulto 6.

4

5

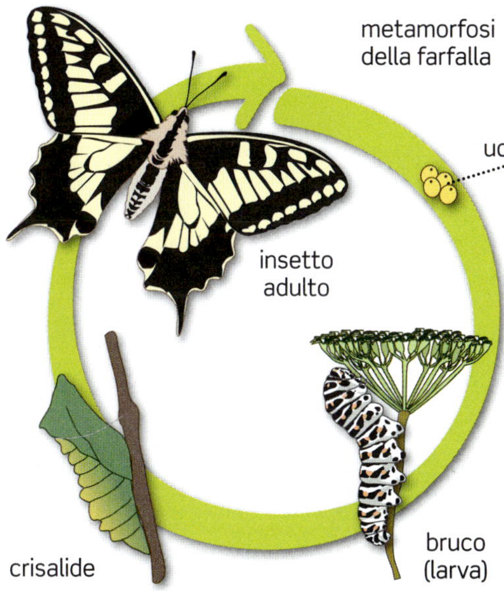

6 Alcuni animali, come gli anfibi e molti insetti, hanno uno stadio giovanile, detto larvale, in cui sono presenti caratteristiche molto diverse da quelle dell'adulto. Spesso anche l'ambiente di vita non è lo stesso.

Con metodo

Analizzo il testo

1. Che tipo di individuo viene generato con la riproduzione asessuata? E con quella sessuata? Sottolinealo nel testo.

Comprendo il testo

2. Completa.
   - **a** Per tutti gli esseri viventi esiste un .... che prende avvio con la .... e termina con la ....
   - **b** Se un solo .... partecipa alla generazione di altri individui si parla di ....
   - **c** Se è necessaria la presenza di .... individui si parla di ....

4 La reazione agli stimoli

Audio

I viventi percepiscono gli stimoli e reagiscono

Osserva: con l'arrivo della stagione invernale le giornate si accorciano facendosi più fredde; molte piante perdono le foglie, il cibo diventa meno abbondante, alcuni animali migrano, altri si preparano per andare in letargo.

Ogni essere vivente riceve degli stimoli dall'ambiente che lo circonda: presenza di acqua e di cibo, di altri esseri viventi, di odori e suoni, variazioni della luce e della temperatura. Questi stimoli gli permettono di cogliere i cambiamenti attorno a lui. Un organismo deve saper percepire lo stimolo, saperlo interpretare nel modo corretto e infine saper mettere in atto una reazione positiva da cui dipenderà la sua sopravvivenza.

La **percezione degli stimoli** negli esseri viventi avviene attraverso particolari strutture, i **recettori**; negli organismi superiori i recettori sono situati negli organi di senso, strutture più complesse che consentono la vista, il tatto, l'udito, il gusto, l'olfatto.

Vi sono molti recettori di diverso tipo, ognuno specializzato per percepire un dato stimolo.

I **chemiocettori** sono i più antichi e sono capaci di cogliere gli stimoli di natura chimica. Sono molto utili per percepire, per esempio, la presenza e la qualità del cibo. Tra essi troviamo le papille gustative della lingua e le cellule olfattive del naso, che in alcuni animali, come il cane, sono sviluppatissime.

1

I **fotocettori** sono sensibili alla luce, quindi colgono la variazione di intensità dei segnali luminosi. Si sono evoluti in strutture straordinariamente complesse come gli occhi dei vertebrati.

2

I **meccanocettori** consentono di percepire le variazioni di pressione e contribuiscono a mantenere l'equilibrio.

3

CLIL for SCIENCE Audio

organo di senso: ***sense organ***
recettore: ***receptor***

Look at the picture and translate the following words in Italian.

Eyes: ....

View: ....

Nose: ....

Smell: ....

Tongue: ....

Taste: ....

I **termocettori** rilevano il caldo e il freddo.

4

I **magnetocettori** sono sensibili al campo magnetico terrestre. Ne sono provvisti, per esempio, gli uccelli migratori, per orientarsi nei loro spostamenti.

5

I **nocicettori**, capaci di rilevare la sensazione di dolore, sono meno noti, ma non meno importanti.

6

Ricevuto lo stimolo, un organismo reagisce in maniera immediata (per esempio la fuga da un pericolo o l'attacco a una preda) o graduale (per esempio preparandosi al letargo o accumulando cibo o acqua di riserva).
E le piante? Hanno sensibilità? Sì, anche gli organismi vegetali reagiscono, seppur in modo meno evidente degli animali.
Uno stimolo ambientale può provocare nei viventi, animali o vegetali, un movimento: questo fenomeno è detto **tropismo**. La tendenza ad avvicinarsi alla fonte dello stimolo è detta **tropismo positivo**, tipico delle piante, che rivolgono le foglie verso la luce 7; il **tropismo negativo** è invece la tendenza a muoversi in direzione opposta alla fonte dello stimolo: alcuni insetti, come gli scarafaggi, rifuggono lo stimolo luminoso, nascondendosi in luoghi bui.
Le piante presentano inoltre uno spiccato **geotropismo**: orientano la crescita delle radici verso il basso, secondo la forza di gravità, e il fusto nella direzione opposta 8.

7

8

Parole di scienze

tropismo: dal greco *trépomai* = mi volto.

Con metodo

Analizzo il testo

1. Rispondi.
   - **a** Quali sono gli stimoli che ogni essere vivente riceve dall'ambiente?
   - **b** Per mezzo di quali strutture vengono percepiti gli stimoli?
     Come può essere la risposta a uno stimolo?

Comprendo il testo

2. Abbina ogni termine al suo significato.
   - Chemiocettori ....
   - Fotocettori ....
   - Meccanocettori ....
   - Termocettori ....
   - Magnetocettori ....
   - Nocicettori ....

   a consentono di percepire le variazioni di pressione
   b rilevano la sensazione di dolore
   c colgono stimoli di natura chimica
   d sono sensibili al campo magnetico
   e sono sensibili alla luce
   f sono sensibili alla variazione di temperatura.
3. Un esempio di tropismo positivo nelle piante è:
   - ☐ l'accrescimento dello stelo in direzione della fonte di luce
   - ☐ l'appassimento delle foglie dovuta alla mancanza di acqua
4. La fuga di alcuni insetti da uno stimolo luminoso è un esempio di:
   - ☐ geotropismo
   - ☐ tropismo negativo

Collaboro

5. Formate dei **gruppi di tre** persone e provate a preparare un breve elenco di alcuni stimoli che quotidianamente ricevete. Stabilite con quali organi di senso li percepite e a quali comportamenti vi inducono. Confrontate poi il vostro elenco con quello degli altri gruppi.

5 Viventi ed evoluzione

Audio

Nel corso di milioni di anni, la comparsa di adattamenti all'ambiente porta gli esseri viventi a modificarsi

Un'ulteriore caratteristica degli esseri viventi è la loro capacità di modificarsi nel tempo, ovvero di evolversi. Un singolo individuo non può mutare nel corso della propria vita le caratteristiche ereditate alla nascita: i cambiamenti, infatti, si verificano a ogni generazione.

Sebbene tra genitori e figli i cambiamenti siano così poco evidenti da passare inosservati, in periodi di tempo estremamente lunghi (come milioni di anni), possono portare a profonde modifiche nell'aspetto e nel comportamento. Questo lento processo è chiamato **evoluzione**.

Possiamo considerare l'evoluzione il più importante principio su cui oggi si poggiano le basi di tutta la biologia. Fu **Charles Darwin**, un naturalista inglese vissuto nel XIX secolo, a elaborare questa importante teoria: basandosi su semplici osservazioni, egli intuì che tutti gli esseri viventi sono imparentati tra loro e che discendono da un antenato comune; le differenze che oggi vediamo non sono altro che le modificazioni accumulate nel tempo, generazione dopo generazione: più tempo trascorre, più differenze si sommano.

Come avviene ciò? Il meccanismo con cui l'evoluzione opera è chiamato **selezione naturale**. Poiché esso agisce in tempi molto lunghi, non è possibile osservarlo direttamente in natura, ma possiamo facilmente comprenderlo se pensiamo a un fenomeno creato dall'uomo: la **selezione artificiale**.

Nel corso della Storia, l'uomo ha creato, e tuttora crea, le "razze" domestiche degli animali: una volta decisa la caratteristica della nuova razza, gli allevatori selezionano in base a essa gli individui che la possiedono, facendoli incrociare tra loro. È altamente probabile che questa caratteristica compaia nella prole e nelle generazioni successive. Se pensiamo alle razze canine, la selezione ora di un carattere, ora di un altro, ha consentito di dare origine a una vastissima varietà di dimensioni, colori, lunghezza del pelo ecc. 1.

Non sbagliare anche tu

L'evoluzione agisce sui viventi secondo uno schema "ad albero" e mai "a scala": per questo non è possibile distinguere gli esseri viventi in "superiori" o "inferiori", ma solo in "complessi" e "meno complessi".

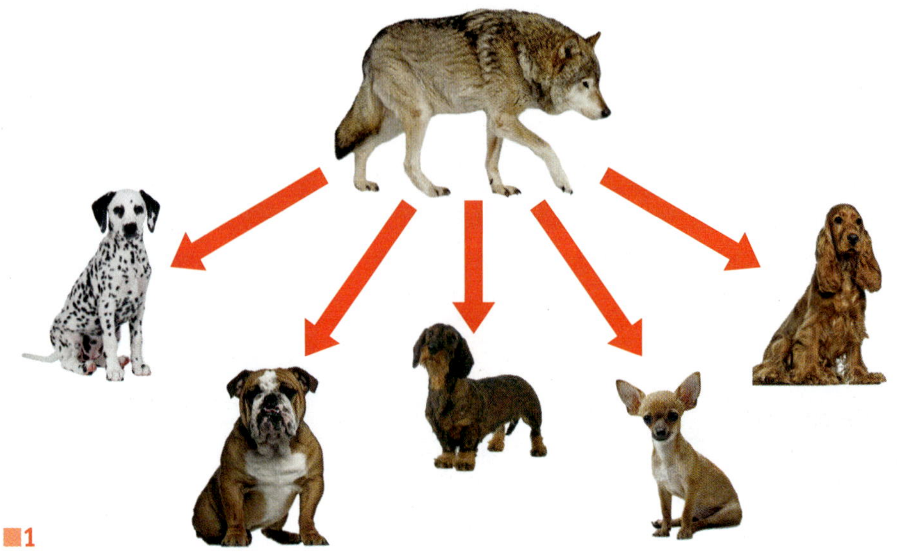

1

1 Gli allevatori fanno incroci selettivi per produrre nuove varietà di organismi, in modo da avere nelle generazioni successive le caratteristiche che desiderano. Per esempio le razze di cani che oggi conosciamo derivano tutte dal medesimo antenato: il lupo.

Anche in natura esiste una selezione dei caratteri che compariranno nelle successive generazioni: come avviene ciò? Quali caratteristiche verranno trasmesse alla prole e quali no? Darwin aveva osservato che, in determinate condizioni e in certi ambienti, alcune caratteristiche possono avvantaggiare l'individuo che le possiede, per esempio consentendogli di sfuggire ai predatori o di trovare più facilmente cibo, e permettendogli dunque di poter sopravvivere più a lungo. In natura, chi sopravvive più a lungo ha maggior probabilità di riprodursi, generando una prole con le stesse vantaggiose caratteristiche. In questo modo la natura favorisce la comparsa di **adattamenti**, cioè **caratteri fisici e comportamenti che aumentano le probabilità di sopravvivenza e di riproduzione in un certo ambiente**. Gli individui con i caratteri "vincenti" si diffondono, gli altri tendono a diminuire fino alla scomparsa. Possiamo allora intuire che, a partire da una primitiva cellula primordiale, negli esseri viventi si siano accumulati innumerevoli adattamenti che, nel corso della lunga storia della Terra, abbiano dato origine alla vastissima diversità di forme di vita che oggi conosciamo ■2.
I biologi hanno ricostruito le principali linee di parentela e tracciato l'**albero evolutivo** degli esseri viventi ■3. Ripercorrendo a ritroso i rami che conducono alle specie animali e vegetali di oggi, incontriamo i loro parenti via via più antichi. Possiamo alla fine facilmente risalire a un misterioso antenato comune a tutti gli organismi, che visse sulla Terra miliardi di anni fa.
In inglese viene indicato come *Last Universal Common Ancestor* (LUCA), ovvero l'"ultimo antenato comune universale".

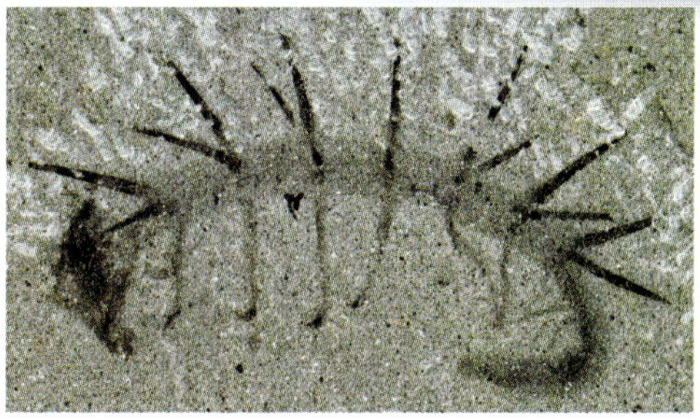

■2 I resti fossili di antichi esseri viventi sono i testimoni dell'evoluzione: in genere più gli organismi sono antichi, più sono differenti dalle forme oggi viventi. Per esempio l'*Hallucigenia* è un animale molto antico e così diverso dagli animali attuali da creare dubbi sulla ricostruzione del suo reale aspetto.

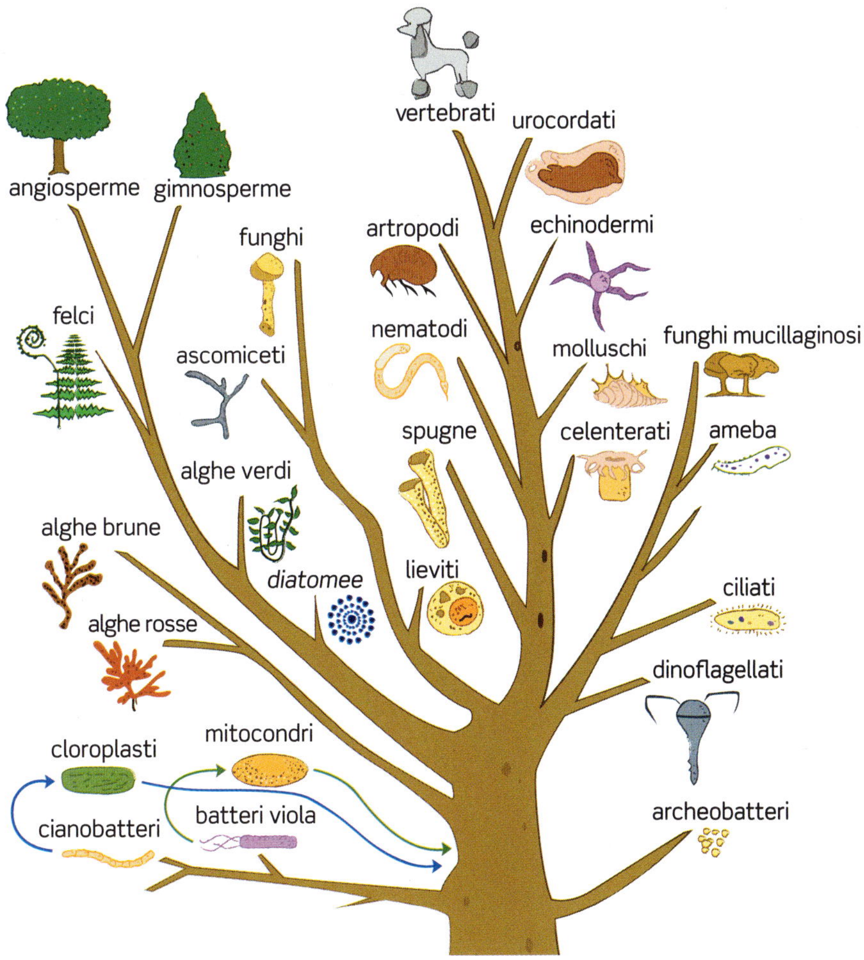

■3

Con metodo

Analizzo il testo

1. Che cosa significa il termine evoluzione?
2. Qual è il meccanismo attraverso il quale opera l'evoluzione? Sottolinealo nel testo.

Comprendo il testo

3. Rispondi.
   a Chi fu il primo scienziato a elaborare la teoria dell'evoluzione?
   b Che cosa sono gli adattamenti all'ambiente?
4. Completa.
   a La selezione naturale avviene in tempi molto .... e non è possibile osservarla direttamente in ....
   b Tutti gli organismi viventi discendono da un unico .... che visse sulla Terra .... di anni fa.
5. La selezione artificiale:
   - ☐ è creata dall'uomo
   - ☐ avviene spontaneamente in natura
6. Gli organismi si modificano lentamente per:
   - ☐ cercare del cibo
   - ☐ rispondere meglio alle mutate condizioni ambientali
7. Un individuo adattato all'ambiente:
   - ☐ ha minori probabilità riproduttive
   - ☐ ha maggiori probabilità riproduttive

Sulle spalle dei giganti

Pasteur e il tramonto della generazione spontanea

Audio

1

Camminando nel bosco, ti sarà capitato di vedere dei funghi cresciuti sul tronco di un albero morto. Forse avrai sentito dire da qualcuno che è il tronco stesso a generare quei funghi. Infatti, comunemente si pensa ancora che dal legno in decomposizione possano nascere spontaneamente degli esseri viventi come i funghi: questa opinione si rifà alla teoria della **generazione spontanea**, che però oggi la scienza ha ormai abbandonato.

La teoria della generazione spontanea risale ai tempi di **Aristotele** (IV secolo a.C.), e fu pienamente accettata da tutto il mondo scientifico fino alla seconda metà del Seicento, quando cominciarono a sorgere i primi dubbi.

Nel 1668 **Francesco Redi**, un coraggioso medico e naturalista italiano, effettuò una serie di esperimenti per provare che le larve di mosche, che comparivano numerose sulla carne in putrefazione, non si originavano dalla carne in sé, ma nascevano semplicemente da uova deposte dalle mosche sulla carne stessa: il suo lavoro però non convinse fino in fondo i suoi colleghi.

Neppure gli esperimenti di un altro illustre biologo italiano, **Lazzaro Spallanzani**, circa un secolo dopo, riuscirono a mettere un punto fermo alla questione, anzi alimentarono il dibattito.

Alla metà dell'Ottocento, l'Accademia delle Scienze di Parigi offrì un premio allo scienziato che fosse riuscito a smontare una volta per tutte la teoria della generazione spontanea.

Vinse il premio il grande biologo francese **Louis Pasteur** 1 nel 1864, con un esperimento molto semplice illustrato di seguito.

1. Pasteur versò del brodo di carne in un pallone di vetro.
2. Dopo aver applicato un lungo e stretto collo di vetro al pallone, lo scaldò per poterlo curvare a forma di S.
3. Fece bollire il brodo per parecchi minuti.
4. Verificò che polvere e batteri venissero bloccati nella curva a S e che potesse entrare nel pallone solo aria. Ebbe così la certezza che il brodo fosse "sterile", cioè privo di forme di vita.
5. Il distacco del collo dal pallone permetteva invece l'entrata nel brodo di batteri e altre microscopiche forme di vita presenti nell'aria, che qui trovavano il nutrimento sufficiente per potersi riprodurre: Pasteur infatti ne rilevò un'abbondante presenza. Aveva così dimostrato che non era il brodo a generare i microrganismi dal nulla, ma che essi erano entrati nel pallone con l'aria.

L'esperimento di Pasteur riportò un successo spettacolare. Per tutti i colleghi fu allora chiaro che nessuna forma vivente può nascere dal nulla, ma solo da altri esseri viventi. I sostenitori della generazione spontanea erano rimasti senza argomenti.

E se qualcuno ti dicesse ora che le rane nascono dal fango, che i vermi nascono dalla carne e che i funghi nascono dai tronchi marci, che cosa risponderesti?

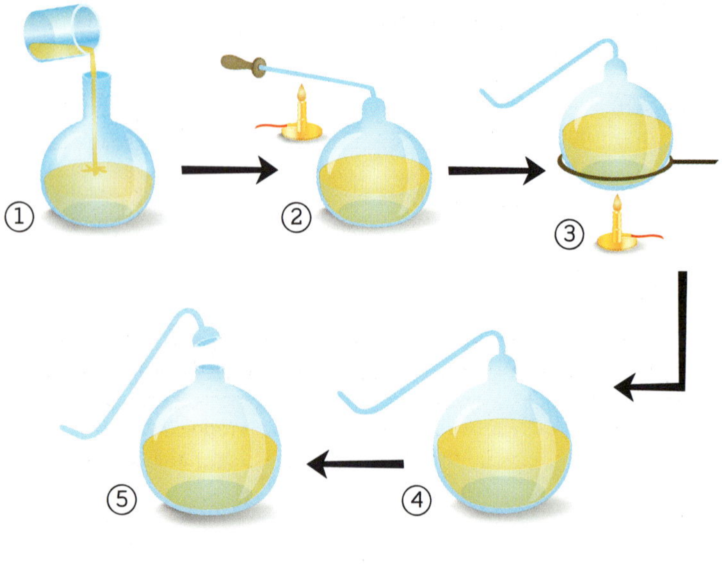

Ipotesi sull'origine della vita sulla Terra

Audio

L'esperimento di Pasteur dimostrò che non esiste la generazione spontanea.
Questa verità fa nascere però un nuovo interrogativo: se la vita nasce solo da altra vita, come è comparso sulla Terra il primo essere vivente?
Per trovare una risposta a questa domanda sono state formulate diverse ipotesi.
Alcune sono cadute un po' in disuso, come quella della "vita da altri pianeti", anche se molti ricercatori la ritengono tuttora valida. Secondo tale ipotesi la prima fonte di vita, costituita da batteri, sarebbe giunta sulla Terra con polvere o meteoriti provenienti dallo spazio. Questa teoria, in realtà, non chiarisce in alcun modo come sia nata la vita su qualunque altro pianeta da cui possa essere arrivata: in definitiva non dà nessuna spiegazione sull'origine della vita stessa.
Quello che invece gli scienziati sanno con certezza è che circa 4,6 miliardi di anni fa l'atmosfera della Terra era formata principalmente da gas come vapore acqueo, idrogeno, metano e ammoniaca: un'aria per noi oggi veramente irrespirabile, ma che conteneva tutti gli ingredienti di base necessari alla vita. Parte di questi gas andarono a sciogliersi negli antichi oceani, le cui acque, raccolte in piccole pozze, diedero origine al cosiddetto **brodo primordiale**.

1 Una fumarola nera: si tratta di una sorgente di acqua che risale da sotto la crosta terrestre ad almeno 400 °C. Quest'acqua è ricca di minerali di zolfo che a contatto con la superficie fredda del camino cristallizzano. Vicino alle fumarole vivono solo organismi adattati a ambienti estremi, acidi, privi di luce e ad altissima temperatura.

L'abbondante presenza di scariche elettriche prodotte dai fulmini fornì l'energia necessaria perché dagli elementi inorganici presenti in questo liquido si formassero le prime molecole organiche.
Alcune di queste molecole organiche avrebbero acquisito la capacità di riprodursi, diventando così le primissime semplici forme di vita. Esse vivevano in un ambiente ricco di nutrimento, erano quindi eterotrofe.

Oggi l'atmosfera della nostra Terra è completamente diversa, quindi la formazione spontanea di nuova vita da sostanze inorganiche non è più possibile.

Per alcuni studiosi molte sostanze che ritroviamo negli esseri viventi non si sarebbero originate nel brodo primordiale, ma in prossimità di vulcani sottomarini, dove sono presenti acque molto calde e una grande varietà di sali minerali e di gas 1. Secondo quest'ultima ipotesi la vita potrebbe aver avuto origine in un lontanissimo passato in ambienti simili a quelli.

L'origine della vita in laboratorio

Stanley Miller, dell'Università di Chicago, nel 1935 costruì un'apparecchiatura che riproduceva quanto più fedelmente possibile le condizioni esistenti nell'atmosfera primitiva: gas, calore, pioggia e scariche di fulmini in miniatura. Dopo qualche giorno nella boccia di vetro si depositò un liquido che conteneva sostanze organiche assenti negli ingredienti di partenza.

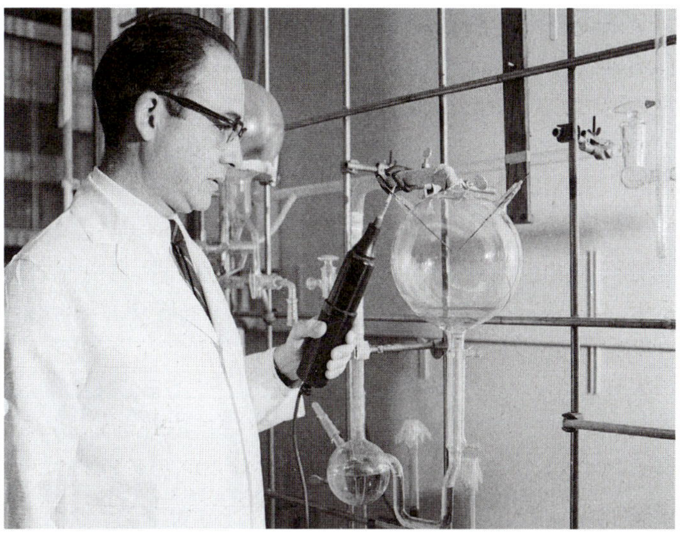

Erickson

La biologia e gli esseri viventi

Che cos'è la biologia? Quali sono le caratteristiche degli esseri viventi?

Paragrafo 1

Il campo di indagine della biologia è molto ampio; per memorizzarlo ricerca nel paragrafo 1 che cosa studiano i biologi. In fondo al paragrafo, all'interno dell'elenco puntato, trovi anche le caratteristiche degli esseri viventi. Leggi il testo e completa la mappa.

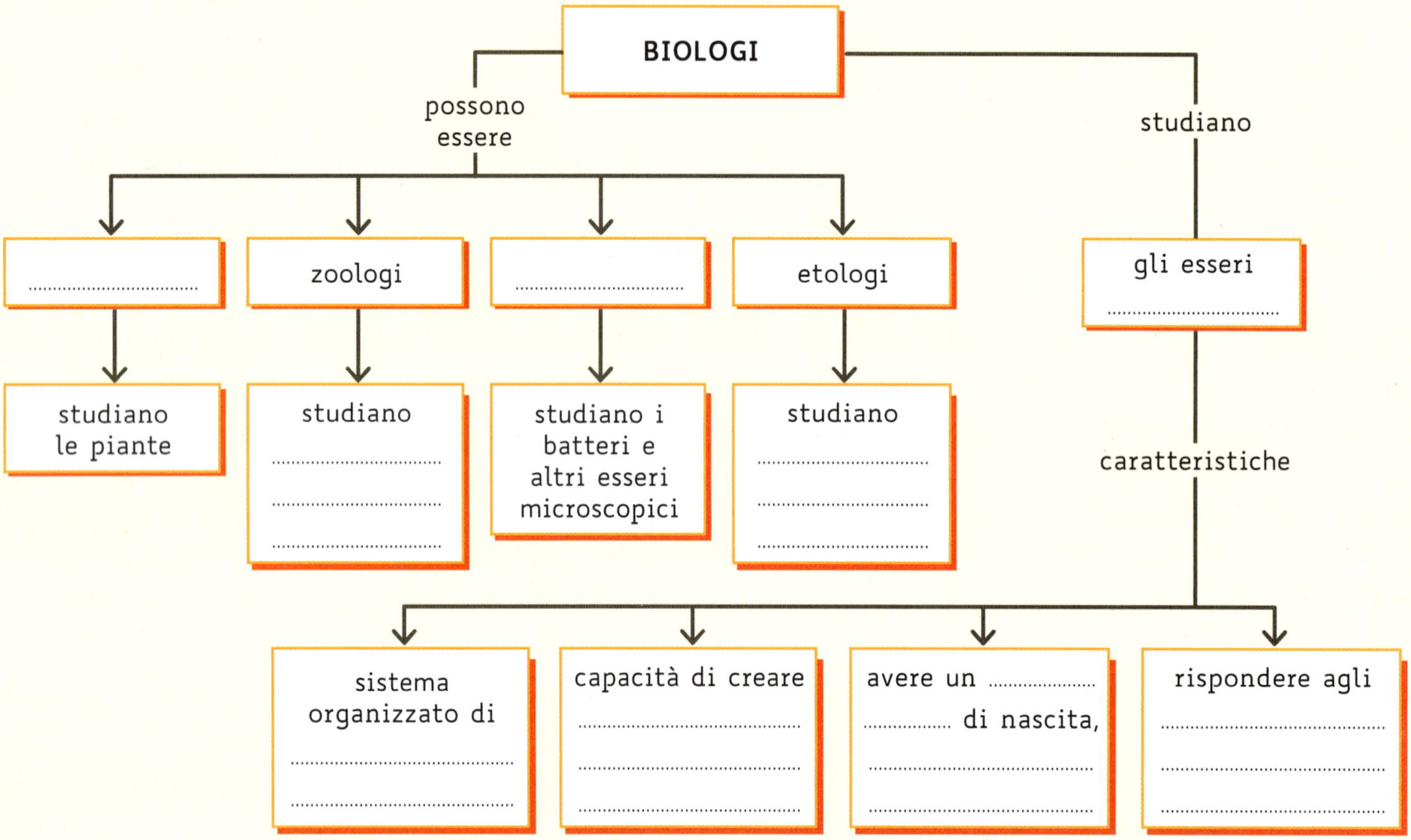

Che cosa accomuna e che cosa differenzia gli unicellulari dai pluricellulari?

Paragrafo 2

Leggi con attenzione le parole in grassetto per individuare gli organismi unicellulari e pluricellulari; nella pagina ricerca le funzioni della cellula e nel sottoparagrafo "Gli esseri viventi si nutrono per avere energia" cerca che cosa li accomuna. Poi completa la tabella.

	organismo unicellulare	organismo pluricellulare
differenze	• formato da: .... • l'unica .... svolge	• formato da: .... • esistono cellule .... per svolgere ....
caratteristiche comuni	....	

Le funzioni degli esseri viventi

Come si riproducono gli esseri viventi?

Paragrafo 3

Nel sottoparagrafo "Riproduzione asessuata e sessuata" si spiegano le due modalità con cui gli esseri viventi si riproducono. Sottolinea i concetti più importanti e completa la mappa.

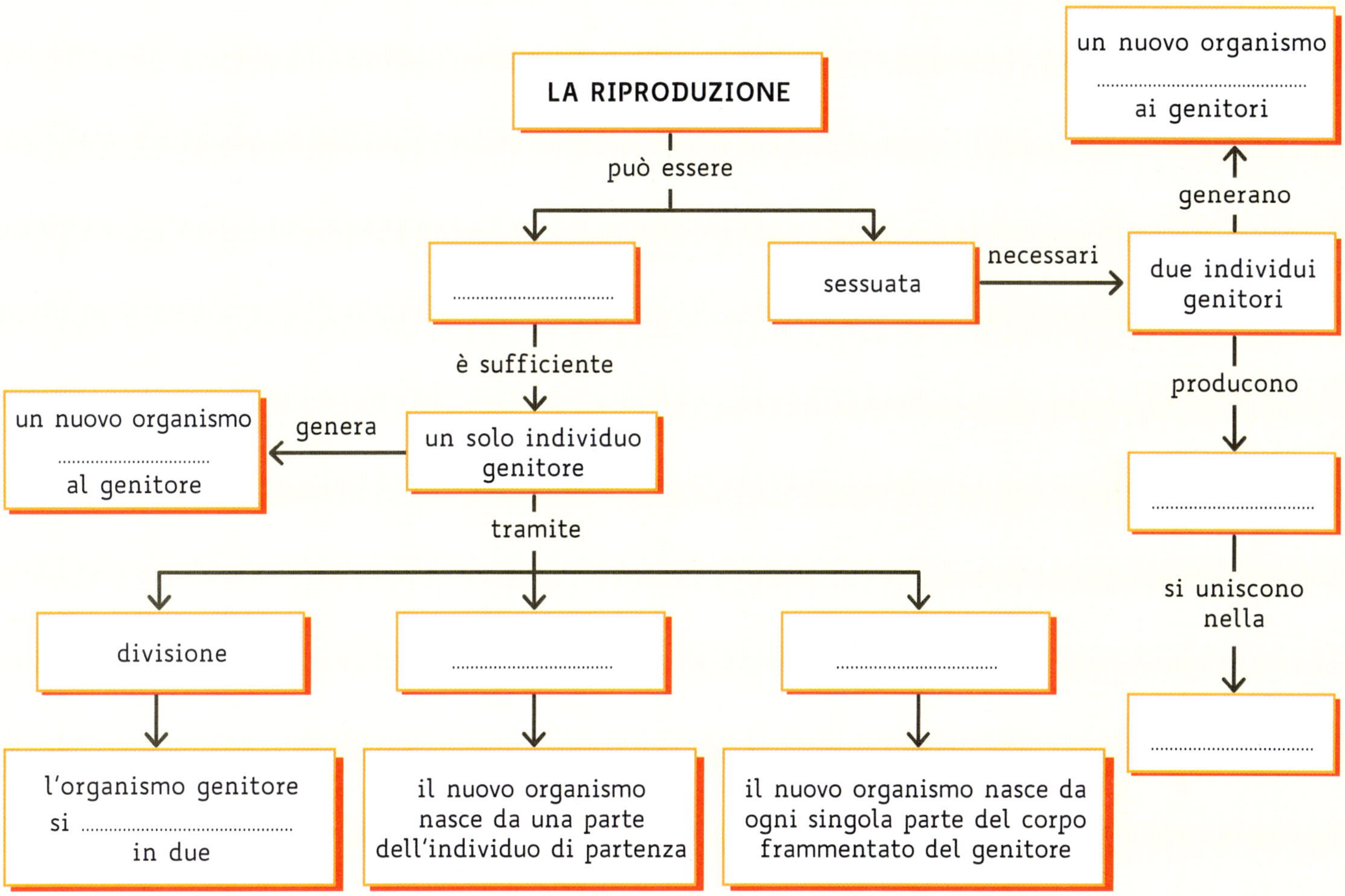

Come percepiscono gli stimoli gli esseri viventi?

Paragrafo 4

Nel testo del paragrafo 4 vengono elencati all'interno di box i sei recettori degli esseri viventi. Inserisci nella tabella il nome di ogni recettore e lo stimolo che riceve. Per ciascuno prova inoltre a pensare a un esempio: ti possono aiutare le immagini che trovi nel libro.

recettore	stimolo
chemiocettori	....
....	....
....	....
....	....
....	....
nocicettori	dolore

Mi preparo all'interrogazione

Contenuti multipli

LA BIOLOGIA

- **LA BIOLOGIA** → ha → **diversi campi di indagine** → come →
  - botanica (studia le piante)
  - zoologia (studia gli animali)
  - microbiologia (studia i microrganismi
  - etologia (studia il comportamento degli animali)
- **LA BIOLOGIA** → studia → **gli esseri viventi**
  - possono essere → organismi unicellulari; organismi pluricellulari
  - si distinguono dai "non viventi" perché
    - sono in grado di evolvere e adattarsi → come dimostrato da → Charles Darwin nell'Ottocento
    - hanno sistemi organizzati che scambiano energia con l'esterno → attraverso il → metabolismo → diverso in → organismi autotrofi; organismi eterotrofi
    - hanno un ciclo vitale e si riproducono → con due modalità →
      - riproduzione sessuata → attraverso → l'unione dei gameti
      - riproduzione asessuata → attraverso → • divisione • gemmazione • frammentazione
    - percepiscono e rispondono agli stimoli → grazie ai → recettori → situati negli → organi di senso

verifica

Verifica interattiva

CONOSCO

1 Completa le seguenti frasi scegliendo tra i termini elencati.

pluricellulari • inanimata • asessuata • riprodursi • materiale • biologia • unicellulari • sessuata • organiche • cellule • ciclo vitale • energia • stimoli

a La .... è la scienza che studia gli esseri viventi

b Tutti gli esseri viventi sono formati da ....; i principali costituenti delle cellule sono le molecole .... Una conchiglia è .... ma organica

c Gli esseri viventi possono essere formati da un'unica cellula (..) o da più cellule (..).

d Tutti gli esseri viventi hanno la necessità di nutrirsi per ottenere .... per la loro crescita e per ricavare ....

e Ogni individuo compie un ....: nasce, cresce, si riproduce, muore

f Gli esseri viventi possiedono la capacità di ...., cioè di generare individui simili a loro stessi

g La riproduzione può essere .... quando partecipa un solo individuo; .... se è necessaria la presenza di due individui

h Gli esseri viventi percepiscono e rispondono agli .... che provengono dall'ambiente

2 INVALSI **Segna con una crocetta il completamento esatto.**

a L'etologo è uno scienziato che studia:
- [ ] i movimenti delle piante
- [ ] la crescita dei batteri
- [ ] l'Universo
- [ ] il comportamento animale

b Grazie al microscopio sono stati scoperti i:
- [ ] microorganismi
- [ ] funghi
- [ ] pianeti
- [ ] sali minerali

c Il guscio di una tartaruga è:
- [ ] vivente e formato da molecole organiche
- [ ] inanimato e formato da molecole organiche
- [ ] inanimato e formato da molecole inorganiche
- [ ] vivente e formato da molecole inorganiche

d Un organo è formato da:
- [ ] tessuti tutti uguali
- [ ] cellule non differenziate
- [ ] tessuti diversi
- [ ] apparati

e Per produrre il proprio nutrimento un organismo autotrofo necessita di:
- [ ] energia luminosa, azoto
- [ ] energia luminosa, anidride carbonica
- [ ] energia luminosa, acqua e ossigeno
- [ ] energia luminosa, acqua e anidride carbonica

f Nella riproduzione asessuata gli individui generati saranno:
- [ ] diversi dal genitore
- [ ] identici al genitore
- [ ] simili al genitore
- [ ] maschi e femmine

g Nel corso dello sviluppo, in un individuo pluricellulare, aumenta:
- [ ] la dimensione delle sue cellule
- [ ] il numero dei suoi tessuti
- [ ] la dimensione dei suoi gameti
- [ ] il numero delle sue cellule

h Attraverso i recettori gli esseri viventi percepiscono:
- [ ] la variazione della temperatura
- [ ] la presenza di acqua
- [ ] la disponibilità di cibo
- [ ] tutte le risposte sono corrette

i Le piante:
- [ ] hanno la capacità di rivolgersi verso uno stimolo
- [ ] rimangono sempre immobili
- [ ] sono mosse solo dal vento
- [ ] sono mosse dall'acqua

3 Trova l'intruso tra i seguenti termini e giustifica la tua scelta.

a Ornitologo / entomologo / psicologo / ittiologo

b Capelli / squame / unghie / sassi

c Batterio /cane / platano / uomo

d Ciclo vitale / risposta agli stimoli / volare / evoluzione

e Gameti / autotrofi / spermatozoi / cellule uovo

f Chemiocettori / fotocettori / intercettori / termocettori

verifica

4 **Collega ciascun termine con il significato corretto.**

Funzioni vitali ....

Metabolismo ....

Autotrofo ....

Eterotrofo ....

Gamete ....

Tropismo ....

a capacità di rivolgersi verso uno stimolo
b individuo che si nutre di altri esseri viventi
c funzioni compiute solo dagli esseri viventi
d cellula riproduttiva
e insieme delle reazioni che avvengono in ogni organismo vivente
f individuo in grado di produrre da sé il nutrimento

APPLICO

5 **Osserva le seguenti immagini e per ciascuna scrivi a quale fase del ciclo vitale appartiene.**

....

....

....

....

---

6 **Completa lo schema che riassume le caratteristiche della materia.**

materia → .... — compone → viventi / ....

materia → inorganica — compone → ....

7 **Completa la tabella indicando con una crocetta le caratteristiche dei seguenti esseri viventi.**

	unicellulare	pluricellulare	autotrofo	eterotrofo	modalità di riproduzione	
					asessuata	sessuata
canarino						
primula						
batterio						
scorpione						
fungo prataiolo						
elefante						

8 **A Mario, biologo alle prime armi, sono successe delle cose strane.**
Prova a fornire tu una spiegazione di quello che può essere accaduto.

a “Ho lasciato la mia piantina di basilico in cantina, dove filtra poca luce. L’ho annaffiata tutti i giorni ma dopo un po’ è morta”.

b “Nello stagno *Rana bella* dove mi porta spesso lo zio sono comparse delle creature nere, dalla forma allungata e con una grossa testa. Non assomigliano per niente a una rana”.

c “La mia tartaruga di terra gironzola sempre per il giardino ma a ottobre “scompare” per poi ricomparire ad aprile”.

COMPETENZE

1. Leggi il testo e rispondi.

Hai mai osservato i movimenti di un girasole?
Ti sei mai chiesto perché le radici delle piante crescono verso il “basso”?
Le piante, anche se non possono “camminare”, possiedono la straordinaria capacità di orientare una parte del proprio organismo in risposta a stimoli ambientali: questo fenomeno prende il nome di **tropismo**.
La luce solare stimola l’accrescimento del fusto e i movimenti del fiore del girasole nella direzione del Sole (*fototropismo*); la gravità terrestre favorisce lo sviluppo delle radici verso il centro della Terra (*geotropismo positivo*) e del fusto in direzione opposta (*geotropismo negativo*); la presenza di acqua stimola l’allungamento delle radici verso la risorsa idrica (*idrotropismo*); muri e pali consentono all’edera di aggrapparsi a essi (*tigmotropismo*).
Alcune piante, inoltre, possiedono un’altra capacità peculiare: sono in grado di misurare la lunghezza del giorno e di manifestare alcune risposte fisiologiche quali la fioritura.
Questa proprietà viene definita **fotoperiodismo**. Alcune piante dette “a giorno corto” fioriscono solo se le ore di luce sono inferiori a una determinata soglia; le piante “a giorno lungo” al contrario, fioriscono solo se la durata del periodo di luce supera un soglia critica (per esempio l’estate).

a Scrivi un possibile titolo per l’articolo che hai appena letto.

b Sottolinea i termini scientifici che hai trovato nel testo.

c Prepara dei semplici disegni per illustrare i tropismi delle piante.

d Osserva le immagini poste nella colonna accanto e cerca se sono piante a giorno corto o lungo (aiutati ricordando in quale periodo dell’anno fioriscono).

e Confronta le modalità con cui gli organismi vegetali e quelli animali rispondono agli stimoli ambientali mettendo in evidenza analogie e similitudini.

stella di Natale

……………………………………

crisantemo

……………………………………

patata

……………………………………

trifoglio

……………………………………

2. Calcola e ragiona.

Negli Stati Uniti d’America è stato trovato un esemplare di sequoia gigante di 2500 anni. Sapendo che la sua altezza è di 130 m, calcola qual è stato il suo accrescimento medio annuo in centimetri.

3. Ricerca e comunica.

Quanto dura il ciclo vitale di un essere vivente? Da pochi minuti a migliaia di anni!
Fai una ricerca in Internet su questo argomento e presentala alla classe utilizzando al massimo 3 slides.

In English Verifica interattiva

4. Fill in the blanks.

male • living • one parent • characteristics • female • two organisms

…………………… organisms can pass on their …………………… to the next generation in two ways:

a) asexual reproduction involving only …………………… organism;

b) sexual reproduction that requires …………………… of the same species, one …………………… and one …………………….

CLIL: let's learn English

The characteristics of living things

Audio

Objectives

- You can identify the characteristics of living things
- You can recognise these characteristics in familiar and unfamiliar organisms

Is it alive?

Plants and animals are living things – they are also called **living organisms**. What are the dark shapes on top of this old tree trunk in the photo? Are they alive? Do you think they are living organisms? How can we tell whether things are alive?

Remember

- All living things move, breathe, sense, grow, reproduce and use nutrients at some stage in their lives.

Seven characteristics

Living things have specific characteristics that we use to identify them. For example:

- **movement**, most animals move from place to place. Plants also move; they extend their stems and roots;
- **respiration**, living things use the chemical reaction of respiration to release the energy they need to stay alive;
- **sensitivity**, living things "sense" things in their surroundings, such as light;
- **growth**, living things increase in size during their lifetime;
- **reproduction**, living things can produce offspring;
- **nutrition**, plants make their own nutrients – or food – from water and carbon dioxide. Animals get nutrients by eating plants or other animals.

Fungi are living things

The dark shapes in the top photo are part of a fungus. The rest of the fungus is a tangle of fine threads growing inside the tree trunk. While the threads grow, the fungus moves through the wood of the tree trunk.

Fungi show the characteristics of living things. They sense their surroundings, release energy through respiration. Fungi cannot make their own nutrients like plants and they do not eat like animals. Instead, they absorb nutrients another way – they take them in from their surroundings. For example, the fungus in the picture dissolves the wood of the tree trunk, releasing the nutrients it needs to live and reproduce. The dark shapes of the fungus release millions of tiny spores – these spores produce new fungi.

Exercises

1. How do plants and animals get their nutrients?

....

....

2. Why do most animals need to move around but plants do not?

....

....

3. When seeds are soaked in water, they begin to warm up and produce carbon dioxide. Why does this happen?

....

....

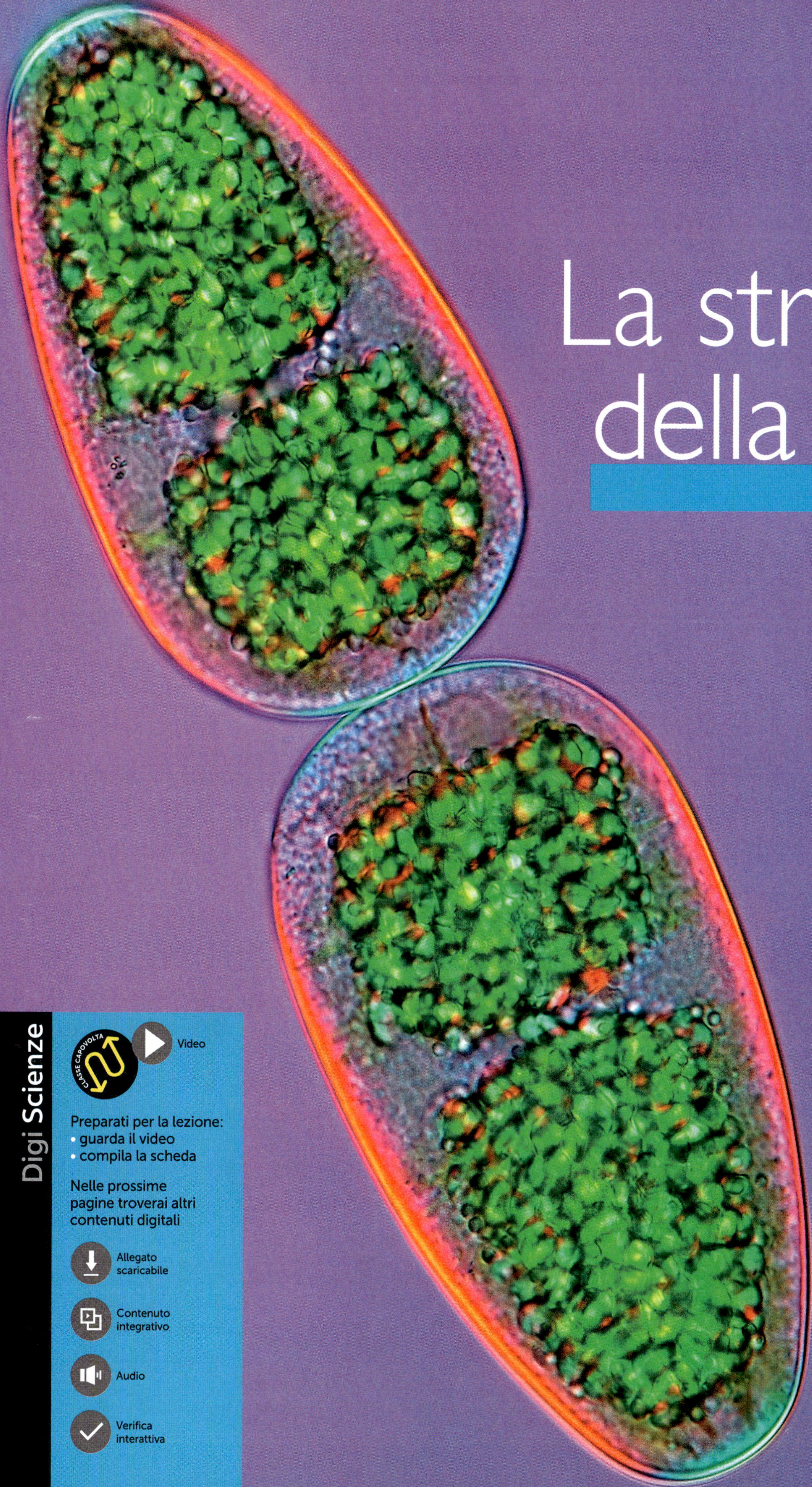

2
La struttura della cellula

Digi Scienze

Video

Preparati per la lezione:
- guarda il video
- compila la scheda

Nelle prossime pagine troverai altri contenuti digitali

- Allegato scaricabile
- Contenuto integrativo
- Audio
- Verifica interattiva

Tra le numerose invenzioni in campo scientifico, quella del microscopio è stata tra le più nobili poiché ha consentito di ingrandire piccoli oggetti e di entrare in un nuovo affascinante mondo mai visto prima.

1 La teoria cellulare

Audio

La teoria cellulare afferma che tutti gli esseri viventi sono costituiti da una o più cellule

Oggi per gli scienziati è normale osservare cose molto piccole, ma non è sempre stato così.
Immagina com'era difficile per i primi studiosi comprendere i meccanismi di funzionamento degli esseri viventi senza poter osservare l'**unità fondamentale di cui sono costituiti**: la **cellula**.
Questo termine fu inventato nel 1665 da Robert Hooke (1635-1703), uno scienziato inglese che osservò, con un **microscopio**, delle fettine sottili di sughero ■1. In queste fettine vide delle strutture regolari che gli sembrarono vuote, di forma tale da ricordargli le piccole stanze di un monastero, le celle, da qui il nome "cellula" (*piccola cella*) ■2-3.

Il perfezionamento del microscopio ha permesso di osservare sempre più attentamente la struttura interna dei viventi e di gettare le basi della **teoria cellulare**, partendo dalle osservazioni di Matthias Jacob Schleiden (botanico tedesco, 1804-1881) e Theodor Schwann (biologo tedesco, 1810-1882).
Tale teoria è stata più volte rivista nel corso degli anni, fino ad arrivare alla formulazione attuale:

1. tutti gli esseri viventi sono costituiti da una cellula (**unicellulari**) o da più cellule (**pluricellulari**);
2. all'interno delle cellule avvengono tutte le reazioni chimiche di un organismo;
3. le cellule si originano da altre cellule;
4. le cellule contengono tutte le informazioni ereditarie, che si trasmettono dalla cellula madre alla cellula figlia.

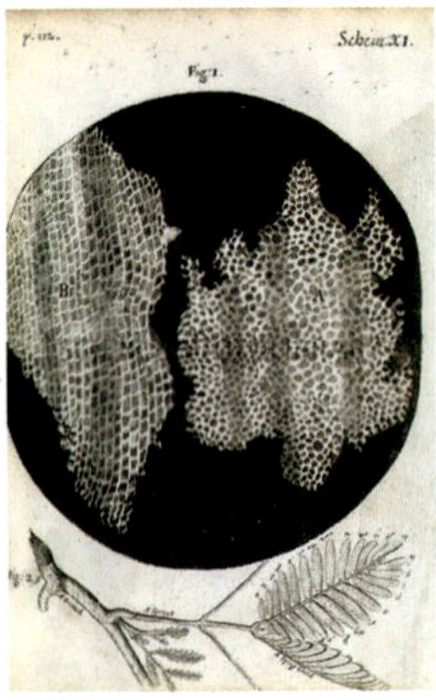

■2 Le cellule di sughero osservate da Hooke al microscopio.

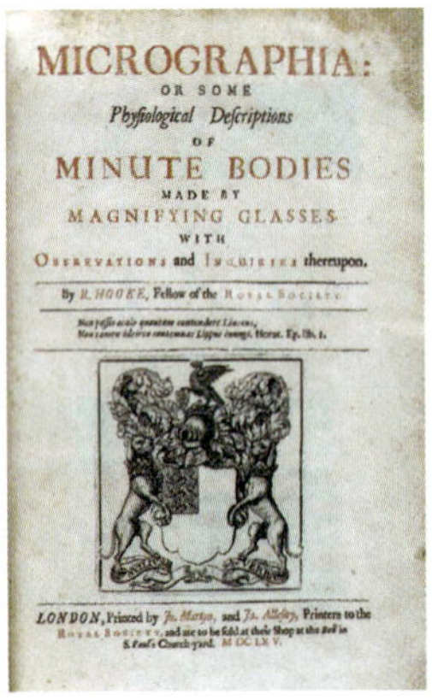
MICROGRAPHIA:
OR SOME
Physiological Descriptions
OF
MINUTE BODIES
MADE BY
MAGNIFYING GLASSES
WITH
OBSERVATIONS and INQUIRIES thereupon.
By R. HOOKE, Fellow of the ROYAL SOCIETY.

■3 Il frontespizio della *Micrographia* di Hooke: *Descrizioni dei corpuscoli mediante lenti d'ingrandimento* (1665).

Parole di scienze

microscopio: strumento che consente di ingrandire oggetti di piccole dimensioni (dal greco *micròs* = piccolo + *skopein* = guardare).

CLIL for SCIENCE Audio

cellula procariote: ***prokaryotic cell***
cellula eucariote: ***eukaryotic cell***

Complete the sentences by choosing the correct word among those given.

1. Prokaryotic cells contain cytoplasm/nucleus.
2. Eukaryotic cells are usually larger/smaller than prokaryotic cells.
3. Organisms that have a single cell are called unicellular/multicellular.

■1 Ricostruzione del microscopio con cui Hooke fece le sue scoperte: ingrandiva fino a 20 volte il campione.

Caratteristiche fondamentali della cellula

Le cellule di tutti gli esseri viventi, pur essendo molto diverse fra loro, sono tutte formate da materia organica e hanno alcune strutture in comune:

- la **membrana cellulare**, una sottile pellicola che separa la cellula dall'ambiente esterno;
- il **citoplasma**, formato da una parte fluida (*citosol*), che contiene una miscela di acqua e sostanze in essa disciolte (sali minerali, zuccheri e proteine) e dagli **organuli cellulari**, adibiti a varie funzioni per la vita della cellula;
- un'area che contiene il **materiale genetico** (DNA).

Approfondiremo le caratteristiche di queste strutture nelle pagine seguenti. In base all'organizzazione interna, le cellule vengono divise in due grandi categorie:

- **eucariote**, in cui il materiale genetico è racchiuso da una membrana che lo separa dal citoplasma, formando una zona ben distinta all'interno della cellula, il **nucleo** 4;
- **procariote**, in cui il materiale genetico non è racchiuso da una membrana, ma è a diretto contatto con il citoplasma 5.

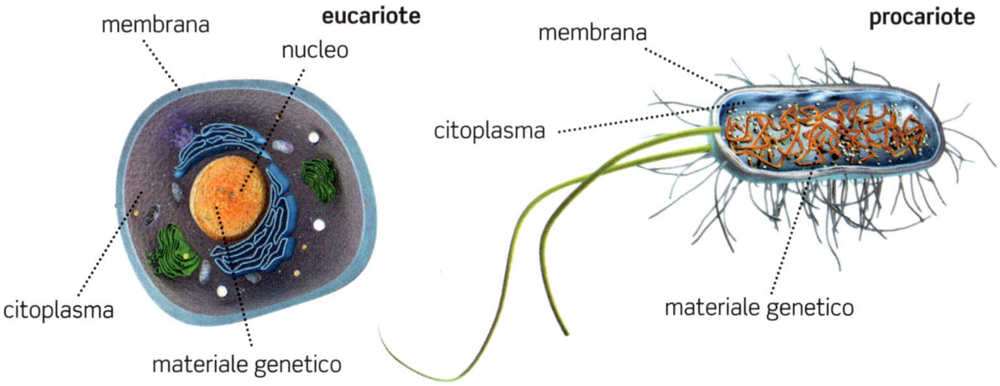

4 Nella cellula eucariote il materiale genetico è racchiuso da una membrana, formando così una zona ben distinta all'interno della cellula, il nucleo. 5 Nella cellula procariote, invece, non vi è la presenza del nucleo.

Contenuto integrativo

Questione di micron

Le dimensioni delle cellule, nella maggior parte dei casi, sono di qualche micrometro (1 μm = 0,000001 m) e questo le rende impossibili da esaminare a occhio nudo (il limite risolutivo dell'occhio umano è circa di 100 μm).

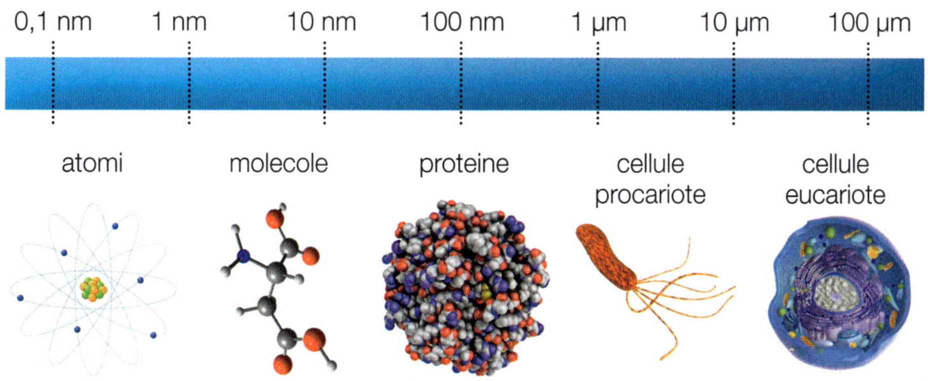

Parole di scienze

materiale genetico: il DNA, in cui risiedono tutte le informazioni necessarie alla cellula per vivere e riprodursi.
eucariote: dal greco *eu* = vero + *karyon* = nucleo.
procariote: dal greco *pro* = prima + *karyon* = nucleo.

Con metodo

Analizzo il testo

1. Completa.
Le cellule sono le .... che formano gli esseri ....; sono formate da materia .... e hanno alcune strutture comuni: la ...., il citoplasma, gli .... cellulari, e un'area contenente il materiale ....

2. Sottolinea i quattro punti fondamentali della teoria cellulare nella sua formulazione attuale.

Comprendo il testo

3. Rispondi.
a Come riuscì Hooke nel 1665 a individuare le cellule?
b Per quale motivo Hooke diede a questi elementi il nome di "cellule"?

4. Gli organismi pluricellulari sono formati da:
☐ una sola cellula
☐ più cellule

Collaboro

5. Lavorate a **coppie**;ciascuno di voi studi i punti elencati nella teoria cellulare. Dopo aver chiuso il libro, provate a ripetere oralmente quanto appreso al vostro compagno.

2 La cellula procariote

Audio

La cellula procariote è la cellula più semplice

Ti sarà capitato di avere il mal di gola o la tosse e di aver sentito il medico dire: è un'infezione provocata dai batteri! Che cosa sono i batteri?

I batteri sono **microrganismi**, cioè organismi molto piccoli, unicellulari e impossibili da osservare a occhio nudo.
Oggi, grazie allo sviluppo di microscopi sempre più potenti, sappiamo come sono fatti e possiamo osservare nel dettaglio la loro cellula, comprenderne la struttura e il funzionamento.
La cellula batterica è una cellula **procariote** e possiede alcuni **organuli** cellulari.

Parole di scienze

substrato: superficie su cui vive un essere vivente.

Contenuto integrativo

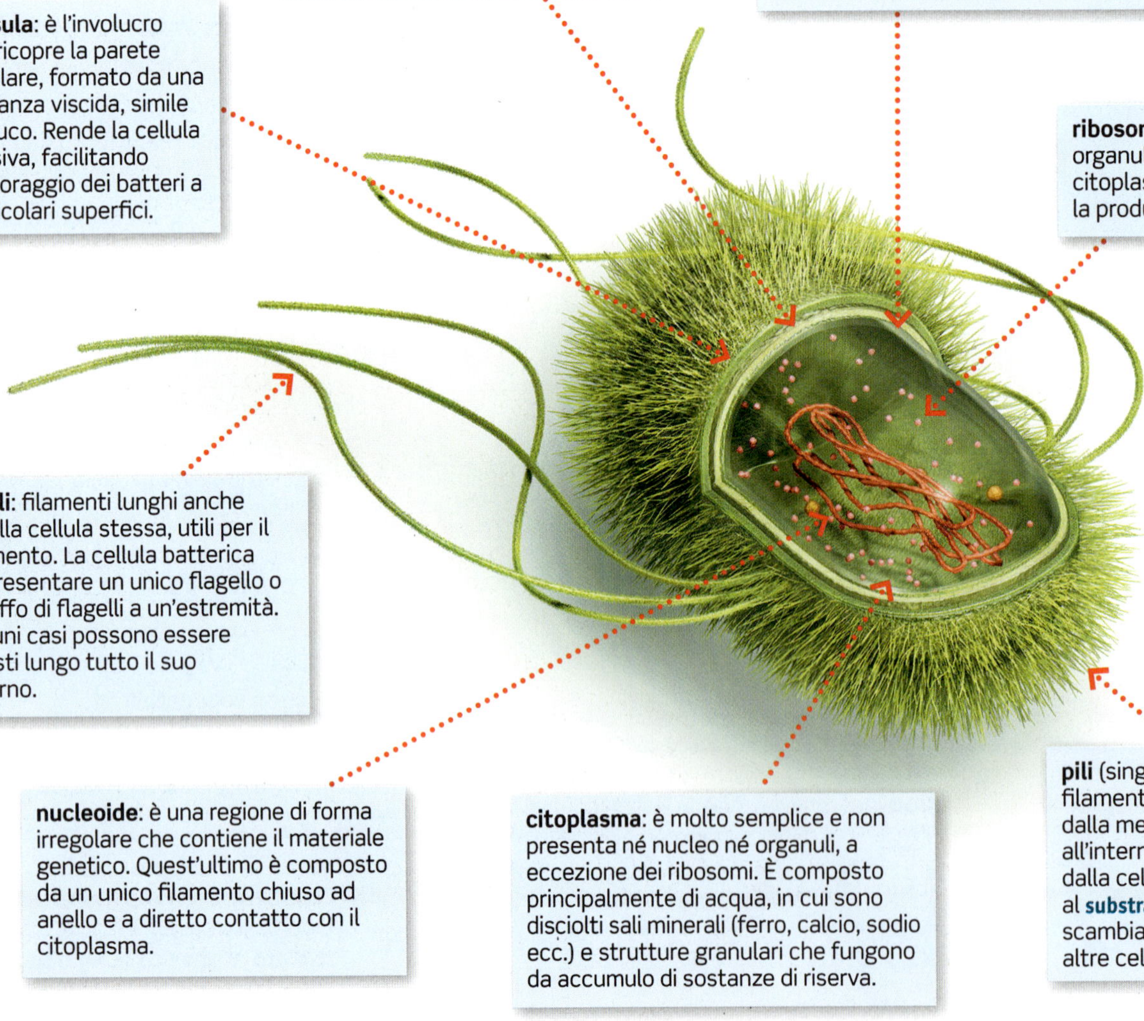

parete cellulare: circonda la membrana, ha funzioni di protezione e supporto, conferendo rigidità alla cellula batterica.

membrana plasmatica: è una sottile pellicola che delimita il citoplasma, permette il riconoscimento di cellule simili e gli scambi con l'ambiente esterno (per esempio scambi gassosi per la respirazione cellulare).

capsula: è l'involucro che ricopre la parete cellulare, formato da una sostanza viscida, simile al muco. Rende la cellula adesiva, facilitando l'ancoraggio dei batteri a particolari superfici.

ribosomi: sono gli unici organuli cellulari presenti nel citoplasma. Il loro compito è la produzione delle proteine.

flagelli: filamenti lunghi anche più della cellula stessa, utili per il movimento. La cellula batterica può presentare un unico flagello o un ciuffo di flagelli a un'estremità. In alcuni casi possono essere disposti lungo tutto il suo contorno.

nucleoide: è una regione di forma irregolare che contiene il materiale genetico. Quest'ultimo è composto da un unico filamento chiuso ad anello e a diretto contatto con il citoplasma.

citoplasma: è molto semplice e non presenta né nucleo né organuli, a eccezione dei ribosomi. È composto principalmente di acqua, in cui sono disciolti sali minerali (ferro, calcio, sodio ecc.) e strutture granulari che fungono da accumulo di sostanze di riserva.

pili (sing. **pilo**): corti filamenti che si originano dalla membrana, vuoti all'interno, utilizzati dalla cellula per fissarsi al **substrato** oppure per scambiare sostanze con altre cellule.

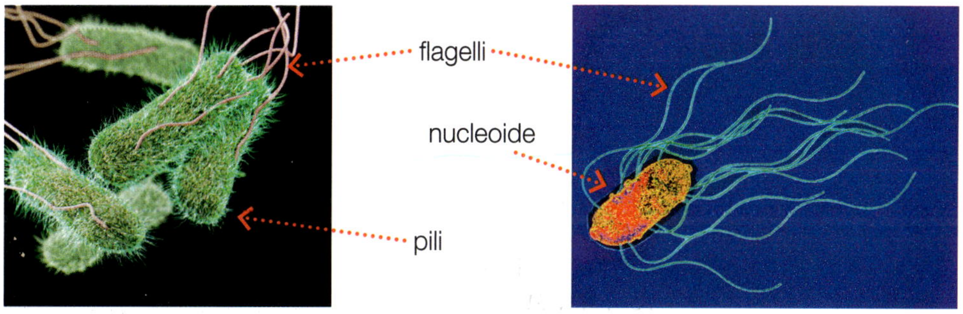

1 Immagini di batteri al microscopio (*Salmonella*).

I principali composti chimici organici nelle cellule

composto chimico	funzioni nella cellula
proteine 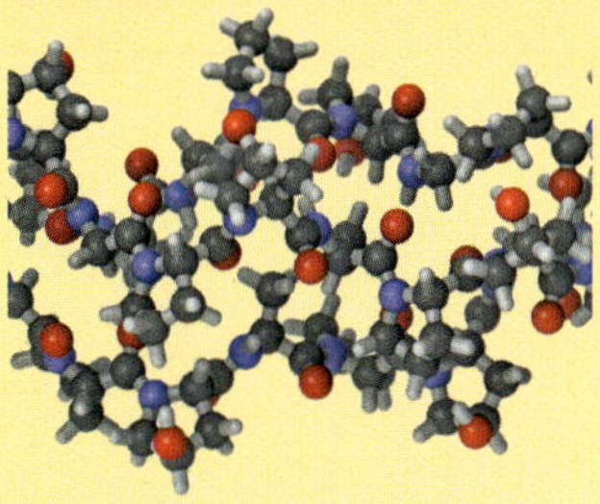 (esempio di proteina: collagene)	Sono molecole organiche molto importanti perché costituiscono i "mattoni" di cui è composto l'organismo (p. es., i muscoli sono costituiti da proteine). All'interno della cellula svolgono moltissime funzioni: trasportano le sostanze, favoriscono le reazioni chimiche, difendono l'organismo dagli attacchi di virus e batteri, ecc.
carboidrati 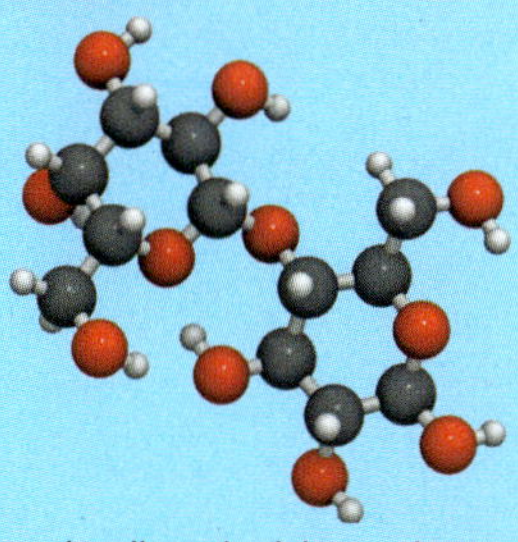 (esempio di carboidrato: lattosio)	Indicati anche con il nome di zuccheri, forniscono l'energia alla cellula. Ne sono un esempio il glucosio, il lattosio, il saccarosio (il comune zucchero).
lipidi 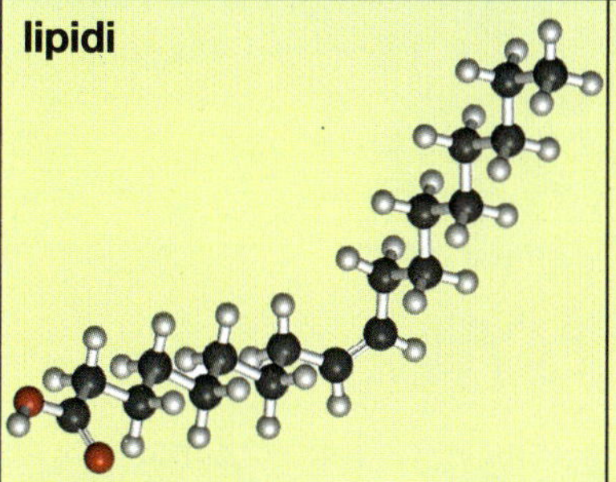 (esempio di lipide: acido oleico)	Chiamati anche grassi, sono le sostanze di riserva per l'organismo. Non sono solubili in acqua (idrofobi), anche se alcuni possono presentare un'estremità idrosolubile (idrofila).
acidi nucleici 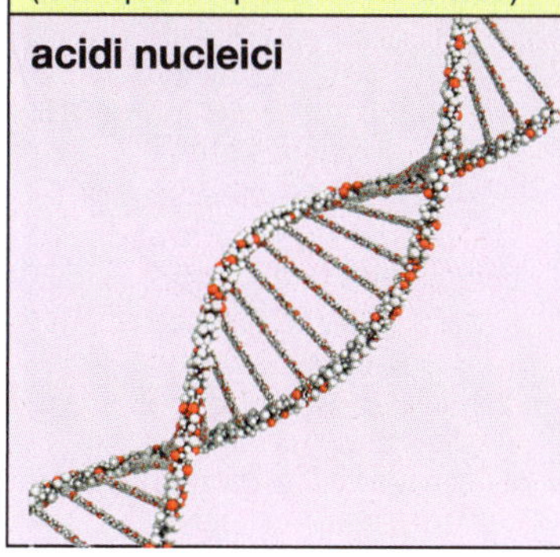	Sono conosciuti con le loro sigle: DNA ed RNA. Sono molecole molto complesse, costituite da lunghe catene di unità più piccole, i nucleotidi. Gli acidi nucleici contengono l'informazione genetica, cioè tutte le istruzioni per costruire e far funzionare nel modo corretto l'intero organismo.

Con metodo

Analizzo il testo

1. Che cosa sono i batteri? Sottolinea nel testo la definizione corretta.

Comprendo il testo

2. Abbina ogni termine al suo significato.
   - Membrana plasmatica ....
   - Parete cellulare ....
   - Capsula ....
   - Ribosomi ....
   - Nucleoide ....
   - Citoplasma ....
   - Pili ....
   - Flagelli ....

   a contiene il materiale genetico
   b servono alla produzione delle proteine
   c filamenti utili per il movimento dei batteri
   d protegge e conferisce rigidità alla cellula batterica
   e parte acquosa in cui sono sciolti i sali minerali
   f pellicola che delimita il citoplasma e regola gli scambi
   g filamenti usati per scambiare sostanze con altri batteri
   h struttura che ricopre la parete cellulare, serve a favorire l'ancoraggio

3. Il nucleoide dei batteri:
   - ☐ contiene un unico filamento ad anello con il materiale genetico
   - ☐ contiene acqua in cui sono sciolti i sali minerali

4. La parete cellulare:
   - ☐ conferisce rigidità alla cellula
   - ☐ delimita il citoplasma

Collaboro

5. Lavorate a **coppie**; ciascuno di voi studi le componenti della cellula procariote. Dopo aver chiuso il libro provate a interrogarvi a vicenda su quanto appreso.

3 La cellula eucariote

Audio

La cellula eucariote presenta un nucleo e numerosi organuli cellulari e può essere animale e vegetale

Come hai studiato, le cellule sono state osservate per la prima volta nel 1665, senza però poterne analizzare la reale struttura interna.
Oggi però sappiamo bene come sono fatte. In questo paragrafo ci soffermeremo sullo studio della cellula **eucariote** 1; essa è più complessa di quella procariote che abbiamo descritto nel paragrafo precedente.
Le cellule eucariote possono essere **animali** o **vegetali**.
Di seguito analizziamo la struttura della cellula animale.

Contenuto integrativo

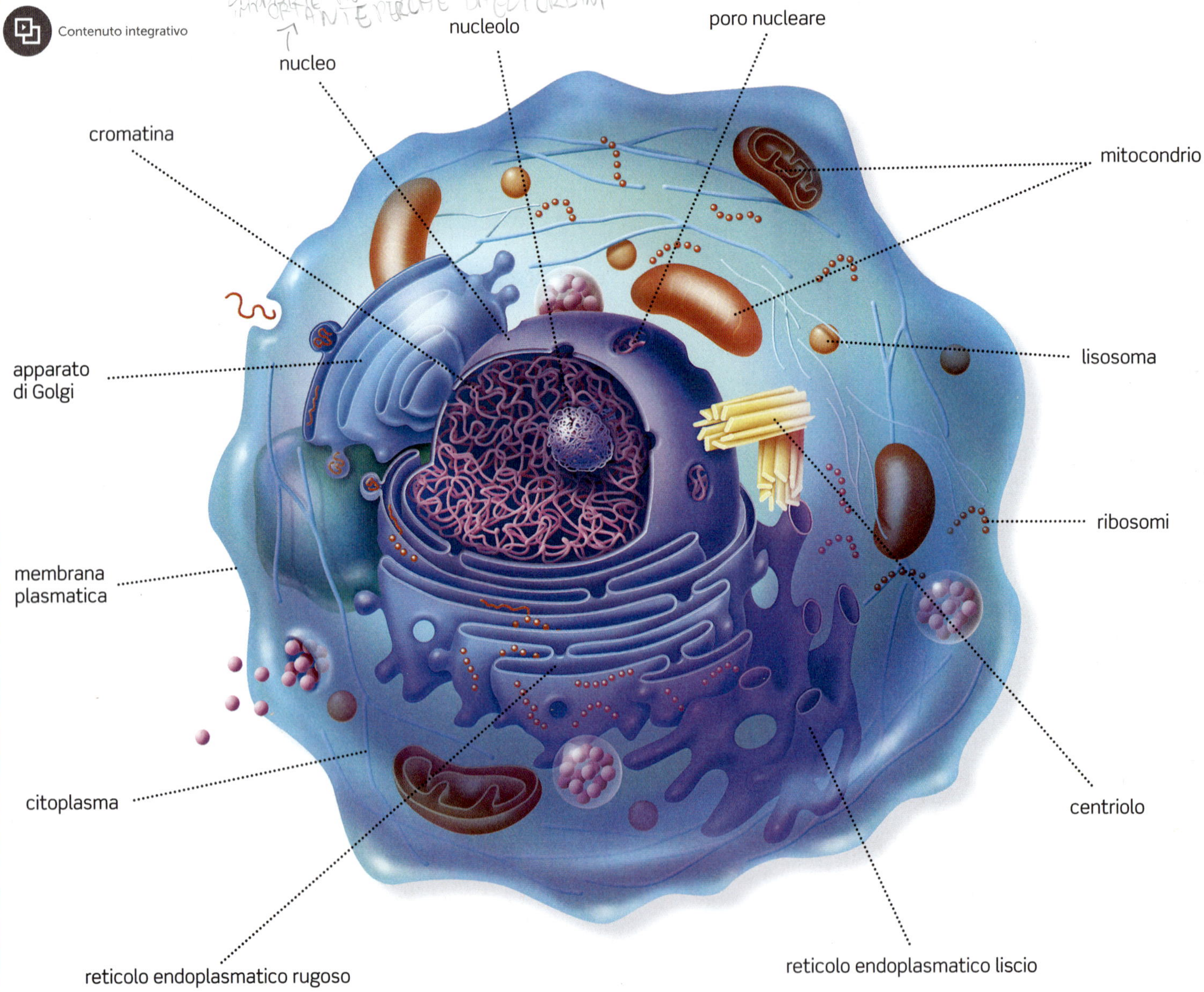

1 La cellula eucariote animale presenta un nucleo ben definito, separato dal citoplasma e numerosi organuli cellulari. I principali sono: il reticolo endoplasmatico (liscio e rugoso), l'apparato di Golgi, i ribosomi, i lisosomi e i centrioli.

La struttura della cellula animale

La cellula animale ha dimensioni che variano da 10 a 30 micrometri.
La **membrana plasmatica** 2 avvolge e delimita la cellula e regola il passaggio delle sostanze che la attraversano, fungendo da filtro. È formata da due strati di *fosfolipidi* (lipidi particolari che hanno a un'estremità un atomo di fosforo) in cui s'inseriscono le proteine. Sulla superficie esterna sono presenti, legati alle proteine o ai fosfolipidi, i carboidrati, con funzione di protezione e ancoraggio per alcune molecole.

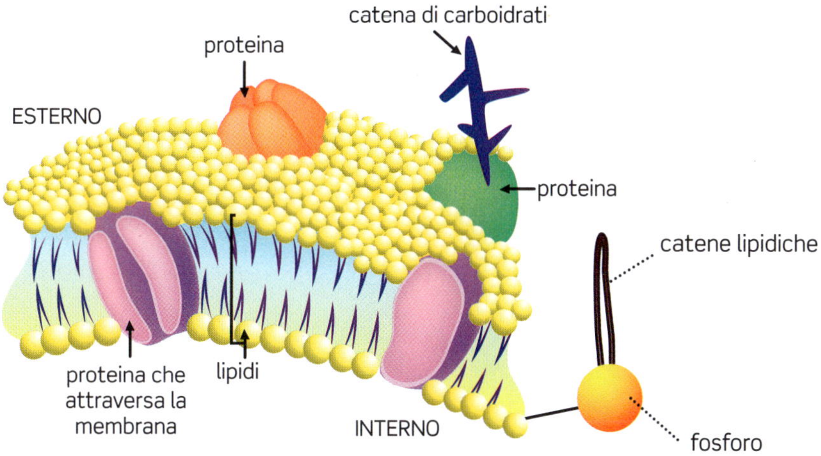

2

Il **citoplasma** è la porzione della cellula che circonda il nucleo: è costituito dagli organuli cellulari e dalla parte fluida, il ***citosol***.

Il **nucleo** 3 è l'organulo cellulare più voluminoso, dotato di una **doppia membrana** che lo separa dal resto del citoplasma. Tale membrana presenta dei fori, detti **pori nucleari**, che permettono il passaggio delle molecole. Il nucleo è il "cervello" della cellula e ne controlla tutte le attività. All'interno del nucleo si trova la **cromatina**, costituita da DNA (acido desossiribonucleico) e proteine. Il DNA è una sostanza complessa che raccoglie tutte le caratteristiche di un organismo vivente (i caratteri ereditari) cioè tutte le particolarità che contraddistinguono ogni individuo. Molto evidente è il **nucleolo**, una zona densa di materiale genetico, in cui si assemblano i ribosomi. I **ribosomi** sono piccole particelle sferoidali che leggono il messaggio genetico e producono (sintetizzano) le proteine.

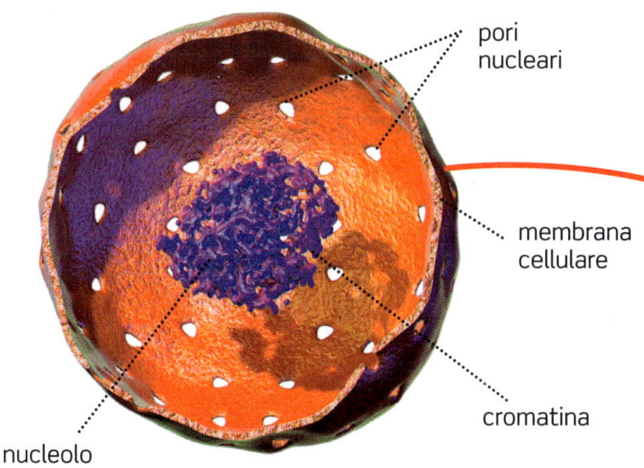

3a Il nucleo è avvolto da una doppia membrana. Contiene all'interno il materiale genetico (DNA), che costituisce la cromatina.

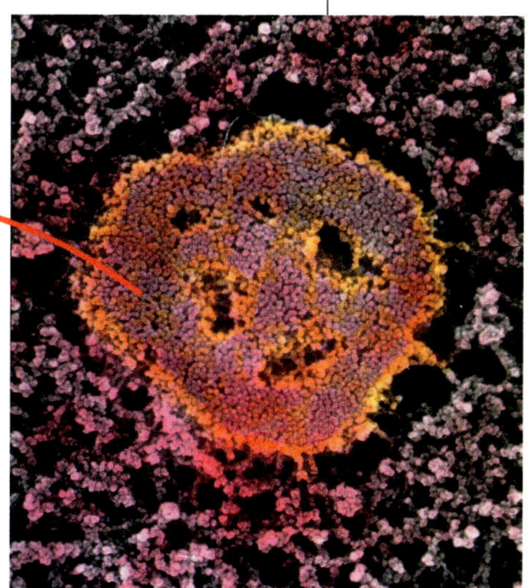

3b Immagine al microscopio elettronico del nucleolo e della cromatina.

Curiosità

Le cellule animali sono state osservate per la prima volta molto tempo dopo rispetto a quelle vegetali individuate nel sughero da Robert Hooke già nel 1665.
Bisogna aspettare fino al 1830 quando Jan Evangelista Purkyne (biologo 1787-1869) e Gabriel Valentin (medico 1810-1883) scoprono che anche i tessuti animali, come quelli delle piante, sono formati da cellule.

* USO DI OSSIGENO DELLA CELLULA

I **mitocondri** 4 sono organuli allungati, racchiusi da due membrane: quella esterna liscia e quella interna ripiegata a formare le **creste mitocondriali**. Tali membrane racchiudono un liquido chiamato **matrice mitocondriale**, in cui avviene la respirazione cellulare. Il mitocondrio è l'unica struttura, a parte il nucleo, che contiene materiale genetico.

CONTENGONO LE MOLECOLE DI ATP PERCHÈ CONTENGONO ENERGIA

4b Mitocondrio al microscopio elettronico.

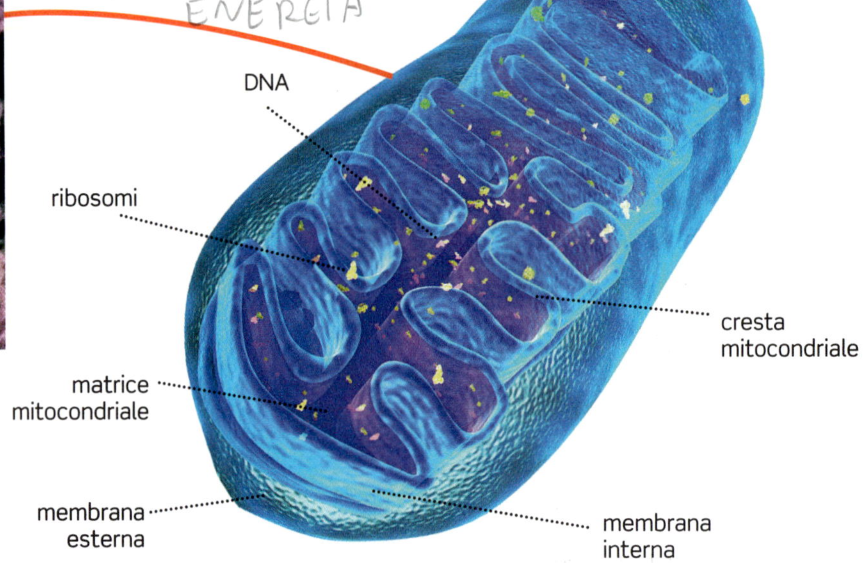

4a Il mitocondrio è l'organulo deputato alla respirazione cellulare.

Parole di scienze

sintesi: procedimento di formazione di un composto partendo da elementi o da composti più semplici.

Il **reticolo endoplasmatico rugoso** 5 è costituito da una serie di sacchetti appiattiti, connessi fra loro, con aspetto granulare, a causa della presenza dei **ribosomi** attaccati alle sue membrane. È deputato alla produzione delle proteine.

Il **reticolo endoplasmatico liscio** è un insieme di piccoli tubi ramificati, privo di ribosomi, in comunicazione diretta con il reticolo rugoso. La sua funzione principale è la **sintesi** dei lipidi.

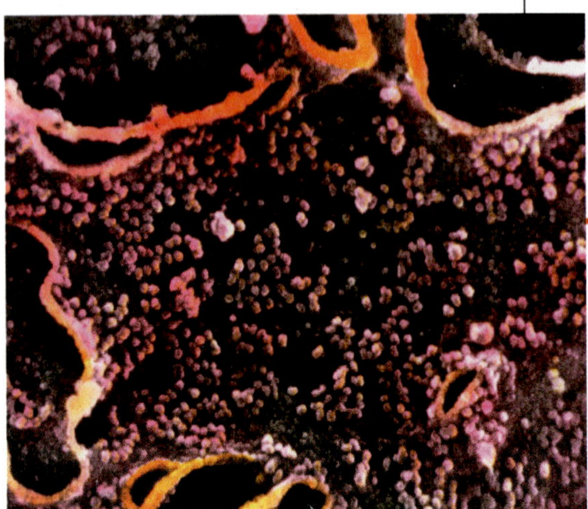

5 Immagine al microscopio del reticolo endoplasmatico rugoso: si vedono i ribosomi in superficie.

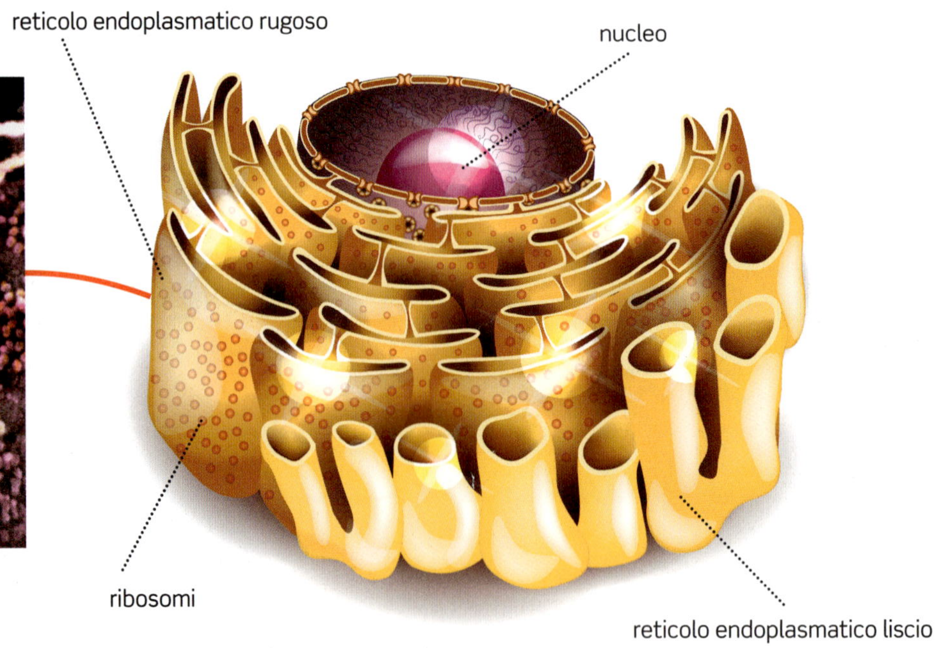

L'**apparato di Golgi** 6, scoperto nel 1898 dal medico italiano Camillo Golgi, è composto da una pila di sacchetti appiattiti (vescicole) non in comunicazione fra loro.
Il suo compito è di indirizzare le molecole prodotte dagli altri organuli alle giuste destinazioni, interne o esterne alla cellula.

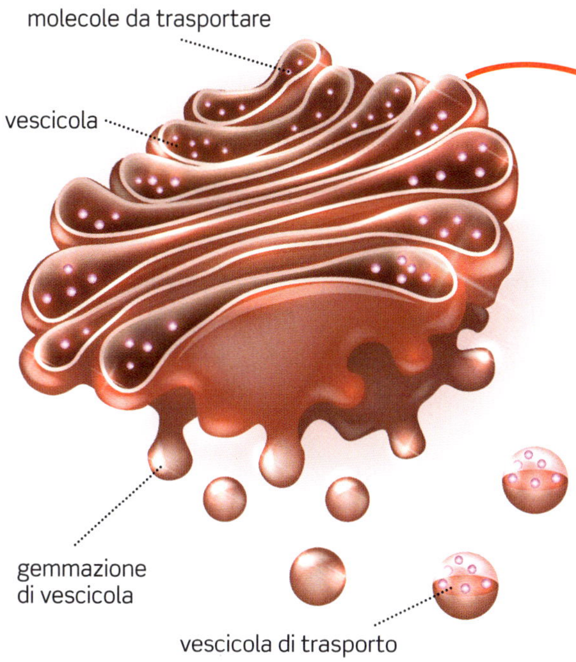

6a Dall'apparato di Golgi si staccano ("gemmano") vescicole di trasporto che contengono molecole prodotte negli organuli cellulari.

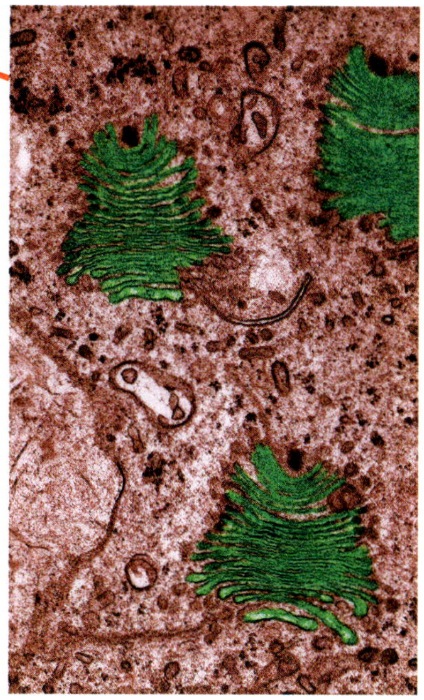

6b Apparati di Golgi al microscopio elettronico.

I **lisosomi** sono piccole vescicole in grado di distruggere le molecole estranee o gli organuli cellulari ormai giunti alla fine della loro vita.

I **centrioli** 7 sono strutture cave di forma cilindrica, presenti in quasi tutte le cellule animali, a eccezione di quelle muscolari. Solitamente si trovano in coppia e svolgono la loro funzione principale nel momento della riproduzione della cellula.

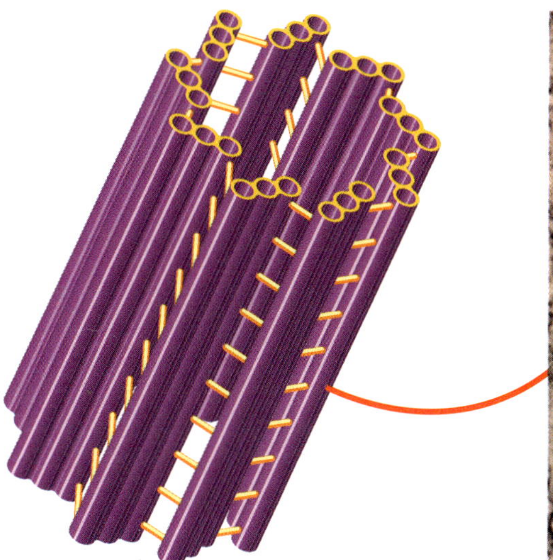

7a I centrioli sono strutture cilindriche, formate da nove serie di microtubuli, uniti a tre a tre.

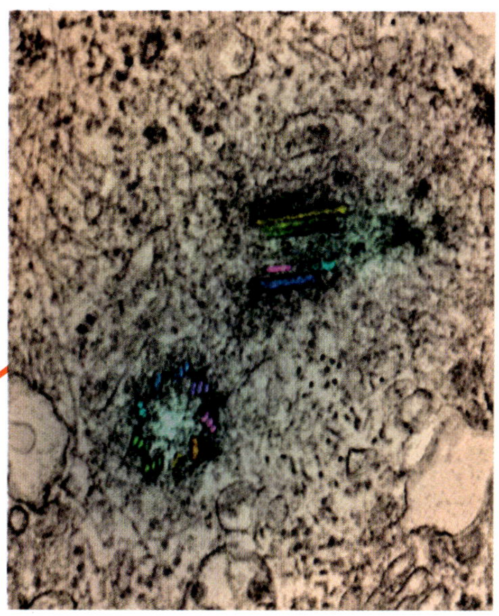

7b Centrioli al microscopio elettronico.

Parole di scienze

lisosomi: dal greco *lysis* = dissoluzione + *soma* = corpo.

Con metodo

Analizzo il testo

1. Completa.
   La membrana .... avvolge e delimitata la cellula eucariote e regola il .... delle .... che la attraversano. È formata da due strati di .... in cui si inseriscono le .... Sulla superficie esterna sono anche presenti i .... legati alle proteine o ai fosfolipidi, con funzione di protezione e ancoraggio per alcune molecole.
2. Che cos'è il citoplasma? Sottolinea nel testo la spiegazione corretta.

Comprendo il testo

3. Rispondi.
   a Quali sono gli elementi più importanti che formano il nucleo?
   b A che cosa serve il DNA contenuto nel nucleo?
4. Nel reticolo endoplasmatico liscio:
   - ☐ sono prodotte le proteine
   - ☐ avviene la sintesi dei lipidi
5. L'apparato di Golgi:
   - ☐ indirizza le molecole prodotte all'interno del nucleo
   - ☐ indirizza le molecole prodotte all'interno o all'esterno della cellula

Schematizzo

6. Completa il seguente schema.

nome organuli	descrizione
lisosomi	
centrioli	
ribosomi	
mitocondri	

4 La cellula vegetale

Audio

La cellula vegetale ha una parete rigida, un vacuolo e i plastidi

Come ricorderai, le cellule sono state individuate per la prima volta nel sughero; anche il nucleo, il primo organulo cellulare descritto nel 1833 da Robert Brown (botanico inglese, 1773-1858), fu osservato proprio nelle **cellule vegetali**.

Queste cellule, spesso, raggiungono dimensioni maggiori rispetto a quelle animali (vanno dai 10 ai 100 micrometri) e sono quindi più facilmente osservabili, anche con microscopi rudimentali.

Le cellule animali e vegetali sono molto simili fra loro, ma quelle vegetali presentano la **parete cellulare** e alcuni organuli in più **1**:

- i **plastidi**;
- i **vacuoli**.

In quasi tutte le cellule vegetali mancano invece i centrioli.

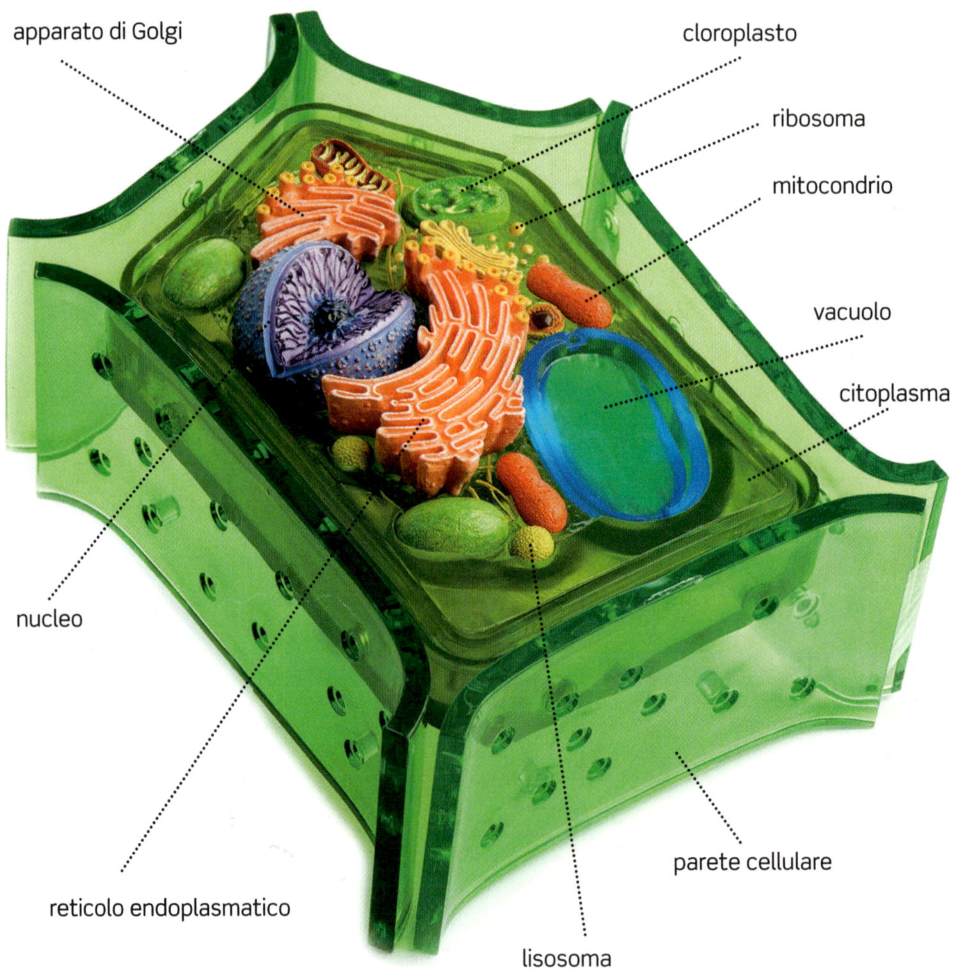

1 La cellula vegetale è una cellula eucariote che presenta la parete cellulare e alcuni organuli in più rispetto a quella animale.

CLIL for SCIENCE

Audio

cellula vegetale: *plant cell*

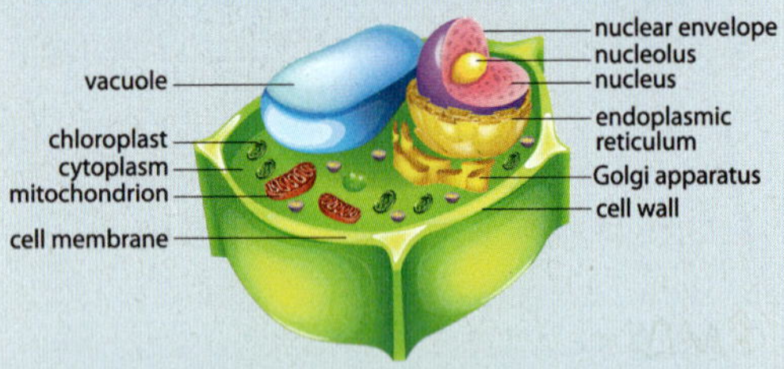

cellula animale: *animal cell*

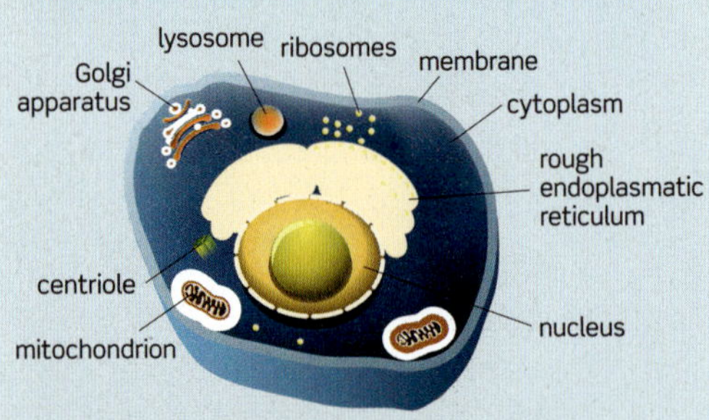

What are the main differences between plant cells and animal cells? Complete the table with your class and write down the main characteristics of each in the columns.

plant cell	animal cell

La **parete cellulare** ■2 si trova all'esterno della membrana plasmatica e conferisce **rigidità** alla cellula. La sua composizione varia in base all'età della cellula e alla sua funzione. Generalmente è composta da due strati: uno più esterno, composto da un carboidrato, la pectina; e uno più interno, formato da pectina, proteine e **cellulosa**. Quest'ultima è una lunga catena di molecole di glucosio che, unendosi ad altre catene, costituisce strutture molto regolari con legami difficili da rompere. In alcune cellule, soprattutto con funzioni di sostegno (come quelle del fusto), si trova anche un altro strato, costituito principalmente da cellulosa e da **lignina**, che conferisce estrema solidità. La parete cellulare non è continua ma interrotta da canali, i **plasmodesmi**, che mettono in comunicazione le cellule adiacenti.

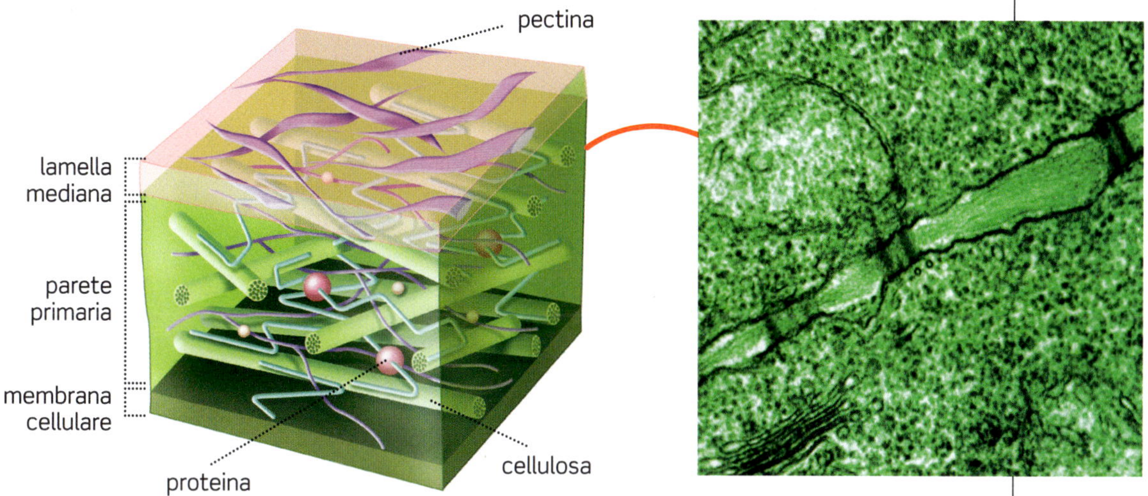

■2a La parete cellulare è formata da due strati, la lamella mediana e la parete primaria. ■2b Plasmodesmi al microscopio elettronico.

Il **vacuolo** è una vescicola delimitata da una membrana, il *tonoplasto*, formata da un unico strato di lipidi ■3. Al suo interno c'è una soluzione contenente acqua, sali minerali e altre sostanze (come i pigmenti), che prende il nome di *succo vacuolare*. Il vacuolo accumula le sostanze di riserva, consente alla cellula di aumentare le proprie dimensioni, contribuisce alla colorazione dei petali dei fiori e rappresenta un sistema di eliminazione dei rifiuti.

I **plastidi** sono organuli delimitati da una doppia membrana, contenenti un liquido chiamato *stroma*, in cui si trovano i ribosomi, il materiale genetico (DNA) e gli enzimi (proteine che favoriscono le reazioni chimiche).

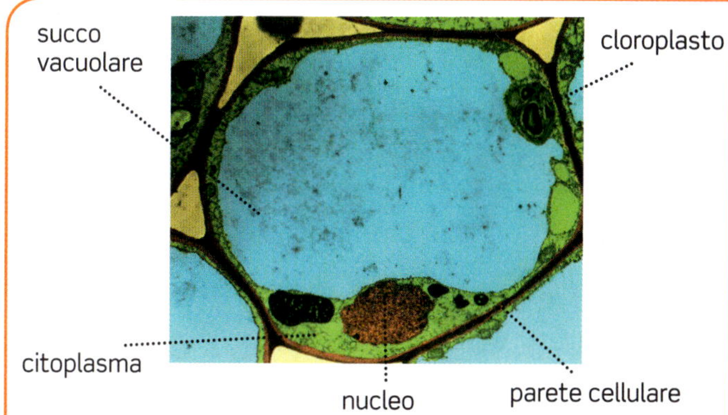

■3 Un vacuolo al microscopio. Il vacuolo occupa la maggior parte dello spazio all'interno della cellula vegetale.

Nelle cellule vegetali giovani ci sono numerosi vacuoli che durante lo sviluppo della cellula si uniscono fino a diventare uno solo. Nelle cellule adulte, quindi, è solitamente presente un unico grosso vacuolo, che occupa circa il 90% del loro volume: di conseguenza il citoplasma e gli organuli cellulari sono addossati alla membrana plasmatica. Le cellule vegetali, quindi, aumentano le proprie dimensioni grazie alla crescita del vacuolo che si ingrandisce accumulando acqua al suo interno. Questo è un metodo di accrescimento efficace e poco dispendioso per la pianta. Proprio per lo sviluppo di grandi vacuoli le cellule vegetali hanno dimensioni maggiori rispetto a quelle animali.

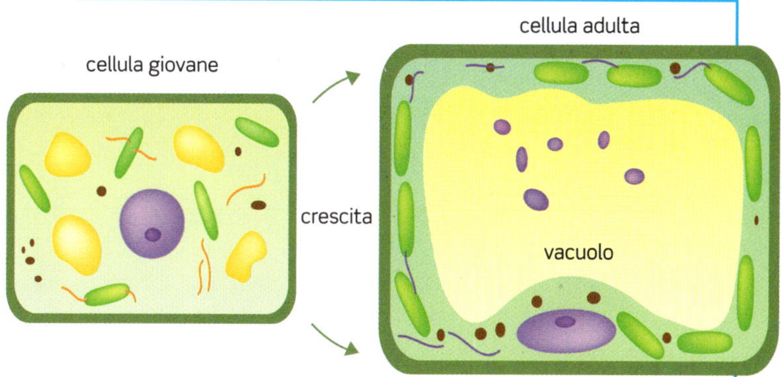

I plastidi sono classificati in base al colore:

- i **leucoplasti** sono incolori e hanno funzioni di riserva, accumulano proteine, amido o lipidi. Si trovano nelle zone non esposte alla luce, come le radici o i semi;
- i **cromoplasti** sono giallo-arancio e rossi e contribuiscono alla colorazione dei fiori e dei frutti;
- i **cloroplasti** sono di colore verde, poiché contengono la *clorofilla*, un pigmento verde appunto, responsabile della fotosintesi clorofilliana 4. La fotosintesi è un processo chimico attraverso il quale le piante, utilizzando l'energia del Sole, combinano l'anidride carbonica atmosferica con l'acqua per produrre sostanze organiche. La clorofilla è ancorata alla superficie di "sacchetti" che prendono il nome di **tilacoidi**, a loro volta impilati uno sull'altro a formare i **grana**. Nel fluido interno dei cloroplasti (lo **stroma**) si trovano enzimi che favoriscono la fotosintesi.

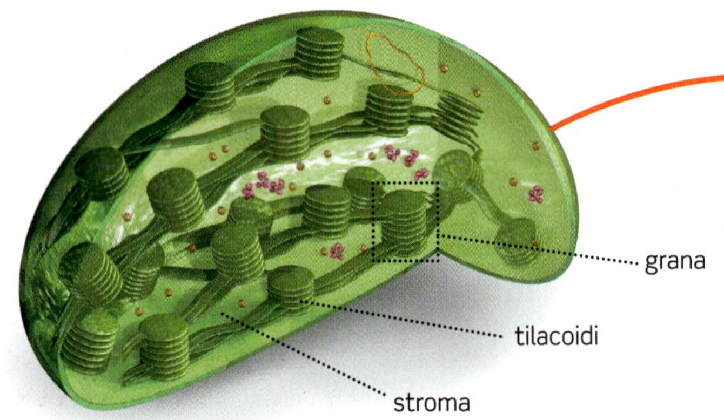

4a I cloroplasti sono i plastidi specializzati per la fotosintesi.

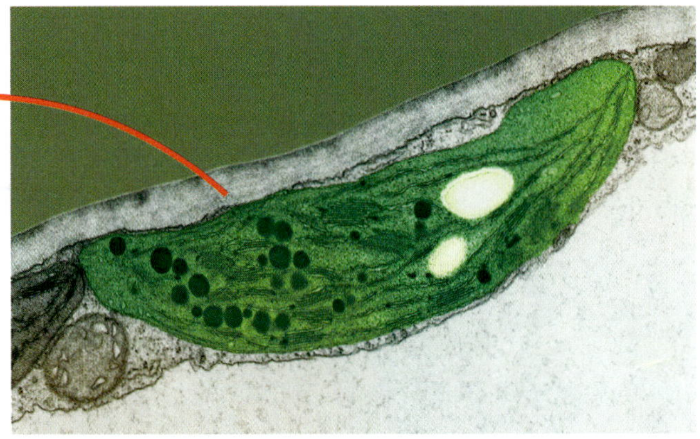

4b Cloroplasto al microscopio elettronico.

Mitocondri e cloroplasti: da batteri a organuli cellulari?

I cloroplasti, come i mitocondri, sono organuli cellulari molto speciali, tanto che la loro presenza all'interno della cellula eucariote viene spiegata con una teoria particolare: la **teoria dell'endosimbionte** (dal greco *endo* = dentro, *syn* = insieme e *bios* = vita).
Secondo questa teoria i mitocondri e i cloroplasti erano in origine batteri: i primi in grado di utilizzare l'ossigeno per produrre energia, i secondi in grado di effettuare la fotosintesi. Questi batteri sarebbero stati inglobati, prima gli uni e poi gli altri, da batteri anaerobi (non in grado di utilizzare l'ossigeno) che, invece di distruggerli, li avrebbero mantenuti al proprio interno per sfruttarne le capacità.
In questo modo tutti i batteri sarebbero stati avvantaggiati: quello anaerobio aveva la possibilità di utilizzare l'ossigeno e la luce grazie ai batteri fagocitati, mentre questi ultimi potevano utilizzare le sostanze prodotte dalla cellula ospitante. A sostegno di questa teoria vi sono alcune evidenze: i mitocondri e i cloroplasti, infatti, presentano:

- DNA circolare al loro interno, proprio come le cellule batteriche;
- una doppia membrana, con quella più interna molto più simile a quella degli organismi procarioti rispetto a quella delle cellule eucariote;
- i ribosomi simili a quelli dei batteri.

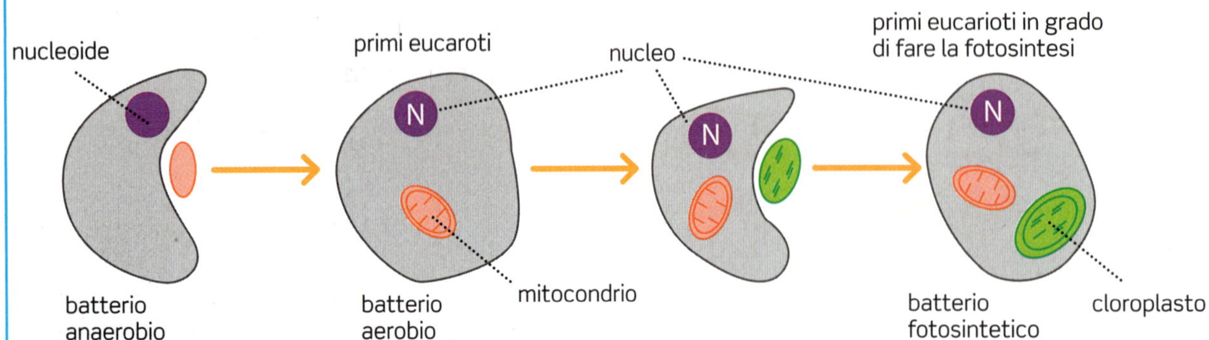

Un batterio anaerobio ne fagocita uno aerobio e invece di distruggerlo lo mantiene al suo interno: tale batterio sarebbe poi diventato un mitocondrio. La stessa cosa sarebbe avvenuta per il cloroplasto.

Piccoleprove Osserviamo la cellula vegetale

Materiale occorrente Contenuto integrativo 30 minuti

- microscopio
- vetrini portaoggetti e coprioggetti
- acqua distillata
- pipetta di Pasteur
- pinzetta
- cipolla

Procedimento

Togli con le dita i primi strati più esterni e secchi che ricoprono la cipolla, preleva con la pinzetta uno dei sottili strati sottostanti e posizionane un piccolo frammento sul vetrino portaoggetti **a**.
Con la pipetta metti una goccia d'acqua distillata sul pezzetto di cipolla al centro del vetrino **b**.
Posiziona il vetrino coprioggetto in modo che l'acqua si espanda senza formare bolle d'aria **c**.
Metti il vetrino così preparato sul microscopio e osserva **d**.

a

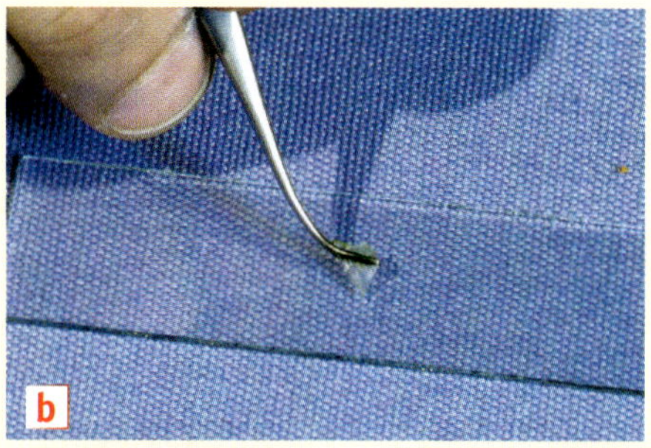
b

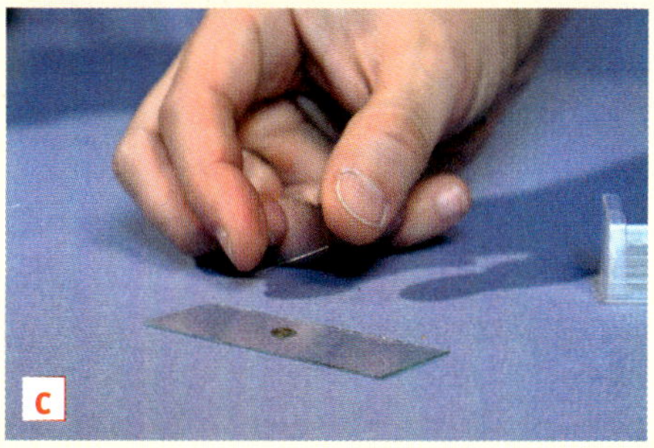
c

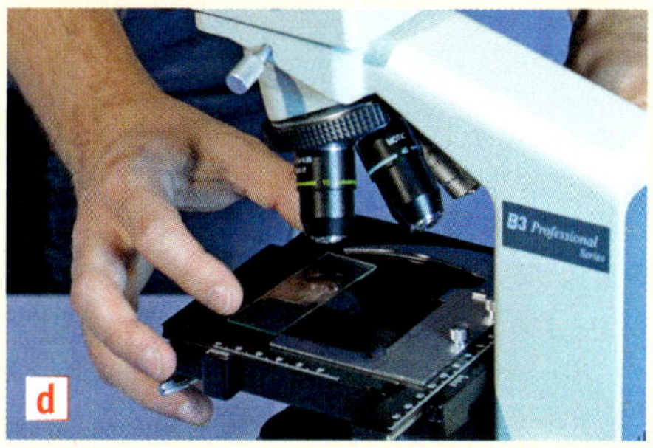

d

Le cellule vegetali hanno forme regolari per la presenza della parete rigida all'esterno della membrana cellulare e al centro si vede molto bene il nucleo. Prova a osservare attentamente il campione e dopo l'osservazione, completa l'attività inserendo i termini nell'immagine al microscopio.

nucleo • *vacuolo* • *parete cellulare*

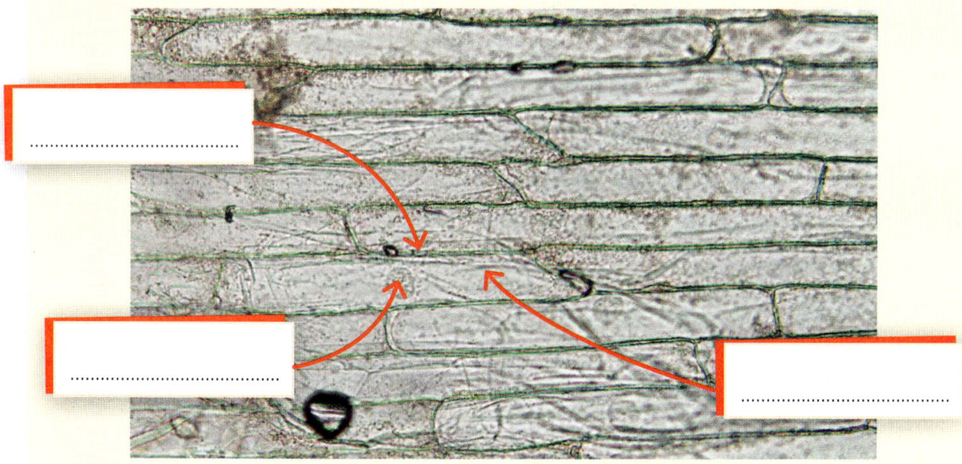

Con metodo

Analizzo il testo

1. Sottolinea nel testo con tre colori diversi i nomi delle strutture presenti solo nelle cellule vegetali.
2. Completa.
   La parete primaria è formata da ...., proteine e ....
   Quest'ultima è una lunga catena di molecole di .... che costituisce strutture molto regolari con legami difficili da rompere. In alcune cellule, soprattutto con funzioni di .... (come quelle del fusto), all'interno della parete primaria è deposta la parete ....
   Questa è costituita principalmente da cellulosa e da alcune sostanze complementari, come la ...., che conferisce estrema ....
   La parete cellulare non è continua ma interrotta da canali, detti ...., che mettono in .... le cellule vicine.

Comprendo il testo

3. Rispondi.
   a Come sono fatti e a che cosa servono i vacuoli?
   b Che cosa sono e a cosa servono i plastidi?
4. Il tonoplasto:
   - ☐ è il liquido contenuto all'interno del vacuolo
   - ☐ è una membrana che delimita il vacuolo
5. I cloroplasti:
   - ☐ hanno funzione di riserva
   - ☐ sono specializzati nella fotosintesi

I pigmenti vegetali

Audio

Avrai sicuramente notato che nel mondo dei vegetali ci sono molti colori diversi 1: per esempio il verde delle foglie, il giallo e il viola dei petali e il rosso dei frutti. Questi colori sono dovuti alla presenza di **pigmenti**, sostanze prodotte dalle piante stesse, che hanno vari compiti: fra i principali la fotosintesi e il richiamo degli animali impollinatori e disseminatori.

1 I colori nel mondo vegetale svolgono numerose funzioni: fra le principali ricordiamo la fotosintesi e il richiamo per gli animali che disperdono polline e semi.

La classificazione dei pigmenti è fatta in base alla loro funzione.

- La **clorofilla** (dal greco *chlóros* = verde + *phyllon* = foglia) è il pigmento predominante nelle piante e, come dice il nome stesso, è di colore verde. È la molecola responsabile della fotosintesi clorofilliana 2. La sua forma può essere paragonata a un chiodo: la testa assorbe la luce, mentre la coda la àncora ai tilacoidi del cloroplasto. Nelle piante si trovano due tipi di clorofille: la clorofilla *a,* di colore verdeazzurro, e la clorofilla *b,* di colore verdegiallo. Entrambe sono insolubili in acqua, come spesso accade per i pigmenti naturali.

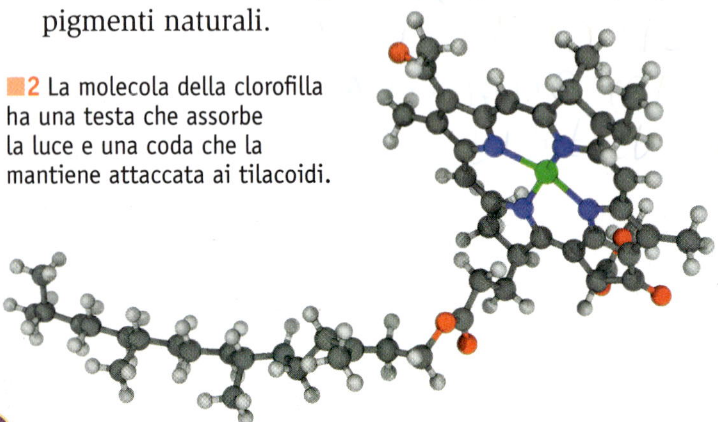

2 La molecola della clorofilla ha una testa che assorbe la luce e una coda che la mantiene attaccata ai tilacoidi.

- I **carotenòidi** sono di colore arancione, rosso o giallo 3. Il loro nome deriva dalla carota, poiché queste sostanze sono state isolate per la prima volta proprio nella radice della carota. Sono definiti *pigmenti accessori*: aiutano e proteggono la clorofilla durante la fotosintesi, possiamo definirli come una specie di crema solare per le foglie. I carotenoidi si dividono in due classi: i *caroteni* (rossi-arancio) e le *xantofille* (dal greco *xanthós* = giallo + *phyllon* = foglia).

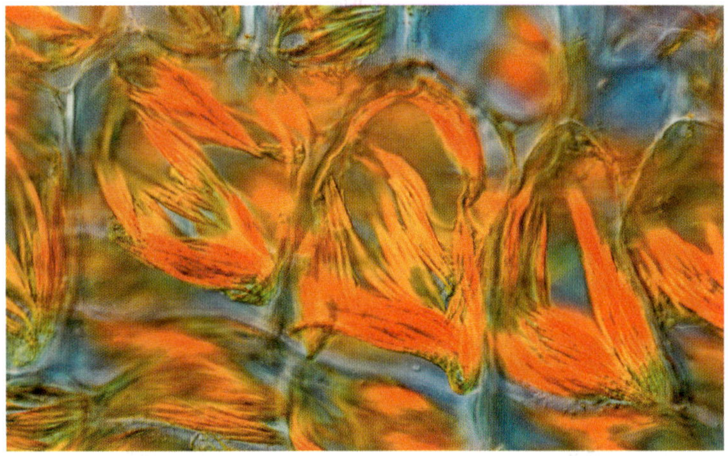

3 I carotenoidi, contenuti nei cromoplasti, hanno un colore arancione.

- I **flavonòidi** (dal latino *flavus* = biondo) sono un insieme di molecole: fra le più importanti ci sono gli antociani e i flavoni. Gli *antociani* costituiscono una famiglia di pigmenti che vanno dal rosa al viola. Danno il colore a molti fiori, frutti e organi sotterranei (come il ravanello). I *flavoni* hanno un colore bianco o giallo e si trovano nei petali di molti fiori. Alcuni di essi sono incolori per l'occhio umano 4, ma possono essere visti dagli insetti: al centro dei fiori fanno da "guida" per l'atterraggio.

4 Confronto fra ranuncoli visti con occhi umani (a sinistra) e con gli occhi di un insetto (a destra): la parte centrale del fiore è una sorta di pista d'atterraggio che guida l'insetto verso il nettare e di conseguenza verso il polline.

Durante l'autunno, quando l'albero si prepara a perdere le foglie, non viene prodotta nuova clorofilla e quella presente si degrada, lasciando comparire gli altri pigmenti, come i carotenoidi o gli antociani: per questo le foglie in questa stagione sono gialle, rosse e marroni.

5 *Crocus sativus* (zafferano): il pigmento giallo è ottenuto dagli stigmi del fiore lavati e fatti essiccare.

I pigmenti vegetali sono da sempre utilizzati nell'arte, poiché sono resistenti nel tempo ma non acidi, quindi non danneggiano la carta. I pigmenti blu, per esempio, in passato si ottenevano dal guado (*Isatis tinctoria*), quelli gialli si estraevano dallo zafferano (*Crocus sativus*) **5** o dalla curcuma (*Curcuma longa*), e quelli rossi dalla robbia (*Rubia tinctorum*) **6**.

6 *Rubia tinctorum*: il pigmento rosso è ottenuto dalle radici.

Piccoleprove — Non solo verde!

Materiale occorrente

Contenuto integrativo — 1 giorno

- alcune foglie verdi
- 1 mortaio
- alcol etilico incolore
- 1 bicchiere
- 1 striscia di cartoncino
- 1 colino

Procedimento

Pesta in un mortaio le foglie insieme all'alcol: quest'ultimo si colorerà di verde, poiché l'azione del pestello rompe le cellule facendo fuoriuscire la clorofilla che si diluisce nell'alcol.
Fai riposare per 24 ore e successivamente filtra l'estratto di foglie: otterrai una soluzione di alcol e clorofilla.
Taglia una striscia di cartoncino, lunga quanto il bicchiere e larga circa 1,5 cm, e immergila nella soluzione precedentemente filtrata.

L'alcol sale lungo la striscia di cartoncino, trascina con sé i pigmenti che sono contenuti nel "liquido verde" e li deposita in più bande di colori diversi.
I pigmenti si separano in base alla loro affinità all'alcol: più sono affini e più si fanno trasportare lungo il cartoncino.
In una foglia verde ci sono quindi più pigmenti, ma sono mascherati dalla clorofilla. Prova a ripetere questa esperienza con foglie di colori vari: vedrai che le bande che si depositano saranno molto diverse rispetto a quelle della foglia verde!

Sulle spalle dei giganti

Galileo ha inventato il microscopio?

Audio · Contenuto integrativo

Ora che hai studiato la cellula avrai sicuramente compreso qual è stato lo strumento più importante per capirne la struttura interna: il microscopio.
Questo dispositivo, come dice la parola stessa, è stato utilissimo per osservare le cellule, piccolissime, e gli organuli in esse contenuti, ancora più piccoli.

Chi ha inventato questo preziosissimo strumento per le indagini biologiche? È difficile stabilirlo con certezza.
La storia del microscopio s'intreccia con quella delle lenti d'ingrandimento: già le antiche civiltà probabilmente conoscevano la capacità di ingrandire posseduta dal vetro. Plinio il Vecchio, grande scrittore e naturalista dell'Antica Roma, racconta che Nerone utilizzava una pietra verde per osservare i gladiatori durante i giochi, forse per correggere una miopia.
È probabile che sia stato un matematico arabo di nome Alhazen a mettere a punto, nell'XI secolo, la lente d'ingrandimento vera e propria, scrivendo anche il primo trattato di ottica.
In Europa l'utilizzo delle lenti per la correzione della vista appare certo verso la fine del XIII secolo.

Bisogna però attendere fino al 1595, quando **Zacharias Janssen**, un produttore di occhiali olandese, costruì uno strumento con due lenti, lungo circa 40 cm, composto da tre tubi che scorrevano uno dentro l'altro: questo dispositivo, perfezionato dai suoi figli, ingrandiva le immagini fino a 30 volte ■1.

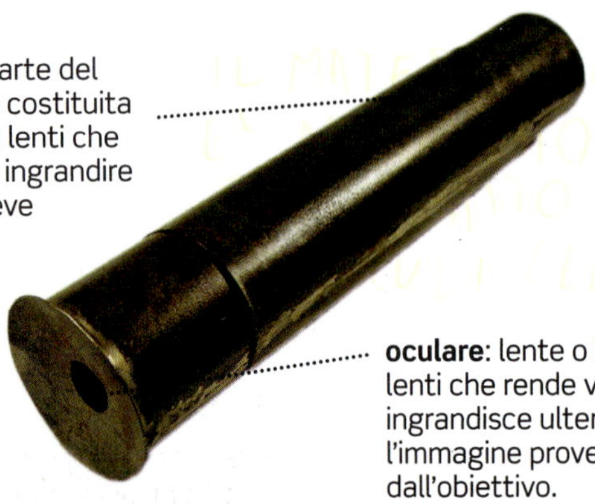

■1 Il microscopio di Janssen.

Galileo Galilei, nel 1624, avrebbe costruito un telescopio di piccole dimensioni, da lui definito come "un telescopio accomodato per vedere gli oggetti vicinissimi", che chiamò *occhialino* ■2.
Solo l'anno successivo **Johannes Faber** (scienziato tedesco, 1574-1629) lo battezzò *microscopio*.

■2 Il microscopio di Galileo era una sorta di telescopio, rimaneggiato per vedere le cose da vicino. Era formato da un tubo rigido con due lenti all'interno.

Questo strumento fu perfezionato da **Antoni van Leeuwenhoeck** (ottico e naturalista olandese, 1623-1723) che riuscì a ingrandire l'immagine fino a 300 volte ■3.
In questo modo egli scoprì organismi unicellulari, come protozoi e batteri e confermò la presenza dei capillari sanguigni osservando la coda di un girino.

■3 Il microscopio di Leeuwenhoeck ha una maggiore precisione: aumenta l'ingrandimento grazie a specchi e illuminazione artificiale (candele).

Da questi primi apparecchi si è arrivati ai moderni microscopi ottici, che ingrandiscono, mediante lenti, il campione da osservare illuminato dalla luce.
I microscopi ottici possono essere:

- **semplici**, cioè con una sola lente posta fra l'occhio e l'oggetto da osservare;
- **composti**, costituiti da due lenti, rispettivamente l'**obiettivo** (davanti a cui si pone l'immagine da osservare) e l'**oculare** ■4.

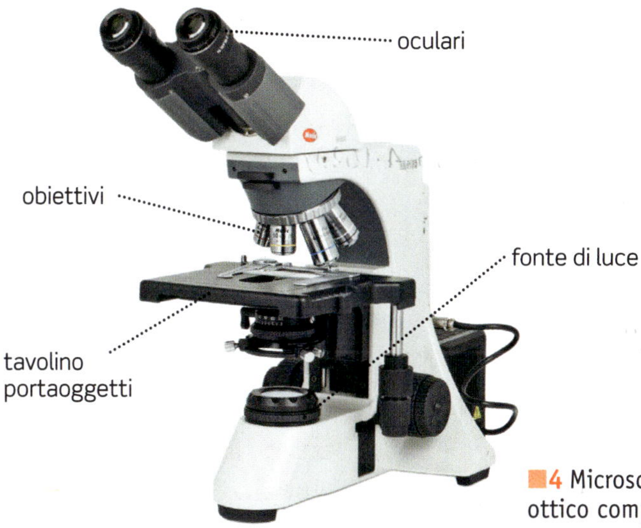

■4 Microscopio ottico composto.

L'ingrandimento massimo raggiungibile con questo tipo di microscopio è di 400 ×, ossia 400 volte. Si arriva a 1000 × solo con particolari tecniche (per esempio immergendo gli obiettivi nell'olio) ■4.

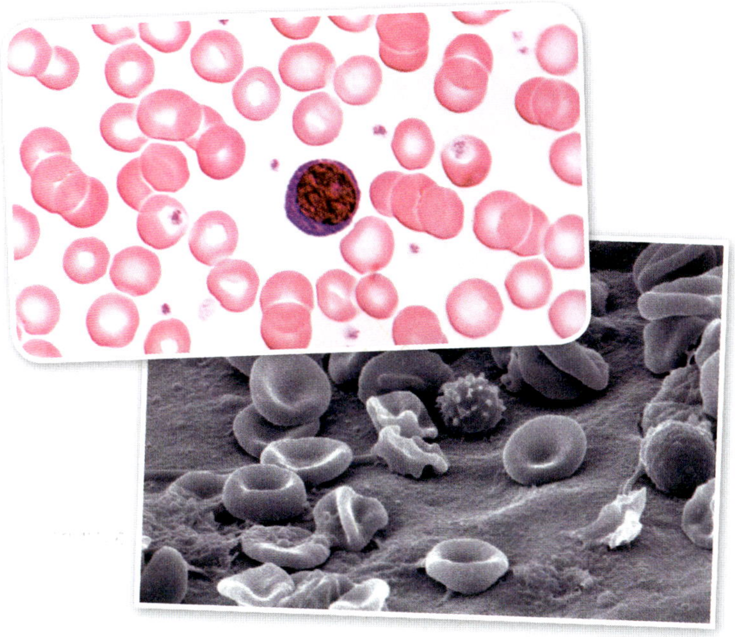

■4 Globuli rossi: immagine in alto ottenuta con microscopio ottico (1000x), in basso con microscopio elettronico (1000x). L'immagine ottenuta con il M.E. è molto più precisa e dettagliata, anche se l'ingrandimento è lo stesso.

Nel 1931 **Ernst Ruska** (fisico tedesco) e **Max Knoll** (ingegnere tedesco) costruirono il primo prototipo di **microscopio elettronico** ■5, in cui il campione da osservare non è più colpito dalla luce, ma da un fascio di elettroni. Oggi esistono vari tipi di microscopi elettronici, capaci d'ingrandimenti fino a 2 milioni di volte e con cui si possono osservare anche gli atomi del campione.

■5 Microscopio elettronico.

Le cellule si vedono solo al microscopio?

Sei proprio sicuro che per studiare le cellule occorrano potenti microscopi? Nella maggior parte dei casi sì, ma esistono cellule che possono essere osservate anche a occhio nudo. Per esempio l'uovo di una gallina: quello che normalmente è chiamato *tuorlo* è una sola cellula dotata, come tutte le altre, della membrana plasmatica, di un nucleo, del citoplasma e di tutti gli organuli cellulari.
(In realtà, il tuorlo vero e proprio è una sostanza molto nutriente contenuta nel citoplasma).
Prova a osservare anche tu, aiutandoti con una lente d'ingrandimento, il tuorlo di un uovo di gallina.
Noterai una piccola macchia più chiara: questa è la zona dove si trovano il nucleo e gli organuli cellulari.

La più grande cellula esistente è la cellula uovo dello struzzo, grande circa come una palla da tennis.
Nell'aprile del 2015 è stato battuto all'asta un uovo fossile di *Aepyornis* (un uccello estinto), grande circa 270 volte un uovo di gallina! Chissà quanto era grande il suo tuorlo!
In realtà esiste un'alga tropicale del genere *Caulerpa*, costituita da un'unica cellula con più nuclei, che può arrivare anche a vari metri di lunghezza.

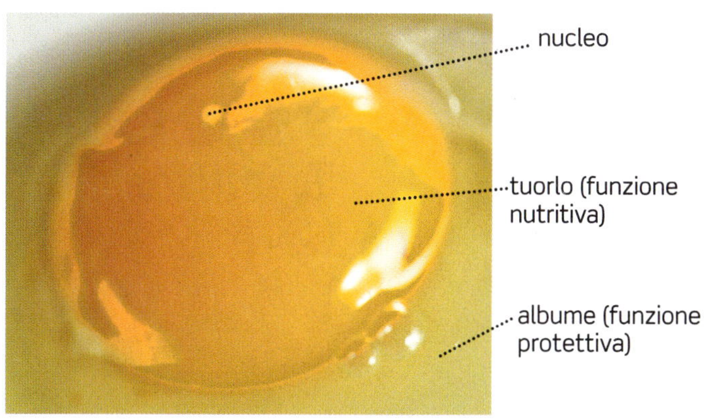

■ Nella cellula uovo di uccello la parte centrale è occupata dal tuorlo; il citoplasma, il nucleo e tutti gli organuli cellulari sono concentrati in unica zona della cellula.

Erickson

La teoria cellulare

Che cosa afferma la teoria cellulare?

Paragrafo 1

Leggi con attenzione i quattro punti in cui si articola la definizione di teoria cellulare e sottolinea in ogni punto le parole più importanti.
Se la definizione sembra complessa, la puoi schematizzare in una mappa come la seguente.

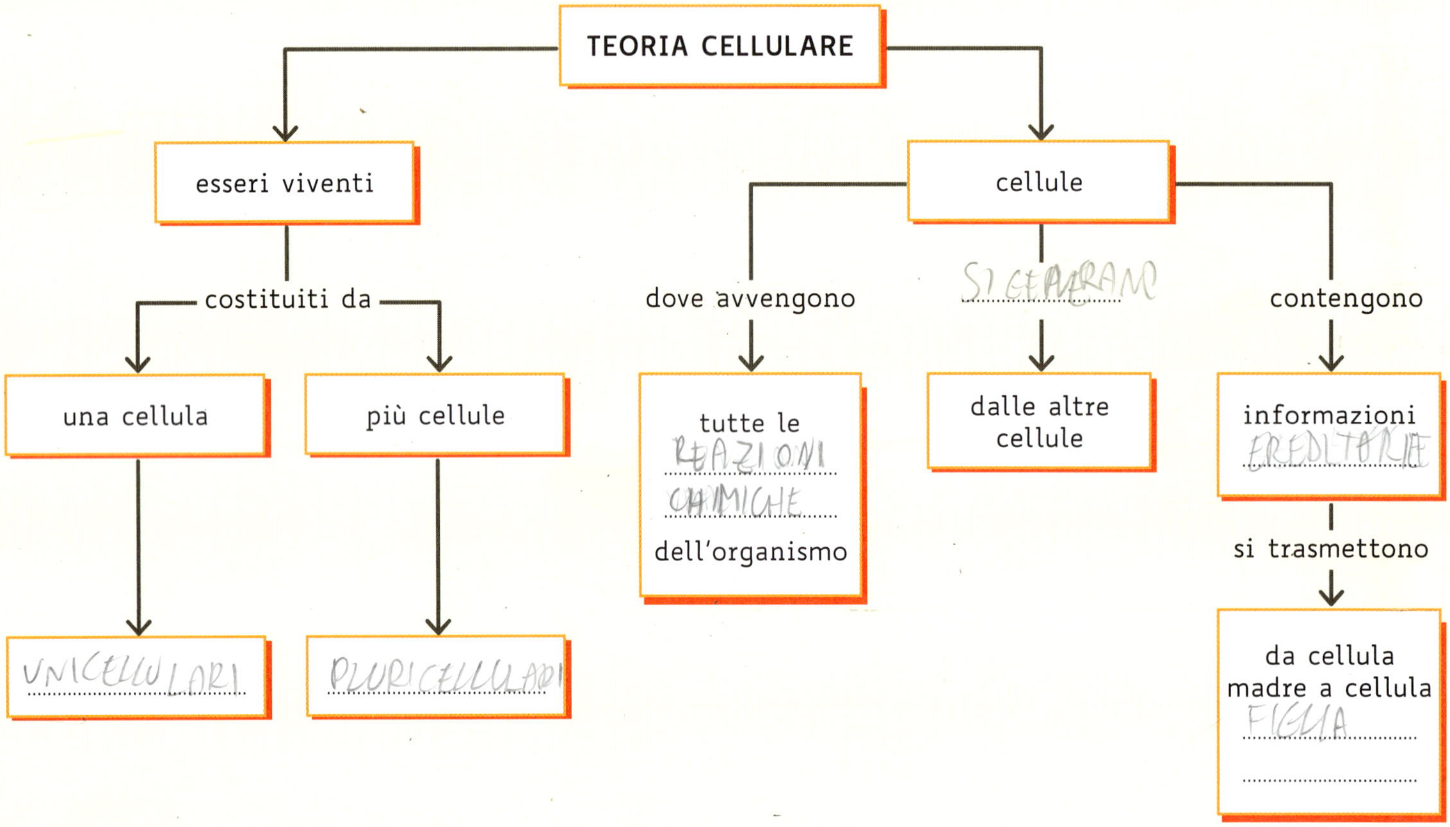

Cellula procariote, eucariote animale e vegetale

Quali sono le caratteristiche della cellula eucariote e procariote?

Paragrafo 1

Può capitare spesso di confondere cellula eucariote e cellula procariote. Per ricordarti le differenze, leggi con attenzione la loro descrizione nel sottoparagrafo "Caratteristiche fondamentali della cellula"; non dimenticarti di osservare le immagini e leggere le didascalie.

	cellula eucariote	cellula procariote
materiale genetico	IL MATERIALE GENETICO E' MESCOLATO NEL CITOSOL E A CONTATTO CON GLI ORGANULI CELLULARI	IL MATERIALE GENETICO È CONTENUTO IN UNA MEMBRANA, IL NUCLEO E COMUNICA CON GLI ORGANULI GRAZIE ALL'RNA

Memo studio

Quando osservi un'immagine, per capire meglio un concetto spiegato nel testo, non tralasciare mai le didascalie: ti danno informazioni importanti su ciò che stai guardando.

Da che cosa sono formate le cellule eucariote e procariote?

Paragrafi 2-3-4

Spesso distinguere tra loro le cellule eucariote e procariote può essere difficile: gli organuli sono tanti. Prova a strutturare le informazioni in una tabella come quella che ti proponiamo qui sotto. Nel paragrafo 2 sottolinea in blu le caratteristiche della cellula procariote, nel paragrafo 3 sottolinea in rosso le caratteristiche della cellula eucariote animale; nel paragrafo 4 sottolinea in verde le caratteristiche della cellulare eucariote vegetale. Poi segna con una crocetta quale elemento appartiene a ogni tipo di cellula e scrivine la funzione. Aiutati con le immagini.

organulo	cellula procariote	cellula eucariote animale	cellula eucariote vegetale	funzione
1. membrana plasmatica	X	X	X	avvolge e delimita il citoplasma; regola il passaggio di sostanze, funge da filtro; è formata da due strati di fosfolipidi in cui si inseriscono le proteine.
2. centriolo		X	X	SOLITAMENTE SI TROVANO IN COPPIA, LAVORANO NELLA RIPRODUZIONE
3. apparato di Golgi		X	X	DISTRIBUISCE LE MOLECOLE PRODOTTE DALLA CELLULA
4. citoplasma	X	X	X	GELATINA IN CUI SI TROVANO GLI ORGANULI CELLULARI
5. mitocondrio		X	X	CONTIENE LA MATRICE MITOCONDRIALE (RESPIRAZIONE CELLULARE) E IL DNA
6. nucleo		X	X	MEMBRANA CHE RACCHIUDE IL DNA
7. reticolo endoplasmatico ruvido		X	X	CONTIENE I RIBOSOMI E PER QUESTO PRODUCE PROTEINE
8. reticolo endoplasmatico liscio		X	X	SI OCCUPA DELLA SINTESI DEI LIPIDI
9. flagello	X			UTILIZZATI PER IL MOVIMENTO DELLA CELLULA
10. lisosoma		X	X	DISTRUGGE SOSTANZE ESTRANEE O ORGANULI MORTI
11. parete cellulare			X	DA RIGIDITA' ALLA CELLULA
12. plastidi			X	SONO ORGANULI IN CUI AVVENGONO REAZIONI CHIMICHE ES. CLOROPLASTI
13. vacuolo			X	RACCOGLIE SOSTANZE PER LA CRESCITA, COLORA PETALI, ELIMINA SOSTANZE

Mi preparo all'interrogazione

Contenuti multipli

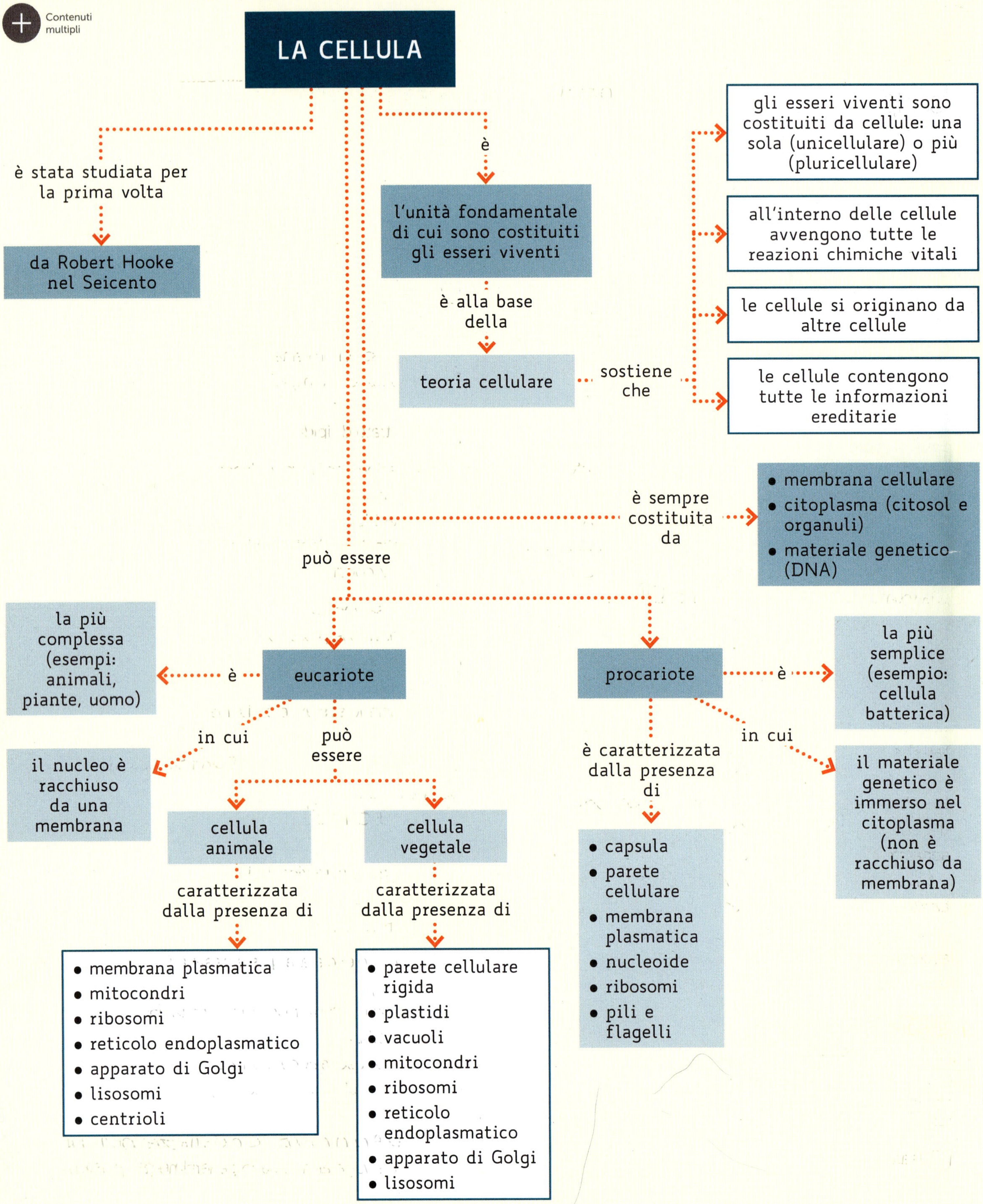

verifica

Verifica interattiva

CONOSCO

1 Completa le seguenti frasi scegliendo tra i termini elencati.

reazioni chimiche • lisosomi • membrana • citoplasma • organuli • eucariote • DNA • nucleo • informazioni ereditarie • membrana • procariote • animale • batteri • capsula • cellula • centrioli • pili • ribosomi • lignina • vacuoli • cloroplasti • unicellulari • pluricellulari • organuli • fotosintesi

a La .... è l'unità fondamentale di tutti gli esseri viventi.

b La teoria cellulare sostiene che tutti gli esseri viventi sono costituiti da una cellula (....................) o più cellule (....................); ogni cellula si origina da un'altra cellula; nella cellula avvengono tutte le .... e sono presenti le ....

c Tutte le cellule sono formate da tre strutture fondamentali: la .... cellulare, che delimita e protegge la cellula, il ...., sostanza gelatinosa dove sono immersi gli .... cellulari, e il nucleo, regione della cellula dove è presente il ....

d La cellula con un .... ben delimitato da una membrana viene definita ....; la cellula con materiale genetico non racchiuso da una membrana si chiama ....

e I .... sono gli unici esseri viventi a possedere una cellula procariote. Questa è caratterizzata dalla presenza di una parete, una ...., flagelli e .... Gli unici organuli presenti nel citoplasma sono i ....

f La cellula .... è eucariote. Il suo citoplasma è ricco di ....: mitocondri, reticolo endoplasmatico, apparato di Golgi, ..., ribosomi, ... Il suo DNA è racchiuso nel nucleo.

g La cellula vegetale possiede una parete formata da cellulosa e ...., i ...., che accumulano sostanze di riserva e i .... responsabili della .... clorofilliana.

2 INVALSI **Segna con una crocetta il completamento esatto.**

a Il nome cellula fu inventato da:
- ☐ Galileo Galilei
- ☐ Theodor Schwann
- ☐ Isaac Newton
- ☐ Robert Hooke

b I pili servono ai batteri per:
- ☐ scambiare sostanze con altri batteri
- ☐ muoversi
- ☐ assorbire nuove sostanze
- ☐ proteggere la cellula

c Mediante i flagelli i batteri:
- ☐ si fissano al substrato
- ☐ si muovono
- ☐ producono le proteine
- ☐ producono energia

d La membrana plasmatica è formata da:
- ☐ uno strato di proteine
- ☐ due strati di fosfolipidi
- ☐ due strati di carboidrati
- ☐ uno strato di lipidi

e La respirazione cellulare avviene:
- ☐ nel nucleo
- ☐ nei centrioli
- ☐ nel reticolo endoplasmatico
- ☐ nei mitocondri

f I ribosomi servono a:
- ☐ sintetizzare le proteine
- ☐ produrre energia
- ☐ formare i lipidi
- ☐ eliminare le sostanze di riserva

3 Collega ciascun termine con il significato corretto.

Lisosoma ....
Apparato di Golgi ....
Nucleo ....
Reticolo endoplasmatico liscio ....
Centrioli ....
Mitocondri ....

a indirizza le molecole alle giuste destinazioni
b sintetizza i lipidi
c sono importanti durante la riproduzione cellulare
d contiene il DNA
e vi avviene la respirazione cellulare
f distrugge le molecole estranee

4 Sottolinea il termine corretto tra i due proposti in corsivo.

a Nelle cellule vegetali mancano generalmente *i plastidi/i centrioli*

verifica

b La parete cellulare è formata soprattutto da pectina, proteine e *amido/cellulosa*

c Le cellule vegetali sono in comunicazione tra loro mediante *i plasmodesmi/i pili*.

d I plastidi con funzione di riserva e accumulo di sostanze sono *i cloroplasti/i leucoplasti*

e I sacchetti ai quali è ancorata la clorofilla si chiamano *tilacoidi/stroma*

APPLICO

5 Osserva le seguenti immagini e completa.

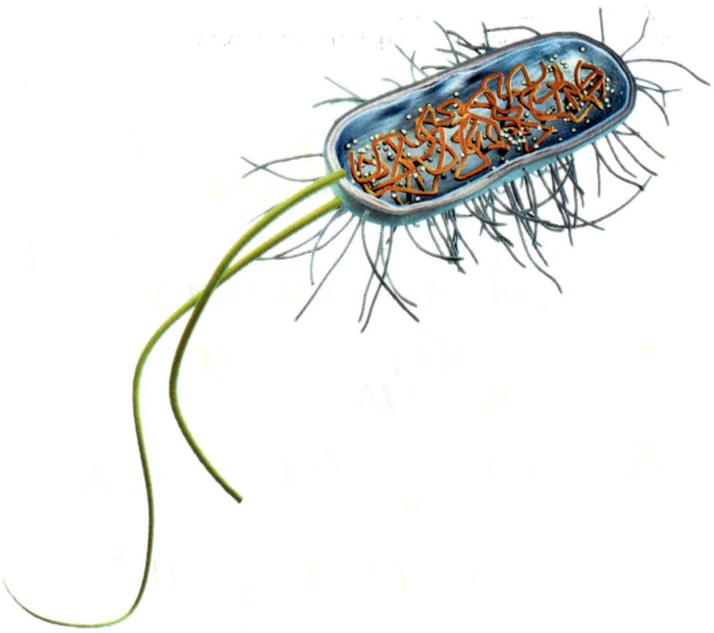

cellula PROCARIOTE
perché IL DNA NON È NEL NUCLEO

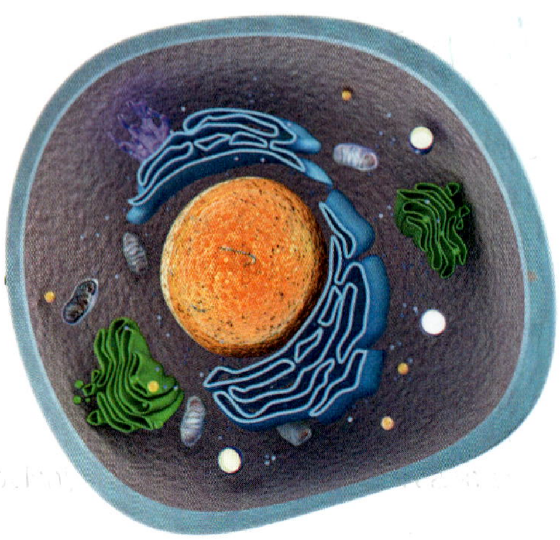

cellula EUCARIOTE
perché IL DNA È NEL NUCLEO

6 Osserva la seguente immagine e inserisci i nomi corretti.

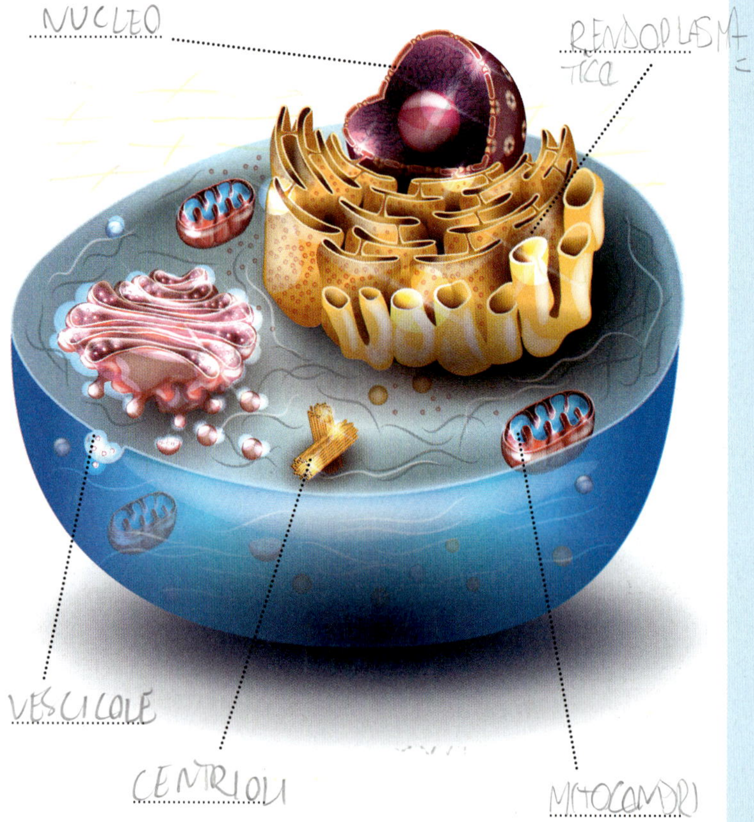

7 Completa la tabella inserendo una crocetta se gli elementi indicati sono presenti nella cellula menzionata e scrivi la loro funzione.

	euc. animale	euc.vegetale	procariote	funzione
membrana cellulare	X	X	X	PROTEGGE LA CELLULA
DNA	X	X	X	[illegible]
lisosomi	X	X		DISTRUGGONO ORGANULI O SOSTANZE INTRUSE
cloroplasti		X		CONTENGONO LA CLOROFILLA
plastidi		X		ORGANULI IMPORTANTI
pili			X	AIUTANO ORGANISMI A MUOVERSI
capsula			X	INVOLUCRO
parete cellulare		X		RICOPRE LA CELLULA
centrioli	X			RIPRODUZIONE

8 **Osserva le seguenti immagini e completa.**

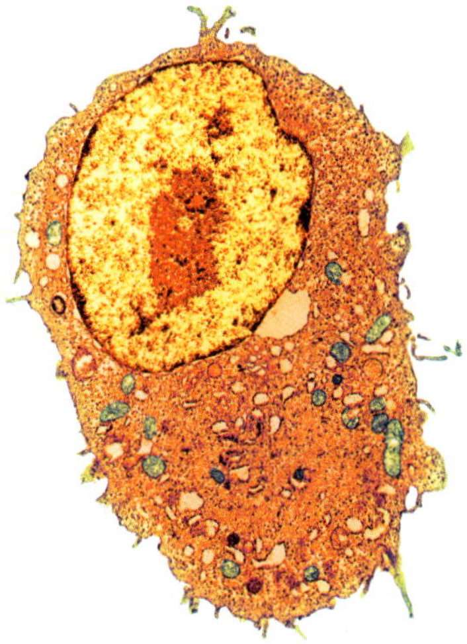

cellula .... cellula ....

perché .... perché ....

COMPETENZE

1. Leggi il testo e rispondi.

«Abbiamo progettato, sintetizzato e assemblato cellule "capaci di autoreplicarsi"». Questo l'annuncio di Craig Venter alla rivista *Science*.
La prima cellula sintetica è chiamata *Mycoplasma mycoides* JCVI-syn1.0 ma è detta oramai anche *Mycoplasma laboratorium*, ed è stata realizzata trasferendo un cromosoma artificiale all'interno di una cellula privata del suo genoma.
[...] La cellula artificiale è stata ottenuta trasferendo del DNA artificiale in una cellula batterica privata del suo DNA. "Pensiamo che sia davvero un risultato importante. [...] Di sicuro ha cambiato il punto di vista sulla definizione della vita" ha detto Venter, è uno strumento davvero potente per progettare tutto quello che vogliamo far fare alla biologia.
Abbiamo in mente un grandissimo numero di possibili applicazioni.

[Tratto da: *http://www.sciencemag.org*]

a Scrivi un possibile titolo per l'articolo che hai appena letto.
b Sottolinea i termini scientifici che hai trovato nel testo e scrivine il significato utilizzando il web o altre fonti (enciclopedie, libri di testo ecc.).
c Che cosa vuole mettere in evidenza l'autore di questo articolo?
d Secondo te quali potrebbero essere le "possibili applicazioni" indicate alla fine di questo articolo?
e Scrivi la tua opinione in merito a questa scoperta.

2. Calcola e ragiona.

Il corpo di una persona adulta è mediamente composta da 100 000 miliardi di cellule.
Esprimi questa quantità usando le potenze di 10.

3. Ricerca e comunica.

Cerca in Internet informazioni riguardanti la teoria dell'endosimbionte, illustra poi i risultati della tua ricerca in almeno 3 slides.

4. Prova tu.

Immagina di partecipare con la tua classe al Festival Nazionale della Scienza. A te e ad altri tre tuoi compagni è stato chiesto di preparare due modellini per rappresentare la cellula animale e quella vegetale. Descrivi quali materiali potresti utilizzare e come potresti realizzare i due modellini richiesti.

In English Verifica interattiva

5. Fill in the blanks.

living • *micrometres* • *multicellular* • *microscope* • *cytoplasm* • *unicellular* • *membrane* • *organelles* • *unit*

The cell is the basic .... of .... organisms. Cells are made of .... and .... enclosed within a .... Organisms are classified as .... (including bacteria) or .... (including plants and animals). Cells are visible only under a ...., with dimensions between 1 and 100 ....

CLIL: let's learn English

Plant and animal cells

Audio

Objectives

- Identify structures seen in plant and animal cells
- Compare plant and animal cells

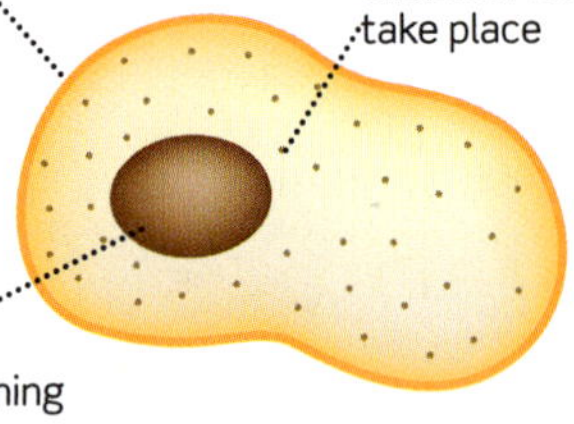

2 Animal cell.

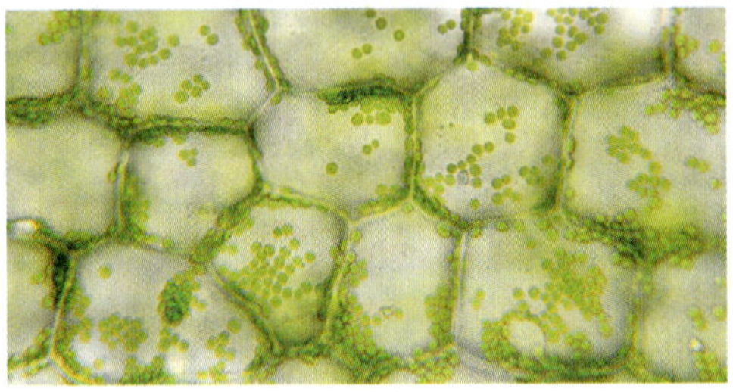

3 This leaf cell has been magnified about 1000 times.

Remember

- All living things are made of cells.
- All animal and plant cells have a cell membrane, cytoplasm and nucleus.
- Plant cells also have a cell wall and vacuole.
- Plants cells that grow in the light also have chloroplasts.

Exercises

1. Draw a labelled diagram of an animal cell.
2. Copy this plant cell and correctly label parts A to F.

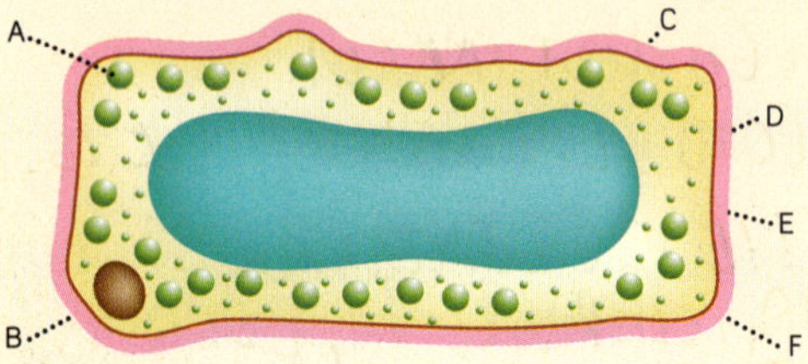

Cells

The image on the right 1 shows skin from the inside of your cheeks. It is magnified about 2000 times.

Each of these tiny pink compartments is a **cell**. Every part of your body is made of cells. All living things are made of cells.

Protozoa, yeasts and bacteria only have one cell, but large plants and animals have billions of cells.

The most important thing cells do is stay alive. You are alive because your cells are all alive. They use energy from respiration and simple nutrients to build the spare parts they need to grow and repair themselves.

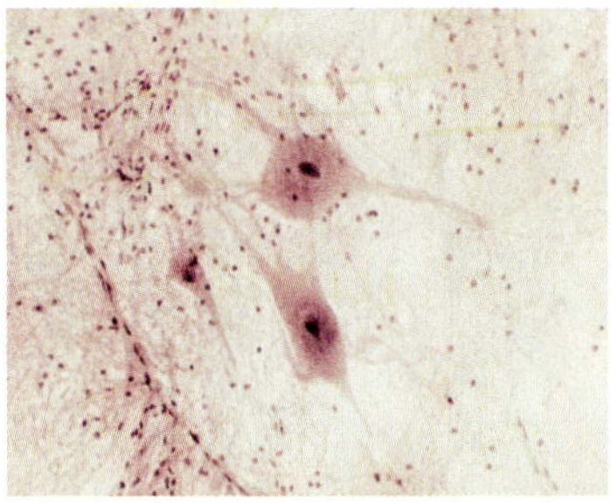

1 Skin from the inside of your cheeks looks like this under the microscope.

Animal cells

Cells come in many shapes and sizes. The diagram on the left shows a typical animal cell 2. It has three main parts with different functions.

- The **nucleus** stores a set of instructions called **genes**, which control what happens in the cell.
- Chemical reactions keep cells alive. Most chemical reactions take place in the **cytoplasm**.
- The **cell membrane** controls what enters and leaves the cell. It lets nutrients and oxygen in and waste products out.

Plant cells

Like animal cells, plant cells have a nucleus, cell membrane and cytoplasm. They also have extra parts so they can make their own food and support themselves. The green structures in most plant cells are **chloroplasts** 3. They capture the light energy that plants use to make food. The food is stored in cell sap, which fills a large bag called a vacuole in the middle of the cell. Root cells don't receive light, so they have no chloroplasts. Every plant cell has a tough **cell wall** around its membrane. The vacuole pushes against the cell wall to keep a plant cell firm. Firm cells make a plant stand up straight 4.

Light microscopes can make cells look flat, but they aren't really flat. This cut-away diagram shows a plant cell's shape more clearly. We usually draw slices through cells to show what they contain.

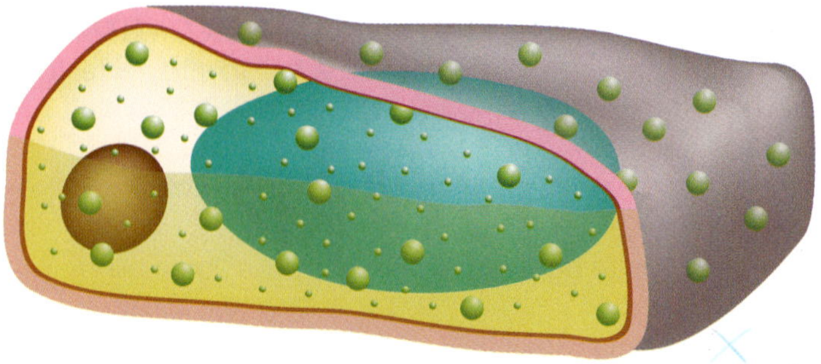

4 A cells have a 3D shape like this cut-away plant cell.

3 Le funzioni della cellula

Digi Scienze

Contenuto integrativo

Preparati per la lezione:
- guarda la presentazione multimediale
- compila la scheda

Nelle prossime pagine troverai altri contenuti digitali

Allegato scaricabile

Contenuto integrativo

Audio

Verifica interattiva

La cellula è la più piccola entità vivente. È come una piccola fabbrica che produce l'energia necessaria alle funzioni vitali (nutrirsi, respirare, riprodursi) e le molecole organiche più importanti, quelle che provvedono alle attività fondamentali della vita: le proteine. Le informazioni che servono per assemblare le proteine sono scritte nel materiale genetico, il DNA, che guida tutte le attività della cellula.

1 Gli scambi fra le cellule e l'ambiente esterno

Audio

Le cellule assumono dall'esterno le sostanze tramite la membrana plasmatica

Le cellule, sia quelle vegetali sia quelle animali, sono le più piccole entità viventi; come tali anch'esse compiono le tre funzioni fondamentali per vivere: **nutrirsi**, **respirare**, **riprodursi**.

Che cosa significa che una cellula "si nutre"? Significa che assume dall'esterno le sostanze di cui ha bisogno per rimanere in vita e per avere l'energia necessaria a funzionare nel modo più efficiente.

Questo **scambio continuo con l'ambiente extracellulare avviene attraverso la membrana plasmatica** che, come abbiamo visto, racchiude il citoplasma.

Ha uno spessore sottilissimo (circa 5 milionesimi di millimetro) ed è definita *semipermeabile* e *selettiva*, perché solo alcune molecole possono attraversarla liberamente.

Il passaggio delle sostanze attraverso la membrana avviene con tre modalità: diffusione semplice, diffusione facilitata (con trasporto passivo o attivo) ed endocitosi.

Vediamole.

Contenuto integrativo

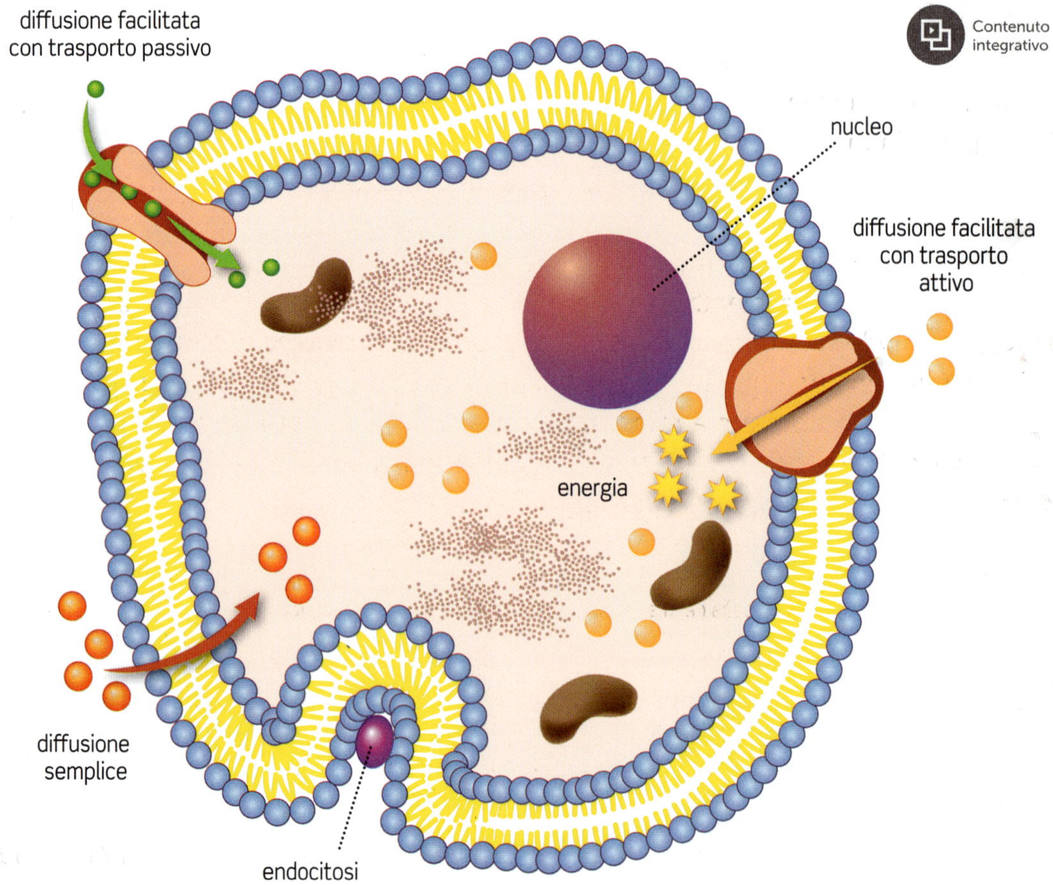

1 Rappresentazione schematica delle tipologie di trasporto attraverso la membrana plasmatica.

La diffusione semplice

Le molecole gassose, come l'**ossigeno** e l'**anidride carbonica**, entrano ed escono liberamente dalla cellula attraversando la membrana per **diffusione semplice** ■2. È un meccanismo di **trasporto passivo**, cioè che non comporta consumi di energia da parte della cellula, perché segue una naturale legge fisica: le molecole si spostano da zone dove la concentrazione è maggiore verso zone dove questa è minore (questa differenza viene detta *gradiente di concentrazione*).

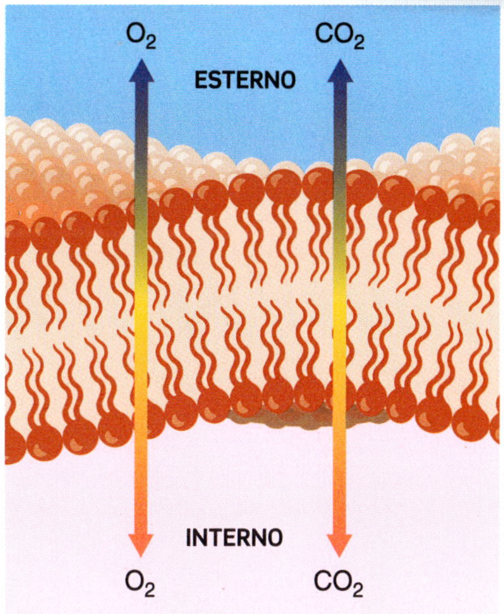

■2 La cellula scambia con l'esterno grandi quantità di ossigeno e anidride carbonica che attraversano la membrana plasmatica per diffusione semplice.

Piccoleprove — Osserviamo la diffusione

Materiale occorrente — 10 minuti

- 1 contenitore con acqua
- colorante alimentare liquido
- pipetta contagocce

Procedimento

Per verificare la legge fisica della diffusione, metti qualche goccia di colorante alimentare in un contenitore con un po' d'acqua: dopo qualche minuto noterai che tutta l'acqua si è tinta in maniera uniforme. Questo accade perché le molecole di colorante si diffondono dalle zone dove sono più concentrate verso quelle dove la loro concentrazione è minore. Lo stesso vale per un profumo che si diffonde in una stanza: le molecole si distribuiscono in modo uniforme.

Le molecole d'acqua, il costituente maggiore della cellula, attraversano liberamente la membrana, grazie a un tipo particolare di diffusione semplice: l'**osmosi**. Anche in questo caso si tratta di un processo passivo, senza dispendio energetico.

L'acqua presente dentro e fuori la cellula non è pura, ma contiene molte sostanze disciolte. La membrana plasmatica in questo caso si comporta davvero in modo semipermeabile, consentendo il passaggio delle molecole d'acqua pura, ma non quello delle sostanze disciolte. Il passaggio avviene questa volta dall'ambiente a minor concentrazione (e per questo definito *ipotonico*) all'ambiente con la concentrazione maggiore (*ipertonico*) per cercare di ristabilire equilibrio (*isotonia*) ■3.

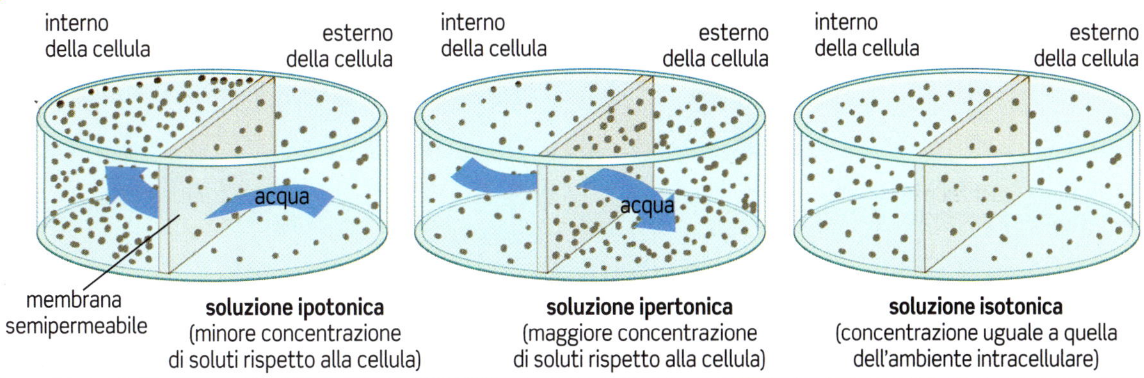

■3 Nello schema puoi vedere come l'acqua passi da un ambiente a minor concentrazione di sostanze disciolte a uno con la concentrazione maggiore.

Se una cellula si trova in un ambiente ipotonico, le molecole d'acqua saranno richiamate verso l'interno nel citoplasma per bilanciare la concentrazione ai due lati della membrana plasmatica.
Nel caso di una cellula animale, se la differenza tra le concentrazioni è notevole, questo processo potrebbe rivelarsi irreversibile: la cellula si riempirebbe di acqua fino a scoppiare, provocando la cosiddetta **lisi cellulare**.
Nel caso invece di una cellula vegetale, provvista di una parete cellulare resistente esterna alla membrana, la lisi non avviene, ma si raggiunge un rigonfiamento chiamato **turgore cellulare**.
Se, al contrario, l'ambiente extracellulare è ipertonico rispetto a quello intracellulare, l'acqua sarà allora richiamata all'esterno della cellula, arrivando a provocare un raggrinzimento nella cellula animale e la **plasmolisi** nella cellula vegetale, cioè il distacco della membrana plasmatica dalla parete cellulare.

Il comportamento delle cellule vegetali nei tre ambienti

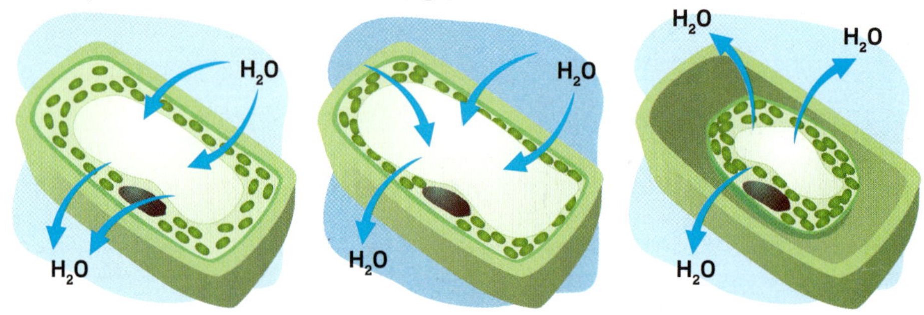

ambiente esterno isotonico: membrana plasmatica aderente alla parete cellulare

ambiente esterno ipotonico: turgore cellulare

ambiente esteno ipertonico: avvizzimento e plasmolisi

Piccoleprove — Caramelle... osmotiche

Contenuto integrativo — Qualcheora

Materiale occorrente

- 3 caramelle gommose, con la stessa forma e dimensione, ma di colore diverso
- 2 coppette
- 1 caraffa d'acqua
- sale
- 1 tovagliolo
- 1 cucchiaio

Procedimento

Riempi a metà le due coppette con l'acqua; in una versa cinque cucchiai di sale e mescola. Metti una prima caramella nella coppetta con l'acqua, una seconda caramella nella coppetta con acqua e sale, mentre lascia la terza caramella sul tovagliolo: ti servirà come campione di controllo per verificare la riuscita dell'esperimento. Attendi qualche ora, poi estrai con il cucchiaio le due caramelle dalle coppette e ponile sul tovagliolo, affiancandole a quella di controllo. Che cosa noti?

La caramella che era stata posta nella coppetta con l'acqua si è ingrandita rispetto a quella di controllo; invece la caramella estratta dalla coppetta con acqua e sale si è rimpicciolita. Anche la loro consistenza è cambiata. In base a quanto hai studiato sul fenomeno dell'osmosi, sapresti dare una spiegazione?

La diffusione facilitata

Molte sostanze fondamentali per il funzionamento della cellula come gli **zuccheri**, gli **amminoacidi** o altri elementi come il potassio, il sodio, il calcio, non possono attraversare liberamente la membrana; non possono farlo neppure molte delle sostanze di rifiuto che devono invece essere espulse. Per questo scopo nella membrana sono presenti delle **proteine** che riconoscono le molecole da trasportare e, legandosi a esse, ne permettono l'ingresso nella cellula o la loro uscita. In alcuni casi queste proteine formano dei "**canali**" attraverso la membrana, in modo da far passare al loro interno la molecola. Anche questi meccanismi sono di **trasporto passivo**, senza consumo di energia, e vengono detti di **diffusione facilitata** 4.
Quando invece il trasporto avviene contro il gradiente di concentrazione si parla di **trasporto attivo** ed è necessario spendere energia, che la cellula ottiene generalmente da una molecola particolare, detta ATP.

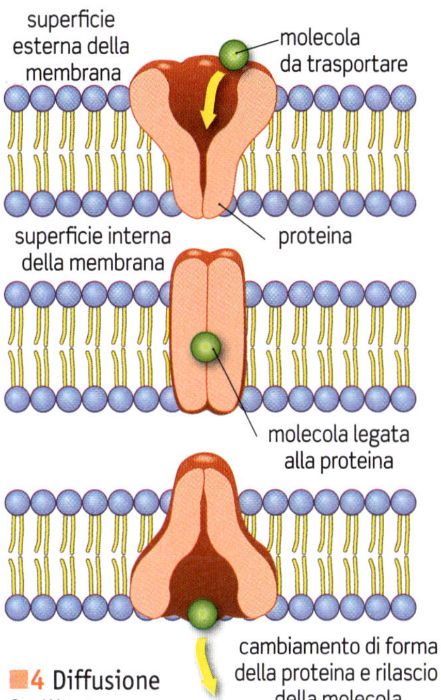

4 Diffusione facilitata.

Endocitosi ed esocitosi

Quando le molecole sono troppo grosse per attraversare mediante diffusione la membrana della cellula, possono essere "inglobate" per **endocitosi**: una volta riconosciuta la sostanza, la membrana forma una rientranza che la accoglie e racchiude.
Si forma così una *vescicola*, che poi si stacca dalla membrana e libera la sostanza che contiene all'interno del citoplasma 5a.
Con un meccanismo simile la cellula può anche liberare all'esterno alcune sostanze, come quelle di scarto. Si parla in questo caso di **esocitosi**: le vescicole con il rifiuto, formatesi nel citoplasma, si fondono con la membrana e poi liberano all'esterno il loro contenuto 5b.

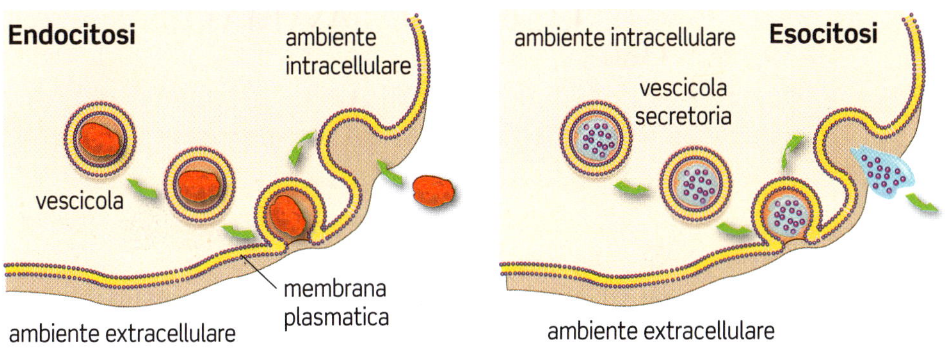

5 La membrana plasmatica modifica la sua forma creando vescicole che consentono il passaggio di molecole complesse.

Parole di Scienze

endocitosi: dal greco *endo* = dentro + e *kytos* = cavità.
esocitosi: dal greco *eso* = fuori + e *kytos* = cavità.

Con metodo

Analizzo il testo

1. Per mezzo di quale processo l'acqua attraversa liberamente la membrana?
   ....
2. Con quale meccanismo la celllula espelle le sostanze di rifiuto?
   ....

Comprendo il testo

3. L'ossigeno e l'anidride carbonica:
   - [x] attraversano liberamente la membrana
   - [ ] sono trasportati da proteine presenti nella membrana
4. Il trasporto mediato da proteine serve per far attraversare la membrana plasmatica:
   - [ ] all'acqua
   - [x] agli zuccheri e agli amminoacidi
5. I materiali troppo grossi entrano nella cellula con un processo definito:
   - [ ] endocitosi
   - [ ] osmosi

Schematizzo

6. Prepara uno schema che riassuma le caratteristiche delle tre modalità con cui le molecole possono attraversare la membrana plasmatica.

Collaboro

7. Suddividevi in **gruppi di tre**. Ciascun membro del gruppo studi una modalità di passaggio delle molecole attraverso la membrana plasmatica e lo illustri agli altri compagni.

2 La respirazione cellulare

Audio

Le cellule si procurano energia per svolgere le funzioni vitali con una **reazione chimica tra ossigeno e glucosio**

Non sbagliare anche tu...

Il termine *respirazione* è usato non solo per la singola cellula, ma anche per descrivere il meccanismo attraverso cui l'intero organismo, tramite i polmoni e l'apparato respiratorio, ottiene l'ossigeno utilizzato poi nelle cellule, ed elimina l'anidride carbonica di rifiuto.

Anche le cellule respirano! Che cosa significa?
La **respirazione cellulare** è il processo mediante il quale le cellule, grazie all'**ossigeno** che prendono dall'esterno, scompongono uno **zucchero** (il glucosio), ottenendo così l'energia necessaria per svolgere le proprie funzioni.
Si tratta di una reazione chimica di trasformazione che, oltre a **energia** e calore, produce **sostanze di rifiuto** che vanno eliminate: anidride carbonica (tossica per il citoplasma) e acqua.
L'energia ottenuta con il processo di respirazione viene racchiusa e **immagazzinata in una molecola detta ATP.**

L'ATP (abbreviazione di *adenosintrifosfato*), è una molecola speciale, che funziona come un serbatoio di carburante per le cellule: viene prodotto nei mitocondri durante il processo di respirazione cellulare:

glucosio + ossigeno ⟶ ATP + calore + CO_2 + acqua

L'energia è racchiusa nei forti legami che tengono unita la molecola, che è formata da carbonio, idrogeno, azoto, ossigeno e fosforo.
Quando questi legami si rompono, si genera l'energia necessaria alle varie parti della cellula che ne hanno bisogno.

La respirazione cellulare si svolge in diverse fasi.
La prima prevede proprio la rottura della molecola di glucosio: questo processo viene detto **glicolisi**.
La glicolisi è una reazione lunga e complessa, che avviene nel citoplasma: necessita anch'essa di energia, ma non della presenza di ossigeno per svolgersi.
Al termine della glicolisi, per ogni molecola di glucosio di partenza si ottengono molecole ricche di energia (come l'ATP) e molecole di *acido piruvico*, fondamentale per la fase successiva.
Nella seconda fase, la **respirazione aerobica** (chiamata così perché avviene in presenza di ossigeno), le molecole di acido piruvico vengono trasportate all'interno dei mitocondri, dove subiscono una serie di complesse trasformazioni e alla fine sono degradate fino a ottenere acqua e anidride carbonica.
Soprattutto, al termine della respirazione, si ottiene energia, sotto forma di molte molecole di ATP e di calore.
La reazione di respirazione avviene sia nella cellula eucariote sia in quella procariote: in questa ultima, sprovvista di mitocondri, le varie fasi della respirazione si svolgono nel citoplasma.

Dove avviene la respirazione cellulare?

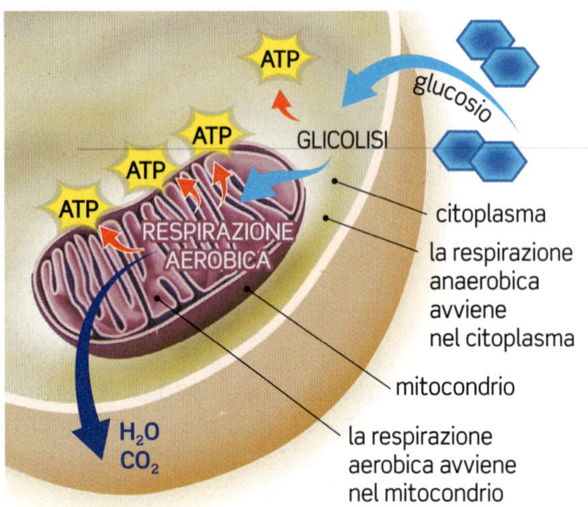

La respirazione cellulare negli organismi eterotrofi e in quelli autotrofi

Abbiamo visto che il processo di respirazione cellulare ha bisogno di due elementi fondamentali, l'ossigeno e il glucosio.
Dove prendono il glucosio le cellule degli organismi? La modalità è diversa a seconda che si tratti di un organismo eterotrofo o di un organismo autotrofo.

- Negli **organismi eterotrofi**, le cellule prendono il glucosio da trasformare dai diversi processi nutritivi dell'organismo: a partire da glucosio e ossigeno ottengono acqua, anidride carbonica ed energia.
- Gli **organismi autotrofi**, per produrre il glucosio di cui hanno bisogno, utilizzano una reazione chiamata **fotosintesi**, che avviene nei cloroplasti: utilizzando l'energia data dal Sole, l'acqua e l'anidride carbonica, riescono a ottenere il glucosio e, come prodotto di scarto, l'ossigeno.

Osserva lo schema che mette a confronto le due reazioni.

REAZIONE DI RESPIRAZIONE

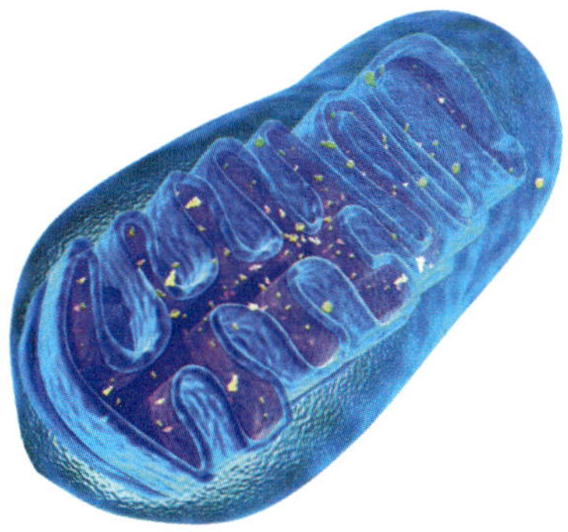

avviene nei mitocondri

GLUCOSIO

$$C_6H_{12}O_6 + O_2 \longrightarrow H_2O + CO_2 + \text{ATP e CALORE}$$

REAZIONE DI FOTOSINTESI

avviene nei cloroplasti

GLUCOSIO

$$+ H_2O + CO_2 \longrightarrow O_2 + C_6H_{12}O_6$$

Come puoi notare, i prodotti di una reazione sono le molecole iniziali dell'altra, e viceversa: questo significa che organismi autotrofi e organismi eterotrofi sono strettamente in relazione tra di loro e che la reazione di fotosintesi degli organismi vegetali è essenziale per la vita di tutti gli altri organismi.

CLIL for SCIENCE

Audio

respirazione cellulare: *cellular respiration*

Look at the picture. This organelle is involved in cellular respiration. What is it?

- [x] A mitochondrion
- [ ] A ribosome
- [ ] A vacuole

Con metodo

Analizzo il testo

1. Quali sono le sostanze necessarie per la produzione di energia in una cellula? Sottolinea i loro nomi con il colore rosso.
2. Quali sostanze di rifiuto vengono prodotte durante questa reazione chimica? Sottolinea i loro nomi con il colore blu.

Comprendo il testo

3. Rispondi.
   a Dove avviene la respirazione cellulare negli eucarioti?
   b Come avviene la fotosintesi?

Comprendo le parole

4. Scrivi il significato delle seguenti parole,
   a Glucosio
   b ATP
   c Glicolisi
   d Fotosintesi

Collaboro

5. A **coppie** scrivete ciascuno su un foglio i termini scientifici significativi del paragrafo. A turno, uno legga un termine tra quelli annotati, l'altro formuli una frase relativa alla respirazione che contenga la parola scelta. Insieme controllate poi l'esattezza della frase e correggete gli errori.

3 La respirazione cellulare in mancanza di ossigeno

Audio

In mancanza di ossigeno, la cellula ottiene energia attraverso la fermentazione

Quando le cellule vivono o si trovano in un ambiente dove l'ossigeno è poco o per nulla presente (*ambiente anaerobico*), si procurano l'energia ricorrendo a un processo più semplice rispetto alla respirazione: la **fermentazione**. Questa è tipica, per esempio, di microrganismi come i **lieviti** (che sono dei funghi unicellulari) e i **batteri**. La fermentazione è una complessa reazione, nella cui fase iniziale il glucosio viene trasformato in acido piruvico con liberazione di energia, che viene poi immagazzinata nelle molecole di ATP.

La fermentazione alcolica

Si possono avere diverse tipologie di fermentazione, e quindi prodotti finali diversi, in base agli organismi o alle cellule coinvolte. Alcune di queste reazioni sono state utilizzate dall'uomo fin dall'antichità per la trasformazione di materie prime a scopo alimentare. 1

Il processo che porta alla trasformazione dell'uva in vino, per esempio, è una **fermentazione alcolica**: lieviti appartenenti al gruppo dei saccaromiceti, presenti naturalmente sulla superficie degli acini d'uva, rimangono attivi anche nel liquido zuccherino che si ottiene dopo la spremitura. Quando l'ossigeno disponibile per la respirazione finisce, i lieviti iniziano il processo di fermentazione: utilizzano lo zucchero per ottenere energia, liberando anidride carbonica e alcol etilico, responsabile della gradazione alcolica del vino.

Fu **Louis Pasteur** (1822-1895) il primo scienziato a scoprire l'azione dei lieviti, che inizialmente chiamò *fermenti*. Li scoprì studiando le impurità presenti nel vino e poté osservarne lo sviluppo e la riproduzione; egli notò che agivano anche in assenza di ossigeno, sviluppando anidride carbonica e liberando alcol etilico.

Un altro lievito, il *Saccharomyces cerevisiae* (chiamato comunemente *lievito di birra*) è utilizzato dall'uomo per preparare il pane, la birra e altri alcolici.

1

Per esempio, quando viene aggiunto alla farina e all'acqua, il lievito inizia la fermentazione alcolica: l'anidride carbonica e l'alcol prodotto sotto forma gassosa vengono intrappolati nell'impasto, facendolo gonfiare.

Riassumendo, durante la fermentazione alcolica avviene la seguente reazione:

GLUCOSIO

$$C_6H_{12}O_6 \rightarrow CO_2 + \text{ALCOL ETILICO}$$

Curiosità

La parola "fermentazione" deriva dal verbo latino *fèrvere*, che significa "ribollire": veniva usato per descrivere proprio il comportamento del mosto nei tini durante la sua trasformazione in vino. Le bolle che si formano sono causate dai gas prodotti durante il processo.

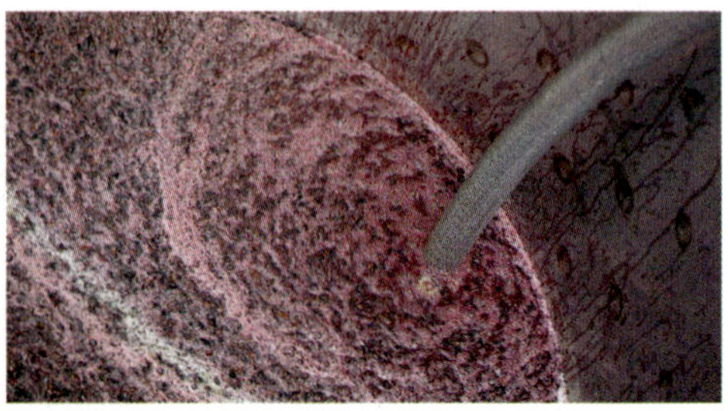

La fermentazione lattica

Un altro tipo di fermentazione che l'uomo ha imparato a sfruttare è la **fermentazione lattica**: questa volta sono coinvolti dei batteri appartenenti ai generi *Streptococcus* e *Lactobacillus*, che operano la seguente trasformazione:

GLUCOSIO

$$C_6H_{12}O_6 \longrightarrow \text{ACIDO LATTICO}$$

Questo tipo di fermentazione viene utilizzata per la produzione dello yogurt e degli altri latticini: infatti, l'aumento di acidità, dovuto ai prodotti di questa reazione, ha effetto sulle proteine contenute nel latte, modificandone la consistenza ■2.

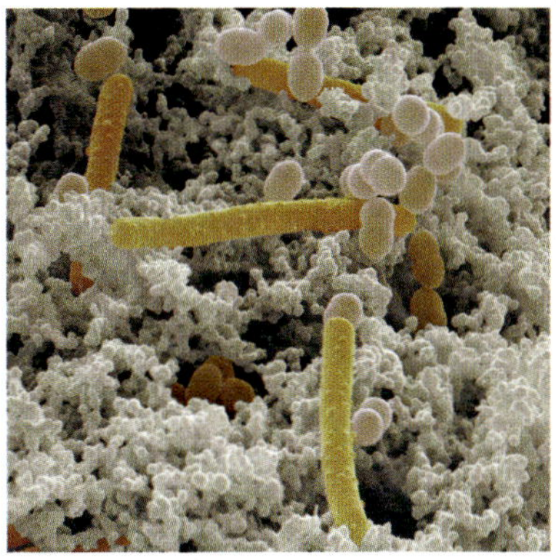

■2 *Lactobacillus bulgaricus* e *Streptococcus thermophilus* producono lo yogurt.

La fermentazione non è utilizzata solo da lieviti e batteri, ma può avvenire anche nel nostro corpo.

Le cellule dei muscoli lavorano al meglio in presenza di ossigeno, e "respirano", liberando energia; quando però lo sforzo è eccessivo e prolungato l'ossigeno inizia a scarseggiare, perché il sangue non riesce a farne arrivare a sufficienza.

Allora le cellule passano alla fermentazione, liberando acido lattico che, accumulandosi, è responsabile della dolorosa sensazione di fatica che percepiamo.

Piccoleprove — Zucchero in fermento

Materiale occorrente — Contenuto integrativo — 15 minuti

- 1 contenitore
- 1 cucchiaio
- 1 cucchiaio di zucchero
- lievito di birra disidratato (ca. 15 g)
- 1 bicchiere di acqua calda

Procedimento

Versa nella ciotola il lievito e lo zucchero e poi, lentamente, aggiungi l'acqua calda; mescola delicatamente l'impasto e attendi qualche minuto.
Come si comporta la miscela?
Questo piccolo esperimento ti può aiutare a capire come preparare una torta che sia soffice e leggera. Per ottenere questo risultato hai bisogno di "aria": tante piccole bolle devono essere intrappolate all'interno dell'impasto di acqua, zucchero e farina, ma come puoi fare? Proprio grazie al lievito. Quando comincia ad agire nell'impasto, infatti, il lievito genera anidride carbonica, che si disperde "friggendo" (lo avrai osservato durante l'esperimento). Lo zucchero dà "nutrimento" al lievito che può così prolungare la sua azione anche in fase di cottura del dolce. Attenzione, però: non lasciar passare troppo tempo prima di infornare la torta, altrimenti le bolle di gas si disperderanno nell'aria abbandonando l'impasto, con il risultato che la torta non lieviterà durante la cottura e sarà dura e pesante.

Con metodo

Analizzo il testo

1. A quali termini corrispondono le seguenti definizioni? Sottolinealo nel testo.

- **a** Reazione attraverso la quale viene ricavata energia in assenza di ossigeno
- **b** Processo attraverso il quale si ottiene il vino partendo dall'uva
- **c** Processo attraverso il quale si ottengono latticini e yogurt partendo dal latte

Comprendo il testo

2. Rispondi.

- **a** Quali sono i microorganismi responsabili della fermentazione?
- **b** Che cosa succede alle nostre cellule muscolari se sottoposte a uno sforzo prolungato?

Schematizzo

3. Completa lo schema sulla fermentazione.

- **a** Fermentazione alcolica

  .... $\longrightarrow CO_2$ + ...
- **b** Fermentazione lattica

  Glucosio $\longrightarrow$ ....

Collaboro

4. Dividete la classe in **due gruppi**; uno prepari alcune domande relative alla fermentazione, l'altro ripassi i concetti studiati. Formate poi delle coppie: lo studente del gruppo che ha preparato le domande interrogherà il compagno dell'altro gruppo.

4 Il DNA e le sue funzioni

Audio

Il DNA è una molecola che contiene le informazioni necessarie alla cellula per svolgere le sue attività

Immagina di entrare in una cellula: ti troveresti come in una "fabbrica tuttofare". Infatti, qui non solo si svolgono le funzioni vitali che ormai ben conosciamo, ma vengono anche assemblate le **proteine,** grosse molecole organiche formate da **amminoacidi**, che costituiscono, dopo l'acqua, le sostanze più abbondanti nella cellula stessa. Le proteine svolgono **numerose e importanti funzioni**: trasportano l'ossigeno, l'anidride carbonica e i lipidi; favoriscono le reazioni chimiche del metabolismo; difendono da virus e batteri; determinano le caratteristiche di un organismo.

Le istruzioni per il montaggio di queste molecole fondamentali sono scritte nel **DNA**, che controlla e guida tutte le attività della cellula e contiene le informazioni che verranno trasmesse dai genitori ai figli (caratteri ereditari). DNA è una sigla che sta per "acido desossiribonucleico"; è un acido nucleico costituito da **due filamenti** avvolti in una **doppia elica**. Ciascun filamento è come una catena formata da elementi che si ripetono, i *nucleotidi*, a loro volta costituiti da uno zucchero (desossiribosio), acido fosforico e basi azotate. Il DNA costituisce la **cromatina,** che nelle cellule procarioti è immersa nel citoplasma, e in quelle eucarioti è contenuta all'interno del nucleo. Nel momento in cui la cellula eucariote deve dividersi, il DNA della cromatina si raggomitola grazie ad alcune proteine (*istoni*) e forma strutture più dense e più complesse: i **cromosomi**. Le cellule procariote, le più semplici, hanno un unico cromosoma.
Ciascun cromosoma ha una struttura che ricorda la forma di una X: è costituito da due "bastoncini", i **cromatidi**, che sono identici perché si sono formati durante il processo di duplicazione e sono uniti in un punto, chiamato **centròmero**.

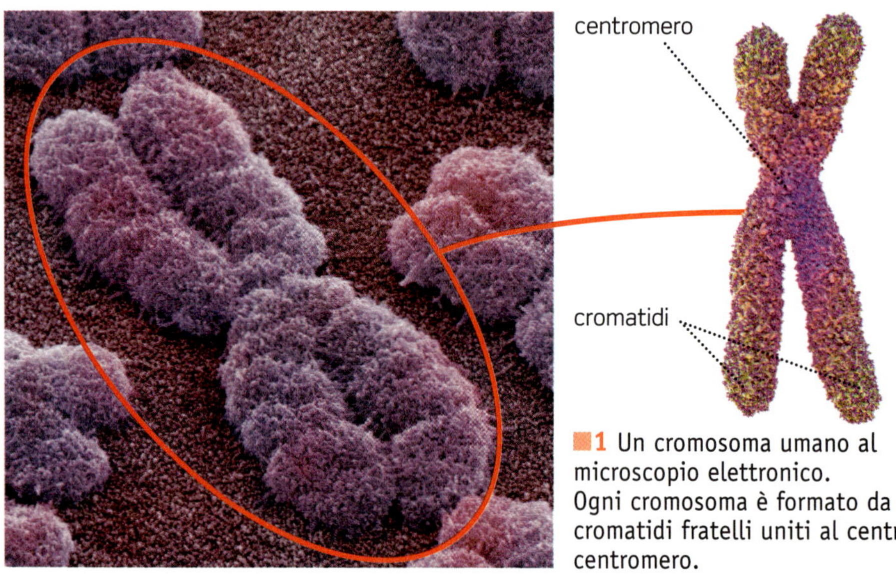

1 Un cromosoma umano al microscopio elettronico.
Ogni cromosoma è formato da due cromatidi fratelli uniti al centro nel centromero.

Parole di scienze

cromatina: dal greco *khroma* = colore + -ina, suffisso usato per formare nomi di composti organici e inorganici.
cromosoma = dal greco *khroma* = colore + *soma* = corpo

CLIL for SCIENCE

Audio

informazione genetica: *genetic information*

Complete the following sentences by choosing the correct word.

1. Genetic information is stored within the *structure/chromosome* of the molecule DNA.
2. The molecule DNA contains the sequence which provides the instructions for making *vitamins/proteins*.

I cromosomi sono composti da porzioni chiamate **geni**. I geni contengono le informazioni per **costruire le proteine**, che vengono prodotte nei **ribosomi** della cellula, assemblando nella giusta sequenza gli amminoacidi che le compongono.

Poiché nel DNA sono "scritte" tutte le informazioni necessarie per guidare le attività di una cellula, durante la riproduzione cellulare le cellule figlie devono ricevere la stessa quantità di DNA della cellula da cui derivano; quindi, prima della divisione, la cellula madre crea una copia del suo DNA.
La **capacità di duplicarsi, cioè di creare una copia identica di se stesso** è dunque una caratteristica fondamentale del DNA.

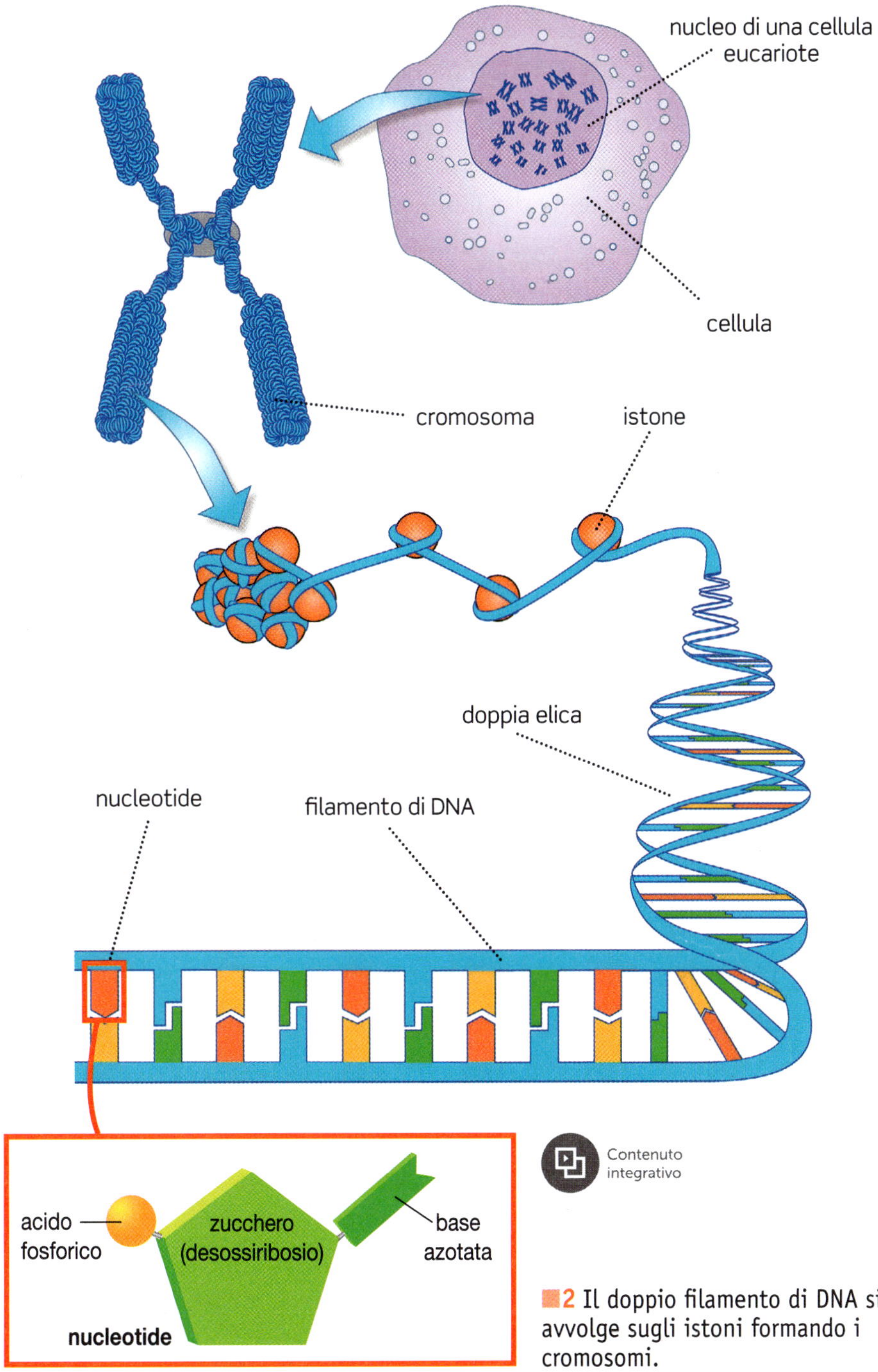

Contenuto integrativo

2 Il doppio filamento di DNA si avvolge sugli istoni formando i cromosomi.

Parole di scienze

gene: dal greco *génesis* = generazione

Con metodo

Analizzo il testo

1. Sottolinea nel testo le principali funzioni delle proteine.
2. Qual è la molecola che permette il corretto assemblaggio delle proteine?

....

Comprendo il testo

3. Rispondi.
   - **a** Cosa contiene un cromosoma?
   - **b** Che cos'è un gene?
   - **c** Qual è una caratteristica fondamentale del DNA?
4. Le proteine sono costituite da:
   - ☐ amminoacidi
   - ☐ nucleotidi
5. La struttura di un cromosoma ricorda:
   - ☐ la forma di una Z
   - ☐ la forma di una X
6. Nei geni sono scritte tutte le informazioni:
   - ☐ per la produzione delle proteine
   - ☐ per la divisione cellulare

5

La riproduzione della cellula

Audio

La cellula si riproduce per divisione, in modi diversi a seconda che sia procariote o eucariote

Parole di scienze

mitosi: dal greco *mìtos* = filo.

Come hai studiato, la teoria cellulare sostiene che le cellule nascono da altre cellule.
In che modo una cellula può generarne un'altra? Dividendosi: da una cellula madre si originano due identiche cellule figlie.
Il processo di divisione cellulare avviene in modi diversi a seconda che la cellula sia eucariote o procariote.

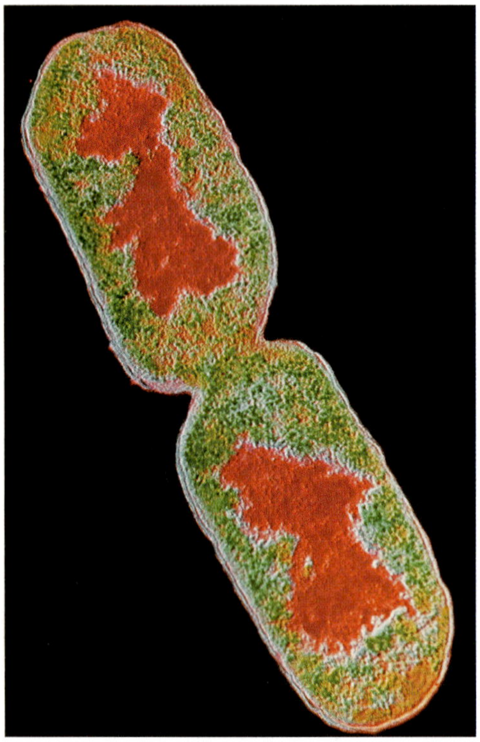

1 Batterio in scissione binaria (*Escherichia coli*).

La cellula procariote si divide per scissione binaria

Nei procarioti è presente un unico cromosoma, immerso nel citoplasma; la cellula inizia il processo di divisione duplicando il proprio DNA contenuto nel cromosoma. La duplicazione del DNA è importantissima, perché le cellule figlie devono avere lo stesso patrimonio genetico della cellula madre, cioè lo stesso corredo di informazioni per funzionare.
Il processo prosegue poi con l'accrescimento della membrana cellulare, che progressivamente si strozza al centro fino a dividere la cellula in **due metà uguali**, ognuna con una parte di citoplasma e una copia del DNA di partenza. Quando le due cellule si saranno accresciute, si divideranno a loro volta, moltiplicandosi.
La scissione binaria 1 è la modalità riproduttiva degli **organismi più semplici** (per esempio i batteri, che sono procarioti), ma anche di alcuni organismi unicellulari eucarioti.

La cellula eucariote si divide per mitosi

La cellula eucariote, provvista di un nucleo e di vari organuli, si riproduce mediante un processo di divisione più complesso, suddiviso in diverse fasi, chiamato **mitosi**. Al termine si origineranno due cellule uguali, con lo stesso DNA della cellula madre. La mitosi si svolge in un tempo abbastanza breve: infatti, la maggior parte della vita della cellula è occupata da una fase di riposo, l'**interfase**. Durante l'interfase avvengono l'accrescimento della cellula, la duplicazione del DNA e la preparazione alla mitosi.

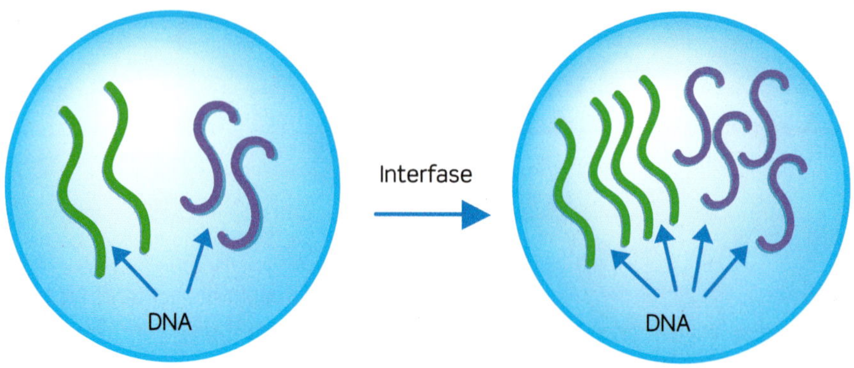

2 Durante l'interfase il patrimonio genetico (DNA) della cellula madre presente nel nucleo viene duplicato.

Al termine dell'interfase, la cellula procede con la mitosi, ovvero la divisione, che comprende cinque stadi.

1. **Profase**: nel nucleo i filamenti di DNA della cromatina si arrotolano a spirale intorno alle proteine (gli istoni) e si condensano a formare i **cromosomi**. Nel citoplasma i **centrioli** si duplicano e si spostano verso i poli opposti della cellula, restando collegati da filamenti proteici, che si allungano a mano a mano che i centrioli si allontano.
2. **Prometafase**: quando i centrioli si trovano ai poli della cellula, i filamenti hanno formato una specie di fuso (*fuso mitotico*) che ricorda nella forma un pallone da rugby: i cromosomi si attaccano, tramite il centromero, alle fibre del fuso e la membrana nucleare si dissolve.
3. **Metafase**: i cromosomi, attaccati al fuso, si allineano all'"equatore" della cellula e formano la *piastra metafasica*; se l'allineamento non avviene in modo corretto, però, la cellula interrompe la mitosi.
4. **Anafase**: nei cromosomi allineati, sottoposti a forte trazione, si rompono i legami fra i cromatidi fratelli, che migrano ai poli opposti della cellula seguendo i filamenti del fuso. La membrana plasmatica inizia a ripiegarsi all'interno della cellula nella zona dell'equatore.
5. **Telofase**: scompare il fuso mitotico e si formano le membrane nucleari che separano i due nuovi nuclei; il DNA si "despiralizza" (cioè si scompatta e si trasforma nuovamente in una massa di cromatina), e i cromosomi non sono più visibili.

La divisione si completa con la separazione del citoplasma nelle due cellule figlie (**citodièresi**).

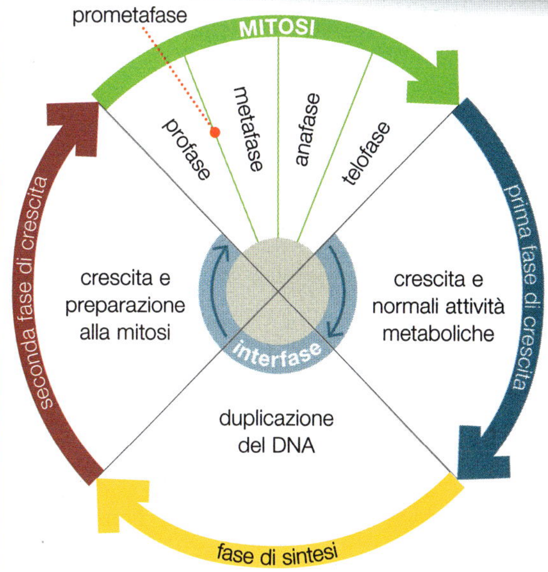

3 Il ciclo cellulare è costituito dall'interfase e dalla mitosi.

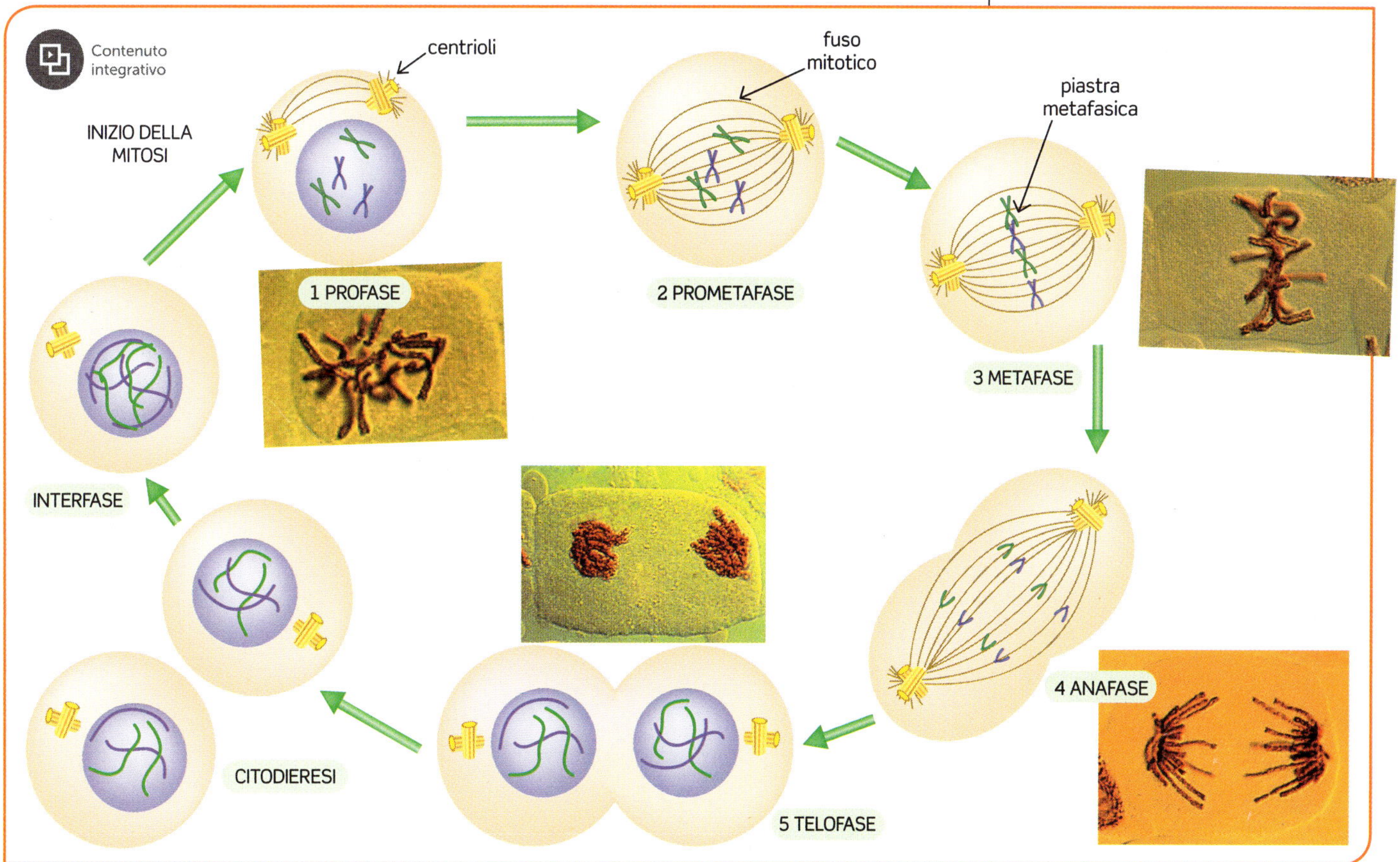

Parole di Scienze

diploide: dal greco *diplòos* = doppio.
aploide: dal greco *haplòos* = semplice.
gameti: dal greco *gamétes* = coniuge.
spermatozoo: dal greco *sperma* = seme + *zòon* = animale.
meiosi: dal greco *méiosis* = diminuzione.

La mitosi è la modalità riproduttiva di alcuni organismi unicellulari e delle cellule degli **organismi pluricellulari**. Al termine della mitosi si ottengono due cellule figlie uguali tra loro che possiedono gli stessi cromosomi della cellula da cui si originano e che, quindi, hanno le sue stesse caratteristiche. Questo tipo di divisione è propria delle **cellule somatiche**, quelle cellule che costituiscono il "corpo", cioè i tessuti, gli organi, gli apparati di un organismo. Nelle cellule somatiche ogni cromosoma è presente in due copie: per questo la cellula viene definita **diploide** 4. I due cromosomi che formano la coppia sono simili per forma e grandezza fra loro e vengono chiamati **cromosomi omologhi**. Questi contengono le informazioni per gli stessi caratteri. L'insieme dei cromosomi che si trovano nel nucleo cellulare è detto **corredo cromosomico**. Il numero dei cromosomi che lo compone varia da specie a specie: nella zanzara le coppie di cromosomi sono 3, nell'asino 31, nel frumento 21.

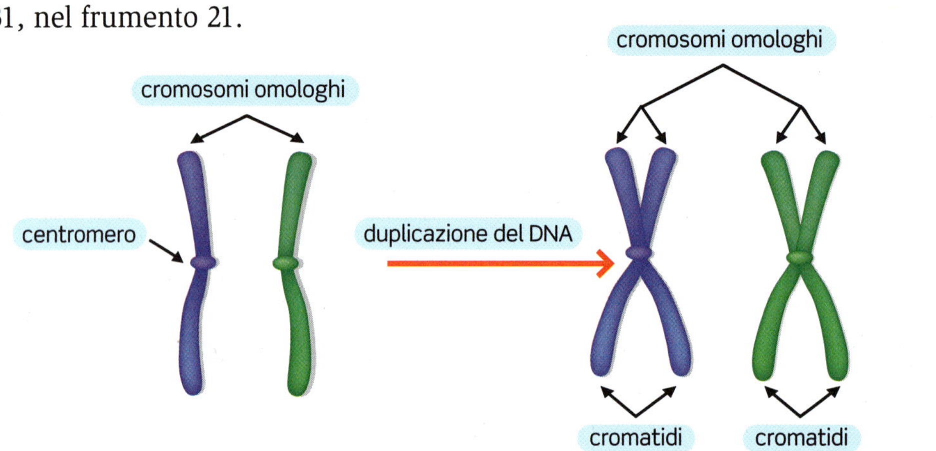

4 In un corredo cromosomico diploide ogni cromosoma è presente in doppia copia, una derivante dalla madre e una dal padre (cromosomi omologhi). Ciascun filamento si chiama **cromatidio**.

Un corredo speciale

Il corredo cromosomico, come abbiamo visto, varia da specie a specie.
Nell'uomo, ciascuna cellula somatica contiene 46 cromosomi, o meglio 23 coppie di cromosomi: ogni coppia è formata da due cromosomi che derivano ciascuno dalla cellula genitore. La ventitreesima coppia è speciale ed è quella che determina il sesso di un individuo. Nella femmina è indicata con la sigla XX ed è formata da due cromosomi uguali per grandezza e aspetto a; nel maschio, invece, è indicata con la sigla XY e i cromosomi sono diversi: il cromosoma Y è più piccolo b.

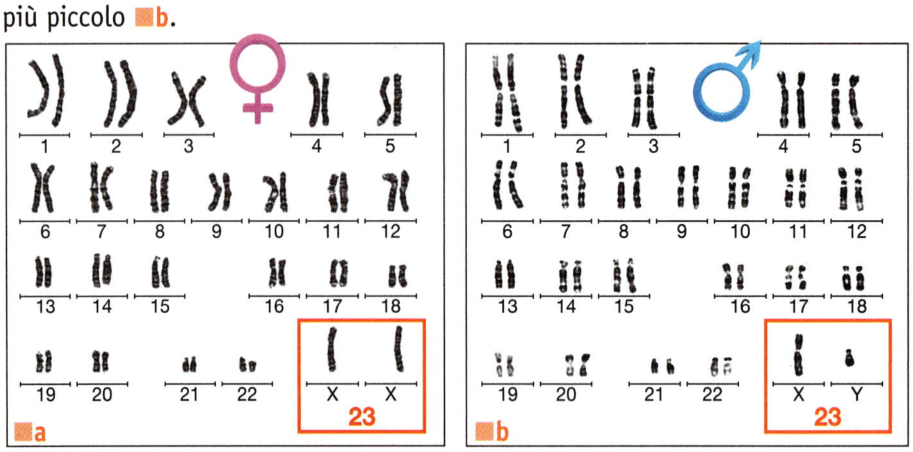

Le 23 coppie che formano il corredo cromosomico dell'uomo.

CLIL for SCIENCE

Audio

scissione binaria: ***binary fission***
mitosi: ***mitosis***
cellula sessuale: ***sex cell***
meiosi: ***meiosis***

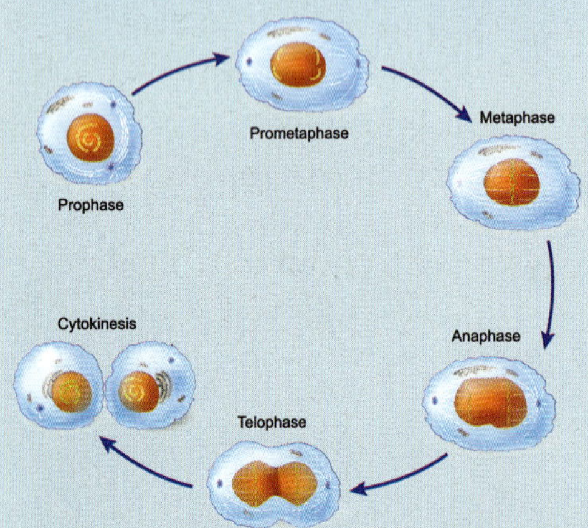

1. **Look at the picture. What kind of cell division does it show? Translate the words in Italian.**
2. **Translate the following words in Italian. Then write a sentence in English that contains all of the words.**

Diploid: ....
Haploid: ....
Gamete: ....
Genetic make-up: ....

La cellula sessuale si origina per meiosi

La mitosi, che abbiamo appena studiato, è il processo di divisione della cellula somatica diploide, che deve mantenere inalterato il numero dei cromosomi del suo patrimonio genetico e originare due cellule figlie identiche a se stessa. Vi sono però cellule in cui è necessario che vi sia un **corredo genetico dimezzato**, cioè **aploide**. Sono le **cellule sessuali**, o **gameti**, che unendosi nella *fecondazione* danno origine allo zigote, da cui si formerà un nuovo individuo. È necessario che i gameti abbiano la metà dei cromosomi rispetto alla cellula madre perché quando la cellula sessuale maschile (**spermatozoo**) e quella femminile (**cellula uovo**) si uniscono, lo zigote deve avere un corredo cromosomico completo, ma non raddoppiato.
Le cellule sessuali dunque hanno un processo di divisione proprio, la **meiosi**, che permette di passare da un corredo cromosomico formato da coppie di cromosomi (diploide) a un corredo dimezzato, con un solo cromosoma per tipo (aploide).
Lo zigote darà origine, per successive mitosi, a tutte le altre cellule dell'organismo. **Con la meiosi, da una cellula diploide si originano 4 cellule aploidi** 5. La meiosi consiste in due successive divisioni cellulari: nella prima, dopo la duplicazione del DNA, si separano i cromosomi omologhi; nella seconda si separano i cromatidi. Grazie alla meiosi da una cellula progenitrice maschile si ottengono quattro spermatozoi, mentre da quella femminile si ottiene un'unica cellula uovo (che contiene la maggior parte del citoplasma) e tre cellule che non possono essere fecondate (globuli polari).

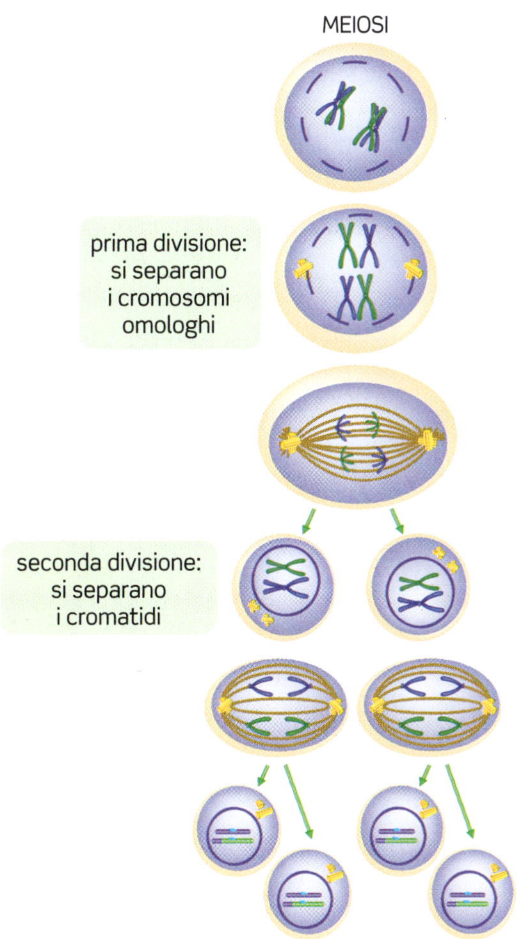

Contenuto integrativo

Con metodo

Comprendo il testo

1. Completa.
- **a** Nella .... della mitosi i filamenti di DNA si compattano per formare i ....
- **b** La mitosi si completa con la citodieresi dove il .... si suddivide tra le due cellule figlie
- **c** Le cellule della riproduzione hanno un proprio processo di divisione, la ...., che consente di passare da un corredo cromosomico .... a uno ....

2. Rispondi.
- **a** Perché la membrana del nucleo durante la profase si dissolve?
- **b** A che cosa servono i centrioli?

3. La scissione binaria è la modalità di divisione cellulare propria dei:
- ☐ batteri ☐ funghi

4. La mitosi:
- ☐ è composta di uno solo stadio
- ☐ è composta di cinque stadi

5. I gameti possiedono:
- ☐ la metà dei cromosomi delle cellule somatiche
- ☐ lo stesso numero di cromosomi delle cellule somatiche

6. Dall'unione delle due cellule sessuali si origina:
- ☐ la cellula uovo
- ☐ lo zigote

7. Con la meiosi si originano:
- ☐ quattro cellule aploidi
- ☐ due cellule aploidi

Comprendo le parole

8. Scrivi la definizione dei seguenti termini
- **a** Cromatidi
- **b** Centromero
- **c** Cellula somatica
- **d** Corredo cromosomico
- **e** Cromosomi omologhi

Come è fatto il DNA?

Audio

Il DNA è un acido nucleico costituito da due lunghi filamenti avvolti a doppia elica. Ciascun filamento è formato da una catena di unità più piccole: i **nucleotidi**.
Questi ultimi sono composti da tre elementi: un **gruppo fosfato** (che contiene fosforo), uno **zucchero** (desossiribosio) e una **base azotata** (contenente azoto). Le basi azotate sono di quattro tipi diversi: **adenina (A)**, **timina (T)**, **citosina (C)** e **guanina (G)**.
I due filamenti si uniscono proprio grazie alle basi azotate che si legano fra loro seguendo un preciso schema: la timina si appaia sempre con l'adenina e la citosina con la guanina.

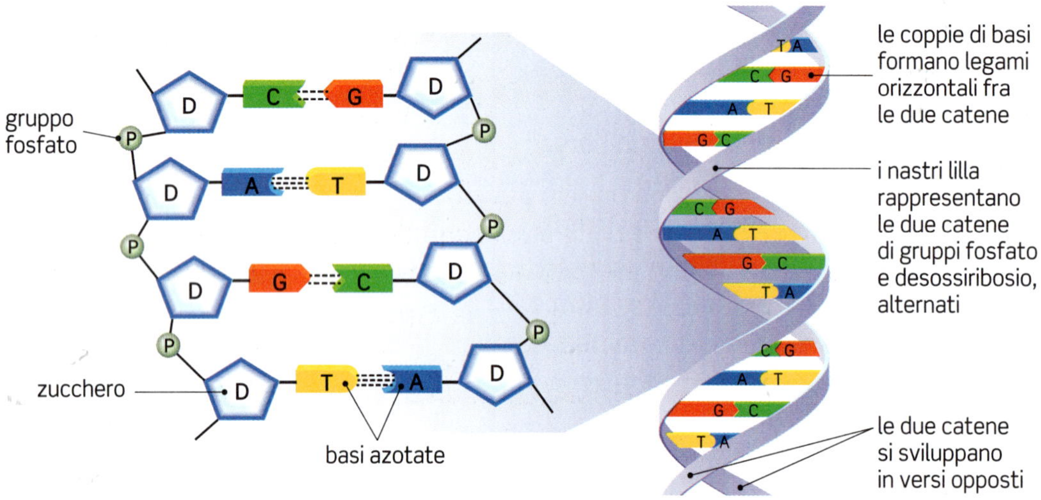

1 La doppia elica è costituita da nucleotidi, ciascuno dei quali è composto da una base azotata (A, T, C, G), uno zucchero e un gruppo fosfato.

Per assemblare nei ribosomi la giusta sequenza di amminoacidi che costituiscono le proteine, il DNA deve essere interpretato (*trascritto*). Ogni amminoacido, infatti, è definito da una serie di tre basi azotate. Il "trascrittore" è l'RNA (acido ribonucleico), simile al DNA, ma costituito da un unico filamento e con l'**uracile** (U) al posto della timina. Come avviene questa trascrizione?
La doppia elica di DNA si separa e uno dei due filamenti diventa lo "stampo" per produrre un altro filamento uguale, chiamato **RNA messaggero** (m-RNA)
Quest'ultimo, finita la trascrizione, si sgancia dal DNA e migra dal nucleo al citoplasma, portando con sé l'informazione per sintetizzare una proteina. Questo processo avverrà nei ribosomi.

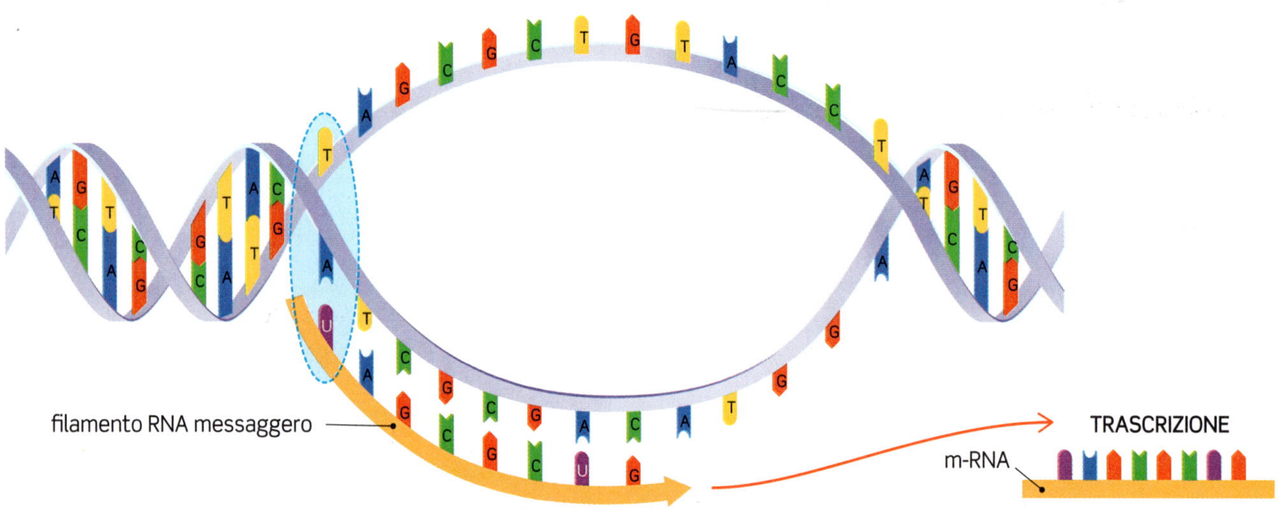

2 Una volta separata la doppia elica, uno dei due filamenti funge da stampo per la trascrizione, cioè la formazione dell'RNA messaggero.

Sulle spalle dei giganti

Watson, Crick e... Rosalind Franklin!

Audio

Nel 1869 un biologo svizzero, **Friedrick Miescher** (1844-1895), studiando il nucleo delle cellule presenti nel pus delle garze ospedaliere, scoprì una sostanza che chiamò *nucleina*. Tale sostanza conteneva azoto e fosforo: la nucleina era quello che noi oggi chiamiamo DNA.

Solo nel 1919 **Phoebus Levene** (1869-1940), un biochimico lituano, individuò il nucleotide e la sua composizione (zucchero, base azotata e gruppo fosfato), ipotizzando che il DNA fosse un corto filamento composto da unità più piccole, i nucleotidi appunto, unite fra loro tramite il gruppo fosfato. Ci sarebbero voluti, però, altri trentaquattro anni per scoprire la reale forma della molecola di DNA. Era il 1953 quando **James Watson**(1928) un biologo statunitense e **Francis Crick** (1916-2004, scienziato inglese), presentarono sulla rivista *Nature* il primo modello accurato della struttura del DNA: il **modello a doppia elica**.

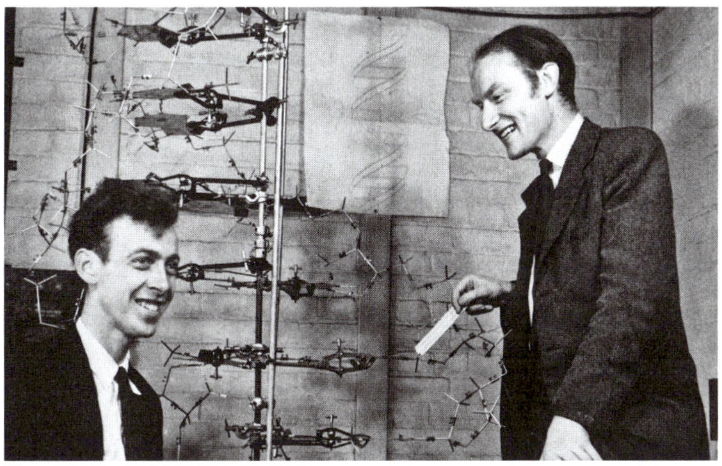

1 Watson e Crick con il modello di DNA.

Watson, inoltre, riuscì a scoprire l'appaiamento delle basi azotate, che è alla base della struttura e del funzionamento del DNA. Come sappiamo, la timina si appaia con l'adenina e la guanina con la citosina.

Queste scoperte, però, passarono quasi inosservate: pochi, anche fra gli scienziati, se ne interessarono. In quegli anni, infatti, si pensava che il DNA fosse solo una molecola accessoria, di supporto alle proteine, considerate alla base dei meccanismi vitali.

2 Rosalind Franklin.

Nel 1957 Crick, invece, propose l'idea che nella sequenza dei nucleotidi ci fossero tutte le istruzioni per la "vita", formulando quello che viene chiamato **dogma centrale della biologia**: *l'informazione biologica fluisce dal DNA alle proteine e mai viceversa*. È nel DNA, quindi, che si trovano tutte le informazioni per fabbricare le proteine: nel 1961 è stato "costruito" in laboratorio un filamento di DNA, composto da un unico tipo di nucleotide, che ha portato alla sintesi di una proteina costituita da una catena dello stesso amminoacido, confermando la teoria di Crick. Nel 1962 Watson, Crick e Wilkins (uno scienziato neozelandese che contribuì allo studio del DNA) ricevettero il **premio Nobel per la medicina**. In tutto questo chi è e che cosa c'entra Rosalind Franklin? **Rosalind Franklin** nacque nel 1920 a Londra e si laureò in chimica all'Università di Cambridge. Dopo la laurea mise a punto, insieme a Wilkins, una tecnica per lo studio delle molecole, basata sui raggi X. Grazie a questa tecnica riuscì a fotografare il DNA e nei suoi appunti, all'inizio del 1953, scrisse: *"Il DNA è composto da due catene distinte"*. Pochi mesi dopo uscì l'articolo di Watson e Crick sulla struttura del DNA. I due scienziati vennero a conoscenza degli studi di Rosalind, ma soprattutto, nel gennaio del 1953, Wilkins mostrò loro una foto del DNA fatta dalla scienziata: la "foto 51". Certamente i due erano già a buon punto con i loro studi, ma il contributo della ricercatrice fu essenziale. Per Rosalind Franklin, tuttavia, non ci fu mai un riconoscimento ufficiale, anche se dai suoi scritti si capisce che era molto vicina a comprendere la reale struttura della famosa molecola. Da allora gli studi sono proseguiti e, grazie al Progetto Genoma Umano, partito nel 1990 e concluso ufficialmente nel 2000, oggi conosciamo la sequenza dei nucleotidi della nostra specie.

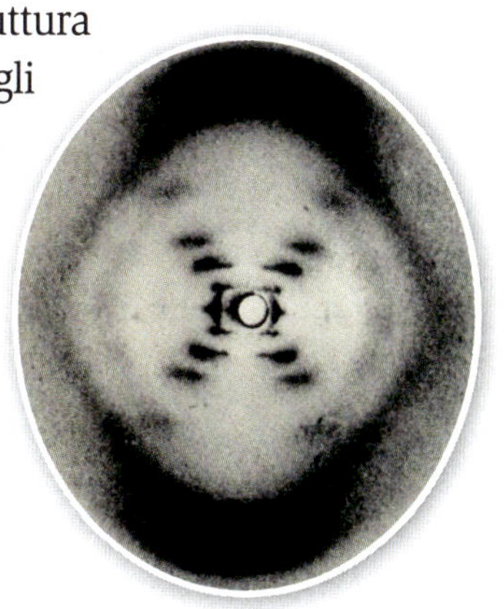

3 La foto 51 fatta utilizzando i raggi X da Rosalind Franklin.

Le funzioni della cellula

Come si nutrono le cellule?

Paragrafo 1

Nel paragrafo 1 vengono spiegati i diversi modi in cui le cellule si nutrono, cioè come assumono dall'esterno, attraverso la membrana plasmatica, le sostanze che servono alle loro funzioni vitali. Ricerca nel testo i termini diffusione semplice, osmosi, diffusione facilitata, trasporto attivo, endocitosi. Sottolinea poi le caratteristiche delle cinque modalità e crea una sintesi: scrivi a fianco di ogni immagine il nome della modalità di nutrizione e in che cosa consiste (aiutati descrivendo ciò che vedi nell'immagine).

immagine	nome della modalità di nutrizione	descrizione
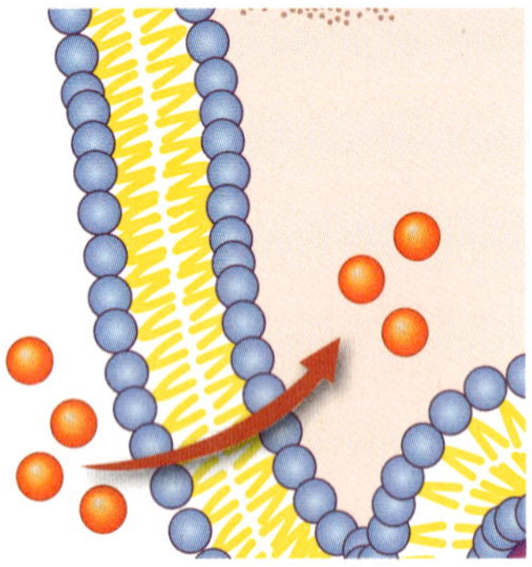	....	....
	osmosi	....
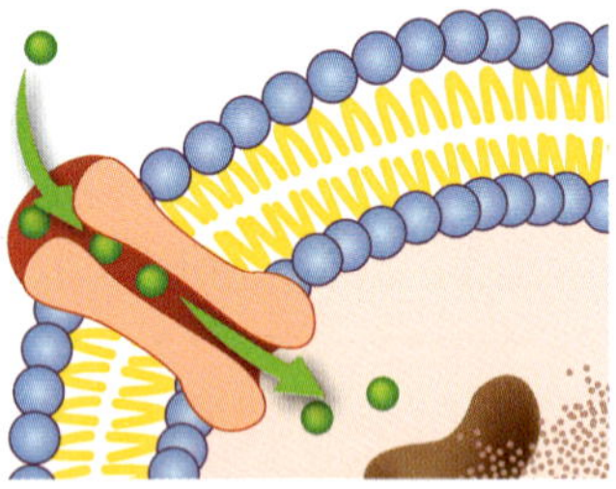	....	....
	....	....
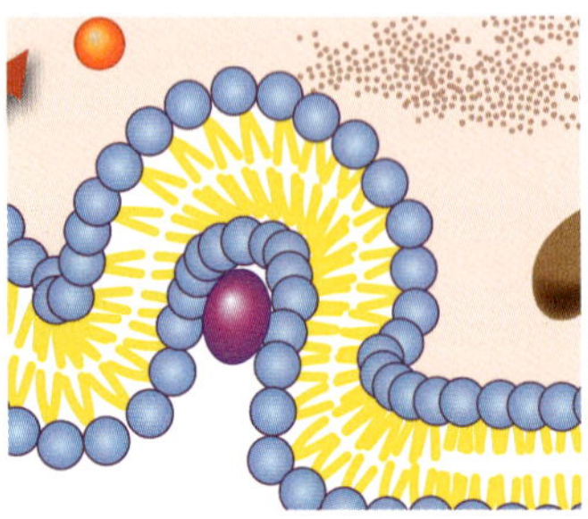	....	....

Memo studio

Costruisci un glossario con i termini nuovi che incontri nello studio: ti sarà utile per ricordare e ripassare.

Il DNA e la riproduzione cellulare

Che cos'è il DNA?

Paragrafo 4

Nel paragrafo 4 viene spiegato che cos'è il DNA. Mentre leggi le informazioni, osserva anche le immagini. Poi scrivi una breve sintesi prendendo spunto dal testo che ti proponiamo. Ricerca nel paragrafo le parole mancanti, facendo particolare attenzione ai termini scritti in grassetto.

Il DNA è un acido nucleico costituito da due filamenti avvolti in una doppia elica. Ognuno di essi è composto da ...., formati dallo zucchero desossiribosio, da acido fosforico e basi azotate. Il DNA costituisce la ...., immersa nel citoplasma per i procarioti e situata nel nucleo per gli eucarioti. Nella divisione cellulare il DNA si raggomitola e forma i .... Ogni cromosoma ha una struttura che ricorda una X; i due tratti, identici, sono chiamati .... e sono uniti nel .... Il DNA ha la capacità di creare una .... identica di sé.

Come avvengono la mitosi e la meiosi?

Paragrafo 5

La mitosi e la meiosi sono le due modalità in cui si può dividere una cellula eucariote. Nel paragrafo 5 trovi descritti i due processi. Sintetizzali compilando le fasi della mitosi qui sotto: scrivi a fianco di ogni numero una fase della mitosi e spiega con le tue parole cosa avviene. Completa poi la descrizione della meiosi.

- La **mitosi** si divide in cinque fasi:

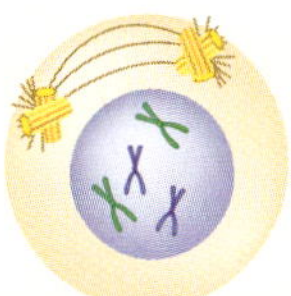

1. ....: ....
....

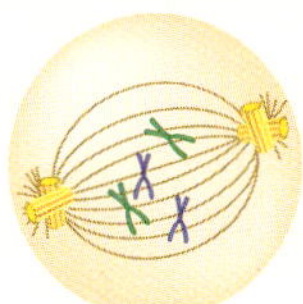

2. ....: ....
....

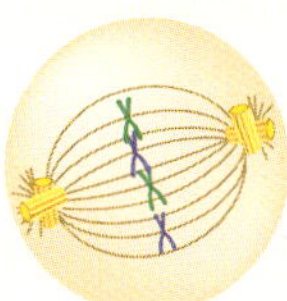

3. ....: ....
....

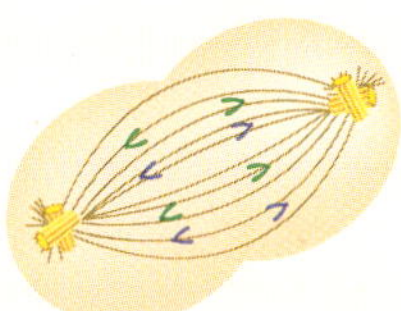

4. ....: ....
....

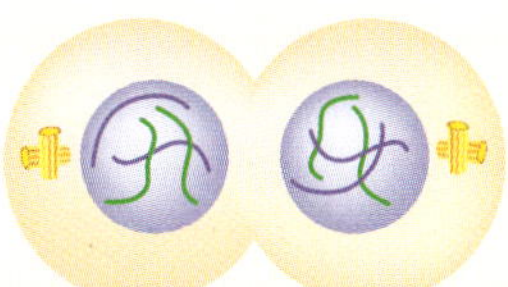

5. ....: ....
....

- Per ottenere cellule sessuali, con due successive divisioni la **meiosi** consente di passare da un corredo .... diploide a uno .... Nella prima divisione si separano i ...., nella seconda i ....

Mi preparo all'interrogazione

Contenuti multipli

LE FUNZIONI DELLA CELLULA

- sintesi delle proteine seguendo → **le informazioni contenute nel DNA**
  - tradotte attraverso → **codice genetico**
  - il DNA si trova nei → **cromosomi**
- scambio di sostanze con l'ambiente extracellulare attraverso → **membrana cellulare**
  - i meccanismi attivi sono →
    - diffusione facilitata con trasporto attivo
    - endocitosi (inclusione)
    - esocitosi (espulsione)
  - i meccanismi passivi sono →
    - diffusione semplice
    - diffusione facilitata
    - osmosi (è un tipo di → diffusione semplice)
- produzione di energia attraverso →
  - **respirazione cellulare (in presenza di ossigeno)**
    - si articola in due fasi →
      1. glicolisi (in assenza di ossigeno)
      2. respirazione aerobica (in presenza di ossigeno
    - in cui → ossigeno e glucosio reagiscono
      - liberando → energia (ATP), anidride carbonica e acqua
  - **fermentazione (in assenza di ossigeno)**
    - può essere →
      - fermentazione alcolica
        - in cui dal glucosio si ottengono → anidride carbonica e alcol etilico
      - fermentazione lattica
        - in cui dal glucosio si ottiene → acido lattico
- riproduzione per → **divisione cellulare**
  - le cellule sessuali si originano per → meiosi
    - da cui si ottengono → 4 cellule aploidi
  - gli organismi procarioti si riproducono per → scissione binaria
  - gli organismi eucarioti si riproducono per → mitosi
    - si articola in →
      - profase
      - prometafase
      - metafase
      - anafase
      - telofase
    - da cui si ottengono → 2 cellule diploidi uguali

verifica

Verifica interattiva

CONOSCO

1 Completa le seguenti frasi scegliendo tra i termini elencati.

endocitosi • respirazione • mitosi • mitocondri • filamenti • duplicazione • sostanze • glucosio • quantità • lieviti • piccole • fotosintesi • corredo • cromosomi • esocitosi • DNA • ossigeno • dimezzato • Sole • membrana plasmatica • scissione binaria • grandi • meiosi • diffusione • fermentazione • proteine

a Le cellule, per vivere, assumono dall'esterno le .... di cui hanno bisogno attraverso la ....

b Le molecole .... come i gas o l'acqua, attraversano la membrana per ....; le molecole più .... vengono trasportate per mezzo di ....; se le sostanze sono troppo grosse vengono inglobate per .... ed espulse per ....

c La .... cellulare è un processo mediante il quale le cellule, grazie all'ossigeno, scompongono il .... per ottenere energia

d Negli eucarioti questa reazione avviene nei ....

e Per ricavare il glucosio di cui hanno bisogno gli organismi autotrofi utilizzano l'energia del ...., acqua e anidride carbonica: questa reazione è chiamata ....

f In assenza di .... le cellule ricavano l'energia dal glucosio mediante il processo della ....; è una reazione tipica dei .... e dei batteri

g Il .... contiene le informazioni per guidare, attraverso la produzione di proteine, tutte le attività di una cellula

h Le cellule degli organismi procarioti si riproducono mediante ....; le cellule degli organismi eucarioti si riproducono mediante .... Entrambe le tipologie di riproduzione prevedono inizialmente la .... del DNA affinché ogni cellula figlia contenga la stessa .... di DNA della cellula madre

i Nelle cellule eucariote, nella fase iniziale della divisione, i .... di DNA duplicati si compattano formando i .... Il .... cromosomico di un individuo è l'insieme dei suoi cromosomi, il cui numero è tipico per ogni specie

l Le cellule sessuali si ottengono mediante la ...., una divisone che consente di produrre cellule (gameti) con un contenuto di cromosomi .... rispetto alla partenza

2 INVALSI Segna con una crocetta il completamento esatto.

a La membrana plasmatica:
- ☐ può essere attraversata liberamente da tutte le sostanze
- ☐ non viene attraversata da nessuna sostanza
- ☐ consente il passaggio solo delle molecole più grosse
- ☐ permette il passaggio delle sostanze attraverso tre meccanismi diversi

b L'osmosi è:
- ☐ il passaggio dei sali minerali all'interno della cellula
- ☐ il passaggio libero dell'acqua da ambienti a minore concentrazione ad ambienti con una maggiore concentrazione di soluti
- ☐ il passaggio libero dell'acqua da ambienti più concentrati ad ambienti più diluiti
- ☐ il passaggio degli zuccheri all'esterno della cellula

c La membrana plasmatica è definita semipermeabile perché:
- ☐ consente il passaggio libero solo di alcune sostanze
- ☐ permette il passaggio di tutte le sostanze
- ☐ consente il passaggio libero solo dei gas
- ☐ consente il passaggio libero solo dell'acqua

d Durante la respirazione cellulare:
- ☐ si produce ossigeno
- ☐ si consuma ossigeno
- ☐ si produce glucosio
- ☐ si consuma acqua

e Nei cloroplasti avviene la:
- ☐ fotosintesi
- ☐ respirazione
- ☐ sintesi delle proteine
- ☐ produzione di ATP

f I prodotti di rifiuto della respirazione cellulare sono:
- ☐ l'anidride carbonica
- ☐ l'acqua
- ☐ nessuna delle due
- ☐ entrambe

g La fermentazione avviene in ambienti:
- ☐ ricchi di ossigeno
- ☐ ricchi di anidride carbonica
- ☐ poveri di ossigeno
- ☐ poveri di azoto

verifica

h Lo yogurt è un prodotto della:
- ☐ fermentazione lattica
- ☐ fermentazione alcolica
- ☐ respirazione
- ☐ nessuna delle precedenti

i Il DNA contiene le informazioni per produrre:
- ☐ zuccheri
- ☐ proteine
- ☐ sali minerali
- ☐ grassi

l Nelle cellule sessuali:
- ☐ i cromosomi sono diversi da quelli della cellula madre
- ☐ i cromosomi sono di più di quelli della cellula madre
- ☐ i cromosomi sono di meno di quelli della cellula madre
- ☐ i cromosomi sono esattamente la metà di quelli della cellula madre

m Gli organuli cellulari coinvolti nella mitosi sono:
- ☐ i centrioli
- ☐ i ribosomi
- ☐ i mitocondri
- ☐ i cloroplasti

3 Collega ciascun termine con il significato corretto.

1 Osmosi ....
Endocitosi ....
Esocitosi ....

a processo che consente di far entrare molecole di grosse dimensioni all'interno della cellula
b processo di diffusione dell'acqua attraverso la membrana
c processo che consente di far uscire molecole di grosse dimensioni all'esterno della cellula

2 ATP ....
Respirazione cellulare ....
Fotosintesi ....
Glucosio ....
Fermentazione ....

a processo attraverso il quale le cellule ricavano l'energia in assenza di O_2
b molecola che racchiude l'energia prodotta in una cellula
c processo attraverso il quale le cellule ricavano l'energia in presenza di O_2
d processo con il quale le piante producono il glucosio
e zucchero utilizzato per ricavare energia

3 DNA ....
Cromosomi ....
Cromatidi ....
Mitosi ....
Meiosi ....

a divisione cellulare che consente di ottenere due cellule figlie identiche alla cellula madre
b ciascuno dei due "bastoncini" da cui è costituito un cromosoma
c molecola che racchiude tutte le informazioni per il funzionamento della cellula
d divisione cellulare che consente di ottenere le cellule sessuali
e filamenti di DNA condensato e spiralizzato

4 Sottolinea il termine corretto tra i due proposti in corsivo.

a La membrana plasmatica è *semipermeabile/permeabile* e non *selettiva/selettiva*
b Attraverso la meiosi si formano delle cellule *aploidi/diploidi*
c Con la fotosintesi le piante *producono/consumano* glucosio
d Gli animali *non necessitano/necessitano* di ossigeno per vivere
e La reazione che utilizza l'energia solare è la *respirazione/fotosintesi*
f Durante la fermentazione alcolica si produce *anidride carbonica/ossigeno*
g Nei muscoli può essere prodotto *acido lattico/acido acetico*
h Nelle cellule eucariote il DNA è nel *citoplasma/nucleo*
i Le proteine vengono assemblate nei *ribosomi/mitocondri*
l Le fasi della mitosi sono *tre/cinque*
m Il cromosoma di un batterio durante la scissione binaria *non si duplica/si duplica*
n Nella vita di una cellula l'interfase può essere molto *lunga/breve*

APPLICO

5 **In una cantina mentre avviene la fermentazione alcolica è necessario garantire sempre un adeguato ricambio di aria. Come mai?**

6 **La cellula per vivere ha bisogno di energia che ricava mediante la respirazione cellulare.**
Osserva l'immagine e rispondi alle domande.

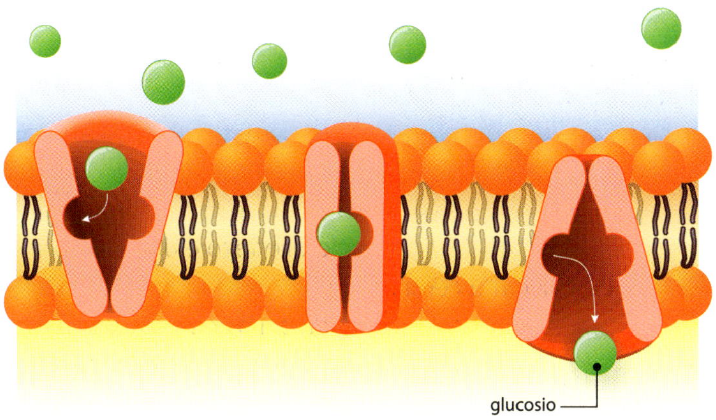

a Con quale modalità la cellula porta al proprio interno le molecole di glucosio?

b Di quale sostanza gassosa necessita la cellula per realizzare la respirazione?

c Come entra questo gas nella cellula?

COMPETENZE

1. Leggi il testo e rispondi.

I batteri non subiscono un processo di invecchiamento e quindi non muoiono per anzianità.
Nella loro breve vita le condizioni restano inalterate finché il sistema immunitario dell'organismo non interviene per difendere l'area colpita.
E quando non trovano più le condizioni necessarie per la loro sopravvivenza, per esempio quando vengono a mancare sostanze nutritive come zuccheri o aminoacidi, trovano altre strategie per sopravvivere: alcuni batteri, tra cui il *Clostridium botulinum* (il batterio responsabile del botulismo) formano spore, forme vegetative particolarmente resistenti. [...]
In ogni caso i batteri, giunti al massimo del loro sviluppo, si dividono per scissione binaria, cioè originano due microrganismi identici, che contengono lo stesso patrimonio genetico del genitore. I due batteri figli sono identici al batterio iniziale che, almeno geneticamente, può così essere considerato immortale.

[tratto da www.focus.it]

a Quale potrebbe essere un titolo per questo articolo?

b Sottolinea i termini presenti nel testo che hai già incontrato in questa unità.

c Quali strategie mettono in atto alcuni batteri per sopravvivere in condizioni svantaggiose?

d Qual è il significato dell'espressione "*un batterio può essere considerato immortale*"?

2. Calcola e ragiona.

Il batterio *Escherichia coli* appartiene a una delle numerose specie di batteri che compongono la flora intestinale dell'uomo. Se allevato in laboratorio, in condizioni di crescita ottimali, si duplica ogni 20 minuti.
Se si parte da una singola cellula, quanti batteri teoricamente si possono ottenere dopo 4 ore?

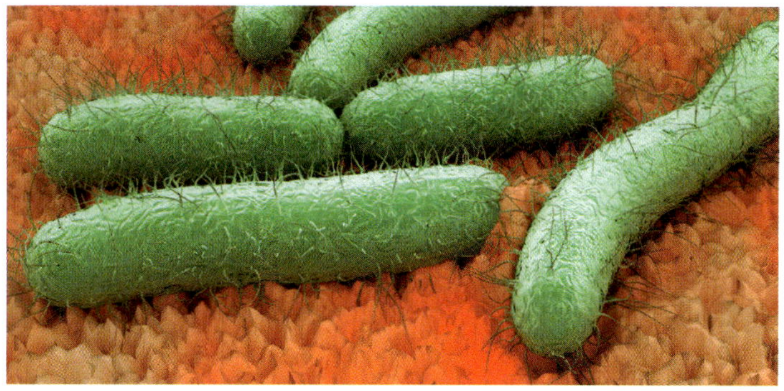

3. Ricerca e comunica.

Fai una ricerca sull'utilizzo della fermentazione da parte dell'uomo. Presenta i risultati in poche slides.

4. Prova tu.

Ricostruisci su dei cartoncini i modelli delle fasi che compongono il processo della mitosi. Puoi utilizzare dei fili di tessuto colorati per rappresentare i cromosomi.

In English

Verifica interattiva

5. Fill in the blanks.

parents • molecule • protein • color • skin • organism

DNA is a ....
It contains information to make an ....
DNA is in each cell in the organism and tells cells what .... to make. Children inherit their DNA from their parents.
This is why children share traits with them, such as ...., hair and eye ....
The DNA in a person is a combination of the DNA from each of their ....

CLIL: let's learn English

The membrane is a fluid mosaic of phospholipids and proteins

Audio

Objectives

- Describe the structure of plasma membrane.

Remember

- The plasma membrane separates the interior of a cells from the outside environment.
- The plasma membrane is commonly described as a fluid mosaic.

The plasma membrane is a biological membrane that separates the interior of a cells from the outside environment.

The drawing below shows the structure of the plasma membrane. Like other cellular membranes, it is commonly described as a **fluid mosaic**. The word *mosaic* denotes a surface made of small fragments, like pieces of colored tile cemented together in a mosaic floor or picture.

A membrane is a mosaic of diverse protein molecules embedded in a framework of phospholipids.

Yet, the membrane mosaic is *fluid* because the individual proteins and phospholipid molecules can drift laterally in the membrane even though the phospholipid bilayer remain intact.

The word *mosaic* as applied to a membrane refers not only to the positioning of proteins in the phospholipid bilayer but also to the varied activities of these proteins. In fact, proteins perform most of the functions of the membrane.

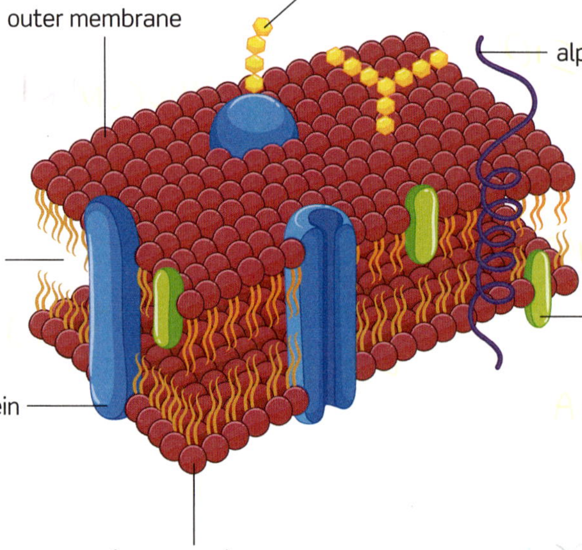

The two surfaces of any membrane are different. For the plasma membrane, the most striking difference is that the outside surface has carbohydrates bonded to proteins and lipids embedded in the membrane.

A protein with sugars attached in it is called a glycoprotein, whereas a lipid with sugars is called a glycolipid.

The carbohydrate portions of glycoproteins and glycolipids vary from species to species, from one individual to another in the same species, and even from one cell to another in a single individual.

They function as identification tags on cells, enabling a cell to determine if other cells it encounters are like itself or not. The ability to distinguish cell type is crucial to life.

It allows cell in an embryo to sort themselves into tissue and organs. It also enables cells of the immune system to recognize and reject foreign cells, such as infectious bacteria.

Exercises

1. Why the plasma membrane is described as a fluid mosaic?

....

2. Copy and complete the sentences below.

The .... surface of any membrane are .... For the plasma membrane, the most striking difference is that the .... surface has carbohydrates bonded to .... and lipids .... in the membrane.

4 La classificazione dei viventi

Digi Scienze

Contenuto integrativo

Preparati per la lezione:
- guarda la presentazione multimediale
- compila la scheda

Nelle prossime pagine troverai altri contenuti digitali

- Allegato scaricabile
- Contenuto integrativo
- Audio
- Verifica interattiva

La classificazione dei viventi ci aiuta a comprendere la diversità degli organismi: consente di stabilire quali vivono attualmente sul nostro pianeta e quali sono vissuti in passato; ci suggerisce inoltre i legami che intercorrono tra gli uni e gli altri.

1 La classificazione dei viventi

Audio

La classificazione mette ordine nella grande varietà degli organismi che vivono sul nostro pianeta

Se in una grande libreria i volumi fossero disposti a casaccio negli scaffali, perderesti un bel po' di tempo per trovare un libro sull'argomento che ti interessa. In realtà questo non succede, perché il libraio ha suddiviso per te i libri e li ha raggruppati in **categorie**: per esempio, il libro che stai leggendo in questo momento non lo troveresti nella categoria "romanzi", ma nella categoria "testi scolastici". Il libraio ha effettuato una **classificazione**.
Le classificazioni sono necessarie ogni qualvolta si ha a che fare con la **diversità** e consistono nel raggruppare oggetti singoli in categorie.
L'uomo, fin dall'antichità, ha sentito l'esigenza di collocare gli oggetti in gruppi e di dare ai gruppi un nome, perché istintivamente tende a fare ordine nella complessità del mondo in cui vive. I criteri con cui opera queste classificazioni possono essere diversissimi tra loro.
Quando gli elementi da ordinare sono diversi milioni, come gli esseri viventi che popolano la Terra, per i biologi è assolutamente indispensabile avere a disposizione uno schema di classificazione i cui criteri siano condivisi da tutto il mondo scientifico. La classificazione è uno degli aspetti fondamentali dello studio dei viventi. La disciplina specifica che si occupa della classificazione si chiama **sistematica**.

Curiosità

Nel 350 a.C. **Aristotele**, grande filosofo greco e studioso della natura, tentò di classificare le poche centinaia di organismi vegetali e animali che conosceva.
Suddivise le piante in *erbe*, *arbusti* e *alberi*, e gli animali in *animali senza sangue* (Anàima) e *animali con sangue* (Enàima).
Gli Anàima comprendevano quelli che oggi conosciamo come invertebrati, divisi a loro volta in quattro gruppi: animali con conchiglia, piante-animali (come i coralli), molluschi (come i calamari) e un gruppo più vasto (Entòma), costituito da insetti, ragni, vermi; gli Enaima erano quelli che oggi chiamiamo vertebrati, divisi a loro volta in quadrupedi ovipari (rettili e anfibi), quadrupedi vivipari (mammiferi terrestri), mammiferi marini, uccelli e pesci ■1.

Contenuto integrativo

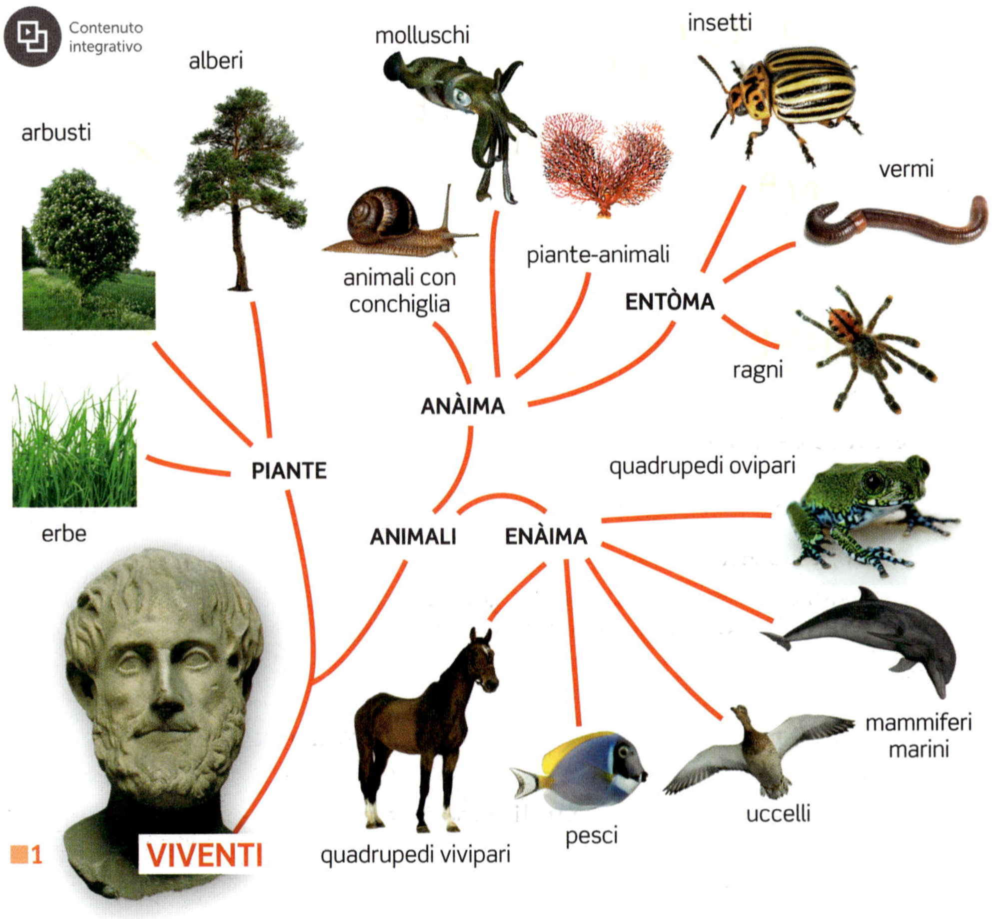

■1

GRANO = PRENDE AZOTO DAL TERRENO
ERBA MEDICA = AZOTOFISSATORE

2 La specie

Audio

La specie è la categoria fondamentale nella classificazione dei viventi

La categoria fondamentale nella classificazione dei viventi è la **specie**: ma che cosa si intende con questa parola?
La prima risposta che viene spontanea è che la specie sia un raggruppamento di individui che hanno talmente tante caratteristiche in comune da assomigliarsi molto. Se vediamo un gruppo di animali, per esempio uno stormo di numerosi uccelli in volo, diamo per scontato che appartengano tutti a una stessa specie e probabilmente avremmo ragione.

Per lungo tempo il criterio utilizzato dai naturalisti per l'assegnazione di un esemplare a una determinata specie è stato proprio quello **morfologico**, ossia basato semplicemente sull'osservazione delle caratteristiche di forma, dimensioni, colore ecc.
Questo criterio, però, si è rivelato presto insufficiente: con il progredire degli studi, i naturalisti hanno infatti scoperto che a una stessa specie possono appartenere individui anche molto diversi tra loro ■1.

■1 Le coccinelle dai due punti (della specie *Adalia bipunctata*) possono avere colorazioni molto diverse tra loro: in questi casi la specie viene detta **polimorfica**.

Per stabilire che organismi apparentemente diversi appartengono alla stessa specie, è necessaria un'indagine più approfondita: non basta la semplice osservazione dell'aspetto del singolo animale o della singola pianta, ma bisogna considerare le loro modalità di riproduzione e seguire la loro storia per più generazioni.

Oggi la maggior parte del mondo scientifico concorda nel considerare la **specie biologica** un raggruppamento di individui in grado di accoppiarsi tra loro e di generare figli fecondi, cioè in grado a propria volta di riprodursi.

CLIL for SCIENCE

Audio

classificazione: ***classification***
specie: ***species***

Which species do man and woman belong to?

- ☐ *Homo erectus*
- ☐ *Homo inteligens*
- ☐ *Homo sapiens*

Con metodo

Analizzo il testo

1. Completa.
   L'uomo, fin dall'antichità, ha sentito l'esigenza di collocare gli oggetti in .... e di dare ai gruppi un ...., perché istintivamente tende a fare ordine nella .... del mondo in cui vive. Quando gli elementi da ordinare sono diversi ...., come gli esseri viventi che popolano la Terra, è assolutamente indispensabile avere a disposizione uno .... di classificazione i cui criteri siano .... da tutto il mondo scientifico
2. Evidenzia nel testo il nome della disciplina scientifica che si occupa della classificazione degli esseri viventi.
3. Completa.
   La specie biologica è un .... di individui in grado di .... tra loro e di generare figli ...., cioè in grado a loro volta di riprodursi
4. Che cosa significa "criterio morfologico"? Sottolinea nel testo la definizione.

Parole di scienze

ibrido: individuo generato dall'incrocio di due genitori appartenenti a specie diverse.

cattività: condizione dell'animale che vive fuori dall'habitat naturale, in una riserva o in un ambiente protetto.

L'esempio dell'asino e del cavallo ci aiuta a capire questo concetto: se una cavalla si accoppia con un asino dà origine al **mulo**; un cavallo e un'asina daranno invece origine a un **ibrido** molto simile al mulo, chiamato **bardotto**. Mulo e bardotto però sono animali sterili: questa è la prova che cavallo e asino appartengono a due specie distinte.

Un esempio meno noto è quello del leone e della tigre. In **cattività**, a volte, si osservano accoppiamenti tra le due diverse specie, che danno luogo al **ligre** (leone maschio + tigre femmina) 2 e al **tigone** (tigre maschio + leonessa). In questi due ibridi, la femmina talvolta è fertile ma il maschio è sterile: dunque non potranno riprodursi.

2

La definizione di specie biologica è valida solo per i **viventi che si riproducono sessualmente**: gli organismi asessuati vengono assegnati a una specie solo in base al criterio morfologico.

Il criterio morfologico è inoltre l'unico valido anche per gli organismi ormai estinti, che conosciamo solo allo stato fossile 3.

3 Una ricercatrice classifica un fossile di ammonite: lo cataloga e lo denomina secondo un esame di tipo morfologico.

Anche se la specie è considerata l'unità di base della classificazione, viene descritta anche una categoria inferiore, la sottospecie. Perché si è sentito il bisogno di questa ulteriore suddivisione?
Quando una specie si diffonde su vasti territori può formare un gran numero di popolazioni isolate le une dalle altre. Con il passare del tempo, queste assumono un aspetto talvolta anche molto diverso dalla specie originaria, pur essendo ancora in grado di riprodursi fra di loro. Sono delle vere e proprie razze geografiche, definite **sottospecie**.

3 Il falso serpente corallo (*Lampropeltis triangulum*) può presentare colorazioni così diverse da far pensare a specie assolutamente differenti, mentre si tratta solo di sottospecie o razze geografiche.

Classificazione con il DNA

Oggi l'indagine sulla determinazione delle specie si avvale di tecnologie avanzate, basate sullo studio del DNA, il patrimonio genetico degli individui. Questi studi sono di grande aiuto nello stabilire l'appartenenza di un esemplare a una data specie oppure a un'altra: senza un'indagine genetica, queste due specie di rane americane sarebbero state difficilmente distinguibili!

Rana leopardo meridionale (*Rana sphenocephala*).

Rana leopardo settentrionale (*Rana pipiens*).

Con metodo

Comprendo il testo

1. Rispondi.
   - **a** Come vengono assegnati a una specie gli individui che si riproducono in modo asessuato?
   - **b** Che cosa significa "ibrido"?
2. Un mulo è l'incrocio tra:
   - ☐ una cavalla e un asino
   - ☐ un cavallo e un'asina
3. Gli organismi ibridi:
   - ☐ sono fertili e si riproducono
   - ☐ non sono fertili e non riescono a riprodursi

Osservo l'immagine

4. Osserva le seguenti immagini e spiega quali sono le caratteristiche dell'ibrido che potrebbe nascere dall'accoppiamento tra un cavallo e un'asina.

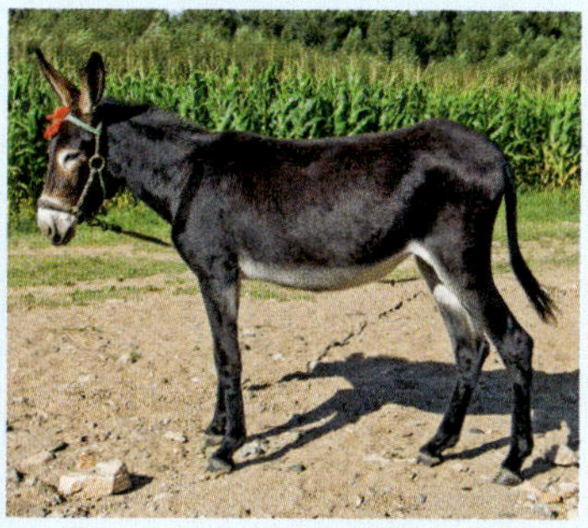

Collaboro

5. Formate dei **gruppi da tre**; ogni membro del gruppo studi il paragrafo. Dopo aver chiuso il libro, ciascuno di voi spieghi agli altri un concetto tra quelli descritti.

3 Linneo e la classificazione scientifica

Audio

Fu Linneo a creare una prima classificazione sulla base della specie e a ordinare i viventi con la **nomenclatura binomia**

Il primo naturalista che sviluppò un sistema di classificazione in gran parte valido ancora oggi, fu lo svedese Karl von Linné, più conosciuto come **Linneo** (1707-1778) 1. Linneo sentiva la necessità di mettere ordine nelle conoscenze del suo tempo: descrivere tutti gli organismi animali e vegetali allora noti, cioè raggrupparli a seconda delle loro somiglianze in un grande "schema dei viventi".

Frutto di questo lavoro di descrizione e classificazione fu una gigantesca opera dal titolo latino ***Systema Naturae*** (in italiano "Il sistema della natura"), che Linneo ampliò e corresse durante tutto l'arco della sua vita 2.

1

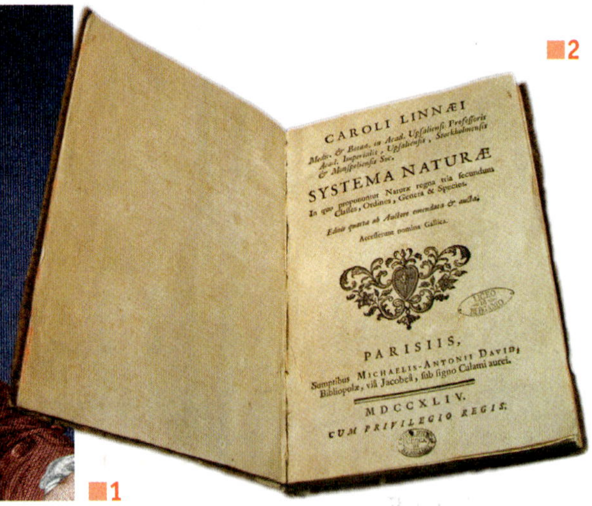

2

Questa classificazione si basava ancora molto sul criterio morfologico. Linneo era uno scienziato "fissista" e, secondo le concezioni del tempo, credeva che animali e vegetali fossero così come erano stati voluti da Dio all'origine dei tempi: fissi, uguali a se stessi e con caratteristiche immutate. Egli procedette dunque inserendo nella categoria "specie" quegli animali e quei vegetali che erano simili fra loro. Provvide poi a dare a ogni specie un **nome scientifico** "universale", che fosse cioè riconosciuto e usato anche dai naturalisti di altri paesi. Poiché ogni lingua ha i suoi nomi per indicare piante e animali, Linneo scelse di usare il latino, lingua convenzionale della scienza di quel tempo. Questo consentì da allora in poi di classificare ogni essere vivente senza possibilità di errore. Però, la vera rivoluzione linneana fu quella di raggruppare specie simili in un gruppo più ampio, chiamato **genere** e di dare all'individuo non solo un *nome specifico* (della specie), ma anche un "cognome", il *nome generico* (del genere). Da allora questo sistema, chiamato **nomenclatura binomia**, non è più cambiato. Ogni specie vivente è tuttora denominata con un **doppio nome latino, del genere e della specie**: esso è univoco, ovvero due specie non possono avere lo stesso nome.

Ricorda

Nella nomenclatura binomia esistono regole precise:

- l'iniziale del *nome generico* è sempre maiuscola e quella del *nome specifico* minuscola: *Cercopithecus aethiops*.
- tutto il nome va scritto in corsivo, perché è in latino.
- il nome generico può anche essere abbreviato, ma solo quando è stato già citato per intero nello stesso testo: *C. aethiops*.

CLIL for SCIENCE Audio

nomenclatura binomia: ***binomial nomenclature***
genere: ***genus***

Horses belong to the *Equus* genus, their name in Linneus' classification is *Equus caballus*. Many other species also belong to the same genus, can you name at least two?

Animali e piante simili e... apparentemente simili

Nell'immagine è raffigurato il *Cercopithecus aethiops*, una scimmia il cui nome italiano è "cercopiteco grigio-verde" e quello inglese è *vervet monkey*. *Cercopithecus* è il genere, *aethiops* la specie. Ma il genere comprende più di altre 20 specie diverse: ne vedi qualche esempio qui sotto 1-4. Pur nelle differenze morfologiche, tutte queste specie di cercopitechi sono simili tra loro.

1 *Cercopithecus kandti*
2 *Cercopithecus mona*
3 *Cercopithecus cephus*
4 *Cercopithecus albogularis*

Cercopithecus aethiops

Questi pini appartengono allo stesso genere (*Pinus*), ma a una specie diversa: il pino domestico (*Pinus pinea*, 5), il pino marittimo (*Pinus pinaster*, 6) e il pino nero giapponese (*Pinus thunbergii*, 7).

Anche i tre grossi rettili qui sotto sono molto simili tra loro, ma l'aspetto, questa volta, in realtà inganna: appartengono addirittura a tre generi diversi!

8 *Crocodylus niloticus* appartiene al genere *Crocodylus*.

9 *Alligator mississippiensis* appartiene al genere *Alligator*.

10 *Caiman crocodylus* appartiene al genere *Caiman*.

Anche l'elefante africano (*Loxodonta africana*) e l'elefante indiano (*Elephas maximus*), che sembrano distinguersi solo dalle orecchie, appartengono a due generi diversi!

Con metodo

Analizzo il testo

1. Completa.
Linneo era uno scienziato ...., credeva che animali e .... fossero così come erano stati voluti da Dio: fissi, ... a se stessi e con caratteristiche ....

Comprendo il testo

2. Rispondi.
   a. Perché Linneo ebbe un ruolo così importante nella classificazione dei viventi?
   b. Qual era l'obiettivo di Linneo?
   c. Cosa significa "nomenclatura binomia?
3. Secondo Linneo gli organismi della stessa specie dovevano essere raggruppati:
   - ☐ in base all'ambiente in cui vivevano
   - ☐ mediante un criterio morfologico
4. Linneo scrisse un'opera denominata:
   - ☐ *Systema nominum*
   - ☐ *Systema naturae*
5. Nella nomenclatura binomia la lingua usata da Linneo fu:
   - ☐ il latino ☐ il greco
6. Un genere comprende:
   - ☐ specie simili
   - ☐ individui appartenenti a specie molto diverse tra loro

Collaboro

7. Lavorate a **coppie**; cercate i nomi latini di alcune specie di animali e piante che conoscete; riflettete poi sulle regole della nomenclatura binomia e sui vantaggi che offre. Pensate per esempio a come si chiamano gli animali e le piante presenti nelle vostre regioni, in inglese, in francese o in altre lingue parlate dai vostri compagni di classe.

4 Lo schema classificatorio

Audio

Esistono otto livelli crescenti di raggruppamenti sistematici degli esseri viventi

Come hai appena imparato, la specie costituisce l'unità fondamentale della sistematica. Partendo da questa, per i biologi è stato necessario creare raggruppamenti sempre più grandi, scegliendo criteri che tenessero comunque in considerazione somiglianze e differenze.
I diversi raggruppamenti vengono chiamati dagli scienziati ***taxa***: la classificazione dei viventi prende dunque anche il nome di **tassonomia**.
I livelli di classificazione sono otto, e ciascun livello è contenuto in quello gerarchicamente più grande: specie, genere, famiglia, ordine, classe, *phylum*, regno, dominio.

Parole di scienze

tassonomia: dal greco *tàxis* = ordinamento + *nomos* = regola

Contenuto integrativo

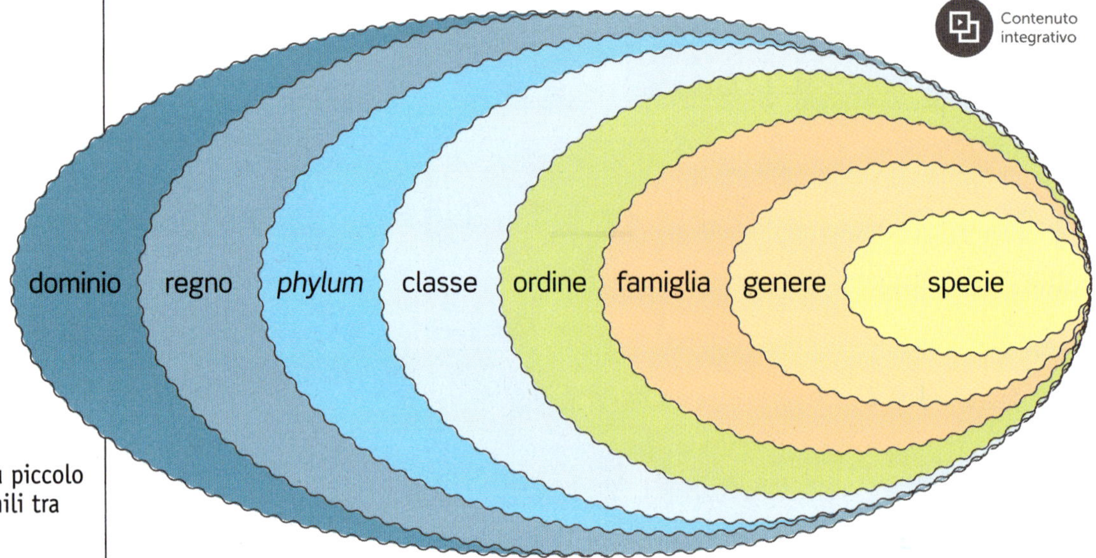

1 Le categorie di livello via via più piccolo contengono organismi via via più simili tra loro.

Conosci già la specie e il genere: essi sono compresi nella **famiglia**, che raggruppa più generi simili tra loro.
Osservando un gatto (genere *Felis*, specie *Felis catus*) noterai delle somiglianze con i più grandi puma (genere *Puma*), giaguaro, leopardo, leone e tigre (genere *Panthera*). Queste somiglianze uniscono i gatti e i grandi felini in una stessa famiglia chiamata Felidi (*Felidae*)

Più famiglie con caratteristiche comuni appartengono allo stesso **ordine**. Tutti i Felidi mangiano carne, così come altri animali che appartengono ad altre famiglie, per esempio gli orsi, le iene e persino le foche. Tutte queste specie possono quindi essere riunite in un gruppo più grande, l'ordine dei Carnivori (*Carnivora*).

Più ordini simili tra loro formano una **classe**. Tutti i Carnivori allattano i propri piccoli, così come altri animali molto diversi, per esempio i pipistrelli (ordine Chirotteri), i bovini (ordine Artiodattili) e i delfini (ordine Cetacei): tutti fanno parte della classe dei Mammiferi (*Mammalia*).

CLIL for SCIENCE Audio

tassonomia: ***taxonomy***

Complete the sentences by choosing the correct words.

1. *Felidae* is the genus/family of lions, tigers, cats, etc., that includes 36 species.
2. Members of these families are called feline and they are all herbivore/carnivores.
3. They have sharp feline/canine teeth that help them kill their prey.

Più classi di animali che hanno qualche caratteristica generale comune formano un ***phylum***. I mammiferi, insieme a rettili, pesci, anfibi e uccèlli, possono essere raggruppati nel *phylum* dei Cordati, gli animali che nei primi stati dello sviluppo embrionale presentano una struttura rigida detta corda dorsale.

Più *phyla* formano la categoria sistematica più ampia, quella del **regno**: i Cordati appartengono al regno Animali.

A loro volta i regni hanno una categoria sistematica superiore che li raggruppa, il **dominio**. Attualmente si considerano due grandi domini che si basano sulle due organizzazioni cellulari dell'organismo che già conosci: **procarioti** ed **eucarioti**.

Passando da un raggruppamento a quello gerarchicamente superiore, le somiglianze e le caratteristiche comuni sono sempre meno numerose. Le specie raggruppano pochi individui con moltissime caratteristiche in comune, i regni comprendono moltissimi individui, uniti da poche caratteristiche comuni molto generali.

Con metodo

Analizzo il testo

1. Completa.
I diversi raggruppamenti dei viventi vengono chiamati ...., che significa "..........................": la classificazione dei viventi prende dunque il nome di .... I livelli di classificazione sono ...., e ciascun livello è contenuto in quello .... più grande

Comprendo il testo

2. Un ordine tassonomico può contenere più:
☐ classi ☐ famiglie

3. Due o più classi formano:
☐ un ordine ☐ un *phylum*

Gli otto *taxa* dei viventi

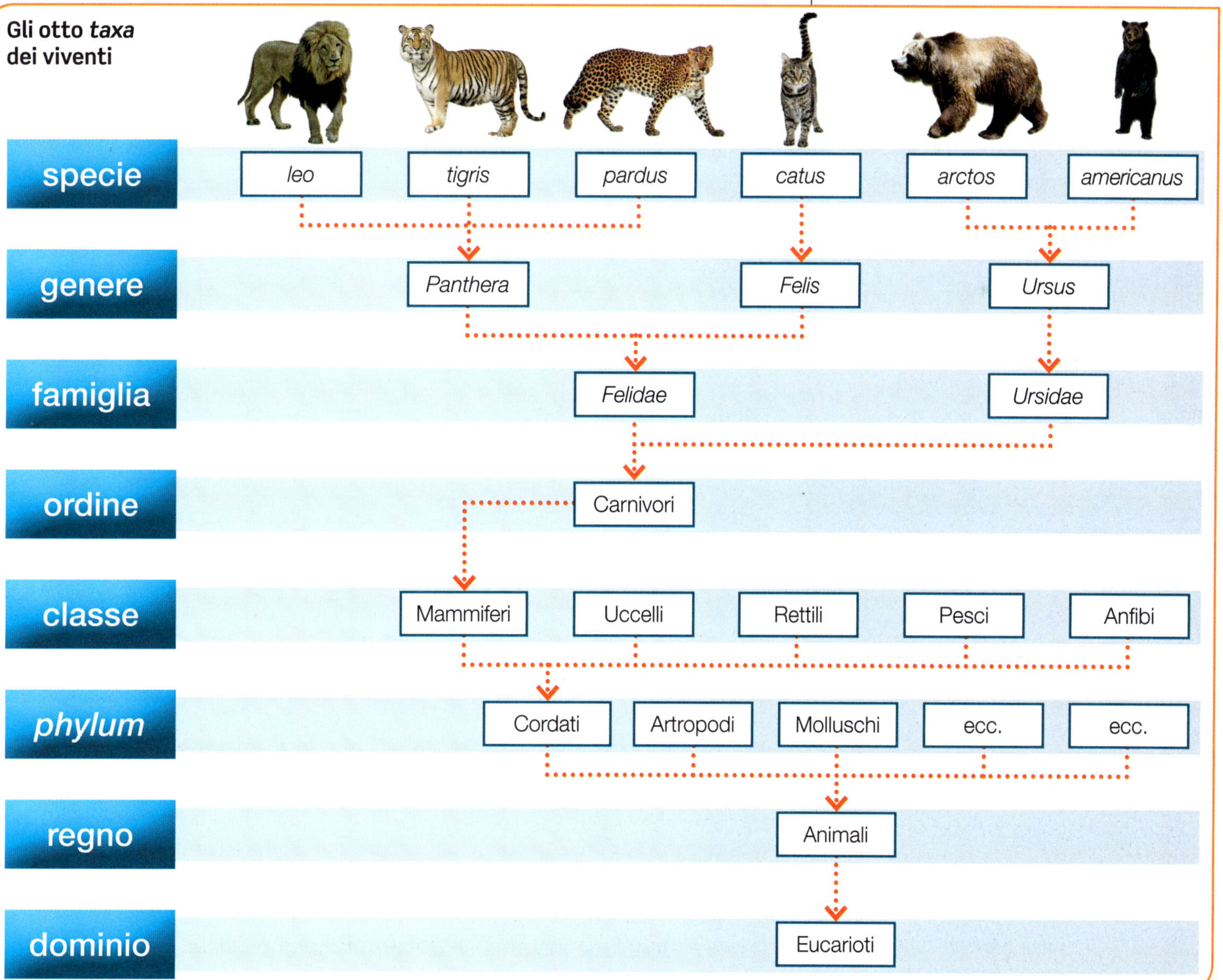

5 I regni dei viventi

Audio

Tutti i viventi sono suddivisi in più regni diversi, distinti in due domini

Curiosità

I tassonomisti non riposano mai e hanno deciso di mettere ancora ordine: il biologo Cavalier-Smith nel 2004 ha proposto di creare un nuovo regno nel dominio degli Eucarioti, quello dei **Cromisti**, dentro cui sono finite molte alghe unicellulari e alcune muffe: dichiara di essersi basato su somiglianze a livello di molecole, ma la questione è lungi dall'essere conclusa. C'è da scommettere che nei prossimi anni molti organismi verranno inseriti in questo nuovo regno e molti altri ne verranno tolti!

La suddivisione del mondo dei viventi in categorie ha da sempre generato discussioni nel mondo scientifico: le classificazioni, infatti, sono frutto di studi e ricerche, e ogni scienziato può presentare il proprio modello ai colleghi. I criteri su cui oggi ci si basa per la classificazione sono fondamentalmente tre:

- la complessità delle cellule che formano l'organismo;
- il livello di organizzazione cellulare;
- la modalità di nutrizione.

Secondo la maggior parte dei biologi, sulla base dei criteri citati, i regni oggi riconosciuti sono sei, suddivisi nei due grandi domini dei **procarioti** e degli **eucarioti**: due regni appartengono ai procarioti e quattro agli eucarioti.
Ma non mancano altre proposte, come puoi vedere dalla tabella 1.

<table>
<tr><th>Haeckel (1894) 3 regni</th><th>Whittaker (1969) 5 regni</th><th>Woese (1977) 6 regni</th><th>Woese (1990) 3 regni</th><th colspan="2">Cavalier-Smith (2004) 2 domini e 6 regni (+1)</th></tr>
<tr><td>Animali</td><td>Animali</td><td>Animali</td><td rowspan="5">Eucarioti</td><td rowspan="5">Eucarioti</td><td>Animali</td></tr>
<tr><td rowspan="3">Piante</td><td>Funghi</td><td>Funghi</td><td>Funghi</td></tr>
<tr><td>Piante</td><td>Piante</td><td>Piante</td></tr>
<tr><td rowspan="2">Protisti</td><td rowspan="2">Protisti</td><td>Cromisti</td></tr>
<tr><td rowspan="3">Protozoi</td><td>Protisti</td></tr>
<tr><td rowspan="2">Monere</td><td>Eubatteri</td><td>Batteri</td><td rowspan="2">Procarioti</td><td>Batteri</td></tr>
<tr><td>Archeobatteri</td><td>Archei</td><td>Archei</td></tr>
</table>

1 Lo schema mostra diverse proposte di suddivisione: accanto al nome dello scienziato, puoi leggere la data di presentazione del suo modello. Noterai come lo sviluppo delle tecniche di indagine scientifica abbia portato nel tempo a una suddivisione più dettagliata degli esseri viventi, fino ad arrivare a una proposta che prevede addirittura l'aggiunta di un settimo regno, quello dei cromisti.

Il **dominio procarioti** comprende organismi unicellulari.

- Il **regno Batteri** (più propriamente definiti eubatteri). I batteri sono organismi presenti ovunque, delle dimensioni di millesimi di millimetro. Sono responsabili della decomposizione, della fermentazione, ma anche di diverse malattie (batteri patogeni). Comprendono i batteri propriamente detti (eterotrofi) e le cianoficee o alghe azzurre (autotrofe).
- Il **regno Archei**. Gli archei, o archeobatteri, sono batteri primitivi che possono vivere in condizioni estreme, a temperature che vanno da sotto zero ai 75 °C delle sorgenti idrotermali marine. Alcuni biologi li considerano un dominio a sé stante.

Questi due regni sono stati per lungo tempo riuniti in un unico regno: le Monére.

Il **dominio eucarioti** comprende organismi unicellulari e pluricellulari.

- Il **regno Protisti**. I protisti sono microscopici organismi unicellulari. Vivono in ambiente acquatico, un po' dappertutto. Alcuni sono autotrofi come i vegetali, altri inglobano cibo come gli animali. Altri ancora possono diventare eterotrofi da autotrofi e viceversa, a seconda delle situazioni. Costituiscono gran parte del plancton marino.

CLIL for SCIENCE

Audio

True or false?

1. Plants are multicellular eukaryotes belonging to the kingdom Plantae. T F
2. Kingdom is the first highest taxonomic rank before domain. T F

- Il **regno Funghi**. I funghi sono organismi uni- o pluricellulari eterotrofi, che assorbono il nutrimento dall'ambiente. Ne esistono di forma e aspetto diversissimi. Comprendono i funghi veri e propri, le muffe e i lieviti.
- Il **regno Piante**. Le piante comprendono organismi sia acquatici sia terrestri. Vi appartengono le alghe, i muschi e le piante superiori. Le accomuna il fatto di essere autotrofe e pluricellulari.
- Il **regno Animali**. Gli animali costituiscono un gruppo molto eterogeneo, sia per forma sia per dimensione. Si trovano in qualsiasi ambiente e hanno sviluppato modalità di riproduzione e di comportamento molto varie. Sono però tutti pluricellulari ed eterotrofi.

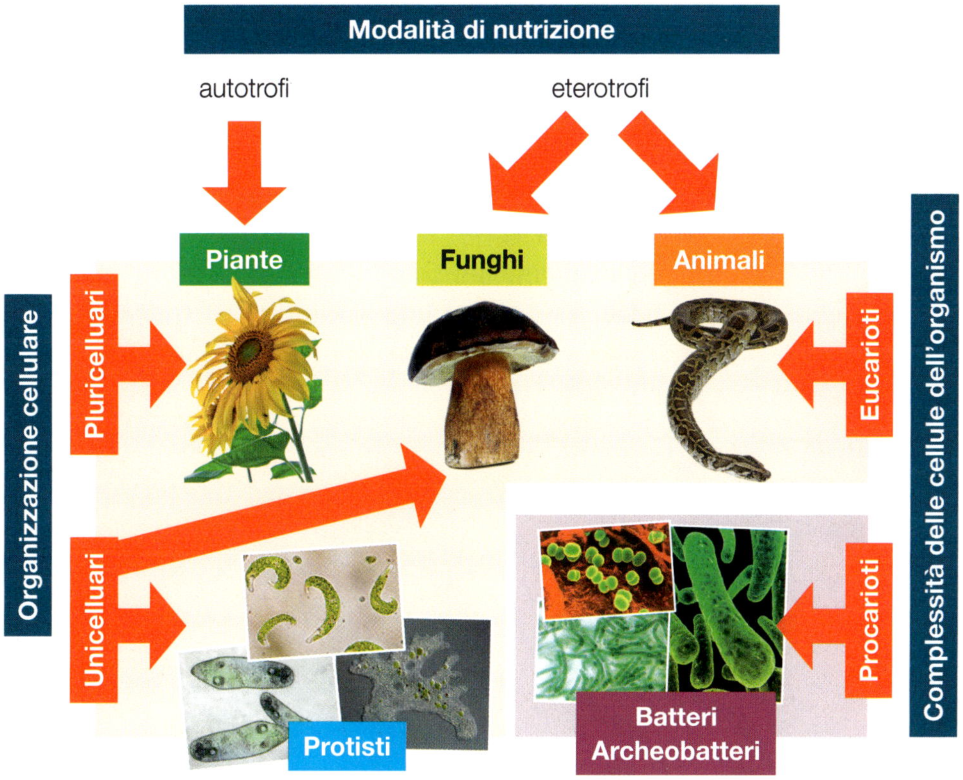

I virus

La classificazione di questi organismi è una questione ancora aperta e molto dibattuta. I biologi non sono ancora neppure concordi se considerarli o meno viventi, poiché non hanno un'organizzazione cellulare e per riprodursi hanno bisogno di entrare in un organismo "ospite". Nello stesso tempo, però, possiedono alcune caratteristiche dei viventi, come un codice genetico e la capacità di adattarsi e di evolversi.

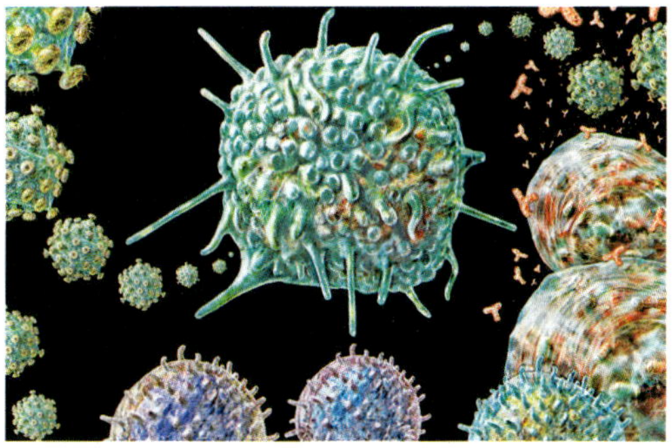

Il virus dell'AIDS.

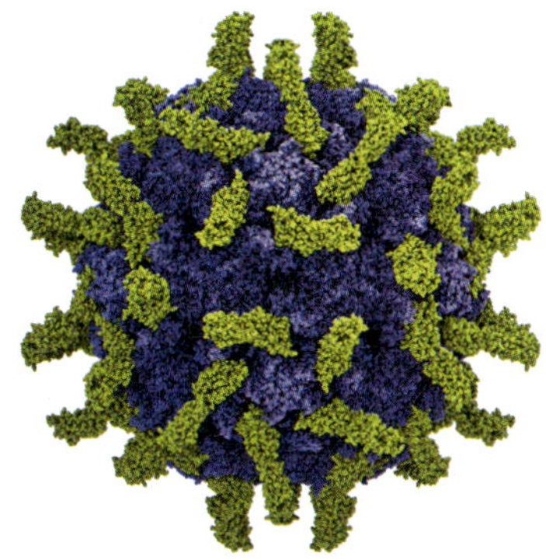

Il virus della poliomelite.

Con metodo

Analizzo il testo

1. Evidenzia con un cerchio qual è attualmente lo schema di suddivisione dei viventi accettato dalla maggior parte dei biologi.
2. Quali sono le caratteristiche dei Cromisti? Evidenzialo nel testo.

Comprendo il testo

3. Rispondi.
   - **a** Quali sono i tre criteri sui quali ci si basa per classificare i viventi in regni?
   - **b** Quali sono le caratteristiche principali dei Batteri e degli Archeobatteri?
   - **c** Quali sono le caratteristiche principali dei Protisti?
4. Il regno Funghi:
   - ☐ comprende organismi autotrofi unicellulari o pluricellulari
   - ☐ comprendere organismi eterotrofi unicellulari o pluricellulari
5. Il regno Animali:
   - ☐ comprende organismi pluricellulari autotrofi
   - ☐ comprende organismi pluricellulari eterotrofi
6. I virus:
   - ☐ sono formati da cellule molto semplici
   - ☐ non hanno un'organizzazione cellulare

Le chiavi dicotomiche

Audio

Come hai appena studiato, la classificazione dei viventi è uno strumento fondamentale per i biologi.
Uno dei metodi che li aiuta a identificare e, quindi, a collocare in modo corretto un essere vivente sconosciuto nel grande schema classificatorio è quello delle **chiavi dicotómiche** ("dicotomia": dal greco *dìcha* = in due parti + *temno* = taglio). Questo criterio è di facile comprensione e si può usare anche "sul campo", quando ci si imbatte in un animale o in una pianta di cui si vuole determinare la specie. Le chiavi dicotomiche costituiscono anche uno strumento adatto per distinguere due specie molto simili. Inoltre, con esse è possibile "catalogare" qualsiasi oggetto, non solo naturale. Come si usano?
La chiave dicotomica consiste in una serie di "doppie affermazioni", una delle quali è alternativa all'altra, che descrivono alcune caratteristiche dell'oggetto in questione.
Quindi, a partire dalla prima "doppia affermazione", ci si troverà di fronte a due possibilità: in base all'osservazione delle caratteristiche dell'oggetto di studio, si sceglierà quella che meglio lo descrive.
Fatta questa prima scelta, il sistema della chiave dicotomica ci farà passare a una seconda "doppia affermazione", e così via.
Procedendo in questo modo, con catene più o meno lunghe di "doppie affermazioni", si arriverà all'identificazione dell'oggetto o della persona.

Provate anche voi in classe: individuate un compagno attraverso le chiavi dicotomiche.
L'insegnante decide qual è lo studente da identificare e voi studenti stendete una chiave dicotomica. Guardate l'esempio.

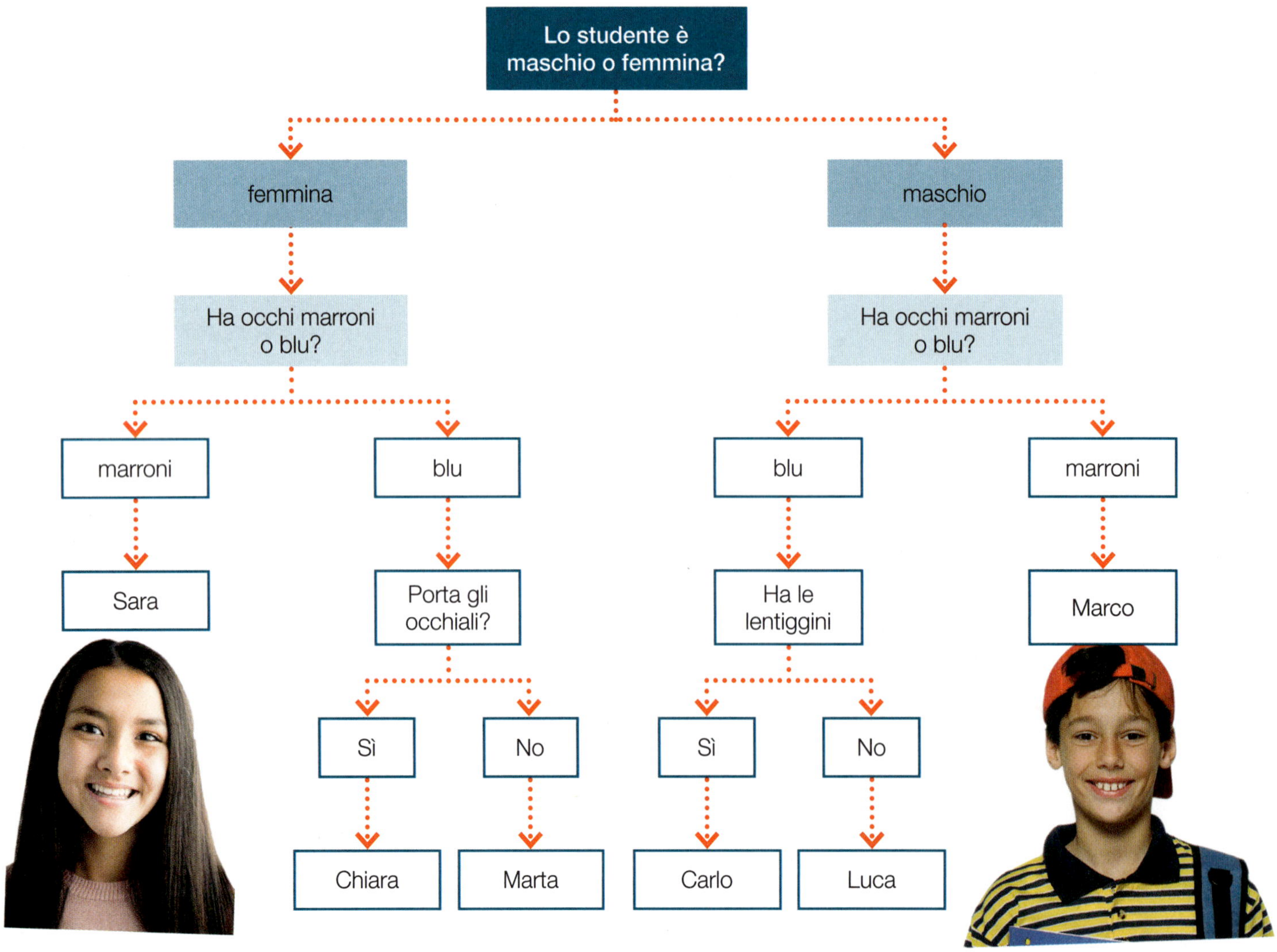

Ecco invece un esempio di chiave dicotomica da utilizzare sul campo, quando vogliamo capire da che albero proviene una determinata foglia che stiamo osservando.

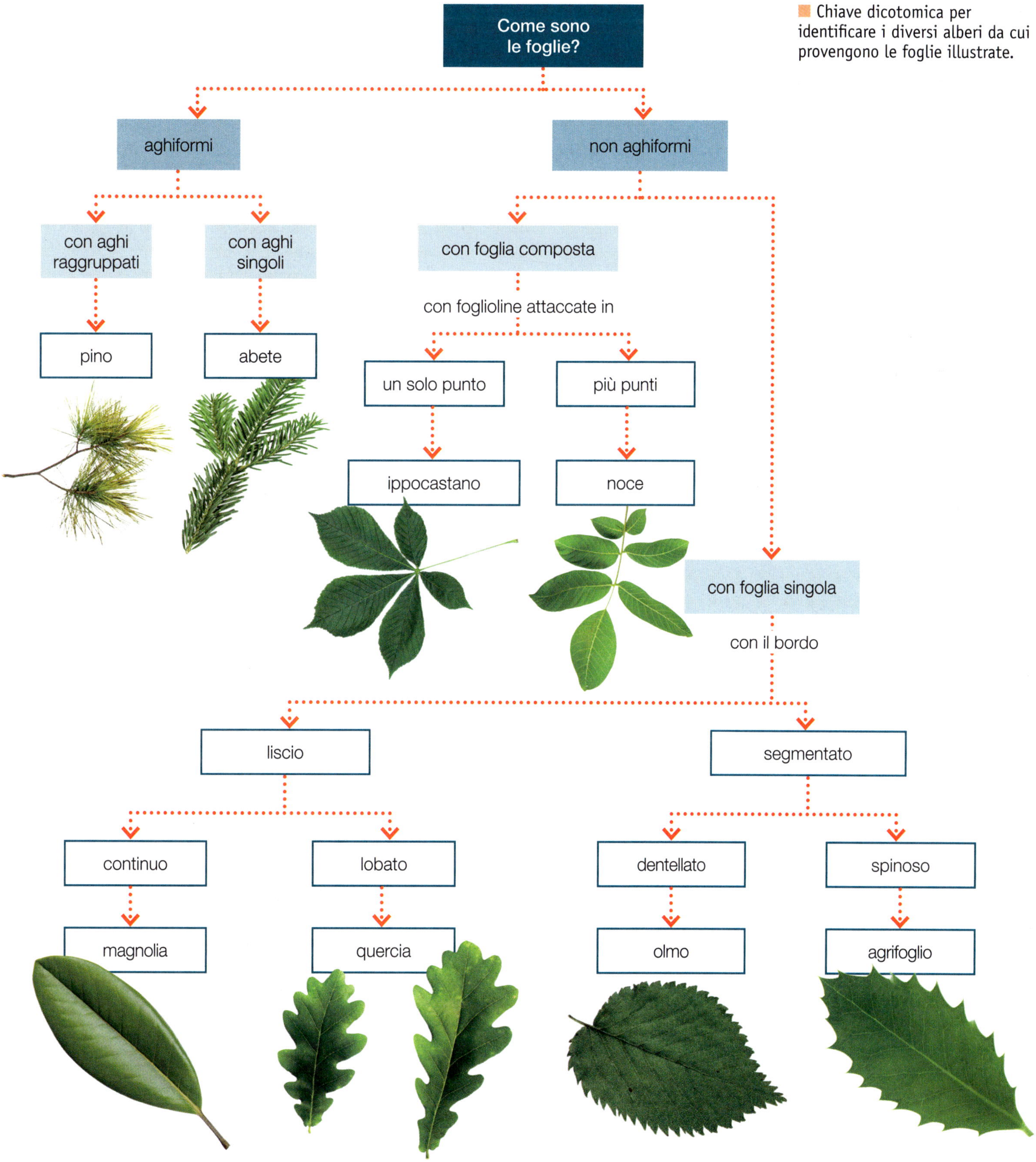

Chiave dicotomica per identificare i diversi alberi da cui provengono le foglie illustrate.

La classificazione dei viventi

Che cos'è la specie?

Paragrafo 2

Nel paragrafo 2 trovi la definizione di specie. Sottolineala e prosegui nella lettura per analizzare gli esempi proposti, che ti aiutano a comprendere meglio la definizione. Sintetizza poi i concetti in uno schema come il seguente.

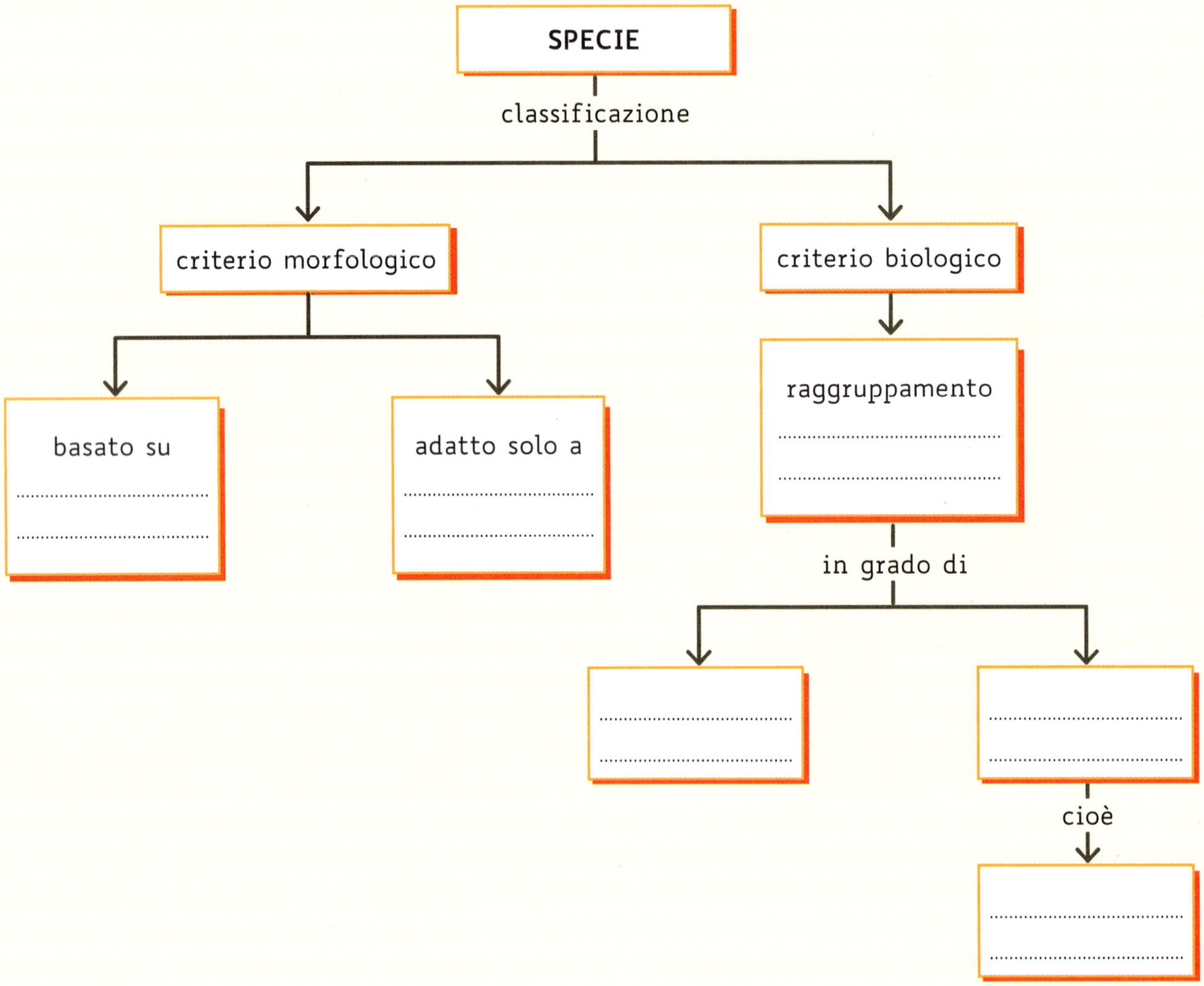

Che cos'è la classificazione a nomenclatura binomia?

Paragrafo 3

Leggi con attenzione come Linneo ha creato un sistema per indicare senza errori le specie e il box con gli esempi e le regole. Gli esempi ti aiutano a comprendere l'importanza della "invenzione" di Linneo. Completa il testo seguente, ti servirà per lo studio e il ripasso.

Nel sistema di classificazione di ...., chiamato nomenclatura .... ogni specie è individuata da un .... nome in ...., che indica il .... e la .... ed è ....

Questa classificazione sfrutta la somiglianza .... tra alcuni individui di un gruppo di animali o piante.

Non sempre, però, animali o piante simili di aspetto appartengono alla stessa .... o addirittura allo stesso ....

Erickson

Lo schema classificatorio

Quali sono i livelli di classificazione superiori alla specie?

Paragrafo 4

Metti in ordine i livelli nello schema che ti proponiamo, ricordandoti che più sali lungo la piramide, più gli animali contenuti all'interno di quel livello sono simili. A fianco di ogni numero scrivi il nome del livello corrispondente e un esempio: prendi come spunto la classificazione del gatto domestico.

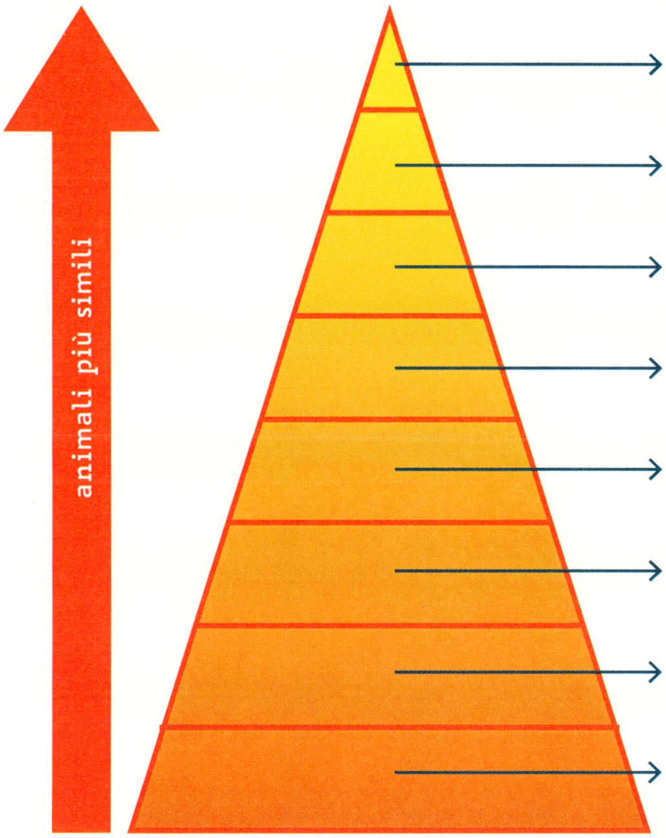

1. ……………………: ……………………………………
2. ……………………: ……………………………………
3. ……………………: ……………………………………
4. ……………………: ……………………………………
5. ……………………: ……………………………………
6. ……………………: ……………………………………
7. ……………………: ……………………………………
8. ……………………: ……………………………………

Quali sono i regni dei viventi?

Paragrafo 5

Leggi con attenzione il testo concentrandoti sulle parole in grassetto che indicano quali regni appartengono ai procarioti e quali agli eucarioti. Usa la tabella per organizzare le informazioni sulle loro caratteristiche.

dominio dei procarioti		dominio degli eucarioti	
batteri (eubatteri)	……………………	……………………	……………………
		funghi	……………………
……………………	……………………	……………………	……………………
		……………………	……………………

Mi preparo all'interrogazione

Contenuti multipli

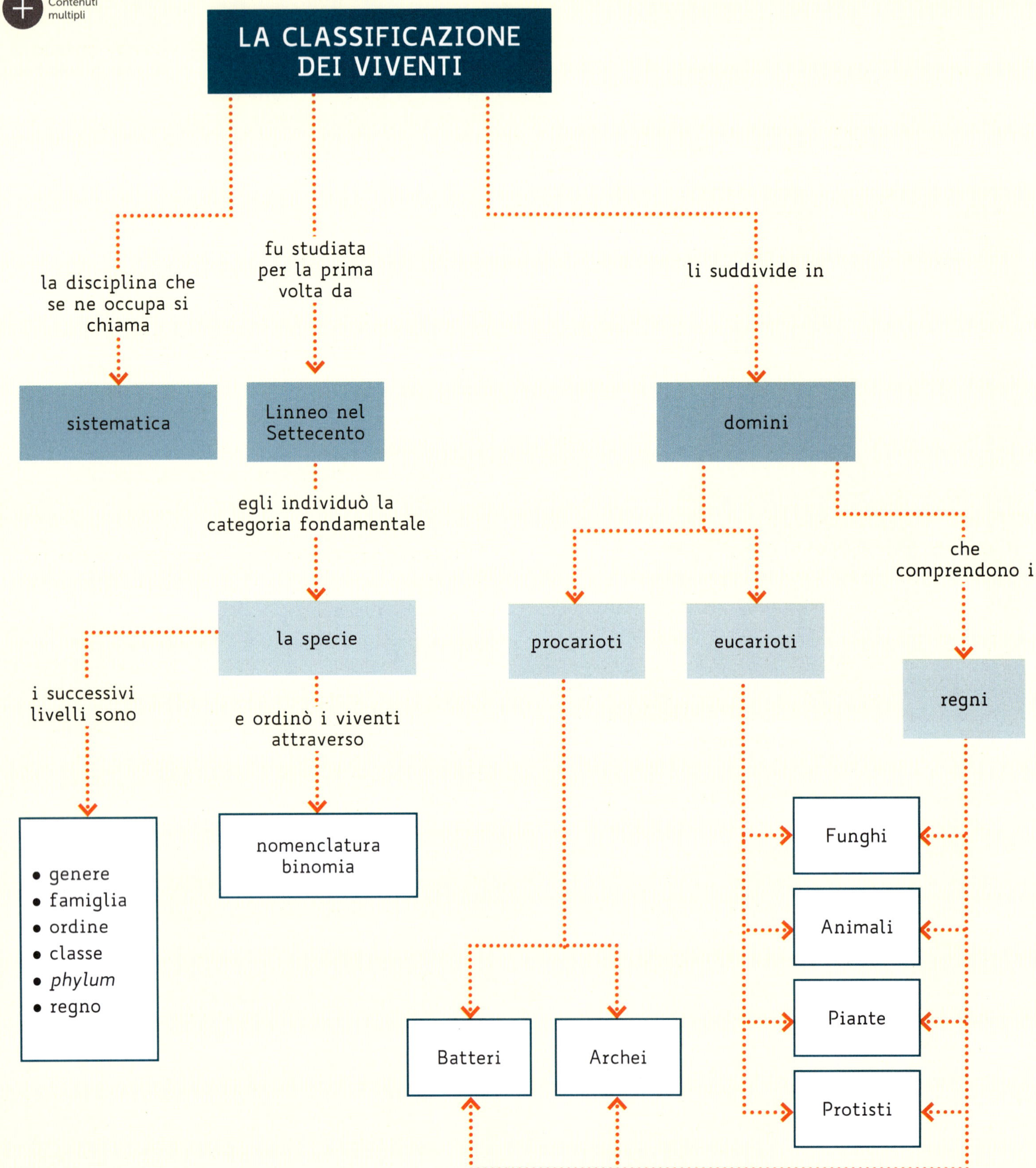

verifica

Verifica interattiva

CONOSCO

1 Completa le seguenti frasi scegliendo tra i termini elencati.

otto • *sei* • *sistematica* • *Linneo* • Systema Naturae • *affinità* • *uguali* • *binomia* • *famiglia* • *latino* • *diversità* • *taxa* • *specie* • *accoppiarsi* • *raggruppare* • *minuscola* • phylum • *fecondi* • *genere* • *riprodursi* • *domini* • *corsivo* • *biologica* • *classificazione* • *ibrido* • *scientifico* • *fertile* • *Procarioti* • *categorie* • *classe* • *creazione* • *tassonomia* • *schema* • *morfologico* • *simili* • *incrocio* • *organizzazione* • *complessità* • *nutrizione* • *dominio*

a La .... è necessaria ogni volta che si ha a che fare con la ....; consiste nel .... degli oggetti singoli in insiemi, detti ....

b La disciplina scientifica che si occupa della classificazione è detta .... o ....

c Il primo naturalista a sviluppare un sistema di classificazione fu .... Il suo obiettivo era quello di sistemare ogni essere vivente allora conosciuto in un grande .... dei viventi. Pubblicò una grande opera dal titolo ....

d Alla base della classificazione stava il concetto di ...., categoria con organismi che avevano caratteristiche .... raggruppate per ....; questo criterio è detto .... Si credeva che piante e animali fossero fissi e .... a se stessi dal tempo della ....

e Linneo ideò la nomenclatura .... per rappresentare il nome .... di una specie; ogni specie vivente è tuttora denominata con un doppio nome ...., del .... e della specie

f Nella nomenclatura binomia il nome della specie è indicato con l'iniziale ....; tutto il nome va scritto in ....

g Attualmente il concetto di specie è cambiato: si considera specie .... un raggruppamento di individui in grado di .... tra loro e di generare figli ....

h Si chiama .... un individuo generato dall'.................... di due genitori appartenenti a specie diverse; esso sarà non .... e quindi non in grado di ....

i I diversi raggruppamenti degli esseri viventi si chiamano ....; i livelli di classificazione sono ....: ...., regno, ..., ..., ordine, ..., genere, specie

l I criteri su cui ci si basa per la suddivisione dei viventi in regni sono tre: .... delle cellule che formano l'organismo, livello di .... cellulare, modalità di ....

m Secondo la maggioranza dei biologi ci sono .... regni, divisi in due ....: .... ed Eucarioti

2 INVALSI **Segna con una crocetta il completamento esatto**

a Gli archeobatteri:
- ☐ possono vivere in condizioni estreme
- ☐ sono sempre patogeni
- ☐ sono chiamati anche alghe azzurre
- ☐ vivono solo sopra i 75 °C di temperatura

b I funghi:
- ☐ sono organismi unicellulari o pluricellulari eterotrofi
- ☐ sono organismi solo pluricellulari eterotrofi
- ☐ sono organismi solo unicellulari eterotrofi
- ☐ sono organismi solo autotrofi pluricellulari

c Le piante:
- ☐ sono organismi pluricellulari autotrofi
- ☐ sono organismi pluricellulari eterotrofi
- ☐ sono organismi unicellulari o pluricellulari autotrofi
- ☐ sono organismi unicellulari eterotrofi

3 Sottolinea il termine corretto tra i due proposti in corsivo.

a La disciplina che classifica gli esseri viventi si chiama *insiemistica/sistematica*

b Il nome scientifico di un essere vivente deve essere universale e *modificabile/univoco*

c L'ibrido tra un cavallo e un'asina si chiama *mulo/bardotto*

d Per definire gli organismi asessuati si usa ancora il criterio *morfologico/fisiologico*

e Più ordini possono appartenere alla stessa *classe/famiglia*

APPLICO

4 Osserva lo schema relativo alla sistematica dei viventi e completa con i termini appropriati.

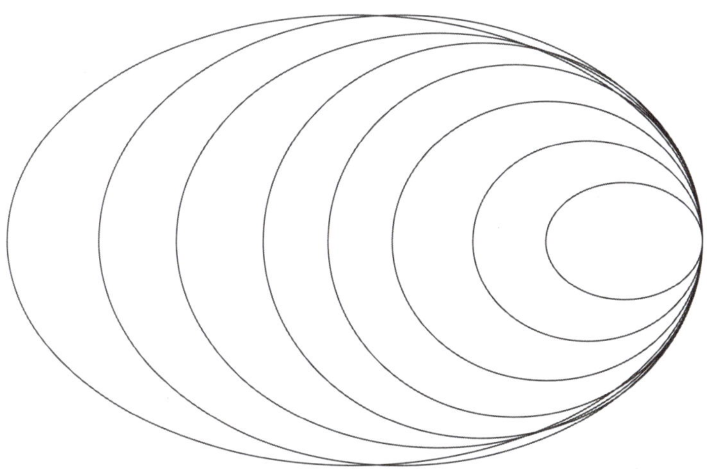

verifica

5 **Completa la tabella.**

nome comune	nome scientifico	immagine
	Phasoleus vulgaris	
	Ficus carica	
	Hedera helix	

6 **Scrivi il genere e la specie dei seguenti esseri viventi classificati seconda la nomenclatura binomia.**

a *Felis catus* (gatto) ⟶ genere ....
specie ....

b *Felis silvestris* (gatto selvatico) ⟶ genere ....
specie ....

c *Panthera onca* (giaguaro) ⟶ genere ....
specie ....

Il gatto domestico e il gatto selvatico quindi appartengono allo stesso ....

7 **Completa la tabella.**

	unicellulari o pluricellulari?	autotrofi o eterotrofi?	procarioti o eucarioti?
Animali			
Archei			
Protisti			
Piante			
Funghi			
Eubatteri			

COMPETENZE

1. Leggi il testo e rispondi.

Uno zonkey è un incrocio tra una zebra maschio e un asino femmina ed è piuttosto raro. Sia gli asini sia le zebre, insieme al cavallo, appartengono al genere *Equus*. Gli zonkey sono molto simili agli asini, ma come le zebre, il mantello presenta strisce bianche e nere, soprattutto sugli arti. In Sud Africa si verificano casi in cui le zebre e gli asini si trovano a convivere e così, raramente, nasce uno zonkey. Come i muli, tuttavia, sono geneticamente incapaci di riprodursi, a causa di un numero dispari di cromosomi che perturbano la meiosi. [...] Esistono anche altri tipi di ibridi tra una zebra e un'altra specie di equino:

- zebrinny: figlio di un cavallo maschio e una zebra femmina;
- zebrula: figlio di una zebra maschio e una cavalla;
- zedonk: frutto di una zebra femmina e un asino maschio.

[Tratto e adattato da: *http://www.wikipedia.it*]

a Scrivi un possibile titolo per l'articolo che hai appena letto.
b Sottolinea i termini scientifici che hai trovato nel testo e scrivine il significato, utilizzando il Web o altre fonti.
c Cosa vuole mettere in evidenza l'autore di questo articolo?
d Cerca in Internet altri ibridi ottenuti dall'incrocio tra specie diverse, anche appartenenti al mondo vegetale.

2. Ricerca e comunica.
Fai una ricerca elencando la classificazione scientifica completa dell'asino e del cavallo (dal dominio alla specie). Considera se ci sono *taxa* comuni alle due specie e fai le tue osservazioni. Presenta la tua relazione utilizzando almeno quattro slides.

3. Prova tu.
In gruppi di quattro, considerate almeno dieci specie animali e dieci specie di piante; cercate il loro nome scientifico e i *taxa* a cui appartengono, osservando se alcune di esse appartengono a uno stesso taxa. Ogni gruppo realizza un cartellone per illustrare alla classe i risultati.

In English — Verifica interattiva

4. Fill in the blanks.

Homo • *species* • *binomial* • *nomenclature* • *genus* • *latin* • *sapiens*

Binomial .... is a system to name living things by giving each a name composed of two parts, using .... grammatical forms. That is called a .... name or a scientific name. The first part of the name identifies the .... to which the species belongs; the second part identifies the .... within the genus. For example, humans belong to the genus .... and to the species *Homo* ....

5

Batteri, protisti, funghi

Digi Scienze

Contenuto integrativo

Preparati per la lezione:
- guarda la presentazione multimediale
- compila la scheda

Nelle prossime pagine troverai altri contenuti digitali

Allegato scaricabile

Contenuto integrativo

Audio

Verifica interattiva

La Terra ospita miliardi di specie microscopiche, non è noto però il loro numero esatto. È solo possibile fare una stima ricorrendo a complessi metodi matematici.

1 Nel dominio dei procarioti: Archeobatteri e Batteri

Audio

Archeobatteri e Batteri sono organismi unicellulari, autotrofi o eterotrofi

Spesso, quando pensiamo a un essere vivente, l'associazione più immediata è con un animale o una pianta. Tuttavia la vita sulla Terra ha avuto origine con organismi molto più semplici, che il nostro occhio non è neppure in grado di osservare senza potenti strumenti d'ingrandimento: le loro dimensioni sono addirittura comprese tra gli 0,2 µm (leggi *micromètri* o *micron*) e i 30 µm! Si tratta dei **procarioti**: possiamo considerare questi **organismi unicellulari** gli "antenati" di tutti i viventi, comparsi sul nostro pianeta ben 3,8 miliardi di anni fa e tuttora presenti in abbondanza intorno a noi (e, come vedremo, anche dentro di noi).
Di questo dominio fanno parte due regni: **Archeobatteri** molto antichi, ed **Eubatteri** (o semplicemente Batteri), più recenti.

Parole di scienze

Archeobatteri: dal greco *archáios* = antico + *baktèrion* = bastoncino.
Eubatteri: dal greco *eu* = vero + *baktèrion* = bastoncino.

Il regno Archeobatteri

Poco conosciuti, gli **archeobatteri** (o *archei*) secondo gli scienziati sono stati "organismi pionieri", cioè i primi a diffondersi e a colonizzare tutti gli ambienti all'inizio della vita sul nostro pianeta.
Vivono soprattutto negli habitat più ostili: alcune specie sono in grado di sopportare temperature altissime ■1 o bassissime, altre vivono nelle acide sorgenti termali sulfuree ■2, altre ancora tollerano elevatissimi livelli di salinità (come quelli presenti nelle acque salate del Mar Morto) ■3, o producono metano decomponendo materiale organico in ambiente anaerobico, cioè senza ossigeno ■4. Gli archeobatteri riescono a sopravvivere a condizioni così estreme grazie alla loro parete cellulare, molto più impermeabile rispetto a quella degli eubatteri.

Ricorda

La cellula batterica, non avendo nucleo, ha un unico filamento di materiale genetico immerso nel citoplasma. In questo non vi sono organuli, a eccezione dei ribosomi. La membrana plasmatica è molto sottile, ma la parete cellulare che la circonda è resistente e rigida. Nello strato più esterno, la capsula, formata da una sostanza simile al muco, rende la cellula adesiva e i pili le consentono di fissarsi a un substrato. Uno o più lunghi flagelli ne permettono il movimento.

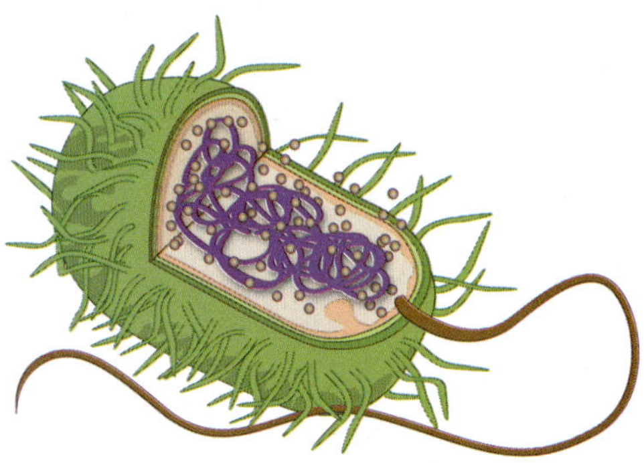

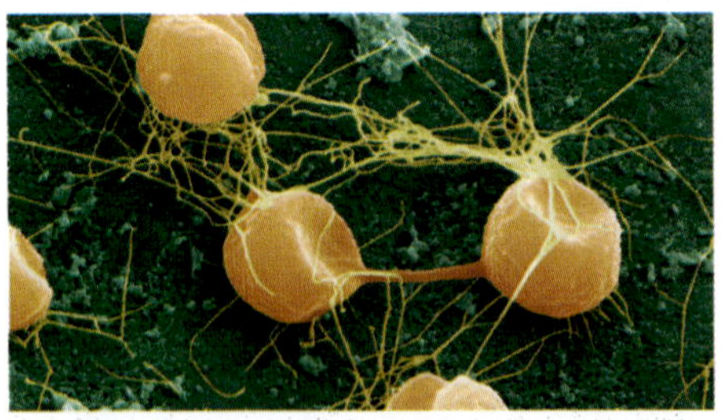

■1 *Pyrococcus furiosus archaea.*

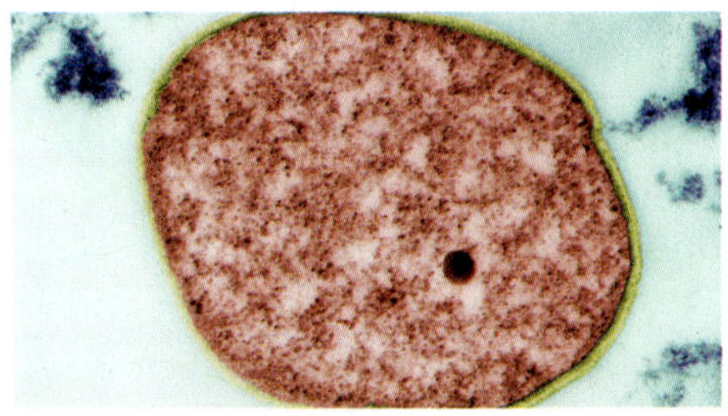

■2 *Sulfolobus archaea.*

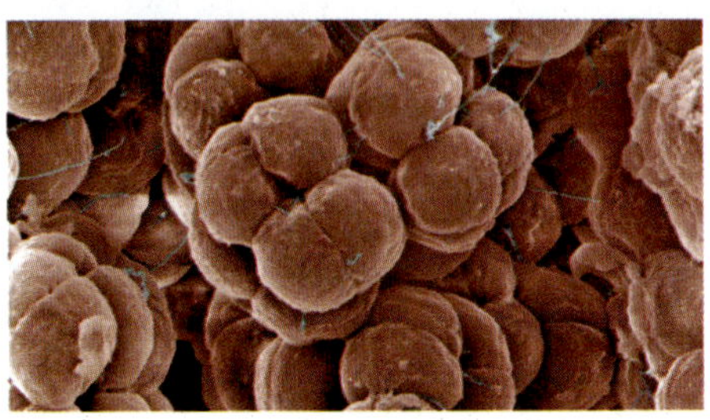

■3 *Halococcus archaea.*

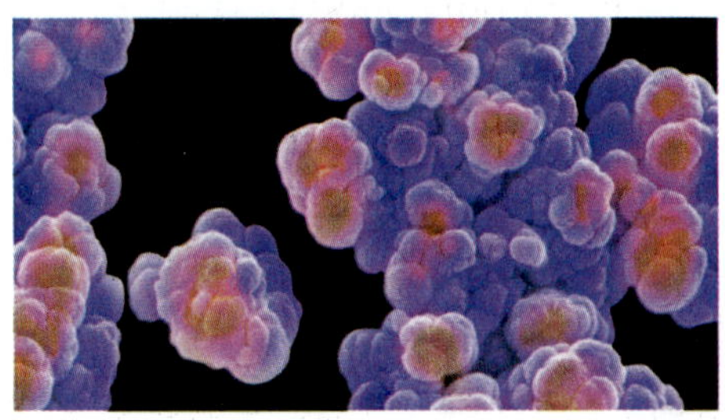

■4 *Methanosarcina archaea.*

Il regno Eubatteri

Il regno Eubatteri (che d'ora in poi chiameremo **Batteri**) comprende:

- le **alghe azzurre** (o **Cianoficee**), **autotrofe** 5: sono state i primi organismi fotosintetici comparsi sulla Terra: poiché si procurano le sostanze nutritive attraverso il processo della fotosintesi, grazie a loro l'atmosfera primordiale si è arricchita di ossigeno. Si chiamano *azzurre* poiché contengono, oltre alla clorofilla, un altro pigmento chiamato *ficocianina*, responsabile della loro colorazione blu-verde. Le alghe azzurre proliferano e si accumulano sulla superficie delle acque ricche di sostanze organiche: se si sviluppano in modo eccessivo, possono risultare nocive per gli altri microrganismi poiché consumano l'ossigeno disciolto nell'acqua per svolgere le funzioni vitali;
- i **batteri**, **eterotrofi**: si distinguono in quattro tipi, caratterizzati da una forma precisa: *bacilli*, a bastoncino 6; *cocchi*, di forma sferica 7; *vibrioni*, a forma di virgola 8; *spirilli*, a spirale 9.

5 Colonia di Nostoc, *Cianoficee*.

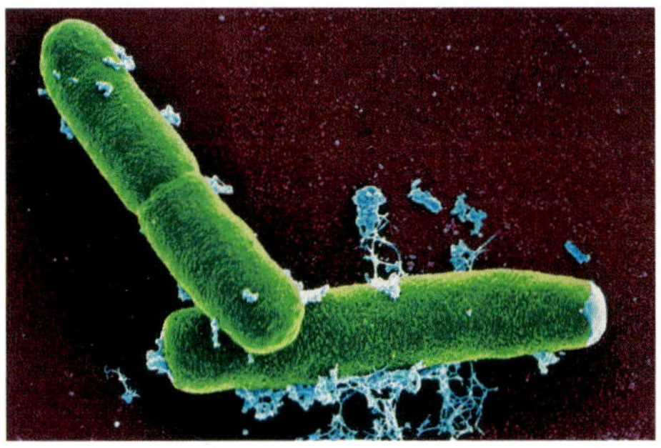
6 Batterio a bastoncino: *Bacillus anthracis*.

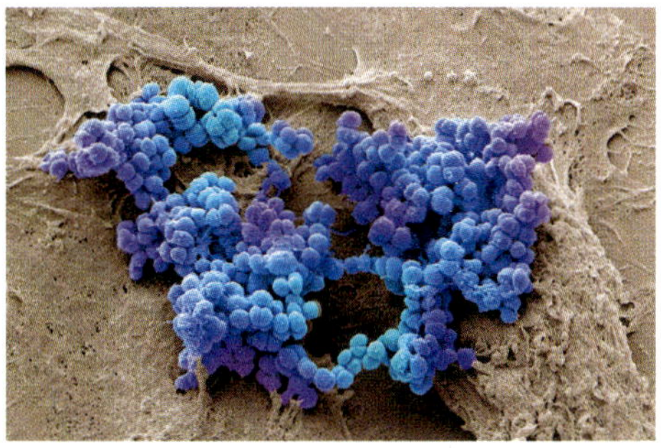
7 Batterio a sfera, *Staphilococcus aureus*.

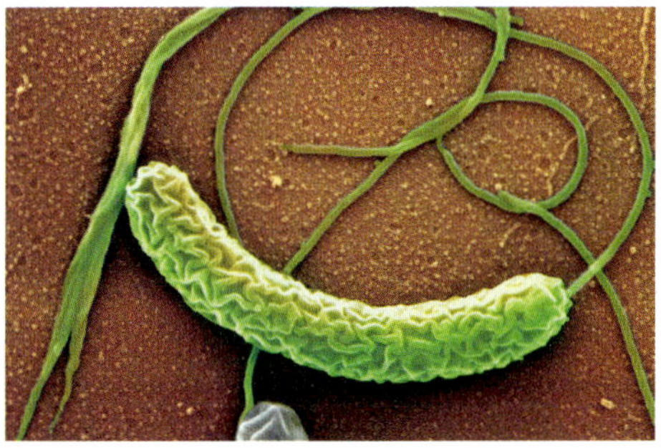
8 Batterio a "virgola", *Vibrio cholerae*.

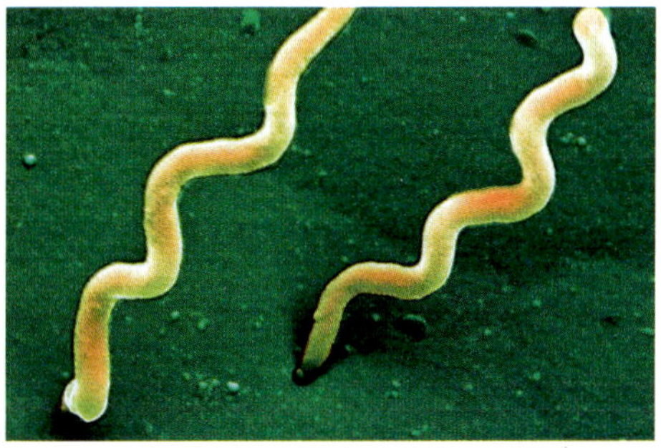
9 Batterio a spirale, *Borrelia*.

Come vivono i batteri? Come si riproducono?

I batteri sono gli organismi più diffusi al mondo. Possono vivere praticamente dappertutto: nel suolo, nelle acque dolci o salate, in ghiacciai e sorgenti calde e persino dentro altri organismi. Possono stare isolati oppure in colonie, cioè raggruppati. Vivono sia in presenza sia in assenza di ossigeno. Nei due casi, il processo utilizzato per produrre energia è diverso: i **batteri aerobi** usano ossigeno per la respirazione cellulare; i **batteri anaerobi** compiono invece il processo di fermentazione.

Se le condizioni dell'ambiente sono sfavorevoli, alcuni batteri entrano in una sorta di "letargo": attorno al DNA si forma un rivestimento protettivo e il batterio si trasforma in una *spora*. La spora si riattiva non appena le condizioni ambientali tornano favorevoli, e il batterio riprende la sua vita.

Con metodo

Analizzo il testo

1. Quali regni appartengono al dominio dei procarioti? Cerchia nel testo con due colori diversi i loro nomi.
2. Completa.
   a I batteri aerobi utilizzano l'.................... per produrre energia attraverso il processo della .... cellulare
   b I batteri .... non utilizzano l'ossigeno e ricavano l'energia mediante la ....

Comprendo il testo

3. Gli archeobatteri:
   - ☐ sono stati i primi organismi a comparire sulla Terra
   - ☐ sono comparsi solo recentemente sulla Terra
4. Le alghe azzurre appartengono al regno Eubatteri e:
   - ☐ sono organismi fotosintetici
   - ☐ sono organismi parassiti
5. Le spore sono:
   - ☐ prodotti del metabolismo dei batteri
   - ☐ forme resistenti che permettono al batterio di sopravvivere in condizioni sfavorevoli

Collaboro

6. Lavorate in **gruppi di tre**: uno studi le alghe azzurre, uno i batteri e il terzo gli archeobatteri. Poi ciascuno spieghi agli altri compagni gli organismi che ha approfondito.

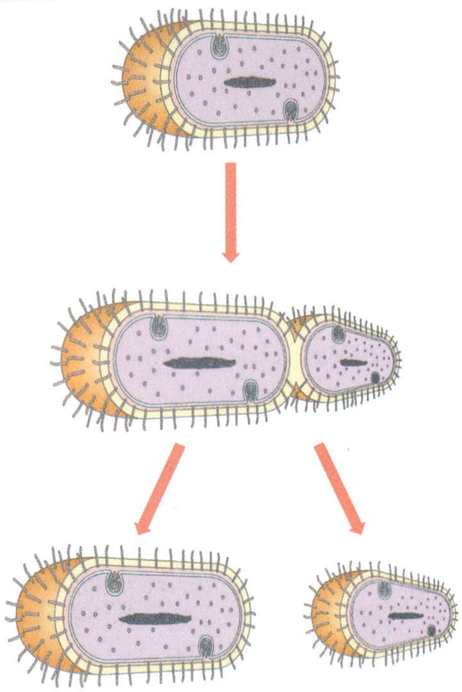

10 Schema di come avviene la scissione binaria in un batterio.

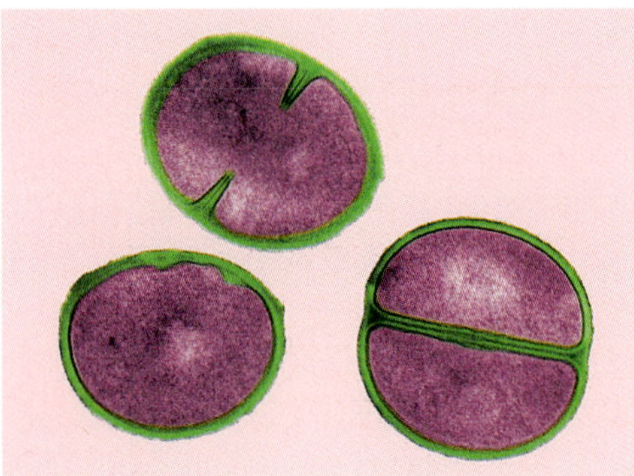

11 *Staphylococcus aureus* in scissione.

Come tutti i procarioti unicellulari, i batteri si riproducono per **scissione binaria**: dopo la duplicazione del proprio DNA, il batterio originario si divide in due, producendo poi le parti di membrana e di parete mancanti per completare i due nuovi individui **10-11**. Il processo di divisione cellulare nei batteri è rapidissimo.

L'importanza dei batteri

Quando si parla di batteri, comunemente pensiamo a quelli **patogeni**, quelli cioè portatori di malattie, pericolosi per la nostra salute, che vivono soltanto in luoghi sporchi. Niente di più sbagliato!

I batteri sono gli organismi più diffusi sul nostro pianeta: se fossero tutti dannosi, ostacolerebbero decisamente la nostra sopravvivenza. Le specie di batteri utili all'uomo e all'ambiente sono numerosissime. Eccone alcuni esempi.

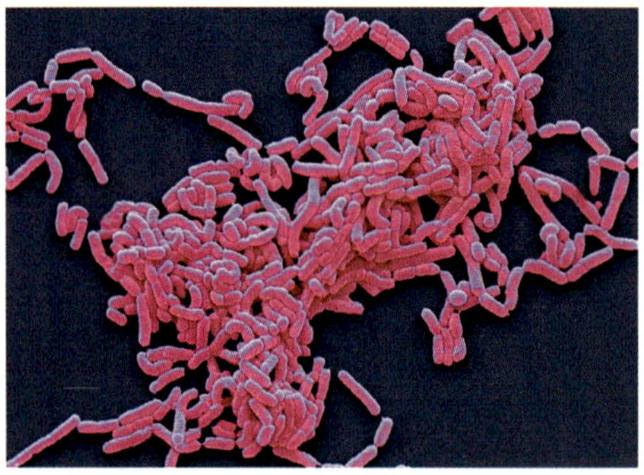

12 *Lactobacillus casei*.

Spesso ingeriamo alimenti che esistono soltanto grazie ai batteri. Questo succede quando mangiamo i prodotti fermentati del latte (yogurt, burro, formaggi) o cibi a base di aceto; *Lactobacillus casei* **12**, per esempio, è un batterio anaerobio che produce acido lattico e aiuta la crescita di altri batteri utili alla digestione.

Con alcune specie di batteri, addirittura, conviviamo abitualmente: sono chiamati **simbionti**, perché vivono in **simbiosi** con altri organismi.

Anche ora, mentre stai leggendo, diverse centinaia di miliardi di batteri *Escherichia coli* **13** risiedono nel tuo intestino senza darti alcun disturbo: contribuiscono, anzi, a farti assimilare correttamente il cibo. E che cosa ne ricevono in cambio? Una grande quantità di nutrimento!

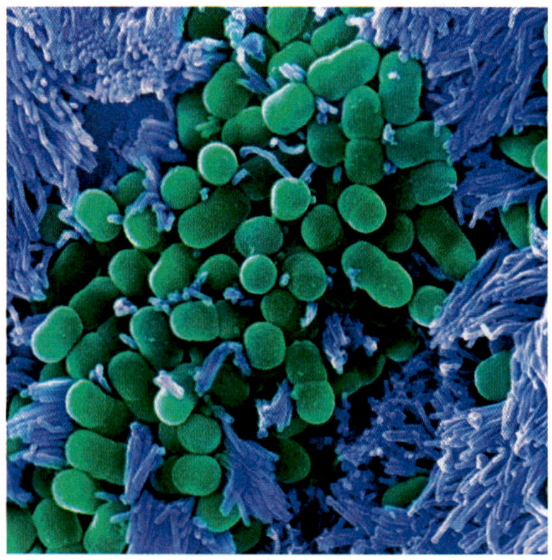

13 *Escherichia coli* nell'intestino umano.

Moltissimi batteri, inoltre, svolgono un ruolo fondamentale per gli altri esseri viventi e per l'ambiente: si tratta dei **decompositori**.

I batteri decompositori scompongono le sostanze organiche in sostanze più semplici, per poi rimetterle in circolo nell'ambiente sotto forma di molecole che possono essere così nuovamente utilizzate dagli esseri viventi. Il loro compito è dunque fondamentale: senza i decompositori molte sostanze indispensabili alla vita, come l'azoto o il carbonio, non sarebbero più disponibili nell'ambiente.

Parole di scienze

simbiosi: dal greco *syn* = con + *bìos* = vita. Stretta associazione tra individui (chiamati simbionti) che stabiliscono una relazione di reciproco vantaggio.
parassita: dal greco *paràsitos* = commensale.
patogeno: dal greco *pathos* = dolore, sofferenza + *ghénomai* = generare.
virus: da una parola latina che significa veleno.

I batteri patogeni

Oltre a quelli utili, esistono certamente batteri che possono nuocere alla salute: essi si definiscono **parassiti**, perché vivono nel corpo di un ospite e lo danneggiano (per esempio sottraendo nutrimento) e **patogeni,** perché sono anche portatori di malattie. Data la grande rapidità con cui i batteri si riproducono, le **infezioni batteriche** possono diventare molto serie.
Come fanno i batteri a infettarci? I batteri patogeni producono **tossine**, proteine che risultano tossiche per l'organismo danneggiando vari organi. La cura contro le malattie provocate dai batteri consiste nell'assunzione di **antibiotici**, sostanze che ne modificano il ciclo vitale, rallentandone o bloccandone la proliferazione, o uccidendoli. Sono dovute a batteri malattie gravi come:

- il **tetano** provocato da *Clostridium tetani*;
- la **peste** provocata da *Yersinia pestis*;
- il **colera** provocato da *Vibrio cholerae*;
- la **polmonite** provocata da *Klebsiella pneumoniae* e da altri tipi di batteri;
- la **lebbra** provocata da *Mycobacterium leprae*;
- la **meningite** provocata da vari tipi di *Meningococcus*.

Lo stesso batterio *Escherichia coli* che abbiamo conosciuto, pur essendo un normale simbionte dell'intestino, può divenire patogeno e provocare gastroenteriti se ingerito con acqua contaminata o alimenti preparati con scarsa igiene.

I virus

Attenzione però! Non tutte le malattie che ci colpiscono sono provocate da batteri: alcune patologie comuni negli esseri umani – per esempio il *raffreddore*, la *varicella*, il *morbillo* o *l'influenza* – sono provocate da **virus.** I virus, come abbiamo accennato, non sono cellule: non svolgono funzioni vitali autonome e quindi non sono classificabili tra i viventi. Si tratta, infatti, di piccolissime strutture organiche (un involucro costituito da proteine, il *capside*, che contiene l'acido nucleico) che possono vivere e riprodursi soltanto all'interno delle cellule di altri organismi.
Contro le malattie provocate dai virus gli antibiotici non hanno alcun effetto; sono invece utilizzati i **vaccini.** I vaccini sono preparati con virus indeboliti o inattivati, cioè incapaci di far sviluppare la malattia, e vengono iniettati nell'organismo per provocare la risposta di protezione e di difesa da parte dei vari organi del sistema immunitario (linfonodi, milza, tonsille ecc.).

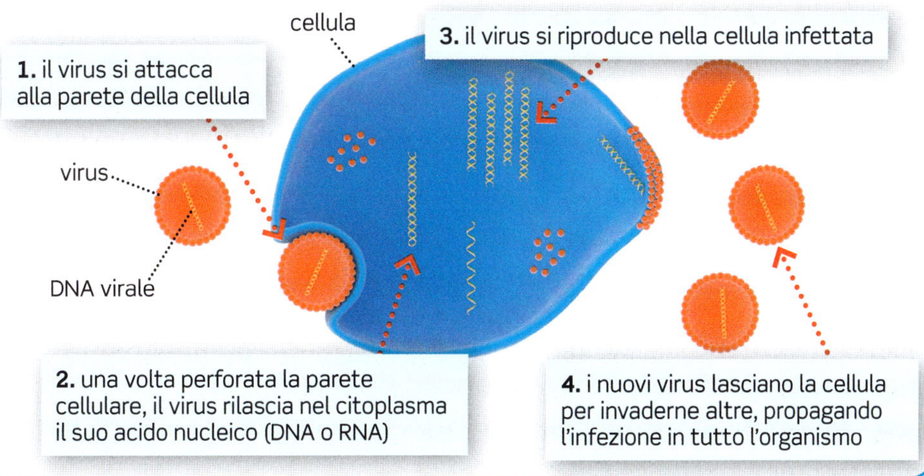

Con metodo

Comprendo il testo

1. Rispondi.
  a Come vivono i batteri simbionti?
  b Qual è la differenza tra un batterio parassita e un batterio patogeno?
  c Come può essere prevenuta una malattia provocata da un virus?

2. I batteri decompositori:
☐ scompongono le sostanze organiche in sostanze più semplici
☐ vivono solo nell'acqua

3. I batteri patogeni producono:
☐ antibiotici
☐ tossine

4. I virus:
☐ non sono classificabili tra i viventi
☐ sono organismi fotosintetici

Schematizzo

5. Completa la mappa.

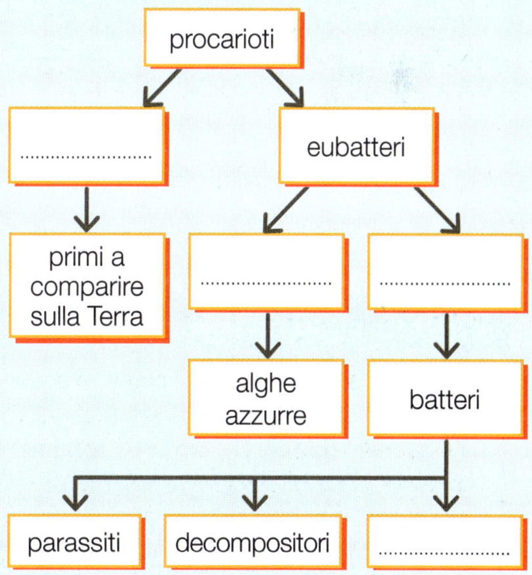

Collaboro

6. Lavorate a **coppie** e realizzate una piccola ricerca su una specie batterica appartenente a una delle tre tipologie studiate (patogeni, simbionti e decompositori); esponetela poi alla classe.

2 Nel dominio degli eucarioti: il regno Protisti

Audio

Al regno Protisti appartengono organismi unicellulari, autotrofi o eterotrofi

1 *Stentor*, protozoo ciliato.

Al dominio degli **eucarioti** appartengono i protisti, **organismi unicellulari** che non sono considerati animali o piante (e nemmeno funghi, *vedi par. 3*).

Pur essendo costituiti da una sola cellula, sono autonomi e autosufficienti al pari degli organismi pluricellulari.

I protisti sono prevalentemente microscopici, ma è possibile osservarne alcuni a occhio nudo, se sono raggruppati in colonie.

La loro struttura è molto varia, e spesso manca la parete cellulare. Questa assenza è compensata però dalla presenza di un **citoscheletro** che dà sostegno all'organismo e, in molti casi, da teche o gusci protettivi.

I protisti sono dotati inoltre di strutture filamentose che permettono loro di nuotare (lunghe, **flagelli**, e corte, **ciglia**) o di **pseudopódi**, prolungamenti di citoplasma che vengono allungati e spinti all'esterno, permettendo loro di strisciare.

Nel citoplasma troviamo un **nucleo** ben definito, contenente il **nucleolo** che ha forma globulare, e vari organuli tra cui i **mitocondri**, i **vacuoli di fagocitosi** (che permettono di introdurre le particelle di cibo di cui si nutrono) o le **vescicole di pinocitosi** (che permettono alla cellula di inglobare piccole quantità di fluidi) e, solo nelle specie fotosintetiche, i **cloroplasti**.

I protisti possono essere suddivisi in due gruppi: **protisti autotrofi** e **protisti eterotrofi**, che comprendono protozoi e funghi mucillaginosi.

Protisti autotrofi

Contenuto integrativo

Fanno parte di questo gruppo le **alghe unicellulari** che, grazie ai pigmenti di cui sono dotate, possono compiere la fotosintesi clorofilliana. Vivono in acque sia dolci sia salate, dove costituiscono buona parte del **fitoplancton**.

Sono alghe unicellulari le **clorofite**, le **diatomee**, le **euglene** e i **dinoflagellati**.

Parole di scienze

citoscheletro: sorta di intelaiatura di filamenti nel citoplasma, che determina la posizione degli organuli e permette alla cellula di cambiare forma.

pseudopódi: dal greco *pseudès* = falso + *poùs* = piede: gli pseudopodi sembrano proprio dei "piedi", perché il citoplasma, allungandosi, causa lo spostamento di tutta la cellula.

fagocitosi: dal greco *phaghèin* = mangiare + *kytos* = cavità, cellula.

pinocitosi: dal greco *pìnein* = bere + *kytos* = cavità, cellula.

fitoplàncton: dal greco *phyton* = pianta + *planktòn* = vagabondo; parte del plancton formato dai microrganismi vegetali acquatici che vengono trasportati dalle correnti e che sono alla base dell'alimentazione degli animali che vivono in acqua dolce o salata.

CLIL for SCIENCE Audio

protista: ***protist***

True or false?

1. The three different types of protists are protozoa, algae and fungus-like protists. T F
2. Protists are prokaryotes organisms. T F

- Le **clorofite**, come le alghe *Chlamydomonas,* vivono in acqua dolce e nello strato superficiale organico del suolo (l'*humus*). Si spostano grazie a due flagelli che possono essere identici o di lunghezza diversa. Sono responsabili del fenomeno delle "nevi rosse", riscontrabile in alta montagna e nell'Artide: le sostanze prodotte dalla cellula come protezione in caso di condizioni sfavorevoli (per esempio l'esposizione alla forte luce prodotta dal riflesso dei raggi solari) colorano in modo anomalo il manto nevoso.

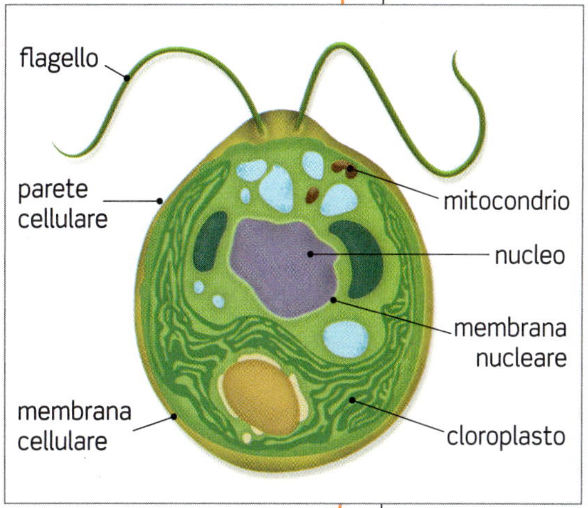

- Le **diatomee** sono alghe caratterizzate da una struttura di sostegno rigida, formata da silice (uno dei costituenti della sabbia), dalle forme geometriche molto varie e sorprendenti. Quando l'organismo muore, il guscio si deposita sui fondali e forma nel tempo uno strato di "farina fossile", utilizzata come abrasivo nell'industria, per esempio per produrre dentifrici.

- Le **euglene** sono alghe munite di un flagello e di cloroplasti: riunite in colonie, sono responsabili della pellicola verde sulla superficie delle acque stagnanti. Alcune specie hanno un organo fotorecettore, che capta la variazione di luminosità e, in caso di scarsa luce, consente alla cellula di passare da una nutrizione autotrofa a una eterotrofa.

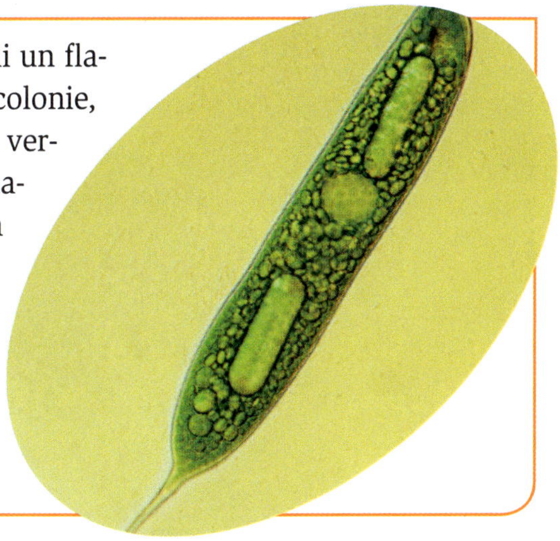

- I **dinoflagellati** sono dotati di due flagelli differenti per struttura e orientamento, e di pigmenti di vari colori. Vivono in acque poco salate e calde, possono moltiplicarsi velocemente causando la colorazione rossa del mare. Sono microalghe tossiche per l'uomo, se ingerite.

Con metodo

Analizzo il testo

1. Completa.

a Il regno Protisti è costituito da organismi unicellulari e ....

b Le alghe unicellulari appartengono ai protisti .... perché compiono la .... clorofilliana.

Comprendo il testo

2. Rispondi.

a Com'è fatta la cellula di un protista?

b Quali sono le caratteristiche principali delle alghe unicellulari?

3. Collega ciascun termine con il significato corretto.

- Clorofite ....
- Diatomee ....
- Euglene ....
- Dinoflagellati ....

a alghe con un guscio rigido di silice

b alghe dotate di due flagelli e di pigmenti

c alghe che possono vivere in colonie

d sono responsabili del fenomeno delle "nevi rosse"

Collaboro

4. Lavorate a **coppie** e realizzate una piccola ricerca su uno dei quattro gruppi di alghe unicellulari che avete studiato. Al termine dell'attività, le coppie che hanno lavorato sullo stesso gruppo di alga, preparino una sintesi delle informazioni raccolte e realizzino un cartellone da presentare ai compagni.

Parole di scienze

zooplàncton: parte del plancton formato dai microrganismi animali acquatici (dal greco *zòon* = animale).

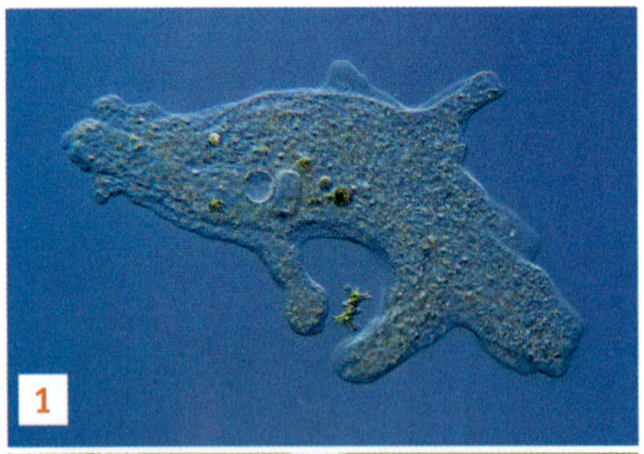

1

2

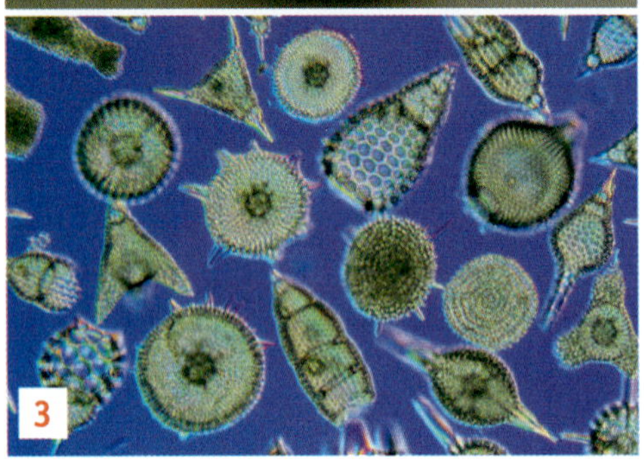

3

Protisti eterotrofi

Contenuto integrativo

Protozoi

Sono protisti eterotrofi i **protozoi**, organismi tipici del terreno e degli ambienti umidi o acquatici dove formano lo **zooplancton.** Si distinguono vari gruppi.

- Le **amebe** vivono in acqua e si spostano estroflettendo gli pseudopodi, che consentono anche di fagocitare batteri e alghe unicellulari, di cui si nutrono. Possono essere patogene per l'uomo e provocare disturbi come la dissenteria 1.
- I **foraminiferi** sono protozoi marini, rivestiti da una struttura protettiva di calcare; devono il loro nome alla presenza sul guscio di fori da cui estromettono gli pseudopodi 2.
- I **radiolari** vivono nelle acque fredde degli oceani; sono protetti da un guscio di silice di forma anche molto complessa, e possono raggiungere una grandezza di qualche millimetro. I gusci dei radiolari e dei foraminiferi, come quelli delle diatomee, si accumulano nei fondali marini e formano nel tempo strati di rocce sedimentarie 3.
- I **ciliati** sono muniti di ciglia che coprono tutta o in parte la superficie della cellula e fanno muovere l'organismo lungo una traiettoria a spirale. Ne fanno parte i **parameci** 4, che vivono in acqua dolce e stagnante e si nutrono principalmente di batteri. Nel citoplasma si trovano **vacuoli** digestivi e vacuoli pulsanti per l'eliminazione dell'acqua in eccesso.

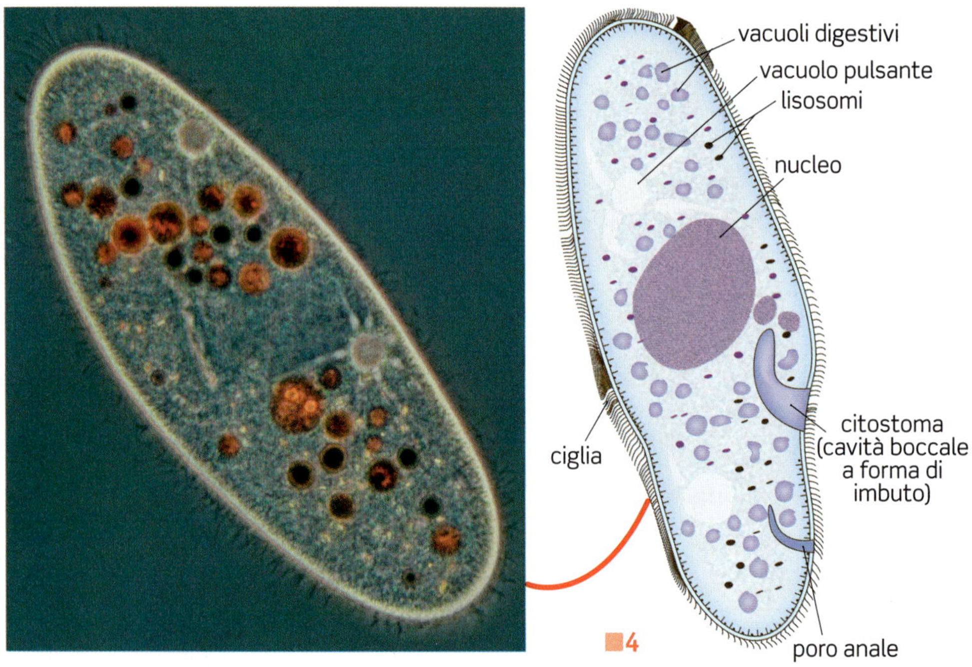

4

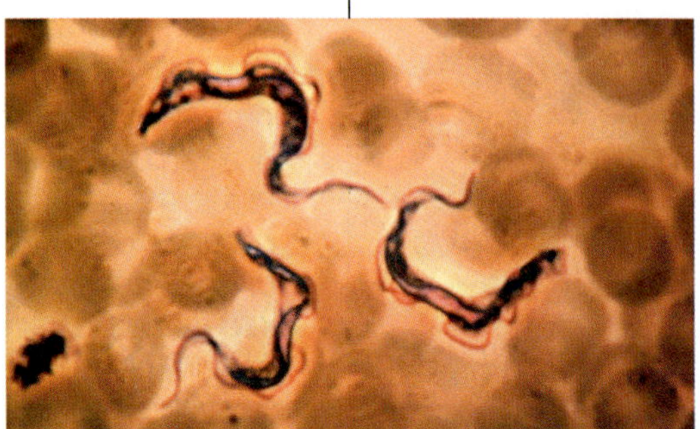

5 Immagine al microscopio del *Trypanosoma*, che causa una malattia fortemente debilitante, detta malattia del sonno, trasmessa dalla puntura della mosca tse-tse.

- Gli **sporozoi** non hanno organi per spostarsi e sono generalmente parassiti e patogeni, come il *plasmodio* della malaria, o il *tripanosoma* 5 della malattia del sonno, microrganismi altamente pericolosi, trasmessi dalla puntura di insetti. Hanno un ciclo vitale molto complesso e si riproducono per **spore**, una forma cellulare "dormiente" in grado di resistere a condizioni ambientali sfavorevoli.

Funghi mucillaginosi

Questi protisti eterotrofi sono chiamati *funghi* perché come i funghi veri e propri si riproducono per spore e sono organismi decompositori: vivono nel terreno umido, assorbendo sostanze nutritive da foglie morte, o su tronchi marcescenti, sui quali formano ammassi di consistenza gelatinosa e chiazze dai colori vivaci 6-7.

6 *Fuligo septica*. Questa muffa mucillaginosa per molto tempo è stata inserita nel regno Funghi. Ha consistenza molliccia, come una schiuma, e si disfa solo a sfiorarla. Si trova frequentemente nel sottobosco, soprattutto sul legno guasto o su foglie morte, ed è facilmente riconoscibile per il vivace colore giallo-oro o giallo-rossiccio.

7 Ammasso di funghi mucillaginosi su un tronco.

Piccoleprove — Un mondo in una goccia

Materiale occorrente — Contenuto integrativo — 2ore

- 1 bicchierino di acqua stagnante (puoi recuperarlo da un sottovaso, da una pozza d'acqua o da uno stagno)
- 1 pipetta raccogligoccia
- microscopio ottico
- vetrini coprioggetti

Procedimento

Osservare microrganismi come i protisti non è così difficile come può sembrare: nell'acqua torbida, per esempio, se ne possono trovare moltissimi, un vero e proprio mondo pulsante di vita. Con la pipetta preleva qualche goccia d'acqua stagnante dal bicchierino e rilasciala sul vetrino; partendo dall'ingrandimento più piccolo del microscopio osserva la goccia. Che cosa vedi? Confronta gli organismi che hai osservato nella goccia con le fotografie dei microrganismi di questo paragrafo. Riesci a identificarli?

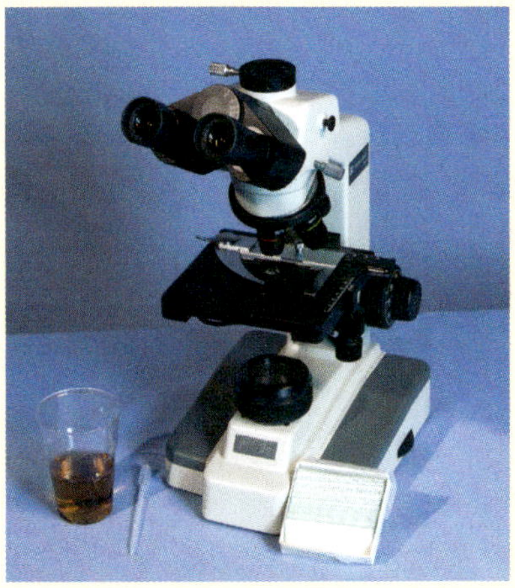

Con metodo

Analizzo il testo

1. Sottolinea nel testo le classi di protisti eterotrofi che possono essere pericolosi per l'uomo.

Comprendo il testo

2. Rispondi.
   - **a** In quali ambienti vivono i protozoi?
   - **b** Qual è la caratteristica che contraddistingue i funghi mucillaginosi dagli altri protisti?
3. Amebe e foraminiferi possiedono:
   - ☐ gli pesudopodi
   - ☐ i vacuoli digestivi
4. Il plasmodio della malaria appartiene alla classe:
   - ☐ dei ciliati
   - ☐ degli sporozoi
5. I radiolari possiedono:
   - ☐ gusci di silice
   - ☐ ciglia

Collaboro

6. Formate in classe un **numero pari di gruppi** composto da tre o quattro membri. Ciascuno studente scriva su un foglio le caratteristiche relative alle alghe unicellulari, ai protozoi e ai funghi mucillaginosi; scambiate poi i fogli con quelli del gruppo vicino e cercate di individuare, leggendo la caratteristica, di quale gruppo di protisti si tratta.

3 Il regno Funghi

Audio

Appartengono al regno Funghi organismi eucarioti, eterotrofi, unicellulari o pluricellulari

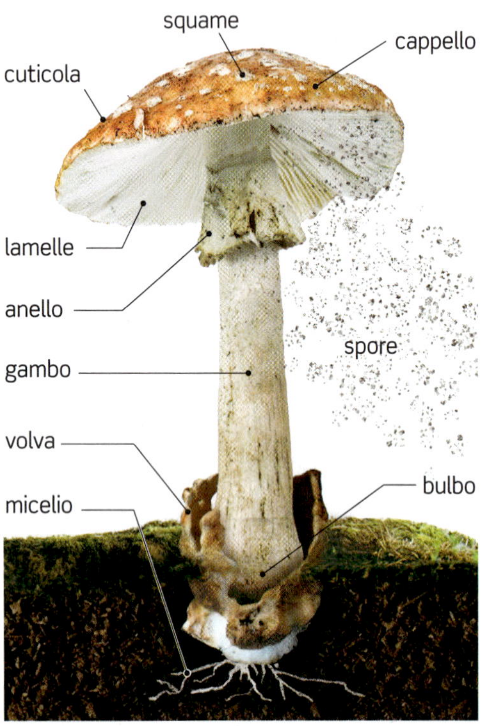

1

2 Alcuni funghi, come i tartufi, sviluppano il corpo fruttifero sotto terra.

I funghi, o miceti, sono organismi molto particolari: un po' piante, un po' animali, non appartengono né alle une né agli altri, ma a un regno tutto loro. Come le piante, benché privi di radici, vivono ancorati al terreno e non si muovono; a differenza delle piante, però, non sono in grado di produrre da sé i nutrienti indispensabili per la propria sopravvivenza; come gli animali, non hanno necessariamente bisogno di luce per sopravvivere e sono **organismi eterotrofi**; tuttavia, non si nutrono ingerendo il cibo, ma lo digeriscono "dall'esterno", emettendo sostanze che decompongono i nutrienti e poi assorbendoli nelle cellule. La cellula del fungo ha una parete cellulare come la cellula vegetale; non è formata però da cellulosa ma da una sostanza, la **micosina**, simile alla chitina che rende duro lo scheletro esterno degli insetti.
Al regno Funghi appartengono più di 100 000 specie, sia **unicellulari** (come i lieviti) che **pluricellulari**. Quelli più noti sono i grossi funghi a cappello che crescono nei terreni umidi dei boschi, ma sono funghi anche i **tartufi**, i **lieviti** (unicellulari), e le **muffe** (pluricellulari ma microscopiche).

Il micelio e la struttura dei funghi pluricellulari

I funghi pluricellulari sono formati dal **micelio**, un intreccio di filamenti aggrovigliati, detti **ife**, che si trova nel terreno. Le ife sono file di cellule che hanno l'importante compito di assorbire acqua e nutrimento.
Ife e micelio si sviluppano sotto terra e producono il **corpo fruttifero**, la parte visibile che spunta dal terreno: in genere questo è costituito da un **gambo** e da un **cappello**, ma le forme possono essere molto varie.
Sotto il cappello sono situate **lamelle** o tubuli sottili, su cui si formano le **spore**, le cellule adibite alla riproduzione asessuata 1.

Funghi commestibili e funghi velenosi

Il corpo fruttifero dei funghi è molto apprezzato e viene comunemente utilizzato in molte preparazioni gastronomiche. Non tutti i funghi però sono commestibili: alcuni, anzi, sono estremamente tossici per l'apparato digerente o il sistema nervoso, e se ingeriti possono provocare avvelenamenti anche mortali.

3 *Amanita muscaria* e 4 *Amanita phalloides*: velenosi. 5 *Boletus edulis*: commestibile.

La riproduzione dei funghi

I funghi si riproducono sia per via asessuata che per via sessuata.

La **riproduzione asessuata** nei funghi pluricellulari avviene in due modi:

- per **frammentazione**: da un frammento di micelio si genera altro micelio e un corpo fruttifero nuovo;
- per **sporogenesi**: le **spore asessuate** che si producono nel cappello si diffondono nell'ambiente grazie al vento o all'acqua, si depositano sul terreno e, se trovano le condizioni ideali, germinano dando origine a ife che produrranno un nuovo micelio.

I lieviti unicellulari si riproducono generalmente per **scissione binaria**.

La **riproduzione sessuata** avviene attraverso **spore maschili** e **femminili**. Le spore cadute sul terreno germinano dando origine a una **nuova ifa**, **maschile** o **femminile** (*micelio primario*) che, se si unisce con un'ifa di sesso opposto, genera il *micelio secondario*. Quest'ultimo, una volta raggiunta la maturità, sviluppa un nuovo corpo fruttifero facendo ripartire il ciclo.

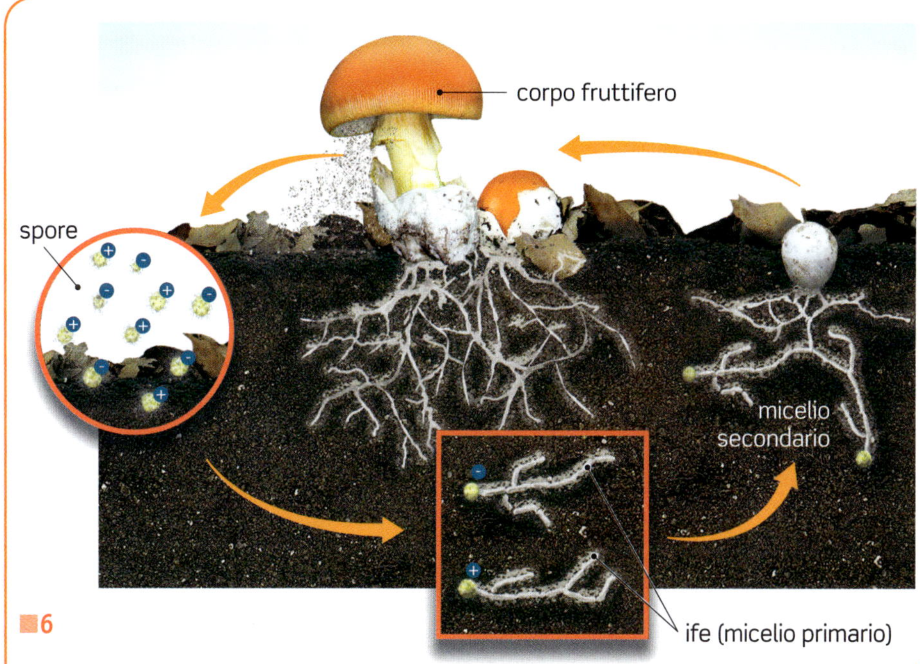

6

Piccoleprove — Osserviamo le spore

Contenuto integrativo

Materiale occorrente (2 giorni)

- 1 fungo con cappello di piccole dimensioni (per esempio un chiodino)
- 1 vetrino da microscopio
- 1 microscopio ottico

Procedimento

Prendi il fungo, taglia tutto il gambo e appoggia il cappello sul vetrino o, se è troppo grande, su un foglio di carta.
Copri tutto con un panno e lascia riposare in un luogo riparato.
Dopo circa due giorni sposta il cappello del fungo e osserva il vetrino, maneggiandolo con cura: già a occhio nudo noterai che si sono depositate delle piccolissime spore.
Se hai usato il foglio di carta, trasferisci le spore su un vetrino.
Per poterle osservare bene al microscopio, basterà aggiungere una goccia d'acqua, apporre il vetrino di copertura e mettere tutto sotto al microscopio.

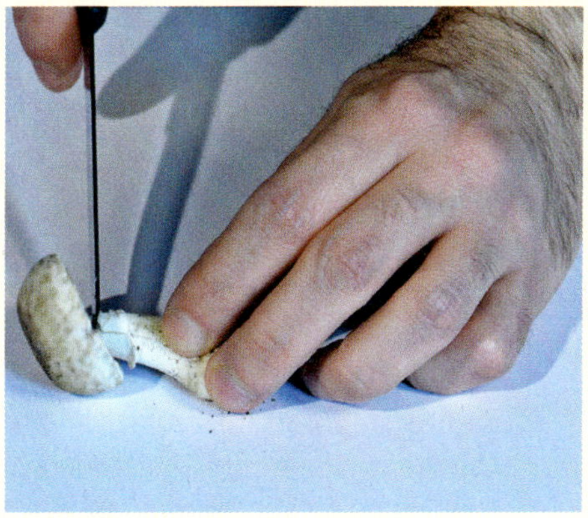

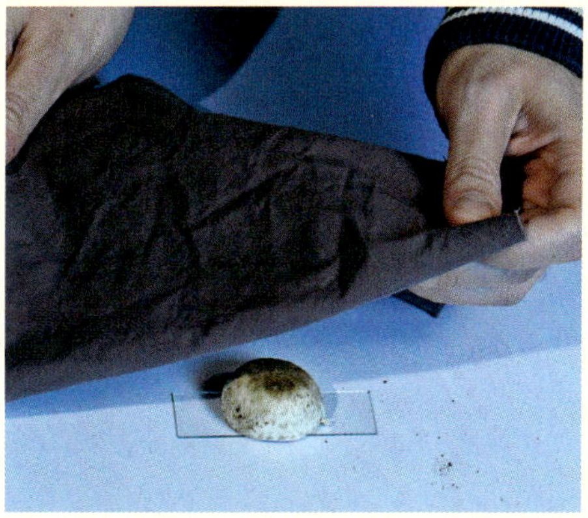

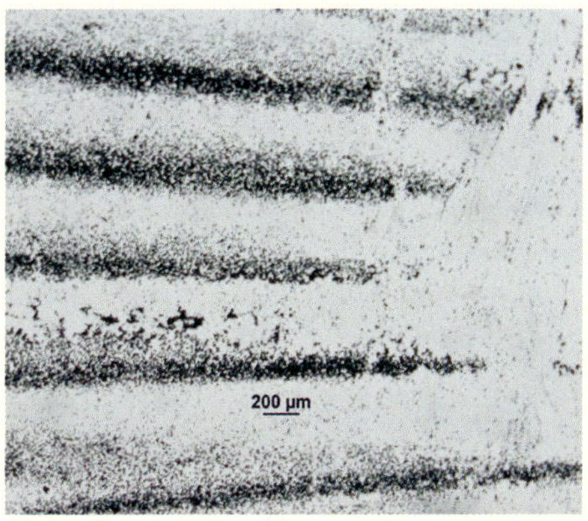

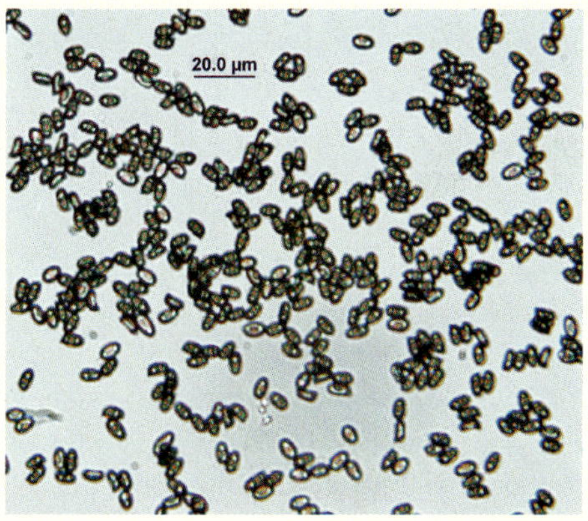

■7 *Bjerkandera adusta*: fungo saprofita non commestibile che cresce su tronchi vivi o morti, o ceppaie di latifoglie e conifere di ogni specie.

■8 *Armillaria mellea*: fungo parassita che causa molti marciumi radicali. Si impianta sull'ospite quando questo è già in cattive condizioni, lo porta alla morte e poi vive qualche anno da saprofita sui resti marcescenti.

Il ruolo ecologico dei funghi

I miceti hanno un fondamentale ruolo ecologico, in quanto decompongono il materiale organico rimettendo a disposizione nell'ambiente le sostanze nutritive.

In base a come si procurano i nutrienti, i funghi si suddividono in:

- **saprofíti**: ricavano il nutrimento da animali e piante morte, decomponendo legno e materiali organici e quindi rimettono in circolazione anidride carbonica, azoto e sali minerali utili alle piante ■7.
- **parassiti**: invadono con le loro ife altri organismi e si nutrono a loro spese, danneggiandoli talvolta fino a causarne la morte ■8. Molti funghi parassiti possono infettare anche l'uomo, causando malattie chiamate *micosi*, per esempio sulla pelle o sulle unghie.
- **simbionti**: vivono in simbiosi con altri organismi, in genere piante, con reciproco vantaggio.

Funghi simbionti, un'associazione vantaggiosa

La simbiosi è un'associazione di due organismi che vivono insieme con reciproco vantaggio. Vivono in simbiosi molti animali, ma anche funghi e piante: la simbiosi in questo caso prende il nome di **micorriza.**

Il fungo aiuta le radici delle piante ad assorbire acqua e sali minerali, mentre la pianta dà al fungo parte delle sostanze prodotte con la fotosintesi.

È un fungo micorrizico il *Boletus edulis*, comunemente noto come **porcino** ■9, che cresce ai piedi di abeti e castagni e vive in simbiosi con essi; anche il tartufo è simbiotico con querce e lecci.

■9

La simbiosi tra un fungo (eterotrofo) e un'alga unicellulare (autotrofa) dà origine al **lichene**: anche in questa associazione, il fungo ottiene il nutrimento prodotto dall'alga per fotosintesi, l'alga ottiene sali minerali e acqua.

I licheni in questo modo possono vivere in ambienti in cui né il fungo né l'alga da soli potrebbero svilupparsi. Per queste caratteristiche i licheni sono in grado di colonizzare ambienti molto difficili, come le rocce. Sono, inoltre, molto sensibili alle sostanze inquinanti: per questo sono considerati preziosi indicatori per la qualità dell'aria ■10.

■10

CLIL for SCIENCE Audio

fungo: ***fungus*** muffa: ***mould***
ifa: ***hypha*** lievito: ***yeast***

Complete the sentences by choosing the correct word.

1. Moulds are a group of fungi with filamentous cells/hyphae.
2. Moulds are decomposers/parasites that recycle natural materials.
3. In medicine, moulds are used to produce antibiotics/yeasts.

Piccoleprove — Fai crescere la muffa!

Materiale occorrente — Contenuto integrativo — 1 settimana

- 1 fetta di pane raffermo
- 1 vaporizzatore contenente acqua
- 1 sacchetto per alimenti

Procedimento

Procurati una fetta di pane raffermo e bagnala leggermente, spruzzando sopra dell'acqua con un vaporizzatore. Metti ora la fetta dentro un sacchetto per alimenti e sigillalo bene. Riponi tutto in un luogo buio e caldo, per esempio un cassetto, e lascialo riposare. Dopo circa una settimana controlla: noterai che sul pane si saranno formati dei puntini dall'aspetto "peloso" di colore nero, blu, verde o bianco: si tratta di *Rhizopus stolonifer*, la muffa nera del pane che cresce abbondantemente su alimenti contenenti amido.

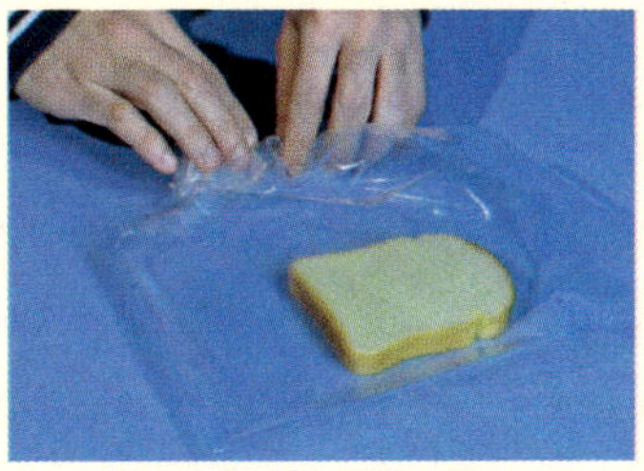

La classificazione dei funghi

Contenuto integrativo

Il regno Funghi comprende moltissime varietà di specie, suddivise in alcune grandi classi; le principali sono:

- gli **ascomiceti**: si suddividono circa in 16 000 specie molto diversificate tra loro; sono ascomiceti per esempio i lieviti unicellulari, le muffe e i tartufi. Caratteristica di questa classe è che le spore sono prodotte all'interno degli *aschi*, strutture particolari con forma a sacchetto.
- i **basidiomiceti**: sono funghi quasi sempre completi di cappello e gambo. Sotto il cappello le lamelle contengono cellule riproduttive a forma di clava chiamate *basìdi*, ognuno dei quali sorregge le spore. Oltre ai funghi dei boschi che tutti conosciamo, questa classe comprende anche specie parassite che causano gravi danni alla vegetazione, chiamate comunemente *ruggini* e *carboni* 11.
- i **glomeromiceti**: questa classe comprende funghi simbionti di piante e alberi con cui formano micorrize; hanno spore piuttosto grandi.
- gli **zigomiceti:** sono funghi prevalentemente saprofiti che vivono come decompositori del suolo; si riproducono sessualmente tramite strutture bulbose chiamate *zigosporangi*.

11 Carbone del mais: è dovuto a un basidiomiceto, *Ustilago maydis*.

Con metodo

Analizzo il testo

1. Sottolinea le caratteristiche principali dei funghi.

Comprendo il testo

2. Qual è la struttura di un fungo pluricellulare?
3. Completa.
   - **a** Nei funghi pluricellulari la riproduzione .... avviene per frammentazione e per ....
   - **b** I lieviti sono funghi .... che appartengono alla classe degli .... e si riproducono per scissione ....
   - **c** I funghi completi di gambo e .... appartengono alla classe dei ....
4. Collega la definizione con il termine corretto.
   - Saprofita ....
   - Parassita ....
   - Simbionte ....
   - **a** vive in associazione con altri organismi viventi
   - **b** vive a spese di altri organismi viventi
   - **c** ricava il nutrimento da organismi morti

Comprendo le parole

5. Scrivi il significato delle seguenti parole.
   - **a** Ife
   - **b** Micelio
   - **c** Spore
   - **d** Micorriza
   - **e** Lichene
   - **f** Saprofita

Collaboro

6. Lavorate a **gruppi di tre** e preparate un elenco di nomi di funghi che conoscete. Cercate informazioni e provate a descrivere le loro caratteristiche e a classificarli. Confrontate e arricchite successivamente la vostra lista con quella degli altri gruppi.

Funghi tra noi: le muffe e i lieviti

Audio

Ti sarà sicuramente capitato di sentire frasi come "Butta via quel frutto, è ammuffito!" o anche "Questa pizza è molto ben lievitata!": sapevi che queste espressioni si riferiscono a organismi viventi che agiscono sui nostri cibi? Si tratta delle muffe e dei lieviti, classificati nel regno Funghi.

Le **muffe** sono funghi pluricellulari che proliferano in ambienti caldo-umidi e, spesso, utilizzano come terreno proprio gli alimenti ■1. Possiamo trovare muffe non solo sui cibi, ma anche su altri materiali, come i muri molto umidi.

■1 Capsula Petri con muffe e arancia attaccata da muffe.

La pericolosità di molte muffe deriva dalle ife che, se vengono inalate, possono arrecare danni da non sottovalutare all'apparato respiratorio, per esempio allergie o infezioni.

Le muffe, però, non sono tutte dannose: alcuni alimenti, come i formaggi, migliorano il proprio sapore e diventano più apprezzati e pregiati quando ne ospitano determinate specie ■2.

■2 Alcune muffe vivono su formaggi pregiati, come il gorgonzola, nutrendosi di grassi, vitamine e minerali: si tratta di specie selezionate accuratamente dai produttori, per rendere il prodotto particolare.

Addirittura alcuni medicinali sono stati isolati da muffe ■3: è il caso dei vari tipi di penicillina, importanti antibiotici utilizzati nelle infezioni batteriche; sono prodotti da alcune specie di muffe dal tipico aspetto "a pennello" (in latino *penicillium*, appunto).

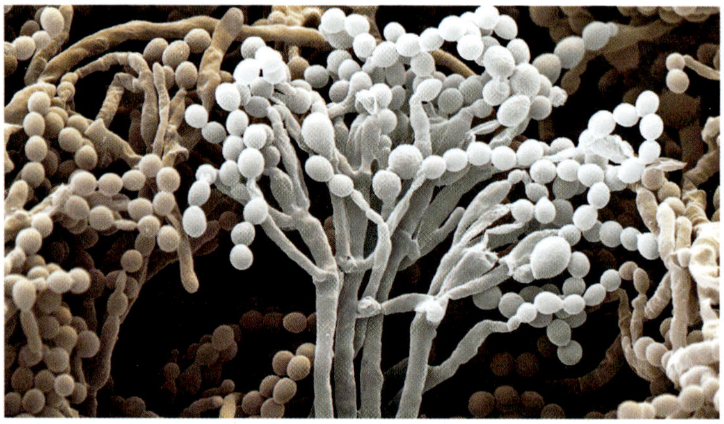

■3 *Penicillium chrysogenum*.

I **lieviti** sono funghi unicellulari che vivono anche in assenza di ossigeno e ottengono l'energia necessaria alle loro funzioni vitali con la **fermentazione** (o respirazione anaerobica). Il processo di fermentazione, come abbiamo visto, è una reazione chimica nella quale gli zuccheri vengono decomposti e si liberano alcol etilico e anidride carbonica. È stata osservata dall'uomo fin dall'antichità e sfruttata per ottenere prodotti commestibili e pregiati. La specie di lievito più utilizzata a questo scopo è *Saccharomyces cerevisiae* ■4, detto comunemente lievito di birra. Aggiunto a un impasto di farina e acqua, ne provoca la "lievitazione": l'anidride carbonica liberata infatti produce le tipiche "bolle" che si trovano nella pasta delle torte, del pane, della pizza. Ma questo lievito fermenta anche nel mosto d'uva e nell'orzo, trasformandoli nelle bevande alcoliche che tutti conosciamo: il vino e la birra.

■4 *Saccharomyces cerevisiae*.

Alleati nella depurazione: i fanghi attivi

Audio

Le acque di scarico provenienti dalle nostre case e dalle industrie sono inquinate da un gran numero di sostanze. Per questo devono essere sottoposte a un accurato processo di depurazione. Qui entra in gioco un gruppo di microrganismi che hai appena studiato: i batteri. Come sappiamo, alcuni sono assolutamente nocivi per la nostra salute; altre specie, invece, sono utilissime alleate per la depurazione delle acque e la pulizia degli impianti idrici.

Insieme ad alghe, funghi e protozoi, certi batteri formano infatti "fiocchi" di organismi viventi chiamati **fanghi attivi** 1-3: immessi negli impianti di depurazione, i microrganismi si nutrono delle sostanze organiche presenti in abbondanza nelle acque di scarico delle città, o in quelle provenienti da allevamenti zootecnici o da certe lavorazioni industriali che impiegano materiali organici.

Il procedimento consiste nel far confluire le acque di scarico in enormi vasche aerate e continuamente rimescolate (chiamate *vasche di ossidazione*), all'interno delle quali i nostri alleati – utilizzando l'ossigeno atmosferico sempre presente grazie al rimescolamento – trasformano (*ossidano*) le sostanze da eliminare per ricavarne energia. Dunque, senza svolgere alcuna fatica, apportano un aiuto fondamentale per consentirci di riciclare una preziosissima risorsa come l'acqua 2.

1 Impianto di depurazione a fanghi attivi (vasca di ossidazione).

Data l'abbondante presenza di nutrimento, questo processo porta alla moltiplicazione smisurata dei batteri e dei microrganismi dei fanghi attivi, anche quelli nocivi. Per risolvere questo problema, gli organismi nocivi vengono fatti sedimentare (cioè depositare sul fondo) in apposite vasche in cui l'acqua non viene rimescolata. Dalle vasche di sedimentazione i fanghi depositati sono trasferiti nuovamente alle vasche di ossidazione, per ripristinare il numero necessario di organismi attivi e mantenere rapido ed efficiente il procedimento di depurazione.

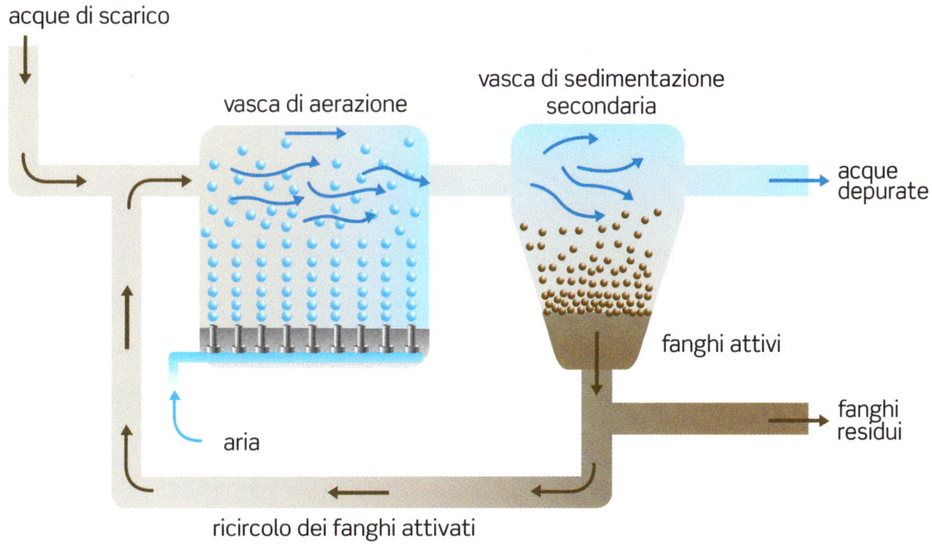

2 Schema di funzionamento di un impianto a fanghi attivi.

3 Formazione di "fiocchi" di fango.

Mi preparo all'interrogazione

Batteri

Quali sono le caratteristiche dei regni che appartengono al dominio dei procarioti? Paragrafo 1

I procarioti sono organismi unicellulari: le informazioni principali possono essere riassunte in tre punti: suddivisione nei regni Archeobatteri ed Eubatteri, possibilità di vivere in presenza o in assenza di ossigeno e riproduzione. Ricerca questi tre aspetti nel testo e completa la mappa.

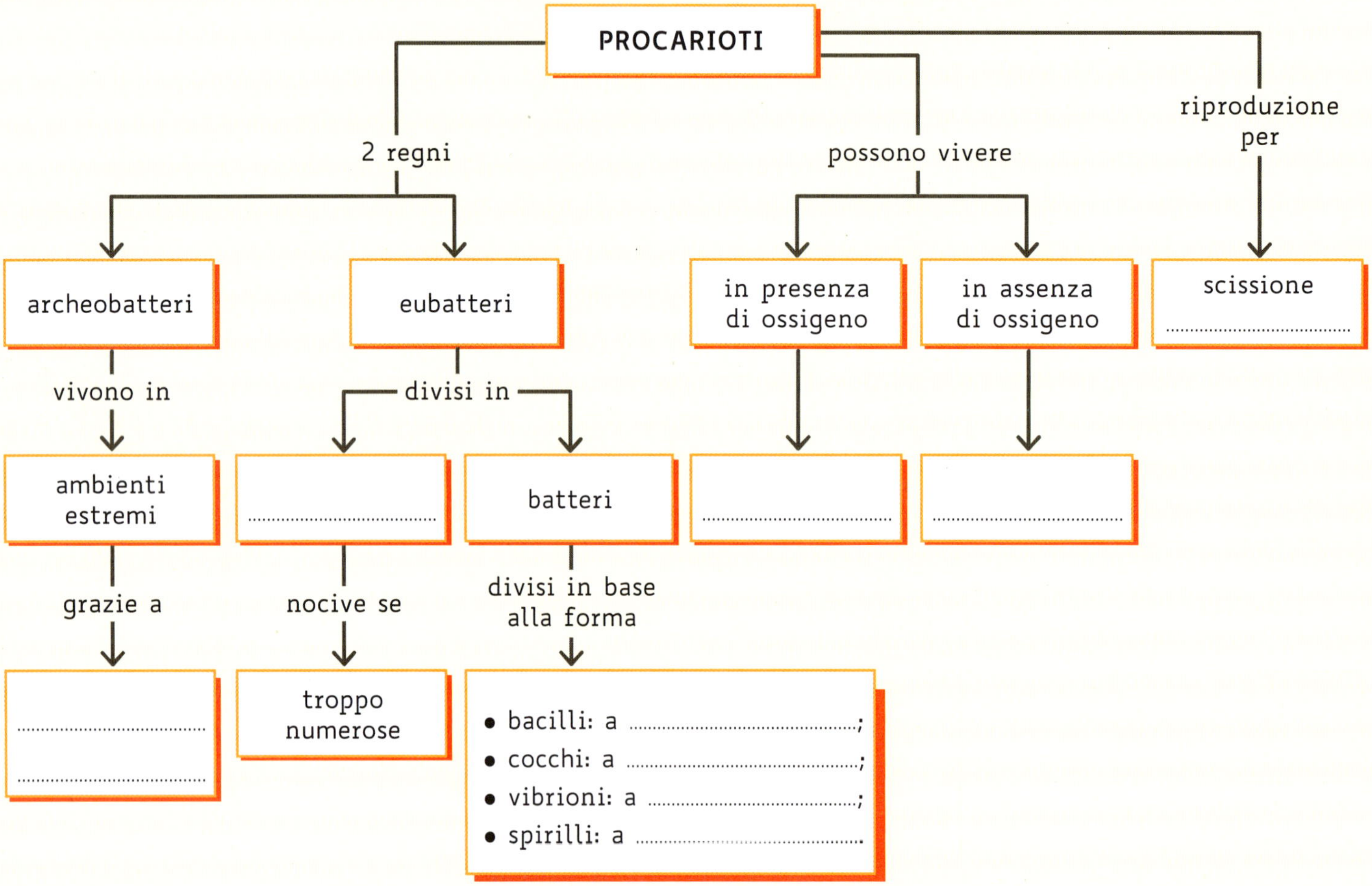

Quali tipi di batteri esistono e quali sono le loro funzioni? Paragrafo 1

I batteri sono molti numerosi e hanno funzioni differenti; nel sottoparagrafo "L'importanza dei batteri" trovi scritti in grassetto i tre diversi tipi di batteri e la descrizione del ruolo che hanno. Usa la tabella per organizzare le informazioni.

	tipo	funzione	esempio
batteri	....	....	....
	simbionti	vivono in simbiosi con altri organismi; contribuiscono alla vita dell'organismo.	*Escherichia coli*
	....	....	....

Protisti e funghi

Che cosa sono i protisti?

Paragrafo 2

Leggi il testo concentrandoti sugli elementi in grassetto, poi compila questa breve sintesi. Se necessario usa le parole qui sotto, ma solo se ne hai davvero bisogno.

citoscheletro • ciglia • cloroplasti • pseudopodi • nucleolo • fagocitosi • flagelli • parete cellulare • pinocitosi

I protisti sono organismi eucarioti unicellulari microscopici. Non hanno la ...., ma hanno un .... o gusci protettivi. Riescono a nuotare grazie a .... e .... oppure a strisciare usando gli ...., prolungamenti di citoplasma spinti all'esterno. Nel citoplasma si trova il nucleo, che contiene il ...., e vari organuli tra cui i mitocondri, i vacuoli di ...., le vescicole di .... e nelle specie fotosintetiche i ....

Quanti e quali tipi di protisti esistono?

Paragrafo 2

Il paragrafo 2 spiega che i protisti possono essere suddivisi in due gruppi: ricerca i passi che descrivono i protisti autotrofi ed eterotrofi. Usa la tabella per organizzare le informazioni.

protisti autotrofi (alghe unicellulari)		protisti eterotrofi	
clorofite	vivono in acqua dolce e nell'humus. Si spostano con i flagelli. Sono responsabili delle nevi rosse. Un esempio è la *Chlamydomonas*.	....	....
....	....	....	....
....	....	....	....
....	....	....	....
		....	....

Come si classificano i funghi?

Paragrafo 3

Nel paragrafo 3 vengono elencate le principali classi di funghi. Ricercale nell'elenco puntato e riportane il nome a fianco di ogni numero. Riporta poi le caratteristiche di ogni classe sia dal punto di vista del funzionamento che dell'aspetto. Se non conosci bene i funghi, per ciascuna classe ricerca un'immagine sul libro oppure online.

1. ....: ....
2. ....: ....
3. ....: ....
4. ....: ....

Mi preparo all'interrogazione

Contenuti multipli

I BATTERI

- appartengono al dominio → **procarioti**
  - di cui fanno parte anche → archeobatteri
- si riproducono per → **scissione binaria**
- si dividono in → **aerobi**, **anaerobi**
- possono essere → **autotrofi**, **eterotrofi**
- possono essere → patogeni, simbionti, decompositori

I PROTISTI

- appartengono al dominio → **eucarioti**
- possono essere → **autotrofi**, **eterotrofi**
  - autotrofi: per esempio → alghe unicellulari
  - eterotrofi: per esempio → protozoi, funghi mucillaginosi
- sono tutti → **unicellulari**
- si riproducono per → **scissione, gemmazione, formazione di spore**

I FUNGHI

- appartengono al dominio → **eucarioti**
- sono tutti → **eterotrofi**
- possono essere → saprofiti, parassiti, simbionti
- possono essere → **unicellulari**, **pluricellulari**
  - unicellulari: per esempio → lieviti
    - si riproducono per → scissione binaria
  - pluricellulari:
    - si sviluppano da → micelio (intreccio di ife)
    - si possono riprodurre → per via sessuata (attraverso spore e ife); per via asessuata (frammentazione, sporogenesi)

verifica

Verifica interattiva

CONOSCO

1 Completa le seguenti frasi scegliendo tra i termini elencati.

Eubatteri • funghi • vibrioni • Archeobatteri • eucarioti • decompositori • lieviti • colonizzare • fermentazione • corpo fruttifero • alghe azzurre • parassiti • pluricellulari • spirilli • protozoi • inospitali • ife • eterotrofi

a Il dominio dei procarioti, organismi unicellulari, è composto da due regni: gli ...., più recenti e gli ...., molto antichi

b Gli archeobatteri sono stati i primi batteri a diffondersi e a .... tutti gli ambienti; vivono soprattutto negli habitat più ....

c Alcuni eubatteri sono autotrofi (le ....) mentre la maggior parte sono ....

d I batteri eterotrofi si distinguono in base alla loro forma: bacilli, ..., cocchi e ....; in base alla funzione svolta vengono inoltre suddivisi in tre gruppi: parassiti, ..., simbionti

e Il regno Protisti comprende organismi .... unicellulari: alcuni autotrofi (alghe unicellulari), altri eterotrofi (................... e funghi mucillaginosi)

f I .... comprendono organismi eucarioti eterotrofi unicellulari e .... Sono organismi decompositori della materia organica

g I .... sono funghi unicellulari che ricavano l'energia mediante il processo di ....

h I funghi pluricellulari sono costituiti da ...., che intrecciandosi formano il micelio e dal .... (la parte visibile del fungo)

i A seconda della modalità di nutrizione i funghi si distinguono in saprofiti, ... e simbionti

2 INVALSI Segna con una crocetta il completamento esatto.

a Le dimensioni di una cellula procariote sono comprese tra:
- ☐ 10 μm e 50 μm
- ☐ 0,2 μm e 30 μm
- ☐ 1 μm e 10 μm
- ☐ 0,2 mm e 30mm

b Mediante le ciglia i protisti ciliati:
- ☐ si muovono
- ☐ si riproducono
- ☐ si nutrono
- ☐ decompongono la materia

c Nelle sorgenti di acqua calda si possono trovare:
- ☐ archeobatteri
- ☐ nessuno dei due
- ☐ alghe azzurre
- ☐ entrambi

d I batteri decompositori:
- ☐ sono pericolosi per l'ambiente
- ☐ sono molto importanti per l'ambiente
- ☐ provocano malattie nell'uomo
- ☐ vivono solo nelle acque dolci

e I protisti sono organismi:
- ☐ unicellulari e procarioti
- ☐ unicellulari e autotrofi
- ☐ pluricellulari e procarioti
- ☐ unicellulari ed eucarioti

f La dissenteria è una malattia provocata da:
- ☐ un'ameba
- ☐ una diatomea
- ☐ un'alga
- ☐ un paramecio

g Le alghe unicellulari:
- ☐ contengono i cloroplasti
- ☐ sono autotrofe
- ☐ sono organismi acquatici
- ☐ sono corrette tutte le affermazioni

h Le ife di un fungo:
- ☐ producono le spore
- ☐ formano il micelio
- ☐ sono le radici del fungo
- ☐ assorbono anidride carbonica

i I funghi che vivono in associazione con altri organismi viventi con reciproco vantaggio sono:
- ☐ unicellulari
- ☐ simbionti
- ☐ parassiti
- ☐ saprofiti

l Le spore consentono ai funghi:
- ☐ di assorbire le sostanze nutritive
- ☐ di riprodursi
- ☐ di fare la fotosintesi
- ☐ di assorbire acqua

3 Vero o falso?

a I procarioti sono formati da un'unica cellula V F

b Il dominio dei procarioti è composto da tre regni V F

c I cocchi hanno una forma a bastoncino V F

d I batteri aerobi vivono in presenza di ossigeno V F

e I protisti sono organismi eucarioti V F

f Alcuni protozoi vivono da parassiti e causano malattie V F

g I funghi mucillaginosi vivono in terreni aridi V F

h Alcuni funghi possono provocare malattie V F

i I funghi sono organismi autotrofi V F

l I lieviti ottengono energia mediante la fermentazione V F

verifica

4 Batteri, protisti o funghi? Indicalo barrando la lettera B, la lettera P oppure la lettera F.

a Possono essere unicellulari o pluricellulari B P F
b Gli antibiotici ne modificano il ciclo vitale bloccandone la proliferazione o uccidendoli B P F
c Gli organismi acquatici contribuiscono a formare il plancton B P F
d Possiedono una parete cellulare composta da micosina B P F
e Alcune specie sono commestibili per l'uomo B P F
f La loro cellula è di tipo procariote B P F
g Il loro regno è composto sia da organismi autotrofi sia da organismi eterotrofi B P F

APPLICO

5 Osserva le seguenti immagini e scrivi sotto a ciascuna di esse a quale batterio appartiene, in base alla sua forma.

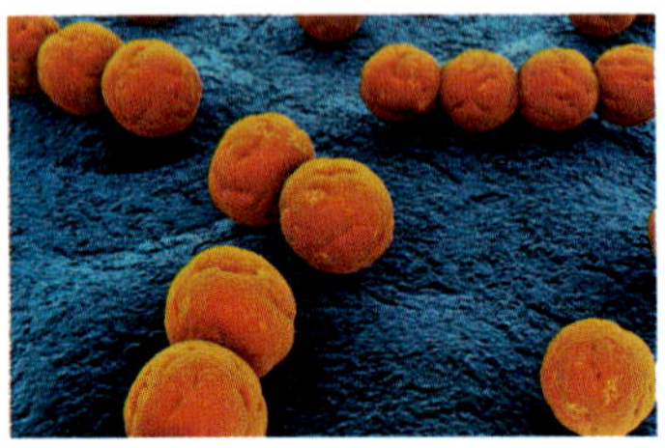

....

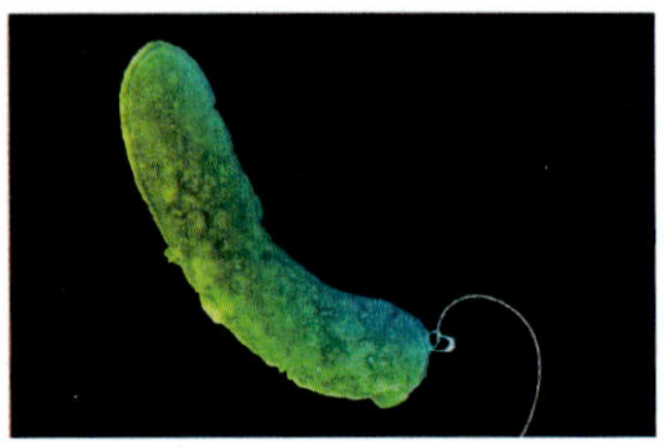

....

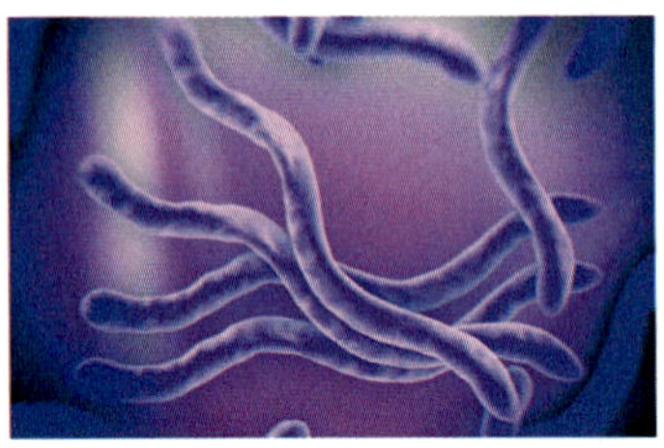

....

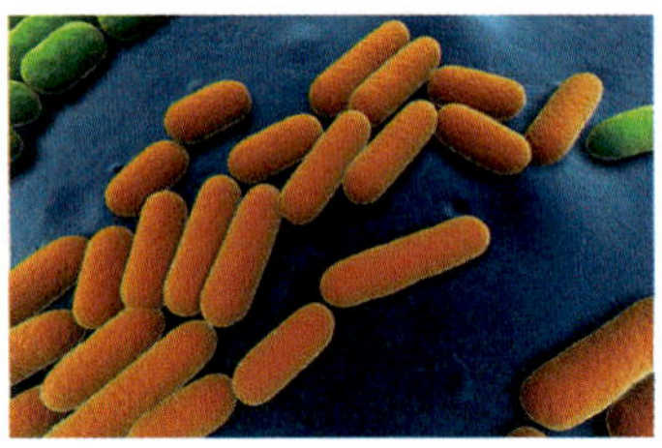

....

6 Osserva le seguenti immagini relative ad alcuni protisti e scrivi sotto a ciascuna di esse a quale gruppo appartengono. Quali strutture sono riconoscibili?

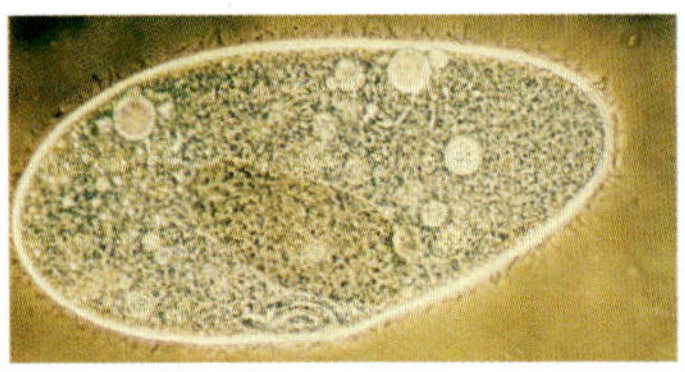

....

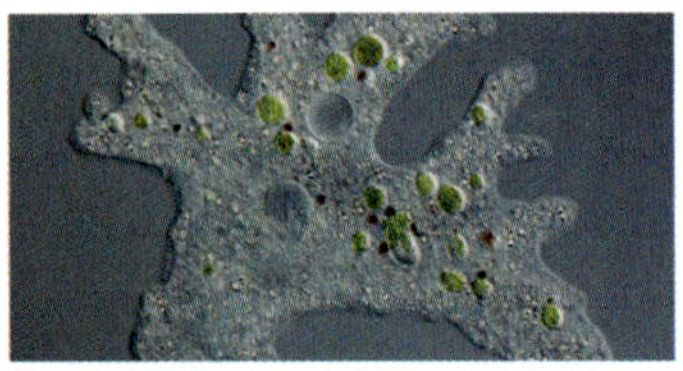

....

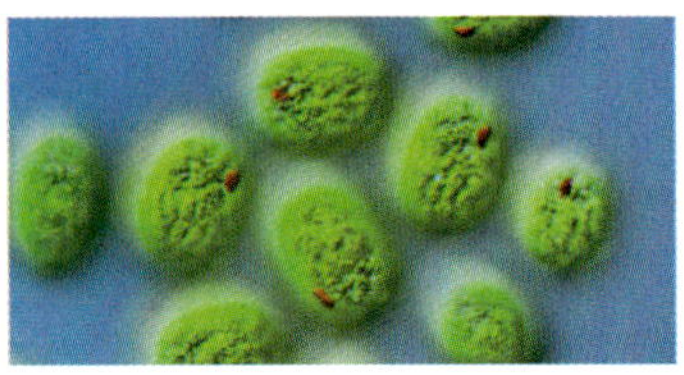

....

....

7 Osserva il disegno e completalo inserendo i termini corretti.

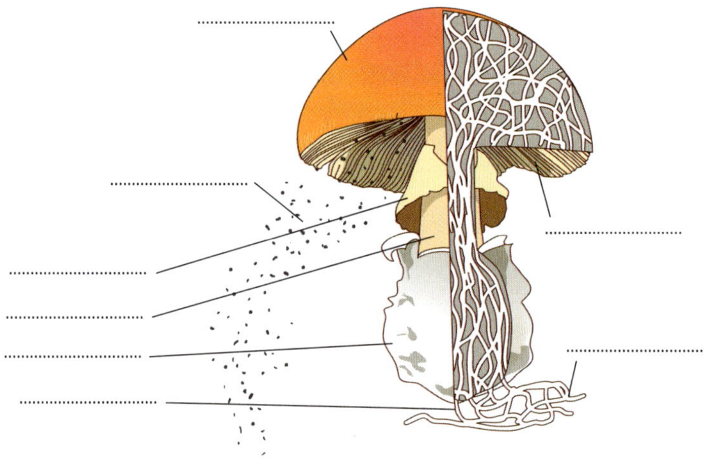

8 Rispondi alle domande.

a Quali sono gli organismi responsabili della decomposizione della materia?
b Perché sono importanti per l'ambiente?
c Prova a ipotizzare cosa succederebbe al parco vicino a casa tua se non ci fossero questi organismi.

9 Osserva le seguenti fotografie di licheni.

a Da quali organismi è composto un lichene?
b Quali benefici traggono gli uni dagli altri?

COMPETENZE

1. Leggi il testo e rispondi.

La penicillina è stato il primo antibiotico utilizzato in campo medico. Dall'inizio della propria storia il genere umano ha combattuto contro i batteri patogeni rimanendone quasi sempre vittima. Si deve arrivare al 1929, quando Alexander Fleming scoprì la penicillina, per avere un'arma efficace contro i batteri.
Con questa scoperta si aprì una nuova era della medicina moderna. La penicillina è a tutt'oggi molto utilizzata grazie alla sua vasta capacità di azione e alla sua bassa tossicità. Nel 1929 Fleming, scienziato scozzese che ricercava sostanze chimiche attive contro i batteri, osservò in laboratorio un evento molto strano: una piastra in cui aveva seminato delle colonie di *Staphylococcus aureus*, responsabile della formazione del pus, dopo qualche tempo non conteneva più le colonie di tale batterio. Che cosa era accaduto? La piastra era stata accidentalmente contaminata da una muffa verde, *Penicillium notatum*, che aveva causato la distruzione delle colonie di stafilococco. Da qui Fleming dedusse che la muffa era capace di produrre una sostanza ad azione battericida cui fu dato il nome di *penicillina*. Il batteriologo riuscì a dimostrare l'azione di questa muffa nei confronti di diversi batteri, però non riuscì a estrarre dalla muffa la sostanza battericida né a renderla utilizzabile per la cura delle malattie. Soltanto negli anni Quaranta la penicillina poté essere utilizzata sugli uomini [...]. Molte vite umane nel periodo intorno alla fine della Seconda guerra mondiale furono salvate dalla neonata penicillina [...].

[tratto da www.treccani.it]

- **a** Quale potrebbe essere un possibile titolo dell'articolo?
- **b** Sottolinea i termini scientifici del testo che hai già incontrato studiando l'unità.
- **c** A quali regni appartengono gli organismi viventi citati nell'articolo? Quali sono le loro caratteristiche?
- **d** Sai come funzionano gli antibiotici? Prova a fare una piccola ricerca per capire il loro meccanismo d'azione generale.

2. Ricerca e comunica.

Il plancton è un insieme di microrganismi acquatici trasportati dalle correnti.

- **a** Quali sono i microrganismi che lo compongono?
- **b** Perché si parla di componente autotrofa ed eterotrofa?
- **c** Qual è la sua importanza per gli ecosistemi acquatici?
- **d** Fai una ricerca e comunica i tuoi risultati aiutandoti se vuoi con alcune slides.

3. Trova l'errore.

Questo breve racconto contiene alcuni errori. Sei in grado di trovarli e correggerli?

Anna e Giulia stanno facendo una bella passeggiata in mezzo ai boschi. Alla vista di un fungo Anna esclama: "Che pianta bizzarra!"
"Già" conferma Giulia: "E pensare che i funghi sono utili solo in cucina, dentro a un buon risotto!"
Al rientro dalla passeggiata, prima del pranzo, la mamma di Anna manda le ragazze a lavarsi le mani: "È importante eliminare qualsiasi batterio dal vostro corpo: tutti i batteri sono molto pericolosi!" dice loro.
Al termine del pranzo Giulia inizia a starnutire: "Mi sa che durante la passeggiata mi sono presa un bel raffreddore. Domani andrò dal medico: sono sicura che mi prescriverà un antibiotico e così guarirò in fretta".

4. Prova tu.

Hai a disposizione dell'acqua tiepida, dello zucchero da cucina, del lievito di birra, tre bottiglie e tre palloncini.
Nella prima bottiglia mescola acqua e zucchero; nella seconda bottiglia acqua e lievito; nella terza bottiglia mescola acqua, zucchero e lievito.
Inserisci sul collo delle bottiglie i palloncini sgonfi e lascia riposare per circa un'ora. Cosa è successo?
Illustra i risultati di questo esperimento utilizzando le fasi del metodo scientifico.

In English Verifica interattiva

5. Complete the diagram with the following words.

flagellum • cell wall • ribosome • plasma membrane • genetic material • cytoplasm • pili

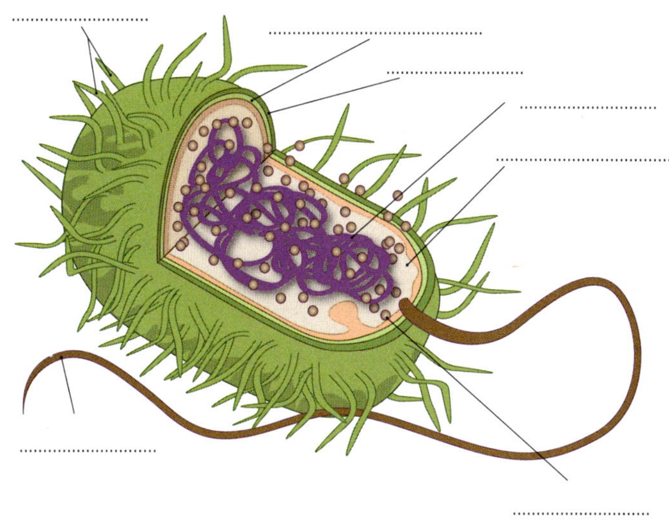

CLIL: let's learn English

Useful micro-organisms

Audio

Objectives

- Know how micro-organisms are used in food production

Making foods

We use yeasts and bacteria to improve the flavour or texture of our foods. We also use them to make food last longer.

Bread

To make bread, you mix flour with water to form **dough**. You then bake the dough in the oven. We can add yeast to the dough before we bake it to make the bread softer 1. The yeast uses some of the nutrients in the dough for fermentation. This releases bubbles of carbon dioxide gas, which make the bread soft and spongy. The graph shows how yeast changes the volume of some dough when it is left in a warm place for an hour.

1 We use yeast to make bread rise.

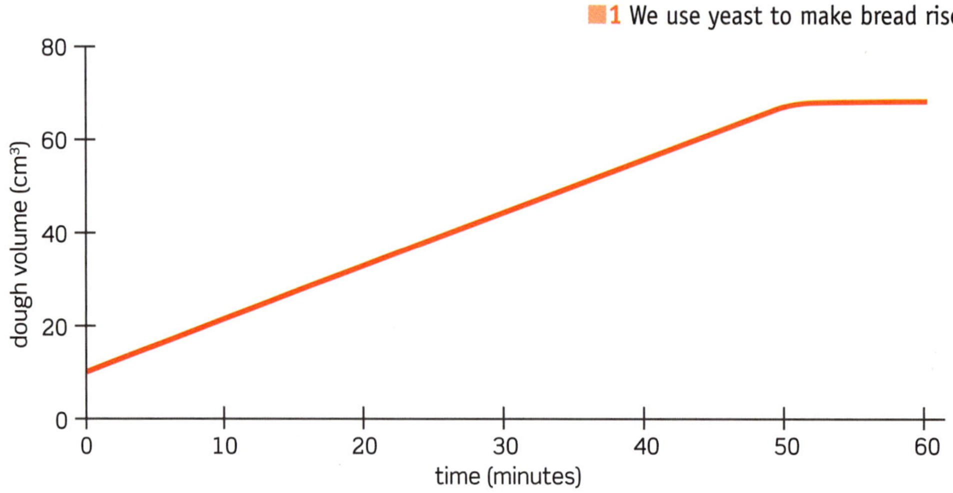

Yeast releases carbon dioxide. This makes the volume of the dough increase.

Chocolate

A lot of different micro-organisms help make chocolate. To begin the process, cocoa pods are split open and the beans and pulp inside them are left to ferment 2. One after another, different fungi and bacteria feed on the pulp and release a mixture of chemicals. This mixture improves the flavour of the cocoa beans.

When the fermentation process is complete, only the beans remain. The beans are then dried, roasted and powdered to make the cocoa that gives chocolate its flavour.

2 We make chocolate from beans like these.

Remember

- Yeast produces carbon dioxide during fermentation and this helps make bread rise.
- Some bacteria produce lactic acid during respiration. These bacteria make cheese, yoghurt and fermented milk drinks.

Exercises

1. What type of micro-organism makes bread soft and spongy?

....

2. According to the graph above, how does yeast change the volume of the dough when it is left in a warm place for one hour?

....

3. The table below shows how temperature affects bread dough. Use the data to plot a graph and explain what the graph shows.

temperature (°C)	dough volume after 1 hour (cm^3)
10	25
20	47
30	64
40	57
50	15

6 Il regno Piante

Digi Scienze

Video

Preparati per la lezione:
- guarda il video
- compila la scheda

Nelle prossime pagine troverai altri contenuti digitali

- Allegato scaricabile
- Contenuto integrativo
- Audio
- Video
- Verifica interattiva

Le piante sono distribuite in quasi tutti gli ambienti del mondo e reagiscono in maniera diversa in relazione al clima, alla temperatura e alle condizioni di luce in cui vivono.

1 Le caratteristiche delle piante

Audio

La "pianta tipo" ha radici, fusto, foglie

Parole di scienze

amido: carboidrato che si forma nei cloroplasti dei vegetali. Costituisce una riserva di zuccheri per le necessità energetiche della pianta, per esempio nel momento dell'accrescimento.

Fino al XX secolo, le Piante erano incluse in quello che veniva chiamato *regno vegetale* (in contrapposizione al *regno animale*), insieme ai funghi e ai batteri, che oggi come abbiamo visto sono compresi in regni autonomi. Il regno Piante, secondo la attuale classificazione, fa parte del **dominio degli Eucarioti** e comprende circa 350 000 specie.
I viventi che ne fanno parte sono organismi:

- **pluricellulari**, organizzati in tessuti e organi;
- **autotrofi**, ovvero producono da sé il proprio nutrimento (zuccheri) attraverso un processo di trasformazioni chimiche chiamato **fotosintesi clorofilliana**;
- con una modalità di **riproduzione asessuata** o **sessuata**;
- con cellule provviste di una **parete cellulare formata da cellulosa**; le cellule possono immagazzinare al loro interno una scorta di nutrienti (come l'**amido**).

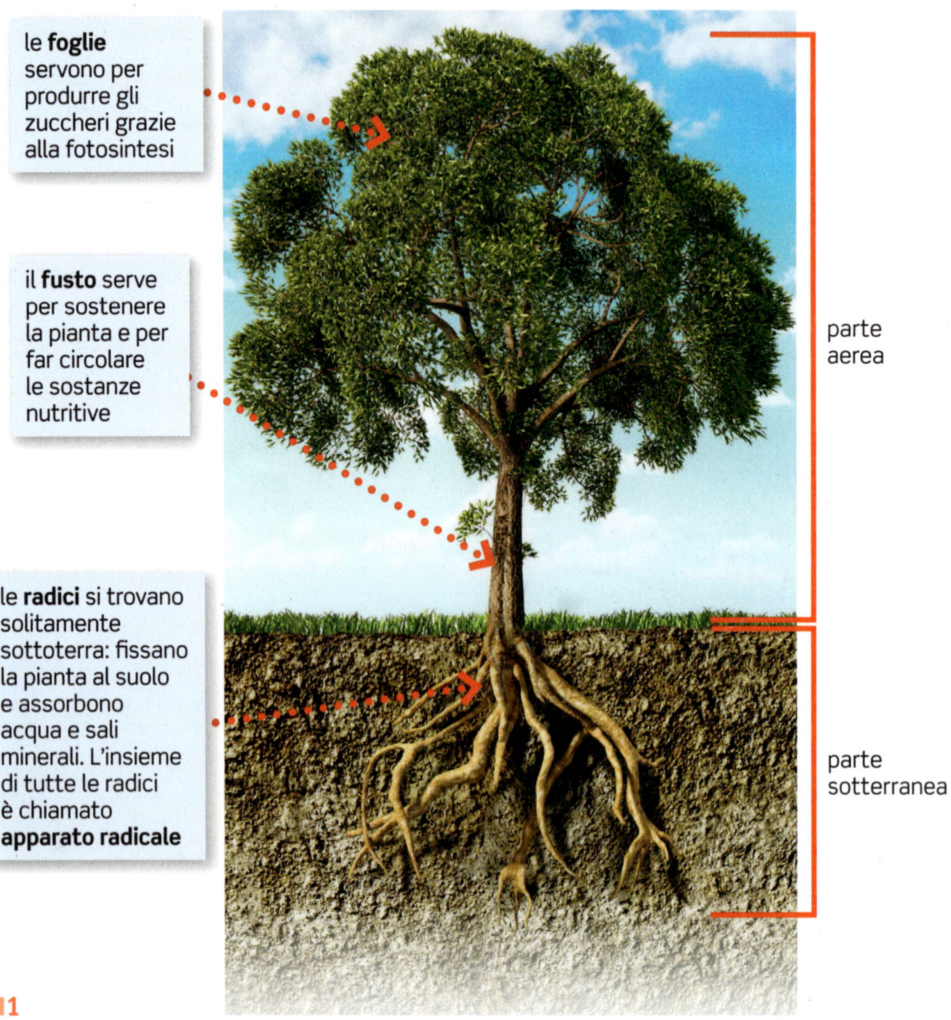

■1

Possiamo trovare piante in quasi tutti gli ambienti del mondo; la loro presenza è fondamentale per gli animali, perché con la fotosintesi rilasciano ossigeno nell'atmosfera e perché costituiscono una fonte di cibo; sono indispensabili per l'ambiente, perché proteggono il suolo dall'erosione.
All'uomo forniscono alimenti, materiali di costruzione e sostanze utilizzate nella preparazione di medicinali.
Le piante hanno strutture e aspetti diversissimi, possono essere alberi, arbusti, erbe... Tutte però, pur con molte differenze, hanno delle parti che le caratterizzano. Generalizzando, la "pianta tipo" ■1 possiede una parte aerea, che si sviluppa fuori dal suolo (**fusto** e **foglie**), e una parte generalmente sotterranea, l'apparato radicale, formato dalle **radici** (esistono però anche radici aeree).

2 Briofite e tracheofite

Audio

Nel regno Piante esistono molte differenze nella struttura, nelle dimensioni e nel modo di riprodursi

All'interno del regno Piante troviamo tantissime differenze, che riguardano la dimensione, la presenza o l'assenza di organi e strutture, le modalità di riproduzione, l'ambiente in cui vivono.

Il percorso evolutivo ha portato questi organismi, originariamente acquatici, ad adattarsi sempre più alla vita sulla Terra, modificando organi e forme per tutte le funzioni vitali nel nuovo ambiente.

Sulla base delle differenze, i botanici hanno definito i criteri con i quali "mettere ordine" nel mondo vegetale. Le piante possono essere classificate in due grandi gruppi:

- le **briòfite**, ancora prive di un sistema vascolare, cioè senza vasi conduttori che trasportano le sostanze nutritive: sono le piante più semplici, legate all'acqua e all'ambiente umido, come i muschi;
- le **tracheòfite**, provviste di sistema vascolare: sono piante più complesse, diffuse prevalentemente sulla terraferma, ma che possono vivere anche in ambiente acquatico, come la *Poseidonia* ■1. Il gruppo delle tracheofite, a sua volta, si suddivide in **pteridòfite**, che sono le più semplici, come le felci, e **spermatòfite**, che comprendono piante più complesse per struttura e modalità riproduttive.

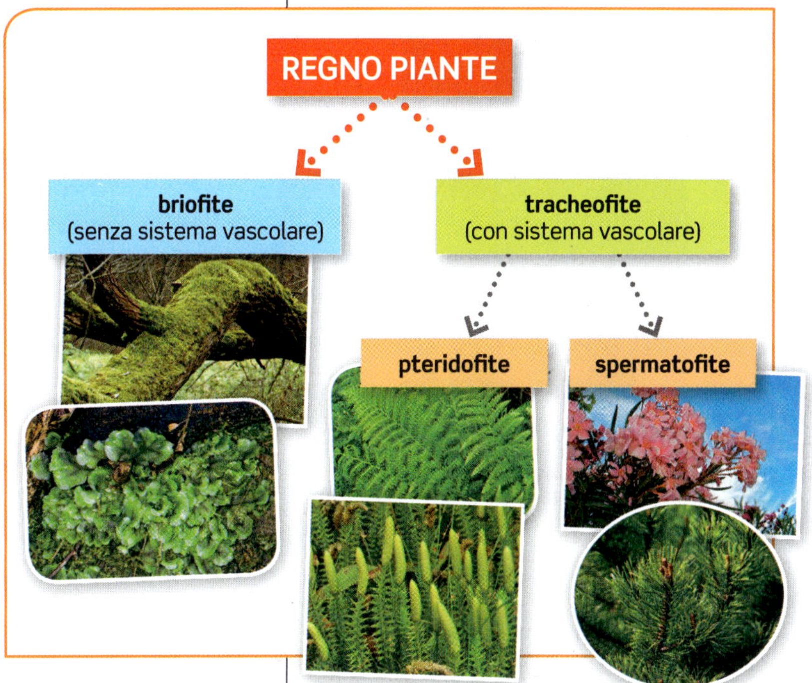

Come si riproducono le piante?

Il regno Piante comprende specie che si riproducono con entrambe le modalità che conosciamo:

- la **riproduzione asessuata** (detta anche **agamica** o **vegetativa**) è il metodo tipico delle briofite e delle pteridofite. Essa avviene quando una parte della pianta madre ha la capacità di generare un nuovo individuo; è come se, in un certo senso, ci fossero dei germogli "dormienti" che aspettano di trovare le giuste condizioni per conquistare la propria indipendenza;
- la **riproduzione sessuata** (detta anche **gamica**) avviene quando le due cellule sessuali, una maschile e una femminile (i *gameti*), si uniscono dando origine allo zigote, cioè la prima cellula dalla quale si svilupperà il nuovo vegetale. Questo tipo di riproduzione viene utilizzato sia dalle piante più primitive (briofite e pteridofite), sia da quelle comparse più recentemente (spermatofite).

Approfondiremo più avanti le caratteristiche di ciascun gruppo.

Parole di scienze

briòfite: dal greco *bryon* = muschio + *phyton* = pianta.
tracheòfite: dal greco *tracheia* (un tipo di vaso conduttore, trachea) + *phyton* = pianta.
pteridòfite dal greco *pterís* = felce + *phyton* = pianta.
spermatòfite: dal greco *sperma* = seme + *phyton* = pianta.

■1 Poseidonia.

3 La funzione della radice

Audio

La radice ha la funzione di ancorare la pianta al suolo e di assorbire acqua e sali minerali

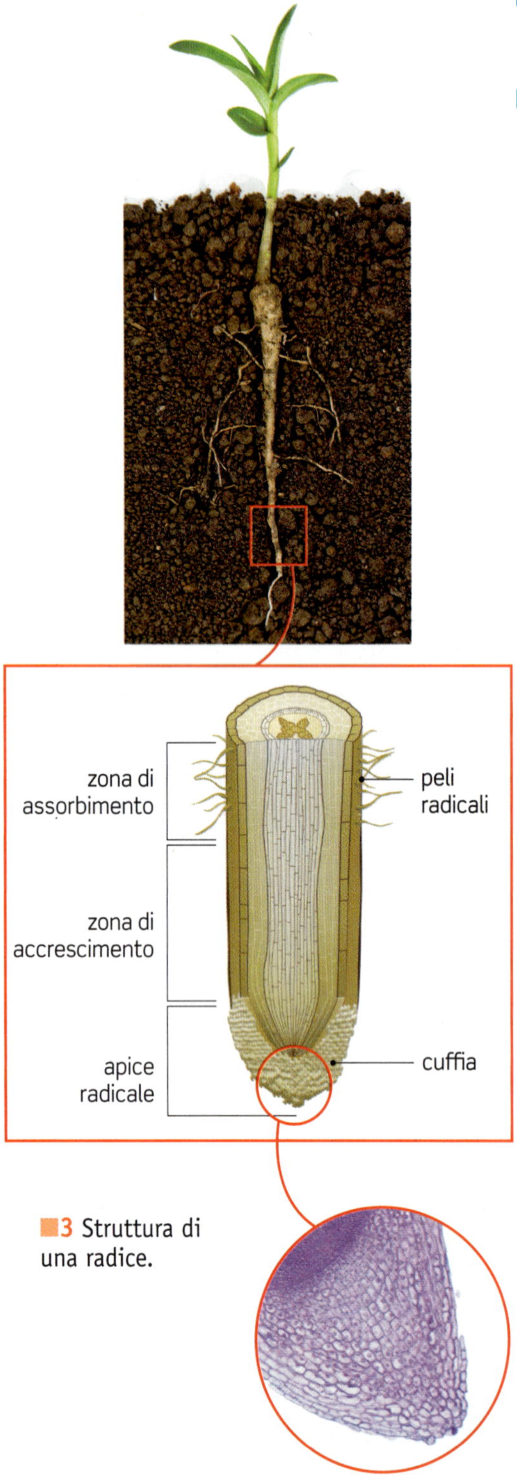

3 Struttura di una radice.

La **radice** è l'organo della pianta che in genere si sviluppa sotto terra. Le radici costituiscono l'**apparato radicale**, che svolge una duplice funzione: grazie a esso la pianta rimane ancorata al suolo e può assorbire dal terreno acqua e sali minerali, che nell'insieme costituiscono la **linfa grezza**.

Come è fatta una radice?

A partire dalla sua estremità è possibile distinguere tre diverse zone:

- **apice radicale**: è la parte che permette alla radice di addentrarsi sempre più nel terreno. In questa area le cellule sono in continua divisione e fanno crescere la radice in lunghezza. La parte terminale dell'apice è protetta da una "armatura", uno strato di cellule che la circonda come un cappuccio e che prende il nome di **cuffia**;
- **zona di accrescimento**: è la parte in cui, grazie alla presenza di cellule che sono in grado di distendersi, la radice si allunga;
- **zona di assorbimento**: è la parte coperta dai **peli radicali**, estroflessioni delle cellule che hanno il compito di assorbire l'acqua e i sali minerali in essa disciolti. L'acqua attraversa la membrana semipermeabile dei peli radicali tramite il meccanismo dell'**osmosi**.

Osservando invece una radice in sezione trasversale e procedendo dall'esterno verso l'interno, troviamo:

- l'**epidermide**, che costituisce il rivestimento esterno da cui si originano i peli radicali;
- la **corteccia**, che funge da protezione per le parti più interne e può accumulare sostanza di riserva;
- il **tessuto conduttore**, costituito da cellule che formano dei tubicini sottili chiamati **vasi legnosi** e **vasi cribrosi**: i primi fungono da "ascensore" per la linfa grezza, così che possa salire e raggiungere le varie parti della pianta. I secondi, invece, trasportano verso il basso la **linfa elaborata** prodotta dalle foglie attraverso la fotosintesi clorofilliana.

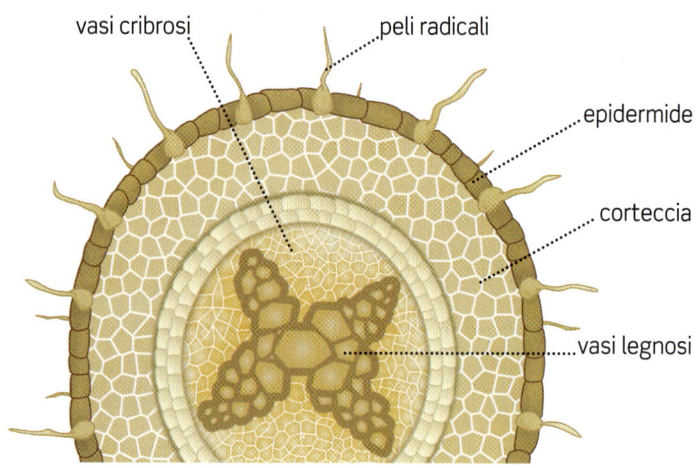

Esistono vari tipi di apparati radicali. Ecco i principali:

radici a fittone (carota)
Sono costituite da una radice centrale piuttosto grossa da cui si dipartono radici più corte e sottili. Penetrano in profondità nel terreno.

radici tuberiformi (manioca)
Presentano alcune parti ingrossate in cui sono immagazzinate sostanze di riserva (amido).

radici fascicolate (vetiver)
Partono tutte dal fusto della pianta e sono numerose e molto sottili.

radici avventizie (edera)
Sono quelle radici che si originano da varie parti della pianta, come foglie e fusto, ma non da un'altra radice. Quelle dell'edera sono *aggrappanti*, ovvero servono alla pianta per aggrapparsi ai sostegni.

pneumatòfori (mangrovia)
Chiamate anche radici respiratorie, sono proprie delle piante che vivono in ambienti fangosi e acquitrinosi, poveri di ossigeno. Le cellule radicali, non potendo assorbire ossigeno dal terreno, hanno sviluppato organi che risalgono dal substrato verso le ramificazioni aeree della pianta.

Piccoleprove — Sperimentiamo l'osmosi

Materiale occorrente — Contenuto integrativo — 4ore

- 1 patata di medie dimensioni
- sale fino da cucina
- 1 cucchiaino
- 1 coltello da cucina

Procedimento

Taglia una patata e, con un cucchiaino, scava una delle due metà in modo da formare una piccola cavità. Metti nell'incavo due cucchiaini di sale fino: dopo circa mezz'ora il sale comincerà a inumidirsi e dopo qualche ora si sarà coperto d'acqua. Perché?

La concentrazione di sale all'esterno delle cellule della patata è maggiore rispetto a quella presente all'interno delle cellule stesse: la pressione osmotica ha quindi "forzato" l'acqua a uscire dalle cellule per cercare di ristabilire l'equilibrio (isotonia). Inoltre si può notare che la patata è diventata più molle, perché le cellule prive di acqua hanno perso turgore e risultano "sgonfie".

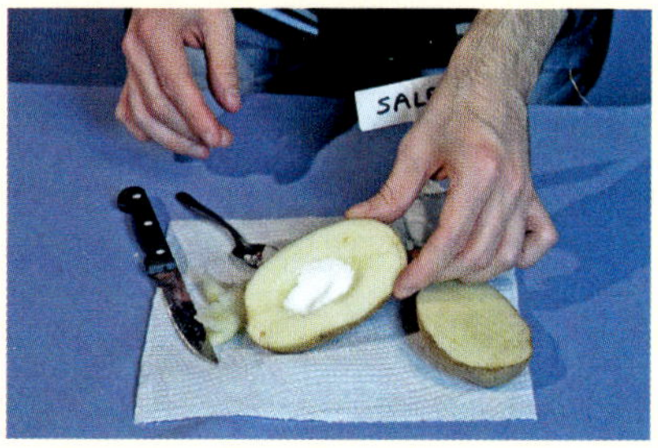

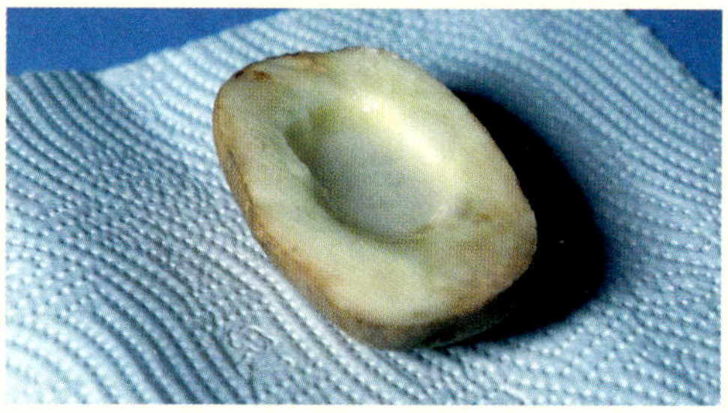

Con metodo

Analizzo il testo

1. Cerchia in rosso nel testo le funzioni della radice.
2. Cerchia in blu nel testo le parti che compongono la radice.

Comprendo il testo

3. La linfa grezza viene trasportata dai:
   - ☐ vasi legnosi
   - ☐ vasi cribrosi
4. L'acqua e i sali minerali vengono assorbiti:
   - ☐ dai peli radicali
   - ☐ dall'apice radicale
5. Le radici assorbono l'acqua per:
   - ☐ capillarità
   - ☐ osmosi

Comprendo le parole

6. Abbina ogni termine al suo significato:
   - Apice radicale ....
   - Zona di accrescimento ....
   - Zona di assorbimento ....

   a parte in cui la radice si allunga
   b parte che ha il compito di assorbire acqua e sali minerali
   c parte che consente alla radice di addentrarsi nel terreno

Schematizzo

7. Prepara due schemi: il primo relativo alla struttura longitudinale della radice; il secondo relativo alla parte interna della radice.

4 La funzione del fusto

Audio

Il fusto ha la funzione di far arrivare le sostanze nutritive dalle radici alle foglie

1 Stelo o gambo.

Il **fusto** è la struttura portante della pianta: oltre a sostenerla, mette in comunicazione le radici con le foglie, permettendo alle sostanze nutritive della linfa grezza e della linfa elaborata di arrivare ovunque.

A seconda della sua consistenza, il fusto può essere:

- **legnoso**, robusto e privo di clorofilla; ha un portamento eretto e, oltre all'accrescimento verticale, ha anche un accrescimento secondario che riguarda il diametro;
- **erbaceo**, flessibile, tenero e verde come l'erba; contiene clorofilla ed è uno degli organi che svolgono la fotosintesi; non ha accrescimento del diametro e comunemente si chiama anche *stelo* o *gambo* 1.

Il fusto legnoso ha in genere una forma a colonna, in cui si può riconoscere un **asse principale** più grande (**tronco**) e dei fusti secondari più piccoli, (**rami**): in questo caso la pianta prende il nome di **albero** 2a. Se non è possibile distinguere un fusto principale, ma i rami partono dal suolo, la pianta viene chiamata **arbusto** 2b. Se il fusto si innalza senza rami, prende il nome di **stipite** 2c. Sul fusto crescono le **gemme**, germogli che in futuro daranno origine a nuovi rami, foglie o fiori. Se sono poste in cima all'asse principale o ai rami, le gemme sono dette *apicali*, se si trovano alla base delle foglie sono chiamate *ascellari*.

2a Albero (pino).

2b Arbusto (sambuco).

2c Stipite (palma).

La struttura del fusto

Sezionando trasversalmente un fusto ideale, possiamo notare diversi strati 3:

3

Contenuto integrativo

Il tronco si ingrossa e cresce di diametro perché ogni anno viene prodotto un cilindro di nuovo legno e un cilindro di nuovo libro; osservando in sezione un tronco, vediamo quindi la successione degli **anelli** che mostrano chiaramente l'accrescimento del fusto dell'albero.

4 Su questo tronco, ogni anello corrisponde a un anno di età dell'albero.

Curiosità

In alcune piante, esternamente alla radice e al fusto, troviamo un tessuto secondario, il **sughero**, necessario alla pianta per riparare l'epidermide lacerata durante l'accrescimento.
Il sughero viene utilizzato dall'uomo per la fabbricazione di turaccioli e per produrre rivestimenti isolanti.

5

Le piante rampicanti

Esistono piante dal fusto molto particolare, che si sviluppa in fretta ed è in grado di aggrapparsi a vari tipi di supporti, naturali (rocce o alberi) o artificiali (muri o pali): si tratta delle piante rampicanti.
Tra le piante rampicanti sempreverdi più comuni troviamo l'**edera** 6: il suo fusto sottile e flessibile acquista una consistenza legnosa solo dopo parecchi anni, e si àncora al supporto che la sostiene grazie a piccole radici avventizie. Le dimensioni e il colore delle foglie variano in base alla specie: verde scuro o verde chiarissimo, in alcuni casi screziato di giallo o di bianco. Le foglie e i frutti dell'edera sono tossici se ingeriti, ma vengono utilizzati in farmacologia e anche in erboristeria.
Un'altra pianta rampicante è la **vite** 7: ha fusto legnoso gracile e per questo sviluppa dei filamenti sottili, i *viticci*, che permettono alla pianta di crescere aggrappandosi ad altre piante o a sostegni vari. Anche il **pisello**, dal fusto erbaceo, sviluppa viticci per arrampicarsi sui supporti. Il fusto del **fagiolo** 8, invece, "si avvolge" ai sostegni ed è chiamato *volubile*.

6

7

8

CLIL for SCIENCE

Audio

fusto: *stem*

Look at picture 4 and complete the following sentences by choosing the correct word.

1. Each year, the tree forms new cells, arranged in *concentric circles/geometric shapes*, called annual rings.
2. Annual rings show the amount of *wood/leaves* produced during one growing season.
3. The *older/younger* rings are close to the centre of the tree.

Con metodo

Analizzo il testo

1. Sottolinea nel testo le funzioni del fusto.
2. Quali sono i due tipi di fusto? Cerchia i loro nomi con il colore rosso.

Comprendo il testo

3. Rispondi.
   - **a** A che cosa serve il midollo?
   - **b** Quali vasi contiene il cilindro centrale? Qual è il loro compito?
   - **c** Che funzione svolge l'epidermide?

Comprendo le parole

4. Scrivi il significato dei seguenti termini.
   - **a** Arbusto
   - **b** Ramo
   - **c** Gemma

Schematizzo

5. Completa lo schema.

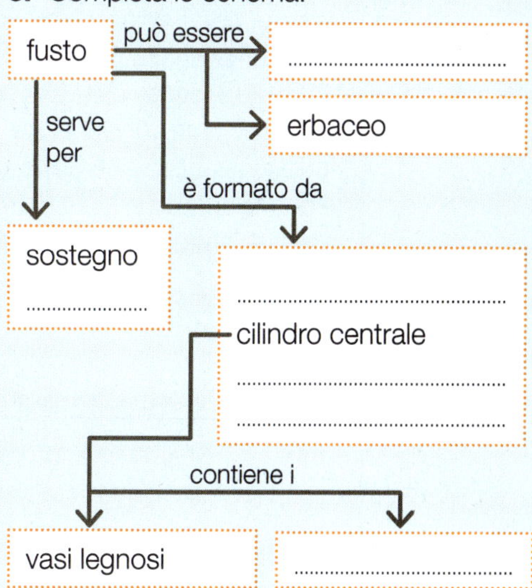

5 Le funzioni della foglia

Audio

La foglia è l'organo che svolge la fotosintesi, la respirazione e la traspirazione

La foglia è un organo fondamentale; l'insieme delle foglie costituisce l'**apparato fogliare** ed è la sede in cui si svolgono le funzioni più importanti della pianta: la **fotosintesi clorofilliana**, la **respirazione** e la **traspirazione**.

Parole di scienze

fotosintesi clorofilliana: dal greco *fôs* = luce + *synthesis* = costruzione, attraverso la clorofilla.

Come è fatta una foglia?

La struttura generale della foglia 1, consiste in uno strato sottile ed espanso, generalmente di colore verde, attraversato da nervature. In una foglia tipica si distinguono alcuni elementi:

- il **picciolo**, una piccola "stanghetta" cilindrica che ha la funzione di sostenere la foglia e di collegarla al ramo; è attraversato dai vasi conduttori, per consentire lo scambio della linfa tra foglia e ramo;
- la **base**, il bordo a contatto con il picciolo;
- la **lamina**, la parte piatta della foglia, che presenta due facce, dette *pagine*: quella superiore, rivolta verso la luce, solitamente di colore verde e quella inferiore, rivolta verso la base del fusto, di colore verde più chiaro.
- le **nervature**, le ramificazioni dei vasi conduttori per la linfa che, attraverso il picciolo, si assottigliano e si diffondono in tutta la foglia;
- il **margine,** il bordo che delimita la foglia;
- l'**apice**, la punta della foglia.

1 Struttura di una foglia.

Tanti tipi di foglie

Vi sono moltissimi tipi di foglie, che differiscono tra loro per la forma della lamina, per il margine, per le nervature, per l'attaccatura al ramo, o l'inserimento sul picciolo.
La varietà degli elementi che caratterizzano una foglia aiuta i botanici nella classificazione della pianta.
Vediamo quali sono le principali differenze che possiamo notare nelle foglie.

Forma della lamina

Forma del margine

Inserimento sul picciolo

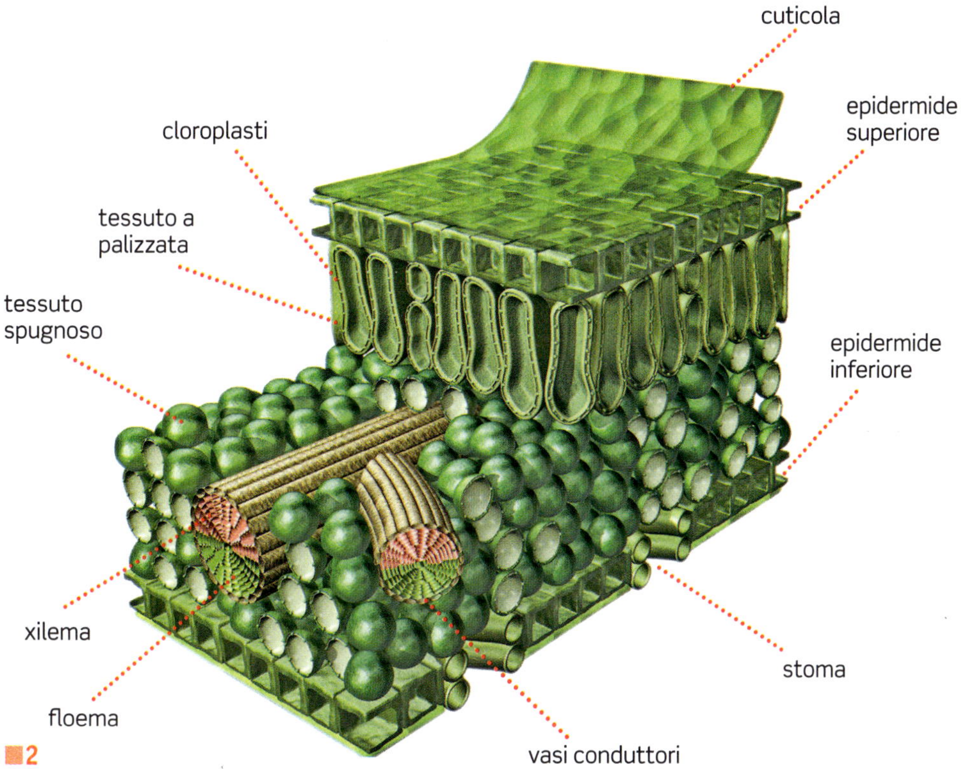

■2

Se osserviamo al microscopio la sezione trasversale di una foglia a partire dalla pagina superiore, incontriamo le seguenti parti ■2:

- la **cuticola**, una membrana prodotta dall'epidermide, costituita da lipidi e cere che rendono la foglia impermeabile; serve a limitare le perdite d'acqua e a proteggere i tessuti interni dalle radiazioni del Sole, che sono comunque indispensabili alla fotosintesi;
- l'**epidermide**, la "pelle" della foglia, costituita da grandi cellule appiattite. Sulla pagina inferiore l'epidermide presenta gli **stomi** ■3, le aperture che permettono l'ingresso di anidride carbonica, di ossigeno e di vapore acqueo. Ogni stoma è costituito da due cellule, dette **cellule di guardia**: esse aprono o chiudono l'apertura dello stoma per regolare il passaggio dei gas a seconda delle esigenze della pianta e delle condizioni ambientali;
- il **tessuto a palizzata**, composto da cellule allungate, disposte perpendicolarmente rispetto all'epidermide. Queste cellule sono ricche di cloroplasti, che contengono la **clorofilla**, il pigmento verde fondamentale per la fotosintesi;
- il **tessuto spugnoso** (detto anche *lacunoso*), composto da cellule di forma irregolare separate da ampi spazi intercellulari. La sua funzione principale è garantire un sufficiente ricambio d'aria.

La fotosintesi avviene nelle foglie

Video

Le piante, come abbiamo visto, sono organismi autotrofi: sono capaci di produrre sostanze nutritive (uno zucchero semplice, il **glucosio**) a partire da sostanze inorganiche che trovano nell'aria o nell'acqua. Questo è un processo chimico: si chiama **fotosintesi clorofilliana** e avviene nei *cloroplasti* della foglia, che è da considerarsi un piccolo "laboratorio".

■3

Con metodo

Analizzo il testo

1. Sottolinea con colori diversi gli elementi che compongono una foglia.
2. All'interno di quali organuli avviene la fotosintesi? Cerchia il loro nome nel testo.

Comprendo il testo

3. Completa.
   - **a** L'apparato .... è la sede dove si svolgono le più importanti funzioni della cellula: la ...., la respirazione e la ....
   - **b** Le cellule allungate ricche di .... formano il tessuto a ....
4. I gas entrano nella foglia attraverso:
   ☐ gli stomi ☐ il tessuto spugnoso
5. La cuticola rende la pagina superiore della foglia:
   ☐ permeabile ☐ impermeabile

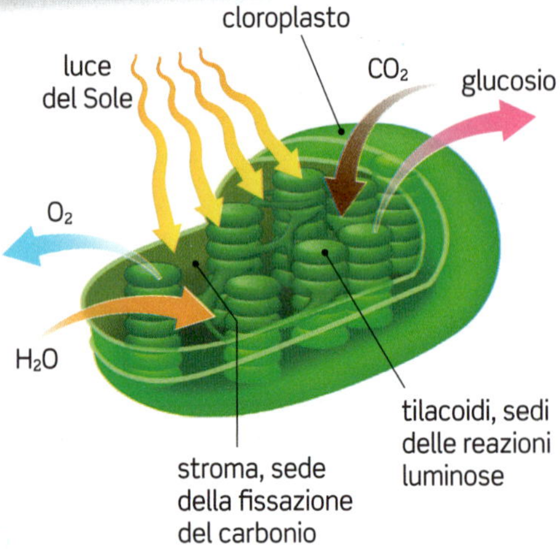

4 La fase luminosa della fotosintesi ha luogo nei tilacoidi dei cloroplasti; nello stroma, invece, ha luogo la fissazione del carbonio e la produzione di glucosio a partire dall'anidride carbonica (fase oscura).

5 Respirazione della pianta.

Perché si inneschi questo processo, è necessaria una fonte di energia che, nel caso delle piante, è costituita dalla **luce** del Sole 4.

L'energia solare viene assorbita dalla clorofilla e da altri pigmenti meno abbondanti (per esempio antociani e carotenoidi: *fase luminosa*).

Essa fa da "motore" per trasformare l'**anidride carbonica**, che proviene dall'atmosfera, e l'**acqua**, assorbita dal terreno, in **glucosio**, utilizzato dalla pianta come cibo (*fase oscura*).

In questo processo, attraverso gli stomi delle foglie, la pianta libera nell'aria **ossigeno** come sostanza di scarto.

L'ossigeno è fondamentale per la respirazione cellulare: per questo motivo le piante sono indispensabili per tutti gli esseri viventi.

La reazione chimica complessiva che avviene durante la fotosintesi è:

$$\underset{\text{anidride carbonica}}{6\,CO_2} + \underset{\text{acqua}}{6\,H_2O} \xrightarrow{\text{energia (luce)}} \underset{\text{glucosio}}{C_6H_{12}O_6} + \underset{\text{ossigeno}}{6\,O_2}$$

Sei molecole di anidride carbonica e sei molecole di acqua si trasformano in una molecola di glucosio e sei atomi di ossigeno.

Le molecole di glucosio si uniscono in lunghe catene, andando a costituire la **cellulosa** e l'**amido**, importanti biomolecole tipiche delle piante: la cellulosa è la componente fondamentale della parete cellulare, mentre l'amido ha una funzione di riserva energetica e si trova abbondante, per esempio, nei semi.

La pianta respira dagli stomi della foglia

Contenuto integrativo

Ora che hai studiato che cosa accade durante la fotosintesi, potresti pensare che le piante non abbiano bisogno di ossigeno.

In realtà anche nelle piante l'ossigeno è indispensabile per la **respirazione cellulare** 5.

L'ossigeno entra nella foglia dagli stomi e, nei mitocondri delle cellule, reagisce con il glucosio liberando anidride carbonica, acqua ed energia che si accumula nelle molecole di ATP.

Questa energia viene utilizzata dalle cellule per svolgere tutte le funzioni vitali. Le piante respirano giorno e notte, ma la quantità di ossigeno che consumano è inferiore a quella che liberano con il processo di fotosintesi.

Con la traspirazione la pianta perde vapore acqueo

Contenuto integrativo

Il vento, la temperatura elevata e l'esposizione ai raggi solari, indispensabile per la fotosintesi, causano nella pianta un'**evaporazione continua**.

In alcuni casi, per contrastare la perdita dell'acqua, la pianta ha foglie di dimensioni ridotte e cuticola molto ispessita.

In alcune specie le foglie sono addirittura ridotte a **spine**: questo accade, per esempio, nelle *piante succulente*, che vivono nei deserti e negli ambienti aridi. Se, invece, l'ambiente è umido, la traspirazione diminuisce.

La pianta è in grado di regolare la perdita di vapore acqueo anche attraverso gli stomi, che si chiudono quando l'acqua scarseggia.

Il trasporto della linfa grezza

Audio

Il trasporto della linfa grezza avviene attraverso fusto e foglie per capillarità e traspirazione

Le sostanze assorbite dalle radici raggiungono tutte le parti della pianta, anche se si tratta di un albero alto 20 metri: come fanno? È un vero e proprio viaggio contro la forza di gravità.

L'acqua e i sali minerali in essa disciolti, come abbiamo visto, vengono assorbiti dai peli radicali, andando a costituire la **linfa grezza**; questa è chiamata anche *linfa ascendente*, poiché il suo percorso avviene sempre dal basso verso l'alto della pianta.
Dalle radici, la linfa grezza raggiunge il fusto; qui passa attraverso i **vasi legnosi**, "tubicini" costituiti da cellule morte che formano il legno (o xilema), e da pareti fatte di *lignina*, una sostanza depositata nelle pareti cellulari che le rende particolarmente solide e robuste.

Nelle foglie, il legno si ramifica nelle nervature, affinché la linfa grezza possa raggiungere tutte le cellule. Solitamente il trasporto di acqua e sali minerali avviene nella pagina superiore della foglia. Quando la linfa grezza è arrivata nelle foglie, nei cloroplasti avviene la fotosintesi.

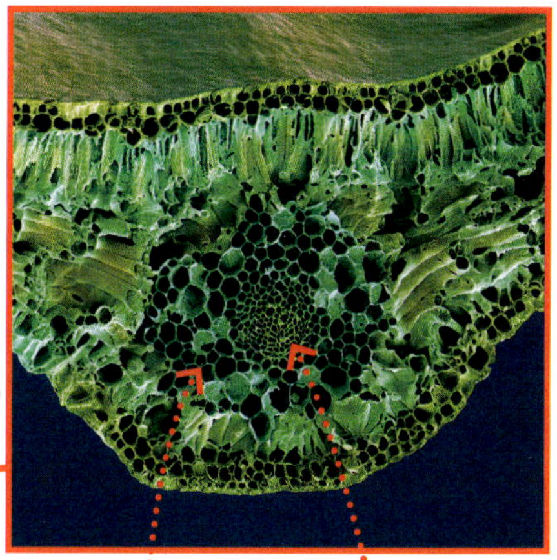

1 Sezione trasversale della nervatura principale di una foglia, nella quale è ben evidente la distribuzione dello xilema e del floema.

Il glucosio prodotto, unito ad acqua e sali minerali, costituisce la **linfa elaborata**, che viene distribuita a tutte le regioni della pianta attraverso i **vasi cribrosi** del libro. In questi vasi il flusso della linfa è a doppio senso, sia ascendente sia discendente.
A differenza di quelle del legno, le cellule del libro, o floema, sono vive, e sono dotate di pareti spesse, ma prive di lignina: per questa ragione il libro non costituisce per la pianta un elemento di sostegno.
Per far risalire la linfa grezza verso le parti più alte della pianta, fino anche a decine di metri di distanza dal suolo, entrano in gioco il fenomeno della **capillarità** e la **traspirazione** a livello delle foglie.

Con metodo

Analizzo il testo (par. 5-6)

1. Cerchia la reazione della fotosintesi.
2. A quali termini corrispondono le seguenti definizioni? Sottolinealo nel testo.
   a Soluzione di acqua e sali minerali assorbita dalle radici
   b Tubicini costituiti da cellule morte che costituiscono il legno
   c Soluzione contenente glucosio
   d Tubicini costituiti da cellule vive che costituiscono il libro

Comprendo il testo (par. 5-6)

3. Completa.
   a Attraverso la fotosintesi la pianta trasforma l'.. e l'acqua in .... e ossigeno
   b Il glucosio prodotto durante la .... può essere unito in lunghe catene andando a costituire la ...., principale costituente della parete cellulare, e l'........................., importante sostanza di riserva.
   c Attraverso i vasi legnosi, la .... arriva alle foglie dove, nei cloroplasti, avviene la .... La linfa elaborata, che contiene il ...., viene trasportata a tutte le regioni della pianta dai ....

Collaboro

4. Formate in classe **sei gruppi**. I membri di ogni gruppo scrivano su un foglio delle domande (almeno tre) relative ai contenuti del paragrafo; i gruppi poi scambino i fogli e rispondano ai quesiti dei compagni.

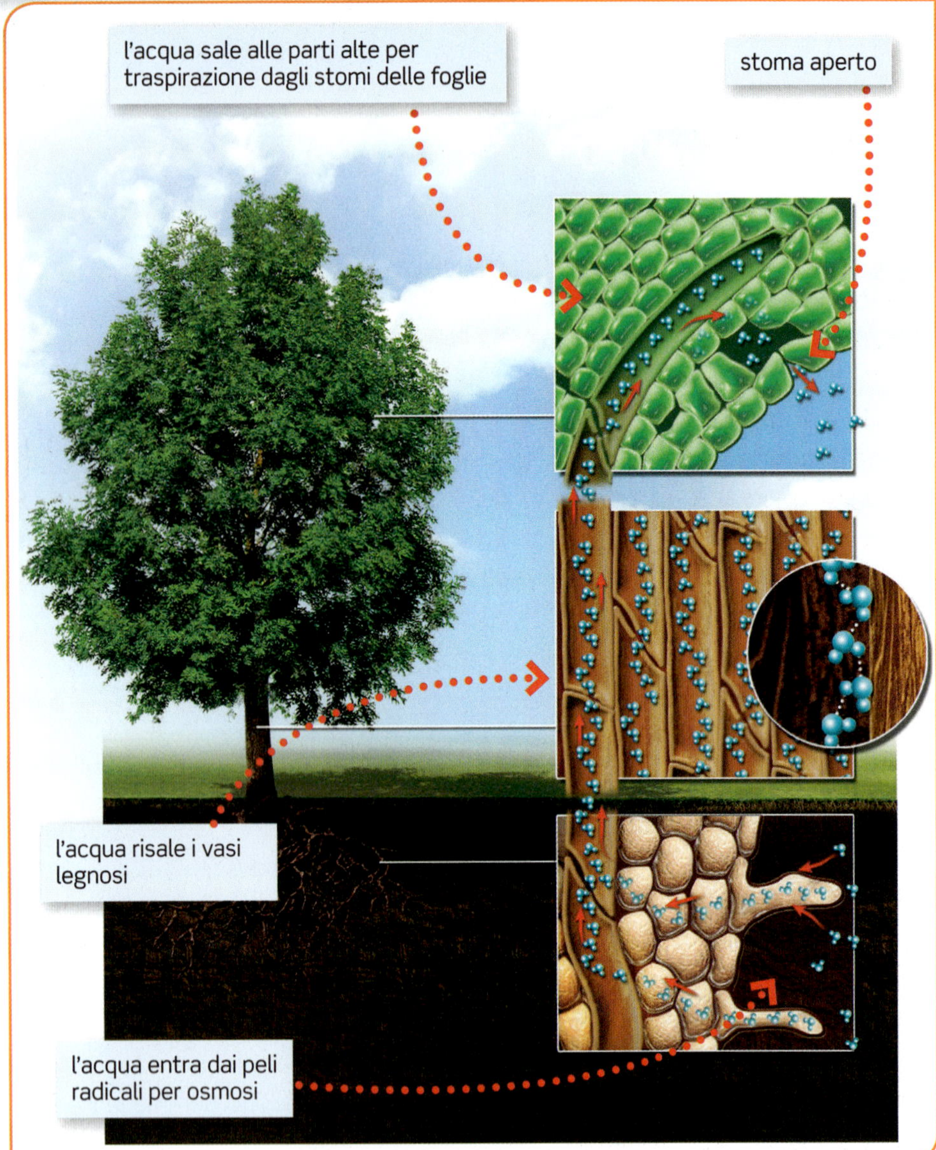

Come avviene la risalita della linfa grezza

Abbiamo visto che, grazie all'osmosi che agisce a livello delle radici, la pianta riesce a superare il primo ostacolo all'assorbimento dell'acqua e dei sali minerali, cioè il loro passaggio dal terreno all'interno dell'organismo. La forza di gravità è il secondo problema da affrontare: vincerla è fondamentale per poter trasportare acqua e nutrienti a tutte le parti della pianta. Una volta avvenuto il passaggio dal terreno alla radice attraverso la membrana dei peli radicali, il trasporto avviene grazie a due nuovi fenomeni. Il primo è la **capillarità**, l'insieme delle forze di adesione, coesione e tensione superficiale che possiamo osservare in un tubo sottile immerso in un liquido: più sottile è il tubo, più in alto salirà il liquido. Poiché i vasi legnosi sono sottilissimi, si comportano come capillari e la linfa risale per il fusto. La seconda forza che consente la risalita della linfa ha origine nelle foglie, grazie alla **traspirazione**: la continua evaporazione dell'acqua genera infatti una **pressione negativa**, che costituisce una forza aspirante. Ogni molecola d'acqua che evapora lascia un vuoto, che viene occupato da una molecola di linfa grezza.

Con metodo

Comprendo il testo

1. Rispondi.
- **a** Attraverso quale meccanismo i peli radicali riescono ad assorbire l'acqua e i sali minerali?
- **b** Quali sono i due fenomeni che permettono la risalita della linfa grezza lungo il tronco verso le parti più alte della pianta?
- **c** Qual è il principale ostacolo alla risalita della linfa grezza?

Comprendo le parole

2. Scrivi il significato dei seguenti termini.
- **a** Capillarità
- **b** Traspirazione

Schematizzo

3. Prepara un semplice schema che riassuma i meccanismi di trasporto della linfa all'interno di una pianta.

Piccoleprove — Sperimentiamo la capillarità

Materiale occorrente — Contenuto integrativo — 2 ore

- 1 penna a sfera scarica (il tubicino dev'essere trasparente)
- cannucce di diverso diametro, meglio se trasparenti
- 1 bicchiere o 1 ciotola trasparente
- colorante alimentare liquido (di qualsiasi colore)
- forbici
- acqua

Procedimento

Puoi sperimentare tu stesso il fenomeno della capillarità: da una penna a sfera scarica, estrai il tubicino porta-inchiostro e con le forbici tagliane la punta; prendi le cannucce di diverso diametro, e un bicchiere o una ciotola trasparente con un po' d'acqua colorata. Immergi il tubicino e le cannucce, tenendole perpendicolari alla superficie dell'acqua. Che cosa noti? L'acqua risale allo stesso modo? Noterai che, più stretto è il tubicino, più l'acqua risale in alto: questo succede a causa della capillarità.

7 I movimenti delle piante

Audio

Anche le piante compiono piccoli movimenti in reazione ad alcuni stimoli

Le piante, saldamente ancorate al suolo, non sono in grado di spostarsi, ma riescono comunque a compiere dei movimenti, se vengono sollecitate da particolari stimoli. Questa capacità di movimento prende il nome di **tropismo**.

Gli stimoli possono essere di vario tipo. La **forza di gravità**, per esempio, influenza sia la direzione di crescita delle radici, che tendono a "scavare" verso il basso, sia quella del tronco, che tende invece ad allungarsi verso l'alto: causa di ciò è il **geotropismo** 1, cioè il fenomeno per cui la direzione di crescita della pianta avviene sempre seguendo un'immaginaria linea che passa per il centro della Terra.

Anche la **luce del Sole**, così importante per consentire alla pianta la fotosintesi, influenza l'orientamento della crescita: si parla in tal caso di **eliotropismo**. Se, per esempio, una pianta si inclina in seguito a un cedimento del terreno, le cellule del lato più in ombra del tronco si allungheranno maggiormente rispetto a quelle del lato esposto alla luce, e ciò comporterà un cambiamento nella direzione di crescita.

Solitamente se sfioriamo una foglia o se un uccellino si posa su un ramo, la pianta non reagisce con movimenti evidenti; tuttavia esistono alcune specie che rispondono in maniera visibile a sollecitazioni tattili. Una reazione molto curiosa è l'**aptotropismo**, un movimento provocato da uno **stimolo tattile** per cui la pianta si curva verso la parte toccata. Si nota, per esempio, nei viticci delle zucche o delle piante rampicanti, ma anche nella *Dionaea muscipula*, una pianta carnivora: sulle foglioline vi sono alcuni peli sensitivi che, se vengono toccati da un insetto, ne fanno scattare la chiusura intrappolando il malcapitato 2.

Una pianta... vergognosa

La *Mimosa pudica* ci fornisce un eclatante esempio di aptotropismo: se tocchiamo le sue foglioline, esse si richiudono immediatamente "a libro", come se "si vergognassero" (per questo i botanici l'hanno chiamata *pudica*!). Questi movimenti sono dovuti a cambiamenti del *turgore*, ovvero del grado di gonfiore delle cellule interessate dal contatto. La reazione inoltre non si limita all'area interessata direttamente dallo stimolo tattile, ma si propaga anche da una fogliolina all'altra, e persino da una foglia di un ramo a quella di un altro.

Ma c'è di più: diversi esperimenti hanno dimostrato che questa mimosa è capace di distinguere e reagire diversamente a seconda dell'impulso al quale viene sottoposta, e addirittura a "memorizzarne" il livello di pericolosità: in questo modo non spreca energia per reagire a una sollecitazione che in realtà si è rivelata inoffensiva.

3 Foglie di *Mimosa pudica* prima e dopo lo stimolo.

Parole di scienze

geotropismo: dal greco *ghé* = terra + *trépomai* = muoversi.
eliopismo: dal greco *helios* = sole + *trépomai* = muoversi.
aptotropismo: dal greco *àptomai* = toccare + *trépomai* = muoversi.

1 Anche quando una pianta non si trova più nella sua posizione naturale, la sua crescita continua secondo il fenomeno del geotropismo.

2 La pianta carnivora *Dionaea muscipula* intrappola gli insetti tra le sue foglioline con una reazione di aptotropismo.

Un curioso adattamento: le piante succulente

Audio

1 *Saguaro* (cactacea).

2 *Opuntia* o fico d'India (cactacea).

3 *Euphorbia obesa* (euforbiacea).

Le piante succulente, comunemente note con il nome improprio di "piante grasse", sono vegetali molto particolari, che si sono adattati perfettamente ai climi aridi: hanno un fusto carnoso, costituito da un tessuto specializzato spugnoso, il **parènchima acquifero**, a sua volta formato da grandi cellule tondeggianti che possono funzionare come serbatoi per l'acqua. Nelle rare occasioni in cui piove, l'acqua può essere immagazzinata all'interno della pianta, che risulta ingrossata a livello del fusto e, in alcuni casi, anche delle foglie.

Negli ambienti desertici l'acqua è una risorsa talmente preziosa da rendere il fusto carnoso delle piante succulente assai appetibile per gli animali assetati.
Le piante, però, hanno trovato un modo per evitare i loro attacchi. Le *cactacee*, per esempio, a cui appartengono i cactus, hanno una vera e propria arma di difesa, le **spine**. Come sono comparse?
Anche se può sembrare strano, le spine sono foglie modificate. Sono state rese completamente impermeabili, dure e ridotte alle minime dimensioni per evitare l'eccessiva traspirazione: avere una foglia molto grande in un ambiente in cui l'acqua scarseggia, sarebbe stato uno svantaggio fatale. Il rimpicciolimento e il cambiamento di forma, al contrario, sono stati una carta vincente e hanno permesso di sopravvivere alle piante che presentano questo adattamento.

Le spine, però, non sono verdi: dove avviene allora la fotosintesi? È svolta dal fusto che, infatti, è verde e dotato di stomi.

Piante succulente: caratteristiche

- stomi in numero ridotto
- forma compatta
- foglie rimpicciolite o assenti, con rivestimento ceroso per ridurre la perdita d'acqua
- fotosintesi svolta anche dal fusto

4 *Aloe vera* (aloacea).

Strani tipi di... riproduzione

Audio

Tra le forme di riproduzione asessuata che si trovano tra le piante, alcune sono davvero particolari.

Il **bulbo** è un germoglio dotato di un fusto (*disco* o *girello*), di foglie (*catafilli*) e di radici. Nei *bulbi tunicati*, come l'**aglio** ■1a e la **cipolla** ■1b, i catafilli centrali sono carnosi e contengono le sostanze di riserva, mentre quelli più esterni sono sottili e sembrano carta. I *bulbi squamosi* come i **gigli** ■2, invece, sono formati da spesse squame triangolari *embricate*, ovvero disposte una sopra l'altra come le tegole di un tetto.

■1a

■1b

■2

Il **rizoma** è un fusto ispessito e allungato, che si sviluppa sotto terra o lungo la superficie del terreno ■5. È una riserva di sostanze alimentari per le gemme che si formano ai lati o a una estremità. Cresce orizzontalmente, formando tutti gli anni una nuova porzione e perdendo quella invecchiata. Hanno un rizoma l'**iris**, la **primula**, e l'**asparago**.

■5

Il **tubero** è una porzione di fusto modificata. Ha un aspetto più o meno sferico e ha lo scopo di immagazzinare sostanze di riserva, soprattutto zuccheri e amido. In genere si presenta molto compatto, con numerose gemme esterne, chiamate *occhi*, dalle quali si svilupperanno nuovi fusti e radici.
Di solito è sotterraneo, ma raramente può affiorare in superficie. Un tubero molto noto è la **patata** ■6.

■6

Il **pollone** è quella parte di una pianta che si sviluppa direttamente sul tronco o ai piedi di un albero e, in alcuni casi, anche a partire dalla radice ■3. Si può anche originare dalle cicatrici di un ramo tagliato. I polloni sono tipici delle piante con fiore (tracheofite angiosperme). I polloni sono, per esempio, molto evidenti alla base del **tiglio** ■4.

■3

■4

Lo **stolone** è un ramo laterale che spunta da una gemma ascellare vicino alla base (detta *colletto*) di certe piante (*piante stolonifere*). Si allunga sopra o appena sotto il terreno, sviluppando radici grazie alle quali si genereranno nuove piantine. Si possono riprodurre in questo modo la **fragola** ■7 e la **viola**.

■7

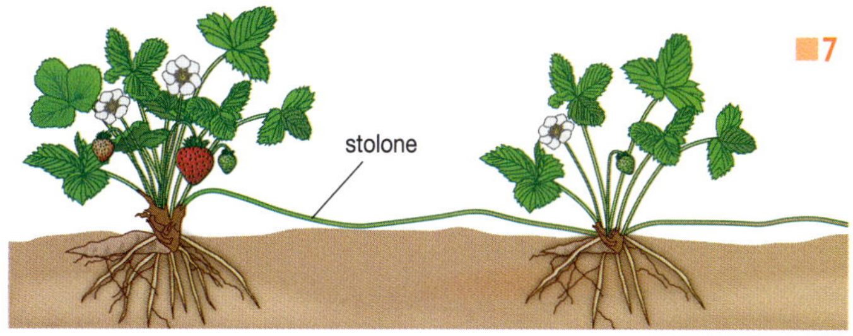

Erickson

Le caratteristiche delle piante

Com'è fatta la radice?

Paragrafo 3

Il paragrafo 3 spiega, in un elenco puntato, come si chiamano le parti della radice di una pianta e quali sono le funzioni di ciascuna. Individua i nomi della parti e collocali correttamente sulle figure. Completa poi la tabella, spiegando le funzioni di ogni parte.

parte	funzione
zona di assorbimento	assorbe l'acqua e i sali minerali attraverso una membrana semipermeabile, per osmosi.

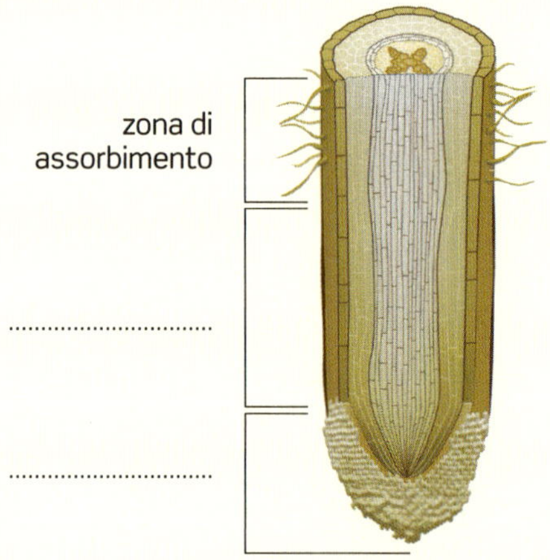

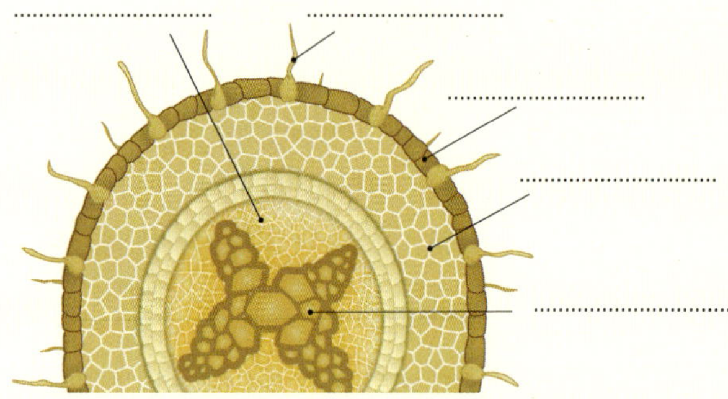

Com'è fatto il tronco?

Paragrafo 4

Il paragrafo 4 spiega come si chiamano le parti del tronco di un albero e quali sono le funzioni di ciascuna. Individua il nome delle parti e collocali correttamente sulla figura. Fai una tabella come quella precedente e completala.

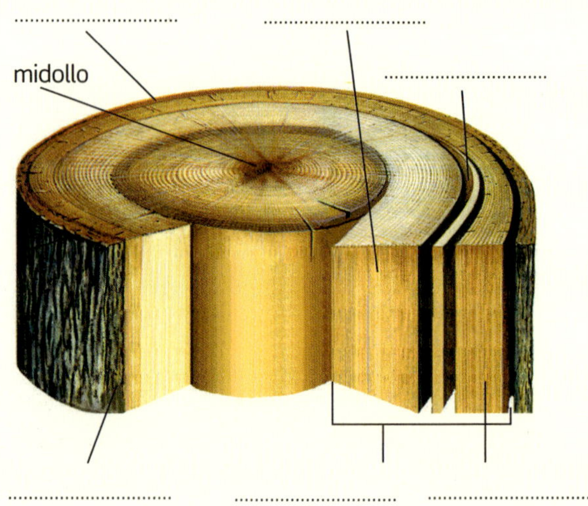

Com'è fatta una foglia?

Paragrafo 5

Il paragrafo 5 spiega, in un elenco puntato, come si chiamano le parti di una foglia e quali sono le funzioni di ciascuna. Individua i nomi delle parti e collocali correttamente sulle figure.
Fai una tabella come quelle precedenti e completala.

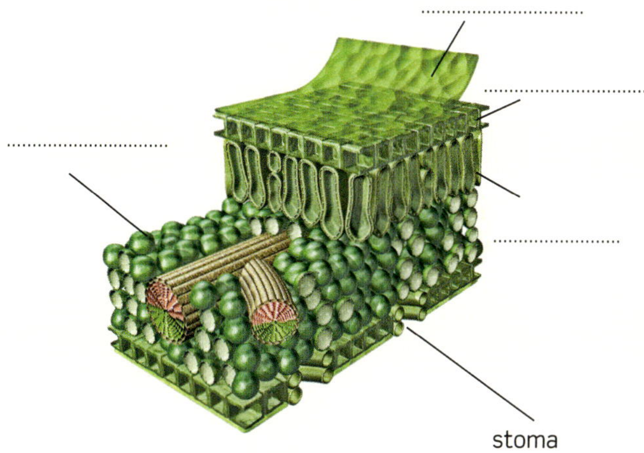

Come avviene la fotosintesi?

Leggi il paragrafo 5 prestando molta attenzione alle parole in grassetto, alle immagini e alle didascalie. Sottolinea le parole importanti che descrivono il processo di fotosintesi clorofilliana. Anche se può sembrare complesso, lo puoi schematizzare in una mappa, come la seguente.

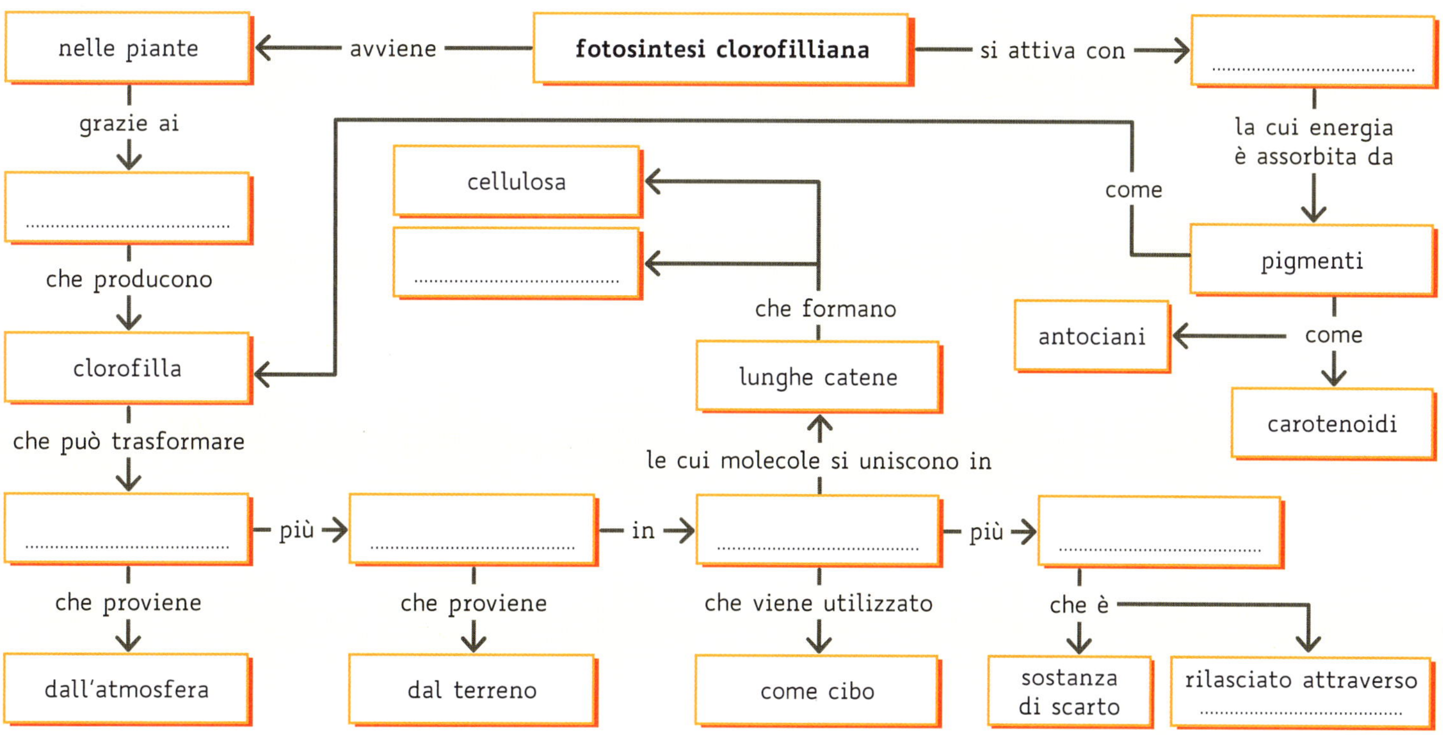

Mi preparo all'interrogazione

Contenuti multipli

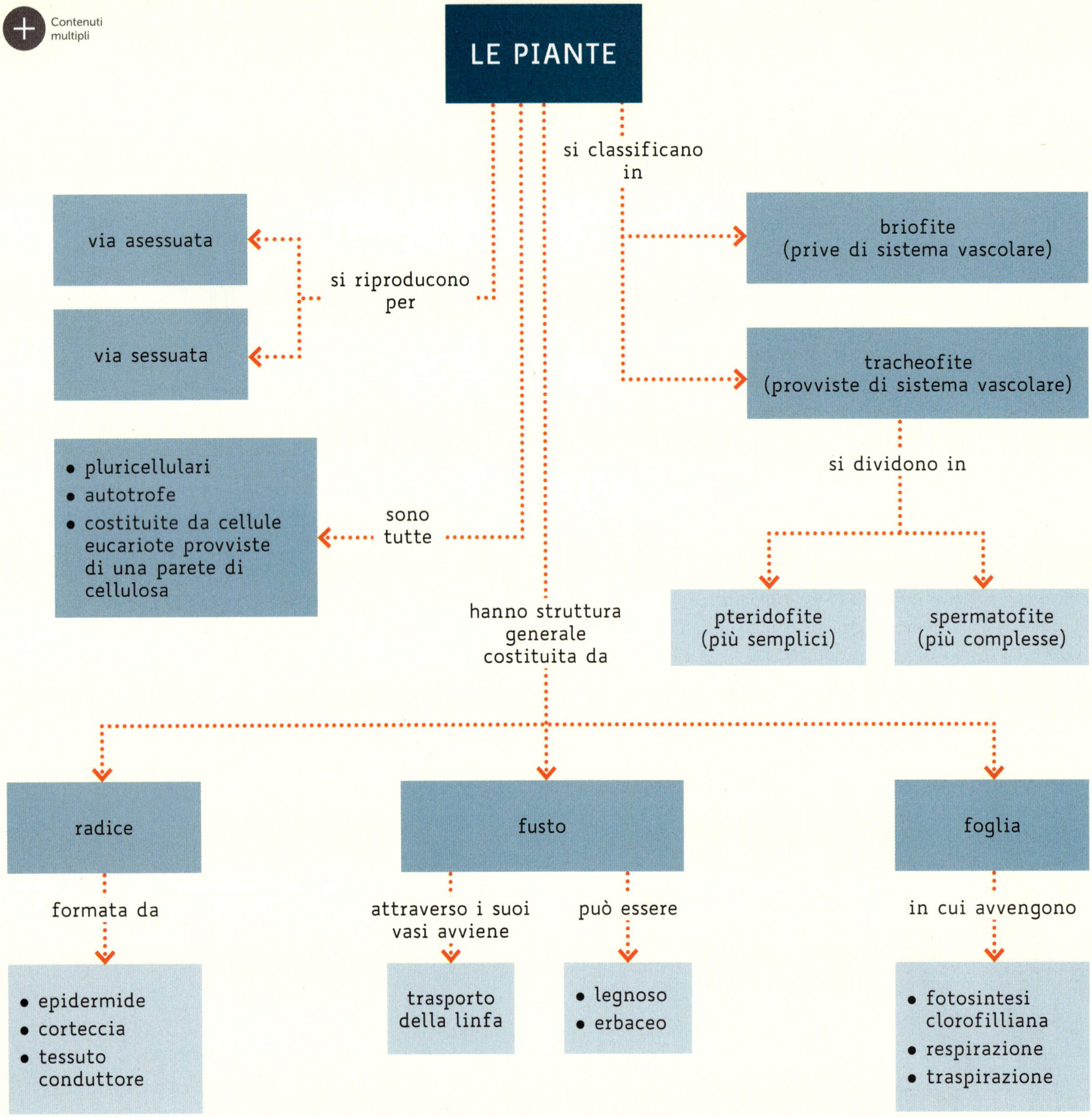

verifica

Verifica interattiva

CONOSCO

1 Completa le seguenti frasi scegliendo tra i termini elencati.

legnosi • *zona di accrescimento* • *grezza* • *capillarità* • *cellulosa* • *assorbe* • *regioni* • *sessuata* • *autotrofi* • *tracheofite* • *trasportata* • *vive* • *sostiene* • *ancorata* • *epidermide* • *parete cellulare* • *cribrosi* • *apparato radicale* • *traspirazione* • *midollo* • *fotosintesi clorofilliana* • *negativa* • *asessuata* • *trasportata* • *corteccia* • *elaborata* • *briofite*

a Al regno Piante appartengono organismi pluricellulari e ...., cioè in grado di prodursi da soli il nutrimento (glucosio) liberando ossigeno nell'aria; le cellule vegetali sono dotate di .... formata da ....

b Le piante si classificano in due grandi gruppi: le ...., prive di un sistema vascolare, e le ...., provviste di sistema vascolare

c Le modalità di riproduzione sono: ...., utilizzata principalmente dalle piante più primitive; ...., che prevede la produzione e l'incontro dei due gameti

d Le piante possiedono una parte che in genere si sviluppa sotto terra: l'... Grazie a esso la pianta .... dal terreno acqua e sali minerali e rimane .... al suolo

e Nella radice si possono distinguere tre parti: l'apice radicale, la .... e la zona di assorbimento. All'interno della radice i vasi legnosi trasportano la linfa ...., i vasi cribrosi la linfa ....

f Il fusto .... la parte aerea di una pianta e collega le varie parti assicurando il .... di linfa grezza e linfa elaborata

g Il fusto è costituito dal ...., dove vengono immagazzinate le sostanze di riserva, dal cilindro centrale dove sono presenti i vasi .... e ...., dalla .... che funge da protezione ed è rivestito dall'............................

h All'interno della foglia si volgono le funzioni più importanti della pianta: la ...., la respirazione e la ....

i La linfa grezza viene assorbita dalle radici e .... in tutta la pianta attraverso i vasi legnosi grazie al fenomeno della .... e alla traspirazione che crea una pressione ....

l La linfa elaborata viene invece distribuita a tutte le .... della pianta attraverso i vasi cribrosi del libro, formati da cellule ....

2 INVALSI **Segna con una crocetta il completamento esatto.**

a Le cellule vegetali:
- ☐ non possiedono parete cellulare
- ☐ possiedono una parete di tipo batterico
- ☐ possiedono una parete cellulare di cellulosa
- ☐ possiedono una parete cellulare di amido

b Gli organismi vegetali sono autotrofi perché:
- ☐ producono solo ossigeno
- ☐ producono da sé il nutrimento
- ☐ producono anidride carbonica
- ☐ non possiedono il nucleo

c Le briofite:
- ☐ sono piante provviste di sistema vascolare
- ☐ sono piante prive di sistema vascolare
- ☐ sono piante che vivono in ambienti aridi
- ☐ sono piante primitive unicellulari

d L'apice radicale di una radice:
- ☐ è protetto da uno strato di cellule detto cuffia
- ☐ è la parte coperta dai peli radicali
- ☐ è la parte in cui la radice cresce in lunghezza
- ☐ è una zona dove avviene la fotosintesi

e Una radice:
- ☐ è composta solo da tessuto conduttore
- ☐ è composta da tessuto conduttore e corteccia
- ☐ è composta da epidermide, corteccia, e tessuto conduttore
- ☐ è composta da corteccia

f Il cambio è il tessuto del fusto che:
- ☐ immagazzina sostanze di riserva
- ☐ trasporta la linfa grezza
- ☐ protegge dai parassiti
- ☐ produce nuovi vasi legnosi e cribrosi

g La foglia è composta da:
- ☐ uno strato di cellule
- ☐ cuticola ed epidermide
- ☐ cuticola, epidermide, tessuto a palizzata e spugnoso
- ☐ solo da cellule che effettuano la fotosintesi

verifica

h Le cellule vegetali:
- [ ] non utilizzano mai ossigeno
- [ ] non producono anidride carbonica
- [ ] consumano ossigeno durante la respirazione
- [ ] consumano anidride carbonica durante la traspirazione

i La clorofilla:
- [ ] è il pigmento fondamentale per la fotosintesi
- [ ] si trova nei cloroplasti
- [ ] conferisce il colore verde alle foglie
- [ ] tutte le risposte sono corrette

l La linfa elaborata viene:
- [ ] prodotta dalle foglie e trasportata dai vasi cribrosi
- [ ] prodotta dalle radici e trasportata dai vasi cribrosi
- [ ] prodotta dalle radici e trasportata dai vasi legnosi
- [ ] prodotta dalle foglie e trasportata dai vasi legnosi

3 Collega ciascun termine con il significato corretto.

Osmosi ....
Tropismo ....
Riproduzione vegetativa ....
Stomi ....
Fusto erbaceo ....
Traspirazione ....

a microscopiche aperture delle foglie
b perdita di acqua regolata dagli stomi
c fenomeno di diffusione dell'acqua attraverso una membrana semipermeabile
d riproduzione senza la formazione di gameti
e fusto che non presenta accrescimento secondario
f movimento della pianta in risposta a uno stimolo

4 Sottolinea il termine corretto tra i due proposti in corsivo.

a La zona di assorbimento della radice è ricoperta di *peli radicali/corteccia*
b Le briofite sono le piante più *semplici/evolute* ancora legate all'ambiente umido e acquatico
c Il legno o xilema, è costituito da vasi legnosi che trasportano la linfa *elaborata/grezza*
d La *forza di gravità/pressione* influenza la crescita di una pianta
e Gli stomi si trovano nella pagina *inferiore/superiore* della foglia
f I vasi legnosi sono formati da cellule *vive/morte*
g La traspirazione fogliare crea una pressione *negativa/positiva*

5 Trova l'intruso.

a Peli radicali/osmosi/linfa grezza/cloroplasti
b Briofite/pteridofite/diatomee/tracheofite
c Foglia/micelio/fusto/radice
d Cambio/bulbo/rizoma/tubero
e Glucosio/picciolo/lamina/margine
f Anidride carbonica/acqua/sole/azoto
g Luce solare/vasi legnosi/lignina/linfa grezza

APPLICO

6 Osserva l'immagine al microscopio della sezione trasversale di una radice e completala inserendo i nomi della strutture che riconosci.

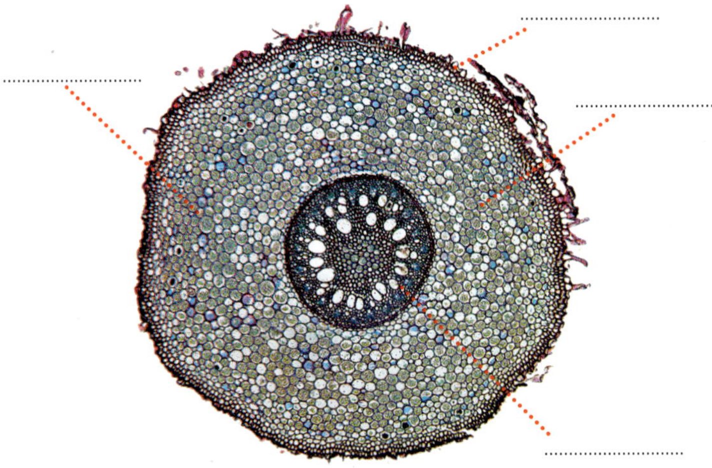

7 Osserva l'immagine sotto e indica:

a con una freccia gialla la direzione dei raggi solari
b con una freccia rossa la direzione dell'ossigeno prodotto durante la fotosintesi
c con una freccia blu la direzione dell'anidride carbonica e dell'acqua utilizzate durante la fotosintesi
d con una freccia verde il percorso della linfa grezza
e con una freccia arancione il percorso della linfa elaborata.

8 **Osserva l'immagine: a che cosa puoi ascrivere il fenomeno che vedi?**

COMPETENZE

1. Leggi il testo e rispondi.

Alcuni ricercatori svizzeri hanno descritto come le formiche del legno europee raccolgano la resina delle piante per disinfettare i propri nidi. Si tratta della primo caso noto di un insetto che raccoglie piante per scopo medicinale. La scoperta è stata descritta sulla rivista *Ecology Letters*.
Le formiche della specie *Formica parlugubris* raccolgono grani di resina secca dalle conifere che circondano i loro formicai, come ha descritto Michel Chapuisat, dell'Università di Losanna.
Un grande formicaio può contenere fino a 20 kilogrammi di resina. La resina delle conifere contiene antibiotici naturali, che proteggono gli alberi dalle infezioni. Il gruppo di Chapuisat ha creato nidi con e senza la resina. Quelli che ne sono privi contengono fino a tre volte più funghi e una quantità decisamente superiore di batteri. Si tratta del primo caso di un insetto che utilizza le piante per proteggere un'intera società.
È noto comunque che anche le api raccolgono la resina, anche se si pensava che venisse usata solamente per riparare gli alveari. Ora si dovrà investigare meglio il fenomeno. Molti animali, comunque, assumono erbe medicinali. Gli scimpanzé, per esempio, ma anche alcuni uccelli aggiungono erbe ai loro nidi per tenere lontani i parassiti. Ora i ricercatori pensano di studiare se la resina influisce sulla mortalità delle formiche.

[adattato da *www.lescienze.it*]

a Quale potrebbe essere il titolo dell'articolo?

b Sottolinea i termini scientifici presenti nell'articolo.

c Che cos'è e come si forma la resina in una pianta? Fai una piccola ricerca per trovare le informazioni necessarie.

d Anche l'uomo utilizza da tempi immemorabili le piante a scopo medicinale. Sapresti fare qualche esempio?

2. Calcola e ragiona.

Una persona che svolga una normale attività fisica necessita mediamente di circa 45 ml di ossigeno al minuto per kg di peso.

a Quanti litri di ossigeno al minuto serviranno a un ragazzo di circa 50 kg?

b Un albero di media grandezza produce circa 40 litri di ossigeno al giorno mediante il processo della fotosintesi. Quanti alberi sono necessari per la sopravvivenza giornaliera del ragazzo?

3. Ricerca e comunica.

Con uno o più compagni della tua classe, individuate un parco situato nelle vicinanze della vostra scuola e facilmente accessibile. Raccogliete almeno 2-3 foglie di specie diverse di piante presenti nel parco. Con il vostro cellulare o con una macchina fotografica, scattate una fotografia dell'albero dal quale le avete prese e del cartellino che riporta il nome scientifico, se presente. Quanti tipi di foglie avete raccolto? Sono tutte simili? Provate a classificarle in base alle caratteristiche più importanti che avete imparato in questa unità. Con l'aiuto di un testo specialistico, di Internet e delle vostre fotografie, provate poi a individuare i nomi delle piante a cui appartengono le foglie raccolte.
Preparate un cartellone contenente il materiale raccolto ed esponete alla classe i risultati del vostro lavoro sul campo.

In English Verifica interattiva

4. Look at the picture from a Herbarium and label the parts of the plant with the correct words below.

leaf • flower • trunk • root • stem

CLIL: let's learn English

Leaves, stems, and roots

Audio

Objectives

- Recognise leaves, stems, and roots, and know their functions.

Remember

- Leaves absorb sunlight and make food.
- Stems transport water and food and support the leaves and flowers.
- Roots hold plants in place and absorb water and minerals from the soil.
- Flowers produce seeds for reproduction.

Exercises

1. Roots spread out underground like the branches of a tree. Why does this happen?
2. Most leaves are broad and thin. Why is this helpful?
3. Stems have tubes running through them. What do the tubes do?

Flowering plants

Flowering plants come in all shapes and sizes. Plants like these help to give our planet its colour. From space you can see where most of the plants on Earth grow. The patches coloured dark green are rainforests.
Rainforests are hot, sunny, and wet – a perfect place for trees to grow. Grasses grow well in the areas coloured yellow, which are drier.
It doesn't rain much in the areas coloured orange – only desert plants, such as cacti, can grow there.

Organs

Most flowering plants have **leaves**, **stems** and **roots**. These **organs** work together to keep the plant alive. Flowering plants grow extra organs in **flowers** when they are ready to **reproduce**.

- Leaves absorb energy from sunlight and make the plant's food.
- The stem transports water and food, and supports the leaves and flowers.
- Roots hold the plant in place and absorb water and minerals from the soil.
- Flowers produce seeds so the plant can reproduce.

Lost organs

Some plants are parasites. This means that they don't make their own food like most plants do. Their roots steal food and water from other plants. They don't need leaves or green stems – they just send up a flower when they need to reproducc. Japanese dodder survives with just a stem. It sends suckers into trees to steal food and water. It can make flowers, but can also reproduce without them.
When a bit of stem breaks off, it grows into a whole new plant.

1 Japanese dodder (*Cuscuta japonica*) is a parasitic plant. Parasitic plants don't need leaves because they take food and water from other plants.

La classificazione delle piante

Digi Scienze

Contenuto integrativo

Preparati per la lezione:
- guarda la presentazione multimediale
- compila la scheda

Nelle prossime pagine troverai altri contenuti digitali

Allegato scaricabile

Contenuto integrativo

Audio

Verifica interattiva

Le piante che possiamo trovare in una serra o da un fioraio rappresentano solo una piccolissima parte di quelle che esistono in natura. Su tutta la Terra sono state individuate centinaia di migliaia di specie diverse, un numero enorme, ma moltissime non sono ancora state classificate.

1 Le specie vegetali

Audio

Il regno Piante comprende organismi eucarioti, autotrofi e pluricellulari

Al regno Piante appartengono individui diversissimi tra loro per aspetto, dimensione e presenza o meno di strutture e organi.
In questa unità vedremo come i botanici tassonomisti hanno suddiviso il mondo vegetale.

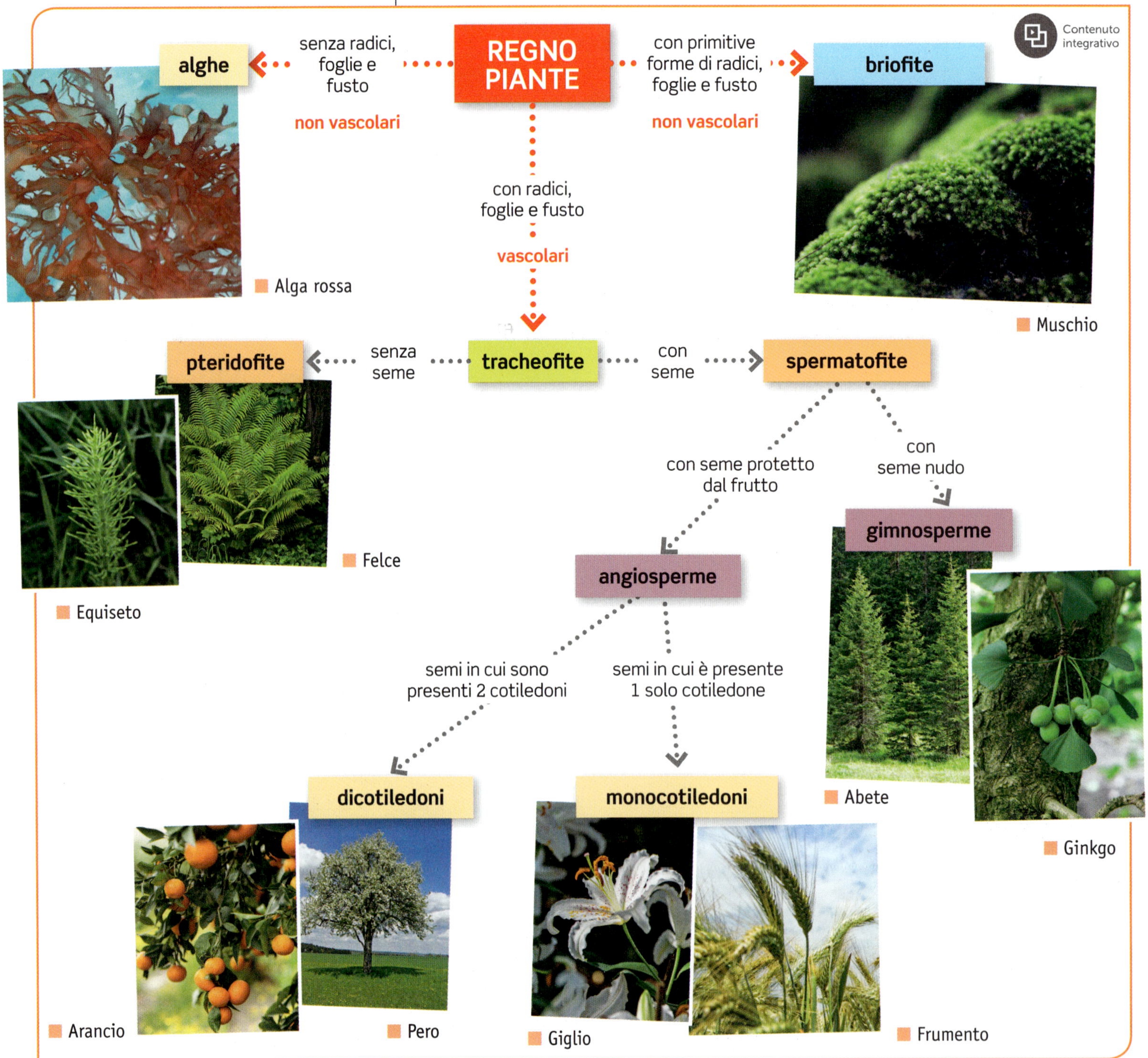

2 Le alghe

Audio

Le alghe sono gli organismi vegetali più semplici

Nel gruppo chiamato comunemente **alghe** rientrano organismi sia unicellulari sia pluricellulari. Quelle unicellulari appartengono al regno Protisti e sono microscopiche: si riuniscono in ammassi fluttuanti, il *fitoplancton*, che costituisce un anello fondamentale della catena alimentare negli ambienti acquatici.

Le alghe **pluricellulari**, invece, fanno parte del regno Piante: possono avere forma, dimensione e colore variabile, ma sono tutte esclusivamente **acquatiche**.

Sono **organismi vegetali semplici**, perché mancano di specializzazione cellulare, cioè tutte le cellule che le compongono sono identiche. La conseguenza è che il loro corpo, chiamato *tallo*, non ha strutture specializzate come radici, fusto, foglie e vasi conduttori.
L'assenza di un sostegno per le alghe non è un problema, poiché esso viene fornito dall'acqua stessa e dalla presenza di vescicole piene d'aria che permettono loro di galleggiare.
La funzione di ancoraggio propria delle radici è svolta da un filamento (*rizoide*), che ancora la pianta alla roccia o al fondale ■1.

■1

Le alghe vivono in tutti gli ambienti acquatici, dai mari agli stagni, ma anche all'interno di altri esseri viventi. A volte il legame con l'organismo ospite è così stretto da costituire una simbiosi: è ciò che accade per esempio nei **licheni** ■2.
Il ciclo riproduttivo delle alghe alterna una **fase sessuata** a una **asessuata**. Nella fase sessuata l'alga produce gameti femminili e maschili che, unendosi, generano un nuovo individuo; esso produrrà spore che, in condizioni favorevoli, si svilupperanno e daranno origine asessualmente a un nuovo organismo.

Parole di scienze

alga: dal greco *als* = sale + *ghìghnomai* = generare, nascere ovvero "generate dal sale".

Non sbagliare anche tu...

Non confondere le alghe vere e proprie con le *alghe azzurre* o cianoficee che, come abbiamo già detto, sono chiamate "alghe" impropriamente, dal momento che sono procarioti, e non eucarioti!

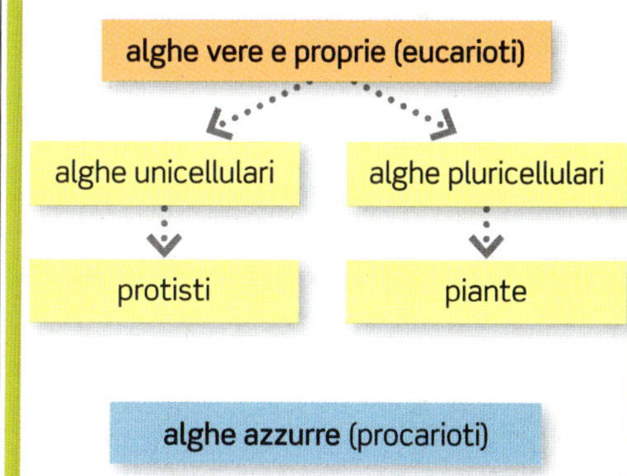

Ricorda

I licheni sono una simbiosi tra un organismo fotosintetico (un'alga o una cianoficea) e un fungo. Quest'ultimo fornisce acqua e sali minerali all'alga, mentre l'alga procura al fungo le molecole organiche di cui ha bisogno ■2.

CLIL for SCIENCE Audio

alga: ***algae***

True or False?

1. Algae are photosynthetic organisms T F
2. All algae are multicellular T F
3. The major groups of algae are green algae, red algae and brown algae T F

briofite: ***bryophyte***
muschio: ***moss***

Complete the sentences by choosing the correct word.

1. Mosses are small plants that typically grow in humid or *sunny/shady* locations.
2. Mosses are *non-vascular/vascular* plants in the land plant division Bryophyte.

Con metodo

Comprendo il testo

1. Scegli il completamento corretto.
   - **a** Le cellule delle alghe:
     - ☐ sono tutte uguali
     - ☐ sono specializzate in tessuti
   - **b** Le alghe sono organismi:
     - ☐ diffusi in tutti gli ambienti
     - ☐ acquatici
   - **c** Il corpo delle alghe si chiama:
     - ☐ rizoide ☐ tallo
   - **d** Il lichene è un organismo:
     - ☐ parassita ☐ simbionte

Nell'acqua le alghe trovano l'anidride carbonica necessaria alla **fotosintesi**, che svolgono grazie a vari **pigmenti**. In base ai pigmenti che possiedono, non solo assumono una colorazione diversa, ma riescono anche a vivere dove la luce solare giunge in modo molto attenuato: i vari pigmenti, infatti, assorbono la luce a profondità diverse in base al colore.
Possiamo distinguere tre gruppi di alghe:

- le **alghe rosse** (o ***Rodòfite***): caratterizzate da un pigmento rosso chiamato *ficoeritrina*; vivono nelle acque calde, sia in ambiente marino sia in acqua dolce, anche a profondità notevoli (200 m), poiché i pigmenti di cui sono provviste sono capaci di sfruttare la poca luce che vi arriva. Il loro ciclo vitale è complesso: in generale si riproducono liberando spore in acqua.

- le **alghe brune** (o ***Feòfite***): vivono generalmente nelle fredde e ben ossigenate acque oceaniche, fino a circa 100 m di profondità. I pigmenti con i quali fanno fotosintesi, oltre alla clorofilla, sono i caroteni e le xantofille, in particolare la *fucoxantina*, responsabile della loro colorazione. Hanno dimensioni molto grandi: la gigantesca *Macrocystis pyrifera* può arrivare addirittura a 45 m di lunghezza.

- le **alghe verdi** (o ***Cloròfite***): vivono in colonie in superficie, fino a circa 10 m di profondità. Gli scienziati le considerano, ormai all'unanimità, le antenate delle piante terrestri, poiché il loro pigmento principale è la *clorofilla*, e la sostanza che utilizzano come riserva energetica è l'amido. Molto diffusa nel Mediterraneo è la lattuga di mare (*Ulva lactuca*).

Le alghe. Una risorsa alimentare

Non è raro trovare, sulle nostre tavole, piatti a base di alghe; si tratta di un'abitudine ereditata dalla cultura orientale, che ormai non è più tanto esotica. Oltre a costituire un'alternativa ai cibi tradizionali della cultura culinaria occidentale, le alghe hanno proprietà che le rendono validi alleati contro disturbi come, per esempio, l'obesità, le infiammazioni e l'indebolimento di unghie e capelli.
Con alcune si preparano zuppe e insalate particolari; l'alga nori (alga rossa della specie *Porphyra*) è il rivestimento che avvolge i *maki*, ovvero i rotolini di riso tipici della tradizione giapponese; dall'alga kanten (un'altra alga rossa) viene estratto l'*agar agar*, una gelatina naturale utilizzata nella preparazione di budini.

Audio

Le briofite 3

Le briofite non hanno radici, fusto e tessuti vascolari e si riproducono in modo sessuato e asessuato

La conquista della terraferma da parte delle Piante è avvenuta con le briòfite: tuttavia esse sono ancora strettamente legate all'acqua, in primo luogo per la riproduzione, ma anche per la nutrizione. Infatti, non avendo né radici né un sistema di circolazione della linfa, assorbono le sostanze utili dal terreno per *capillarità*, un po' come accade in una spugna parzialmente immersa in un liquido. Non hanno neppure un fusto vero e proprio, dunque non possono crescere molto in altezza; tendono quindi a formare ammassi vegetali con sviluppo prevalentemente orizzontale. Nelle briòfite si distinguono però una parte che sporge dal terreno, il **fusticino**, con foglioline chiamate **filloidi**, e una parte sotterranea detta **rizoide**.

Nel ciclo vitale delle briofite si alternano **due generazioni**:

- una **sessuata**, in cui piantine maschili e femminili (i **gametòfiti**) producono i gameti. Le briofite possiedono strutture riproduttive particolari: l'*anteridio*, che contiene i gameti maschili (spermi) e l'*archegonio*, che contiene i gameti femminili (cellule uovo);
- una **asessuata,** in cui nello **sporòfito** vengono prodotte **spore**.

Le briofite vengono suddivise in:

- **muschi** ■1: sono il gruppo più diffuso. Hanno fusticino e foglioline e vivono preferibilmente sui tronchi degli alberi e sulle rocce in zone umide, fresche e ombreggiate. Formano veri e propri "tappeti" verdi che ricoprono le superfici;
- **epatiche** ■2: vivono nel sottobosco occupando le aree umide; hanno foglioline di forma allargata (il loro nome deriva dal greco *hépar*, "fegato", perché le foglie ne ricordano la forma);
- **antocerote** ■3: hanno la particolarità di produrre sostanze appiccicose, dette *mucillagini*, che permettono alla pianta di trattenere l'acqua ed evitare il disseccamento nei periodi di siccità.

■1

■2

■3

Il ciclo vitale del muschio

Lo **sporofito** del muschio è costituito da una struttura a capsula, detta *urna*, sorretta da un filamento sottile, detto *seta*. Nell'urna vengono prodotte le spore. Quando le spore sono mature, l'urna si apre e le fa cadere sul terreno. In condizioni di umidità, le spore germinano e danno origine al **gametofito** maschile o a quello femminile. Quando il gamete maschile, trasportato dall'acqua o dalla pioggia, raggiunge la cellula uovo, si ha la fecondazione, da cui nascerà un nuovo sporofito. Il ciclo così ricomincia.

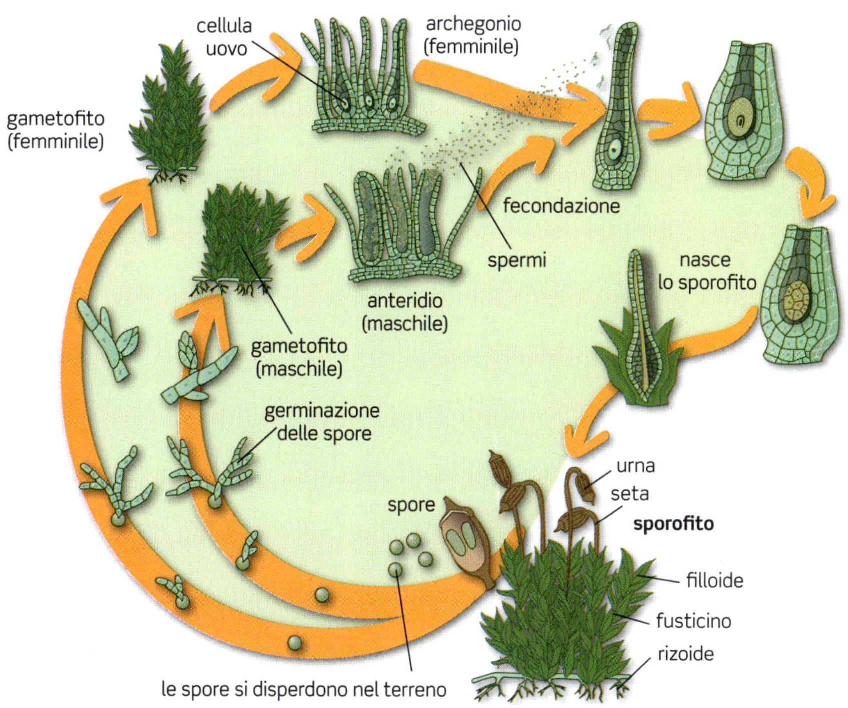

4 Le pteridofite

Audio

Le pteridofite hanno un sistema vascolare e si riproducono in modo asessuato e sessuato

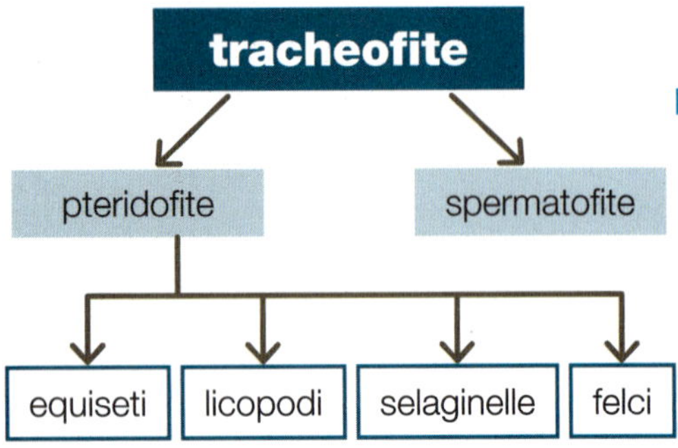

Con le pteridòfite entriamo nel mondo delle **tracheòfite**, le piante che hanno una struttura radici-fusto-foglie ormai ben definita e un sistema di vasi conduttori (o *trachee*), dove circolano l'acqua e i sali minerali assorbiti dal terreno e le sostanze nutritive prodotte nelle foglie con la fotosintesi. A differenza delle briofite, le pteridofite grazie al fusto possono crescere anche in altezza. Pur avendo sviluppato adattamenti che permettono loro di vivere lontano dall'acqua, questa è indispensabile per la loro riproduzione, che avviene ancora **alternativamente in modo asessuato**, attraverso spore, e **sessuato**, tramite gameti. A differenza delle spermatofite (l'altro gruppo che appartiene alle tracheofite), queste piante non hanno una struttura che protegga l'embrione.

Tra le pteridofite, i gruppi più conosciuti sono:

- gli **equiseti** 1, piante erbacee perenni, con altezza compresa tra i 20 e i 150 cm. Le specie tropicali possono essere alte fino a 8 m, ma hanno fusto debole e si appoggiano ad altre piante per sostenersi. Le spore sono contenute in stròbili, strutture simili alle pigne, posti all'apice delle ramificazioni;
- i **licopodi** 2, piante perenni, sempreverdi, a portamento strisciante. Le foglioline sono disposte a spirale. Gli sporangi sono riuniti in strobili;
- le **selaginelle** 3, piante con portamento strisciante che si sviluppano ramificandosi sul terreno o sulle rocce in zone ombrose e umide. Possono sopportare brevi periodi di aridità, disseccandosi parzialmente;
- le **felci** 4, le rappresentanti più note del gruppo. Hanno, di solito, un fusto sotterraneo (*rizoma*); esistono, però, specie tropicali con fusto esterno anche molto alto, tanto da farle assomigliare a palme (*felci arboree*). Il loro archegonio (la struttura riproduttiva femminile) è simile a quello dei muschi. Ciascun archegonio contiene una cellula uovo o *oosfera*; mentre la piantina del muschio è un gametofito, la pianta di felce è uno sporofito.

CLIL for SCIENCE Audio

pteridofite: ***pteridophyte***
felce: ***fern***
sporangio: ***sporangium***

Look at the picture: it's a fern leaf.
Underside of the leaf there is an organ containing spores; its name is ....

1 Equiseto.

2 Licopodio.

3 Selaginella.

4 Felce.

Il ciclo vitale della felce

Nelle felci, le spore sono contenute negli **sporangi** 5, raggruppati in strutture tondeggianti, i **sori** 6, situati di solito nella pagina inferiore delle foglie della pianta adulta, detta sporofito.

Come per le briofite, nel ciclo vitale delle felci si alternano **due generazioni:** lo sporofito disperde le spore dagli sporangi. Le spore, cadute sul terreno, germinano e producono il gametofito (**protallo** 7), un piccolo organo sul quale si sviluppano gli organi sessuali dei due generi femminile e maschile (anteridi e archegoni).
I gameti maschili, trasportati dall'acqua corrente o dalla pioggia, raggiungono quelli femminili fecondandoli: si originano così embrioni che, dividendosi per mitosi, daranno vita a nuove piante.

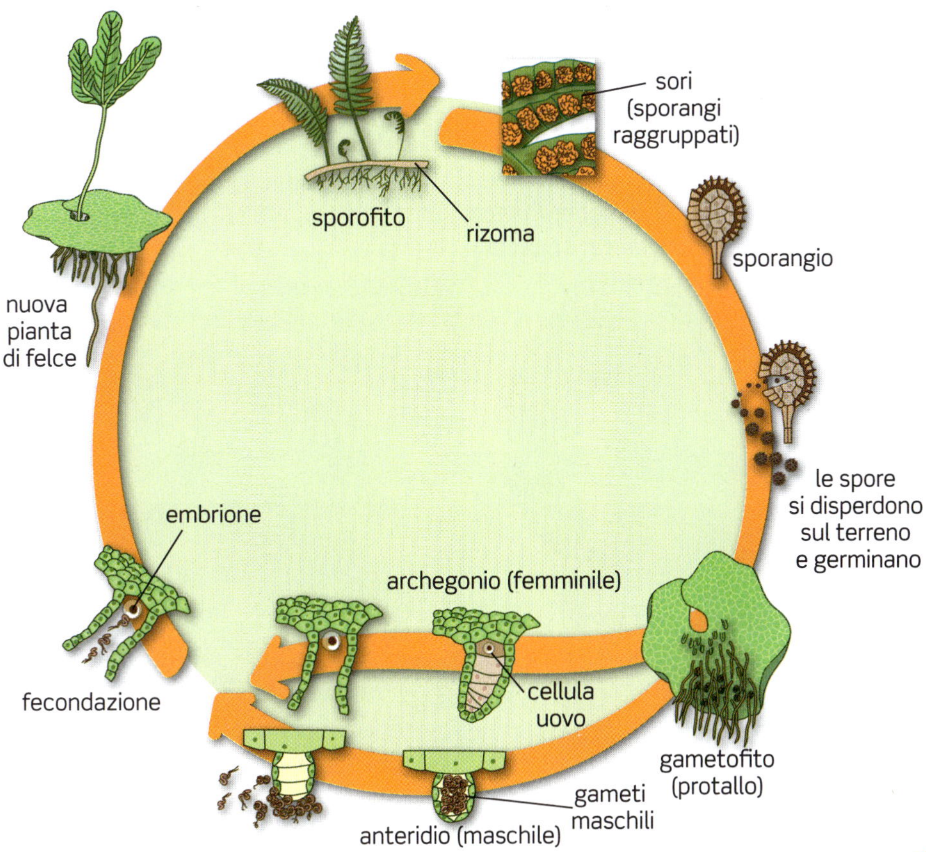

Con metodo

Analizzo il testo (par. 3-4)

1. Sottolinea nel testo le caratteristiche principali delle briofite.
2. Perché le pteridofite sono tracheofite? Trova la risposta nel testo.
3. Completa.
   Le pteridofite hanno sviluppato .... che permettono loro di vivere lontano dall'......................, ma questo elemento è indispensabile per la .... che avviene per via sessuata e .... in modo alternato.

Comprendo il testo (par. 3-4)

4. Le briofite assumono acqua e sali minerali dal terreno:
   - ☐ per capillarità
   - ☐ attraverso le radici
5. Per riprodursi un muschio necessita:
   - ☐ di acqua
   - ☐ di aria
6. Le spore delle felci sono presenti:
   - ☐ nella pagina superiore della foglia
   - ☐ nella pagina inferiore della foglia
7. I principali rappresentanti delle pteridofite sono:
   - ☐ licopodi, equiseti e felci
   - ☐ licopodi, muschi ed epatiche

Schematizzo (par. 3-4)

8. Disegna sul quaderno due schemi che illustrino le principali strutture rispettivamente di una briofita e di una pteridofita.
   Fai un elenco delle caratteristiche comuni e delle differenze tra questi due gruppi di piante.

Collaboro

9. Formate dei **gruppi di tre** e preparate un elenco di luoghi dove potete trovare muschi, equiseti e felci nel territorio in cui vivete. Confrontate le vostre idee con quelle degli altri gruppi e realizzate una mappa collettiva del vostro ambiente.
   Se ne avete la possibilità, organizzate delle uscite e raccogliete dei campioni da osservare in classe.

5 Le gimnosperme

Audio

Le gimnosperme sono spermatofite che producono semi nudi, cioè non contenuti in un ovario

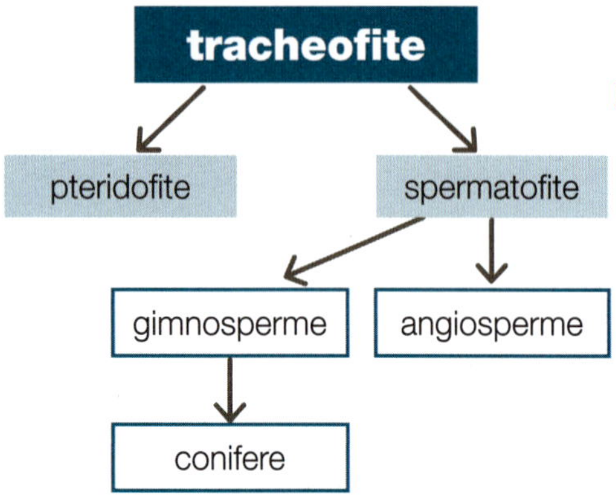

Parole di scienze

gimnosperme: dal greco *gymnòs* = nudo + *spérma* = seme.

Le piante che hai studiato finora si riproducono prevalentemente attraverso spore. Solo con la comparsa delle **spermatofite** si diffonde nel mondo vegetale una nuova, vincente strategia: la riproduzione attraverso il **seme**, una struttura che contiene e protegge l'embrione fino a che non si verificano le condizioni ambientali ideali per la crescita della nuova piantina. Inoltre, il seme nutre l'embrione nel primo periodo, fino a che non si sviluppano le radici e le foglie non sono esposte alla luce solare. Questa caratteristica fa sì che le spermatofite non dipendano dalla presenza dell'acqua come mezzo per attuare la riproduzione.

Le spermatofite comprendono due grandi gruppi: le **gimnosperme**, che possiedono un **seme "nudo"**, cioè non protetto, e le **angiosperme**, nelle quali si sono sviluppati, come vedremo, due organi specifici, uno per la riproduzione (il *fiore*) e uno per la protezione del seme (il *frutto*). Alcune specie di gimnosperme, come il tasso o il ginepro, a protezione del seme generano una struttura con "polpa" carnosa, la *pseudobacca*, che non è, però, un frutto vero e proprio.

I semi delle gimnosperme sono disposti sulla superficie di squame raggruppate a formare un organo chiamato **cono** o **pigna**, che è tipico del gruppo delle conifere. Il cono può essere *eretto* se cresce a partire dal ramo verso l'alto, oppure *pendente* se cresce verso il basso.

Contenuto integrativo

Le conifere

Tra le gimnosperme, la classe più nota e diffusa è quella delle conifere, piante arboree che possono raggiungere anche grandi altezze (oltre 60 m), con coni e foglie aghiformi. Sono suddivise in varie famiglie: *Pinacee*: pino, abete, larice, cedro; *Cupressacee*: cipresso, ginepro, thuja; *Araucariacee*: araucaria; *Tassacee*: tasso; *Taxodiacee*: sequoia.

1 *Pinus pinaster* (pino marittimo): pigna cilindrica pendente.

2 *Picea abies* (abete rosso): pigna lunga pendente.

3 *Larix decidua* (larice comune): pigna rotonda eretta.

I coni si differenziano in *maschili* e *femminili*: i primi contengono i granuli di **polline** (le *microspore*) che vengono trasportati dal vento (*impollinazione anemofila*) e raggiungono i coni femminili; questi contengono gli **ovuli** (le *macrospore*), che catturano il polline grazie a una sostanza appiccicosa, la *resina*, e dopo la fecondazione si trasformano in semi ■4. I semi restano "nudi", senza protezione, appoggiati alle squame.

Quando i semi sono maturi, il cono si apre e le squame si allontanano: i semi si disperdono cadendo al suolo o, di nuovo, trasportati dal vento: se troveranno un ambiente accogliente adatto alla crescita, germineranno dando origine a una nuova piantina.

■5 I semi contenuti nelle pigne si chiamano pinoli. Sono ricoperti da un involucro rigido che dà maggior protezione.

■4 Disposizione dei semi nel cono.

Il ciclo vitale di una gimnosperma

L'incontro tra il polline prodotto dai coni maschili con l'ovulo contenuto nei coni femminili dà origine per fecondazione a un embrione, provvisto di un proprio nutrimento e rivestimento. Per la sua protezione il cono si ispessisce e diventa legnoso: si trasforma, così, in una pigna, formata da squamette contenenti i semi.

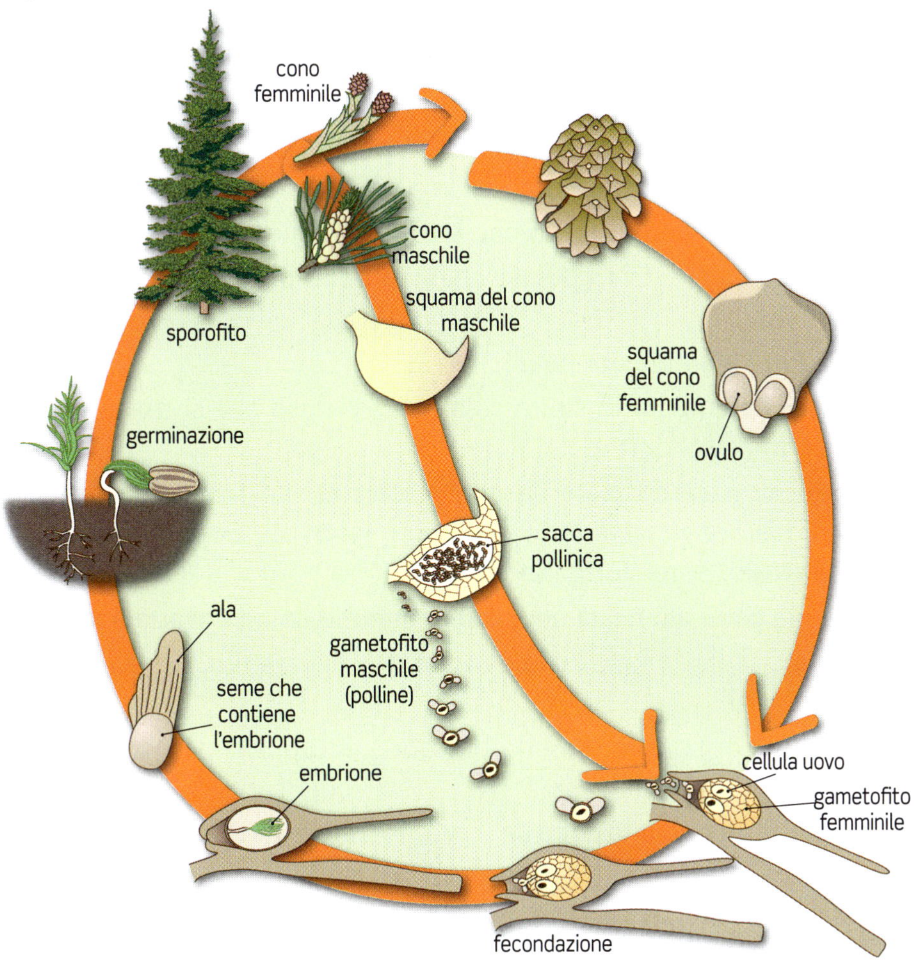

Con metodo

Analizzo il testo

1. Cerchia nel testo il nome della struttura che caratterizza le spermatofite.
2. A quali termini corrispondono le seguenti definizioni? Sottolinealo nel testo.
   - **a** Piante che possiedono un seme non protetto
   - **b** Piante che hanno sviluppato organi specifici per la riproduzione e la protezione del seme

Comprendo il testo

3. Rispondi.
   - **a** Per quale motivo le spermatofite non dipendono dall'acqua per la loro riproduzione?
   - **b** Qual è l'organo caratteristico delle conifere? Che cosa contiene quello maschile? E quello femminile?
4. Abbina ogni termine alla sua definizione.
   - Polline ....
   - Pigna ....
   - Ovuli ....
   - Pinoli ....
   - **a** organo legnoso che contiene i semi
   - **b** gamete maschile
   - **c** semi contenuti nella pigna
   - **d** gameti femminili

Collaboro

6. Lavorate a **coppie** e raccogliete in un parco vicino casa o nel vostro giardino coni maschili e coni femminili. Analizzateli attentamente. Quali parti individuate? Preparate un piccolo poster su cui incollerete il materiale raccolto, accompagnato da brevi testi di spiegazione.

6 Le angiosperme

Audio

Le angiosperme sono le spermatofite che producono un seme protetto da un ovario

Parole di scienze

angiosperme: dal greco *anghéion* = vaso, ricettacolo + *spérma* = seme.

Oggi si conoscono circa 300 000 specie di **angiosperme** (o *magnoliòfite*), tra piante erbacee, arboree, arbustive, rampicanti e acquatiche.
Le angiosperme sono diffuse in quasi tutto il nostro pianeta e hanno dimensioni estremamente variabili: da millimetriche, come nel caso di alcune piante acquatiche, a gigantesche, come i baobab.
Queste piante sono caratterizzate da un apparato riproduttivo molto particolare: il **fiore**, un organo sessuale che produce due tipi di gameti, quelli maschili (**granuli pollinici**), che formano il *polline*, e quelli femminili, (**ovuli**).
In seguito alla fecondazione, una parte del fiore, l'ovario, dà origine al **frutto**. Il frutto **racchiude e protegge i semi**, oltre a facilitarne la diffusione. È proprio questa la caratteristica principale delle angiosperme.
Osserviamo più da vicino queste due parti importantissime della pianta.

Non sbagliare anche tu...

Ci sono piante che presentano fiori un po' particolari: le margherite, i girasoli e la camomilla (appartenenti alla famiglia delle **composite**) hanno per esempio fiori piccolissimi e raggruppati in un capolino che assomiglia a un unico grande fiore: in realtà è un'**infiorescenza**, cioè un insieme di fiori inseriti sullo stesso peduncolo. Rispetto al fiore semplice, l'infiorescenza presenta degli indubbi vantaggi: infatti, oltre a essere molto appariscente (e quindi ben visibile dagli insetti), ha anche una maggiore probabilità di essere fecondata, grazie all'apertura in tempi diversi dei fiorellini che le compongono.

1

Il fiore

Le parti che compongono il fiore sono 1:

- il **peduncolo**: il gambo del fiore. Quando è presente si dice che il fiore è *peduncolato*; se manca, si dice che il fiore è *sessile*;
- il **ricettacolo**: la parte sovrastante il peduncolo. Funge da base del fiore dove sono inserite tutte le sue parti;
- il **calice**: l'involucro esterno che racchiude il fiore;
- il **sepalo**: l'elemento fogliaceo che compone la parte più esterna del calice del fiore;
- la **corolla**: l'insieme dai petali;
- il **petalo**: l'elemento di solito colorato e vistoso che si trova alla base degli organi riproduttivi del fiore, sopra i sepali;
- l'**ovario**: la parte formata da una piccola cavità (**carpello**), o da più carpelli fusi, che racchiudono l'ovulo o gli ovuli. Dopo la fecondazione dell'ovulo, si trasforma in frutto;
- lo **stilo**: la parte allungata del pistillo, intermedia tra l'ovario e lo stigma;
- lo **stigma**: la parte terminale e ingrossata del pistillo, destinata a ricevere il polline;
- il **pistillo**: l'organo femminile del fiore, composto da ovario, stilo e stigma;
- lo **stame**: l'organo maschile del fiore, costituito dal filamento e dall'antera;
- il **filamento**: la parte dello stame che sostiene l'antera;
- l'**antera**: la parte superiore dello stame, contenente il polline.

Contenuto integrativo

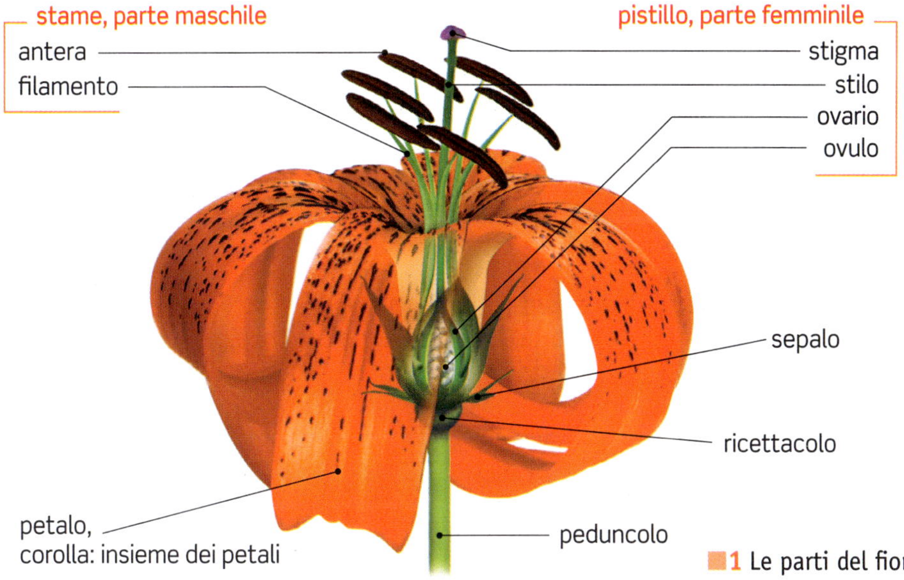

1 Le parti del fiore.

Il **fiore perfetto** ha in sé sia gli stami sia il pistillo 2; esiste però anche il **fiore imperfetto**, portatore solo di pistilli o solo di stami.
La parte più appariscente del fiore è la corolla, che ha il compito di attirare gli insetti su stami e pistilli: può avere diverse forme e diversi colori.

3 Stame di aconito: l'antera porta i granuli di polline.

2 Fiore perfetto: giglio.

Tipi di corolla

 papilionacea (fagiolo)	 rosacea (rosa canina)	 orciolata (uva ursina)	 crucifera (boronia)	 cariofillacea (garofano)
 campanulata (campanula)	 labiata (brunella)	 tubolosa (*Abelia floribunda*)	 imbutiforme (tabacco)	 ligulata (tarassaco)

Si chiama **fioritura** l'accrescimento del fiore fino a che questo non ha raggiunto la maturità: quando l'apparato riproduttore è maturo, il fiore si schiude per permettere la fecondazione.
La fioritura avviene in un'epoca dell'anno caratteristica per ogni pianta, in genere quella in cui le ore di luce e la temperatura sono ottimali.

Fiori che si mangiano

Molti di noi sono abituati a portare i fiori a tavola solo come decorazione, ma in realtà possono anch'essi finire... nel nostro piatto. I fiori di zucca ■4, per esempio, sono tra i più utilizzati in cucina, fritti, ripieni o all'interno di deliziose frittate. Anche le rose ■5 possono essere mangiate: con i loro petali vengono preparate marmellate e risotti. Per chi ama i sapori insoliti, poi, potrebbe essere interessante assaggiare i crisantemi ■6: vengono aggiunti per esempio nelle insalate, per sfruttare il loro retrogusto amarognolo.

■4

■5

■6

Il frutto

Dalla trasformazione dell'ovario del fiore dopo la fecondazione, si sviluppa il frutto, in cui si distinguono ■7:

- l'**epicarpo** (o *esocarpo*): lo strato più esterno del frutto; ha una funzione di protezione. Comunemente viene chiamato *buccia* o *scorza* e può avere diverso spessore a seconda del frutto considerato;
- il **mesocarpo:** la *polpa* del frutto, sotto l'esocarpo;
- l'**endocarpo:** la parte più interna dei frutti carnosi; dentro di esso si trova il seme; è legnoso e comunemente è chiamato nòcciolo;
- il **seme:** la parte più protetta del frutto, importantissimo perché è l'organo di propagazione delle piante spermatofite.

Contenuto integrativo

■7 Le parti del frutto.

I frutti con mesocarpo polposo vengono definiti **carnosi**. Vengono distinti in **drupa**, se contengono un unico seme e hanno endocarpo legnoso; **bacca**, se i semi non sono contenuti nel nòcciolo e se epicarpo, mesocarpo ed endocarpo sono carnosi; **esperidio**, se il mesocarpo è sottile come una pelle e l'endocarpo è formato da spicchi, che contengono i semi.

drupa	albicocca 	pesca 	ciliegia 
bacca	uva 	pomodoro 	peperone 
esperidio	pompelmo 	limone 	lime 

I frutti con mesocarpo duro o legnoso si definiscono **secchi**. Se si aprono quando sono maturi, lasciando uscire i semi, si chiamano **deiscenti** (baccello del pisello, del fagiolo, della soia). Se invece i semi restano chiusi nel guscio, i frutti si chiamano **indeiscenti** (nocciola, castagna, cariosside del grano).

frutti secchi deiscenti	pisello 	fagiolo 	soia 
frutti secchi indeiscenti	nocciola 	castagna 	cariosside del grano 

In alcune angiosperme dopo la fecondazione non è solo l'ovario a trasformarsi in frutto, ma anche parti esterne del fiore come il ricettacolo: i frutti di queste piante sono detti **falsi frutti** 8.

8a Mela: deriva dalla trasformazione del ricettacolo. Il picciolo e le foglioline secche all'altra estremità sono i resti del peduncolo e dei petali. Il frutto, che contiene i semi, in realtà è il torsolo.

8b Fragola: deriva dalla trasformazione del ricettacolo: i veri frutti sono i granellini che si trovano all'esterno.

Con metodo

Analizzo il testo

1. Sottolinea nel testo la caratteristica peculiare delle angiosperme.
2. Qual è l'apparato riproduttivo delle angiosperme?
3. A che cosa serve il frutto?

Comprendo il testo

4. Il pistillo è:
   - ☐ l'organo femminile del fiore
   - ☐ l'organo maschile del fiore
5. Il polline è prodotto:
   - ☐ dal filamento
   - ☐ dall'antera
6. La polpa del frutto è detta:
   - ☐ endocarpo
   - ☐ mesocarpo
7. I frutti deiscenti:
   - ☐ a maturità lasciano uscire i semi
   - ☐ a maturità non lasciano uscire i semi
8. Rispondi.
   - **a** Che cosa distingue un fiore perfetto da un fiore imperfetto?
   - **b** Da quale parte del fiore si origina il frutto?
   - **c** Che differenza c'è tra un frutto carnoso e un frutto secco?

Comprendo le parole

9. Abbina ogni definizione al termine corretto.
   - Polpa del frutto ....
   - Strato più esterno del frutto ....
   - Parte più interna del frutto ....

   a epicarpo
   b endocarpo
   c mesocarpo

Collaboro

10. Create un **numero pari di gruppi**, formati da 3-4 membri. Ogni gruppo scriva su dei foglietti le definizioni dei termini scientifici incontrati nello studio di questo paragrafo. Scambiate i foglietti con quelli del gruppo vicino e, leggendo le definizioni riportate, scrivete accanto a esse il termine che ritenete corretto.

7 Il ciclo vitale delle angiosperme

Audio

La riproduzione delle angiosperme si svolge in quattro fasi: impollinazione, fecondazione, disseminazione e germinazione

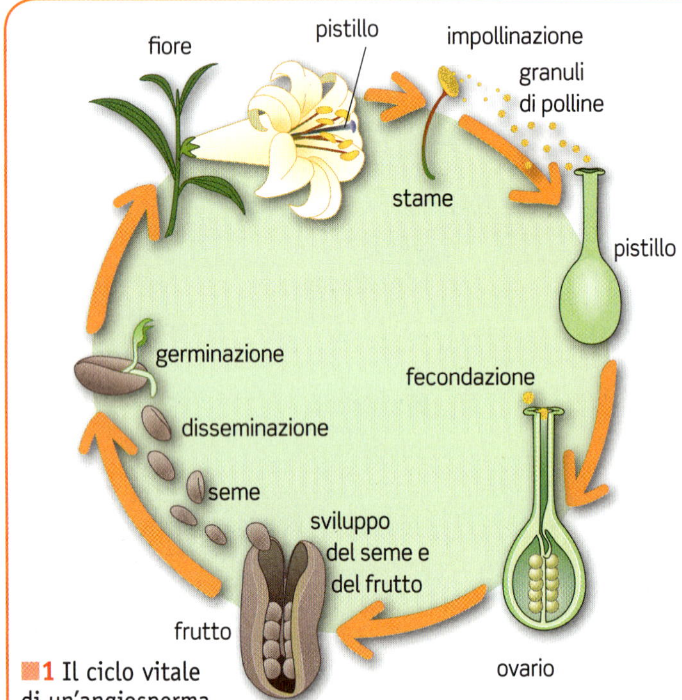

1 Il ciclo vitale di un'angiosperma.

Impollinazione e fecondazione

I **granuli pollinici** e gli **ovuli** sono il prodotto della meiosi che avviene in organi particolari, gli **stami** (maschili) e gli **ovari** (femminili); incontrandosi, danno luogo alla **fecondazione**. Di solito la fecondazione interessa cellule sessuali che provengono da piante diverse, raramente da una stessa pianta e, ancor più raramente, da uno stesso fiore.
Come fa il polline di una pianta a raggiungere lo stigma di un'altra e fecondare l'ovulo? Il processo che rende possibile il loro incontro è chiamato **impollinazione**.
L'impollinazione può avvenire in modi diversi, per questo si parla di:

- **impollinazione zoòfila** **2**, se gli impollinatori sono animali (insetti, uccelli, pipistrelli), che raggiungono i fiori perché attratti dal **nettare**, una sostanza zuccherina prodotta dalla pianta proprio a questo scopo. Nutrendosi del nettare, gli animali si sporcano con il polline che poi involontariamente trasportano su altri fiori;
- **impollinazione anemòfila** **3**, se il polline, prodotto in grandissima quantità dalla pianta, viene trasportato dal vento; parte di esso raggiungerà i pistilli di altri fiori, che in questo caso possono anche essere poco vistosi e privi di nettare;
- **impollinazione idròfila** **4**, se è affidata all'acqua; è tipica di alcune piante acquatiche (come la *Vallisneria*) i cui fiori maschili, giunti a maturazione, si staccano e vengono trasportati dalle correnti grazie alle quali potranno, forse, incontrare i fiori femminili.

2 Tra gli insetti impollinatori più noti troviamo le api.

3 Polline di tasso sollevato e trasportato dal vento.

4

Disseminazione

Con la fecondazione, come sappiamo, si origina lo zigote: questo, attraverso una serie di divisioni mitotiche successive, dà origine al **seme**, la struttura che contiene l'embrione. Una pianta può produrre da pochi semi fino a migliaia ma, se questi non trovano le condizioni ottimali per la **germinazione**, cioè il passaggio dalla fase embrionale a quella di accrescimento, non nasceranno nuovi individui. La diffusione del seme si chiama **disseminazione** o **dispersione**: può avvenire in modi diversi e può interessare i singoli semi, l'intero frutto, o entrambi. Le modalità di disseminazione sono tre:

- **disseminazione con l'intervento degli animali**: in questo caso la pianta produce **frutti** molto appariscenti, colorati, profumati e con un buon sapore, in modo da risultare più appetitosi. Gli animali che mangiano i frutti, spostandosi sul territorio, espellono dove capita gli escrementi contenenti i semi. In questo modo qualche seme potrà germinare in luoghi anche molto distanti dalla pianta madre;
- **disseminazione per mezzo del vento**: questa modalità è propria delle angiosperme che hanno frutti o semi leggeri e di dimensioni contenute; a volte questi frutti sono dotati di appendici simili ad ali che ne agevolano il "volo" nell'aria: ne sono un esempio i semi di aceri e frassini, chiamati **samàre** 5, e i **pappi** piumosi del tarassaco;
- **disseminazione per mezzo dell'acqua**: molte piante che vivono in ambiente acquatico si servono dell'acqua per la dispersione: hanno, infatti, semi o frutti adattati al galleggiamento e alla sopravvivenza in ambiente acquatico, come nel caso della palma da cocco.

Germinazione

Se raggiungeranno il terreno adatto per umidità, presenza di ossigeno, composizione e temperatura, i semi germineranno 6, ovvero inizieranno il proprio accrescimento e daranno origine ai **germogli**, piccole piantine simili a quelle che le hanno generate.
Poiché non tutte le angiosperme impiegano lo stesso tempo per completare il proprio ciclo vitale, i botanici le suddividono in tre gruppi:

- **piante annuali** (per esempio papavero, petunia): una volta germinate danno origine a una pianta che fiorisce, fruttifica e muore in un anno e nell'ultimo periodo della sua vita produce i semi per garantire la sopravvivenza della specie;
- **piante biennali** (per esempio barbabietola, cavolo): simili alle precedenti, però producono i semi ogni due anni. Nel primo anno la pianta cresce, sviluppa le foglie, i fusti e le radici e successivamente nei mesi più freddi entra in un periodo di riposo (**quiescenza**). Nella stagione favorevole (primavera o estate) la pianta riprende la crescita, fiorisce e produce frutti e semi prima di morire;
- **piante perenni** (per esempio fragola, pesco): sono alberi, arbusti, cespugli o forme erbacee che vivono più di due anni e che, raggiunta la maturità, fioriscono, fruttificano e, in molti casi, disperdono i propri semi ogni anno.

5 Samare di un acero.

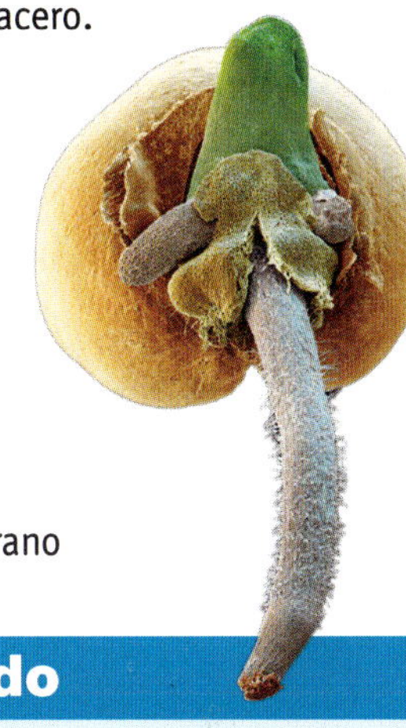

6 Un seme di grano in germinazione.

Con metodo

Lavoro sulle immagini

1. Osserva le immagini e scrivi sotto ognuna una didascalia relativa al tipo di disseminazione; aggiungi anche il nome della pianta se la riconosci.

....

....

....

8 Il seme delle angiosperme

Audio

Il seme delle angiosperme può avere una o due foglie embrionali, dette cotiledoni

I semi delle angiosperme hanno una struttura generale simile, ma non sono tutti uguali. La parte più esterna è costituita da un rivestimento, il **tegumento**, che racchiude il tessuto nutritivo (**endosperma**), e l'**embrione**. Questo, in futuro, diventerà una piantina: non è quindi strano che abbia un abbozzo di radice, di fusto (da cui prenderanno origine le prime vere foglie) e anche una o più foglie embrionali carnose, chiamate **cotilèdoni**, che contengono sostanze nutritive di riserva.

Come abbiamo già visto, se il seme troverà un luogo con le adatte condizioni di umidità, luce e temperatura, potrà avvenire la **germinazione**: assorbendo acqua, il tegumento del seme si lacererà, lasciando fuoriuscire la radichetta, che troverà nel terreno acqua e sali minerali; il fusticino si protenderà verso l'alto, al di fuori del terreno, per cercare la luce del Sole. A questo punto la pianta potrà cominciare a fare la fotosintesi e sarà autosufficiente 1.

Le piante che producono semi con un solo cotiledone sono dette **monocotilèdoni**, se i semi ne hanno due sono dette **dicotilèdoni**.

Le monocotiledoni sono piante erbacee con **fiore trimero**, le cui componenti sono cioè tre o multipli di tre (per es. i petali possono essere 3, 6 o 9).

1 Germinazione dei semi di monocotiledone e dicotiledone a confronto.

Le monocotiledoni presentano foglie con nervature quasi sempre parallele, hanno radici avventizie, fasci vascolari disposti in modo sparpagliato all'interno di fusto e foglie, e granuli pollinici con un solo solco ■2. Sono monocotiledoni le *poacee*, più note col nome di *graminacee*, le *palme* e le *orchidee*.

Le dicotiledoni comprendono piante erbacee e legnose, il cui fiore ha quattro/cinque (o loro multipli) parti fiorali. In molti casi possono avere radici a fittone o talvolta fascicolate, e presentano fasci vascolari disposti ad anello all'interno di fusto e foglie. Nelle foglie sono riconoscibili picciolo e lamina fogliare con nervature reticolate. Inoltre, sui granuli pollinici ci sono tre solchi ■3. Di questo gruppo fanno parte piante il cui fusto si accresce di anno in anno aumentando il proprio diametro (*melo, pesco*), ma anche piante meno imponenti, come le leguminose (*fagiolo, fava, pisello, soia*...), la *viola*, la *rosa* e la *margherita*.

■2 Polline di iris (monocotiledone) con ben visibile l'unico solco.

■3 Polline di *Quercus robur* (dicotiledone) con visibili i tre solchi.

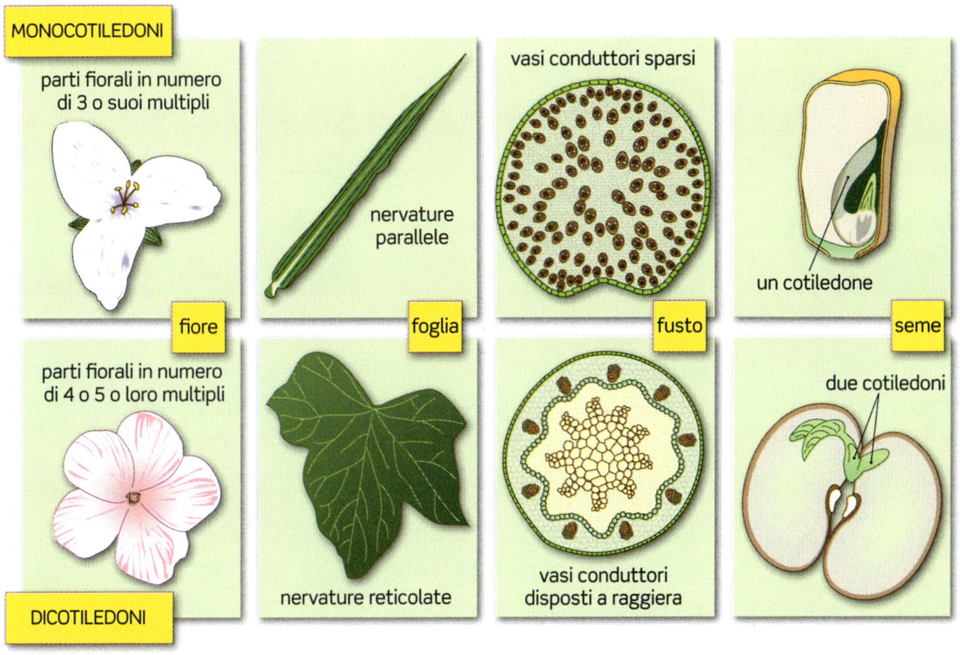

■4 Differenze tra monocotiledoni e dicotiledoni.

Piccoleprove — Germinazione del fagiolo

Materiale occorrente — 10 giorni

- 9 semi di fagiolo
- 3 bicchieri di vetro
- cotone idrofilo
- pennarello indelebile
- acqua

Procedimento

Prendi 3 bicchieri di vetro e riempili per ¾ con il cotone idrofilo. Aggiungi in ognuno di essi 3 semi di fagiolo, posizionandoli tra il vetro e il cotone, così che si vedano bene anche dall'esterno. Con il pennarello indelebile scrivi un numero su ogni bicchiere. Nei bicchieri 1 e 2 versa dell'acqua, mentre nel 3 no. Posiziona ora i bicchieri numero 2 e 3 sul davanzale della finestra, così che possano ricevere la luce del Sole, e lascia invece il numero 1 in una zona d'ombra. Che cosa osservi?

I semi che germoglieranno per primi saranno quelli del secondo bicchiere, perché hanno avuto sia acqua sia luce. Seguiranno a distanza di qualche giorno quelli posti all'interno del numero 1, perché l'assenza di calore ne avrà ritardato la germinazione. Solo i fagioli del bicchiere numero 3 non daranno vita a nuove piantine, perché l'assenza di acqua impedisce al seme di germinare.

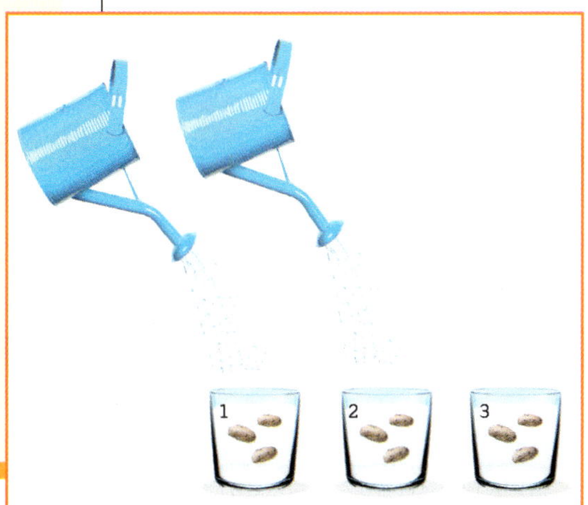

Le piante medicinali

Audio

Sin dai tempi degli antichi Egizi l'uomo utilizza le piante per curare disturbi e malattie: le piante che contengono sostanze usate a scopo terapeutico sono chiamate **piante medicinali**. Vengono assunte sotto forma di infusi, impacchi, decotti, tinture ecc.
Vediamo insieme alcune piante utili alla nostra salute.

camomilla
Gli olii essenziali contenuti nel fiore hanno proprietà antinfiammatoria, favoriscono la cicatrizzazione dei tessuti e hanno un effetto sedativo.

1 Fiori di camomilla.

elicriso
Questa pianta dai bellissimi fiori gialli ha azione antinfiammatoria e lenisce il dolore; inoltre aiuta a combattere le infezioni batteriche.

2 Fiori di elicriso.

ginseng
Dalla sua radice carnosa si estraggono alcune sostanze chiamate *saponine*, utili al sistema nervoso centrale come aiuto nella concentrazione o per recuperare le energie fisiche e mentali.

3 Radice di ginseng.

mirtillo
I pigmenti naturali dei quali è ricco (le *antocianine*) sono un rimedio naturale contro i disturbi delle vene (gambe pesanti, vene varicose), contro la diarrea e sono molto utili per il benessere degli occhi.

4 Mirtilli.

passiflora
Le sostanze contenute in questa pianta hanno azione rilassante e distensiva; inoltre, i principi attivi in essa contenuti la rendono una validissima alleata contro l'insonnia, l'irritabilità e le palpitazioni.

5 Fiore di passiflora.

tarassaco
Gli acidi e i sali che contiene aiutano a migliorare la funzionalità del fegato e lo rendono utile a contrastare la ritenzione idrica e i problemi della pelle.

6 Pianta di tarassaco.

La successione di Fibonacci in un girasole

Audio

Il mondo vegetale ci stupisce con i colori vivaci e le forme bizzarre di fiori, frutti e foglie.
Tuttavia, il regno Piante è molto più "schematico" di quanto si possa pensare: presenta, infatti, simmetrie, forme geometriche regolari e anche sequenze numeriche perfette.
I botanici hanno chiamato *fillotassi* la disposizione caratteristica e costante che hanno diversi elementi della pianta (foglie, gemme, fiori ecc.).
Sembra, inoltre, che le piante abbiano una particolare "predilezione" per la serie di numeri scoperta dal matematico pisano Fibonacci, e la utilizzino nella disposizione di semi e infiorescenze. Approfondiamo questa curiosità.
Leonardo Fibonacci (1170-1250) è noto per aver identificato una serie di numeri a partire dall'analisi dell'andamento riproduttivo dei conigli. Egli formulò il seguente problema: *"Un uomo mise una coppia di conigli in un luogo circondato da tutti i lati da un muro. Quante coppie di conigli possono essere prodotte dalla coppia iniziale, in un anno, supponendo che ogni mese una coppia produca una nuova coppia in grado di riprodursi a sua volta dal secondo mese?".*

Dopo un accurato calcolo (aiutati con la figura ■1), la serie di numeri elaborata fu: **1, 2, 3, 5, 8, 13, 21...**
Questa serie di numeri – che può proseguire all'infinito – obbedisce a una regola precisa: **ciascun numero è la somma esatta dei due precedenti**.
Che nesso c'è tra tutto questo e le piante?

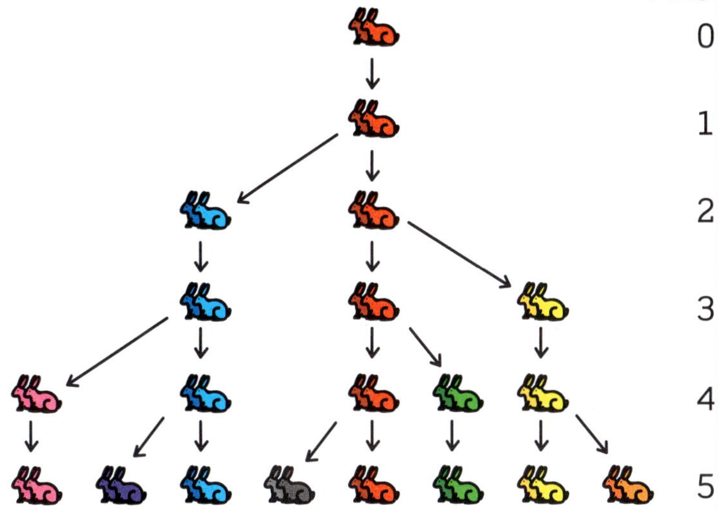

■1 Rappresentazione schematica dell'identificazione della serie di Fibonacci tramite il "problema dei conigli".

Osserva la fotografia ■2a: esaminando la disposizione dei semi sul capolino di un girasole si possono scorgere due famiglie di spirali, formate rispettivamente da curve ruotanti in senso orario o antiorario.
Contando il numero di curve si può notare che si otterrà sempre un **numero di Fibonacci**.
Qual è la ragione di questa "fedeltà matematica"? Non è certamente un caso: la serie di Fibonacci è la modalità più efficiente che un fiore può utilizzare per disporre i propri semi attorno a un punto centrale, nella maniera più compatta possibile, ottimizzando dunque lo spazio e sfruttandolo al meglio ■2b. Quello del girasole, in realtà, non è l'unico caso in cui troviamo la serie di Fibonacci: pensa alle squame di una pigna o di un ananas, oppure alle infiorescenze di un broccolo romanesco, o ancora al numero di petali di una margherita: anche in queste strutture vegetali, se contiamo gli elementi di ciascuna, ritroviamo la stessa disposizione numerica.

■2a

■2b

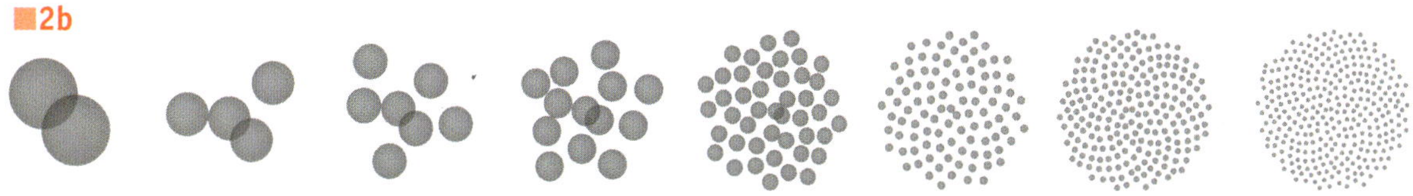

■2 Se immaginiamo di dover ricreare la disposizione dei semi di un girasole dobbiamo procedere aggiungendo un seme dopo l'altro "ruotando" attorno al precedente secondo un angolo di 137,5°: questa misura è chiamata **angolo aureo**, e si ottiene rapportando tra loro ciascun numero della sequenza di Fibonacci al precedente (l'angolo aureo non è rappresentato da un'unica frazione ma, più avanti si procede con la serie, più la proporzione risulta vicina all'angolo). Si tratta dell'unico angolo seguendo il quale non sarebbero lasciati spazi liberi da semi.

Le tracheofite: pteridofite e spermatofite

Com'è il ciclo vitale delle pteridofite?

Paragrafo 4

Le pteridofite si riproducono in modo sessuato e asessuato: alla fine del paragrafo 4 trovi una spiegazione del ciclo vitale della felce, la pteridofita più comune. Completa lo schema aggiungendo i termini appropriati e spiega come avviene il ciclo vitale e cosa significa che si alternano due generazioni.

il ciclo vitale della felce
....
....
....
....
....
....
....
....
....
....
....
....
....
....

Quali sono i tipi di spermatofite?

Paragrafo 5-6

Nel paragrafo 5 trovi scritto in grassetto i nomi dei due diversi tipi di spermatofite, quelle piante che si riproducono attraverso il seme. Le informazioni per le angiosperme le trovi nel paragrafo 6. Usa la tabella per organizzare le informazioni.

	tipo	caratteristiche	esempi
spermatofite	....	....	....
	angiosperme	....	....

Le angiosperme

Come avvengono l'impollinazione e la disseminazione?

Paragrafo 7

Il paragrafo 7 spiega che l'impollinazione è il processo per cui il polline maschile di un fiore raggiunge lo stigma femminile di un altro fiore, dando luogo alla fecondazione. Questa avviene in tre modi diversi. Anche la disseminazione del seme che contiene l'embrione della pianta si diffonde nell'ambiente in modi diversi. Cerca le informazioni e organizzale nella tabella.

impollinazione		disseminazione	
zoòfila	Gli impollinatori sono animali attratti dal fiore per il suo nettare. Nutrendosi di nettare, si sporcano e trasportano involontariamente il polline su altri fiori	....	....
....	....	....	....
....	....	per mezzo dell'acqua	....

Quali sono le differenze tra monocotiledoni e dicotiledoni?

Paragrafo 8

Alla fine del paragrafo 8 è riportato uno schema che confronta le piante monocotiledoni con le dicotiledoni. Osserva bene le immagini e leggi le didascalie. Descrivi le differenze illustrate nella tabella seguente.

	monocotiledoni	dicotiledoni
fiore	....	....
foglia	....	....
fusto	....	....
seme	....	....

Mi preparo all'interrogazione

Contenuti multipli

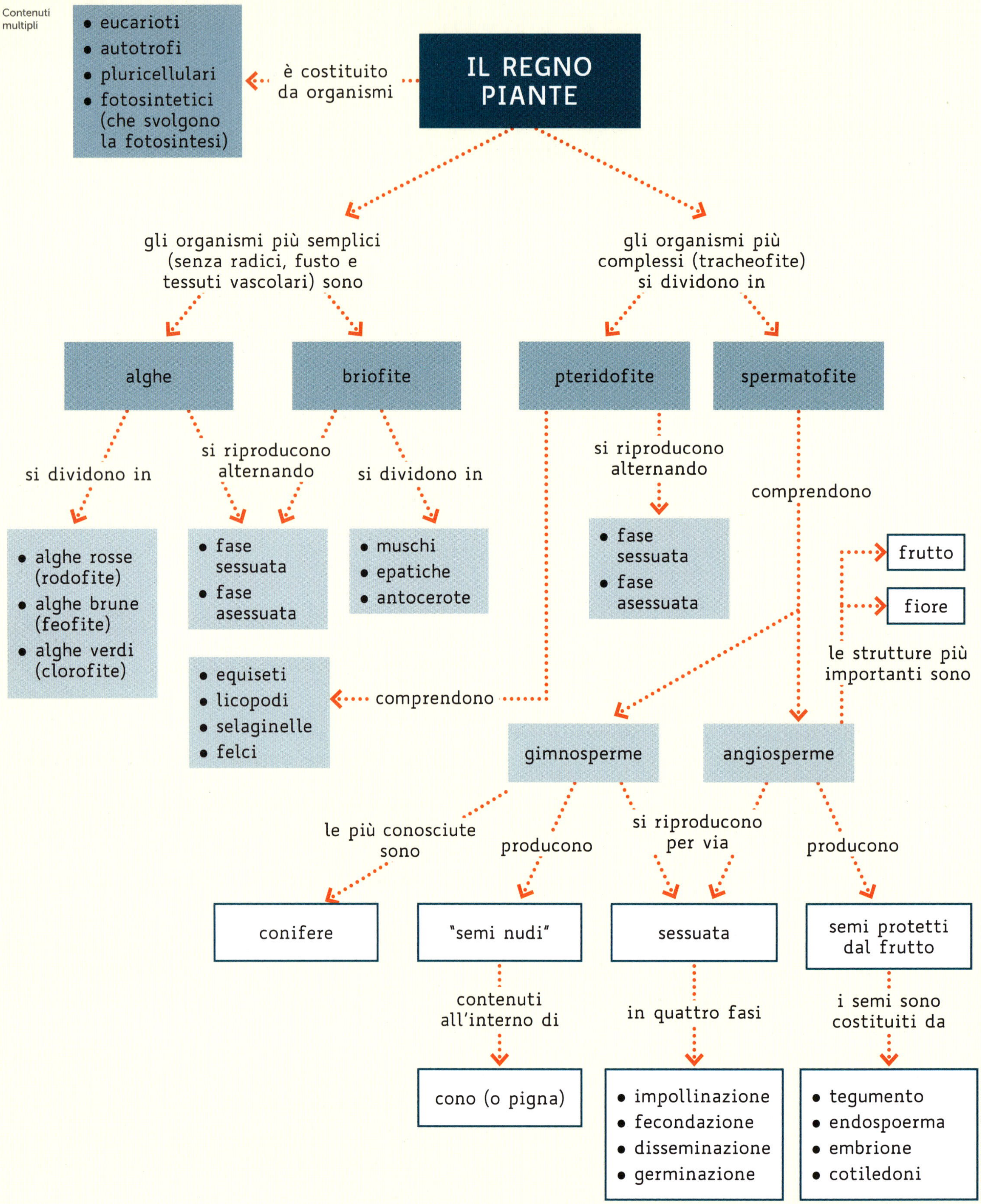

verifica

Verifica interattiva

CONOSCO

1 Completa le seguenti frasi scegliendo tra i termini elencati.

rosse • pteridofite • impollinazione • terraferma • sessuata • squame • pigmenti • radici • acqua • fiore • germinazione • verdi • nudo • frutto • fecondazione • pluricellulari • seme • capillarità • conduttori • dispersione • cono • embrione

a Le piante più semplici sono costituite dalle alghe ....: organismi acquatici che mancano di strutture specializzate riconoscibili. Si classificano in alghe ...., brune e .... in base ai .... fotosintetici che possiedono

b Le briofite sono le prime piante che si sono adattate alla .... Non possiedono un sistema di vasi e assorbono l'.............................. e i sali minerali dal terreno per ....

c Le tracheofite sono piante dotate di ...., fusto e foglie e di un sistema di vasi ....; le più antiche, legate all'acqua per la riproduzione, sono le ...., piante che non producono semi

d Le tracheofite più complesse sono le spermatofite, piante che si riproducono solo per via .... producendo il ...., involucro che protegge e nutre l'..............................

e Le gimnosperme possiedono un seme ".............................." cioè non protetto da una struttura esterna. I semi sono disposti su .... che formano un organo legnoso detto ....

f Le angiosperme possiedono un organo per la riproduzione sessuata, il .... e una struttura che racchiude e protegge il seme, il ....

g La riproduzione di una angiosperma si articola su quattro fasi: l'.............................., dove granuli di polline vengono trasportati al pistillo; la ...., attraverso la quale si ottiene l'embrione che verrà racchiuso in un seme; la .... dei semi lontano dalla pianta madre; la ...., cioè lo sviluppo di una nuova pianta

2 INVALSI **Segna con una crocetta il completamento esatto.**

a Le alghe sono organismi:
- ☐ fotosintetici
- ☐ procarioti
- ☐ unicellulari
- ☐ eterotrofi

b Nelle acque fredde e ben ossigenate degli oceani si trovano:
- ☐ tutti i tipi di alghe
- ☐ soprattutto le alghe verdi
- ☐ soprattutto le alghe brune
- ☐ in prevalenza le alghe rosse

c I muschi non possono crescere molto in altezza perché:
- ☐ non sono saldamente ancorati al terreno
- ☐ non hanno le foglie
- ☐ il loro fusto è erbaceo
- ☐ non hanno un fusto vero e proprio

d Negli ambienti umidi sono presenti:
- ☐ in prevalenza muschi e felci
- ☐ qualsiasi tipo di pianta
- ☐ solo le piante con i fiori
- ☐ le conifere

e Licopodi, equiseti e felci appartengono al gruppo delle:
- ☐ angiosperme
- ☐ conifere
- ☐ pteridofite
- ☐ alghe pluricellulari

f Nelle conifere i semi:
- ☐ sono protetti dal frutto
- ☐ non si formano
- ☐ sono ospitati sulle squame legnose
- ☐ si formano sia sui coni maschili sia su quelli femminili

g Il fagiolo è:
- ☐ una pianta dicotiledone
- ☐ una conifera
- ☐ una pianta monocotiledone
- ☐ una briofita

h La corolla di un fiore è formata:
- ☐ dai sepali
- ☐ dalle antere
- ☐ dagli stami
- ☐ dai petali

i Un'infiorescenza è formata:
- ☐ da tanti fiori raggruppati su un ramo
- ☐ da tanti petali riuniti assieme
- ☐ da tanti fiori inseriti nello stesso peduncolo
- ☐ da tanti fiori separati

l Le piante con impollinazione anemofila hanno fiori:
- ☐ profumatissimi
- ☐ ricchi di nettare
- ☐ molto vistosi
- ☐ nessuna delle risposte precedenti

m Se un frutto è carnoso viene disseminato preferibilmente:
- ☐ dagli animali
- ☐ dall'acqua
- ☐ dal vento
- ☐ nessuna delle precedenti

verifica

3 Vero o falso?

a Le alghe pluricellulari si ancorano ai fondali mediante radici V F

b Le alghe possono essere impiegate nell'alimentazione umana V F

c Le alghe nel loro ciclo di riproduzione alternano una fase sessuata a una asessuata V F

d I muschi dipendono dall'acqua per la loro riproduzione V F

e Lo sporofito si origina dall'unione del gamete maschile e di quello femminile V F

f Le felci non producono spore V F

g Le pteridofite possono vivere in ambienti aridi V F

h Tutte le conifere vivono in ambienti freddi V F

i Gli alberi da frutto appartengono alle dicotiledoni V F

l Il tegumento protegge il seme V F

m Le piante perenni producono semi quando raggiungono la maturità V F

4 Sottolinea il termine corretto tra i due proposti in corsivo.

a Le alghe trovano nell'*aria/acqua* l'anidride carbonica necessaria per svolgere la fotosintesi

b Le alghe rosse vivono a profondità *maggiori/minori* rispetto alle altre alghe

c Le piante terrestri più semplici sono le *briofite/pteridofite*

d La capsula posta all'estremità del fusticino dei muschi contiene le *squame/spore*

e La parte più sviluppata di una felce è *il gametofito/lo sporofito*

f Quando il seme *germina/germoglia* si forma una nuova piantina

g L'impollinazione è *anemofila/zoofila* se coinvolge l'azione degli insetti

h I frutti secchi hanno il mesocarpo *carnoso/legnoso*

APPLICO

5 Osserva le immagini e scrivi i nomi di tutte le strutture che riesci a riconoscere. Per ciascuna danne una breve definizione.

6 Completa i seguenti disegni inserendo i termini mancanti.

7 Osserva la seguente immagine e rispondi alle domande.

a Perché l'insetto si posa all'interno del fiore "bocca di leone"?

b Quali benefici trae la pianta dal comportamento di quest'insetto?

8 **I fiori delle piante che crescono in montagna sono particolarmente vistosi, con corolle ricche di petali colorati, grandi dimensioni rispetto alla taglia della pianta e talvolta con intensa profumazione. Sai spiegarne il motivo?**

9 **Osserva i seguenti semi e/o frutti e scrivi accanto a ognuno di essi una possibile modalità di disseminazione**

....

....

COMPETENZE

1. Leggi il testo e rispondi.

Api in pericolo per colpa del diesel: i ricercatori dell'Università di Southampton hanno messo in evidenza che l'inquinamento prodotto dal gasolio interferisce sulla capacità delle api di impollinare i fiori.
La ricerca, pubblicata su *Scientific Reports*, ha analizzato l'abilità degli ossidi di azoto – un gruppo di gas altamente reattivi rilasciati dalla combustione di un motore diesel, – di alterare gli odori floreali a un livello tale da smorzare l'attitudine di un'ape a riconoscere i fiori desiderabili. [...]
È stato scoperto che "un'ape ha una capacità di riconoscimento molto più bassa con un mix floreale "alterato dall'inquinamento", ha spiegato il coautore dell'analisi, Tracey Newman.
Un risultato che, secondo i ricercatori, potrebbe avere gravi conseguenze sull'alimentazione mondiale dal momento che le api impollinano circa il 70% dei vegetali raccolti in tutto il mondo, pari al 35% della fornitura globale di cibo.

[Tratto da Nature]

a Scrivi un possibile titolo per l'articolo che hai appena letto.
b Indica qual è il problema ecologico che viene affrontato in questo articolo.
c Sottolinea i termini scientifici che hai trovato nel testo e cerca il loro significato.
d Per quale motivo questo problema ambientale potrebbe avere gravi conseguenze sull'alimentazione mondiale?

2. Calcola e ragiona.

Uno studio effettuato da ricercatori dell'Università di Yale e pubblicato sulla prestigiosa rivista "Nature" (n. 525, pp. 201-205) stima che sulla Terra siano presenti più di 3000 miliardi di alberi.

a Scrivi questa quantità utilizzando la notazione scientifica.
b Ogni anno però, a causa delle attività umane, spariscono circa 15 miliardi di alberi, e solo 5 miliardi vengono sostituiti con nuove piante. Se il ritmo di deforestazione rimanesse costante, dopo quanti anni non ci sarebbero più alberi sulla Terra?
c I ricercatori nel loro lavoro affermano che, da 12 000 anni a questa parte, il numero di alberi si sia ridotto di circa il 46%. Qual era il numero di alberi presenti sulla Terra 12 000 anni fa?

3. Trova l'errore.

Sara si è recata con la sua classe in visita a un'oasi protetta che si trova vicino al mare.
Nel preparare la sua relazione ha compiuto però alcuni errori. Individuali e correggi le frasi.

a Lungo il bagnasciuga si erano depositate moltissime alghe brune, lunghe solo una decina di centimetri.
C'erano poi delle alghe verdi, ma l'insegnante ci ha consigliato di non toccarle perché possono essere tossiche per l'uomo.
b Sulle dune di sabbia ho raccolto dei muschi e delle piccole felci.
c All'interno della pineta abbiamo trovato moltissime pigne e fiori caduti dai pini marittimi.

In English

Verifica interattiva

4. Match the parts of the flower with the correct functions.

a Stigma	**1** they are shaped to attract pollinators
b Petals	**2** the elongated part of pistils
c Anther	**3** the leaves that protect the flower
d Sepals	**4** part of the pistil that receives pollen
e Style	**5** it produces pollen grains.

CLIL: let's learn English

Classification of Plants

Audio

Objectives

- Classify plants into their major groups.

Flowering plants

Most plants are flowering plants. Flowers come in a huge variety of shapes and colours. Closely related plants have flowers that look alike. This makes it easy to classify flowering plants into groups and subgroups. Grasses and trees are also flowering plants, but their flowers are usually small and dull.

Plants without flowers

The three plants in the photograph 1 are different. They are not flowering plants. The **moss** on the ground has no roots to take in water. The **ferns and conifers** have roots to take in water and veins in their stems to carry the water up to their leaves. They can grow taller than the moss.

Mosses and ferns grow in damp, shady places. They reproduce by making spores. They can only produce successfully when they are wet. Spores are smaller than most seeds and don't last as long. Moss spores form at the ends of small stalks 2, while fern spores form on the undersides of their leaves 3.

The trees in the picture are conifers. Conifers and flowering plants both make seeds and can reproduce in dry conditions. Conifers have cones instead of flowers 4. Seeds can survive for thousands of years if they are cold and dry.

Remember

- Plants include mosses, ferns, conifers and flowering plants.
- Flowering plants grow from seeds produced in flowers.
- Conifers grow from seeds produced in cones.
- Mosses and ferns reproduce using spores.
- Mosses have no roots or veins so they can't grow tall.

Naming plants

Today, we name plant species according to a system that the Swedish plant expert, called Carl Linnaeus, invented in the 1700s. We use Latin names for each plant species.

1 Moss, ferns and conifers reproduce without flowers. 2 The red capsules on the moss contain spores. 3 Fern spores form on the undersides of leaves. 4 Conifer seeds are produced in cones.

Exercises

1. These drawings show four groups of plants. Copy each drawing and name the group it represents.
2. Add labels to each drawing to show the main features of each group.

8 Il regno Animali

Il regno Animali comprende un numero elevatissimo di specie. La zoologia, con le sue numerose branche, è la disciplina che si occupa proprio dello studio degli animali sotto vari aspetti: dai livelli organizzativi più bassi (cellule, tessuti e apparati) a quelli più alti (come le dinamiche di popolazione e le interazioni biologiche).

Digi **Scienze**

CLASSE CAPOVOLTA

Contenuto integrativo

Preparati per la lezione:
- guarda la presentazione multimediale
- compila la scheda

Nelle prossime pagine troverai altri contenuti digitali

- Allegato scaricabile
- Contenuto integrativo
- Audio
- Verifica interattiva

1 Le caratteristiche degli animali

Audio

Gli animali sono organismi pluricellulari eterotrofi, con un'organizzazione del corpo molto varia

Gli animali sono gli esseri viventi che più di tutti si sono diffusi in ogni tipo di ambiente, dalle foreste ai deserti più inospitali, dai fiumi ai mari, al cielo. Appartengono al regno Animali organismi **eucarioti**, **pluricellulari** ed **eterotrofi**, che si riproducono prevalentemente per via **sessuata**. Hanno diversi livelli di organizzazione cellulare (**tessuti**, **organi**, **apparati**) che, negli organismi più complessi, raggiungono una specializzazione sempre maggiore.

Ricorda

- Cellule simili tra loro, specializzate in una funzione, formano un **tessuto**.
- Tessuti diversi che collaborano a svolgere una funzione formano un **organo**.
- Organi diversi che collaborano a svolgere una funzione formano un **sistema** o un **apparato**.

Organi, apparati e loro funzioni

Organi e apparati sono le strutture che consentono agli animali di svolgere tutte quelle funzioni necessarie alla loro vita nell'ambiente in cui vivono: respirare e nutrirsi, eliminare le sostanze di scarto, riprodursi (funzioni della **vita vegetativa**), muoversi, cogliere stimoli esterni, reagire a essi, stabilire rapporti con l'ambiente (funzioni della **vita di relazione**). Alcuni organi, come gli occhi, sono ben visibili, mentre la maggior parte di essi non è visibile perché si trova all'interno del corpo. Nella tabella sono schematizzate le principali funzioni dell'organismo, con gli apparati e gli organi che le compiono.

funzione	apparati/sistemi	organi che svolgono la funzione
protezione e rivestimento	apparato tegumentario	pelle
sostegno e movimento	sistema scheletrico, sistema muscolare	ossa, muscoli
nutrizione e digestione	apparato digerente	bocca, stomaco, intestino
scambio di ossigeno e anidride carbonica	apparato respiratorio	vie respiratorie, polmoni
distribuzione dei nutrienti, dei gas e di altre sostanze	apparato circolatorio	sangue, vasi sanguigni, cuore
eliminazione delle sostanze di rifiuto	apparato escretore	reni, vie urinarie; pelle; polmoni
percezione stimoli esterni	sistema nervoso	recettori sensoriali, nervi, cervello
riproduzione	apparato riproduttore	organi sessuali

CLIL for SCIENCE Audio

animale: ***animal***
tessuto: ***tissue***
organo: ***organ***

True or False?

1. All members of the Animalia kingdom are multicellular and eukaryotes. T F
2. All animals are autotrophs. T F
3. Most animals are motile, which means they can move independently and spontaneously. T F

Organizzazione corporea

Al regno Animali appartengono milioni di specie, che detengono il record di diversità di forme e dimensioni.
Osserva le immagini della pagina accanto: in ognuna di esse è illustrato un rappresentante di alcuni *phyla* del regno Animali. Come puoi vedere, la varietà di forme di questi organismi è talmente sorprendente che è proprio impossibile individuare lo schema corporeo di un "animale tipo".

■ *Phylum* echinodermi: riccio di mare.

■ *Phylum* artropodi: granchio.

■ *Phylum* cordati: dugongo.

■ *Phylum* molluschi: nudibranco.

■ *Phylum* celenterati: medusa.

■ *Phylum* anellidi: sanguisuga.

Pur nell'estrema varietà di forma e dimensione, però, tutti gli animali sono caratterizzati da particolari proprietà di simmetria e, in base a queste, possono essere suddivisi in due gruppi:

- **animali a simmetria raggiata**, in cui si possono individuare infiniti piani di simmetria, passanti per un asse centrale, ciascuno dei quali divide il corpo dell'animale in due parti uguali ■1;
- **animali a simmetria bilaterale**, in cui si individua facilmente un unico piano di simmetria, che divide il corpo dell'animale in due parti speculari, destra e sinistra ■2. Vi sono animali, come la stella marina, che presentano una **falsa simmetria raggiata**. In realtà, le loro larve hanno simmetria bilaterale e anche nelle forme adulte si può individuare un unico piano di simmetria, che corrisponde alla disposizione degli organi interni ■3. La simmetria bilaterale è propria degli animali con un'organizzazione corporea più complessa.

■1 Simmetria raggiata in un'attinia.

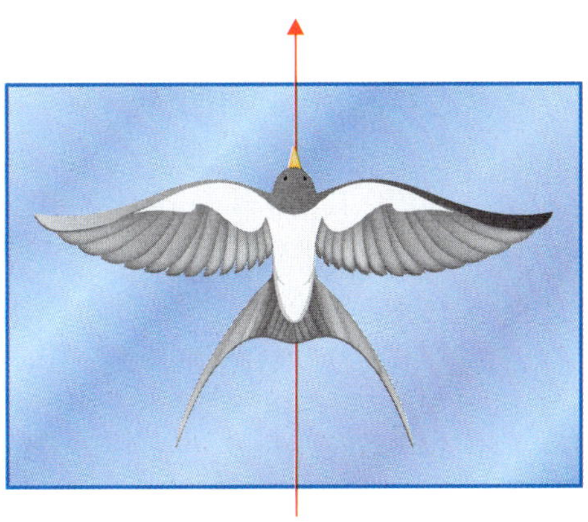

■2 Simmetria bilaterale in un uccello.

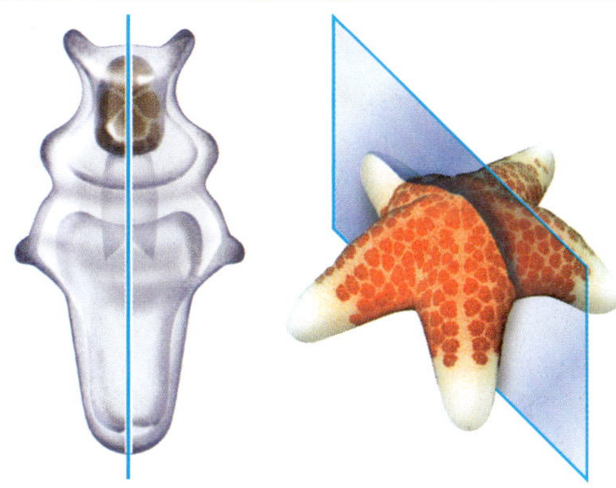

■3 Simmetria bilaterale nella larva di stella marina e falsa simmetria raggiata nell'adulto.

La metameria

In molti animali è evidente la replicazione in serie di strutture simili tra loro: questo fenomeno è chiamato **metameria** (dal gr. *metà* = successione + *meròs* = parte). Se osserviamo per esempio un bruco, ci accorgiamo che tutto il suo corpo è costituito da segmenti ben visibili che si susseguono. In altri animali, invece, solo alcune strutture si ripetono, come le vertebre della spina dorsale ■4, oppure i muscoli lungo i fianchi di un pesce (*miòmeri*) ■5. La metameria costituisce un grande vantaggio per la mobilità degli animali.

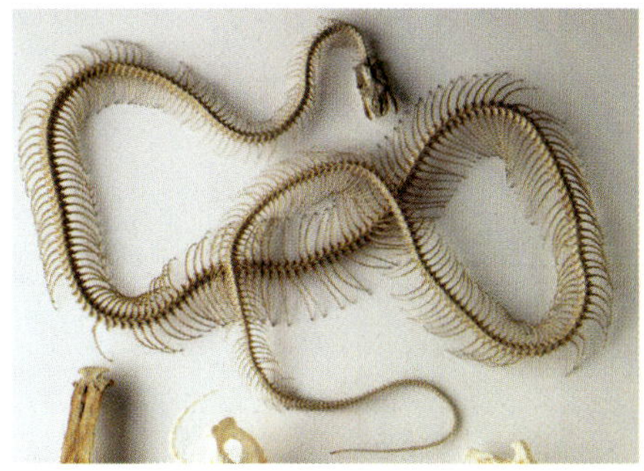

■4 Un serpente deve la sua agilità alle numerosissime vertebre che lo rendono estremamente flessibile.

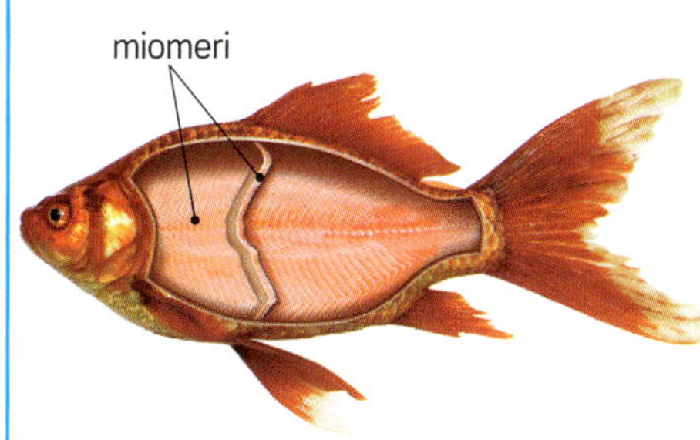

■5 I tipici movimenti del nuoto di un pesce sono possibili grazie alla presenza dei miomeri.

2 Il movimento negli animali

Audio

Gli animali si muovono nel proprio ambiente grazie a innumerevoli tipi di strutture di sostegno e di locomozione

CLIL for SCIENCE Audio

apparato locomotore: *locomotor system*

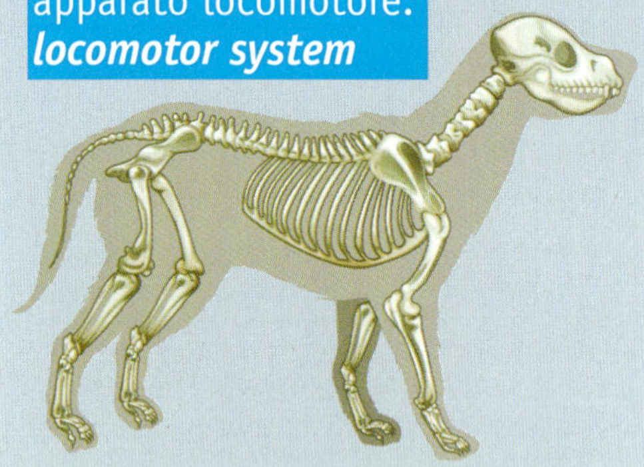

Translate the following words into Italian.

endoskeleton: ....

bones: ....

muscles: ....

locomotion: ....

Una delle caratteristiche degli animali è quella di potersi muovere: tutte le specie sviluppano, almeno in uno stadio della vita, qualche tipo di struttura per il movimento.

1a

1b

1 Mentre l'ascidia adulta è sessile, ossia immobile e ancorata al substrato 1a, le sue larve assomigliano a dei girini e sono estremamente mobili 1b.

La capacità di muoversi (**locomozione**) ha dato agli animali, a differenza delle piante, l'opportunità di adottare innumerevoli stili di vita: muovendosi, essi possono cercare il posto migliore per nutrirsi e riprodursi o reagire attivamente ai cambiamenti climatici, per esempio migrando.

Molti animali acquatici di piccole dimensioni si muovono grazie alle **ciglia vibratili**, di cui è rivestito il loro corpo: agitandosi, esse creano correnti nell'acqua che fanno spostare l'animale.

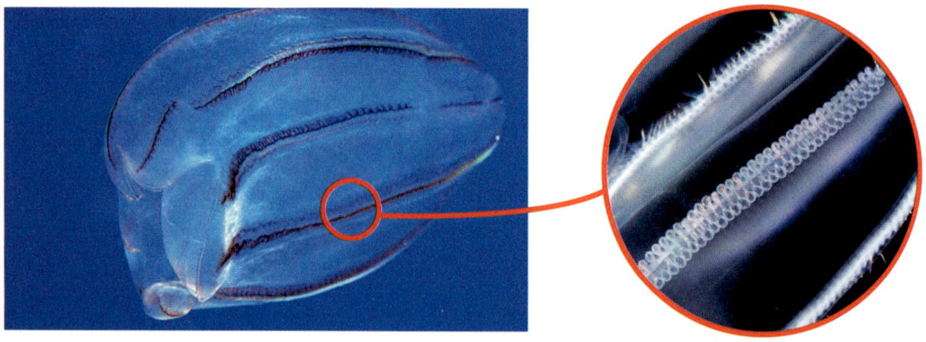

2 Lo ctenoforo si muove grazie a ciglia.

Accanto ai movimenti ciliari, in altri animali acquatici, come i celenterati, compaiono veri e propri **fasci muscolari** che, contraendosi e distendendosi, permettono un movimento attivo.

3 Le meduse si fanno spesso trasportare dalle correnti, ma hanno anche la possibilità di muoversi attivamente.

In molti vermi la forma più diffusa di organo locomotore è rappresentata dal sacco **muscolo-cutaneo**.
Sotto la pelle e lungo tutto il corpo, questi animali hanno uno strato di muscoli con fibre trasversali e un altro, più interno, con fibre longitudinali: la contrazione e la distensione alternata di questi strati fa avanzare l'animale.

4 Sotto il corpo dell'arenicola (una specie di lombrico che vive sotto la sabbia in riva al mare) si vedono delle setole, che costituiscono un punto di appoggio per la spinta in avanti.

Negli animali che possiedono degli **arti** (artropodi e vertebrati) l'attività locomotoria è molto più specializzata: alla muscolatura si aggiunge infatti uno **scheletro**, un sistema di sostegno più o meno rigido 5.
I muscoli sono gli organi attivi della locomozione, mentre le strutture scheletriche sono passive e fungono da attacco ai muscoli.

5 Negli arti degli artropodi la parte scheletrica è esterna alla parte muscolare (esoscheletro); negli arti dei vertebrati, invece, la parte ossea è interna (endoscheletro). Nel disegno la parte scheletrica è in marrone.

Contenuto integrativo

Lo **scheletro** può essere di due tipi:

- **esoscheletro**, se riveste esternamente il corpo come una specie di corazza: ne sono provvisti gli artropodi, per esempio i gamberi 6, i ragni, gli insetti;
- **endoscheletro**, se sostiene il corpo dall'interno con ossa: ne sono provvisti i vertebrati come i rettili, i mammiferi ecc. 7.

Entrambi i tipi di scheletro, oltre a sostenere il corpo dell'animale e a supportarne il movimento, hanno anche la funzione di proteggere importanti organi interni.

6

7

Alcuni animali come i lombrichi 8, i vermi e le meduse, tuttavia, non hanno alcun sostegno duro: la pressione dei liquidi che hanno all'interno del corpo, però, consente loro di avere una certa "rigidità". Questo tipo di sostegno si chiama **idroscheletro** o scheletro idrostatico.

8

Con metodo

Analizzo il testo (par. 1-2)

1. Quali sono le caratteristiche principali del regno Animali? Sottolinealo nel testo.

2. Evidenzia con il colore rosso le funzioni della vita vegetativa e con un colore blu le funzioni della vita di relazione.

Comprendo il testo (par. 1-2)

3. Rispondi.
- **a** Per quale motivo non è possibile individuare lo schema corporeo di un animale "tipo"?
- **b** Qual è la differenza tra "simmetria raggiata" e "simmetria bilaterale"?
- **c** Quali opportunità offre agli animali la possibilità di muoversi?
- **d** Come si muovono in genere gli animali acquatici di piccole dimensioni?

4. Completa.
- **a** Gli animali che hanno arti sono provvisti di ...., organi che consentono il movimento ...., collegati a un sistema di .... e protezione detto scheletro.
- **b** Lo scheletro che riveste esternamente il corpo si chiama .... Lo scheletro che sostiene il corpo dall'interno si chiama ....

5. La metameria:
- ☐ è la replicazione in serie di strutture simili tra loro
- ☐ è la presenza di strutture divise in metà uguali tra loro

6. I miomeri:
- ☐ sono i muscoli ai fianchi dei pesci
- ☐ sono strutture che servono ai pesci per respirare sott'acqua

3 La riproduzione negli animali

Audio

La riproduzione negli animali può essere sessuata o asessuata, a fecondazione interna o esterna

Tutti gli animali, anche quelli con struttura più semplice, sono in grado di produrre cellule riproduttive (**gameti**): si dice quindi che la loro riproduzione è **sessuata** o **gamica**. Alcuni di essi, però, **alternano una fase sessuata con una fase asessuata** o **agamica**, che ha come vantaggi la rapidità di replicazione e richiede meno energia per essere attuata.

1a

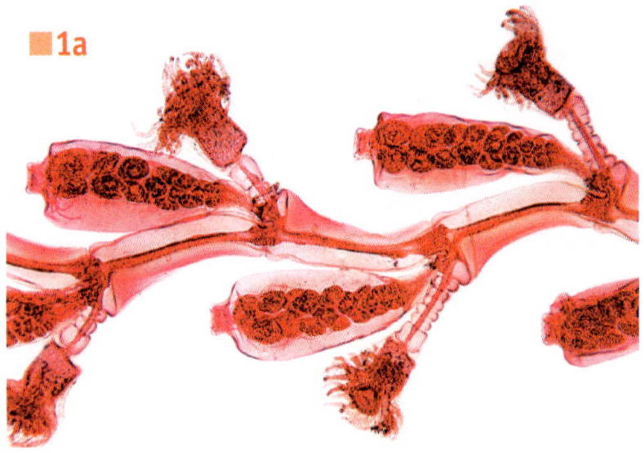

1b

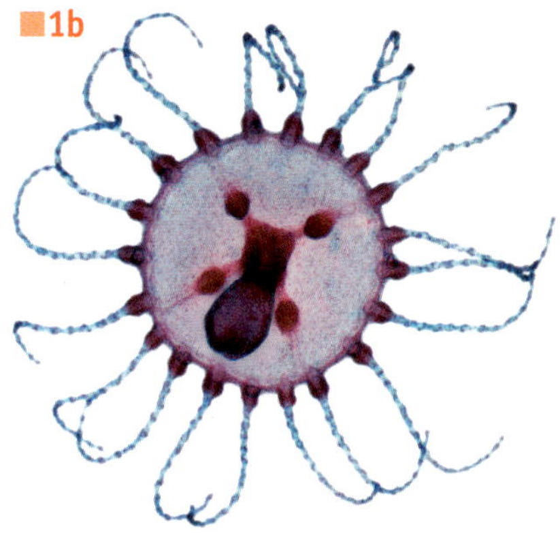

1 In alcuni celenterati la fase asessuata, il polipo, si alterna alla fase sessuata, la medusa. Nelle foto 1a il polipo e 1b la medusa di obelia, un piccolo organismo di pochi millimetri, che vive sia in acqua dolce che salata.

La riproduzione asessuata

La **riproduzione asessuata** si svolge normalmente con una semplice frammentazione del corpo: a seconda del modo in cui le parti si dividono si parla di **scissione** o di **gemmazione**.

- Nella **scissione** l'individuo si divide in due o più parti, che si separano e si rendono indipendenti, ricostituendo ciascuna un individuo identico al genitore: la scissione può essere **trasversale** o **longitudinale**.

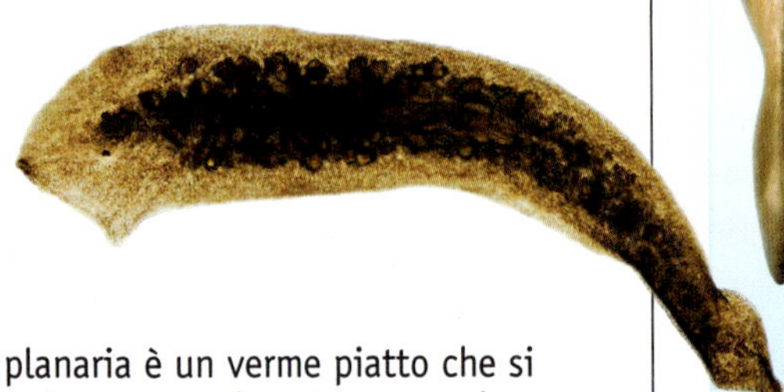

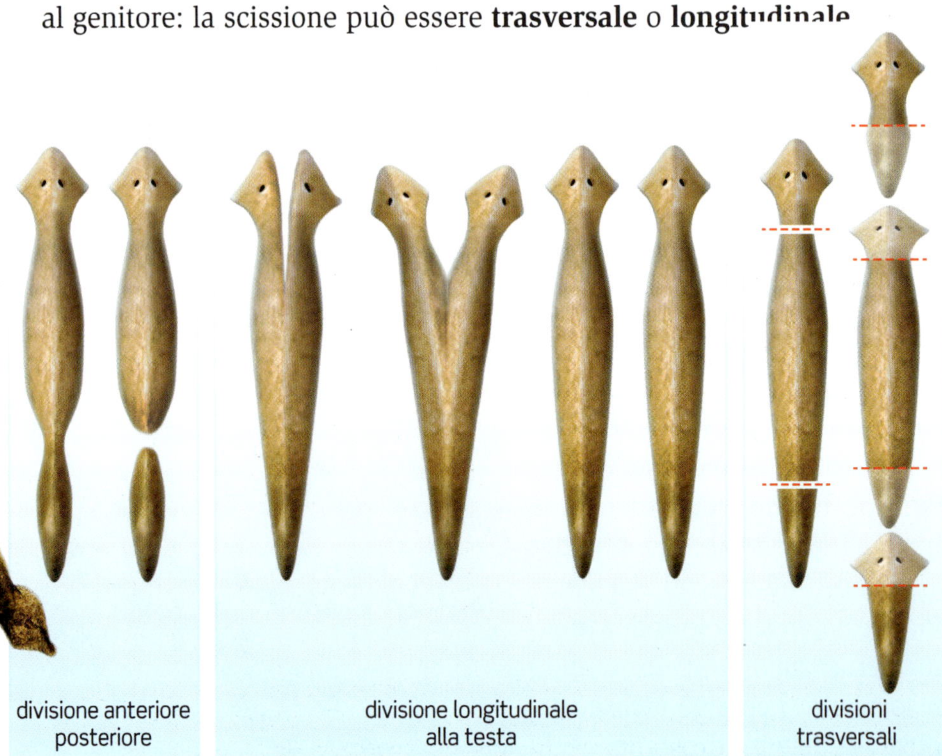

2 La planaria è un verme piatto che si può riprodurre sessualmente, ma anche asessualmente per scissione: essa si può dividere sia in senso trasversale sia longitudinale.

- La **gemmazione** avviene con la comparsa sull'adulto di una protuberanza, simile a una gemma su un ramo; dopo essersi separata, si accresce e va a costituire un nuovo individuo, identico al genitore.

3 Nell'immagine puoi osservare la fase di gemmazione di un'idra verde, un piccolo celenterato di acqua dolce.

La riproduzione sessuata

Nella **riproduzione sessuata**, come sappiamo, entrano in gioco i **gameti** (o **cellule germinali)**, cellule molto specializzate che si distinguono da tutte le altre cellule del corpo dell'animale (**cellule somatiche**).
I gameti, femminile e maschile, sono detti rispettivamente **uovo** e **spermatozoo**: la loro produzione avviene attraverso il processo della **meiosi**, nell'apparato riproduttore maschile e femminile.
La riproduzione ha inizio con la **fecondazione**, ovvero la fusione di uovo e spermatozoo. Essa dà origine a una nuova cellula, lo **zigote**: da questo momento le cellule cominceranno a dividersi e a moltiplicarsi, e avrà inizio lo sviluppo del nuovo individuo.
La fecondazione può essere esterna o interna. Nella **fecondazione esterna**, l'incontro tra l'uovo e lo spermatozoo avviene al di fuori del corpo dell'animale: essa è propria di molti animali acquatici, che disperdono i gameti in acqua e l'incontro fra essi avviene in modo casuale 4. Nella **fecondazione interna**, tipica degli animali terrestri, con l'accoppiamento lo spermatozoo raggiunge l'uovo all'interno del corpo della femmina 5.

4 Questo corallo sta liberando milioni di uova e spermatozoi che si incontreranno in acqua libera per dar luogo alla fecondazione. Nella barriera corallina australiana il fenomeno è talmente impressionante che schiere di subacquei vanno ad ammirarli.

5 Esempi di accoppiamento.

Con metodo

Analizzo il testo

1. Sottolinea nel testo con colori diversi i due tipi di riproduzione che possono avvenire negli animali.

Comprendo il testo

2. Rispondi.
   - **a** Come avviene la riproduzione per scissione?
   - **b** In che cosa consiste la gemmazione?
3. Completa.
   - **a** Nella riproduzione sessuata si formano le cellule germinali, dette ...., attraverso il processo chiamato ....; il gamete maschile si chiama ...., quello femminile ....
   - **b** La fusione dei gameti si chiama .... e dà origine a una nuova cellula detta ....
   - **c** La fecondazione .... si verifica quanto l'incontro tra uovo e spermatozoo avviene al di fuori del .... dell'animale; nella fecondazione .... l'incontro avviene all'interno del corpo della ....

5 Se in un branco di donzelle (*Coris julis*), il maschio (l'esemplare più colorato **5a**) muore, una delle femmine può cambiare sesso e prendere il suo posto **5b**.

Normalmente i gameti maschili e femminili vengono prodotti da due individui di sesso diverso, ma nel regno Animali non è raro l'**ermafroditismo**, fenomeno per cui un individuo ha la capacità di produrre entrambi i gameti. Gli ermafroditi possono "autofecondarsi", ma più spesso ricorrono all'accoppiamento: nell'accoppiamento avviene quindi una fecondazione reciproca.
Tra i pesci è diffuso un tipo di ermafroditismo detto **sequenziale**, in cui un individuo cambia sesso durante la vita, da femmina a maschio o viceversa.

Parole di scienze

partenogenesi: dal greco *parthènos* = vergine + *gènesis* = nascita.
clone: organismo prodotto per moltiplicazione asessuata da un solo individuo iniziale, a cui è geneticamente uguale.

La partenogenesi

Occasionalmente, nelle femmine di alcune specie animali **due gameti femminili** si uniscono formando uno zigote, senza l'intervento del gamete maschile, quindi senza che avvenga la fecondazione. Questo fenomeno è chiamato **partenogenesi**, e non è né una riproduzione sessuata né asessuata.
Naturalmente la prole è sempre di sesso femminile, trattandosi praticamente di "**cloni**" della madre.

I fasmidi, un ordine di insetti che comprende i ben noti "insetto stecco" **6** e "insetto foglia" **7**, possono riprodursi sia per accoppiamento sia per partenogenesi.

Lo sviluppo dell'embrione

Contenuto integrativo

Dopo la fecondazione, le successive divisioni cellulari dello zigote formano l'**embrione**.
Lo **sviluppo embrionale** ha durata molto diversa da una specie animale all'altra e può avvenire direttamente **nel corpo della madre oppure all'interno di un uovo**. Su questa base, si possono distinguere:

specie **ovipare**: dentro l'uovo l'embrione trova tutto ciò che gli serve per il suo sviluppo fino alla nascita, detta **schiusa**. Le specie animali che depongono uova sono le più numerose;

9

specie **vivipare**: gli embrioni sono intimamente collegati alla madre, attraverso un organo chiamato **placenta**, da cui traggono nutrimento fino alla nascita, detta **parto**;

specie **ovovivipare**: sono solo apparentemente vivipare, in quanto queste specie partoriscono direttamente figli formati, ma questi si sono sviluppati in uova rimaste nel corpo della femmina fino alla schiusa.

10 Nascita di un serpente a sonagli.

Lo sviluppo dell'adulto

Molti animali hanno uno stadio giovanile, chiamato **larva**, di aspetto diversissimo da quello dell'adulto. Per raggiungere la forma definitiva, le larve subiscono una trasformazione: la **metamorfosi** 11-12.

I piccoli di altre specie, invece, già alla nascita sono come adulti in miniatura: la trasformazione consiste solo nel progressivo accrescimento 13.

11a

11b

11 Larva di libellula a e libellula adulta b. In alcuni insetti non solo la larva non assomiglia all'adulto, ma vive addirittura in un altro ambiente: in questo caso la larva è acquatica, mentre l'adulto è terrestre. Negli insetti, una volta compiuta la metamorfosi, l'animale non cresce più ed è già pronto per riprodursi.

12 La larva della rana, chiamata girino, è molto diversa dai genitori: infatti assomiglia più a un pesce che a una rana e la sua metamorfosi attraversa vari stadi.

13 Negli elefanti, il piccolo è pressoché uguale all'animale adulto.

Con metodo

Comprendo il testo

1. Completa.
   Dopo la fecondazione, si ha lo sviluppo dell'.............................

Comprendo le parole

2. Scrivi il significato delle seguenti parole:
   - a ermafroditismo
   - b partenogenesi
   - c metamorfosi

Schematizzo

3. Completa la tabella.

	caratteristiche	esempi di animali
ovipari		
vivipari		
ovovivipari		

Collaboro

4. Lavorate a **coppie**; uno studi accuratamente la riproduzione asessuata, l'altro la riproduzione sessuata. Ciascuno ponga al compagno delle domande e l'altro risponda.

4 La percezione degli stimoli negli animali

Audio

Gli animali percepiscono gli stimoli esterni grazie ai recettori sensitivi

Per poter sopravvivere nel proprio ambiente è molto importante che un animale riesca a riconoscere i vari tipi di segnali (visivi, uditivi, termici ecc.) che gli arrivano dall'esterno, e agire di conseguenza.

I cambiamenti provenienti dall'ambiente vengono percepiti attraverso particolari cellule sensitive, dette **recettori**.

I recettori sono tutti collegati a un complesso sistema che raccoglie le informazioni (il **sistema nervoso**) e a una "centrale" che coordina le reazioni (il **cervello**). Dai recettori partono gli impulsi che arrivano alla "centrale"; questa li elabora e produce una risposta appropriata da parte dell'animale.

Nelle specie più semplici i recettori sono distribuiti su tutto il corpo, mentre in quelle più complesse si trovano raggruppati in organi veri e propri, ciascuno specializzato nel riconoscimento di uno stimolo: sono gli **organi di senso**.

Vi sono molti tipi di recettori, ricordiamo i più importanti:

- i **meccanocettori**: rispondono agli stimoli meccanici come pressione, vibrazione, contatto, suono ecc.; sono situati sulla pelle e negli organi dell'udito;
- i **chemiocettori**: rispondono agli stimoli chimici, cioè gli odori e i sapori; sono situati negli organi dell'olfatto e del gusto;
- i **termocettori**: rispondono alla sensazione di caldo o freddo; sono situati sulla pelle;
- i **fotorecettori**: rispondono agli stimoli della luce e consentono di riconoscere le immagini; sono situati negli organi della vista.

CLIL for SCIENCE Audio

recettore sensoriale: ***sensory receptor***
organo di senso: ***sensory organ***

Look at the picture and choose the correct answer.

What type of receptor is involved when we use our nose - the sensory organ for smell?

- ☐ thermoreceptors
- ☐ photoreceptors
- ☐ mechanoreceptors
- ☐ chemoreceptors

1 I 22 tentacoli del naso della talpa dal muso stellato, estremamente sensibili, sono ricoperti da circa centomila minuscoli recettori tattili, che le servono per identificare vermi e insetti che costituiscono il suo cibo.

Negli animali meno complessi, sono i **recettori meccanici** e **chimici** ad assumere l'importanza maggiore: per esempio i polipi dei coralli percepiscono molto bene le particelle di cibo che li sfiorano o le onde di pressione dell'acqua causate da un pesce in avvicinamento.

Negli animali più complessi prevalgono i recettori situati negli organi dei cinque sensi: vista, udito, olfatto, gusto, tatto.

La loro importanza, tuttavia, non è uguale in tutti gli animali: la vita di alcune specie è dominata dal senso dell'olfatto (per esempio il cane), in altre da quello della vista (per esempio l'aquila), in altre ancora da quello del tatto (per esempio la talpa dal muso stellato 1).

Alcuni fotorecettori

Per comprendere quanto varia la sensibilità delle diverse specie animali verso differenti stimoli, prendiamo come esempio lo stimolo luminoso. Alcuni organismi, come le spugne, non possiedono alcun fotorecettore, altri hanno invece occhi perfettamente sviluppati come i nostri.
Esistono però anche tanti stadi intermedi.

In alcuni vermi piatti, per esempio, si trovano le **macchie oculari** ■2, costituite da cellule in grado di cogliere solo la differenza tra luce e buio, ma non di riconoscere le immagini.

Un tipo di occhio ben sviluppato, anche se molto diverso dal nostro, è l'**occhio composto**, presente in molti insetti. Gli occhi composti sono costituiti da numerosi **ommatidi**, piccoli occhi che registrano ciascuno solo una porzione dell'immagine ■3: sarà poi il cervello a riunire, come in un puzzle, tutte le porzioni in modo che l'animale veda l'immagine intera.

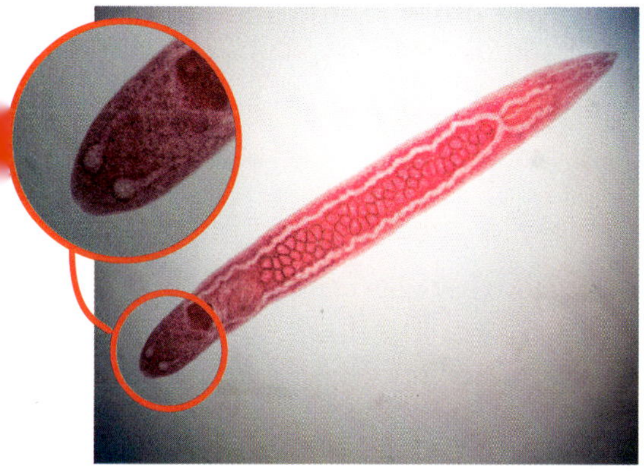

■2 Trematode con macchie oculari.

■3 Nel tafano gli ommatidi possono arrivare a decine di migliaia per ciascun occhio.

Curiosità

SUPER-SENSI!

Alcuni animali sono in grado di percepire stimoli che a noi sfuggono, come ultrasuoni, luce ultravioletta o emanazioni di sostanze odorose in minima quantità.
I pipistrelli, per esempio, sono in grado di percepire e di produrre ultrasuoni e utilizzano questa capacità al posto della vista per catturare le proprie prede. I maschi di molte specie di farfalle vengono attratti dall'odore delle femmine anche a kilometri di distanza!

■4

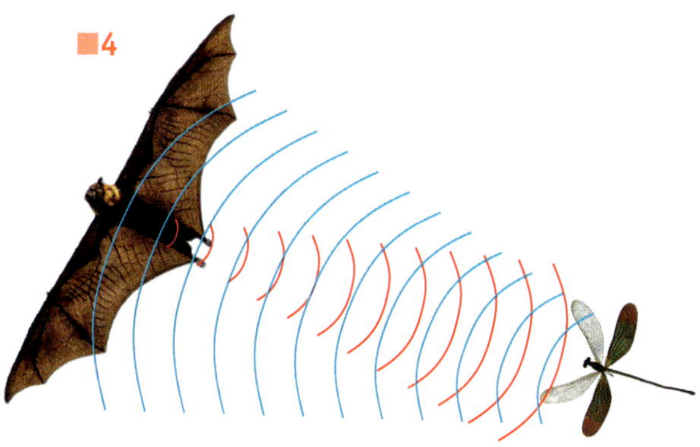

■5

Con metodo

Analizzo il testo

1. Con quali cellule gli animali riescono a percepire gli stimoli esterni? Sottolinea la risposta nel testo.
2. Quali recettori prevalgono negli animali meno complessi?

Comprendo il testo

3. Completa le frasi.
   - **a** I recettori sono collegati a un sistema che raccoglie le .... (sistema ....) e a una centrale che coordina le reazioni, il ....
   - **b** Gli .... che partono dai recettori arrivano alla "centrale" che li elabora e produce una ....
   - **c** Nelle specie più semplici i recettori si trovano su tutto il ...., in quelli più complessi sono raggruppati in ...., ciascuno specializzato a recepire uno stimolo: gli organi di ....

Lavoro sulle immagini

4. Qual è il senso più sviluppato negli animali rappresentati? Scrivilo sotto a ognuna di essi.

falco: ....

marmotta: ....

lepre: ....

kiwi: ....

Collaboro

5. In classe, a **gruppi di tre**, preparate un breve elenco di animali che conoscete. Per ciascuno di essi ipotizzate quali siano i sensi più sviluppati e perché. Confrontate il vostro lavoro con quello degli altri gruppi e infine, insieme all'insegnante, verificate la correttezza delle vostre ipotesi.

5 La nutrizione negli animali

Audio

Gli animali si nutrono di altri organismi e hanno un apparato digerente più o meno complesso

Gli animali sono eterotrofi: a differenza delle piante, si nutrono infatti di altri organismi.

Nutrirsi è una funzione di primaria importanza per la sopravvivenza.

Alcuni animali si nutrono solo di sostanze liquide: è il caso della farfalla, che succhia il nettare dei fiori ■1 o del pipistrello vampiro, che lecca il sangue delle sue “vittime” ■2.

Per la maggior parte, però, gli animali assumono il proprio alimento in forma solida. In generale si parla di **erbivori**, o meglio **fitòfagi**, quando si nutrono di vegetali, e di **carnivori** quando si nutrono di altri animali.

Un'altra categoria è quella dei **sapròfagi**, che si nutrono di residui di altri organismi morti. Chi si nutre indifferentemente di animali o vegetali viene detto **onnivoro**, come per esempio le scimmie.

Parole di scienze

fitòfago: dal greco *phyton* = pianta + *phàgein* = mangiare.
sapròfago: dal greco *sapròs* = putrido + *phàgein* = mangiare.

Contenuto integrativo

■1 L'apparato boccale della farfalla, detto *spirotromba*, è come una cannuccia che può venire avvolta a spirale o estesa quando la farfalla succhia il nettare.

■2 Il pipistrello vampiro (*Desmodus rotundus*) lecca il sangue dopo aver bucato la pelle. La “vittima” non subisce alcun danno.

Diete specializzate

Esistono animali che si nutrono esclusivamente di un cibo particolare. Si dice che sono “specializzati”, e se quell'alimento viene a mancare essi non riescono a sopravvivere. Il panda è uno di questi animali: ha come unica fonte di cibo le piante di bambù, e oggi è in forte pericolo di estinzione. Purtroppo, infatti, in alcune zone della Cina le foreste di bambù, un tempo molto estese, si stanno riducendo a causa delle attività umane, e con esse l'ambiente naturale del panda. Anche il formichiere ha una **dieta specializzata**: con il suo muso appuntito non riuscirebbe a nutrirsi d'altro che di formiche e termiti, che cattura infilando la lunga lingua appiccicosa nelle loro tane.

■3

CLIL for SCIENCE Audio

nutrizione: ***nutrition***
erbivoro: ***herbivore***
carnivoro: ***carnivore***
onnivoro: ***omnivore***

Look at the picture and answer the question.
What do we call animals that only eat plants?

....

Nell'ambiente acquatico sono numerosissimi i cosiddetti **filtratori**: ostriche e vongole, per esempio, aspirano l'acqua che poi espellono, dopo aver trattenuto le particelle alimentari in sospensione. Un altro modo di nutrirsi consiste nell'ingoiare bocconi grossi interi, grazie a una bocca grande e dilatabile, come nel caso dei serpenti e di molti pesci: tali animali sono detti **ingoiatori** 4. Infine ci sono i **masticatori**, cioè animali in grado di "macinare" il cibo, grazie a strutture boccali come per esempio mascelle e denti 5.

4 Questo serpente del grano, come tutti i serpenti, può mangiare in un solo boccone prede anche più grandi di lui.

5 Un gibbone strappa con i denti la dura buccia di un frutto.

L'apparato digerente

Le parti del corpo che servono a digerire e ad assorbire il cibo formano l'**apparato digerente**. Il cibo solido viene inizialmente sminuzzato, scomposto in sostanze chimiche più semplici e reso totalmente liquido (**digestione**): segue l'**assorbimento** delle sostanze nutritive, che a questo punto sono pronte per essere trasportate a tutte le cellule.

Negli animali più semplici, come le meduse, le spugne o i vermi piatti, l'apparato digerente è **sacciforme** 6a, cioè è una semplice cavità a forma di sacco con un'unica apertura, che serve sia a far entrare il cibo, sia a espellere gli scarti. All'interno della cavità il cibo viene digerito.

In tutti gli altri animali, invece, l'apparato digerente è a forma di tubo (**tubo digerente**), con due aperture: la **bocca**, per l'introduzione del cibo, e l'**ano**, per l'eliminazione delle sostanze di scarto, sotto forma di escrementi 6b. Nelle forme più complesse il tubo digerente si differenzia in diversi organi specializzati: **esofago**, **stomaco** per la digestione e **intestino** per l'assorbimento; altri organi accessori, come **fegato** e **pancreas**, contribuiscono al processo digestivo.

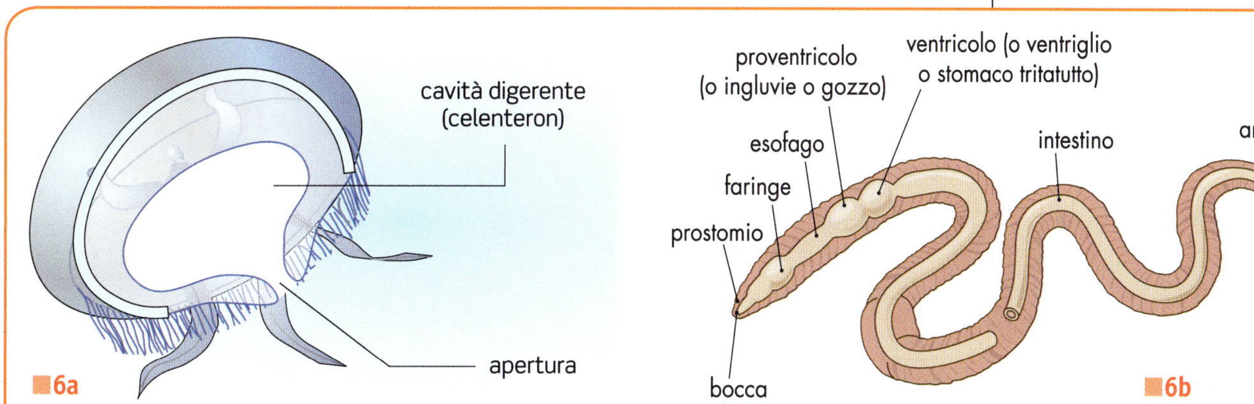

6 Intestino sacciforme di medusa 6a e intestino tubulare di lombrico 6b.

Con metodo

Analizzo il testo

1. Evidenzia con colori diversi come si classificano gli animali in base al tipo di alimenti di cui si nutrono.

Comprendo il testo

2. Rispondi.
- **a** Quali sono le funzioni dell'apparato digerente degli animali?
- **b** Qual è la differenza tra l'apparato digerente degli animali più semplici e quello degli animali più complessi?

3. Gli animali che si nutrono di residui di organismi morti sono definiti:
- ☐ saprofagi ☐ saprofiti

4. I vegetali rientrano nella dieta di:
- ☐ erbivori e filtratori
- ☐ erbivori e onnivori

5. L'apparato digerente della medusa possiede
- ☐ due aperture ☐ un'apertura

6. Negli animali più complessi l'apparato digerente si differenzia in:
- ☐ stomaco per la digestione ed intestino per l'assorbimento
- ☐ stomaco per la digestione e fegato per l'assorbimento

Collaboro

7. In classe, preparate un breve elenco di animali che conoscete, alcuni semplici e altri complessi, e ipotizzate come potrebbe essere il loro apparato digerente. Esponete le vostre idee e verificate le vostre ipotesi con l'insegnante.

6 La respirazione negli animali

Audio

Gli animali respirano immettendo nell'organismo ossigeno ed eliminando anidride carbonica

La maggior parte delle cellule, comprese quelle animali, sono **aerobie**, ovvero hanno bisogno di ossigeno per compiere le proprie funzioni vitali.
Anche in un animale molto grande, il cui corpo può essere formato da miliardi di cellule, ciascuna di esse deve ricevere la giusta quantità di ossigeno. L'animale provvede a questa funzione con la **respirazione**.
Gli animali acquatici utilizzano l'ossigeno disciolto nell'acqua, quelli terrestri quello presente nell'aria; questo gas viene poi trasportato a tutte le cellule, in vari modi.

Negli animali a organizzazione molto semplice e di piccole dimensioni, sono le cellule superficiali, direttamente a contatto con l'ambiente esterno, a ricavarne l'ossigeno e a introdurlo nell'organismo **per diffusione**, senza sviluppare alcun tipo di apparato respiratorio 1.

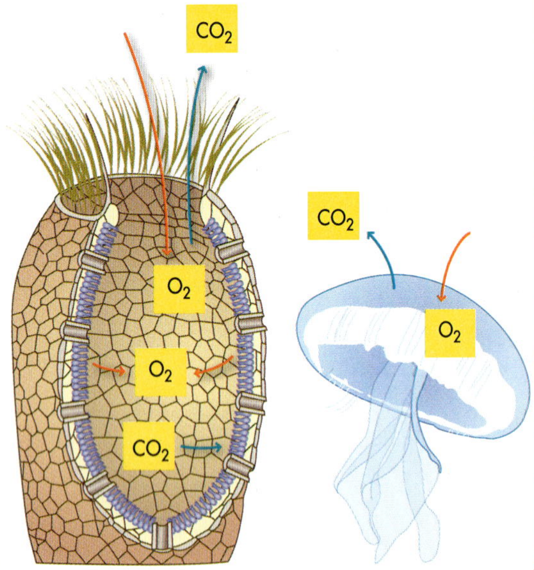

1 Scambi gassosi nella spugna (poriferi) e nella medusa (celenterati).

Negli animali di dimensioni maggiori è presente, invece, un vero e proprio **apparato respiratorio**, con organi specializzati, che possiedono una **superficie di scambio gassoso** più o meno estesa.
La respirazione avviene proprio attraverso questa superficie, dove l'ossigeno entra nell'organismo, e l'anidride carbonica, il gas di scarto, viene espulsa.
La superficie di scambio può essere estroflessa, cioè rivolta verso l'esterno, o introflessa, cioè rivolta verso l'interno:

- **sono estroflesse le branchie**, sottili lamelle a contatto con l'acqua, da cui assorbono l'ossigeno. Possiedono branchie i pesci 2, ma anche le larve degli anfibi e la maggior parte degli invertebrati acquatici;

Contenuto integrativo

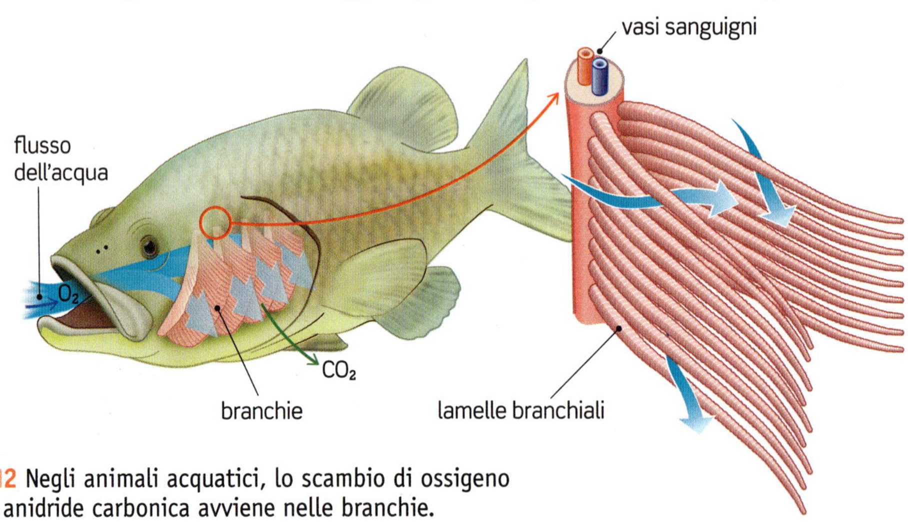

2 Negli animali acquatici, lo scambio di ossigeno e anidride carbonica avviene nelle branchie.

Ricorda

Le cellule, grazie all'**ossigeno** introdotto dall'esterno, scompongono uno **zucchero** (il glucosio), ottenendo così l'**energia** necessaria per svolgere le proprie funzioni. Questo processo si chiama **respirazione cellulare.**

La **diffusione** è il meccanismo con cui le molecole gassose, come l'**ossigeno** e l'**anidride carbonica**, entrano ed escono liberamente dalla cellula attraversando la membrana plasmatica.

- **sono introflessi le trachee e i polmoni**, strutture che traggono l'ossigeno dall'aria. Le **trachee**, tipiche di ragni e insetti, sono una rete di tubicini che attraversano tutto il corpo e si aprono con fori verso l'esterno. Attraverso i fori delle trachee l'ossigeno arriva direttamente alle cellule ■3. I **polmoni** hanno una forma a sacco e una superficie di scambio gassoso molto grande: sono tipici dei vertebrati, ma anche di molluschi come le chiocciole ■4. Prima di arrivare nei polmoni l'aria attraversa una serie di altri organi: la *trachea* (da non confondere con le trachee, organi respiratori degli insetti), e le sue ramificazioni, i *bronchi* e i *bronchioli*. L'insieme di questi organi costituisce l'**apparato respiratorio**.

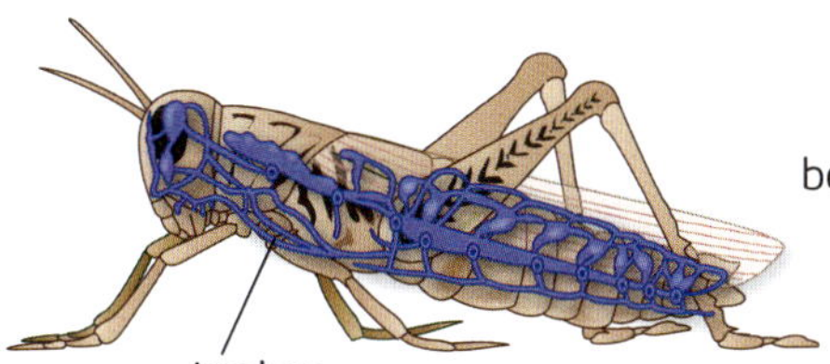

■3

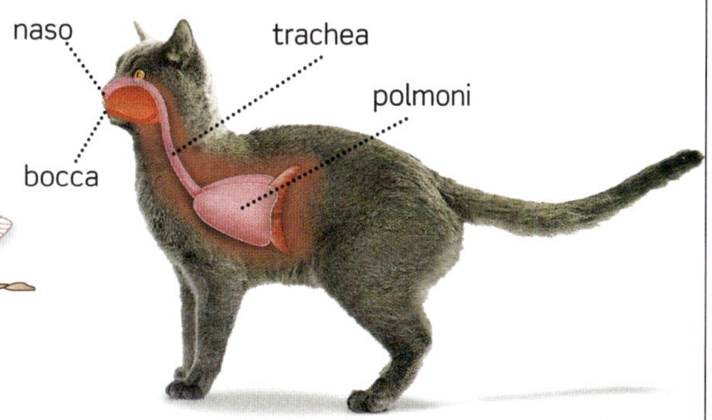

■4a

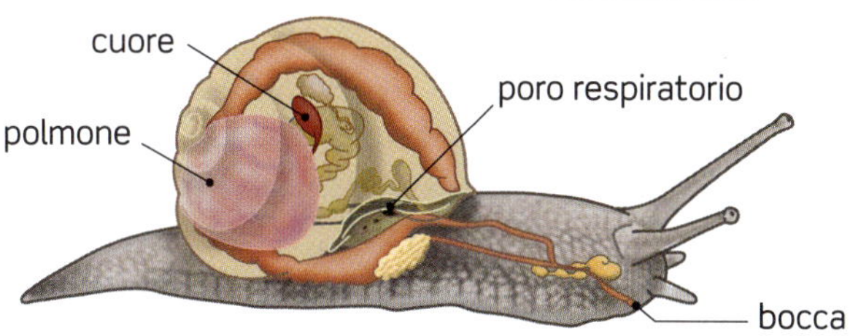

■4b

■5 Le larve acquatiche delle effimere, insetti noti per la breve vita degli adulti, possiedono branchie che sporgono ai lati del corpo. Simili a piccoli ventagli, vengono continuamente agitate per creare un flusso di acqua fresca.

La respirazione volontaria dei cetacei

Normalmente la respirazione è un atto automatico: noi, per esempio, respiriamo senza pensarci anche durante il sonno e per trattenere il respiro dobbiamo farlo di proposito. Per qualcuno è il contrario: i cetacei, come delfini, balene e orche, pur vivendo in acqua, respirano aria. Per loro la respirazione è un atto volontario, ovvero devono "decidere" di respirare. Alcune specie possono rimanere immerse senza respirare fino a due ore prima di risalire in superficie.
E quando dormono che cosa succede? In realtà essi dormono solo con metà cervello alla volta, l'altra metà rimane sveglia per non dimenticarsi di respirare!

■6

Con metodo

Analizzo il testo

1. Evidenzia con colori diversi le modalità con le quali gli organismi più semplici e quelli più complessi trasportano l'ossigeno alle cellule.

Comprendo il testo

2. Rispondi.
   - **a** In che modo respirano gli animali invertebrati molto semplici e di piccole dimensioni?
   - **b** Qual è il nome della superficie di scambio estroflessa?
   - **c** Qual è il nome della superficie di scambio introflessa?
3. Completa.
   - **a** Le cellule degli .... hanno bisogno di ossigeno per compiere le reazioni vitali.
   - **b** Attraverso le .... l'ossigeno viene assorbito dall'acqua.
   - **c** Le trachee possiedono dei .... verso l'esterno attraverso i quali entra l'ossigeno.
   - **d** I .... offrono una superficie di scambio gassoso molto estesa. Sono tipici dei ....

7 La circolazione negli animali

Audio

I nutrienti e l'ossigeno raggiungono tutte le cellule del corpo tramite l'apparato circolatorio

Come abbiamo visto, gli animali si nutrono e respirano, due funzioni essenziali per introdurre nell'organismo le sostanze e l'ossigeno di cui hanno bisogno per vivere.
Sia le **sostanze nutritive** sia l'**ossigeno** devono raggiungere tutte le cellule e ciò avviene in modi molto differenti nelle diverse specie.

Negli animali più semplici, i nutrienti e l'ossigeno passano direttamente per **diffusione** dalle cellule che li hanno assorbiti a tutto il resto del corpo.
Quando invece l'organismo animale è più complesso, è necessario un vero e proprio **apparato circolatorio**, costituito da una rete di canali, i **vasi**, che si diramano in tutto il corpo. In questi canali scorre un liquido che contiene le sostanze da distribuire.
Negli **invertebrati** marini questo liquido ha una composizione simile all'acqua e prende il nome di **idrolinfa**. Negli insetti è chiamato **emolinfa**, e di solito è incolore, ma in alcuni casi è gialla, rossa o verdastra.
Nei **vertebrati**, infine, si chiama **sangue**.

Il motore della circolazione è il **cuore** che, come una pompa, spinge l'emolinfa o il sangue nei vasi. Il cuore è un **muscolo involontario**, cioè funziona senza che intervenga la volontà dell'individuo e ininterrottamente per tutta la durata della vita.

L'apparato circolatorio può essere **aperto** o **chiuso**.

- È un apparato aperto, per esempio, quello degli insetti, nei quali l'emolinfa scorre nei vasi solo per una parte del percorso, mentre in alcuni punti essa si sparge, entrando in contatto diretto con gli organi ■1. Dopo aver attraversato tutto il corpo, l'emolinfa si raccoglie in una cavità, detta **cavità pericardica**, e qui viene aspirata dal cuore che la rimette in circolo.

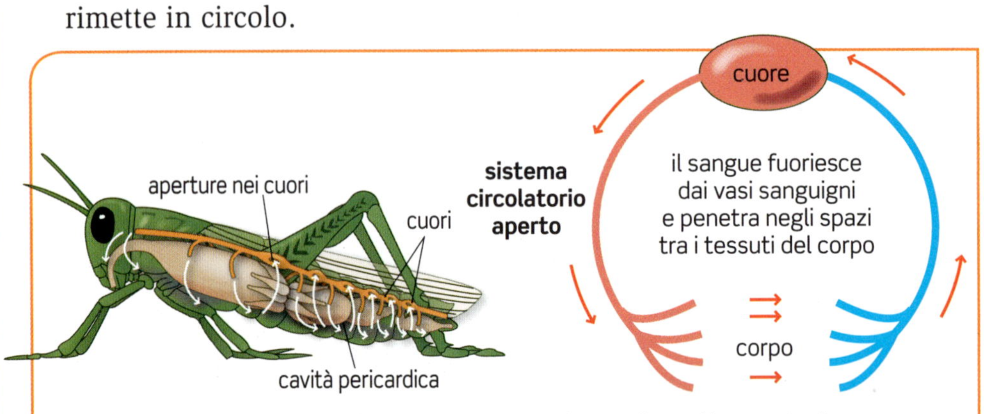

■1 Un esempio di sistema circolatorio aperto. Nella cavalletta il cuore è allungato e munito di numerose aperture, attraverso cui viene aspirata l'emolinfa.

Parole di scienze

invertebrati: termine improprio che indica tutti gli animali sprovvisti di colonna vertebrale (per esempio vermi, spugne, molluschi, insetti...)
vertebrati: gruppo di animali provvisti di colonna vertebrale (per esempio uccelli, mammiferi, rettili...)

Curiosità

In figura puoi vedere l'emolinfa rossa, espulsa volontariamente da questo coleottero del genere *Timarcha*, che non a caso è chiamato "sputasangue". Infatti, se viene toccato, esso emette per difesa goccioline di emolinfa che contengono sostanze tossiche repellenti per gli altri animali.

■2

- È un apparato chiuso, invece, quello dei vertebrati 3: il sangue scorre solo all'interno dei vasi, le **arterie**, le **vene** e i **capillari**, i vasi più sottili di tutti, dove avviene il passaggio nelle cellule delle sostanze nutritive e dell'ossigeno.

3 Un esempio di sistema circolatorio chiuso.

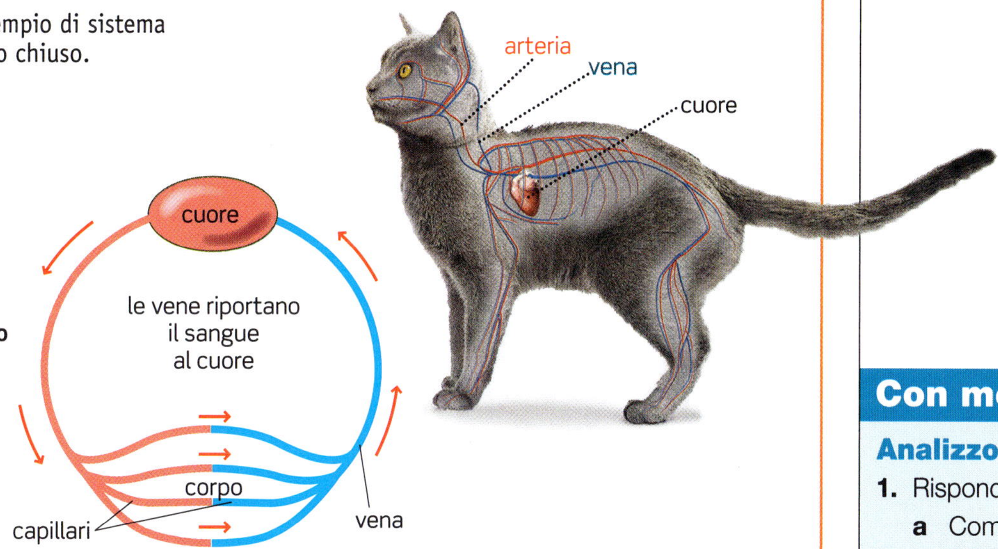

L'eliminazione delle sostanze di rifiuto

L'emolinfa e il sangue, nel proprio percorso, raccolgono anche le sostanze di scarto dell'attività cellulare, che possono essere tossiche per l'organismo.
Nella respirazione cellulare, la sostanza di rifiuto è l'**anidride carbonica**; nella digestione sono i **composti azotati** e i **sali minerali in eccesso**, che l'organismo non ha assimilato.

Nella maggior parte degli animali esistono anche organi preposti all'eliminazione degli scarti, chiamati **sistemi escretori**.
In molti invertebrati, i sistemi escretori sono i **nefridi**, semplici canali in cui si raccolgono le sostanze da espellere, e che sboccano direttamente all'esterno o si svuotano nell'intestino 4.
Nei vertebrati i nefridi si organizzano in organi molto più complessi, i **reni**, che si comportano come dei filtri.
Passando attraverso i reni, il sangue viene purificato e rientra nella circolazione, mentre le sostanze di rifiuto disciolte nell'acqua formano un liquido particolare, l'**urina**, che verrà espulso all'esterno.

4 Il sistema escretore in una planaria.

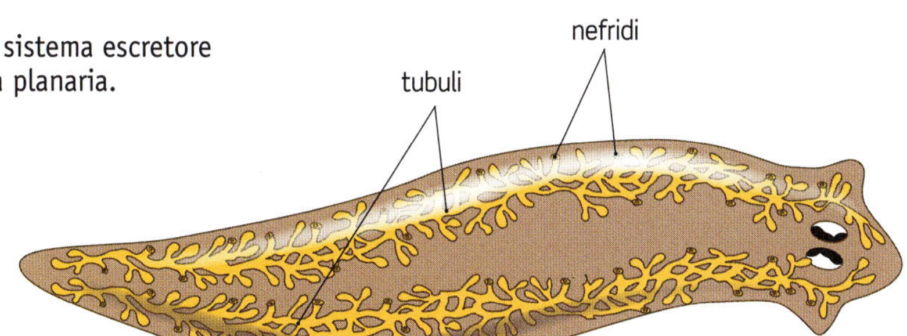

Con metodo

Analizzo il testo

1. Rispondi.
  a Come si chiama il liquido che scorre negli invertebrati marini?
  b Come si chiama il liquido che scorre negli insetti?
  c Qual è il nome del muscolo involontario che trasporta i liquidi presenti negli invertebrati o nei vertebrati?

Comprendo il testo

2. Nell'apparato circolatorio aperto:
- ☐ l'emolinfa in alcuni punti si sparge uscendo dai vasi e si raccoglie in una cavità
- ☐ l'emolinfa esce dal corpo dell'animale

3. I capillari, le arterie e le vene formano l'apparato circolatorio:
☐ aperto ☐ chiuso

4. Le sostanze di rifiuto nei vertebrati si raccolgono in strutture chiamate:
☐ nefridi ☐ reni

5. Il liquido che contiene le sostanze di rifiuto dei vertebrati si chiama:
☐ urina ☐ linfa

Collaboro

6. In classe, preparate un breve elenco di animali che conoscete, alcuni semplici e altri complessi e ipotizzate come potrebbe essere il loro sistema circolatorio e il loro apparato escretore. Esponete le vostre idee e verificate le vostre ipotesi con l'insegnante.

Erickson

L'organizzazione corporea degli animali

Come sono organizzati gli animali?

Paragrafo 1

Gli animali hanno un'organizzazione del corpo molto complessa: nel paragrafo trovi la descrizione della loro struttura; leggi con attenzione la tabella e i due sottoparagrafi.
Poi schematizza le informazioni in uno schema come questo.

livelli di organizzazione cellulare
- ....
- ....
- ....

simmetria
- .... → esempio: ....
- .... → esempio: ....
- .... → esempio: ....

Quali sono e come si caratterizzano i sistemi di sostegno?

Paragrafo 2

Questo paragrafo spiega come la locomozione avvenga grazie ai muscoli e sia possibile perché questi sono collegati a un sistema di sostegno, lo scheletro. Vengono poi descritti tre tipi di scheletro. Per ogni tipologia scrivi il nome, una breve spiegazione e un esempio di un animale che possiede quel tipo di scheletro.

1. ....: ....
2. ....: ....
3. idroscheletro: ....

Le funzioni vitali degli animali

Come si sviluppa un embrione?

Paragrafo 3

Nei box del sottoparagrafo "Lo sviluppo dell'embrione" viene descritto come si può sviluppare l'embrione dopo la fecondazione. Usa la tabella per rendere più chiare le informazioni.

	specie	descrizione
sviluppo embrionale	....	....
	....	....
	ovovivipari	....

Quali informazioni raccolgono i recettori sensitivi?

Paragrafo 4

I recettori sono collegati al sistema nervoso, che trasmette le informazioni ricavate dagli impulsi al cervello. Nell'elenco puntato trovi elencati i diversi tipi di recettori. Completa la tabella.

tipi di recettori sensitivi	
meccanocettori	Rispondono agli stimoli meccanici, come pressione, vibrazione, contatto. Sono situati sulla pelle e negli organi adibiti all'udito.
....	....
....	....
....	....

Come si nutrono gli animali?

Paragrafo 5

Il paragrafo 5 spiega come gli animali, organismi eterotrofi, ricavano energia dal cibo attraverso l'apparato digerente. Completa il testo dopo aver letto e sottolineato le informazioni più importanti.

Gli animali che si nutrono di vegetali si chiamano .... o .... I .... si nutrono, invece, di altri animali. Gli animali che si nutrono di residui di altri animali si chiamano .... Chi si nutre sia di piante che di altri animali si chiama .... Nell'ambiente acquatico ci sono animali ...., come ostriche e vongole. Gli animali che, come l'uomo, macinano il cibo nella bocca si dicono .... La digestione avviene nell'.................................... ...., dove il cibo solido sminuzzato, scomposto in sostanze chimiche più semplici e reso liquido viene .... Nelle meduse è ...., mentre in altri animali è a forma di tubo, detto ...., che ha due aperture verso l'esterno, la bocca e l'ano; nelle forme più complesse è formato da esofago, ..., ..., ... e pancreas.

Come si procurano l'ossigeno gli animali e come raggiungono tutto il corpo i nutrienti e l'ossigeno?

Paragrafi 6-7

Gli animali ricavano ossigeno per le funzioni cellulari con la respirazione, che avviene in organi specializzati di due tipi, come viene spiegato nel paragrafo 6: organizza le informazioni nella parte sinistra della tabella. Ossigeno e sostanze nutritive vengono poi portati in tutto il corpo dall'apparato circolatorio, anch'esso di due tipi: leggi il paragrafo 7 e inserisci le informazioni nella parte destra della tabella.

apparato respiratorio		apparato circolatorio	
superficie estroflessa	....	....	....
....	....	**chiuso**	....

Mi preparo all'interrogazione

Contenuti multipli

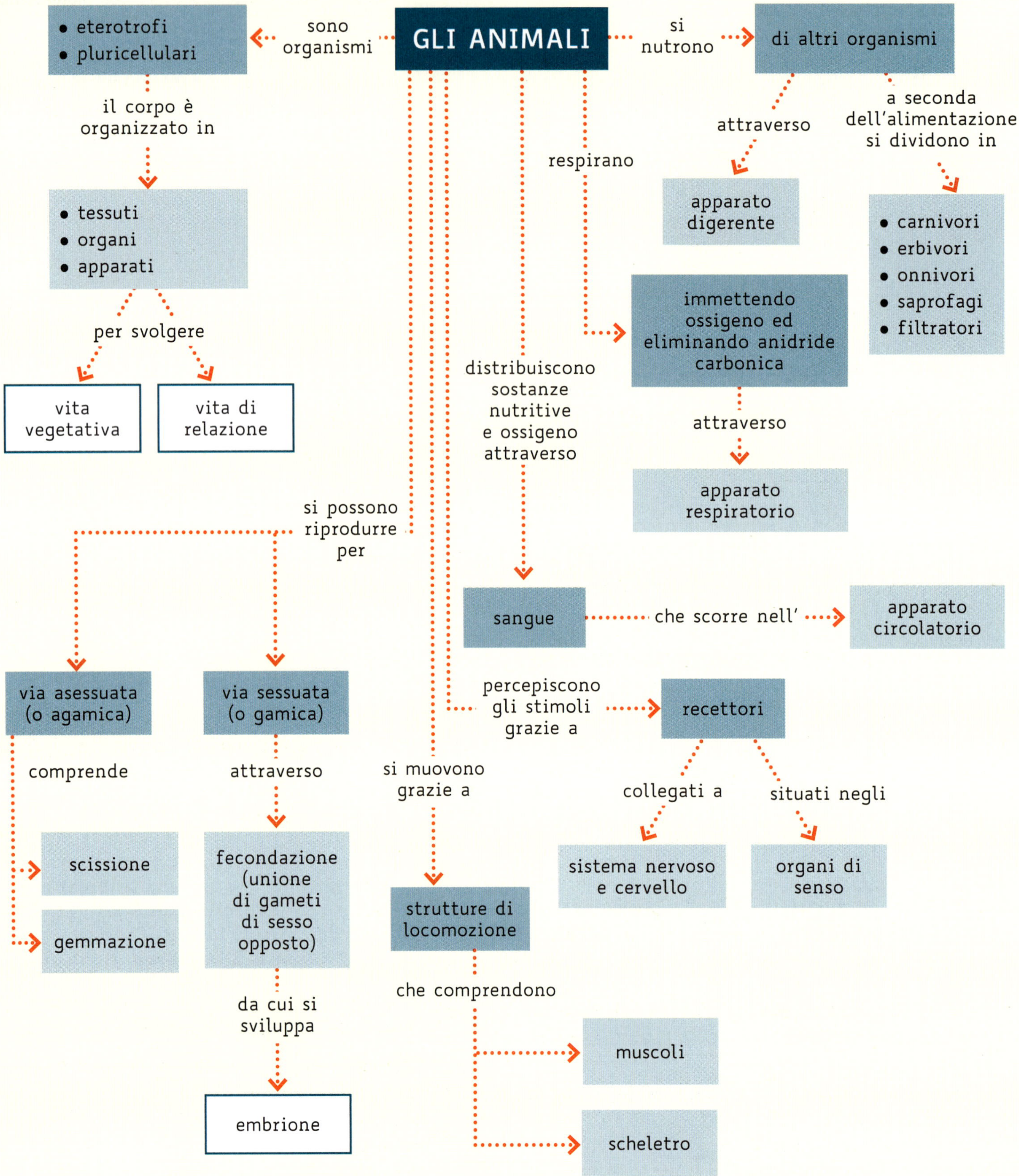

verifica

Verifica interattiva

CONOSCO

1 Completa le seguenti frasi scegliendo tra i termini elencati.

muscoli • scheletro • gemmazione • protuberanza • corpo • fecondazione • zigote • esternamente • interno • semplici • eucarioti • cellulare • sensitive • cervello • nervoso • sessuata • vegetativa • respirare • relazione • muoversi • locomozione • riprodursi • climatici • senso • sacciforme • digerente • vasi • cuore • asessuata • diffusione • scissione • trasversale

a Gli animali sono organismi ...., pluricellulari ed eterotrofi; la loro riproduzione avviene per via .... o .... Hanno diversi livelli di organizzazione ....

b Le funzioni della vita .... sono per esempio .... e nutrirsi, riprodursi; le funzioni della vita di .... sono per esempio ...., ricevere gli stimoli e reagire a essi

c La capacità di muoversi degli animali è detta ....; questa capacità ha permesso loro di cercare il posto migliore per nutrirsi e .... o reagire ai cambiamenti ....

d Gli animali più sviluppati si muovono con organi detti ...., collegati a un sistema di sostegno detto .... L'esoscheletro riveste .... il corpo dell'animale; l'endoscheletro sostiene il corpo dall'....................

e La riproduzione asessuata può avvenire per .... che può essere .... o longitudinale o per ...., con la comparsa di una .... che si separa e forma un nuovo individuo

f La fusione di un uovo e di uno spermatozoo è detta .... e genera una cellula detta ....

g Gli animali percepiscono i cambiamenti dell'ambiente attraverso particolari cellule ...., dette recettori. I recettori sono collegati a un sistema .... e a una centrale (............................) che elabora la risposta

h I recettori sono distribuiti in tutto il .... negli animali più ....; negli animali più complessi sono raggruppati negli organi di ....

i Negli animali meno complessi l'apparato digerente è ....; negli altri animali è a forma di tubo, detto tubo ....

l Negli animali più semplici l'ossigeno e i nutrienti passano alle cellule per ....; se l'animale è più complesso vi è un apparato circolatorio con una rete di canali detti .... dove scorre un liquido spinto dal ...., che agisce come una pompa

2 INVALSI **Segna con una crocetta il completamento esatto.**

a Gli animali a simmetria raggiata:
- ☐ hanno il corpo che presenta prolungamenti detti raggi
- ☐ hanno le parti del corpo che si ripetono rispetto a un asse centrale
- ☐ hanno le parti del corpo che si ripetono rispetto a un piano
- ☐ nessuna delle tre definizioni è corretta

b La fase riproduttiva nella quale non sono prodotti gameti si dice:
- ☐ asessuata
- ☐ sessuata
- ☐ zigotica
- ☐ vegetativa

c Se i figli sono partoriti, ma si sono sviluppati in uova nel corpo della femmina si ha:
- ☐ ovoviviparità
- ☐ viviparità
- ☐ oviparità
- ☐ gemmazione

d Gli animali che si nutrono di resti di animali morti si dicono:
- ☐ erbivori
- ☐ carnivori
- ☐ saprofagi
- ☐ onnivori

e Se la superficie di scambio dei gas respiratori è introflessa si parla di:
- ☐ branchie
- ☐ polmoni
- ☐ trachee
- ☐ trachee e polmoni

f Gli invertebrati marini e i pesci respirano attraverso:
- ☐ branchie
- ☐ polmoni
- ☐ trachee
- ☐ nessuna delle tre risposte è corretta

g La fecondazione che avviene all'interno del corpo della femmina si dice:
- ☐ interna
- ☐ esterna
- ☐ sessuata
- ☐ agamica

verifica

3 Vero o falso?

a Gli animali sono organismi eucarioti, pluricellulari, autotrofi ☐V ☐F

b La riproduzione degli animali avviene solo per via sessuata o gamica ☐V ☐F

c Respirare è una funzione della vita di relazione ☐V ☐F

d Gli organismi più complessi hanno simmetria bilaterale ☐V ☐F

e Negli animali più semplici ci sono canali detti nefridi che raccolgono le sostanze da espellere ☐V ☐F

APPLICO

4 Osserva gli animali raffigurati e indica quale simmetria presenta ciascun corpo (raggiata o bilaterale).

....

....

....

....

....

....

5 Osserva gli animali raffigurati. Per ciascuno, scrivi con quale sistema respira (branchie, trachee o polmoni).

....

....

....

....

6 Giulio ha trovato un lombrico nel prato e lo vuole osservare attentamente.

Anzitutto osserva che il corpo è diviso in tanti segmenti uguali: questo fenomeno è detto ....
La simmetria dell'animale è .... in quanto ....
L'animale non possiede scheletro, ma si muove ugualmente grazie all'.......... .
Giulio ritiene che l'animale abbia un tubo digerente allungato che va dalla .... all'.......... e che il suo sistema di circolazione sia ....
Se Giulio prova a toccare con un bastoncino l'animale, questi si muove reagendo allo stimolo: il lombrico quindi ha un vero e proprio ....

7 Quali animali possiedono un apparato circolatorio aperto? Quali un apparato circolatorio chiuso? Fai degli esempi.

....
....
....
....
....
....
....

8 **Osserva le seguenti immagini di uova e collegale al nome dell'animale che, secondo te, può averle deposte.**

uccello • pesce • anfibio • tartaruga • serpente • insetto

....

....

....

....

....

....

COMPETENZE

1. Leggi il testo e rispondi.

A differenza di tutte le altre rane del mondo, questa non ha i polmoni: respira direttamente dalla pelle, come fanno alcune salamandre. Per questo motivo la *Barbourula kalimantanensis* del Borneo è divenuta una celebrità tra i biologi [...] la raganella ha tenuto nascosto il suo segreto per trent'anni, fino a quando David Bickford – un biologo della National University of Singapore – si è accorto casualmente della mancanza dei polmoni durante un normale intervento di dissezione. Tra le creature a quattro zampe, l'assenza di polmoni è una caratteristica evolutiva rarissima, che la *Barbourula* potrebbe aver sviluppato per non affogare nei torrenti freddi nei quali vive.

Queste acque sono più ricche di gas disciolti rispetto a quelle stagnanti delle paludi, e il loro flusso continuo garantisce alla rana un continuo ricambio d'ossigeno anche quando la corrente non le permette di tenere la testa fuori dall'acqua.
Questa stessa caratteristica evolutiva vincente rischia però, adesso, di provocarne l'estinzione: l'estrazione d'oro dalle miniere della zona inquina i corsi d'acqua circostanti, rendendoli anche più caldi.

[www.focus.it]

a Scrivi un possibile titolo per l'articolo che hai appena letto.
b Indica qual è la caratteristica principale che rende questa rana così particolare.
c Sottolinea i termini scientifici che hai trovato nel testo e cerca il loro significato
d Spiega per quale motivo la rana potrebbe aver sviluppato questa caratteristica.
e Per quale motivo la *Barbourula kalimantanensis* potrebbe estinguersi?

2. Calcola e ragiona.

L'animale terrestre più veloce è il ghepardo, che per brevi tratti (poche centinaia di metri) può arrivare a 120 km/h, cioè circa 33 m/s.
Se una gazzella ferita e immobile si trova a 165 metri di distanza, dopo quanto tempo all'incirca il ghepardo riuscirà a raggiungere la preda?

3. Ricerca e comunica.

Gli animali si sono adattati all'ambiente in cui vivono sviluppando diverse abilità di movimento (strisciano, corrono, nuotano, saltano...).
Fai una ricerca inserendo gli animali in categorie sulla base della modalità di movimento e comunica alla classe i risultati.

In English Verifica interattiva

4. Fill in the blanks.

liquids • animals • closed • open • vessels • fluids

Invertebrate .... can have different kinds of circulatory systems. Many invertebrates have an .... system, in which .... pass freely throughout the tissues.
All vertebrates have a .... system: their circulatory system transmits .... (blood) through a network of ....

CLIL: let's learn English

Herbivores and carnivores

Audio

Objectives

- Describe the difference between producers and consumers.

Caterina is on holiday in Namibia. She sees herds of wild animals roaming freely. She can't get closer to them because some animals are dangerous. The animals she sees are all **herbivores** – they only eat plants. Zebras and impalas eat grass, and giraffes eat the leaves of acacia trees. But there are also **carnivores** – they are hiding in the undergrowth, waiting for a chance to catch an animal to feed on. These **predators** can attack at any moment.

1 Herbivores in Africa gathering to drink.

Remember

- Herbivores get their nutrients by eating plants so they are called **consumers.**
- Plants make all their own nutrients using energy from sunlight, so they are **producers.**

Herbivores have sharp senses and they can run fast. They are hard to catch. Many carnivores hunt in packs because this helps them catch their prey. The lions in picture 2 are feasting on their largest prey – a buffalo.

When the lions are no longer hungry, they abandon the corpse of their prey. Then vultures arrive and pick the bones clean. Vultures are **scavengers**. They only eat animals that are already dead.

Herbivores get their nutrients from the plants they eat, so they are **consumers**. Plants make all their own nutrients by using energy from sunlight, so they are **producers**.

The amount of material in a plant (or any living creature) is called **biomass**. There is more biomass for herbivores to eat when there are lots of plants, especially when the plants are big. The populations of herbivores grow when there is more plant biomass to feed on.

2 Six predators and their prey.

Exercises

1. In some areas, it does not rain a lot and the soil is dry. Plants grow slowly in dry areas. What effect does this have on the herbivores?
2. What is the relationship between producers and consumers?

9 La classificazione degli animali

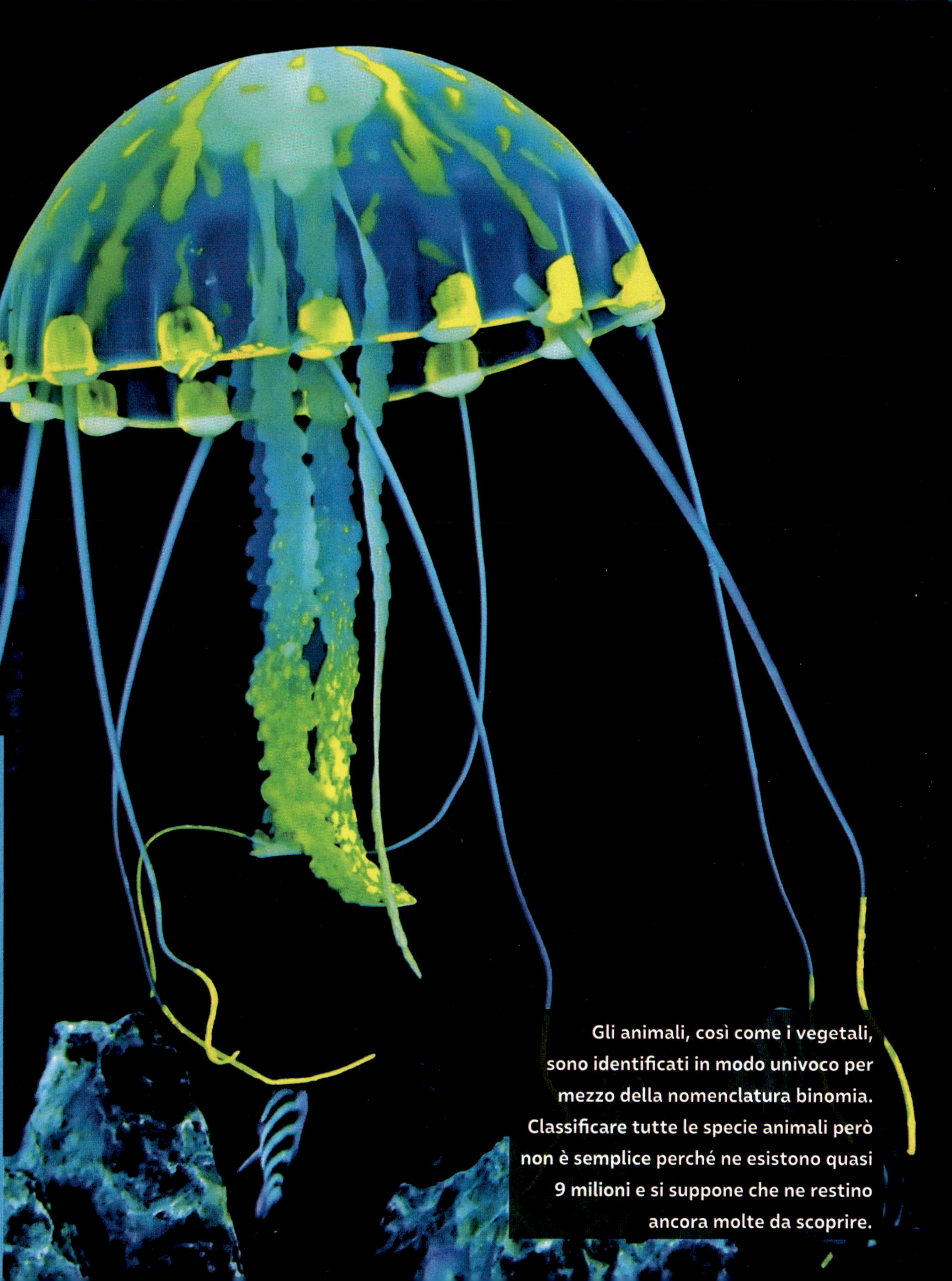

Digi **Scienze**

Contenuto integrativo

Preparati per la lezione:
- guarda la presentazione multimediale
- compila la scheda

Nelle prossime pagine troverai altri contenuti digitali

Allegato scaricabile

Contenuto integrativo

Audio

Verifica interattiva

Gli animali, così come i vegetali, sono identificati in modo univoco per mezzo della nomenclatura binomia. Classificare tutte le specie animali però non è semplice perché ne esistono quasi 9 milioni e si suppone che ne restino ancora molte da scoprire.

1 Le specie animali

Audio

Il regno Animali comprende diversi milioni di specie

Curiosità

I coanoflagellati sono organismi unicellulari il cui corpo è molto simile alle cellule delle spugne, gli animali più semplici. Essi hanno la tendenza a riunirsi in colonie dove gli organismi collaborano per il benessere di tutti. Potrebbero essere gli antenati delle spugne?

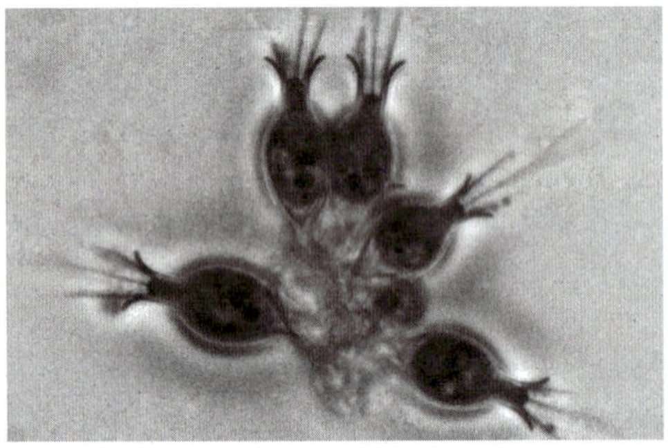

Abbiamo studiato che il regno Animali comprende tutti gli organismi che:

- sono **pluricellulari**;
- sono **eterotrofi**;
- **si muovono** (almeno in uno stadio della loro vita);
- **producono gameti** (ma molti gruppi hanno anche riproduzione asessuata).

Secondo gli zoologi, la lunga storia evolutiva degli animali risale a più di 700 milioni di anni fa.

Il gruppo sarebbe derivato da un antenato unicellulare che, presentando la tendenza a raggrupparsi in colonie, avrebbe portato alla comparsa di strutture pluricellulari.

Oggi gli animali sono diffusi in tutti gli ambienti e possono presentare diversi livelli di complessità.

È difficile fare una stima corretta del numero di specie animali oggi esistenti: tuttavia biologi e zoologi ritengono verosimilmente che oggi vivano sulla Terra circa 8,7 milioni di specie animali.

Per gli scienziati moltissime di esse sono ancora da scoprire e studiare 1 e per questo motivo la classificazione degli animali è in continuo aggiornamento. Il regno Animali comprende più di 20 *phyla*, la maggior parte dei quali vive in ambiente marino ed è per lo più sconosciuta e oggetto di studio solo dei biologi.

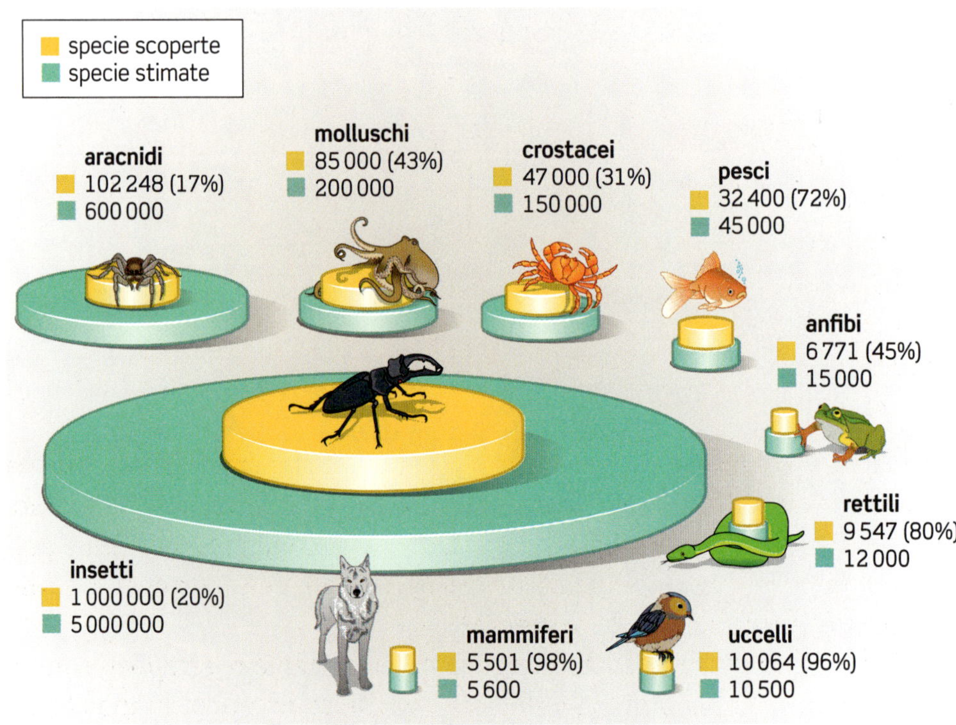

1 Fonti: IUCN; Arthur D. Chapman, Australian Biodiversity Information Services. Dati di National Geographic, maggio 2013.

Non sbagliare anche tu...

Se chiedi a qualcuno di dirti il primo animale che gli viene in mente, quasi certamente ti farà il nome di un vertebrato, e probabilmente di un mammifero. Eppure, come puoi vedere nella fig. 1, gli insetti da soli rappresentano la percentuale di gran lunga più alta fra le specie conosciute, seguiti da altri invertebrati: i mammiferi rappresentano la percentuale più esigua!

I *phyla* del regno Animali più noti sono:

- **poriferi**;
- **celenterati**;
- **platelminti**;
- **nematodi**;
- **anellidi**;
- **molluschi**;
- **artropodi**;
- **echinodermi**;
- **cordati**.

Nel *phylum* **cordati** sono inclusi tutti gli animali che sviluppano la **corda dorsale**, una struttura elastica che corre lungo tutto il dorso e che ha funzioni di sostegno; tra i cordati, gli animali che sviluppano una vera e propria colonna vertebrale (formata da ossa articolate dette *vertebre*) attorno alla corda dorsale sono detti **vertebrati**.
Gli altri 8 *phyla* illustrati sopra vengono comunemente raggruppati sotto il termine non scientifico di "invertebrati", anche se non presentano alcuna caratteristica specifica comune, se non quella di essere "non cordati" e quindi "non vertebrati".

Con metodo

Analizzo il testo

1. Evidenzia le caratteristiche che contraddistinguono il regno Animali.
2. Quante sono le specie animali fino a oggi conosciute? Sottolinealo nel testo.

Comprendo il testo

3. Rispondi.
   a Quali sono i nove *phyla* più noti del regno Animali?
   b Che cosa è la corda dorsale?
4. Completa.
   a I cordati sono animali che hanno sviluppato una .... dorsale; se tale corda viene racchiusa da .... articolate, prende il nome di .... vertebrale
   b I .... possiedono la colonna vertebrale; gli .... hanno altre strutture di ....

2 I poriferi e i celenterati

Audio

I poriferi e i celenterati sono gli animali con la struttura più semplice

Parole di scienze

celenterati: dal greco *celénteron* = cavità.
cnidari: dal greco *knidé* = ortica.

I poriferi

I poriferi, comunemente noti con il nome di **spugne** 1, sono gli animali più semplici e vivono in ambiente acquatico, per lo più marino. Da adulti hanno vita sessile, restando ancorati a rocce sommerse. Il loro corpo è privo di simmetria e ha l'aspetto di un vaso completamente perforato da **pori**, (da cui il nome del *phylum*), con una grande apertura sulla sommità, l'**osculo**.

La parete del loro corpo è costituita da uno strato esterno di cellule piatte, con funzione protettiva, mentre all'interno sono presenti particolari cellule dotate di flagello, i **coanociti**.

Agitando insieme i propri flagelli, i coanociti generano un flusso d'acqua, che dall'esterno entra nella cavità centrale della spugna attraverso i pori; l'acqua porta con sé l'ossigeno e i microrganismi che l'animale filtra per nutrirsi, per poi uscire attraverso l'osculo.

Respirazione e nutrizione avvengono dunque per **diffusione** tra le cellule, attraverso la loro membrana.

Tra i due strati di cellule, quelle esterne piatte e i coanociti, sono presenti le **spicole**, microscopiche strutture rigide, spesso appuntite, che danno sostegno all'organismo e hanno anche funzione di difesa. Le spugne si riproducono sia per via asessuata, per **gemmazione**, sia per **via sessuata**: dalla fecondazione dell'ovulo si forma un embrione, che si sviluppa in larva. La larva si muove libera nell'acqua, finché trova un punto sul fondale dove fissarsi e inizia così la sua vita da adulto sessile 3.

1 Spugne sulla barriera corallina.

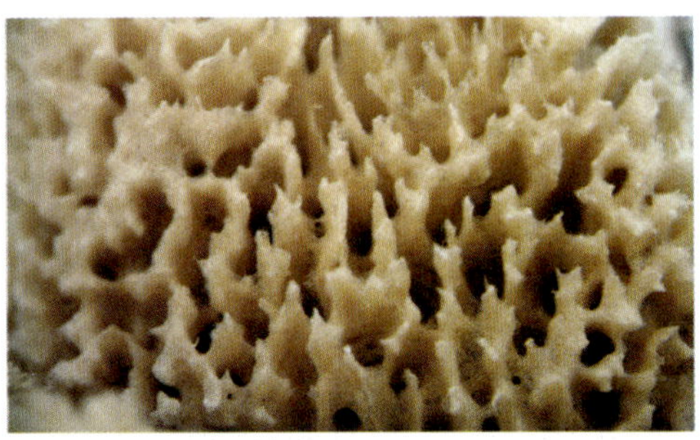

2 La "spugna da bagno" è costituita da spicole di **spongina**, una proteina che, se bagnata, acquista morbidezza: per questo è assai apprezzata per l'igiene e la cura della persona fin dall'antichità.

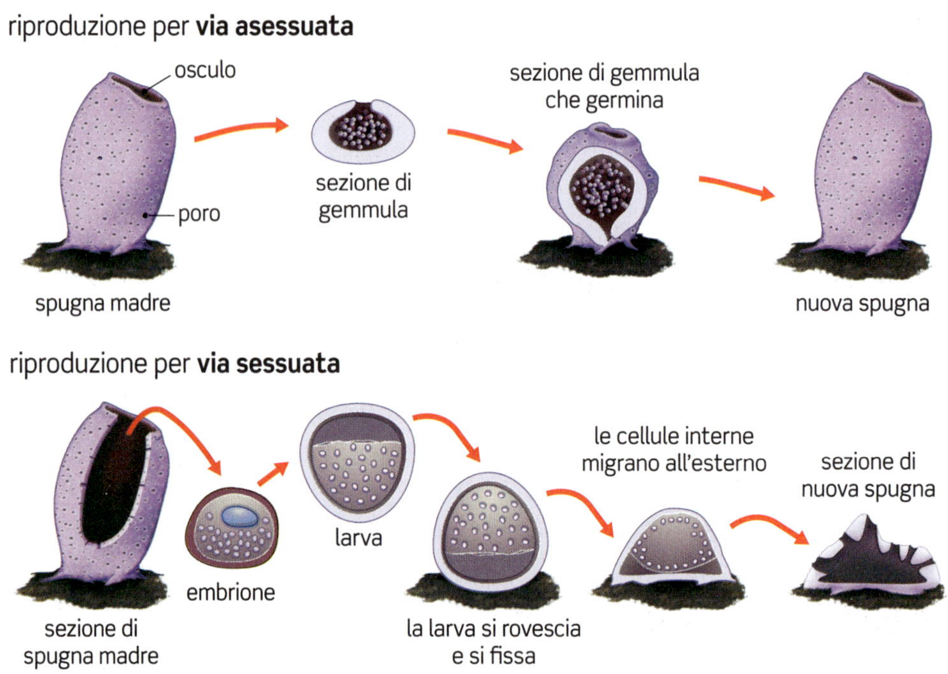

3

I celenterati

Contenuto integrativo

Al *phylum* dei **celenterati** (o **cnidari**) appartengono sia animali marini sia di acqua dolce. Pur avendo aspetto e dimensioni assai diversi, in essi è possibile riconoscere allo stadio adulto due tipi di strutture, entrambe a *simmetria raggiata,* di cui una rappresenta la forma capovolta dell'altra:

- la struttura a *polipo* (**coralli**, **madrepore**, **anemoni di mare**, **idre**)
- la struttura a *medusa* (**meduse**).

Alcune specie presentano solo la forma a medusa, altre solo quella a polipo, altre ancora possono alternare generazioni con le due forme nel corso del proprio ciclo riproduttivo.

Il corpo dei celenterati è a forma di sacco ■4, costituito da due strati di cellule: uno esterno, l'**ectoderma**, e uno interno, l'**endoderma**, tra i quali è interposta una massa gelatinosa, la **mesoglea**. Al centro è presente una sola apertura, la **bocca**, che conduce all'interno del **celenteron**, la cavità gastrovascolare dove avvengono la digestione e l'assimilazione.

I celenterati sono animali carnivori e catturano le loro prede grazie alla corona di tentacoli di cui è circondata la bocca. I **tentacoli**, infatti, sono ricoperti di **cnidoblasti**, cellule specializzate che rilasciano una sostanza tossica e urticante quando vengono sfiorate e consentono così di tramortire la preda ■5: per questo i celenterati si chiamano anche cnidari.

■4

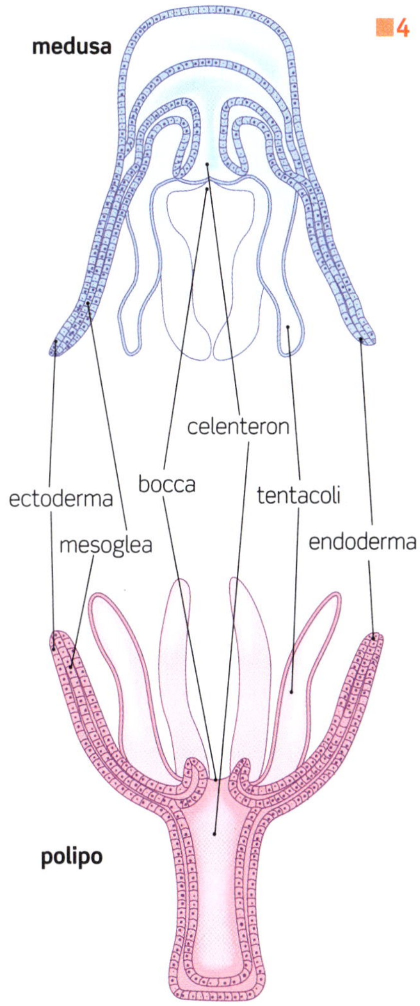

Nello schema osserviamo il ciclo riproduttivo di una specie di celenterato che presenta entrambe le forme, polipo e medusa. Da una **plànula** (larva), derivata dalla fusione di due gameti, si origina per metamorfosi un polipo, che si accresce si dice che "stròbila") e si frammenta asessualmente (*strobilazione*), dando origine all'**èfira**, un piccolo organismo simile a una corolla, che inizia a nuotare. Questa si trasformerà in una medusa adulta, che a sua volta si riprodurrà sessualmente, facendo ripartire il ciclo.

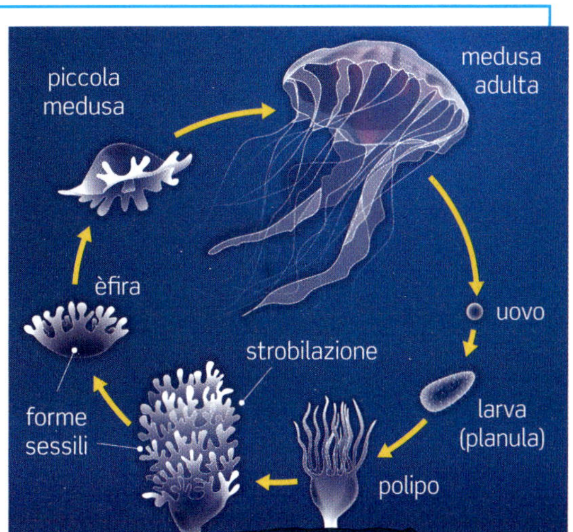

Non sbagliare anche tu...

Spesso il termine "polipo", usato in zoologia esclusivamente per i celenterati, viene erroneamente utilizzato a indicare il "polpo", il mollusco che vedi nella figura. Ricorda quindi: con le patate puoi mangiare il POLPO, e mai il polipo.

■5 Il pesce pagliaccio vive tra i tentacoli dell'anemone di mare perché è immune alla sostanza urticante: trova così rifugio dai predatori e, in cambio, tiene pulito l'ospite dai parassiti nutrendosi degli avanzi.

Con metodo

Analizzo il testo

1. Sottolinea nel testo:
   - **a** le principali caratteristiche di un porifero
   - **b** i due tipi di struttura che possono avere i celenterati
   - **c** il tipo di simmetria che presentano i celenterati

Comprendo il testo

2. Rispondi.
   - **a** In quale modo respirano e si nutrono i poriferi?
   - **b** Qual è la modalità di riproduzione dei poriferi? E dei celenterati?
   - **c** Che ruolo svolge il celenteron?

Comprendo le parole

3. Scrivi il significato delle seguenti parole.

a Sessile	**d** Celenteron
b Ectoderma	**e** Mesoglea
c Endoderma	**f** Cnidoblasti

Collaboro

4. A **coppie**, studiate il testo e preparate delle domande da rivolgere al compagno. Correggetevi a vicenda se le risposte non sono corrette.

3 I vermi

Audio

I vermi hanno forma allungata, corpo molle e simmetria bilaterale

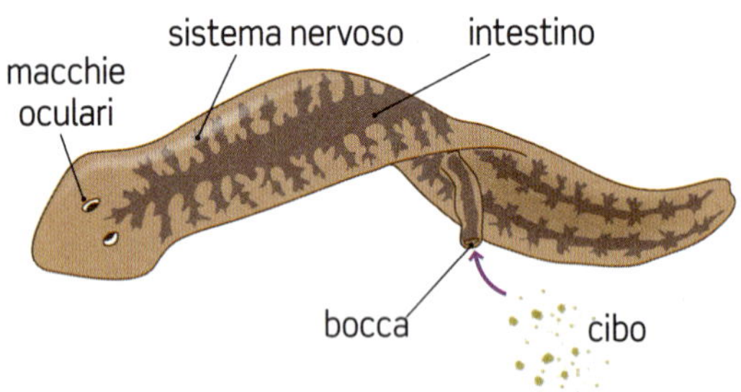

1 La planaria è un platelminta, o verme piatto.

I primi organismi a presentare un corpo a **simmetria bilaterale**, con una testa ben differenziata a un'estremità, un lato destro e uno sinistro, un dorso e un ventre, sono i vermi: **platelminti**, **nematodi** e **anellidi**.

I platelminti, o vermi piatti

Con questo *phylum* compaiono i primi organi di senso, localizzati prevalentemente sul capo; è presente anche un **abbozzo di sistema nervoso**, con un primitivo cervello, e un semplice apparato digerente, con un'unica apertura nella parte ventrale, la bocca. I vermi piatti sono privi di apparato respiratorio e circolatorio: grazie alla forma del corpo, l'ossigeno e l'anidride carbonica passano facilmente attraverso il corpo per **diffusione cellulare**. Si riproducono per **via sessuata** e sono ermafroditi (cioè lo stesso individuo possiede organi riproduttori sia maschili sia femminili), con fecondazione interna e incrociata: in un singolo accoppiamento, ogni esemplare feconda l'altro ed entrambi producono discendenti. Molte specie di platelminti, per esempio le planarie 1, vivono nei mari e nelle acque dolci; altre, come le tenie 2, sono invece parassiti di altri organismi, tra cui l'uomo. Le planarie hanno una notevole **capacità di rigenerarsi**: se vengono tagliate in due parti, ciascuna di esse è in grado di ricreare la parte mancante.

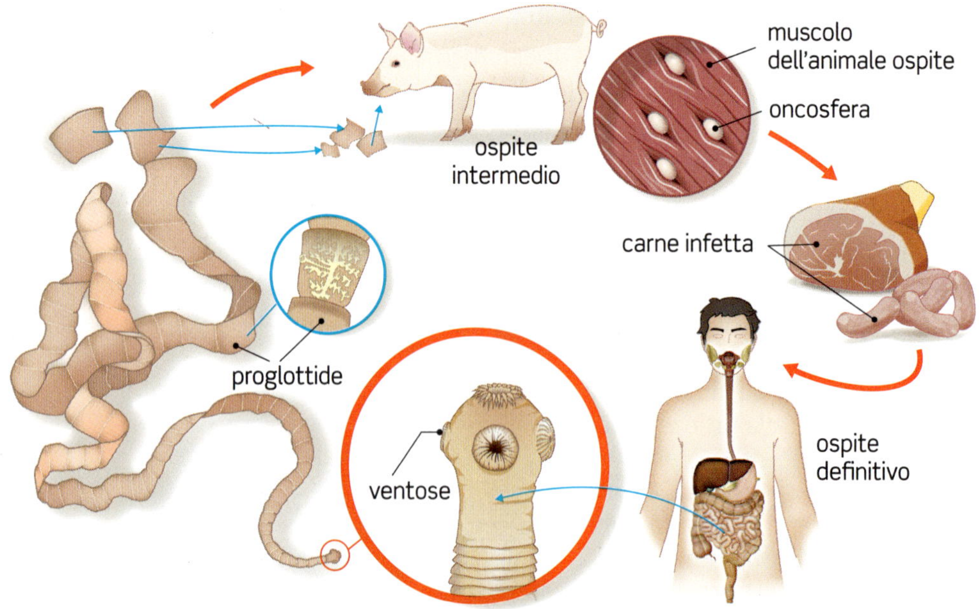

2 Ciclo vitale della tenia (*Taenia solium*), o verme solitario. Il ciclo vitale della tenia è complesso, con ospiti intermedi e un ospite definitivo, l'uomo. Il corpo del verme, lungo fino a 5 m, è costituito da numerosi segmenti, le *proglottidi*, le ultime delle quali contengono le uova. Le proglottidi si staccano, venendo poi eliminate con le feci nell'ambiente: l'ospite intermedio (un suino) le ingerisce e nella sua muscolatura si "incistano" le larve della tenia, chiamate oncosfere. Mangiando la carne cruda del maiale (i salumi), l'uomo si infetta: la larva si ancora, tramite ventose, alle pareti dell'intestino e il verme cresce sottraendo nutrimento all'uomo, che accusa disturbi e dimagrimento.

I nematodi, o vermi cilindrici

I vermi dal corpo cilindrico sono gli animali più numerosi della Terra: sono di piccole dimensioni, anche microscopiche, vivono nel terreno, nelle acque dolci e salate, e sono spesso parassiti, ospiti sia di piante, sia di animali.
Sono nematodi per esempio gli *ossiuri* e gli *ascaridi*, vermi intestinali presenti spesso nell'uomo, che vengono ingeriti mettendo in bocca le mani sporche di terra, e la *filaria*, frequente parassita del cane. I nematodi possiedono apparati più complessi dei platelminti: hanno un **tubo digerente** con due aperture, la **bocca** e l'**ano**, **sessi separati** e riproduzione sessuata.

Gli anellidi

Sono animali che vivono nel terreno umido, come il lombrico; in acque dolci, come la sanguisuga 3; in acque salate, come lo spirografo 4. Presentano un corpo cilindrico ad "anelli", costituito da segmenti chiamati **metàmeri**. Ogni segmento contiene gli stessi organi, mentre l'intestino, che ha inizio con la bocca posta sul primo segmento, attraversa tutti gli altri per terminare nella parte opposta con l'ano. Gli anellidi sono provvisti di fibre muscolari lungo il corpo e intorno a esso: si muovono contraendo e distendendo alternativamente la muscolatura dei segmenti, con un curioso effetto "a fisarmonica". Ogni segmento, inoltre, è provvisto di uncini e setole, le **chete**, che aiutano il movimento. Negli anellidi è presente il **celoma**, una cavità interna piena di liquido, che fornisce un sostegno e protegge l'intestino.
L'alimentazione degli anellidi è molto varia: i lombrichi si nutrono di detriti organici, gli spirografi sono filtratori, le sanguisughe sono parassite ed *ematofaghe* (si nutrono del sangue di altri organismi, a cui si attaccano con una sorta di ventosa). Nell'**apparato digerente** si trovano il *gozzo* per immagazzinare il cibo e il *ventriglio* per frammentarlo. La **respirazione** avviene attraverso la pelle negli anellidi terrestri, e per mezzo di branchie in quelli acquatici. Il **sistema circolatorio** è **chiuso**: il sangue, spinto dalle pulsazioni di un piccolo cuore in ogni segmento, scorre all'interno di vasi e raggiunge velocemente le diverse parti del corpo. L'**apparato escretore** è molto semplice: le sostanze di rifiuto vengono eliminate attraverso pori escretori presenti su ogni metamero. La **riproduzione** è **sessuata**: alcuni anellidi, come i lombrichi, sono ermafroditi, ma la fecondazione è incrociata.

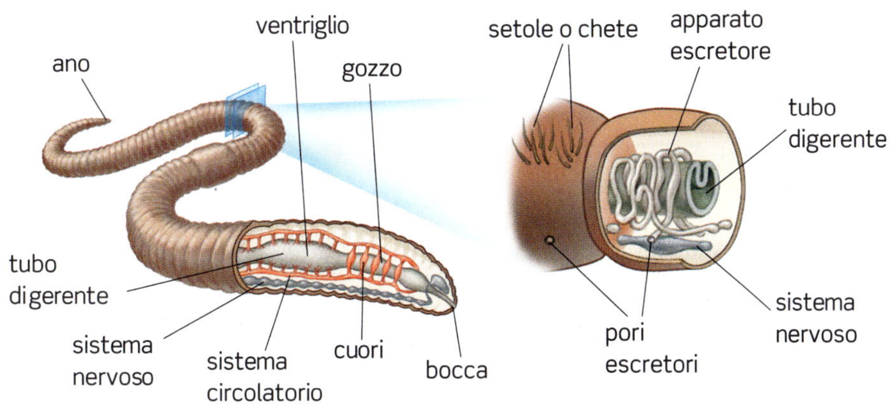

5 Struttura di un anellide.

3

4

Con metodo

Comprendo il testo

1. I platelminti:
   - ☐ hanno organi di senso sviluppati
   - ☐ hanno un sistema nervoso semplice
2. I nematodi:
   - ☐ non sono ermafroditi e si riproducono sessualmente
   - ☐ alcuni sono ermafroditi e compiono fecondazione incrociata
3. Gli anellidi:
   - ☐ hanno il corpo diviso in tre parti
   - ☐ hanno il corpo cilindrico con segmenti uguali detti metameri
4. Il movimento negli anellidi:
   - ☐ avviene grazie all'endoscheletro che contengono all'interno
   - ☐ avviene per mezzo dei movimenti della muscolatura

4 I molluschi

Audio

I molluschi hanno un corpo molle e in molti casi un guscio duro

Parole di scienze

mollusco: dal latino *mollis* = molle.
gasteròpode: dal greco *gastèr* = stomaco + *pous* = piede, cioè animale che cammina sullo stomaco.

I **molluschi**, come le lumache, le chiocciole, le vongole, le seppie e i polpi, possiedono generalmente un corpo molle, che ha dato origine al nome, ma molte specie producono anche una conchiglia più o meno resistente, a protezione o sostegno del corpo.
Tutti i molluschi, pur nella grande varietà delle specie, presentano una medesima struttura "base" che consiste in:

- un **capo**, su cui si trovano la bocca e gli organi di senso. La bocca di molte specie è munita di **ràdula**, un organo ricoperto di *dentini* che, funzionando come una raspa, grattugia il cibo che deve essere ingerito;
- un **piede**, una struttura muscolare che consente il movimento;
- una **massa viscerale**, che contiene gli organi degli apparati digerente, escretore e riproduttivo;
- un **mantello**, che avvolge la massa viscerale ed è responsabile della produzione della conchiglia, se presente.

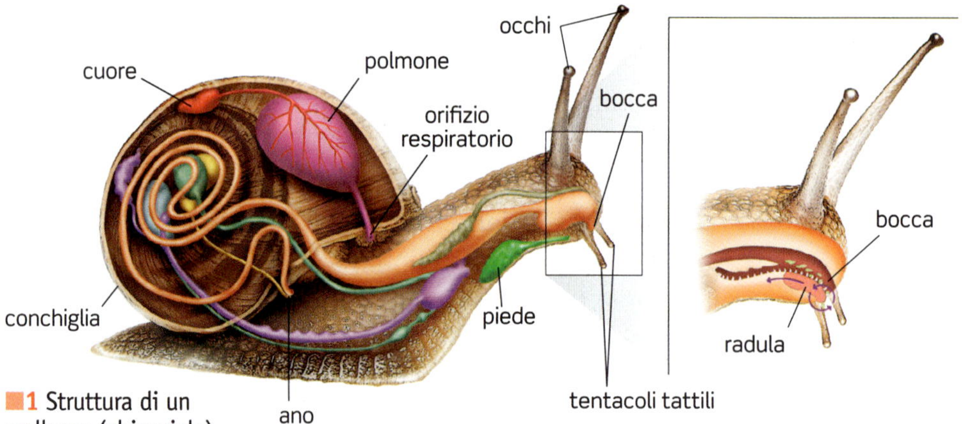

1 Struttura di un mollusco (chiocciola).

Per la **respirazione**, i molluschi marini sono dotati di branchie, che sporgono dal mantello e sono a contatto dell'acqua. Sono molte ricche di vasi per consentire al sangue di effettuare gli scambi gassosi di ossigeno in entrata e anidride carbonica in uscita.
Le specie terrestri, invece, possiedono una cavità del mantello, anch'essa ricca di capillari, che funziona come un piccolo polmone. L'apparato digerente presenta **bocca**, **intestino** e **ano**, da cui vengono eliminate le sostanze di scarto. Molluschi come vongole e cozze filtrano l'acqua attraverso branchie specializzate che, oltre ad assorbire l'ossigeno, trattengono particelle di cibo.
L'apparato circolatorio dei molluschi presenta un **cuore** e un **sistema vascolare aperto** in quasi tutti i gruppi. La **riproduzione** dei molluschi è **sessuata**. Molte specie sono ermafrodite, ma non avviene mai l'autofecondazione: si ha una fecondazione incrociata.

Curiosità

Alcune specie marine possiedono uno stadio larvale.
La microscopica larva, chiamata *trocòfora*, ha un aspetto assai diverso dall'adulto, ma presenta, invece, molte somiglianze con le larve di alcuni anellidi. Questo induce gli zoologi a pensare che i due *phyla*, per quanto così diversi tra loro, possiedano in realtà stretti legami evolutivi.

CLIL for SCIENCE Audio

mollusco: *mollusc*

True or False?

1. An octopus is a cephalopod mollusc. T F
2. It has eight eyes and four pairs of arms. T F
3. An octopus has a bilateral symmetry. T F

La classificazione dei molluschi

Le principali classi dei molluschi sono tre:

- i **gasteròpodi**: possono essere terrestri (*chiocciole* ■2, *lumache*) o marini (*murici*, *lepri di mare*). Sono per lo più dotati di **conchiglia**, ma alcune specie ne sono prive (come la *limaccia* ■3 e i *nudibranchi* ■4, o *lumache di mare*). Questi animali possiedono un muscoloso piede ventrale che, contraendosi e distendendosi, consente loro di muoversi strisciando. Molte specie marine sono feroci predatori, come i *coni* ■5, che possono attaccare addirittura i pesci grazie a un potente veleno, pericoloso anche per l'uomo.

■2 Chiocciola.

■3 Limaccia.

■4 Nudibranco.

■5 Cono.

- i **bivalvi** (*cozze* ■6, *vongole* ■7, *ostriche*): hanno la conchiglia composta da due parti chiamate **valve**, articolate tra loro per mezzo di una **cerniera**. Sono animali acquatici che si procurano il cibo aprendo le valve e filtrando l'acqua tramite i **sifoni**, organi a forma di imbuto. Nei bivalvi non è distinguibile una testa.

■6 Cozze.

■7 Vongole.

■8 *Pinna nobilis*, il più grande bivalve del Mediterraneo, è lungo fino a 1 m.

■9 Tridacna gigante, il mollusco bivalve più grande esistente: può raggiungere i 300 kg di peso.

Molte specie di bivalvi, come le ostriche, producono perle quando un corpo estraneo, come per esempio un granello di sabbia o un parassita, si inserisce tra la conchiglia e il mantello. Per renderlo innocuo, l'animale produce una sostanza madreperlacea che, depositandosi goccia dopo goccia attorno all'intruso, lo ingloba e lo trasforma in una preziosa perla.

■10

Con metodo

Analizzo il testo

1. Rispondi.

a Qual è l'origine del termine molluschi?

b Da che cosa è protetto il corpo di molti molluschi?

2. Evidenzia le strutture fondamentali che caratterizzano un mollusco.

Comprendo il testo

3. I molluschi marini respirano:

☐ attraverso le branchie che sporgono dal mantello

☐ mediante un piccolo polmone in una cavità del mantello

4. Il sistema circolatorio dei molluschi è:

☐ chiuso ☐ aperto

5. Nei molluschi la riproduzione è:

☐ asessuata con scissione longitudinale

☐ sessuata e con fecondazione incrociata negli ermafroditi

Parole di scienze

cefalòpode: dal greco *kephalé* = testa + *pous* = piede, cioè animale che cammina sulla testa.

- i **cefalòpodi** (*polpi* o *piovre*, *calamari* 11, *seppie* 12): hanno il piede modificato in 8 o 10 **tentacoli** dotati di ventose, per la cattura delle prede. I tentacoli circondano la bocca, armata di un **becco** duro, adatto a spaccare il cibo. In alcune specie, come la seppia e il calamaro, si trova una **conchiglia**, ma piccola e interna.

I cefalopodi sono animali acquatici assai veloci, grazie alla propulsione a getto che si genera per espulsione di acqua attraverso il **sifone**. L'**apparato circolatorio** è **chiuso** e il sistema sensoriale è abbastanza sviluppato: possiedono occhi e un cervello complesso, che li rende abili predatori.

Un sistema di difesa dei cefalopodi è la ghiandola dell'*inchiostro*, un liquido nero che l'animale rilascia per rendere torbida l'acqua quando si trova in pericolo.

Un altro meccanismo di difesa di molti cefalopodi è la loro capacità di mimetizzarsi 13 su qualsiasi tipo di fondale marino, cambiando il colore della pelle: questa infatti è ricca di *cromatòfori*, particolari cellule ricche di pigmenti.

La distribuzione dei cromatofori e il conseguente cambiamento di colore sono regolati dal sistema nervoso dell'animale.

12 Seppia.

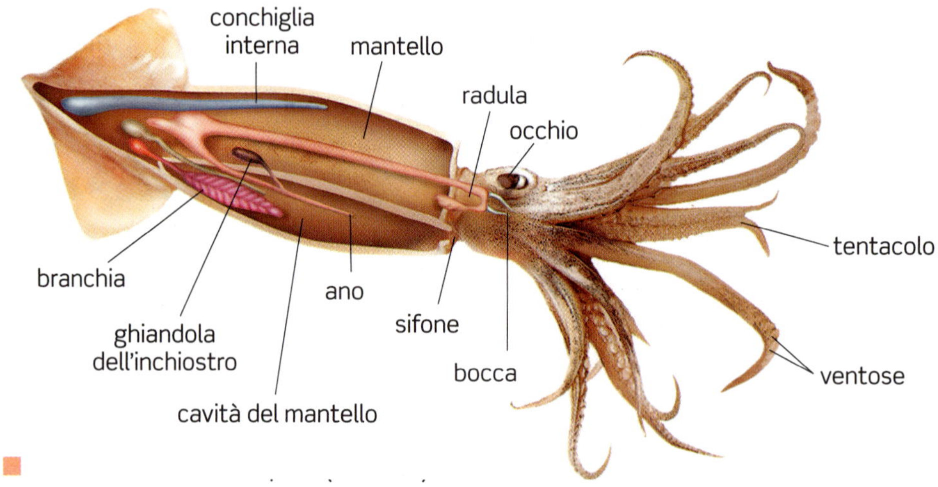

13 Polpo mimetizzato sul fondale marino.

14 I tentacoli di un polpo: sono ben visibili le ventose.

Gli artropodi

5

Audio

Gli artropodi hanno esoscheletro, corpo segmentato e zampe articolate

Gli **artròpodi** rappresentano un *phylum* di grande successo: comprendono una grande varietà e un elevato numero di specie che popolano tutti gli ambienti: acqua marina, acqua dolce, aria, terra ferma.
I più importanti gruppi di artropodi sono i **crostacei** (*gamberi, granchi, aragoste* ecc.), gli **aràcnidi** (*ragni, scorpioni* ecc.), gli **insetti** (*zanzare, farfalle, api, calabroni* ecc.) e i **miriàpodi** (*millepiedi* e *scolopendre*).

Le caratteristiche degli artropodi

Il successo degli artropodi è dovuto alla presenza di tre fondamentali caratteristiche, grazie alle quali questi animali possiedono una struttura perfettamente funzionale.

1. L'**esoscheletro**: è una struttura rigida e impermeabile che riveste il corpo dell'animale, costituita per il 50% da **chitina**, un composto chimico che rappresenta la seconda sostanza organica più diffusa in natura dopo la cellulosa. L'esoscheletro fornisce sostegno al corpo e costituisce un supporto per l'attacco dei muscoli; rivestito di cere, limita la disidratazione dell'animale; rappresenta anche una protezione dai predatori. Non avendo proprietà elastiche, però, l'esoscheletro non segue l'animale nella sua crescita: per questo periodicamente viene sostituito totalmente con uno più grande. Questo fenomeno si chiama **muta** ■1.
2. Il **corpo segmentato**: come quello degli anellidi, anche il corpo degli artropodi è costituito da una serie di segmenti, i **metàmeri**, il cui numero dipende dalla specie. Tra un metamero e l'altro, l'esoscheletro in alcuni punti si assottiglia, permettendo al corpo di flettersi. Ai segmenti possono essere attaccate delle **appendici** che servono al **movimento** (zampe, ali), alla **predazione** e **nutrizione** (chele, chelíceri, mandibole), alla **percezione** (antenne).
3. Le **zampe articolate**: gli artropodi sono provvisti di un numero di zampe che va da un minimo di 3 paia (insetti) a diverse decine di paia: esse consentono un **movimento rapido**, grazie anche ai muscoli che li controllano. In molti casi la funzione primaria della zampa, cioè la locomozione, viene sostituita da altre funzioni: nuoto (*ditisco*), scavo (*grillotalpa*), predazione (*mantide*).

Avendo colonizzato ambienti diversi, gli artropodi hanno sviluppato un **apparato respiratorio** specializzato, che consente loro un rifornimento ottimale di ossigeno.
I crostacei acquatici sono provvisti di **branchie**, le specie terrestri di **polmoni**; gli insetti respirano per mezzo delle **trachee**, la rete di tubicini che conduce l'aria direttamente ai tessuti del corpo.

Parole di scienze

artròpodi: dal greco: *árthron* = articolazione + *pous* = piede, cioè animali dai piedi articolati.
insetto: dal latino *insectum* = inciso, perché il corpo è nettamente distinto in tre parti.

■1 La muta di una cicala.

Con metodo

Comprendo il testo

1. Completa.
   - **a** L'esoscheletro degli artropodi è formato prevalentemente da ....; sostiene il corpo e serve per l'attacco dei ....; limita la disidratazione ed è una protezione per i .... soprattutto negli artropodi marini
   - **b** Gli artropodi devono .... periodicamente l'esoscheletro; questo fenomeno è detto ....
   - **c** Gli artropodi hanno il corpo ...., in genere le strutture sono capo, torace e .... Ai segmenti possono essere attaccate appendici per il movimento, la ...., la .... e per la percezione degli stimoli
   - **d** Gli artropodi hanno diverse paia di zampe .... in modo da muoversi ....
2. Gli artropodi possono respirare:
   - ☐ tramite branchie, polmoni o trachee
   - ☐ solo tramite branchie

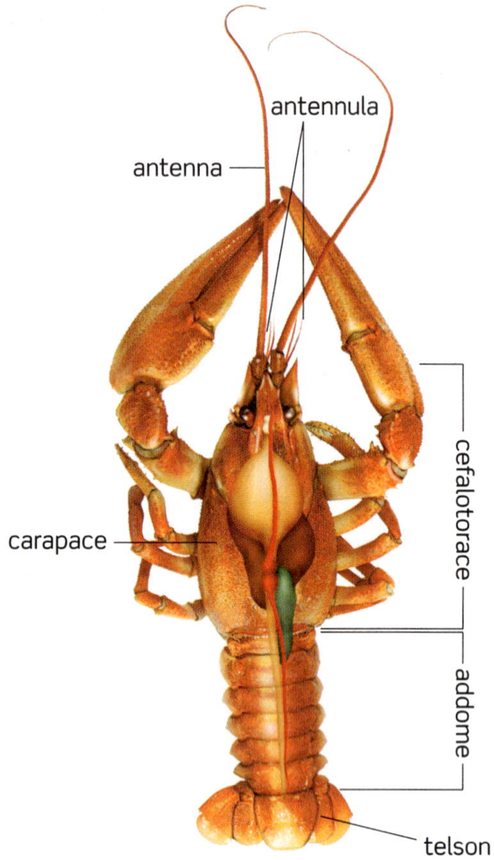

2 Struttura di un crostaceo (astice).

Il **sistema nervoso** è costituito da un cervello dorsale e una doppia catena nervosa ventrale. L'**apparato circolatorio** degli artropodi presenta un **cuore** e un **sistema vascolare aperto**.
Gli artropodi sono **ovipari** e la **riproduzione** avviene, generalmente, per **via sessuata**, a **fecondazione interna**. Molte specie di insetti presentano uno stadio larvale e varie fasi di sviluppo prima di diventare adulti (**metamorfosi completa**), altre hanno invece una larva simile all'adulto (**metamorfosi incompleta**). Poiché il gruppo degli artropodi è molto eterogeneo, i tipi di alimentazione sono estremamente vari: esistono specie predatrici, detritivore, nettarivore, erbivore e addirittura ematofaghe, che si nutrono cioè di sangue, come molti parassiti.

La classificazione degli artropodi

I crostacei

Nel corpo dei **crostacei** i singoli metameri si raggruppano in regioni specializzate e distinte: **capo** e **torace** (spesso uniti a formare il **cefalotorace**), e **addome**; resta un'appendice terminale chiamata **telson**. L'esoscheletro, arricchito di carbonato di calcio, costituisce una durissima corazza chiamata **carapace**, a protezione dell'animale 2.
I primi segmenti del capo portano gli occhi e due coppie di appendici, le **antenne** e le **antennule**. Sugli altri segmenti del capo si trovano potenti mandibole e mascelle, usate per triturare il cibo. Gli altri segmenti hanno appendici che servono per la locomozione (5 paia di arti toracici) e sulle quali, spesso, sono posizionate le **branchie**.
Granchi e astici e alcune specie di gamberi 3-4-5 possiedono le **chele**, una trasformazione del primo paio di arti, con funzione prevalentemente predatoria. Poche sono le specie terrestri: ne è un esempio il porcellino di terra (*Armadillidium vulgare* 6), che vive comunque in ambienti molto umidi.

3 Aragosta.

4 Gambero.

5 Granchio.

6 Porcellino di terra.

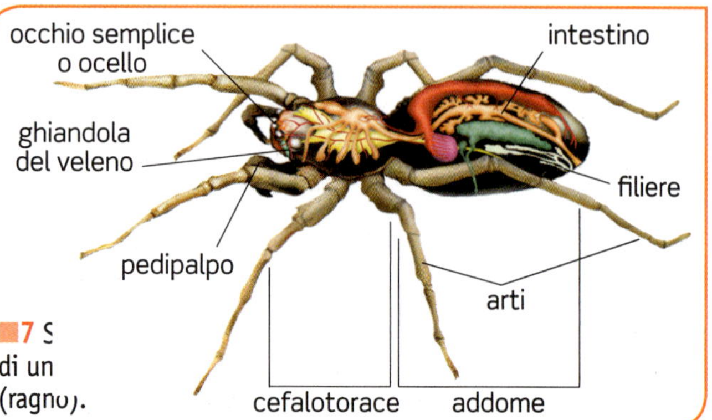

7 S di un (ragno).

Gli aracnidi

Agli **aracnidi** appartengono ragni, scorpioni, acari e zecche. Hanno il corpo suddiviso in **cefalotorace** e **addome** 7; sono privi di antenne, e sul cefalotorace hanno un numero variabile di **occhi** e 6 paia di appendici, di cui 4 paia costituiscono le **zampe**, un paio costituisce i **cheliceri**, specializzati per catturare la preda e l'altro paio sono i **pedipalpi**, le appendici che portano il cibo alla bocca e hanno la funzione di organi di senso. Negli scorpioni i pedipalpi assumono la forma di chele, simili a quelle dei crostacei.

Nella parte terminale dell'addome i ragni hanno le ghiandole della seta o **filiere**. Questi organi producono una sostanza in fili con cui essi tessono le ragnatele 8, vere e proprie trappole invisibili per catturare piccoli insetti. Sia ragni sia scorpioni, infine, hanno **ghiandole velenifere**, che secernono sostanze tossiche paralizzanti per insetti e altre prede: i ragni introducono il veleno con il morso, gli scorpioni con l'aculeo della coda 9.

8 Un ragno tesse la sua tela.

9 Scorpione.

10 Acari a e zecche b sono aracnidi per lo più parassiti.

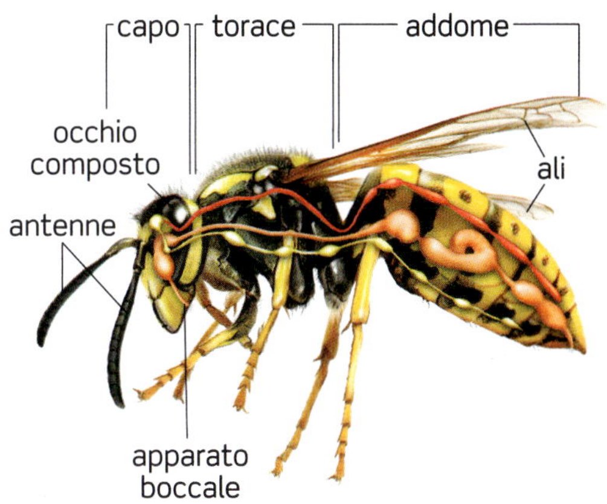

11 Struttura di un insetto (vespa).

Gli insetti

Gli **insetti** rappresentano la classe animale di maggior successo sul nostro pianeta: grazie alle piccole dimensioni, allo sviluppo di organi e strutture molto specializzate e a un'alta capacità riproduttiva, hanno colonizzato un'immensa quantità di microambienti. Nell'estrema varietà delle specie, che li rende molto diversi gli uni dagli altri, la caratteristica che accomuna tutti gli insetti è quella di avere i segmenti del corpo nettamente raggruppati in tre regioni: il **capo**, il **torace** e l'**addome** 11.

- Sul **capo**, composto da 7 segmenti, sono posizionati gli organi di senso e l'apparato boccale, costituito da **mandibole**, **mascelle** e **labbro**. Gli insetti presentano diverse tipologie di apparato boccale, perfettamente adatte al tipo di alimentazione: masticatore, lambente, pungente e succhiatore 12. Gli organi di senso sono recettori chimici, posizionati sulle antenne, e fotorecettori, che sono di due tipi: gli occhi semplici, o **ocelli**, per la visione da vicino, e **occhi composti**, o *a mosaico*, per vedere gli oggetti in movimento.
- Il **torace** è costituito da soli 3 segmenti, ciascuno dei quali porta un paio di **zampe**, per un totale di 6 (per questo gli insetti vengono chiamati anche *esàpodi*). Nelle specie volanti, sul torace si articolano anche le **ali**, strutture specializzate nel volo che possono essere molto differenziate, ma comunque mai in numero superiore a 2 paia.
- L'**addome**, composto da 10-12 segmenti, non presenta grandi specializzazioni: su di esso si aprono le **trachee** per la respirazione e in esso sono localizzati gli organi per la riproduzione. Alcune specie (imenòtteri, come *vespe* e *api*) nella parte terminale presentano un aculeo collegato a una ghiandola velenifera: in questi insetti l'aculeo è una delle forme in cui si presenta l'*ovopositore*, l'organo genitale esterno femminile.

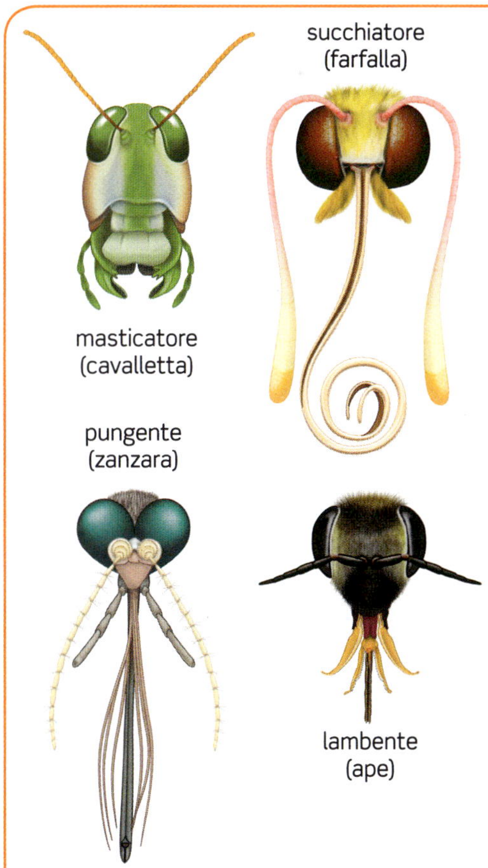

12 Apparati boccali degli insetti.

■13 Tre degli ordini più conosciuti di insetti.

Coleotteri: cervo volante. Imenotteri: formica. Ditteri: mosca.

■14 Il pesciolino d'argento, insetto ametabolo.

Contenuto integrativo

Le uova fecondate vengono deposte dalla femmina in prossimità di fonti di cibo in modo da dare maggiore possibilità di sopravvivenza ai nascituri. Dalle uova nascono organismi immaturi, le **larve**, che generalmente attraversano varie fasi di sviluppo prima di diventare adulti (**metamorfosi**). A seconda delle specie, gli insetti possono essere:

- **ametàboli**, ovvero "senza metamorfosi", quando la larva è identica all'adulto, tranne che per le dimensioni, che raggiungerà tramite una serie di mute (p. es. *pesciolino d'argento* ■14);
- **emimetàboli**, ovvero "a metamorfosi incompleta", se lo sviluppo prevede il passaggio da uno stadio immaturo in cui la larva, chiamata **ninfa**, è simile all'adulto ma più piccola e priva di qualche struttura come le ali o gli organi riproduttori; l'insetto cambia esoscheletro con mute periodiche (p. es. *cavalletta* ■15, *libellula*) e completa alla fine lo sviluppo, acquisendo le parti mancanti;
- **olometàboli**, ovvero "a metamorfosi completa", in cui la larva, totalmente differente dall'adulto, presenta abitudini alimentari proprie e spesso differenti ambienti di vita (p. es. *farfalla* ■16, *zanzara*, *mosca*). Lo stadio larvale può avere una durata molto lunga (ben 17 anni in una cicala del Nord America!)

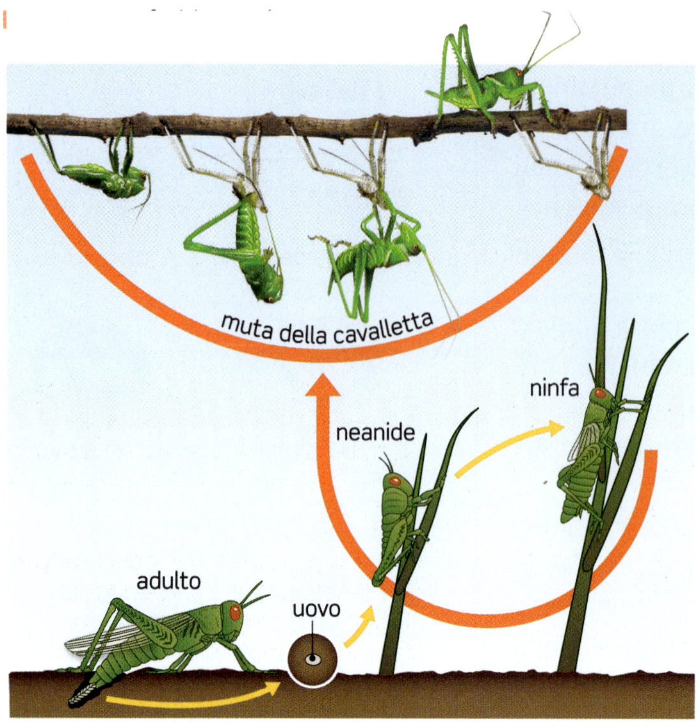

■16 Metamorfosi completa.

Contenuto integrativo

I miriapodi

A questo gruppo appartengono artropodi dotati di molte zampe. Il numero, in realtà, varia da specie a specie: alcune ne possiedono meno di una dozzina, altre arrivano ad averne anche diverse centinaia. Il corpo dei miriapodi è diviso in due parti: un **capo** e un **tronco**. Sul capo sono presenti due antenne, occhi semplici e un complesso apparato masticatore, costituito da un paio di **mascelle** e un paio di **mandibole**. Il tronco presenta una metameria molto evidente: è infatti suddiviso in numerosi segmenti, uguali fra loro, ciascuno dei quali porta uno o due paia di zampe 19-20.

Come gli insetti, i miriapodi respirano tramite **trachee**, che presentano aperture verso l'esterno chiamate **stigmi**.

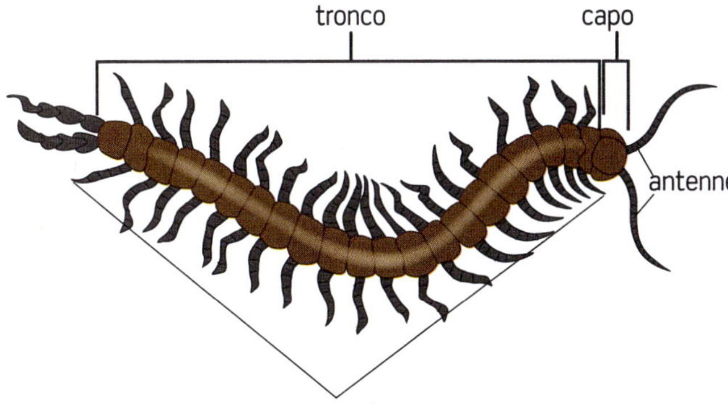

19 Struttura di un miriapode.

La cuticola che riveste il corpo di questi animali non è impermeabile e questo ha impedito loro di colonizzare ambienti troppo secchi. Per ridurre al minimo la perdita idrica, anche l'apparato escretore produce come rifiuto acido urico, una sostanza che contiene poca acqua.

I miriapodi sono artropodi senza metamorfosi o a metamorfosi incompleta. Le femmine depongono fino a 300 uova. Fra le specie più conosciute troviamo i centopiedi (o *chilòpodi*) e i millepiedi (o *diplòpodi*).

I **centopiedi** 21 hanno un corpo appiattito e presentano un unico paio di arti per segmento, che consentono all'animale di muoversi con discreta velocità. Sono prevalentemente cacciatori notturni e possiedono artigli velenosi per sopraffare la preda. Essendo attivi di notte, la vista è limitata e consente di distinguere solo differenze di luminosità. Alcune specie sono totalmente prive di occhi. I **millepiedi** 22 hanno invece un corpo cilindrico, formato da 25–100 segmenti. Sui primi segmenti del torace è presente un solo paio di zampe, mentre su quelli successivi ve ne sono due paia. Questi innocui animali vivono in genere nelle foreste, tra i detriti, cibandosi di vegetali e materia organica in decomposizione. Essendo prede di molti animali, per difesa si avvolgono su loro stessi, in uno stretto "autoabbraccio" protettivo.

22 Il movimento sincronizzato delle numerosissime zampe di un millepiedi genera un effetto "onda".

20 Questo miriapode, chiamato *Illacme plenipes* vive in California ed è l'animale con il numero maggiore di zampe: ne possiede ben 750!

21 Il veleno di un centopiedi può causare un forte dolore a un essere umano: non esistono però casi in cui ne abbia causato la morte.

Con metodo

Lavoro sulle immagini

1. Osserva le seguenti immagini e scrivi a quali classi appartengono gli artropodi indicati.

....

....

....

Schematizzo

2. Prepara uno schema che riassuma le caratteristiche degli insetti, degli aracnidi, dei crostacei e dei miriapodi.

Collaboro

3. Formate **gruppi di tre**; ogni gruppo scelga una classe di artropodi da studiare. Con immagini o slides, ciascuno presenti ai compagni le caratteristiche della classe scelta.

6 Gli echinodermi

Audio

Gli echinodermi hanno simmetria raggiata apparente ed endoscheletro calcareo

Parole di scienze

echinodermi: dal greco *echìnos* = riccio + *derma* = pelle, cioè animali dalla pelle spinosa.

1 Cetriolo di mare.

CLIL for SCIENCE Audio

echinoderma: ***echinoderm***
simmetria raggiata: ***radial symmetry***

In the picture above, you can see a sea star and some sea urchins. Complete the following sentences with the correct word.

1. Echinoderms are characterized by bilateral symmetry, several *arms / heads* radiating from a *lateral / central* body.
2. Echinoderms live exclusively in *terrestrial / marine* habitats.
3. Some sea stars can reproduce *asexually / sexually* by breaking off a ray or an arm.

Le stelle marine, i ricci di mare, le ofiure e le oloturie (o cetrioli di mare) appartengono tutti al *phylum* degli **echinodermi**, un gruppo animale davvero particolare: i suoi membri, infatti, presentano un insieme di caratteri rudimentali accanto ad altri molto sofisticati.

In primo luogo, sebbene allo stadio larvale il loro corpo presenti una simmetria bilaterale e un'organizzazione a tre metameri, da adulti questi animali assumono un aspetto più "primitivo", con una simmetria apparentemente raggiata e la perdita completa della metameria.
Inoltre, questi animali mancano di importanti apparati, come quello escretore e respiratorio, come anche di un capo e di un centro di controllo che assomigli a un cervello: **recettori chimici e tattili** sono sparsi nel corpo e collegati a un **cordone nervoso**.
Negli echinodermi, però, è presente anche qualche carattere proprio di animali più complessi, come l'**endoscheletro**, il solido scheletro interno formato da piastre di carbonato di calcio, posto appena sotto la pelle a protezione degli organi. Collegati alle piastre calcaree possono trovarsi degli aculei (come nei ricci) o delle protuberanze, che hanno funzione di sostegno e soprattutto di difesa.

2 Endoscheletro di riccio e di stella marina.

Carattere esclusivo di questo gruppo è il **sistema acquifero**, costituito da una rete di canali che, partendo da un anello centrale (*canale anulare*), si diramano poi in ogni parte del corpo. Questi "tubi" sono collegati tra loro e comunicano con l'esterno, in modo che gli animali possano riempirli e svuotarli di acqua.
Dai canali sporgono centinaia di piccole strutture simili a minuscoli tentacoli, i **pedicelli ambulacrali** che, riempiti e svuotati dell'acqua presente nei condotti, agiscono come tante piccole ventose e consentono all'animale di fare presa sul terreno e quindi di **muoversi**.

I pedicelli hanno anche **funzione respiratoria**, consentendo lo scambio di ossigeno e anidride carbonica.
Gli echinodermi hanno riproduzione sessuata e sono **ovipari**; la **fecondazione è esterna**, affidata alla corrente marina.

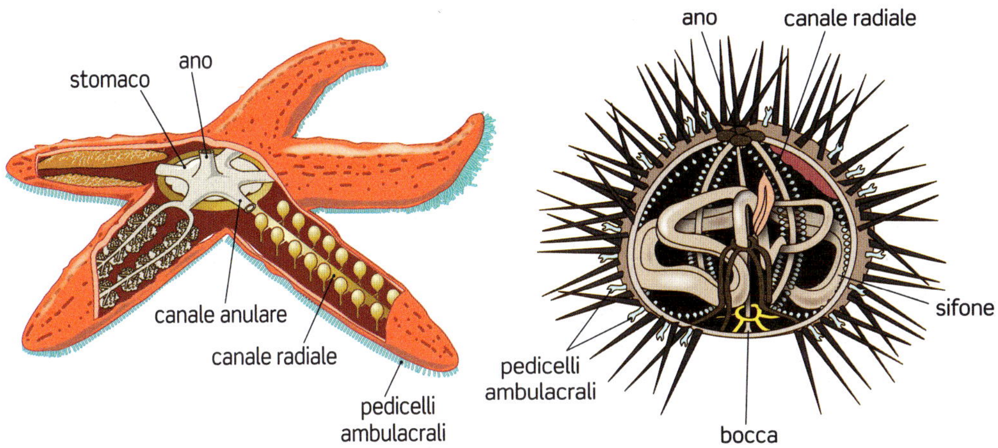

3 Schema corporeo di stella marina e riccio.

Tra gli echinodermi esistono specie sessili e specie mobili, ma tutte sono marine. Alcuni, come i gigli di mare, sono animali filtratori; altri, come i ricci di mare, possiedono sul lato inferiore del corpo una bocca provvista di una struttura a piccole placche chiamata *lanterna di Aristotele*, adatta a triturare le alghe di cui questi animali si nutrono.

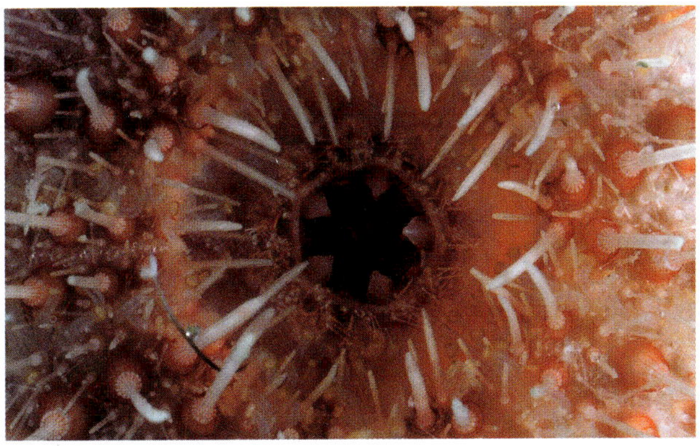

4 La lanterna di Aristotele è una struttura costituita da 5 placche in grado di triturare il cibo.

Le stelle marine, invece, sono predatori attivi: con la forza delle loro braccia, riescono ad aprire i gusci di molti bivalvi; non potendo ingerire le prede intere, estroflettono lo stomaco e compiono così una digestione esterna. L'ano si trova nella parte dorsale dell'animale.

5 Esistono stelle marine con 10, 20 e fino a 40 braccia, anche se quelle a 5 braccia sono le più comuni.

6 Le stelle marine sono capaci di rigenerare parti del corpo.

Con metodo

Analizzo il testo

1. Qual è la struttura degli echinodermi? Sottolinea nel testo le parti che lo spiegano.

Comprendo il testo

2. Completa.
   - **a** Negli echinodermi è presente l'.......................... formato da piastre di .... di calcio, in cui possono trovarsi .... o protuberanze
   - **b** Gli echinodermi possono essere animali ...., oppure avere una bocca provvista di placche detta .... di Aristotele, altri sono abili predatori e compiono una digestione ....
   - **c** Il sistema acquifero è una rete di .... collegati tra loro e possono essere riempiti o svuotati di .... dall'animale
   - **d** Dai canali sporgono piccole strutture dette .... ambulacrali che consentono all'animale di ....
3. I pedicelli ambulacrali degli echinodermi:
   - ☐ permettono all'animale di respirare
   - ☐ permettono all'animale di nutrirsi
4. Gli echinodermi sono animali:
   - ☐ ovipari ☐ vivipari

Collaboro

5. Studiate, lavorando in **coppia**, le caratteristiche degli echinodermi. Chiudete il libro e a turno provate a ripetere al vostro compagno quanto appreso.

7 I cordati

Audio

I cordati sono il *phylum* animale in cui è presente la corda dorsale

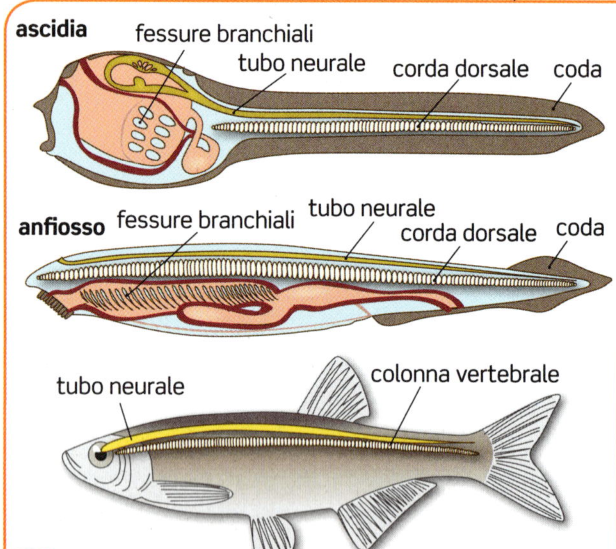

1

I **cordati** rappresentano un *phylum* del regno Animali piuttosto eterogeneo. Al suo interno sono inseriti animali poco conosciuti, come le ascidie e gli anfiossi, ma anche notissimi, come i vertebrati. Che cosa li accomuna?

Come suggerisce il loro nome, gli animali di questo *phylum* possiedono, durante tutta la loro vita o solo nella fase dello sviluppo embrionale, la **corda dorsale**, o *notocorda*, una struttura elastica e flessibile simile a una bacchetta, che corre nella parte dorsale per tutta la lunghezza del corpo, fornendogli una sorta di supporto. Sopra la corda è presente un cordone costituito da cellule nervose, il **tubo neurale**. Nei cordati ai lati della bocca si aprono le **fessure branchiali**, che mettono in comunicazione la faringe, cioè la parte anteriore dell'apparato digerente, con l'esterno. Negli esemplari più primitivi esse servono a filtrare il cibo dall'acqua, mentre nei vertebrati terrestri sono presenti solo allo stato embrionale.

Nei cordati è inoltre presente una **coda**, mossa da **fasci muscolari** che si ripetono per tutta la lunghezza del corpo 1.

In molti cordati, incluso l'uomo, questi cinque caratteri sono presenti contemporaneamente solo nello stadio di embrione. In seguito, con lo sviluppo, alcuni scompaiono o si modificano dando origine ad altri organi. È ciò che accade, per esempio, nell'uomo, in cui le fessure branchiali presenti nelle prime fasi dello sviluppo embrionale, diventano poi parte dell'orecchio medio.

2 Urocordati: ascidia.

3 Cefalocordati: anfiosso.

Parole di scienze

urocordati: dal greco *ourà* = coda + cordati.
cefalocordati: dal greco *kefalè* = testa + cordati.

La classificazione dei cordati

I cordati comprendono tre *subphyla*:

- gli **urocordati**, esclusivamente marini: sono detti anche *tunicati*, avendo il corpo rivestito da una specie di tunica. Allo stadio adulto, con la metamorfosi, perdono la corda e diventano sessili, formando in alcuni casi delle colonie. La corda è presente, quindi, solo nelle larve ed è limitata alla regione della coda 2;
- i **cefalocordati**, anch'essi esclusivamente marini, assomigliano a semplici pesciolini. La loro corda si estende lungo tutto il corpo a partire dalla testa, e rimane anche negli adulti. Sono animali a vita libera, con dimensioni massime intorno ai 5 cm 3.
- i **vertebrati**, o *craniati*: possiedono una corda dorsale articolata, la colonna vertebrale, fatta di ossa corte chiamate *vertebre*. Queste compaiono già nelle prime fasi di sviluppo dell'embrione e vanno a sostituire quasi totalmente la notocorda. Il tubo neurale si prolunga nel capo, sviluppando qui un centro nervoso, il cervello, protetto da un **cranio**.

Le punture delle meduse

Audio

Le meduse sono animali fragili, dai movimenti aggraziati che si muovono nell'acqua quasi "danzando". Eppure, la maggior parte delle persone le teme, forse perché ha avuto l'esperienza dolorosa di un incontro troppo ravvicinato. Infatti, abbiamo studiato che le meduse appartengono al *phylum* cnidari, che in greco antico significa appunto "urticanti", per la loro capacità di provocare un dolore al semplice contatto. Ciò è possibile perché questi animali possiedono sui propri tentacoli delle cellule specializzate, gli **cnidoblasti**. In ciascuna di queste è presente una "setola" (*cnidociglio*) esposta all'esterno che, al contatto con un corpo, provoca l'azionarsi della **nematocisti**, un'ampolla contenente un filamento arrotolato. Se la cellula quindi viene sfiorata, si aziona un meccanismo che proietta velocemente all'esterno il filamento: questo penetra nella carne del malcapitato come un arpione e gli inietta una sostanza tossica paralizzante.

Essendo utili prevalentemente per migliorare la predazione, gli cnidoblasti sono presenti sui tentacoli, mentre il corpo (o **ombrello**) della medusa ne è sprovvisto.

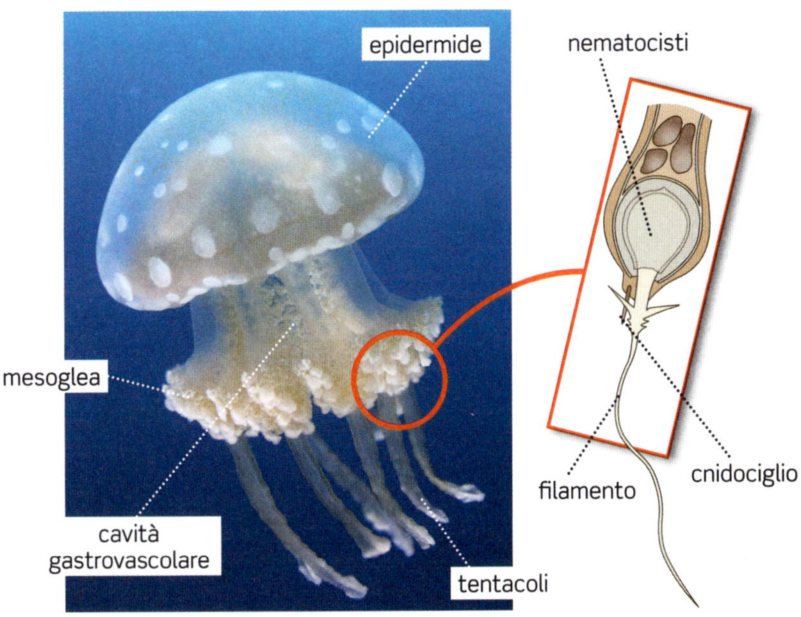

1 Medusa. Cnidoblasto attivato (a destra).

Che danni provoca all'uomo la puntura della medusa? Il veleno iniettato dalle meduse che popolano il mare Mediterraneo è una tossina che causa soprattutto danni alla pelle. La sua azione persiste per alcune ore e viene inibita dal calore.

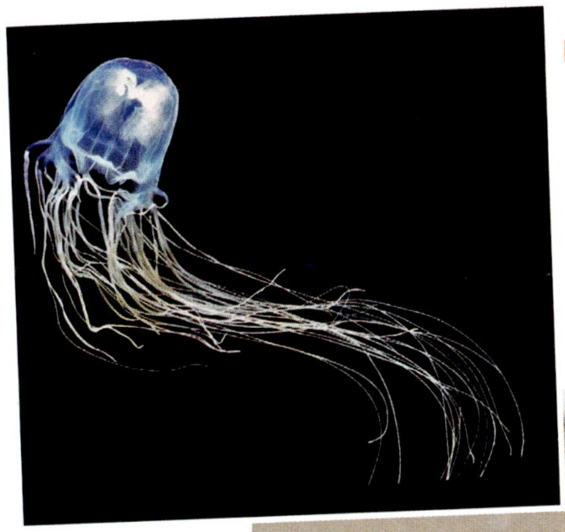
2 Medusa scatola.

3 Caravella portoghese.

Alcune specie oceaniche e tropicali sono però più pericolose. La medusa scatola (*Chironex fleckeri*), chiamata anche vespa di mare, è l'animale più velenoso al mondo. Vive nelle acque indo-pacifiche e del nord dell'Australia e possiede tentacoli lunghi fino a 3 m. La sua tossina agisce sul sistema muscolare provocando spasmi, paralisi e infine la morte per arresto cardiaco.

Presente anche nel Mediterraneo, ma fortunatamente abbastanza rara, è la Caravella portoghese (*Physalia physalis*) che non è propriamente una medusa, ma una colonia di quattro polipi, ciascuno con forma e funzione diversa (trasporto, predazione, digestione e riproduzione). La Caravella portoghese galleggia a filo d'acqua e i suoi tentacoli, lunghi fino a 50 m, pescano in profondità alla ricerca di prede. Sull'uomo il contatto con i tentacoli provoca eritemi e piaghe, oltre a un dolore lancinante, che può portare alla perdita dei sensi. In rari casi si può andare incontro alla morte.

Non sbagliare anche tu...

Il dolore provocato dalle meduse può essere attenuato mettendo in atto alcuni semplici rimedi: si prova sollievo applicando sull'area colpita, per esempio, dell'aceto, che inibisce l'azione del veleno. Evita di sciacquare la parte colpita con acqua dolce perché, essendo essa ipotonica, farebbe scoppiare le nematocisti ancora presenti, con conseguente fuoriuscita di altro liquido urticante.

Meglio sciacquare con acqua di mare calda e utilizzare un asciugamano per asportare i tentacoli eventualmente rimasti, dopo averli agglomerati con della sabbia.

cacciatore in agguato

Molti ragni appartenenti alla famiglia dei tomisidi attendono anche per ore le prede sotto la corolla dei fiori, senza bisogno di costruire ragnatele. Le femmine hanno addirittura la capacità di cambiare colore dal bianco al giallo, imitando quello del fiore su cui si trovano. Le loro prede sono generalmente insetti, anche di grandi dimensioni come farfalle o pericolosi come api, che si poggiano sui fiori, ignari del pericolo.

1

Questi ragni sono detti ragni granchio per l'abitudine di avvicinarsi alla loro preda spostandosi lateralmente.

2

Hanno una vista eccellente con occhi disposti in modo da avere un campo visivo di 360°.

3

Il veleno di questi ragni, iniettato nella preda mediante le punte dei cheliceri è in grado di paralizzarla in pochi secondi.

big data

REGNO: ANIMALI
PHYLUM: ARTROPODI
CLASSE: ARACNIDI
ORDINE: ARANEA
FAMIGLIA: THOMISIDAE
GENERE: *MISUMENA*
SPECIE: *M. VATIA*

cacciatore in agguato

Mi preparo all'interrogazione

Erickson

La classificazione degli animali

Quali sono le caratteristiche degli animali acquatici più semplici, dei vermi e dei molluschi?

Paragrafi 2-3-4

Nel paragrafo 2 trovi le caratteristiche di poriferi e celenterati. Nel paragrafo 3 trovi la spiegazione di come sono strutturati platelminti, nematodi e anellidi. Nel paragrafo 4 trovi un elenco puntato con la spiegazione dei molluschi e la descrizione delle diverse specie. Quando le informazioni sono sparse, studiare diventa più difficile: crea quindi sul tuo quaderno una tabella come la seguente per organizzarle. Attento, però, a non ridurre troppo le informazioni: leggi l'esempio sui poriferi per capire il livello di approfondimento richiesto. Rifai la tabella sul tuo quaderno per avere più spazio.

	tipo	esempi	struttura e movimento	nutrizione e digestione	respirazione	riproduzione
animali acquatici con struttura semplice	poriferi	spugne	corpo privo di simmetria con pori e un'apertura alla sommità chiamata osculo. Strato esterno di cellule piatte, strato interno di cellule flagellate chiamate coanociti. Tra i due strati sono presenti spicole che funzionano da sostegno e da difesa	i coanociti agitano i flagelli e generano un flusso d'acqua che entra attraverso i pori e porta con sé i microrganismi. Espellono gli scarti attraverso l'osculo. La nutrizione avviene per diffusione tra cellule	i coanociti agitano i flagelli e generano un flusso d'acqua che entra attraverso i pori e porta con sé l'ossigeno. La respirazione avviene per diffusione tra cellule	asessuata (gemmazione). Sessuata: prima c'è la fecondazione, poi un embrione, poi una larva in grado di nuotare, poi il fissaggio e lo sviluppo in forma sessile
	celenterati					
vermi	platelminti					
	nematodi					
	anellidi					
molluschi	gasteropodi					
	bivalvi					
	cefalopodi					

Quali sono le caratteristiche degli artropodi e degli echinodermi?

Paragrafi 5-6

Prosegui nella schematizzazione anche per artropodi ed echinodermi. Ricerca nel paragrafo 5 le informazioni su crostacei, aracnidi, insetti e miriapodi e nel paragrafo 6 quelle su echinodermi; poi inserisci le informazioni richieste nella tabella.

	tipo	esempi	struttura e movimento	nutrizione e digestione	respirazione	riproduzione
artropodi	crostacei					
	aracnidi					
	insetti					
	miriapodi					
echinodermi	stelle marine					
	ricci di mare					
	cetrioli di mare					

Quali sono le caratteristiche dei cordati?

Paragrafo 7

Concludi la schematizzazione del capitolo con le informazioni sui cordati. Inserisci nella tabella le informazioni presenti nel paragrafo 7: scrivi un'introduzione generale e spiega brevemente le caratteristiche dei tre subphyla.

	subphylum	caratteristiche generali
cordati	urocordati	
	cefalocordati	
	vertebrati	

Mi preparo all'interrogazione

Contenuti multipli

IL REGNO ANIMALI

- è costituito da organismi:
  - eterotrofi
  - pluricellulari
  - in grado di muoversi
  - che producono gameti
- i principali *phyla* sono:
  - **poriferi o spugne**
    - sono: gli organismi più semplici
    - si riproducono per via: sessuata e asessuata
  - **cordati**
    - sono caratterizzati da: corda dorsale (o notocorda)
    - si classificano in:
      - urocordati (o tunicati)
      - cefalocordati
      - vertebrati (o craniati)
  - **celenterati**
    - si riproducono per via: sessuata e asessuata
    - hanno: simmetria raggiata
      - con struttura:
        - a polipo (coralli, anemoni)
        - a medusa (meduse)
  - **platelminti (o vermi piatti)**
    - si riproducono per via: sessuata (ermafroditi)
  - **nematodi (o vermi cilindrici)**
    - si riproducono per via: sessuata, con sessi separati
  - **anellidi**
    - hanno il corpo suddiviso in: metameri
    - si riproducono per via: sessuata
  - **molluschi**
    - hanno corpo costituito da:
      - capo
      - piede
      - massa viscerale
    - si classificano in:
      - gasteropodi
      - bivalvi
      - cefalopodi
  - **artropodi**
    - sono caratterizzati da:
      - esoscheletro
      - corpo segmentato
      - zampe articolate
      - riproduzione attraverso uova
    - si classificano in:
      - crostacei
      - aracnidi
      - insetti
      - miriapodi
  - **echinodermi**
    - sono caratterizzati da: endoscheletro calcareo

verifica

Verifica interattiva

CONOSCO

1 Completa le seguenti frasi scegliendo tra i termini elencati.

sessile • pori • mantello • terrestri • metameri • sostegno • movimento • marino • cervello • ossiuri • sostegno • vertebrale • intestinali • filaria • anelli • muscolatura • metameri • piede • valve • sifoni • chitina • torace • appendici • antenne • uova • incompleta • completa • carbonato • aculei • raggiata • polipo • medusa • natante • anellidi • bilaterale • platelminti • macchie • uncini • chiuso • viscerale • nervoso • protuberanze • pulsazioni • cuore • conchiglia • capo • piede • specie • corda • invertebrati

a Si ritiene che oggi sulla Terra vivano circa 8,7 milioni di .... animali, ma molte devono essere ancora scoperte e studiate

b I cordati sono animali con la .... dorsale, struttura elastica con funzioni di .... Se è robusta con ossa articolate dette vertebre, si chiama colonna ....

c Gli animali senza colonna vertebrale si definiscono ....

d Le spugne, dette anche poriferi, vivono in ambiente acquatico, soprattutto .... Da adulti hanno vita ...., cioè sono ancorati al fondale. Il loro corpo ha l'aspetto di un vaso perforato da ....

e I celenterati hanno due tipi di strutture entrambe a simmetria ....: forma a .... e forma a .... Alcune specie alternano nel corso del ciclo biologico la fase .... (medusa) a quella sessile (polipo)

f I vermi e gli .... possiedono un corpo a simmetria ....

g I vermi piatti o .... presentano i primi organi di senso, le .... oculari e un abbozzo di sistema .... con un primitivo ....

h I nematodi sono per esempio gli .... e gli ascaridi, vermi .... dell'uomo e la ...., parassita del cane

i Gli anellidi hanno un corpo cilindrico ad .... con segmenti detti .... Si muovono grazie alla .... dei segmenti; ogni segmento presenta .... e setole dette chete

l Gli anellidi hanno un sistema circolatorio .... in cui il sangue è spinto dalle .... di un piccolo .... in ogni segmento

m I molluschi hanno un corpo molle, ma molte specie presentano una .... a protezione e sostegno del corpo. Presentano un .... con la bocca provvista di radula; un .... per il movimento, una massa .... con gli organi interni e un .... che produce eventualmente la conchiglia

n I gasteropodi possono essere .... o acquatici. Hanno in genere una conchiglia e possiedono un .... ventrale per strisciare. La conchiglia dei bivalvi è formata da due ....; filtrano l'acqua aprendo le valve e attraverso organi detti ....

o Gli artropodi hanno tre caratteristiche importanti: esoscheletro formato in prevalenza da .... per sostegno, supporto ai muscoli, protezione. Corpo segmentato in .... che formano due o tre segmenti (capo, ... e addome) ai quali sono collegate .... (es. zampe, ali, chele, mandibole, ...)

p Le zampe sono articolate per avere un .... rapido

q Gli insetti hanno una riproduzione sessuata tramite ....; nascono larve che possono essere senza metamorfosi (larva identica all'adulto); a metamorfosi .... (la larva è detta ninfa); a metamorfosi .... (larva completamente diversa dalla forma adulta)

r Negli echinodermi è presente l'endoscheletro formato da piastre di .... di calcio, a protezione degli organi. Si possono trovare .... o .... con funzione di .... o difesa

2 INVALSI Segna con una crocetta il completamento esatto.

a I coanociti servono ai poriferi per:
- ☐ respirare
- ☐ eliminare le sostanze di rifiuto
- ☐ riprodursi
- ☐ nutrirsi

b Le spicole dei poriferi servono per:
- ☐ protezione e difesa
- ☐ movimento
- ☐ nutrimento
- ☐ riproduzione

c La mesoglea dei celenterati è:
- ☐ lo strato esterno del corpo
- ☐ una sostanza gelatinosa tra i due strati del corpo
- ☐ lo strato interno del corpo
- ☐ la cavità interna del corpo

d Nei celenterati la digestione e assimilazione dei nutrienti avviene:
- ☐ nell'ectoderma
- ☐ nell'endoderma
- ☐ nel celenteron
- ☐ negli cnidoblasti

verifica

e I platelminti possiedono:
- ☐ un'unica apertura ventrale
- ☐ un apparato respiratorio
- ☐ un cervello

f I nematodi sono in genere:
- ☐ parassiti di piante e animali
- ☐ detritivori
- ☐ simbionti
- ☐ onnivori

g Il celoma degli anellidi:
- ☐ è una cavità che contiene sostanze di rifiuto
- ☐ permette il movimento dei segmenti
- ☐ è una cavità piena di liquido per sostegno e protezione
- ☐ è il tubo digerente

h I molluschi terrestri respirano:
- ☐ mediante branchie
- ☐ usando un piccolo polmone nella cavità del mantello
- ☐ attraverso la cute
- ☐ mediante le trachee

i Il torace dei crostacei:
- ☐ è rivestito da una conchiglia
- ☐ è ricoperto da un carapace
- ☐ è senza protezione
- ☐ ha una corazza molle

l I pedipalpi degli aracnidi:
- ☐ servono come organi di senso
- ☐ sono usati per triturare il cibo
- ☐ servono per la locomozione
- ☐ tutte e tre le risposte sono corrette

m Gli insetti hanno:
- ☐ tre paia di zampe
- ☐ sei paia di zampe
- ☐ quattro paia di zampe
- ☐ nessuna delle risposte precedente è corretta

n Gli insetti respirano attraverso:
- ☐ trachee
- ☐ branchie
- ☐ polmoni
- ☐ diffusione attraverso la cute

o I pedicelli ambulacrali degli echinodermi:
- ☐ hanno funzione respiratoria
- ☐ permettono all'animale di fare presa sul terreno
- ☐ servono al movimento degli animali
- ☐ tutte e tre le risposte sono corrette

3 Sottolinea il termine corretto tra quelli indicati in corsivo.

a Nei molluschi la riproduzione è sessuata e avviene per fecondazione *incrociata / esterna*

b Negli artropodi l'esoscheletro deve essere sostituito periodicamente con la *metagenesi / muta*

c Nei crostacei il capo e il torace sono *staccati / attaccati*

d Gli aracnidi possiedono *quattro / cinque* paia di zampe

e I crostacei acquatici respirano attraverso *trachee / branchie*

f I crostacei triturano il cibo attraverso due potenti mandibole dette *chele / cheliceri*

g Le ghiandole che servono a produrre la ragnatela negli aracnidi sono dette *pedipalpi / filiere*

h Gli occhi degli insetti sono di due tipi: occhi composti e *ocelli / oculi*

i Il sistema acquifero degli echinodermi è una rete di *canali / nervi* che si diramano

APPLICO

4 Osserva le seguenti immagini e completa con i termini mancanti.

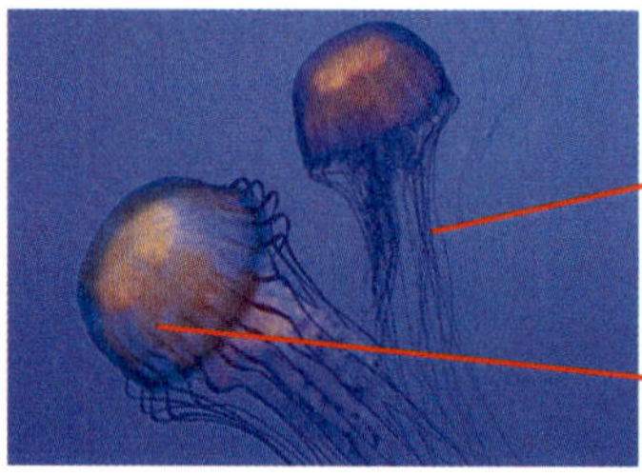

5 L'immagine riproduce la struttura di una spugna: completala inserendo i termini corretti.

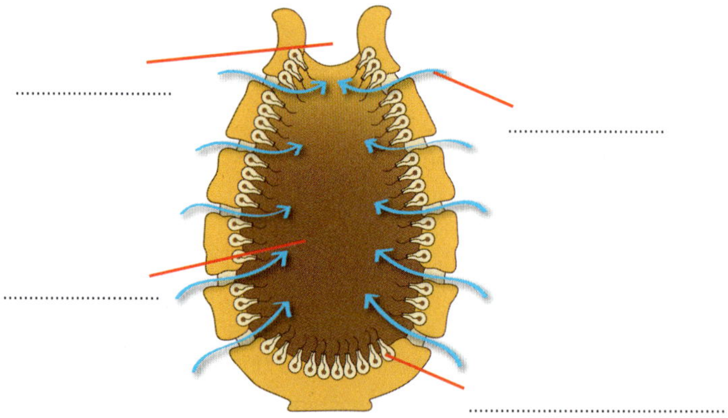

6 **Osserva le immagini di questi molluschi e scrivi sotto a ciascuna di essa a quale gruppo appartiene; descrivi poi brevemente sul tuo quaderno le caratteristiche del gruppo.**

....

....

....

7 **Osserva le seguenti immagini e completa con i termini mancanti.**

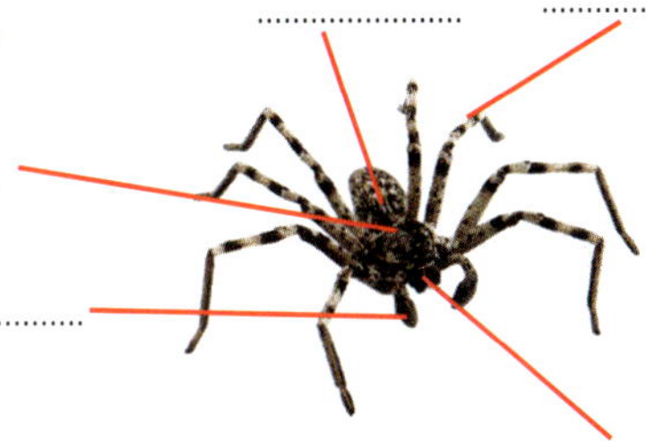

COMPETENZE

1. Leggi il testo e rispondi.

Ogni anno in autunno milioni di farfalle monarca (*Danaus plexippus*) di Canada e Stati Uniti affrontano un volo di oltre 3000 km per andare a svernare in una piccola valle del Messico centrale.

È un viaggio di due mesi, il più lungo per un insetto, e come facciano [...] a non perdersi durante la lunga migrazione non era ancora del tutto chiaro [...] Il sistema di navigazione delle monarca si basa su due meccanismi: i neuroni azimut degli occhi seguono la posizione del Sole rispetto all'orizzonte; le antenne ospitano invece una sorta di orologio interno [...].

Rimaneva da capire come le farfalle ricevessero e integrassero le informazioni. Lavorando con alcuni colleghi biologi, Eli Shlizerman, matematico dell'Università di Washington, ha registrato i segnali nervosi che dagli occhi e dalle antenne delle farfalle viaggiano verso il cervello. [...]. L'equilibrio tra questi segnali aiuta le farfalle a prendere la direzione giusta, e a correggere la rotta quando serve. La stessa bussola biologica, in primavera, funziona in modo opposto e speculare.

[Fonte: www.focus.it]

a Scrivi un possibile titolo per l'articolo che hai appena letto.

b Sottolinea i termini scientifici che hai trovato nel testo e cerca la definizione.

c Perché alla fine del testo si parla di "bussola biologica"?

d Per quale motivo in primavera questa bussola funziona in modo opposto e speculare?

2. Calcola e ragiona.

La libellula è in grado di volare a 60 km/h. Quanto tempo impiegherebbe una libellula mantenendo costante questa velocità per percorrere 15 km?

3. Ricerca e comunica.

Fai una ricerca sul web sul fenomeno della metamorfosi delle farfalle e in particolare sul motivo per il quale molte specie di farfalle sono a rischio di estinzione. Presenta i risultati alla classe utilizzando al massimo 3 slides.

In English Verifica interattiva

4. Fill in the blanks.

vertebral • *vertebrata* • *backbone* • *insects* • *taxa* • *species*

Invertebrates are animals without a .... column (known as a .... or spine). Some well known invertebrates are ...., crabs, lobsters, worms. The majority of animal species are invertebrates. Many invertebrate .... have a greater number and variety of .... than the entire subphylum of ....

CLIL: let's learn English

Classification of animals

Audio

Objectives

- Understand what classification involves.
- Classify invertebrates.

Putting animals in groups

How do you store data on about 2 million species? And how can you make sure they all have different names? To make these jobs easier scientists put similar species together in groups. They use their similarities and differences to sort them into groups and sub-groups. This is called classification. Animals are divided into smaller subgroups.

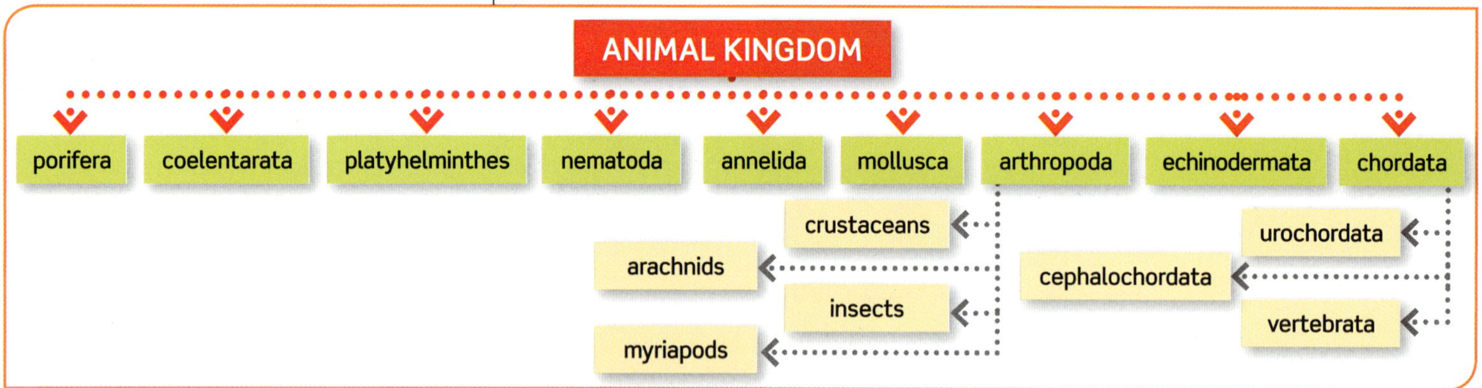

Remember

- Species are classified by sorting them into groups.
- All animals are classified into many groups and subgroups.

1 These animals look the same but they belong to different groups.

Using a key

There are more than a million **arthropod species**, so they are split into smaller subgroups. Most arthropod species are insects. Insects are part of the animal group and all insects have six legs. There are nearly a million insect species. A third of all insect species have tough covers over their wings – they are called beetles. Five thousand of the beetle species are called ladybirds. They have brightly coloured, rounded bodies. Many ladybirds are red with black spots, but only one species has exactly seven spots – *Coccinella septempunctata*. Having all these subgroups makes it easy to identify each species using a key. A key uses simple yes/no questions to decide which groups and subgroups a species belongs to. *Coccinella septempunctata* belongs to each of these groups: arthropods, insects, beetles, ladybirds and spotted ladybirds.

1 Arthropods are divided into smaller and smaller groups until each group contains a single species.

2 To use a key, start at the top and follow the arrows as you answer each question.

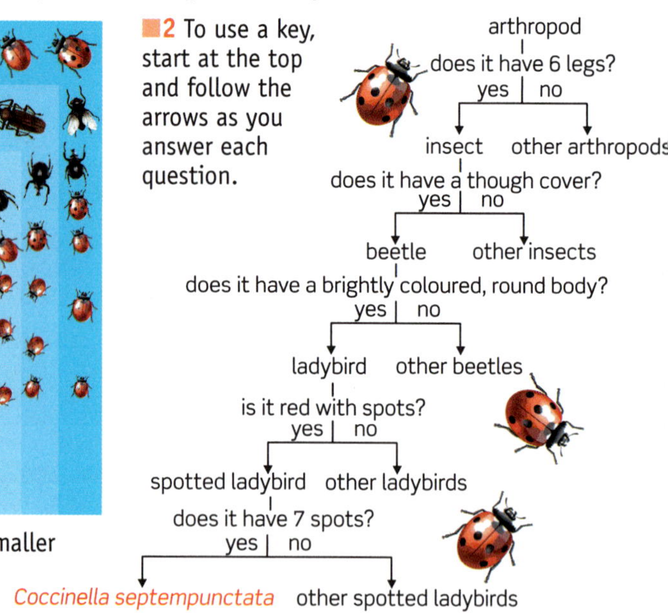

Exercises

1. What type of animal is? Explain how you know.

10 I vertebrati

Digi Scienze

Video

Preparati per la lezione:
- guarda il video
- compila la scheda

Nelle prossime pagine troverai altri contenuti digitali

Allegato scaricabile

Contenuto integrativo

Audio

Verifica interattiva

I vertebrati sono rappresentati da più di 50 000 specie. Tra di essi troviamo gli animali con cui abbiamo più familiarità: i mammiferi, gli uccelli, i rettili, gli anfibi e i pesci.

1 Il *subphylum* vertebrati

Audio

I vertebrati sono cordati provvisti di colonna vertebrale e cranio

All'interno del phylum dei cordati si trovano i vertebrati. Le caratteristiche proprie dei cordati hanno permesso al gruppo dei vertebrati di raggiungere grandi dimensioni, muoversi in svariati modi e diffondersi in tutti gli ambienti della Terra, sviluppando un'enorme varietà di forme.

A differenza di tutti gli altri gruppi animali, che comprendono organismi molto eterogenei, i vertebrati condividono caratteristiche ben definite e, sebbene rappresentino solo il 3% delle specie animali, sono tra i più conosciuti del nostro pianeta. Per quale motivo? Principalmente perché a questo *subphylum* appartiene la nostra specie: *Homo sapiens*. Inoltre i vertebrati occupano una posizione dominante in quasi tutti gli ambienti, sono facili da trovare e da osservare, anche a occhio nudo. Tra loro ci sono anche gli animali a noi più familiari: nel corso della storia si sono intrecciati molti legami biologici, ma anche economici e sociali, tra l'uomo e i vertebrati. Pensiamo agli animali allevati, a quelli usati per il trasporto, per collaborare nel lavoro, per ottenere materie prime come lana, pelli ecc. o anche solo per compagnia.

Parole di scienze

agnati: dal greco *a-* = senza + *gnathos* = mascella.
gnatòstomi: dal greco *gnàthos* = mascella + *stoma* = bocca.
tetràpodi: dal greco *tetra* = quattro + *pous* = piede.

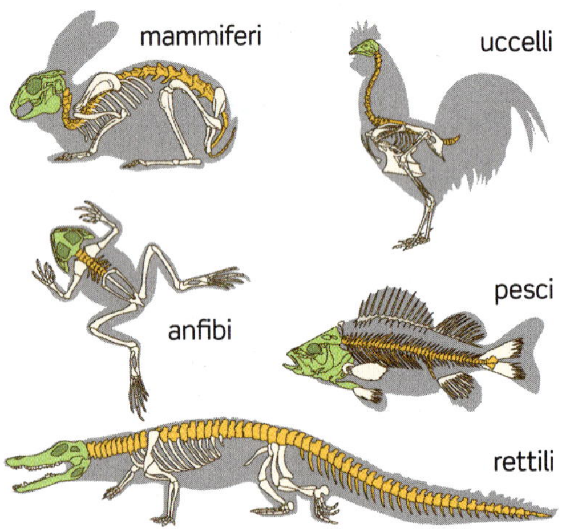

1 La diversificazione dello scheletro dei vertebrati è straordinaria.

CLIL for SCIENCE Audio

vertebrati: ***vertebrates***
colonna vertebrale: ***vertebral column***

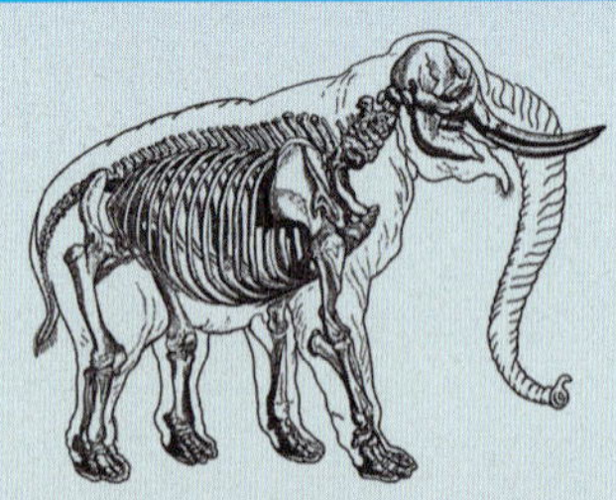

Look at the picture and complete the sentences with the correct words.

1. The vertebral column is also called *spinal cord / column*, spine, or backbone.
2. In vertebrate animals, the column is *rigid / flexible* and it extends from neck to tail.
3. Vertebral column is made of a series of bones, called *vertebrae / arms*.

Le caratteristiche dei vertebrati

Contenuto integrativo

Quali caratteristiche accomunano tutti i vertebrati? Per prima cosa presentano una spina dorsale o **colonna vertebrale**, costituita da singole unità chiamate **vertebre**. Questa struttura è rigida ma flessibile, e offre un sostegno al corpo, oltre a una protezione al delicato midollo spinale. I vertebrati hanno un sistema nervoso molto sviluppato e complessi organi di senso: grazie alle fibre nervose specializzate, possono rapidamente reagire ai cambiamenti nel loro ambiente e questo dà loro un vantaggio competitivo sugli altri animali. Nella parte anteriore del corpo, il tessuto nervoso si è differenziato in un **cervello**, a protezione del quale vi è una scatola ossea, il **cranio**. Per questo i vertebrati vengono chiamati anche *craniati*. Le dimensioni dei vertebrati vanno da meno di un centimetro a diverse decine di metri. Si ritiene che il vertebrato più piccolo sia una minuscola rana asiatica, la *Paedophryne amauensis*, delle dimensioni di una mosca domestica 2. Il più grande vertebrato vivente del mondo è invece la balenottera azzurra, con i suoi 33,5 m di lunghezza. Queste grandi dimensioni si sono potute raggiungere proprio grazie all'**endoscheletro**, che ha fornito un buon attacco ai muscoli, non limitando ma anzi agevolando i movimenti.

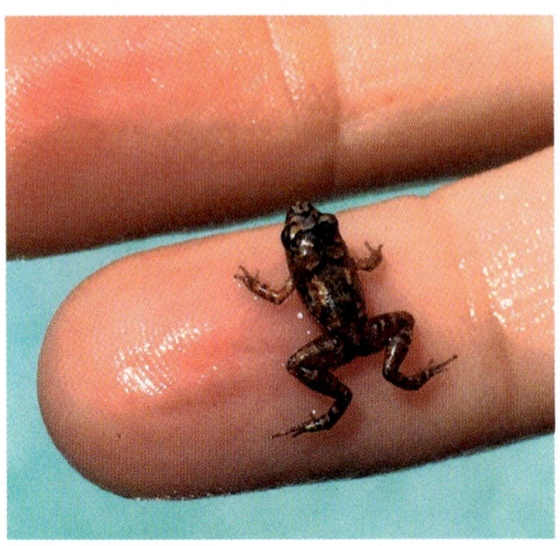

2 La minuscola *Paedophryne amauensis*.

L'origine dei vertebrati risale al tardo Cambriano, un'era geologica che corrisponde a più di 500 milioni di anni fa. I primi vertebrati erano privi di mandibola e per questo chiamati **agnati**. Gli unici rappresentanti degli agnati attuali sono la lampreda 3-4 e la missina.
La possibilità di aprire la bocca si è sviluppata solo 400 milioni di anni fa, con la comparsa dei primi **gnatòstomi**, che costituiscono la quasi totalità dei vertebrati di oggi 5.
Gli scienziati oggi considerano **sette classi** di vertebrati: tre acquatiche, raggruppate nella superclasse **pesci**, e quattro terrestri, raggruppate a loro volta nella superclasse dei **tetràpodi**. I tetrapodi, animali "a quattro zampe", possono essere ulteriormente divisi in due gruppi: **anfibi** e **amnioti**.
Gli anfibi sono animali molto legati all'ambiente acquatico, pur potendo vivere sulla terraferma; gli amnioti (**rettili**, **uccelli** e **mammiferi**), invece, non sono dipendenti dall'acqua per il proprio sviluppo perché depongono uova adatte alla vita terrestre. L'embrione in formazione si trova dentro un uovo deposto in un nido o all'interno del corpo della madre ed è immerso in un liquido e avvolto in una membrana (*amnios*). Questo consente all'embrione di svilupparsi in un ambiente acquatico, come in uno "stagno in miniatura", pur essendo sulla terra.

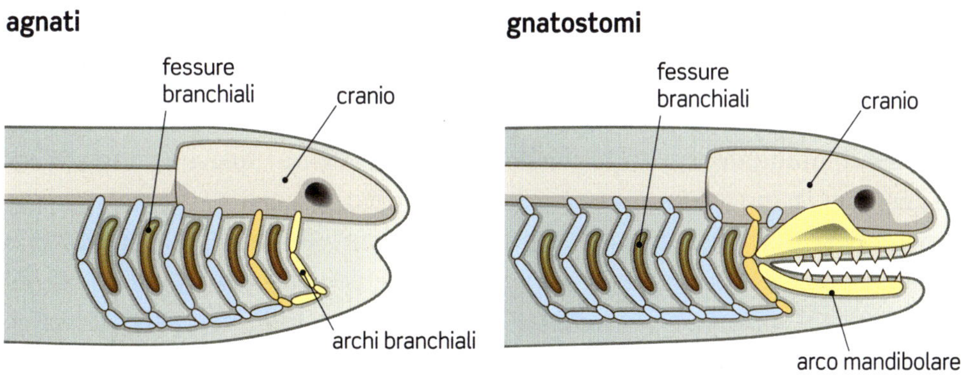

5 L'arco mandibolare degli gnatostomi ha avuto origine dalla trasformazione del primo arco branchiale.

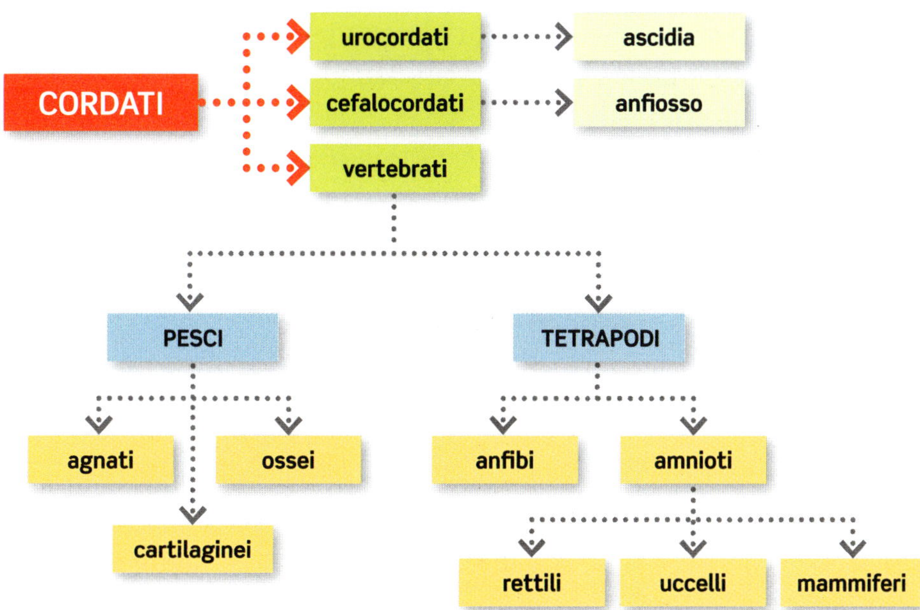

3 Lampreda, vertebrato agnato.

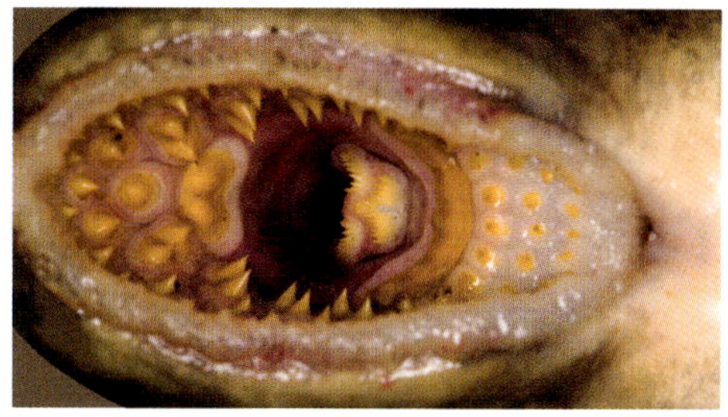

4 Particolare della bocca priva di mandibola della lampreda.

Con metodo

Analizzo il testo

1. Completa.
La caratteristica comune a tutti i vertebrati è la presenza di una .... costituita da ....

2. Quante sono le classi dei vertebrati? Elenca i loro nomi.
....
....

Comprendo il testo

3. Rispondi.
- **a** Quando sono comparsi i primi vertebrati? Qual era la loro struttura?
- **b** Quali sono le caratteristiche dei vertebrati attuali?
- **c** Quali dimensioni può raggiungere un vertebrato? Perché?

Comprendo le parole

4. Scrivi il significato delle seguenti parole.
- **a** Agnati
- **b** Gnatostomi
- **c** Endoscheletro
- **d** Craniati
- **e** Tetrapodi
- **f** Amnioti

Collaboro

5. Formate un **numero pari di gruppi**. I membri di ogni gruppo, dopo aver studiato accuratamente il testo, scrivano su un foglio alcuni quesiti relativi ai vertebrati; scambiate poi il foglio con quello del gruppo vicino e rispondete alle domande.

2 I pesci

Audio

I pesci sono vertebrati acquatici, dotati di pinne e branchie

I **pesci** sono vertebrati acquatici, comparsi intorno ai 500 milioni di anni fa. Complessivamente comprendono circa 32 400 specie conosciute, sono quindi i vertebrati più numerosi. Alcuni pesci sono piccolissimi, lunghi meno di un centimetro; altri raggiungono dimensioni molto grandi come lo squalo balena, il pesce più lungo del mondo, che può arrivare a 14 metri.

BIG DATA

Movimento: nuoto per mezzo di pinne
Struttura di sostegno: scheletro osseo o cartilagineo
Rivestimento: pelle generalmente ricoperta da scaglie, anche se esistono specie a pelle nuda o con zigrino (minuscoli dentelli che la rendono scabrosa)
Regolazione della temperatura interna: eterotermi
Alimentazione: erbivori, carnivori o onnivori
Respirazione: attraverso branchie
Circolazione: semplice e completa
Riproduzione: per lo più ovipari; alcune specie sono ovovivipare, altre vivipare

Le caratteristiche dei pesci

I pesci hanno colonizzato tutti gli ambienti acquatici presenti al mondo, sia di acqua dolce sia di acqua salata, e sono generalmente dotati di una **forma idrodinamica**, affusolata, quella cioè che nel movimento offre la minore resistenza possibile all'acqua. Tutti i pesci si spostano grazie a una potente muscolatura e alle **pinne**, principalmente quella della coda, o *pinna caudale*. Le pinne pettorali e ventrali (dette *pinne pari* o *accoppiate*) e quella dorsale servono a stabilizzare il nuoto o a cambiare direzione e profondità. La pelle può essere umida o presentare placche protettive, le **scaglie**, ricoperte di muco, che sono disposte come le tegole di un tetto e fanno scivolare l'animale nell'acqua riducendo l'attrito ■1. La respirazione dei pesci avviene sempre tramite le **branchie**, strutture ricche di capillari, filamentose e sfrangiate per aumentare la superficie dove avviene lo scambio gassoso.
I pesci possiedono **un cuore con due cavità** (atrio e ventricolo), che pompa il sangue dai tessuti alle branchie e dalle branchie ai tessuti. La **circolazione** del sangue è **semplice e completa** ■2. I pesci sono tutti organismi **eterotermi**: la loro temperatura corporea dipende da quella esterna.
Si riproducono per mezzo di uova deposte nell'ambiente esterno (**ovipari**) o partoriscono piccoli vivi, dopo che l'uovo si è schiuso all'interno del corpo materno (**ovovivipari**), come la *Gambusia*. Esistono però alcune specie di squali le cui femmine partoriscono piccoli vivi che si sono sviluppati all'interno del corpo della madre, da cui hanno ricevuto direttamente il nutrimento (**vivipari**).

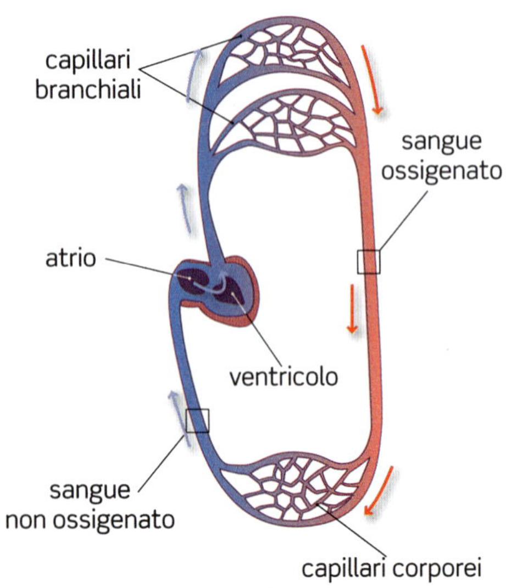

■2 Schema della circolazione nei pesci.

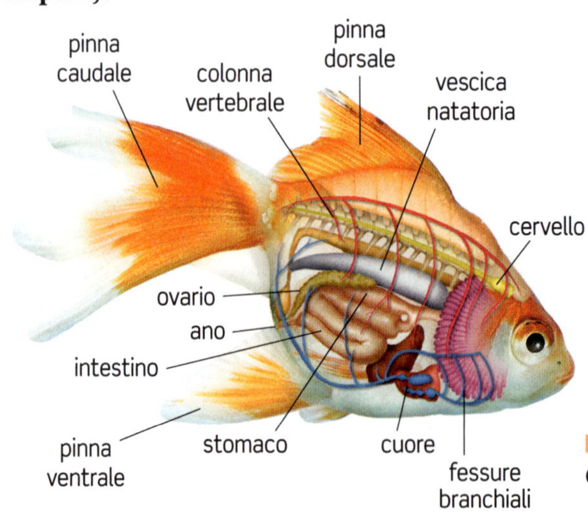

■1 Struttura di un pesce tipo.

La classificazione dei pesci

Contenuto integrativo

Comunemente siamo abituati a ritenere i pesci come appartenenti a un unico gruppo di vertebrati ma, per le notevoli differenze anatomiche, gli zoologi ormai considerano quella dei pesci attuali una superclasse, che contiene almeno tre classi: **agnati, pesci cartilaginei** e **pesci ossei**.

- Gli **agnati** sono i pesci più primitivi, privi di articolazione tra mandibola e cranio. Sono dotati di uno scheletro cartilagineo, cioè composto da **cartilagine**, hanno branchie simili a forellini, pelle nuda e pinne impari. Appartengono a questo gruppo le lamprede e le missine. Le prime sono parassite di altri vertebrati acquatici, le seconde sono per lo più sapròfaghe.
- I **pesci cartilaginei** o **condritti**, come squali, razze 3 e chimere, possiedono uno scheletro composto principalmente da cartilagine. La pelle è rivestita di dentelli dermici, detti **zigrino**, che sono ricoperti di smalto proprio come i denti e la rendono abrasiva. Le branchie appaiono come semplici fessure, in diretta comunicazione con l'ambiente esterno; l'acqua entra, oltre che dalla bocca, attraverso uno **spiracolo** (una piccola apertura situata dietro agli occhi). Hanno la bocca in posizione ventrale, provvista negli squali di una potente mandibola e di tre o quattro file di denti, sostituiti continuamente durante tutta la vita. La pinna caudale è asimmetrica nella maggior parte delle specie 4.

4

Parole di scienze

cartilagine: tessuto di sostegno molto elastico e flessibile.
condritti: dal gr. *kòndros* = cartilagine + *ichthys* = pesce.

3 Un esemplare di razza.

Con metodo

Analizzo il testo

1. Sottolinea nel testo le caratteristiche principali dei pesci.
2. Cerchia con colori diversi i nomi delle tre classi appartenenti ai pesci.

Comprendo il testo

3. Completa.
   - **a** I pesci hanno colonizzato tutti gli ambienti .... e presentano una ....
   - **b** Si spostano per mezzo dei muscoli e delle ....
   - **c** La loro pelle può essere .... o ricoperta di ....
   - **d** Il cuore ha due ....
   - **e** Respirano attraverso le ....
   - **f** Possono essere ovipari, ovovivipari o ....
4. Abbina ogni termine al suo significato.
   - Spiracolo ....
   - Ovipari ....
   - Zigrino ....
   - Vivipari ....
   - **a** pelle che presenta dei dentelli minuti
   - **b** animali che partoriscono i piccoli vivi
   - **c** piccola apertura dietro agli occhi da dove entra l'acqua
   - **d** animali che depongono le uova nell'ambiente esterno

Parole di scienze

osteitti: dal greco *òsteon* = osso + *ichthys* = pesce.

Curiosità

Lo sapevi che tutti i pesci possiedono un curioso organo di senso chiamato **linea laterale?** Si tratta di una serie di canali che partono dai lati della testa e terminano poco prima della coda, su entrambi i lati del corpo: sono visibili all'esterno come una fila lineare di forellini.
La linea laterale percepisce le vibrazioni prodotte dagli altri pesci, dai predatori o da ostacoli nelle vicinanze.

CLIL for SCIENCE Audio

Look at the picture and choose the correct answer.

A stingray is an example of:

- ☐ an agnatha fish
- ☐ a cartilaginous fish
- ☐ a bony fish

- I **pesci ossei** o **osteitti** comprendono la maggior parte delle specie attuali, dai tonni ai barracuda, dai pesci rossi alle carpe e alle orate. Hanno uno scheletro osseo e pelle generalmente rivestita da scaglie: murene e alcuni tipi di anguille hanno pelle nuda. La bocca è sulla parte terminale del capo e le branchie sono protette dall'*opercolo*, una specie di piccolo coperchio protettivo. La pinna caudale è simmetrica ■5. Possiedono la **vescica natatoria**, un organo contenente gas che, espandendosi o contraendosi, permette al pesce di galleggiare e di variare la propria profondità senza utilizzare le pinne.

■5

La varietà nei pesci

Gli adattamenti sviluppati dai pesci sono numerosissimi. Alcuni, come per esempio le sogliole ■6, passano dalla simmetria bilaterale presente alla nascita, alla forma appiattita e non più simmetrica dell'adulto, che vive sul fondale marino; in seguito a questo adattamento l'occhio sinistro si è spostato sul lato destro del corpo. Altri pesci, come per esempio le anguille, riescono a vivere sia in acqua dolce, sia in acqua salata: esse, infatti, nascono in mare, poi migrano in acque dolci dove trascorrono la maggior parte della propria vita e, una volta adulte, ritornano in mare per riprodursi. Altre specie ancora, come i cavallucci marini ■7, hanno un aspetto curioso, con pinne poco sviluppate e un nuoto verticale. Esistono addirittura pesci che, vivendo nelle fredde acque polari, hanno nel proprio sangue una sorta di "liquido antigelo". Ci sono infine individui, come il pesce scorpione ■8 e la tracina che, con il veleno delle loro spine, possono essere pericolosi anche per l'uomo.

■6

■7

■8

Audio

3 Gli anfibi

Gli anfibi sono vertebrati con pelle nuda e che compiono metamorfosi

Gli **anfibi** sono stati i primi vertebrati a colonizzare le terre emerse: comparsi circa 400 milioni di anni fa, comprendono oggi circa 6800 specie, diffuse dalle aree a clima temperato fino all'Equatore. Il nome deriva dal greco e allude alla "doppia vita" di questi animali: allo stadio larvale sono simili a pesciolini e strettamente **acquatici**; da adulti sono **terrestri**, ma vivono comunque in ambienti umidi e rimangono legati all'acqua per la riproduzione.

Le caratteristiche degli anfibi

Lo scheletro degli anfibi è osseo nell'adulto, ed è generalmente dotato di **quattro arti con dita**, a eccezione di alcuni ordini. Possiedono una **pelle liscia o ruvida**, spesso vivacemente colorata, ma sempre **nuda** 1, ricoperta da **muco**, una sostanza che la preserva dalla **disidratazione** e la conserva umida ed elastica. La pelle può secernere anche sostanze velenose, a difesa contro i predatori. Finché sono allo stadio di larva, la respirazione degli anfibi si compie per mezzo di **branchie**, mentre negli adulti avviene tramite **polmoni** rudimentali.
L'apporto di ossigeno è però insufficiente e per questo gli anfibi respirano anche attraverso la pelle (**respirazione cutanea**).
Nelle forme larvali la circolazione è semplice e completa, come nei pesci; negli adulti invece diviene doppia e incompleta, con un **cuore formato da due atri e un solo ventricolo**: questo significa che il sangue ossigenato si mescola con il sangue non ossigenato nell'unico ventricolo e la distribuzione ai tessuti dell'ossigeno e delle sostanze nutritive non raggiunge la massima efficienza.

1

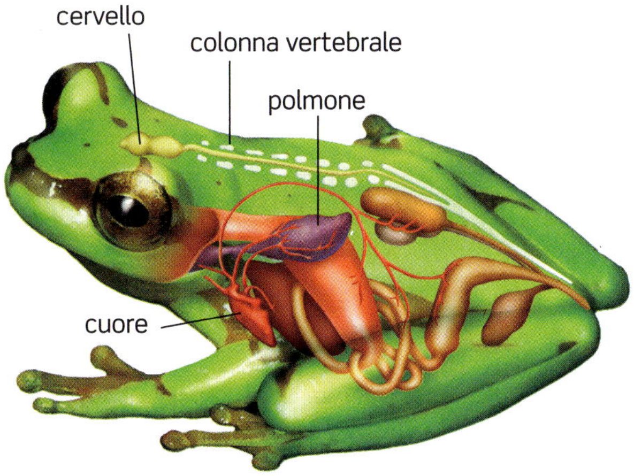

2 Struttura di un anfibio (rana).

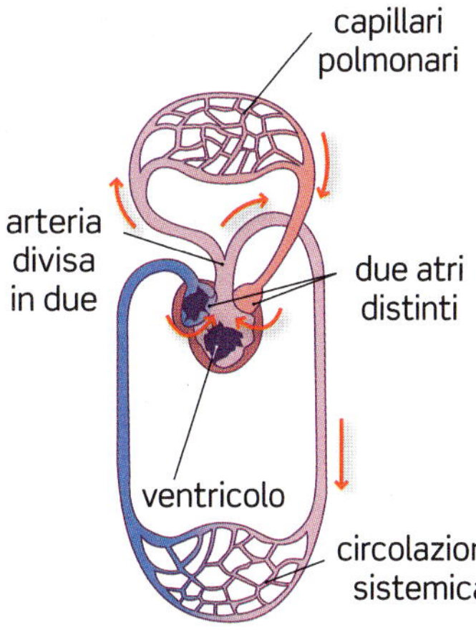

3 Schema della circolazione negli anfibi.

Parole di scienze

anfibi: dal greco *amphì* = doppia + *bìos* = vita.
disidratazione: perdita di acqua dall'organismo.

BIG DATA

Movimento: nuoto in acqua, camminata o salto su terraferma
Struttura di sostegno: scheletro osseo
Rivestimento: pelle nuda
Regolazione della temperatura interna: eterotermi
Alimentazione: larve prevalentemente erbivore, adulti sempre carnivori
Respirazione: branchie in fase larvale e polmoni in fase adulta
Circolazione: semplice e completa in fase larvale e doppia e incompleta in fase adulta
Riproduzione: prevalentemente ovipari, a fecondazione esterna; lo stadio giovanile dell'animale è acquatico e si trasforma nell'adulto terrestre dopo una metamorfosi

Con metodo

Analizzo il testo

1. Perché gli anfibi sono definiti vertebrati "dalla doppia vita"? Sottolinea la risposta nel testo.

Comprendo il testo

2. Rispondi.
   - **a** Attraverso quali organi si svolge la respirazione in un anfibio?
   - **b** Che cos'è il muco?

Gli anfibi sono tutti **eterotermi**: poiché la loro temperatura corporea dipende da quella esterna le specie che vivono in climi temperati vanno in letargo nei mesi più freddi: riducono le proprie funzioni vitali (battito cardiaco, respirazione, metabolismo) nutrendosi delle riserve di grasso immagazzinate durante i mesi precedenti.
Gli anfibi adulti hanno una dieta strettamente carnivora: si nutrono di insetti, chiocciole e altri piccoli animali. Spesso invece le forme larvali sono erbivore e si nutrono di alghe e piante acquatiche.

■4

La maggior parte degli anfibi è **ovipara**, **a fecondazione esterna**: la riproduzione avviene per mezzo di **uova gelatinose** ■4 **deposte in acqua dolce**, in ammassi o riunite in cordoni, simili a fili di perle. Esistono però alcune eccezioni: per esempio la salamandra pezzata partorisce in acqua piccoli vivi, dopo che le uova si sono schiuse all'interno del corpo materno.
Dalle uova fecondate fuoriescono le larve, prive di arti e con una grossa coda, caratteri che li rendono molto differenti dagli adulti. Dopo alcune settimane inizia la **metamorfosi** ■5, che avviene con modalità diverse a seconda delle specie: si sviluppano gli arti e gli apparati interni subiscono una serie di trasformazioni e adattamenti per passare dalla vita nell'acqua alla vita sulla terraferma.

CLIL for SCIENCE Audio

anfibi: ***amphibian***

Look at the picture on the right. Label it correctly with the following words:

eggs • *young frog* • *tadpoles with legs* • *embryos*

■5 Metamorfosi di una rana. La coda delle larve (chiamate girini) lentamente si riassorbe, compaiono le zampe, prima la posteriori, poi le anteriori; gradualmente scompaiono le branchie e compaiono i polmoni. Anche l'apparato digerente si trasforma, passando dalla dieta erbivora del girino a quella carnivora della rana.

La classificazione degli anfibi

La classe degli anfibi viene divisa dagli zoologi in tre ordini: **anuri**, **urodeli** e **apodi**.

- Gli **anuri** rappresentano la maggior parte degli anfibi attuali: rane, rospi, raganelle. Da adulti sono privi di coda e sono dotati di zampe posteriori molto più lunghe delle anteriori e spiccatamente adatte al salto. Hanno **occhi con palpebre** protettive, **corde vocali** con cui emettono un tipico suono di richiamo, e un rudimentale orecchio (**membrana timpanica**) dietro gli occhi. Le larve degli anuri sono chiamate girini. A questo gruppo appartengono i **dendrobàtidi** 6, rane che sono tra i vertebrati più velenosi al mondo.
- Gli **urodeli** hanno corpo allungato e una lunga coda anche da adulti: ne fanno parte tritoni 7, salamandre 8 e pròtei. La larva, acquatica, è carnivora come gli adulti. Il pròteo 9 non ha metamorfosi e anche da adulto conserva le branchie e ha un aspetto simile alla larva. Vive in grotte e gli occhi, poco utili al buio, sono coperti di pelle e la pelle stessa non ha colore.

6

7

8 Sono urodeli i due più grandi anfibi viventi: la salamandra del Giappone e quella della Cina (nella foto), lunga fino a 1,8 m.

9

- Gli **àpodi**, come le cecilie 10, sono anfibi bizzarri: privi di zampe, hanno un corpo adattato alla vita sotterranea e ricordano nella forma dei grossi lombrichi. Vivono in ambienti tropicali o subtropicali.

10

Parole di scienze

anùri: dal greco *a* = senza + *ourà* = coda.
urodèli: dal greco *ourà* = coda + *delos* = evidente.
àpodi: dal greco *a* = senza + *pous* = piede.

Contenuto integrativo

Con metodo

Analizzo il testo

1. Cerchia con tre colori diversi il nome dei tre ordini nei quali sono suddivisi gli anfibi.

Comprendo il testo

2. Abbina la definizione con il termine corretto.
- Anfibi che da adulti sono privi di coda ....
- Anfibi che mantengono la coda anche da adulti ....
- Anfibi privi di zampe ....

a Apodi **b** Anuri **c** Urodeli

3. Rispondi.
a Come avviene la riproduzione di un anfibio?
b Perché gli anfibi dipendono dall'acqua?

Comprendo le parole

4. Scrivi la definizione delle seguenti parole.
a Metamorfosi **b** Girino

Collaboro

5. A **gruppi di tre**, preparate delle schede che riassumano le caratteristiche principali degli anfibi e la loro classificazione. Completatele con disegni e immagini.

4 I rettili

Audio

I rettili sono vertebrati terrestri protetti da squame o placche, che depongono un uovo amniotico

I **rettili** sono stati i primi vertebrati ad adattarsi alla vita strettamente terrestre. Sono comparsi circa 340 milioni di anni fa; erano rettili i dinosauri, che sono stati i dominatori assoluti della Terra fino alla loro estinzione, 65 milioni di anni fa.
I rettili comprendono oggi circa 9550 specie, diffuse dalle aree a clima temperato fino all'Equatore.

Parole di scienze

rettile: dal latino *reptilis* = strisciante.
annessi embrionali: strutture che si sviluppano insieme all'embrione.
loricati: dal latino *lorica* = corazza.
cheloni: dal greco *keloné* = tartaruga.
rincocèfali: dal greco *rhynchos* = becco + *kefalé* = testa.
autotomìa: dal greco *autòs* = da soli + *tomé* = tagliare.

Caratteristiche dei rettili

Lo scheletro dei rettili è osseo e generalmente dotato di quattro arti, anche se esistono specie che ne sono prive.
La pelle è ricoperta di **squame cornee** formate da cheratina, una proteina che indurisce il tessuto epiteliale, o **placche ossee**: entrambe hanno la funzione di proteggere l'animale dalla disidratazione.
A differenza degli anfibi, la respirazione è esclusivamente **polmonare**.
La circolazione è doppia e incompleta: i rettili, infatti, possiedono **un cuore con due atri e un solo ventricolo** 2, come gli anfibi.

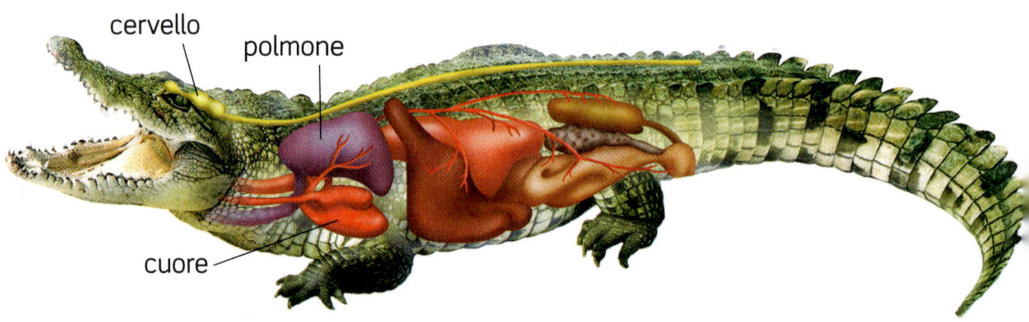

1 Struttura di un rettile (coccodrillo).

I rettili sono tutti animali **eterotermi**: sono attivi solo se la temperatura esterna è sufficientemente alta, per questo spesso li si vede scaldarsi al sole. Nelle zone con clima temperato in inverno i rettili vanno in letargo.

La riproduzione è sessuata, con **fecondazione interna**. La femmina depone **uova** che hanno un **guscio resistente** ma poroso, permeabile all'ossigeno ma non all'acqua, in modo da impedire il disseccamento dell'embrione.

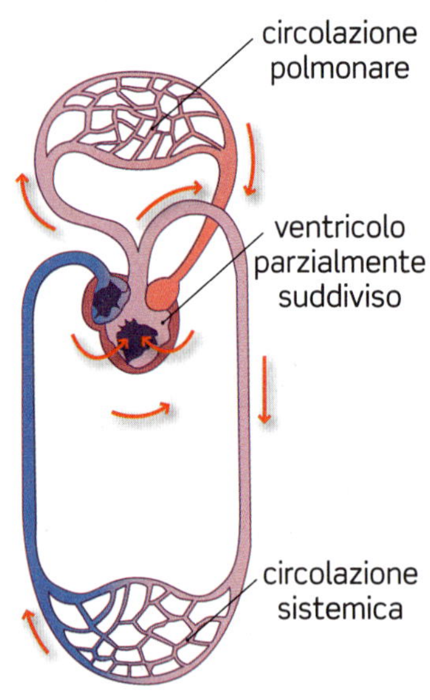

2 Schema della circolazione nei rettili.

BIG DATA

Movimento: nuoto, camminata, strisciamento
Struttura di sostegno: scheletro osseo
Rivestimento: squame cornee o placche ossee
Regolazione temperatura interna: eterotermi
Alimentazione: carnivori, erbivori
Respirazione: polmoni
Circolazione: doppia e incompleta
Riproduzione: prevalentemente ovipari con uovo amniotico; alcune specie ovovivipare; fecondazione interna

L'**uovo dei rettili è amniotico**, e presenta i seguenti **annessi embrionali**:

- l'**amnios**, sacco membranoso pieno di liquido, in cui è immerso l'embrione;
- l'**allantoide**, che raccoglie le sostanze di rifiuto;
- il **sacco vitellino**, che fornisce le sostanze nutritive per l'embrione in crescita (tuorlo);
- il **corion**, la membrana più esterna che avvolge il tutto.

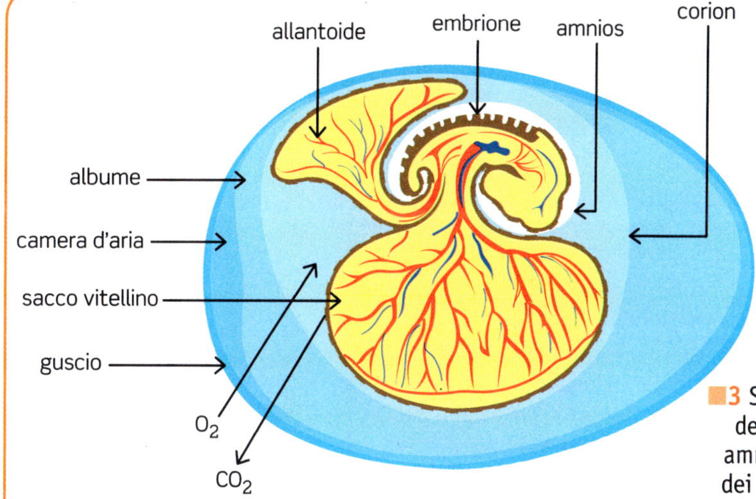

3 Schema dell'uovo amniotico dei rettili.

L'uovo amniotico, con il suo guscio protettivo e il liquido interno, è adatto a essere deposto sulla terraferma e consente al nuovo individuo di svilupparsi lontano dall'acqua: per questo i rettili sono considerati i **primi veri e propri vertebrati terrestri**.
Esistono però anche specie che partoriscono piccoli vivi, dopo che le uova si sono schiuse all'interno del corpo materno. L'**ovoviviparità** è diffusa soprattutto tra i rettili che vivono in ambienti estremi, come una lucertola di alta montagna, in alcune specie di serpenti marini, nelle vipere, nei boa e in alcuni camaleonti.

La classificazione dei rettili

La classe dei rettili è divisa dagli zoologi in quattro ordini: **squamati**, **loricati**, **cheloni** e **rincocèfali**.

- Gli **squamati** rappresentano la maggior parte dei rettili attuali e comprendono:
  - i **sauri**: lucertole, iguane, gechi e camaleonti (terrestri) 4-5;
  - gli **ofidi**: serpenti (terrestri e acquatici).

  La pelle è coperta da **squame cornee** e non si accresce insieme all'animale: per questo, periodicamente e per tutta la vita, essa deve essere cambiata attraverso la **muta**. Sulla pelle possono esserci ornamentazioni come corna, creste o spine.
  I sauri sono tetrapodi, a eccezione dell'orbettino, privo di arti 6.
  In condizioni di pericolo alcune specie riescono a staccare volontariamente parte della coda: questa capacità è detta **autotomìa**. La coda staccata continua a muoversi per parecchi minuti, distraendo così l'attenzione del predatore; essa ricresce però nel giro di pochi mesi.
  Gli ofidi non possiedono mai arti, hanno un corpo allungato e cilindrico, e si muovono strisciando. Sviluppano normalmente due polmoni, ma con la crescita, per la forma allungata del corpo, quello sinistro si atrofizza e rimane funzionante solo quello destro. Hanno un'**articolazione mobile tra mascella e mandibola** (osso quadrato), grazie a un legamento elastico tra le due parti: la bocca può dunque aprirsi in modo eccezionale, permettendo all'animale di ingoiare prede molto più grosse di lui.

Curiosità

Tutti conoscono il veleno dei serpenti, ma anche tra le lucertole esistono specie velenose. Si tratta dell'*Heloderma suspectum* e dell'*Heloderma horridum,* che vivono nelle zone desertiche nordamericane. A differenza dei serpenti il loro apparato velenifero è situato al livello della mandibola inferiore e il veleno viene usato principalmente per difesa. Le ferite da morso di questi animali non sono mortali per l'uomo.

4 Camaleonte.

5 Geco.

6 Orbettino.

■9 Sia negli ofidi che nei sauri la lingua è un recettore di odori e sapori, ed è anche un organo tattile. Con la lingua il maschio capta anche i feromoni che la femmina emette nel periodo dell'accoppiamento.

Tutti i serpenti sono predatori, ma le strategie di caccia sono diverse: alcuni stritolano la preda prima di ingoiarla intera (boa, pitone ■7 e anaconda), altri la uccidono attraverso il veleno (vipera, cobra e crotalo). Alcune specie infatti sono dotate di **ghiandole velenifere** collegate a denti molto aguzzi ■8, e il veleno può essere mortale anche per l'uomo.

■7 Pitone.

■8 I denti di un crotalo.

- I **loricati** comprendono coccodrilli, alligatori, caimani e gaviali. Vivono in ambienti paludosi o nei fiumi delle zone tropicali e possono raggiungere grandi dimensioni. Hanno zampe corte e palmate, e una pelle dura e ruvida, rinforzata da placche ossee ■10. Con mascelle potenti e denti aguzzi ■11, afferrano e tranciano le prede, che ingoiano intere per poi digerirle lentamente.
  Poiché non possono traspirare attraverso la spessa pelle, questi animali disperdono il calore corporeo in eccesso spalancando la bocca.
  I loricati hanno una "terza palpebra" trasparente che protegge gli occhi sott'acqua, la cosiddetta **membrana nittitante**.
  In questo gruppo, a differenza degli altri rettili, la separazione del cuore in due ventricoli è quasi completa, eccetto che per una piccola apertura nel setto divisorio chiamata dagli zoologi *foramen magnum*.

■11

Curiosità

Una leggenda vuole che i coccodrilli "piangano" dopo aver ucciso e mangiato le loro prede... e da questa diceria nasce un modo di dire molto comune: chi "piange lacrime di coccodrillo" è colui che finge di pentirsi dopo aver compiuto di proposito una cattiva azione. Davvero i coccodrilli piangono? In realtà le "lacrime di coccodrillo" non sono altro che il mezzo attraverso cui questi animali eliminano i sali accumulati in eccesso con l'alimentazione. La corazza di placche, infatti, non consente loro di eliminarli con la sudorazione.

- I **cheloni** comprendono tartarughe e testuggini. Scientificamente il termine "tartaruga" va riferito solo alle specie marine, che hanno arti modificati in pinne. Sia le specie palustri, con zampe palmate, sia quelle terrestri, sono invece chiamate "testuggini".
I cheloni sono privi di denti, sostituiti da un becco corneo molto affilato che ha la funzione di afferrare e strappare il cibo; le specie acquatiche sono carnivore e si nutrono di piccoli pesci, crostacei, molluschi; quelle terrestri sono erbivore. La maggior parte dei cheloni possiede una corazza protettiva formata da placche ossee fuse insieme, composta da un **carapace** dorsale e un **piastrone** ventrale. Esistono anche alcune specie "a guscio molle", in cui carapace e piastrone non sono rivestiti da scudi rigidi ma da pelle robusta, simile a cuoio. A differenza delle testuggini, le tartarughe non hanno la possibilità di ritrarre all'interno della corazza le parti più vulnerabili come il capo o gli arti.

12 Testuggine di Hermann (*Testudo hermanni*).

13 Tartaruga.

- I **rincocefali** sono rappresentati da due sole specie di **tuatàra**, che vivono esclusivamente in Nuova Zelanda. Simili a grosse lucertole, possiedono caratteri molto primitivi e sono i superstiti di un antichissimo gruppo che, fino a 65 milioni di anni fa, era molto più vasto.
Il tuatàra presenta sul capo una caratteristica esclusiva, il cosiddetto "terzo occhio", o **occhio pineale**, visibile nei giovani individui ma ricoperto da pelle negli adulti: questo particolare organo percepisce l'intensità della luce e aiuta a regolare la temperatura interna del corpo. Adattatisi alla vita nei climi freddi, i tuatara possiedono un metabolismo basso, un ritmo di crescita lento e non raggiungono la maturità sessuale prima dei vent'anni. I rincocefali possono vivere fino a cento anni e le uova impiegano dodici-quindici mesi per schiudersi.

Con metodo

Analizzo il testo

1. Quale struttura ha permesso ai rettili di diventare i primi veri e propri vertebrati terrestri? Sottolinea il suo nome nel testo.
2. Rispondi.
   a Come si chiama l'uovo dei rettili? Quali parti lo compongono?
   b Quali sono le loro funzioni?
3. Elenca le caratteristiche dei quattro ordini in cui è suddivisa la classe dei rettili.

Comprendo il testo

4. La pelle dei rettili è ricoperta da squame cornee o placche ossee per:
   ☐ proteggere la cute dall'aria
   ☐ proteggere l'animale dalla disidratazione
5. I rettili respirano mediante:
   ☐ i polmoni ☐ i polmoni e la cute
6. Nei rettili la fecondazione è:
   ☐ interna ☐ esterna

Comprendo le parole

7. Scrivi il significato dei seguenti termini.
   a Amnios **c** Membrana nittitante
   b Autotomia **d** Carapace

Collaboro

8. Dividetevi in **quattro gruppi**; ciascun gruppo scelga un ordine di rettili e prepari una presentazione alla classe. Utilizzate foto, slides, disegni e approfondite le informazioni del testo, cercando anche qualche curiosità.

14 Tuatàra (*Sphenodon punctatus*).

5

Gli uccelli

Audio · Contenuto integrativo

Gli uccelli sono vertebrati con il corpo coperto di penne e piume

Gli **uccelli** sono stati gli ultimi vertebrati a comparire sulla Terra, circa 150 milioni di anni fa: si sono evoluti dai rettili, e precisamente da alcuni dinosauri bipedi e carnivori.
La classe degli uccelli è suddivisa in 40 ordini e comprende oggi circa 10 500 specie, distribuite in tutti i continenti. Il maggior numero di specie appartiene all'ordine dei **passeriformi**.

Le caratteristiche degli uccelli

Lo scheletro degli uccelli, leggero ma robusto, è osseo e dotato di quattro arti, due dei quali modificati in **ali** per il volo 1. Per diminuire il peso complessivo dello scheletro, quasi tutte le ossa sono **cave** o **pneumatiche**, cioè prive di midollo. Nel corpo si trovano cavità piene d'aria collegate all'apparato respiratorio, chiamate **sacchi aeriferi** 2. La potente muscolatura delle ali si inserisce su uno sterno espanso a forma di *carena*.
La forma complessiva del corpo è generalmente aerodinamica, affusolata per offrire minor resistenza possibile all'aria.

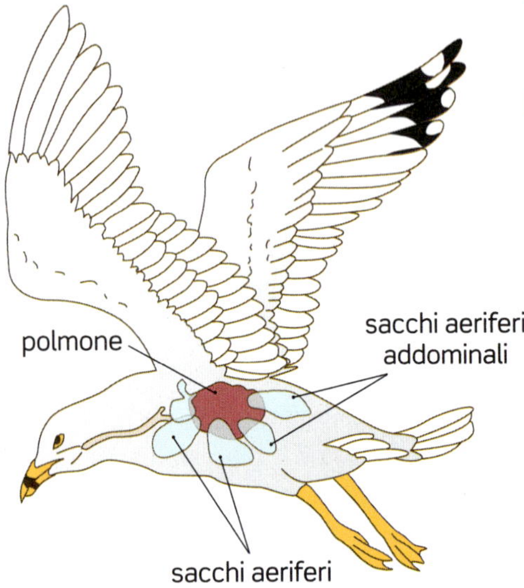

2 Struttura dei sacchi aeriferi.

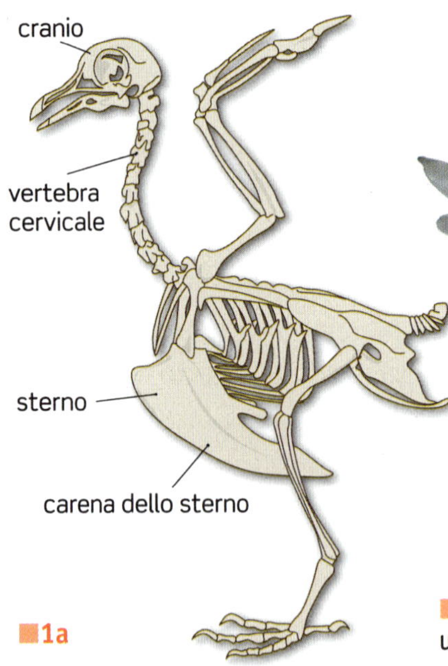

1a

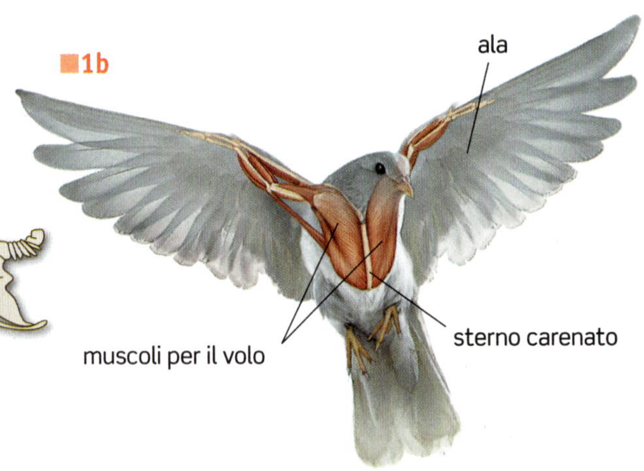

1b

1 Struttura scheletrica a e muscolare b di un uccello tipo.

Tutti gli uccelli hanno una struttura corporea simile e quasi tutti sono in grado di volare, o per lo meno di alzarsi in aria con l'aiuto di qualche colpo d'ala, come la gallina. Nella grandissima varietà di ordini e di specie, però, esistono anche **uccelli non volatili, ma corridori**, con zampe muscolose e potenti (alcuni di grandi dimensioni come struzzi, nandù ed emù, che possono toccare i 70 km/h), e uccelli specializzati nel **nuoto**, come i pinguini, nei quali le ali hanno assunto la funzione di pinne.

CLIL for SCIENCE Audio

uccello: ***bird***
penne: ***feathers***
piume: ***plume, plumage***

True or false?

1. Penguins can't swim. T F
2. Penguins can't fly but they can swim. T F
3. Penguins are seabirds without wings. T F

BIG DATA

Movimento: volo, nuoto o corsa
Struttura di sostegno: scheletro osseo e ossa spesso cave
Rivestimento: penne e piume
Regolazione temperatura interna: omeotermi
Alimentazione: dieta varia (carnivori, erbivori, granivori ecc.)
Respirazione: polmoni e sacchi aeriferi
Circolazione: doppia e completa
Riproduzione: ovipari, a fecondazione interna, con uovo amniotico

La pelle degli uccelli è ricoperta da **penne**, **piume** e **squame** sulle zampe. Penne e piume sono strutture complesse ed esclusive di questa classe di vertebrati. Come le squame dei rettili, esse sono composte da *cheratina*.

Qual è la differenza tra penne e piume? Le penne sono indispensabili per volare: si differenziano in **remiganti**, che si trovano sulle ali e sostengono l'animale in volo, e **timoniere**, che servono per cambiare direzione e stabilizzare il volo e costituiscono quella che impropriamente viene chiamata "coda" ■3. Gli uccelli infatti non hanno una vera coda ossea.
Le piume sono più corte, sottili, morbide e prive di rachide: hanno la funzione di trattenere il calore corporeo.
Il **piumaggio**, penne e piume, viene rinnovato almeno una volta all'anno tramite una **muta**.

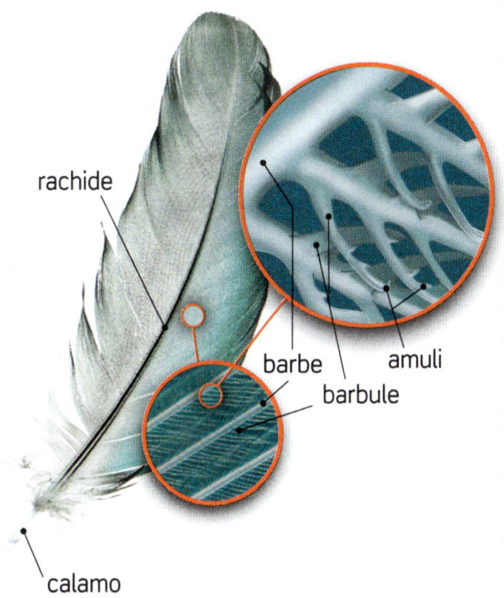

Le penne presentano una parte centrale rigida chiamata *ràchide* e sottili ramificazioni chiamate *barbe* e *bàrbule*, agganciate le une alle altre da piccoli uncini detti *àmuli*. La punta del rachide che si inserisce nella pelle prende il nome di *càlamo*.

■3

Gli uccelli sono infatti animali **omeotermi**, cioè a sangue caldo: la loro temperatura corporea non dipende da quella esterna, ma è mantenuta costante proprio grazie al piumaggio. Per essere pienamente attivi, gli uccelli devono mantenere una temperatura interna di circa 40 °C: sotto questa temperatura alcune specie entrano in uno stato di torpore.

La forma delle **zampe** degli uccelli è molto varia ■4, adattata a diversi stili di vita. Generalmente esse sono dotate di quattro dita, tre rivolte in avanti e una all'indietro. Il picchio è un'eccezione, infatti ha due dita rivolte in avanti e due all'indietro per meglio arrampicarsi sui tronchi degli alberi. Negli uccelli corridori, come nandù ed emù, le dita sono tre e solo due negli struzzi. Gli uccelli acquatici (anatre, oche) hanno zampe palmate, quelli predatori come i rapaci (aquile, gufi, falchi) hanno dita molto ricurve. Tutti hanno unghie curve, corte e appuntite, ma nei rapaci queste sono lunghi e grossi artigli utilizzati per afferrare la preda.

■4 La varietà di zampe degli uccelli.

Il capo degli uccelli, piuttosto piccolo rispetto alle dimensioni del corpo, è dotato di un **becco** privo di denti, estremamente diversificato nelle varie specie, in base al cibo di cui si nutrono ■5.

■ Becco affilato e uncinato nei rapaci, che lo utilizzano per uccidere e dilaniare le loro prede (falco).

■ Becco lungo e sottile negli aironi che si nutrono di pesci e anfibi, ma anche nei colibrì che succhiano il nettare dei fiori.

■ Becco largo e appiattito in anatre, oche e cigni, che si nutrono di piante acquatiche.

■ Becco robusto negli uccelli che mangiano semi duri (fringuello).

■ Becco lungo e appuntito nel picchio, per forare la corteccia degli alberi e nutrirsi di larve e insetti.

■5 Diversi tipi di becco.

Contenuto integrativo

Poiché il becco non consente la masticazione, nell'**apparato digerente** degli uccelli si trova il **ventriglio**, una porzione muscolare dello stomaco: qui il cibo, ingoiato insieme a piccoli sassi, viene triturato meccanicamente.

La circolazione è doppia e completa: il cuore degli uccelli infatti presenta **due atri e una completa separazione dei due ventricoli** ■6. Il sangue ossigenato proveniente dai polmoni, dunque, non si mescola mai con quello non ossigenato.

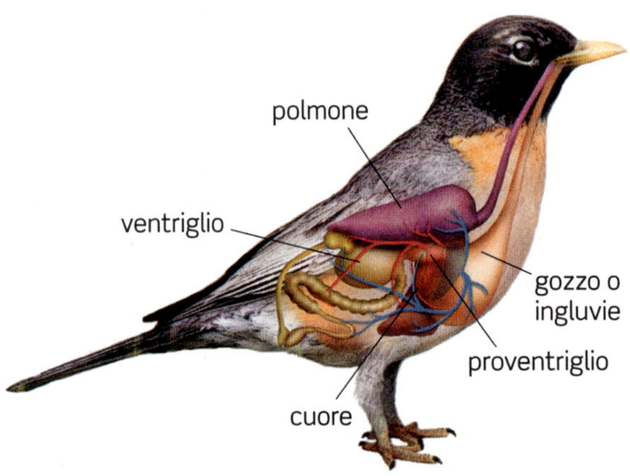

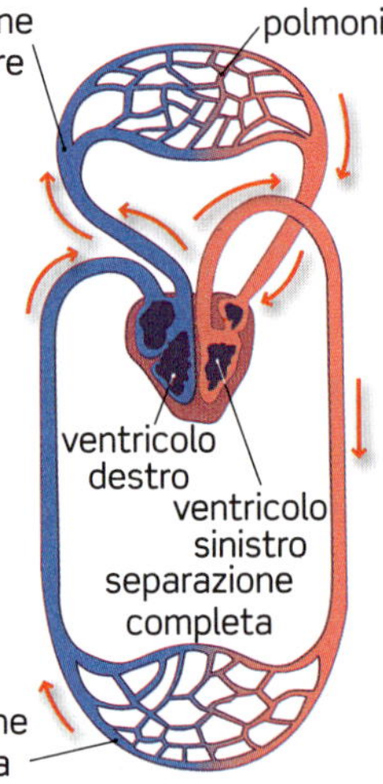

■6 Struttura di un uccello tipo e schema della circolazione.

La voce degli uccelli

Ci sono uccelli famosi per la melodiosità del loro canto: gli usignoli, i canarini, i cardellini… Altri invece emettono gridi piuttosto sgraziati, come i pavoni e le cornacchie; altri addirittura riescono a imitare la voce umana e a "parlare", come i pappagalli e certe specie di merli. Queste caratteristiche sono possibili grazie a un organo situato nella trachea, la **siringe**: al passaggio dell'aria, la siringe vibra e l'uccello può produrre suoni molto complessi.

La respirazione degli uccelli è polmonare. Gli uccelli hanno bisogno di molto ossigeno per la fatica muscolare richiesta dal volo, ma i loro **polmoni** sono piuttosto piccoli e inseriti in una gabbia toracica rigida, che non può espandersi a causa dell'apparato alare. Tuttavia, la capacità respiratoria degli uccelli è perfettamente adeguata al bisogno perché, come abbiamo visto, è aumentata dalla presenza dei **sacchi aeriferi**, espansioni a cui i polmoni sono collegati. Il percorso dell'aria avviene in una sola direzione: entra in una regione dei polmoni, passa nei sacchi aeriferi, poi a un'altra regione dei polmoni, prima di essere infine espulsa dalle narici.

La riproduzione è sessuata, con sessi separati e **fecondazione interna**. Gli uccelli sono **ovipari**: la femmina depone uova amniotiche dotate di tuorlo abbondante e guscio rigido, e le cova, cioè le riscalda con il proprio corpo, affinché all'interno l'embrione completi il proprio sviluppo ■7. Questo avviene in un periodo di tempo variabile a seconda delle specie, che si conclude con la schiusa e la nascita di **pulcini**.

■7 Femmina di merlo alla cova delle uova.

I pulcini possono essere senza piume e non autonomi (*prole inetta*), oppure già con le piume e in grado di muoversi e nutrirsi (*prole atta*) ■8. Nel primo caso sono i genitori che provvedono alla loro alimentazione ■9; in entrambi i casi tuttavia, sono i genitori che si dedicano alla loro protezione: gli uccelli sono vertebrati che forniscono **cure parentali** ai propri piccoli.

■8 Dopo la schiusa dell'uovo, il pulcino dei gallinacei in poco tempo è autosufficiente.

Con metodo

Analizzo il testo

1. Sottolinea nel testo le principali caratteristiche che rendono gli uccelli adatti al volo.

Comprendo il testo

2. Rispondi.
   - **a** Da che cosa è composto il piumaggio di un uccello?
   - **b** Qual è la sua funzione?
   - **c** Quali sono le modalità di nutrizione degli uccelli?

Comprendo le parole

3. Scrivi il significato delle seguenti parole.
   - **a** Sacchi aeriferi
   - **b** Remiganti
   - **c** Timoniere
   - **d** Siringe
   - **e** Ventriglio

Lavoro sulle immagini

4. Completa l'immagine inserendo i termini mancanti.

Collaboro

5. Dividetevi in **gruppi**; ciascun gruppo scelga un tipo di uccello (volatore, corridore, predatore, acquatico ecc.) e prepari una presentazione alla classe. Descrivete le caratteristiche anatomiche (becco, zampe, piumaggio ecc.), l'alimentazione, la prole e le cure parentali. Utilizzate foto, slides, disegni e approfondite le informazioni del testo, cercando anche qualche curiosità.

6 I mammiferi

Audio

I mammiferi sono vertebrati con pelo e ghiandole mammarie

Parole di scienze

mammiferi: dal latino *mamma* = mammella + *ferre* = portare, cioè animali portatori di mammelle.

I **mammiferi** sono comparsi circa 220 milioni di anni fa, nel periodo chiamato Triassico. Comprendono oggi circa 5500 specie, distribuite in tutti i continenti. Vivono in tutti gli ambienti terrestri (anche sotto il suolo), negli ambienti acquatici e persino nei cieli. La caratteristica che li distingue dagli altri vertebrati ed è comune a tutte le specie è la presenza di **ghiandole mammarie**, che nelle femmine producono il latte, un alimento costituito da acqua, zuccheri, grassi e sali minerali, adatto a nutrire i piccoli dopo la nascita. Le ghiandole sono collegate alle mammelle, organi per l'allattamento, situati nella parte ventrale del corpo, in quantità variabile a seconda delle specie: esso dipende dal numero di cuccioli solitamente partoriti. Alcuni mammiferi hanno ghiandole mammarie, ma non possiedono mammelle.

CLIL for SCIENCE Audio

mammifero: ***mammal***
peli: ***hair***
ghiandole mammarie: ***mammary glands***

Look at the picture and answer the questions.

What distinguishes mammals from other animals? ....

Are there mammals that lay eggs? ....
If yes, what are they called? ....
....

Le caratteristiche dei mammiferi

Nei mammiferi, lo scheletro è osseo, dotato di quattro arti. La struttura del corpo e la forma degli arti sono notevolmente differenziate nei vari ordini, poiché sono il prodotto di un adattamento ai diversi ambienti di vita.

I mammiferi sono tutti **omeotermi** (a sangue caldo). Nei climi più estremi, per superare la stagione sfavorevole possono rallentare le funzioni vitali entrando in uno stato detto **letargo**. La maggior parte dei mammiferi, a esclusione di quelli marini, ha la pelle ricoperta da **peli**, **annessi cutanei** composti da **cheratina**, di colore tipico per ogni specie. Possono essere corti o lunghi e, in questo caso, formano una folta pelliccia che aiuta a trattenere il calore e a regolare la temperatura corporea. Sono annessi cutanei formati da cheratina anche gli **aculei**, a protezione del corpo di alcune specie, e le **unghie**, che possono prendere la forma di artigli o zoccoli. Anche le **corna**, appendici appuntite del capo, sono di cheratina.

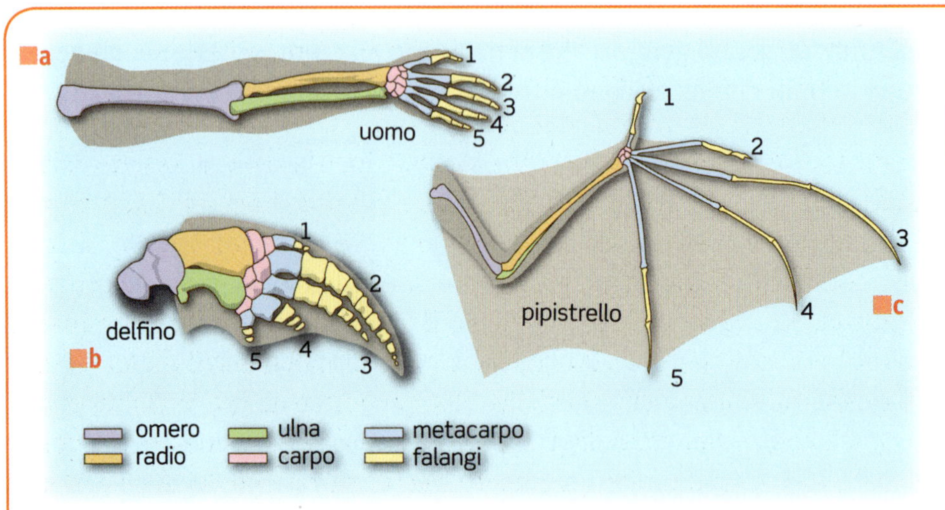

1 Arti interiori di diversi mammiferi.
a Funzione di presa.
b Funzione di nuoto.
c Funzione di volo.

La **dentatura** è molto diversificata, in relazione al tipo di alimentazione 2. I denti, tipici nelle varie specie per numero, forma e dimensioni, sono distinti in quattro tipi: **incisivi** (per incidere e strappare: più sviluppati nei roditori), **canini** (per bucare e trattenere: sviluppati nei carnivori), **premolari** e **molari** (per masticare e triturare: grossi e appiattiti negli erbivori).

2 Tipi diversi di dentatura.

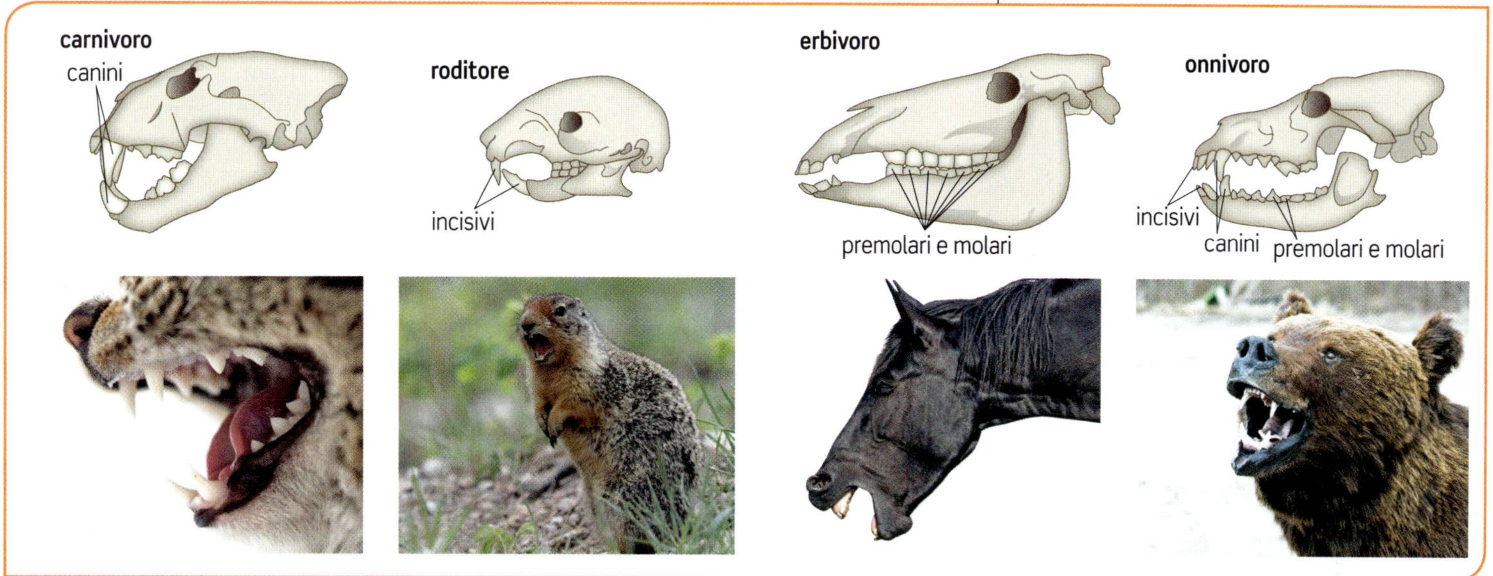

Anche l'**apparato digerente** presenta organi diversificati (esofago, stomaco, intestino, fegato, ecc), adatti al tipo di dieta dell'animale. Gli erbivori ruminanti, oltre allo stomaco vero e proprio (*abómaso*) hanno tre prestomaci: il *rúmine*, il *reticolo* e l'*ómaso*. Queste strutture consentono all'animale di predigerire, tornare a masticare e infine scomporre con i succhi gastrici anche le dure fibre della cellulosa contenute nei vegetali. La **respirazione** dei mammiferi è sempre **polmonare**. I mammiferi acquatici, come delfini e foche, quando si immergono possono trattenere il fiato (**apnea**) anche per alcune ore, prima di risalire a respirare. La **circolazione**, come negli uccelli, è **doppia** e **completa**: i mammiferi hanno un cuore con due atri e la separazione dei due ventricoli è completa. Il sangue proveniente dai polmoni non si mescola mai con quello carico di anidride carbonica, e la distribuzione di ossigeno e sostanze nutritive a tutti gli organi è perfettamente efficiente.
La **riproduzione** è sessuata, con sessi separati e fecondazione interna.
I mammiferi sono quasi tutti **vivipari**; alcuni (ornitorinco ed echidna) sono ovipari. Dopo un periodo di tempo (gestazione) variabile da mammifero a mammifero, nascono i piccoli che vengono allattati dalla madre.
In molte specie i neonati sono completamente inetti e devono essere assistiti per un certo tempo dagli adulti, fino a che non raggiungono l'autonomia. Nei mammiferi le cure parentali prevedono anche l'"insegnamento" di comportamenti per la sopravvivenza, come avviene per esempio nelle scimmie o negli elefanti. I mammiferi possiedono il **sistema nervoso più complesso** di tutto il regno Animali. Nel cervello è particolarmente sviluppata la **corteccia cerebrale**, l'area che presiede all'apprendimento e alla elaborazione dei segnali che provengono dagli **organi di senso**. A seconda delle specie e degli stili di vita, i mammiferi hanno un maggior sviluppo della vista, oppure dell'olfatto o dell'udito.

BIG DATA

Movimento: cammino, corsa, volo, nuoto
Struttura di sostegno: scheletro osseo
Rivestimento: peli
Regolazione temperatura interna: omeotermi
Alimentazione: carnivori, erbivori, onnivori ecc.
Respirazione: polmoni
Circolazione: doppia e completa
Riproduzione: quasi esclusivamente vivipari, a fecondazione interna

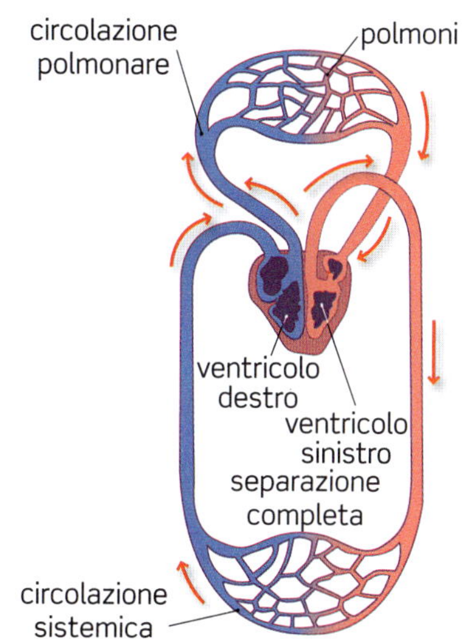

3 Struttura della circolazione nei mammiferi.

4 Monotremi: ornitorinco a ed echidna b.

5 Marsupiali: canguro rosso a e scoiattolo marsupiale volante b.

La classificazione dei mammiferi

La classe dei mammiferi può essere divisa, in base alle modalità di sviluppo embrionale, in tre grandi gruppi: **monotremi**, **marsupiali** e **placentati**.

- I **monotremi** 4 comprendono solo cinque specie che vivono in Australia e Nuova Guinea, come l'ornitorinco e le echidne. Si tratta degli unici mammiferi **ovipari**: depongono cioè le uova ma, come tutti i mammiferi, allattano i propri piccoli. Le ghiandole mammarie sono molto semplici: il latte fuoriesce dai pori della pelle e cola lungo il pelo, dove può essere leccato dai piccoli.
  L'**ornitorinco** è una specie perfettamente adattata alla vita nei fiumi. Nuota grazie alla coda piatta e a zampe palmate e si nutre di crostacei e larve acquatiche di insetti che individua e cattura utilizzando il becco corneo, privo di denti ma ricco di terminazioni nervose. È uno dei pochi mammiferi velenosi; possiede infatti un artiglio sul lato interno delle zampe posteriori che viene utilizzato per difendersi dai predatori.
  L'**echidna** depone l'uovo e lo introduce in una tasca ventrale, dove si schiude. È dotata di aculei e si può chiudere a palla su se stessa, se minacciata. È un animale terrestre: il muso cilindrico e i grossi artigli sono utilizzati per scavare nel terreno alla ricerca di cibo, principalmente insetti, lombrichi ecc.
- I **marsupiali** 5 sono diffusi soprattutto in Australia e Nuova Guinea. Alcune specie vivono in Sudamerica e una soltanto, l'opossum virginiano, è molto diffusa in Nord America. I marsupiali hanno forme, dimensioni e adattamenti molto diversi. Il canguro rosso, il più grande marsupiale vivente, può pesare fino a 90 kg ed essere lungo (coda compresa) più di 2 m. La maggior parte delle specie sono però di dimensioni più ridotte e molte vivono sugli alberi, per esempio il koala. Altre specie, come gli scoiattoli marsupiali volanti, hanno sviluppato una membrana fra le zampe anteriori e posteriori e si sono adattate al volo planato.
  Caratteristica dei marsupiali è partorire piccoli immaturi, che completano il proprio sviluppo all'interno del **marsupio**, una specie di "tasca" di pelle che si apre nell'addome della femmina. Dopo la nascita, gli embrioni "si arrampicano" ed entrano nel marsupio, dove vengono allattati e mantenuti al caldo.
- I **placentati** rappresentano la maggior parte delle specie di mammiferi e sono distribuiti in tutti i continenti e in ogni tipo di ambiente. In questo gruppo i piccoli completano il proprio sviluppo nel corpo materno, nell'utero, e vengono nutriti attraverso una membrana chiamata **placenta**, che regola gli scambi tra il sangue materno e quello dell'embrione.
  La maggior parte dei placentati sono animali terrestri, ma esistono due ordini che si sono adattati rispettivamente alla vita acquatica e alla vita aerea: i cetacei e i chirotteri.

Alcuni ordini di placentati

Contenuto integrativo

- I **cetacei** 6 comprendono mammiferi esclusivamente **acquatici**, che partoriscono e allattano i piccoli in acqua. Hanno forma idrodinamica, zampe anteriori modificate in pinne e corpo privo di peli. Tra i cetacei ricordiamo: balene e balenottere, di grandi dimensioni, prive di denti, ma provviste di strutture cornee per filtrare il plancton chiamate **fanoni**; delfini e orche, con denti tutti uguali e non diversificati come negli altri mammiferi. I cetacei utilizzano un particolare sistema per individuare ostacoli e stimare la distanza degli oggetti: emettono ultrasuoni e ascoltano l'eco che rimbalza (*ecolocalizzazione*).
- I **chirotteri**, che comprendono i pipistrelli 7, sono gli unici mammiferi in grado di **volare attivamente**. La loro forma è aerodinamica, le dita degli arti anteriori sono notevolmente allungate e sostengono una membrana di pelle detta **patagio,** simile a un'ala.
  I pipistrelli sono prevalentemente notturni e insettivori: per orientarsi al buio ricorrono all'ecolocalizzazione, come i cetacei. Vi sono anche specie (tutte tropicali) diurne, con occhi ben sviluppati, che si nutrono di frutta.
- I **carnivori** comprendono la maggior parte degli animali che si nutrono di carne, sia in habitat terrestri come **felidi** e **canidi**, sia acquatici come i **pinnipedi** (foche e otarie); hanno adattamenti altamente specializzati per la predazione come artigli e canini molto sviluppati.
- Gli **artiodattili** e i **perissodattili**, accomunati sotto il nome generico di **ungulati** 8, includono la maggior parte degli erbivori. Appoggiano il peso corporeo sulla punta di dita protette da unghie robuste e indurite, chiamate zoccoli: gli artiodattili hanno un numero pari di dita, i perissodattili dispari. Alcuni artiodattili sono dotati di strutture vistose come corna (**bovidi**) e palchi (**cervidi**).
- I **roditori** 9 sono l'ordine con il numero maggiore di specie. Tra di essi troviamo i topi, i castori e gli istrici. Hanno un apparato masticatorio molto sviluppato e incisivi a crescita continua.
- I **primati** 10, le cui specie sono prevalentemente adattate alla vita arboricola, possiedono arti prensili, occhi frontali, visione a tre colori e un cervello voluminoso; comprendono le scimmie e la specie umana (*Homo sapiens*).

8 Artiodattili: giraffa.

9 Roditori: castoro.

10 Primati: macaco.

6a

6b

6 Cetacei: delfino, particolare dei denti a; balena grigia, particolare dei fanoni b.

7 Chirotteri: pipistrello.

Con metodo

Analizzo il testo

1. Completa.
La principale caratteristica che distingue i mammiferi dagli altri vertebrati è la presenza di ...., organi che nelle femmine producono il .... con il quale vengono nutriti i ....

2. Cerchia i nomi dei tre gruppi in cui vengono divisi i mammiferi.

Comprendo il testo

3. I mammiferi sono:
☐ omeotermi ☐ eterotermi

4. I denti dei mammiferi sono distinti in quattro tipi:
☐ incisivi, canini, premolari e molari
☐ incisivi, canini, aculei e molari

5. La circolazione è:
☐ doppia e incompleta
☐ doppia e completa

6. Descrivi oralmente le caratteristiche dei tre gruppi di mammiferi.

Comprendo le parole

7. Abbina ogni termine al suo significato.
Placenta .... Fanoni ....
Marsupio .... Patagio ....

a membrana di pelle presente nei pipistrelli
b membrana che regola gli scambi tra il sangue materno e quello dell'embrione
c tasca di pelle che si apre nell'addome dei canguri
d strutture cornee adatte a filtrare il plancton

Corna, finte corna e palchi

Audio

Anche se siamo abituati a chiamare comunemente "corna" tutto ciò che adorna la testa di molti mammiferi, ricordiamo che in alcuni casi scientificamente il termine è improprio. Le **corna** propriamente dette sono quelle di cui sono dotati i rappresentanti della famiglia dei bovidi, ruminanti dell'ordine degli artiodattili, come per esempio le *antilopi* afroasiatiche, lo *stambecco* delle nostre Alpi o il *camoscio* e, tra gli animali domestici, la *mucca* e la *capra*. Il corno non è altro che un prolungamento dell'osso del cranio, precisamente l'osso frontale, ricoperto da un tessuto, detto appunto **corneo,** molto duro e resistente: costituisce un vero e proprio "astuccio" che protegge l'osso sottostante. L'osso frontale presenta già alla nascita un piccolo rigonfiamento che poi cresce, assumendo man mano la forma tipica della specie: la crescita dura per tutta la vita dell'animale, anche se la velocità di allungamento diminuisce con l'età.

In alcune specie sono solo i maschi a portare le corna (per esempio alcune gazzelle africane, come l'*impala*), ma nella maggior parte dei casi le hanno anche le femmine, anche se in genere sono di minori dimensioni (per esempio lo stambecco).

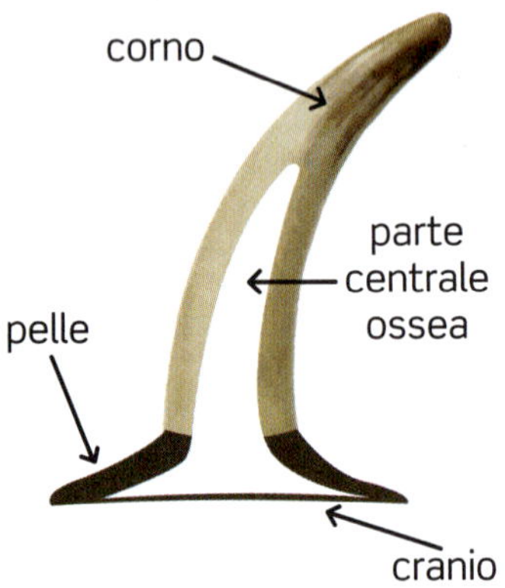

■1 Struttura di un corno: la parte centrale è ossea

■2 Le corna di un kudù maggiore.

■3 Diverse forme di corna. Stambecco ■3a, orice ■3b e bue muschiato ■3c.

I rappresentanti della famiglia dei Cervidi (*cervi*, *caprioli*, *daini*, *alci* ecc.) possiedono invece "corna" ramificate, che è corretto chiamare **palchi**: si tratta di strutture interamente costituite da osso, che hanno la caratteristica di cadere ogni anno alla fine della stagione degli amori, per poi ricrescere la stagione successiva. Nel cervo, per esempio, ogni anno il nuovo palco che cresce è più grande e più ramificato del precedente. Contare le punte del palco permette di stabilire quindi, approssimativamente, l'età dell'animale. L'accrescimento annuale del palco è garantito dal *velluto*, uno strato di morbida pelle ricca di vasi sanguigni che ricopre l'intero palco e che ha il compito di nutrire l'osso in formazione ■4.

■4 Tessuto che si stacca a brandelli dal palco completato.

Di norma i palchi sono una caratteristica esclusiva dei maschi; solo nella specie *Rangifer tarandus*, ovvero il caribù o la renna, che è la sua versione domestica, ne sono provviste pure le femmine, anche se la caduta e ricrescita dei loro palchi è sfasata rispetto a quella dei maschi. Quelli del rinoceronte invece non sono vere corna: sono piuttosto grossi ciuffi di pelo conglomerato, rinforzati e induriti dalla presenza di sali di calcio. Se rimossi, infatti, possono ricrescere come i capelli.

Curiosità

Le corna dei rinoceronti sono famose a causa della credenza molto diffusa, soprattutto in Oriente, che abbiano proprietà curative, in alcuni casi quasi miracolose. Per questo motivo, vengono fatte stragi di rinoceronti da parte di bracconieri che vendono poi al mercato nero a costi altissimi le preziosissime corna, asportate dall'animale morto.

Vipere e veleni

Audio

Molti serpenti, circa 250 specie nel mondo, come vipere, cobra e crotali, sono pericolosi perché producono un liquido ricco di sostanze tossiche, che iniettano con il morso, grazie a denti specializzati, chiamati **denti del veleno**, che sono cavi, o scanalati. In realtà la funzione del veleno è strettamente legata alla predazione: quest'arma viene utilizzata come mezzo di difesa solo se l'individuo si sente minacciato. Il veleno, infatti, è una sorta di saliva modificata, che serve all'animale per catturare la propria preda. Questa, una volta ingerita, viene pre-digerita e preparata alla digestione vera e propria, anche grazie agli enzimi presenti nel veleno. Il veleno dei serpenti è costituito da centinaia di proteine ed è diverso a seconda delle specie; anche gli effetti sull'uomo possono essere differenti. Tuttavia, è possibile raggruppare i vari tipi di veleno in due grandi gruppi:

- quelli che aggrediscono l'apparato circolatorio (*emotossici*): danneggiano il sangue, ne alterano il regolare flusso provocando emorragie oppure coaguli e, in ultimo, causano l'arresto del cuore. Ritroviamo questo tipo di veleno, per esempio, nei crotali e nelle vipere;
- quelli che bloccano gli stimoli nervosi (*neurotossici*): agiscono più velocemente paralizzando i nervi della vittima e, di conseguenza, i suoi muscoli, che non ricevono più segnali dal sistema nervoso. La paralisi dei muscoli della cassa toracica impedisce la respirazione e ha come conseguenza la morte. Il cobra, per esempio, produce un veleno neurotossico.

Attualmente gli scienziati stanno facendo ricerche per un uso controllato dei veleni le cui tossine possono essere impiegate nella cura di molte malattie come l'epilessia, l'Alzheimer e il cancro.

Serpenti velenosi in Italia

L'unico serpente velenoso che vive nel nostro territorio, con l'eccezione della Sardegna, è la vipera, presente con 4 specie: *Vipera ammodytes* (o vipera dal corno), *Vipera aspis* (o vipera comune), *Vipera berus* (o marasso) e *Vipera ursinii*, la più rara, presente solo sull'Appennino centrale. Occorre dire che il morso di una vipera **non porta mai alla morte un adulto in buona salute.**

Che fare se una vipera ci morde?

Ovviamente sarebbe meglio evitare che ciò accada, mettendo in atto tutte le precauzioni del caso, come indossare scarponcini alti durante le escursioni in montagna, non mettere le mani nude tra il pietrisco o l'erba alta, evitare di sdraiarsi o sedersi sul prato accanto a cumuli di sassi, senza prima aver verificato la sicurezza del luogo. Se, nonostante ciò, una vipera dovesse mordere, la prima cosa da fare è mantenere la calma, cercare di muoversi il meno possibile e fasciare l'arto colpito, dopo aver rimosso eventuali oggetti come bracciali, anelli, orologi. Appena è possibile, disinfettare la ferita e raggiungere il più vicino pronto soccorso.

Come distinguiamo una vipera da un serpente innocuo?

Esistono alcune caratteristiche che ci permettono, da una posizione di sicurezza, di riconoscere una vipera, a cominciare dalla **testa** che si presenta triangolare, ricoperta da squame piccole, apparentemente "staccata" dal corpo per la presenza di una sorta di "collo". La **coda**, inoltre, è facilmente distinguibile perché tozza e tronca. La **pupilla** è sempre verticale. Il malaugurato morso lascia distintamente nella carne i due fori dei denti del veleno. Diversamente, in un serpente innocuo come una biscia o un biacco, la testa è arrotondata e le squame che la ricoprono sono grandi. La coda appare lunga e appuntita, mentre la pupilla è sempre tonda. Un eventuale morso si presenta con una distribuzione regolare di piccoli fori, lasciati dai denti tutti uguali.

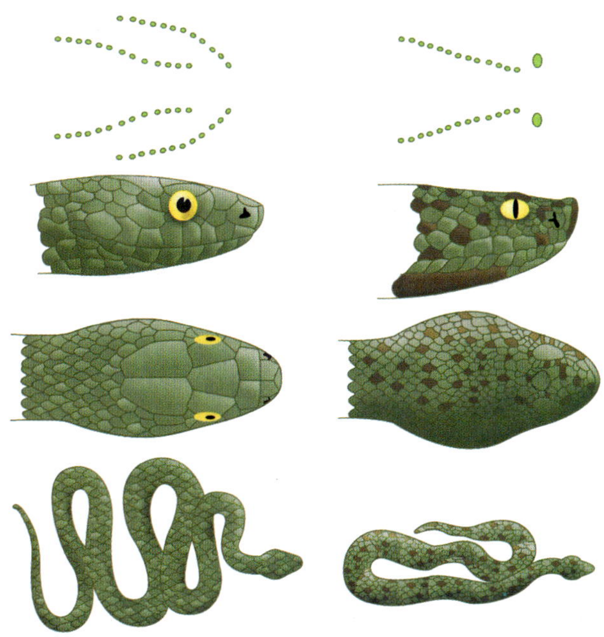

La classificazione dei vertebrati

Quali sono le caratteristiche di pesci e anfibi?

Paragrafi 2-3

Ricerca nel paragrafo 2 le caratteristiche generali dei pesci e quelle specifiche di ogni classe. Sottolinea nel testo gli aspetti che trovi elencati nella colonna di destra della tabella qui sotto e completala.
Poi schematizza le caratteristiche degli anfibi spiegate nel paragrafo 3.

classe dei pesci	agnati	cartilaginei o condritti	ossei o osteitti
esempi	lamprede, missine	....	....
movimento	forma idrodinamica, nuotano grazie alle pinne		
struttura di sostegno	scheletro cartilagineo	....	....
rivestimento	pelle nuda	....	....
regolazione temperatura	eterotermi: la temperatura dipende da quella esterna		
respirazione	branchie simili a forellini	....	....
circolazione	semplice e completa		
riproduzione	ovipari, ovovivipari e vivipari		

classe degli anfibi	anuri	urodeli	àpodi
caratteristiche	....	....	....

Quali sono le caratteristiche di rettili e uccelli?

Paragrafi 4-5

Prosegui nella schematizzazione anche per i rettili. Nel sottoparagrafo *Le caratteristiche dei rettili* trovi le informazioni valide per tutti gli ordini. Nella prima riga del sottoparagrafo *La classificazione dei rettili* trovi i nomi dei quattro ordini in cui si suddividono. Cerca nel testo le caratteristiche riportate nella colonna di destra della tabella e completala per organizzare tutte le informazioni. Se necessario, ricopia la tabella sul quaderno. Prova poi in autonomia a fare la stessa cosa per gli uccelli (paragrafo 5).

classe dei rettili	squamati		loricati	cheloni	rincocefali
	sauri	ofidi			
esempi	....	....	....	....	....
movimento	....	....	....	....	....
struttura di sostegno	....				
rivestimento	....				
regolazione temperatura	....				
alimentazione	....	....	....	....	....
respirazione	....				
circolazione	....				
riproduzione	....				
caratteristiche specifiche	....	....	....	....	....

Quali sono le caratteristiche dei mammiferi?

Paragrafo 6

In base allo sviluppo embrionale i mammiferi si dividono nei tre gruppi che trovi nella prima riga del sottoparagrafo *La classificazione dei mammiferi*. Cerca nelle pagine successive le caratteristiche richieste e per ogni mammifero fai un esempio.

tipo		caratteristiche
monotremi		....
marsupiali		....
placentati	cetacei	....
	chirotteri	....
	carnivori	....
	artiodattili	....
	roditori	....
	primati	....

Mi preparo all'interrogazione

Contenuti multipli

I VERTEBRATI

I VERTEBRATI sono caratterizzari dalla presenza di:
- colonna vertebrale costituita da vertebre
- cranio che contiene il cervello
- endoscheletro

I VERTEBRATI appartengono al *phylum*: cordati

I VERTEBRATI – i principali gruppi sono:

pesci

sono caratterizzati da:
- forma idrodinamica
- pinne
- scaglie o pelle nuda
- branchie
- eterotermia
- oviparità (anche ovoviviparità e viviparità)

si classificano in:
- agnati
- pesci cartilaginei (condritti)
- pesci ossei (osteitti)

anfibi

si classificano in:
- anuri
- urodeli
- apodi

sono caratterizzati da:
- pelle nuda
- 4 arti con dita (tranne gli apodi)
- branchie e polmoni
- respirazione polmonare e cutanea
- eterotermia
- oviparità (anche ovoviviparità)
- metamorfosi

rettili

sono caratterizzati da:
- squame cornee o placche ossee
- respirazione polmonare
- eterotermia
- oviparità (anche ovoviviparità)

si classificano in:
- squamati (sauri, ofidi)
- loricati
- cheloni
- rincocefali

uccelli

sono caratterizzati da:
- ali (pinne nei pinguini)
- becco
- scheletro leggero
- sacchi aeriferi
- penne, piume, squame
- omeotermia
- oviparità

mammiferi

sono caratterizzati da:
- ghiandole mammarie
- peli, unghie (a volte corna)
- dentatura diversificata
- omeotermia
- viviparità (ma alcune specie sono ovipare)

si classificano in:
- monotremi
- marsupiali
- placentati (cetacei, chirotteri, carnivori, artiodattili, roditori, primati ecc.)

verifica

Verifica interattiva

CONOSCO

1 Completa le seguenti frasi scegliendo tra i termini elencati sotto.

acquatici • cute • tuorlo • apodi • ghiandole mammarie • scheletro interno • ovipari • respirazione • cave • eterotermi • antichi • scaglie • latte • tetrapodi • anuri • volo • peli • corteccia • riproduzione • squame cornee • metamorfosi • pesci ossei • colonna vertebrale • amnios • branchie • completa • amnioti • penne • polmoni • girini

a I vertebrati presentano una .... articolata in vertebre, un sistema nervoso molto sviluppato, differenziato nella parte superiore in un cervello e uno ....

b I vertebrati si suddividono in due superclassi: i pesci e i .... I tetrapodi comprendono gli anfibi e gli .... (rettili, uccelli, mammiferi)

c I pesci sono i vertebrati più .... e vivono in tutti gli ambienti .... Sono dotati di pinne per il movimento, di .... per respirare, di un cuore diviso in due cavità

d Il loro corpo è rivestito di pelle nuda o di .... Sono .... e divisi in tre classi: agnati, pesci cartilaginei, ...

e Gli anfibi sono i primi vertebrati che hanno colonizzato le terre emerse; dipendono però dall'acqua per la .... e la .... Dalle uova deposte nell'acqua fuoriescono i .... che respirano mediante le branchie e vivono in ambienti acquatici fino al completamento della .... L'individuo adulto vive sulla terraferma e respira attraverso i polmoni e la ....

f Gli anfibi sono divisi in tre ordini: .... (adulti senza coda), urodeli (dotati di coda) e .... (privi di arti)

g I rettili sono generalmente dotati di quattro zampe, la loro pelle è ricoperta di .... o placche ossee, respirano mediante i .... e la fecondazione è interna

h I rettili depongono uova che contengono un sacco membranoso, l'........................... che circonda l'embrione, e un .... che contiene acqua e sostanze nutritive per l'embrione

i Gli uccelli sono vertebrati ...., omeotermi e con lo scheletro adattato al .... Le loro ossa sono .... e piene d'aria e la loro pelle è ricoperta da ...., piume e squame sulle zampe

l I mammiferi sono vertebrati omeotermi con la pelle ricoperta da .... Sono vivipari (a eccezione della sottoclasse dei monotremi) e allattano i piccoli mediante le .... che producono il .... La circolazione è doppia e .... e nel cervello è particolarmente sviluppata la .... cerebrale

2 INVALSI **Segna con una crocetta il completamento esatto.**

a Tutti i vertebrati sono rivestiti di:
- ☐ pelle
- ☐ squame
- ☐ peli
- ☐ piume

b Le branchie sono un organo che serve:
- ☐ per la respirazione di tutti i vertebrati
- ☐ per la circolazione del sangue
- ☐ per la digestione
- ☐ per la respirazione dei vertebrati acquatici

c I pesci:
- ☐ sono eterotermi
- ☐ alcuni sono vivipari
- ☐ possono avere lo scheletro cartilagineo
- ☐ tutte le affermazioni sono corrette

d Attraverso le pinne un pesce:
- ☐ regola il galleggiamento
- ☐ avverte le vibrazioni dell'acqua
- ☐ si sposta e regola il movimento
- ☐ caccia i predatori

e Gli anfibi:
- ☐ depongono le uova sulla terraferma
- ☐ depongono le uova in acqua
- ☐ non depongono uova
- ☐ sono tutti ovovivipari

f Gli organi della respirazione che un anfibio utilizza dallo stadio larvale a quello adulto sono:
- ☐ branchie, polmoni, cute
- ☐ branchie
- ☐ polmoni e cute
- ☐ branchie e cute

g I rettili sono considerati i primi vertebrati acquatici perché:
- ☐ respirano con i polmoni
- ☐ la loro circolazione è doppia e incompleta
- ☐ sono eterotermi
- ☐ il loro uovo possiede il guscio, l'*amnios* e il liquido amniotico

h I rettili:
- ☐ comprendono solo specie terrestri
- ☐ comprendono specie terrestri e acquatiche
- ☐ comprendono solo specie acquatiche
- ☐ tutte le specie hanno bisogno dell'acqua per riprodursi

verifica

i Le ossa degli uccelli sono:
- ☐ cave
- ☐ pneumatiche
- ☐ carenate (lo sterno)
- ☐ sono corrette tutte le affermazioni

l Tutti gli uccelli sono:
- ☐ ovipari con fecondazione interna
- ☐ ovipari con fecondazione esterna
- ☐ vivipari con fecondazione interna
- ☐ vivipari con fecondazione esterna

m Il sistema nervoso più complesso è presente nei:
- ☐ rettili
- ☐ anfibi
- ☐ mammiferi
- ☐ uccelli

n I gruppi dei mammiferi sono:
- ☐ tre
- ☐ due
- ☐ quattro
- ☐ sei

3 Scrivi accanto alle seguenti affermazioni se si riferiscono ai pesci, agli anfibi, ai rettili, agli uccelli o ai mammiferi.

a Quasi tutte le loro ossa sono cave ....

b Respirano solo attraverso le branchie ....

c I primi vertebrati che hanno conquistato definitivamente la terraferma ....

d La loro pelle è sempre nuda e ricoperta di muco ....

e Sono vertebrati omeotermi dotati di peli ....

f La loro pelle è rivestita di squame cornee o ossee ....

g Possiedono ali dotate di penne e piume ....

h Le femmine allattano i piccoli ....

i Possiedono una forma affusolata idrodinamica ....

l Respirano con le branchie nella fase larvale ....

4 Sottolinea il termine intruso.

a Oviparo / viviparo / ovoviviparo / asessuato

b Peli / conchiglie / piume / squame

c Corna / branchie / polmoni / cute

d Tritoni / salamandre / protei / rospi

e Lucertole / tartarughe / iguane / gechi

f Membrana nittitante / becco corneo / carapace / piastrone

g Barbe / calamo / rachide/ zampe

h Carnivori / marsupiali / cetacei / roditori

i Penne / aculei / corna / pelo

APPLICO

5 Osserva le seguenti immagini e stabilisci quali vertebrati sono eterotermi (E) e quali omeotermi (O).

E O

E O

E O

E O

E O

6 Collega ciascun mammifero alla propria dentatura.

a
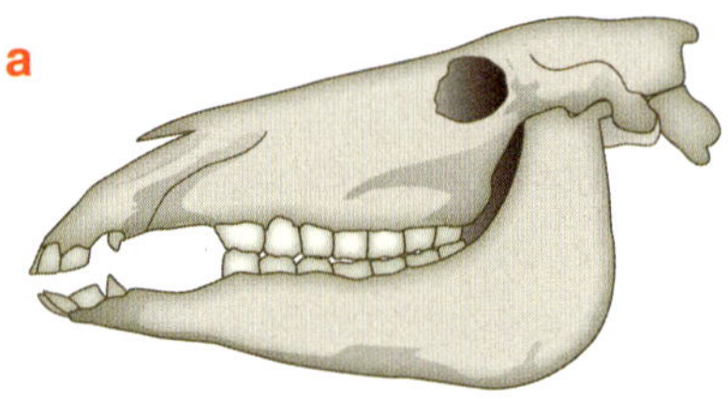

☐

b
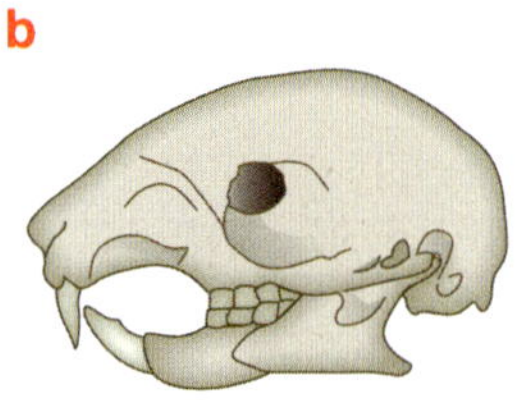

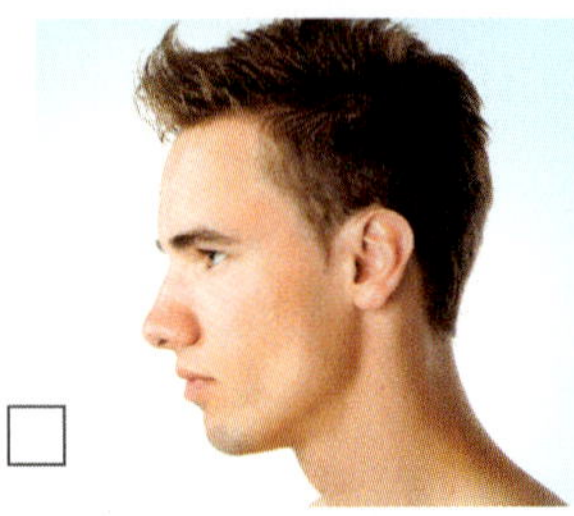
☐

c
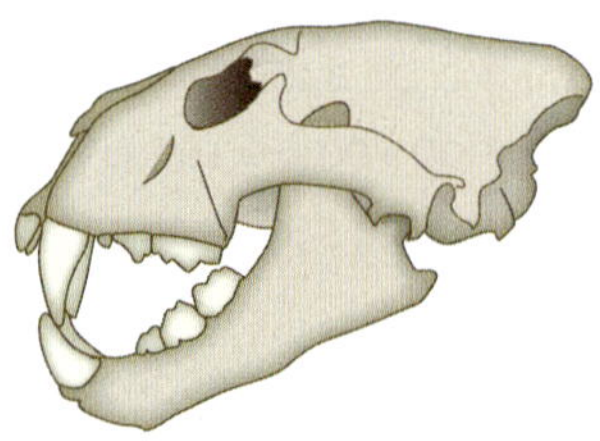

☐

d
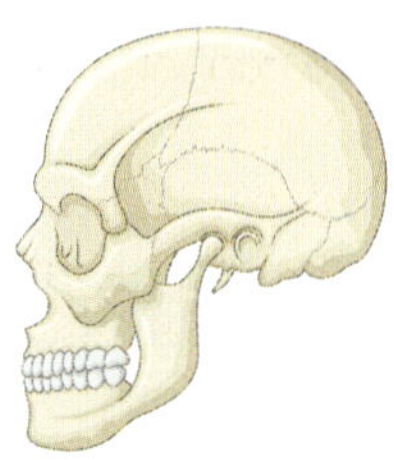

☐

7 **Osserva la forma del becco di questi uccelli e ipotizza di quale cibo si nutrono.
Scrivilo sotto a ogni immagine.**

....

....

....

COMPETENZE

1. Leggi il testo e rispondi.

Uno dei patrimoni più importanti della nostra penisola è la sua “natura” [...].
Il nostro paese ospita infatti circa 68 000 specie di piante e animali: il 43% di quelle descritte in tutta Europa e il 4% di quelle dell’intero pianeta.
Un paradiso di biodiversità al quale negli ultimi anni spetta però anche un record negativo, quello delle specie a rischio. Il maggior numero di animali e piante minacciati di estinzione, il 35% di flora e fauna d’Europa, si trova proprio nell’area del Mediterraneo e in particolare lungo lo stivale. [...]
Sono molte le specie che oggi godono di particolari misure di salvaguardia o vengono tutelate da convenzioni internazionali: specie che un tempo venivano considerate nocive come il lupo, la lontra, il gufo reale, l’aquila, l’orso. Sono tuttavia ancora di più le specie minacciate che non vengono protette da nessuna legge.
Ne sono un esempio, tra gli insetti, il macaone sardo (*Papilio hospiton*), una farfalla che vive solo in Sardegna e in Corsica, che viene minacciata dai tanti incendi che distruggono le ombrellifere di cui si nutre. [...]
Tra gli anfibi, l’ululone dal ventre giallo dell’Appennino (*Bombina variegata*), colpito da una malattia fungina che decima gli anfibi di tutto il mondo, mentre sembra definitivamente estinta la meravigliosa lucertola azzurra (*Podarcis sicula coerulea*), che viveva esclusivamente sui faraglioni di Capri.
Tra i pesci marini da tutelare vi è anche il grande squalo bianco (*Carcharodon carcharias*): il predatore per eccellenza, che pare si riproduca nel canale di Sicilia, [...] In generale, le principali cause di riduzione della biodiversità sono i cambiamenti climatici, l’introduzione di specie aliene, il sovrasfruttamento e l’uso non sostenibile delle risorse naturali, le fonti inquinanti, la perdita degli habitat, gli incendi boschivi, il bracconaggio... Cause e concause che tendono ad aggravarsi nonostante l’Italia sia tra i primi firmatari della Convenzione sulla diversità biologica.

[www.focus.it]

a Scrivi un possibile titolo per questo articolo.
b Sottolinea i termini scientifici presenti nel testo.
c Fai un elenco delle specie citate dall’articolo e a rischio di estinzione.
Trova immagini e informazioni ad esse relative.
d Perché è pericoloso perdere la biodiversità?
e Ricerca altre specie che in Italia sono a rischio estinzione e spiegane il motivo.

2. Calcola e ragiona.

a Nel 2007 alcuni ricercatori hanno documentato il volo di un uccello trampoliere, la pittima. Questo uccello, partito dall’Alaska, è stato in grado di raggiungere la Nuova Zelanda percorrendo oltre 11 500 kilometri in nove giorni (dati National Geographic).
Qual è stata la sua velocità media?
b Quanti giorni avrebbe impiegato per percorrere lo stesso tragitto il croccolone, un piccolo uccello costiero, che vola alla velocità media di 97 kilometri orari?

In English — Verifica interattiva

3. Fill in the blanks.

water • reptiles • teeth • skin

Crocodiles have the typical dry, scaly .... of ....
Their eyes on the top of their heads and their sharp, pointed .... help them catch prey in ....

CLIL: let's learn English

Vertebrates

Audio

Objectives

- Classify vertebrates into their major groups.

Making groups

There are more invertebrate species than vertebrate species, but it is still helpful to classify vertebrates.
There are five main groups in the vertebrate species.
The features each group shares are shown in the chart below.

vertebrates

fish	amphibians	reptiles	birds	mammals
gills	eggs laid in water	waterproof eggs	shelled eggs	give birth
scales	larvae have gills	hard scales	feathers	produce milk
fins	naked skin		wings	have hair

Remember

- Vertebrates are classified as fish, amphibians, reptiles, birds or mammals.

Fish can only live in water. Their gills don't work in air.
Amphibians can breathe air but they only reproduce in water. Their young offspring have gills.
Reptiles, birds and mammals can live in dry places. They have waterproof body coverings and they can reproduce without water.
Mammals give birth to live young and feed them on milk, but other groups lay eggs.

Exercises

1. Use the information below to classify each animal.
   a. Dolphins feed their young on milk.
   ....
   b. Snakes have dry scaly skin.
   ....
   c. Sea turtles lay their eggs in the sand.
   ....
   d. Seahorses breathe using gills.
   ....
   e. Penguins lay shelled eggs.
   ....
   f. Whales lose their hair before they are born.
   ....
   g. Komodo dragons have dry scaly skin.
   ....

11 L'etologia

Digi **Scienze**

Contenuto integrativo

Preparati per la lezione:
- guarda la presentazione multimediale
- compila la scheda

Nelle prossime pagine troverai altri contenuti digitali

Allegato scaricabile

Contenuto integrativo

Audio

Verifica interattiva

L'etologia è una moderna disciplina che studia il comportamento degli animali nel loro ambiente naturale. È una disciplina complessa che coinvolge anche la fisiologia, l'ecologia, le scienze sociali e la psicologia.

1

Il comportamento animale

Audio

Il comportamento animale è studiato dall'etologia

Parole di scienze

etologia: dal greco *èthos* = costume, comportamento + *lògos* = discorso.

habitat: dal latino *habitare* = abitare; è l'insieme delle condizioni ambientali, geografiche, climatiche ecc. in cui vive una specie animale o vegetale.

Come si comporta un leone quando incontra una leonessa? Perché alcuni animali vivono in branco mentre altri sono solitari? Che cosa succede se due orsi si incontrano sullo stesso territorio?
A questa e ad altre domande cerca di rispondere l'**etologia**, la scienza che si occupa di studiare e comprendere il comportamento degli animali.
In passato non si è mai pensato di attribuire a questa disciplina valore scientifico; solo il filosofo greco Aristotele (IV secolo a.C.), spinto dalla sua curiosità per gli atteggiamenti degli animali, aveva esposto le sue osservazioni in alcuni saggi, ponendo le basi dello studio del comportamento.
L'etologia come la intendiamo oggi, invece, è nata in tempi relativamente recenti.
Il comportamento è costituito dalle risposte di un animale a stimoli o sollecitazioni che provengono dall'ambiente esterno, ma anche dal suo corpo; gli strumenti con i quali gli animali rilevano questi segnali sono i recettori sensoriali o gli organi di senso.

Nel mondo animale le modalità di reazione a uno stesso stimolo possono essere molto diverse: non sarebbe più semplice reagire a uno stesso stimolo tutti allo stesso modo, e adottare dunque un comportamento *standard*? Probabilmente sì; ma gli animali hanno sviluppato caratteristiche fisiche differenti, che consentono loro diverse reazioni, molte delle quali possono risultare vincenti.
Non esiste una risposta uniforme da parte di tutte le specie al medesimo impulso, perché una stessa reazione, vantaggiosa per qualcuno, potrebbe persino risultare dannosa per qualcun altro.

CLIL for SCIENCE Audio

etologia: *ethology*

Look at the picture and choose the correct answer.

What does ethology study?

- ☐ Animal diseases and their behaviour.
- ☐ Animal behaviour in their natural environments.

1

Come si studia il comportamento degli animali?

Per comprendere come si comportano gli animali, e soprattutto perché agiscono in un certo modo di fronte a un certo stimolo, è necessario osservarli nel loro **habitat** naturale ■2; a partire da qui si può cercare di delineare un quadro generale, una sorta di "carta d'identità del comportamento" per ciascuna specie.

■2 Gli etologi osservano molti animali nel loro habitat, senza interferire con le loro abitudini: è il caso della pratica detta "birdwatching", ovvero l'osservazione degli uccelli con l'ausilio di strumenti come i binocoli e macchine fotografiche.

Tuttavia, gli etologi possono anche osservare il comportamento degli animali "integrandosi" all'interno del gruppo ■3; altri provano a instaurare un rapporto di fiducia con un singolo individuo, se si tratta di una specie solitaria, e a interagire direttamente con esso; altri ancora ne studiano le reazioni in ambienti protetti, prendendo in esame esemplari nati e cresciuti in cattività e monitorandone le risposte ■4.

■3 Un modo per studiare il comportamento di un animale è farsi accettare e integrarsi nel gruppo, assumendone gli atteggiamenti tipici della specie.

Con metodo

Analizzo il testo

1. Che cosa studia l'etologia? Sottolinea nel testo la spiegazione.
2. Chi fu il primo studioso a occuparsi degli atteggiamenti degli animali? Cerchialo nel testo.

Comprendo il testo

3. Rispondi.
   - **a** Che cosa si intende per comportamento degli animali?
   - **b** Per quale motivo le risposte a uno stesso stimolo possono essere molto diverse?
   - **c** Quali sono le tre modalità attraverso le quali si studia il comportamento degli animali?
4. Completa.
   - **a** Il comportamento è costituito dalle .... di un animale a .... che provengono dall'ambiente .... ma anche dal suo corpo; gli strumenti adatti a rilevare questi segnale sono detti .... sensoriali o .... di senso
   - **b** Non esiste una risposta .... al medesimo impulso, perché una stessa reazione può essere .... per l'animale di una specie ma .... per quello di un'altra specie

■4 Gli etologi possono studiare il comportamento degli animali anche osservandone le abitudini in cattività, ossia in un bioparco o un'altra struttura in cui vengono replicate le condizioni di vita naturali.

2 Le reazioni degli animali agli stimoli

Audio

Un animale può reagire a uno stimolo con un comportamento innato o appreso

Ti sei mai chiesto come fanno gli animali a "sapere" di dover reagire a uno stimolo in un modo piuttosto che in un altro? Le risposte alle sollecitazioni possono avvenire in due modi diversi:

1. il **comportamento è insito nel DNA** dell'animale: nessuno gli ha insegnato come fare, e il modo in cui si comporta non deriva da nessuna sperimentazione precedente. In questo caso si parla di **istinto** o di **comportamento innato**: questo significa che il "manuale delle regole di comportamento" da adottare in una precisa occasione è scritto nel codice genetico, è tipico della specie a cui appartiene ed è seguito automaticamente, senza che sia l'animale a decidere. Esistono diverse forme di comportamento innato: per esempio, quello legato al *movimento* 1.
   L'istinto è una componente presente in tutte le specie, ma gioca un ruolo fondamentale negli animali che hanno un sistema nervoso meno complesso: per esempio, il ragno tesse la tela per catturare la sua preda e gli uccelli costruiscono il nido per la prole 2; seguono un comportamento innato, nessuno insegna loro come fare.
2. l'animale reagisce **per esperienza** o **per imitazione**. Può accadere, infatti, che l'animale, posto per la prima volta di fronte a una determinata situazione, non sappia esattamente quale sia il modo giusto di comportarsi. Farà quindi dei tentativi oppure osserverà il comportamento di un suo simile nella stessa condizione, dopodiché agirà nel modo più vantaggioso. In questo caso si parla di **comportamento appreso**, presente più frequentemente nei vertebrati.

1 Le falene in volo si orientano con la Luna. Questa è una strategia innata dell'animale, che però presenta anche una controindicazione: le falene non riescono a distinguere la luce della Luna da fonti luminose artificiali, per cui ne vengono disorientate.

CLIL for SCIENCE Audio

comportamento istintivo: ***instinctive behaviour***
comportamento appreso: ***learned behaviour***

Look at the picture and answer the questions.

What kind of animal behaviour do you see?

....

2 Una coppia di cicogne costruisce un nido.

Tipologie di apprendimento

Le **tipologie di apprendimento** sono molte:

- l'***imprinting***: il termine deriva dal verbo inglese *to imprint*, che significa "stampare, fissare". È un tipo di comportamento appreso che avviene subito dopo la nascita: alcuni animali appena nati, soprattutto uccelli, seguono il primo oggetto o animale in movimento che vedono, attribuendogli il ruolo di genitore.
- l'**apprendimento per prove ed errori**: sbagliando si impara! Alcuni atteggiamenti vengono appresi dagli animali per caso: essi procedono per tentativi, fino a che non ottengono il raggiungimento dello scopo. I pulcini di molti uccelli, appena nati, beccano a caso per trovare cibo; inizialmente ingeriranno anche oggetti non commestibili, ma poi, grazie agli errori, riusciranno a riconoscere il cibo al primo colpo;
- l'**imitazione**: se un individuo impara un comportamento vantaggioso, spesso questo è "copiato" dagli altri, che ne riconoscono la validità. È il caso del canto degli uccelli, imparato dai piccoli ascoltando i genitori; o dei piccoli dei gatti o dei leoni, che cacciano per istinto, ma imparano dalla madre a farlo efficacemente 3;
- l'**intuito**: se hanno difficoltà a risolvere un problema, alcuni animali sono in grado di trovare una soluzione usando ciò che reperiscono nell'ambiente: i gorilla adulti, per esempio, per far bere i piccoli, raccolgono l'acqua all'interno delle foglie;
- l'**assuefazione**: uno stimolo, che inizialmente viene percepito come pericoloso o potenzialmente vantaggioso, provoca nell'animale una reazione rispettivamente di allontanamento o di interesse; se lo stimolo si presenta ripetutamente e non comporta né danno né vantaggio, alla fine viene ignorato 4;
- il **condizionamento**: uno stimolo neutro e uno stimolo che provoca una risposta automatica vengono sottoposti contemporaneamente all'animale per un certo numero di volte, finché la risposta automatica si verifica in presenza anche solo dello stimolo neutro. L'animale, associando i due stimoli, viene condizionato a reagire in un certo modo (**riflesso condizionato**).

3 Cuccioli di leone imparano a cacciare dalla madre.

4 Un corvo se ne sta tranquillamente appollaiato su uno spaventapasseri: ha imparato, per assuefazione, che la sua presenza non costituisce un pericolo.

Curiosità

Il grande etologo Konrad Lorenz, a metà del Novecento, sperimentò il fenomeno dell'*imprinting* sulle oche che allevava: egli si era proposto come loro "mamma adottiva" e notò che, essendo il primo animale visto dai pulcini, questi lo consideravano proprio come se fosse la vera mamma.

Con metodo

Comprendo il testo

1. L'*imprinting*:
   - ☐ avviene subito dopo la nascita
   - ☐ è presente in tutta la vita dell'animale
2. L'apprendimento per prove ed errori:
   - ☐ avviene per tentativi
   - ☐ avviene solo quando l'animale è adulto
3. L'apprendimento per assuefazione:
   - ☐ porta a ignorare uno stimolo se non è pericoloso
   - ☐ provoca sempre una reazione di allontanamento
4. Completa.
   a Il comportamento è insito nel .... dell'animale: si parla in questo caso di .... o di comportamento innato; questo è presente in tutte le ....
   b Il comportamento può essere anche appreso per .... o imitazione; questo è più frequente nei ...., che hanno un sistema nervoso più ....

Lavoro sulle immagini

5. Osserva l'immagine: quale tipo di apprendimento sta attuando il pulcino?

....

3

La comunicazione nel regno Animali

Audio

Gli animali comunicano attraverso segnali acustici, visivi, chimici, tattili

Gli animali, come tutti gli esseri viventi, sono costantemente in relazione con altri individui, della propria specie o di specie diverse. Sia che vivano in gruppo, sia che abbiano abitudini solitarie, essi possono trovarsi nella necessità di dare l'allarme per un pericolo imminente, scambiarsi informazioni su dove trovare cibo e acqua, cercare un partner per riprodursi, riconoscere la prole e i propri simili, spaventare un rivale o un predatore, marcare un territorio.
Per tutte le esigenze di **comunicazione,** gli animali hanno sviluppato specifici codici.

CLIL for SCIENCE Audio

comunicazione: ***communication***
segnale: ***signal***

True or False?

1. Animal communication can only occur from one single animal to another. T F
2. Most animals use "body language" as well as sound and smell to communicate with each other. T F

Che cosa significa per gli animali comunicare?

Comunicare vuol dire produrre segnali con cui passare informazioni, allo scopo di modificare il comportamento di altri animali.
Affinché possa avvenire la comunicazione, il segnale dev'essere emesso, trasmesso e percepito attraverso uno o più organi di senso.
Possiamo distinguere vari tipi di segnali.
I **segnali visivi**, come piumaggi, pellicce e corpi colorati sono utili sia per attirare l'attenzione delle femmine nel periodo dell'accoppiamento, sia per spaventare i predatori e mostrare la propria pericolosità 1. Sono segnali visivi anche certi atteggiamenti del corpo, espressioni del muso (mostrare i denti) e cambiamento di dimensioni (gonfiare corpo, pelo o penne) 2.

1 Gli anfibi della famiglia dei dendrobatidi hanno colorazioni molto sgargianti, segnale della loro velenosità: un predatore si ricorderà facilmente che una rana dal colore azzurro brillante non sarà molto digeribile.

2 Il pesce istrice a è capace di modificare le proprie dimensioni a seconda del pericolo che deve affrontare: inghiotte rapidamente acqua e si gonfia, estroflettendo gli aculei ossei e diventando simile a un riccio b.

I **segnali acustici**, come versi, canti, fischi, gridi, più o meno intensi, modulati, melodiosi o minacciosi, trasmettono molte informazioni. Questi segnali non sono emessi però solo con le corde vocali, ma anche con altri organi: le cicale producono con l'addome e le ali un suono vibrante molto forte come richiamo sessuale; i serpenti a sonagli un sibilo di avvertimento, sfregando gli anelli della coda ■3. Molti animali, come per esempio il picchio, percuotono il suolo o i tronchi degli alberi per richiamare l'attenzione o segnalare pericoli ai membri del proprio gruppo.

In alcuni casi la comunicazione è "invisibile", perché è affidata a **segnali chimici**, sostanze prodotte da ghiandole particolari, che vengono percepite come odori o sapori. Alcuni pesci carnivori come gli squali, "gustando" l'acqua, riescono a percepire le sostanze rilasciate da un animale ferito, che può trovarsi anche a notevoli distanze. I segnali chimici servono a marcare il territorio, a riconoscere i piccoli, ad avvisare di un pericolo; particolari sostanze, i **feromoni**, servono ad attirare anche da molto lontano un partner per l'accoppiamento.

I **segnali tattili**, come il contatto diretto con zampe, becco ecc. o tramite leccamento, oltre a rafforzare il legame tra individui della stessa specie, spesso permettono la sopravvivenza ■4.

■4 Il contatto tra i piccoli gabbiani e il genitore è fondamentale ai fini della sopravvivenza: il richiamo attuato toccando il becco serve a ricevere il cibo.

Segnali di luce: la bioluminescenza

Esistono animali in grado di emettere luce da alcune parti del corpo: questa capacità è chiamata **bioluminescenza**.
Si tratta di un segnale visivo molto particolare adottato da animali che hanno abitudini notturne o che vivono in ambienti costantemente privi di luce, come gli abissi marini.
Le funzioni della bioluminescenza possono essere diverse. Tutti conosciamo le lucciole, insetti coleotteri che utilizzano la luce per trovare un compagno: la femmina resta "accesa" per ore, nel tentativo di farsi notare da un maschio, mentre quest'ultimo è in grado di brillare soltanto per pochi secondi ■5.
Un altro animale che utilizza la bioluminescenza è la rana pescatrice, un pesce abissale che ha sulla testa un'escrescenza nella quale vivono dei batteri bioluminescenti; questi, brillando a intermittenza, sono un'esca diabolica: il segnale luminoso inganna gli animali un po' troppo curiosi, che pagano caro il loro azzardo, finendo in pasto al predatore.

■5

■3 Un serpente a sonagli (crotalo): il "sonaglio" è costituito da anelli cornei che non sono altro che resti di pelle delle mute precedenti. Il tipico rumore viene prodotto dallo sfregamento di questi anelli quando il serpente agita la coda.

Con metodo

Analizzo il testo

1. Quali sono le necessità che possono indurre gli animali a entrare in relazione con altri individui della propria specie o di specie diverse? Sottolineale con il colore rosso.
2. Che cosa significa per gli animali comunicare? Cerchia la definizione con il colore verde.

Comprendo il testo

3. Completa.
   - **a** I segnali .... non sono prodotti solo dalle corde vocali ma anche da altri organi
   - **b** I segnali visivi sono utili per attirare le .... nel periodo dell'accoppiamento o per .... i predatori
   - **c** I segnali chimici servono a .... il territorio, ... i piccoli, avvisare di un pericolo; i .... attirano un partner per l'accoppiamento
   - **d** I segnali tattili avvengono per .... diretto per rafforzare il .... tra individui della stessa specie

4 Le società nel regno Animali

Audio

Gli animali che vivono in gruppo possono costituire società chiuse o aperte

Tutti gli animali interagiscono con altri individui della stessa specie. Alcune specie sono solitarie, altre invece scelgono di vivere in gruppo, per un determinato periodo o stabilmente, perché "l'unione fa la forza". Vivere in gruppo porta vantaggi al singolo individuo, in particolare in termini di difesa contro i predatori e di protezione dei piccoli nati. Per vivere insieme, però, i membri devono sviluppare comportamenti che rispettino certe regole e che favoriscano la cooperazione: questo accade quando si costituiscono vere e proprie **società**.

1 Segnali di sottomissione di un lupo verso il maschio dominante.

Le società nel mondo animale si basano su:
- la **parentela** fra gli individui;
- una **gerarchia** riconosciuta dopo una lotta per la supremazia;
- le **differenze di rango**, che si traducono in segnali di sottomissione da parte degli individui più bassi in grado 1;
- la **divisione dei compiti**.

Essere al vertice della gerarchia porta dei vantaggi, come accedere per primi al cibo (e quindi alle parti migliori e più nutrienti), e avere la precedenza nella scelta del partner per accoppiarsi; l'individuo dominante deve però assumersi la responsabilità di guidare e difendere il gruppo.

A seconda della rigidità con cui vengono assegnati i ruoli, le società animali si possono classificare in:
- **società chiuse**: tipiche degli *insetti sociali*, come le termiti, le api e le formiche. Presentano una perfetta organizzazione, con una gerarchia forte e una rigida suddivisione dei compiti che vengono svolti, per tutta la vita, da individui specializzati: i ruoli sono talmente fissi e distinti che chi li svolge è riconoscibile anche dall'aspetto. Per esempio, nelle formiche possiamo distinguere quattro ruoli e quattro tipi fisici ben distinti: una o più regine, i maschi, le femmine soldato e le femmine operaie. La regina inizialmente è alata e si accoppia con un maschio durante il volo nuziale; il maschio muore o viene cacciato dalla colonia subito dopo aver assolto il suo compito. La regina depone le uova e viene aiutata dalle operaie ad accudire le larve, mentre le formiche soldato si occupano della difesa del formicaio 2.

2 Anche un'occhiata veloce permette di stabilire quale posizione occupa questa formica all'interno del formicaio.

- **società aperte**: prive di un'organizzazione troppo rigida, i singoli membri possono modificare il proprio ruolo nel corso della vita. Per ottenere un "grado" più elevato nella gerarchia, un animale di rango inferiore è costretto a lottare sfidando l'individuo dominante, nella speranza di riuscire a sconfiggerlo e, di conseguenza, di prendere il suo posto. La situazione più comune è quella in cui al comando c'è un maschio, di solito il più anziano e possente, e in questo caso si dice che la società è di tipo **patriarcale**. Un esempio è costituito dai babbuini o dai leoni: vivono in gruppi, in cui si trovano uno o più maschi adulti (dei quali uno è il dominante), accompagnati dalle femmine e dai piccoli 3-4. I cuccioli di sesso maschile di solito abbandonano il branco quando raggiungono la maturità sessuale, mentre le loro sorelle tendono a non allontanarsi.

3 Gruppo di babbuini.

4 Attraverso il *grooming* (pulizia del pelo) i babbuini si prendono cura di chi è più in alto nella scala sociale.

Esistono però anche casi di società **matriarcale**, dove a comandare e a prendere le decisioni per il gruppo è una femmina: è il caso degli elefanti, in cui i maschi adulti vivono isolati, mentre le femmine adulte, i giovani di entrambi i sessi e i cuccioli vivono in branchi guidati dalla femmina più anziana, la *matriarca* 5.

5 In testa al gruppo la matriarca, seguita dai cuccioli con le altre femmine. I cuccioli di elefante restano sempre vicino ai più grandi, per sfuggire ai predatori.

Con metodo

Comprendo il testo

1. Quali sono i vantaggi di vivere in gruppo per molte specie? Cerchialo nel testo.
2. Rispondi.
   - **a** Su quali aspetti si basano le società del mondo animale?
   - **b** Qual è la differenza tra società chiusa e società aperta?
   - **c** Qual è la differenza tra una società di tipo patriarcale e una di tipo matriarcale? Fai qualche esempio.

Lavoro sulle immagini

3. Osserva le immagini e stabilisci a quale tipo di società appartengono i gruppi di animali che sono raffigurati.

....

....

5 Il corteggiamento

Audio

Il corteggiamento è un comportamento innato nel maschio per attirare la femmina e favorire la riproduzione

Talvolta capita di osservare animali in atteggiamenti bizzarri: è molto probabile che siano nel bel mezzo della stagione degli amori. In questo periodo l'istinto di conservazione della specie prende il sopravvento e diventa urgente cercare un partner con cui accoppiarsi.

Nella maggior parte dei casi è il maschio a cercare la femmina e a "corteggiarla" attraverso **comportamenti rituali**, che sono innati, e che tutti gli individui di una data specie ripetono in modo quasi identico.

La fase del corteggiamento può essere preceduta da **lotte** e **prove di forza** tra i maschi. Dopo questi combattimenti, emerge un ordine gerarchico per accoppiarsi con le femmine disponibili o per averne un numero maggiore nel proprio ***harem***, come fanno per esempio i cervi 1.

Parole di scienze

harem: parola di origine araba che, nella cultura islamica, indica la parte della casa riservata alle donne e, per estensione, l'insieme delle donne che vi abitano. In etologia, il termine indica il gruppo di femmine con cui il maschio dominante ha il diritto esclusivo di accoppiarsi.

1 I cervi maschi lottano per guadagnarsi il diritto ad accoppiarsi con la femmina.

Curiosità

Non per tutti gli animali l'accoppiamento è facile... In alcune specie di ragni, la femmina è più grossa del maschio e molto aggressiva: per poter adempiere al suo "dovere coniugale" senza rischiare la vita, il maschio distrae la compagna lanciandole una preda avvolta in un bozzolo di seta; mentre lei è occupata a "scartare il regalo" e successivamente a banchettare, avviene l'accoppiamento. Il caso più noto di "accoppiamento cruento" tra gli insetti è però la mantide religiosa, che mangia la testa del maschio durante o dopo l'accoppiamento. Questo assicura alla femmina un prezioso apporto di sostanze nutritive, che le servirà per portare a termine lo sviluppo delle uova prima della deposizione.

Quest'abbraccio accompagnato da "bacio" fra mantidi religiose maschio e femmina non è propriamente un gesto affettuoso: in questo caso lui sta, letteralmente, per perdere la testa.

I **rituali di corteggiamento** hanno lo scopo di attirare l'attenzione della femmina, di farsi riconoscere come l'esemplare più forte e di comunicare la disponibilità all'accoppiamento. Infatti, è la femmina che, dopo queste cerimonie, sceglierà con cura il compagno che ritiene il più adatto per generare piccoli e trasmettere loro le caratteristiche migliori.

I rituali possono essere fantasiosi: alcuni animali danzano, mettendo in mostra parti del corpo vivacemente colorate ed evidenti, come molti uccelli 2 e qualche pesce; altri emettono suoni melodiosi, come i gorgheggi degli uccelli e il "canto" delle balene, oppure fanno sentire con vigore il proprio verso, come le rane; altri usano dei segnali luminosi, come le lucciole. C'è chi offre alla femmina cibo o "doni" 3; c'è poi chi ha un modo piuttosto singolare per farsi notare, come per esempio le femmine di scimmia cappuccino del Brasile, che... prendono a sassate il maschio.

2 Le coppie di gru si corteggiano con danze rituali sempre, anche nei periodi lontani dall'accoppiamento.

3 La sterna reale offre cibo in dono alla femmina. È proprio il caso di dire che l'ha conquistata prendendola per... la gola.

In alcuni casi, per attirare la femmina, il maschio costruisce un nido che sia il più confortevole possibile, cosicché essa possa valutare le sue qualità di "futuro padre"; è un'abitudine tipica, per esempio, degli uccelli giardinieri 4.

4 L'uccello giardiniere (*Chlamydera nuchalis*) attira la futura compagna mostrandole la sua capacità di architetto... Nell'immagine, il maschio ha costruito con ramoscelli e bastoncini una bella alcova e l'ha decorata con un ingresso di conchiglie.

Con metodo

Analizzo il testo

1. In che cosa consistono i comportamenti rituali durante il corteggiamento dei maschi? Sottolinea la descrizione.
2. Qual è lo scopo dei rituali di corteggiamento dei maschi nei confronti delle femmine? Sottolinea la descrizione.
3. Quali sono i comportamenti "fantasiosi" messi in atto da alcuni animali durante il corteggiamento? Evidenzialo nel testo.

Comprendo il testo

4. Completa.
   - **a** Nei rituali di corteggiamento alcuni animali .... mettendo in mostra parti del corpo .... ed evidenti, come accade in molti ....
   - **b** Alcuni animali corteggiano emettendo .... o usano dei segnali ....
   - **c** La mantide religiosa .... è molto più grande del maschio e durante o dopo l'accoppiamento ne .... la testa per assicurarsi sostanze .... per lo sviluppo delle .... prima della deposizione

Collaboro

5. Formate delle **coppie**. Ognuno di voi studi le caratteristiche delle strategie riproduttive adottate dagli animali. Chiudete il libro e condividete quanto appreso.

6 Le cure parentali

Audio

Le cure parentali sono comportamenti che aumentano le probabilità di sopravvivenza della prole

1 Molti rettili, come le tartarughe marine, depongono un elevato numero di uova pertanto non attuano cure parentali.

Molti animali allevano la prole mettendo in atto una serie di comportamenti, che in etologia si definiscono **cure parentali**: queste garantiscono nutrizione e protezione ai piccoli per un periodo di tempo più o meno lungo, a seconda delle specie.

La maggior parte degli animali produce un numero elevatissimo di uova (insetti, meduse, pesci, anfibi, rettili ecc.), e di conseguenza non può mettere in atto alcuna cura parentale. È solo la grande quantità di "potenziali" discendenti a garantire la sopravvivenza della specie 1.

Le cure parentali sono invece fondamentali per gli animali che, a ogni generazione, danno vita a un numero ridotto di piccoli, preziosi per la sopravvivenza della specie: a maggior ragione le cure parentali diventano indispensabili nel caso in cui la prole sia **inetta**, ovvero completamente indifesa alla nascita (ne sono un esempio i carnivori tra i mammiferi o i passeri tra gli uccelli) 2; altri animali generano una prole precoce, già in grado alla nascita di camminare e seguire la madre (prole **atta**: ne sono un esempio i cervi tra i mammiferi e le anatre tra gli uccelli), che comunque assicura loro protezione e li allatta, nel caso dei mammiferi 3.

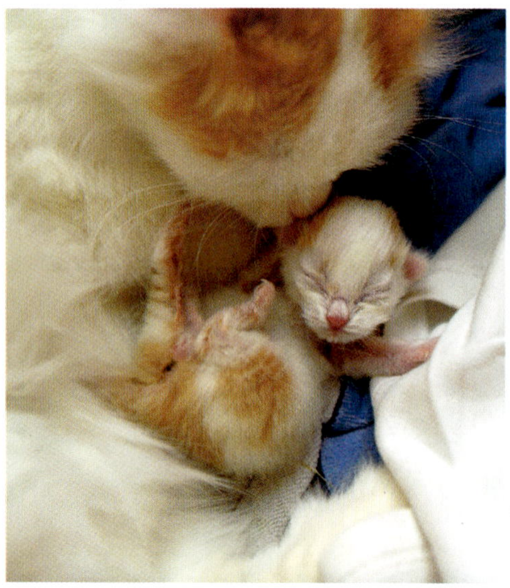

2 I carnivori (come il gatto nell'immagine) generano di solito prole inetta, cioè completamente indifesa: in questo caso le cure parentali hanno un ruolo fondamentale per la sopravvivenza dei piccoli.

3 Molti mammiferi erbivori, come per esempio le antilopi, hanno una prole atta: questo significa che i piccoli sono già in grado di stare in piedi e camminare subito dopo la nascita.

CLIL for SCIENCE Audio

cure parentali: *parental care*

True or False?

1. Parental care is the same from one animal species to another. T F
2. Many invertebrates don't provide parental care and mammals usually provide the most parental care. T F
3. Animal parental care is provided only by the female. T F

Le cure parentali vengono prestate talvolta, oltre che dalla madre, anche dal padre. Questo dipende dal tipo di **sistema nuziale**, ovvero dal legame che unisce i genitori.

Nella formazione delle coppie, infatti, possiamo distinguere due diversi sistemi nuziali:

- la **monogamia**, quando la coppia che si forma a ogni ciclo riproduttivo (o anche per tutta la vita) rimane la stessa: questo sistema è adottato dalla maggioranza degli uccelli 4;
- la **poligamia**, quando il maschio o la femmina o entrambi si accoppiano con più partner a ogni ciclo riproduttivo: questo accade in molte specie di mammiferi, in cui le cure parentali sono svolte quasi esclusivamente dalla madre.

4 La monogamia è un sistema nuziale molto diffuso tra gli uccelli, come questi piccioni.

Figli adottivi

Gli uccelli si prodigano parecchio nelle cure parentali e questo richiede un enorme sforzo energetico. Tuttavia, esistono degli approfittatori, che depongono le uova nei nidi altrui e lasciano che i propri pulcini vengano allevati da "genitori adottivi". L'esempio più tipico è rappresentato dal cuculo, che utilizza abusivamente nidi di vari uccelli, spesso di dimensioni minori, deponendovi all'interno un solo uovo. Il pulcino "infiltrato" nasce per primo e si sbarazza delle altre uova, in modo da essere l'unico a ricevere le attenzioni degli adulti: in poco tempo diventerà ben più grande dei "genitori", che continueranno però a crederlo loro figlio legittimo.

5 In questo nido è ben visibile un uovo più grande e dai colori diversi: è quello deposto illecitamente dal cuculo tra quelli di un altro uccello.

6 Un ignaro uccello sarto imbocca quello che crede essere suo figlio, ma che in realtà è un giovane cuculo.

Parole di scienze

parentali: dal latino *parens* = genitore.
monogamia: dal greco *monos* = uno + *gamos* = nozze.
poligamia: dal greco *polýs* = molto + *gamos* = nozze.

Con metodo

Analizzo il testo

1. Che cosa sono le cure parentali? Evidenzia nel testo la descrizione.

Comprendo il testo

2. Completa.
   - **a** La maggior parte degli animali produce un grande numero di .... e quindi non mette in atto alcuna cura ....
   - **b** Le cure parentali sono importanti per gli animali che danno vita a un numero .... di piccoli, soprattutto nei casi in cui la prole sia ...., cioè completamente indifesa alla nascita
   - **c** La prole è detta .... se è già in grado di .... e seguire la madre che comunque la protegge e la ....
3. Rispondi.
   - **a** Che cosa significa "prole atta"?
   - **b** Che cosa si intende per "sistema nuziale"?
   - **c** Qual è la differenza tra sistemi nuziali dove si ha monogamia e quelli in cui si ha poligamia?

Collaboro

4. Formate dei **gruppi**. Ciascun gruppo scelga una specie e prepari una presentazione alla classe indicando se si tratta di animali che mettono in atto o no cure parentali; spiegatene le ragioni e, se esistono comportamenti di cura, descrivetene le modalità.

7 La territorialità

Audio

Gli animali marcano un territorio dall'intrusione degli estranei per preservarne le risorse

Tutti gli animali, che scelgano o meno la vita di gruppo, necessitano di un luogo in cui vivere, riprodursi e nel quale trovare le risorse necessarie per nutrirsi. Alcune specie sentono addirittura l'esigenza di occupare in modo esclusivo una determinata area, che viene definita **territorio**.
Gli animali territoriali segnalano la propria presenza in diversi modi, rendendo ben chiaro agli estranei della stessa specie che quell'area è "occupata": si dice che essi *marcano il territorio*, ne tracciano cioè un confine.
Per questo scopo generalmente vengono utilizzati **segnali chimici**, ovvero essenze odorose prodotte da apposite ghiandole della pelle.
Il koala maschio, per esempio, marca il territorio utilizzando il secreto oleoso di alcune ghiandole che si trovano sotto il pelo del torace: strofinando il petto sui tronchi degli alberi di eucalipto, rilascia una traccia odorosa riconoscibile dai koala di un altro gruppo ■1.
Ci sono anche altri metodi per tracciare il confine. Molto comune è spruzzare urina in vari punti del territorio: lo fanno i maschi di cani, gatti e grandi felini ■2. Gli ippopotami marcano il territorio con le feci: spetta al maschio dominante spargere i propri escrementi sulle rive del fiume o del lago in cui trascorre buona parte della giornata, e deve inoltre controllare che nessuno provi a minacciare la tranquillità del gruppo.
Gli uccelli, invece, preferiscono delimitare il proprio areale attraverso il **canto**. In questo caso il segnale emesso dai maschi serve sia da deterrente per gli altri maschi, sia da richiamo per le femmine in cerca di un partner.
In caso di invasione del territorio da parte di estranei che non hanno rispettato i segnali, si possono scatenare lotte feroci, che in alcuni rari casi possono finire con la morte di uno dei contendenti ■3.
Molto più spesso, però, non c'è un vero e proprio combattimento: gli animali si limitano a **prove di forza** per sfidare o scoraggiare i rivali, esibendo alcune parti del corpo, simbolo di potenza.

■1 In questo koala maschio è ben visibile la striscia di pelo a livello della quale si trovano le ghiandole utilizzate per marcare il territorio.

■2 Il cane marca il proprio territorio attraverso l'urina.

■3 Tigri e zebre marcano il territorio cimentandosi in vere e proprie prove di forza e sfide contro i rivali che minacciano il loro territorio.

Sulle spalle dei giganti

Lorenz: la nascita dell'etologia

Audio

Moltissimo di ciò che sappiamo oggi sul comportamento animale deriva dagli studi e dalle osservazioni di uno zoologo austriaco: **Konrad Lorenz** (1903-1989). Sin da piccolo, Lorenz era appassionato di animali: la sua curiosità verso le loro abitudini lo portò, da adulto, ad allevarne moltissimi nella sua villa affacciata sul Danubio. In questo modo iniziò a studiarne e comprenderne abitudini e reazioni. Alla base del pensiero di Lorenz c'era l'idea che, per capire il comportamento degli animali, è necessario osservarli nel loro habitat naturale.
Lo scopo di Lorenz era comprendere meglio il comportamento dell'uomo tramite l'osservazione del comportamento degli altri animali: era infatti un seguace della teoria dell'evoluzione di Darwin, secondo la quale tutte le specie, compresa quella umana, hanno origini comuni.

Tra gli animali allevati e studiati dal grande etologo non possiamo non citare le oche selvatiche ■1, grazie alle quali egli scoprì una tipologia molto diffusa di comportamento: l'***imprinting***.
Un altro animale che lo incuriosiva particolarmente era la taccola ■2. Le taccole sono uccelli sociali, della famiglia dei corvidi; Lorenz ne allevò diversi esemplari, tenendoli in una grande voliera durante la notte e lasciandoli liberi durante il giorno. Per riconoscerli aveva infilato nella zampa di ognuno un anello di diverso colore.
In questo modo, continuando a osservarle per diversi anni, era riuscito a comprendere il loro linguaggio, il ruolo che ogni membro aveva all'interno del gruppo e i suoi rapporti con gli altri individui.
Grazie ai suoi studi sulle oche selvatiche, Lorenz ricevette nel 1973, insieme al suo allievo **Nikolaas Tinbergen** (1907-1988), il premio Nobel per la medicina e la fisiologia. Ha pubblicato numerosi libri, che sono venduti e riconosciuti come validi ancora oggi; ma quello che più colpisce è che, nei suoi testi, Lorenz descrive i risultati scientifici ai quali è giunto con tutta la passione, la curiosità e lo stupore tipici dei bambini. Scrive Lorenz, per spiegare i motivi per i quali ha scelto l'oca selvatica come oggetto dei suoi studi:

> *Da bambino volevo diventare una civetta, perché di sera le civette non devono andare a letto. E proprio a quell'epoca feci un'esperienza indimenticabile: per farmi addormentare mi lessero la storia del Viaggio meraviglioso del piccolo Nils Holgersson con le oche selvatiche. Riconobbi allora che le civette difettano di una capacità essenziale: non possono nuotare e immergersi, cosa che io avevo imparato qualche tempo prima. Decisi allora di diventare un uccello acquatico e quando in seguito compresi che non avrei potuto esserlo, volli almeno averne uno. (...).*

■1 Lorenz seguito da alcune delle sue oche selvatiche: allevandole, ha studiato l'*imprinting*.

■2 Le taccole (*Corvus monedula*) sono uccelli sociali dalla vita sociale complessa.

Vita in comunità

Audio

Api, formiche e termiti sono **insetti sociali**, vivono cioè in una comunità all'interno della quale esiste un complesso sistema organizzato di suddivisione dei compiti e tutti collaborano per il benessere della colonia. Vi è un esemplare fertile il cui unico compito è quello di deporre le uova (la *regina*). Gli altri individui sono sterili e sono suddivisi in categorie di ruoli specializzati: svolgono le mansioni necessarie alla difesa del nido (i *soldati*) o alla vita del gruppo, dalla cura delle larve al reperimento e immagazzinamento del cibo, alla costruzione del nido (gli *operai*). Alcune colonie arrivano a ospitare milioni di individui. All'interno della colonia gli individui sono così suddivisi in **caste**, ovvero in categorie di ruoli specializzati. La differenziazione dei ruoli è associata spesso anche a un diverso aspetto degli individui 1.

1 Aspetto delle api.

In alcuni casi, come nelle **api**, il ruolo dipende strettamente dall'età. Dopo la metamorfosi, per i primi giorni di vita, ciascuna ape operaia si occupa della pulizia del nido comune, l'**alveare**. La settimana successiva diventa nutrice e si prende cura delle larve in via di sviluppo; in seguito comincia a produrre cera e partecipa alla costruzione dei favi, le cellette esagonali che ospitano le larve prima della metamorfosi. A seguire diventa poi guardiana all'ingresso dell'alveare e infine raccoglitrice di polline, ruolo che svolgerà fino alla morte, che sopraggiunge solitamente all'età di circa un mese. L'ape regina ha una vita molto più lunga, da uno a cinque anni: durante il volo nuziale, che avviene qualche giorno dopo la metamorfosi, si fa fecondare da uno dei maschi, i fuchi. È questa l'unica volta che lascia il nido: trascorrerà infatti il resto della sua vita protetta all'interno dell'alveare, con l'unico compito di deporre le uova.

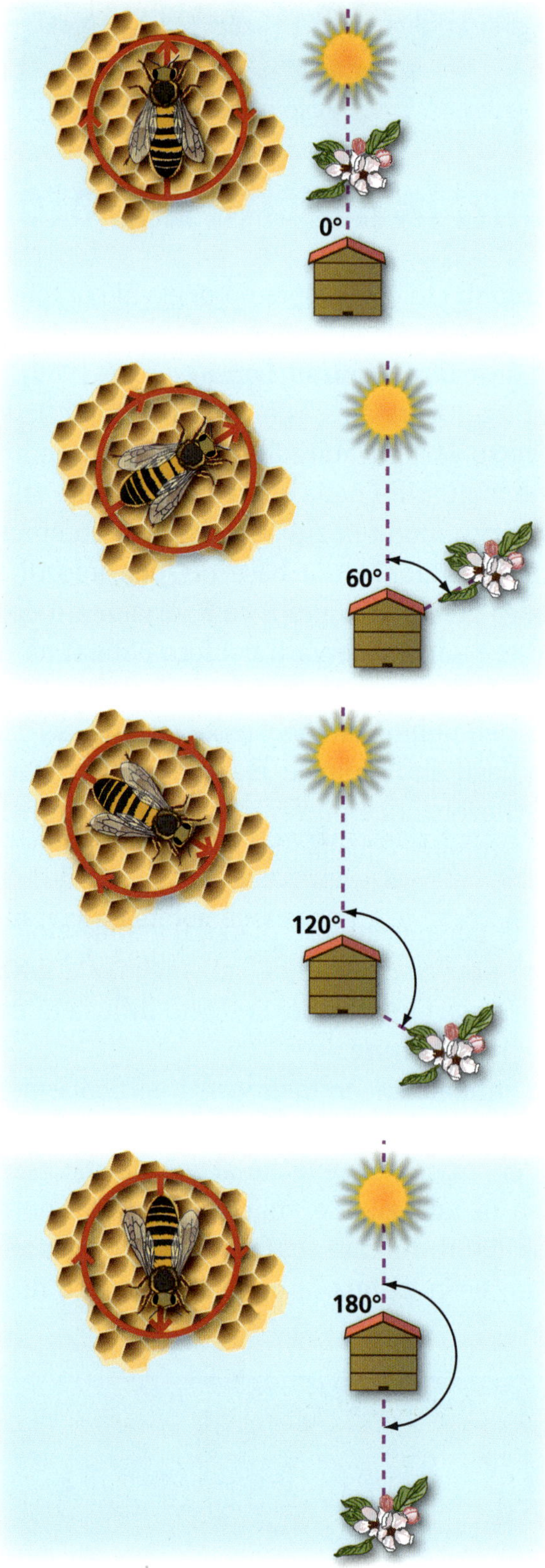

2 Il volo dell'ape raccoglitrice che segnala una nuova fonte di cibo.

Quando un'ape raccoglitrice vuole comunicare alle compagne di aver trovato una fonte di cibo, esegue all'interno dell'alveare una speciale "danza", con movimenti ritmati dell'addome e particolare inclinazione del corpo, che indicano con precisione il luogo da raggiungere e la sua esatta distanza 2.

Tra le **termiti** gli operai sono di piccole dimensioni, e possono essere sia maschi che femmine. I soldati, dalla testa grossa e corazzata, sono invece specializzati nella difesa della colonia. Le termiti vivono prevalentemente in regioni tropicali, all'interno di nidi alti anche diversi metri ■3.

■3

In alcuni periodi dell'anno da ciascun nido si allontanano in volo migliaia di individui alati, maschi e femmine, tutti fertili. Una volta formatasi la coppia, il re e la regina danno origine a una nuova colonia e vivranno per tutta la vita uno accanto all'altra in una zona del nido ben protetta chiamata **camera reale**. L'addome della regina, ricco di uova, diviene sempre più grande, fino ad impedirle di muoversi ■4.

■4

Nelle **formiche** le operaie sono tutte femmine sterili e svolgono diversi compiti, comunicando tra loro, in particolare grazie alle antenne che rappresentano il loro più importante organo di senso.
Esse indagano l'ambiente e riconoscono le compagne "toccandosi e annusandosi" con le antenne che sono quindi sempre in movimento.

■5

Alcune specie di formiche allevano all'interno del loro formicaio alcuni insetti particolari, gli afidi, che curano e nutrono, ottenendo in cambio una golosa sostanza zuccherina da essi prodotta ■5.
Alcuni individui presentano un corpo più robusto: sono le formiche soldato, che si occupano della difesa della colonia.
Esistono specie di formiche, come le Amazzoni, che rapiscono le larve di altre specie, dopo averne distrutto il nido, le portano nel proprio formicaio ■6 e, una volta adulte, le fanno lavorare per loro come schiavi. Questo comportamento è più diffuso di quanto si possa pensare e riguarda più di 50 specie di formiche.

■6

Il comportamento degli animali

Che cos'è l'etologia?

Paragrafi 1-2

Nelle prime righe del paragrafo 1 trovi la definizione del termine "etologia", ma se vuoi definire questa scienza in modo completo devi leggere anche il paragrafo 2. Cerca di dare una definizione unica completando il testo.

L'.. è la scienza che studia il .... degli animali. Il comportamento di un animale è l'insieme delle sue .... a stimoli esterni, dell'ambiente, o interni, del suo corpo, percepiti attraverso recettori sensoriali o organi di senso. Gli etologi studiano gli animali nel loro .... naturale, ... all'interno del loro gruppo, studiandone le reazioni senza .... Il comportamento di un animale può essere insito nel suo DNA, cioè un istinto, e si chiama comportamento .... oppure può essere frutto di esperienza o imitazione, e viene detto comportamento ....

Quali sono i diversi modi in cui gli animali apprendono?

Paragrafo 2

Il paragrafo 2 spiega le diverse tipologie di apprendimento: presta attenzione ai termini in grassetto dell'elenco puntato. Usa la tabella per organizzare le informazioni.

tipologia di apprendimento	
imprinting	È un tipo di comportamento appreso subito dopo la nascita. Gli animali appena nati attribuiscono il ruolo di genitore al primo oggetto o animale in movimento che vedono.
....	....
....	....
....	....
assuefazione	....
....	....

Mi preparo all'interrogazione

Con quali segnali comunicano gli animali?

Paragrafo 3

Gli animali producono segnali per passare le informazioni e modificare il comportamento di altri animali: nel paragrafo 3 trovi le informazioni principali che distinguono i vari tipi di segnali. Ricerca questi cinque aspetti nell'elenco puntato e nel box di approfondimento e completa la mappa.

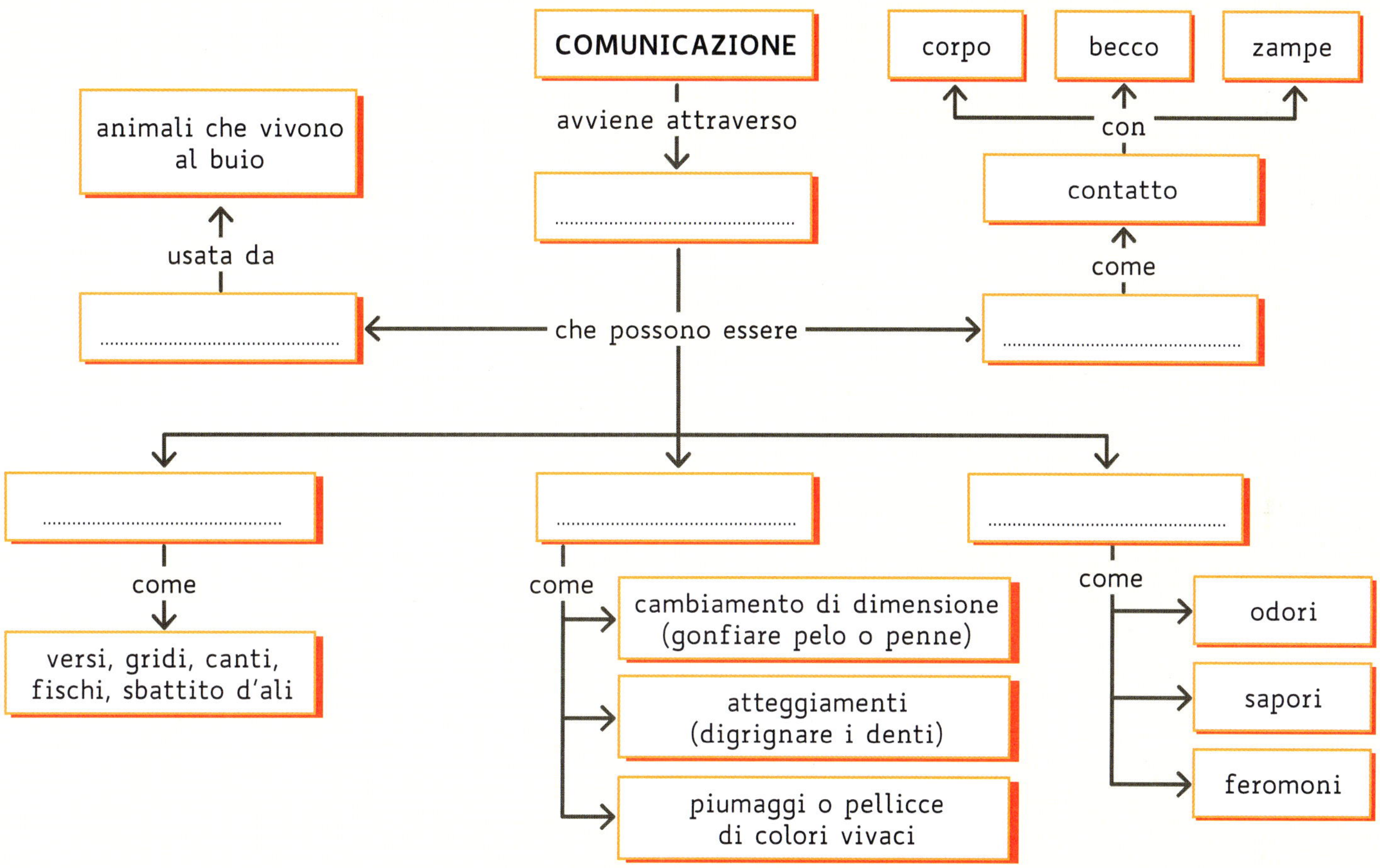

Che cosa sono corteggiamento, cure parentali, monogamia e poligamia?

Paragrafi 5-6

Nei rapporti sociali degli animali è importante anche considerare quelli tra i due sessi, corteggiamento e cure parentali, che variano se l'animale è monogamo o poligamo. Nel paragrafo 5 ricerca che cos'è il corteggiamento, nel paragrafo 6 ricerca che cosa sono le cure parentali e spiega infine in che cosa consistono monogamia e poligamia. Scrivi poi a fianco di ogni termine la sua definizione e prova a fare un esempio per ogni punto: non basarti solo su quello che trovi sul libro, considera anche la tua esperienza personale!

1. Corteggiamento: ....

....

2. Cure parentali: ....

....

3. Monogamia: ....

....

4. Poligamia: ....

....

Mi preparo all'interrogazione

Contenuti multipli

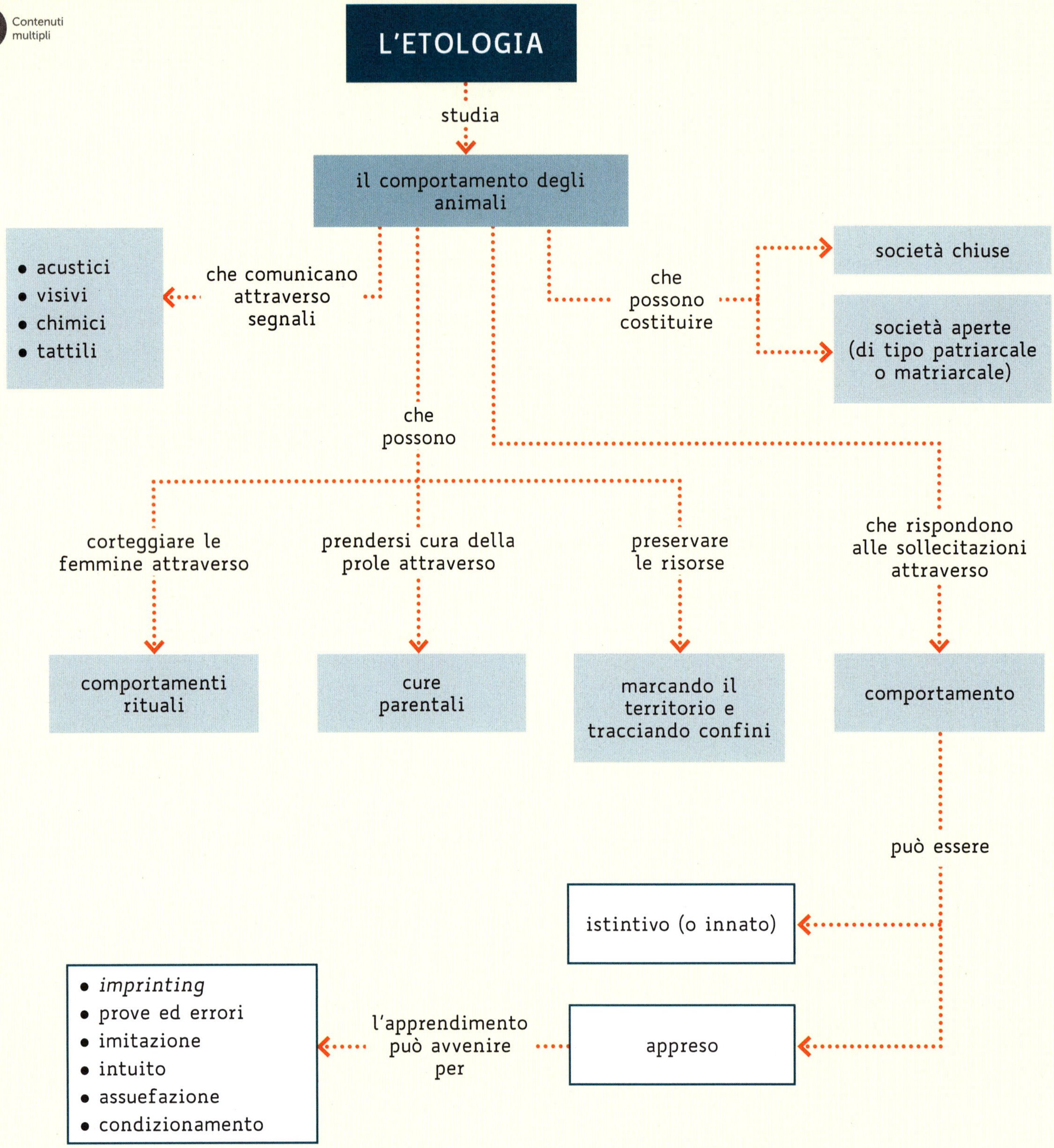

verifica

Verifica interattiva

CONOSCO

1 Completa le seguenti frasi scegliendo tra i termini elencati.

specie • *marcare* • *territoriali* • *luminosi* • *danzano* • *accoppiamento* • *femmina* • *dominante* • *rigida* • *ruolo* • *aspetto* • *compiti* • *gerarchia* • *società* • *acustici* • *chimici* • *condizionamento* • *condizionato* • *invertebrati* • *nervoso* • *integrandosi* • *interagendo* • *vantaggiosa* • *svantaggiosa* • *standard* • *stimoli* • *esterno* • *corpo* • *neutro*

a Il comportamento di un animale è dato dalle risposte a .... che provengono dall'ambiente .... e dal suo ....

b Non esiste un comportamento .... come risposta a uno stesso stimolo perché una stessa reazione può essere .... per un individuo di una specie e .... per quello di un'altra specie

c L'etologo può analizzare il comportamento degli animali osservandoli nel loro habitat naturale oppure .... all'interno del gruppo, ... direttamente con esso

d L'istinto, o comportamento innato, è insito nel DNA dell'animale e ha un ruolo fondamentale negli organismi con un sistema .... meno sviluppato come gli ....

e Uno stimolo .... e uno stimolo che provoca una risposta automatica sono sottoposti contemporaneamente a un animale per un certo numero di volte, e la risposta automatica avviene anche se è presente solo lo stimolo neutro, come fosse un riflesso ....: questo apprendimento si chiama ....

f Per comunicare tra loro gli animali usano vari tipi di segnali: ...., visivi, ..., tattili

g Alcuni animali costituiscono delle vere e proprie .... che si basano su: parentela tra gli individui, ..., differenza di rango, divisione dei compiti

h Nelle società chiuse si ha una perfetta organizzazione con gerarchia forte e rigida suddivisione dei ...., con individui diversi anche nell'................ in base al .... che svolgono

i Nelle società aperte l'organizzazione non è troppo ....; i membri possono cambiare il proprio ruolo nel corso della vita, sfidando l'individuo ....

l I rituali di corteggiamento servono ad attirare l'attenzione della .... per farsi riconoscere come l'animale più forte e comunicare la disponibilità all'................................; alcuni animali ...., altri emettono suoni, altri segnali ....

m Alcuni animali hanno la necessità di .... il proprio territorio (animali ....), ostacolando l'entrata di individui della stessa ....

2 INVALSI **Segna con una crocetta il completamento esatto.**

a L'etologia studia:
- ☐ gli ambienti in cui vivono gli animali
- ☐ il comportamento degli animali
- ☐ le relazioni fra gli animali e l'ambiente
- ☐ le relazioni fra gli animali e le piante

b L'*imprinting* è un comportamento appreso:
- ☐ durante la vita adulta dell'animale
- ☐ subito dopo la nascita degli animali
- ☐ se l'animale è in situazione di pericolo
- ☐ quando un animale vive in cattività

c L'apprendimento per intuito:
- ☐ avviene quando un animale imita il comportamento di un altro animale
- ☐ avviene se un animale risolve un problema usando ciò che trova nell'ambiente
- ☐ non avviene negli animali
- ☐ avviene solo negli animali meno complessi

d L'apprendimento per prove ed errori:
- ☐ avviene per tentativi fino a raggiungere lo scopo
- ☐ non viene mai attuato negli animali
- ☐ viene attuato solo se l'animale è in forte pericolo
- ☐ avviene appena dopo la nascita di un animale

e Negli elefanti la società è di tipo:
- ☐ matriarcale ☐ patriarcale
- ☐ non vi sono animali che dominano
- ☐ sia patriarcale sia matriarcale

f Se la prole è numerosa, i genitori:
- ☐ non danno cure parentali perché è la quantità dei potenziali discendenti che garantisce la sopravvivenza della specie
- ☐ si prendono cura della prole solo se inetta
- ☐ non si prendono cura della prole perché i cuccioli sanno già cavarsela
- ☐ nessuna delle risposte precedenti è corretta

3 Sottolinea il termine corretto tra i due proposti in corsivo.

a Nei *vertebrati/invertebrati* si ha anche il comportamento appreso e l'animale può reagire per esperienza o per *intuito/imitazione*

b Le specie che generano *pochi/molti* cuccioli si prendono cura della prole

c Nelle società chiuse la gerarchia è *rigida/non è rigida*; i membri *possono/non possono* cambiare il proprio ruolo all'interno della società

d Gli animali territoriali marcano il proprio territorio con segnali chimici o attraverso *il canto/i colori*

verifica

APPLICO

4 **Osserva le seguenti immagini. In quale l'osservazione dell'etologo avviene dall'esterno o interagendo con l'animale?**

5 **Osserva le immagini e individua quale tipo di apprendimento stanno sperimentando gli animali rappresentati.**

6 **Osserva le immagini e ipotizza quale tipo di cure parentali potranno ricevere i cuccioli.**

7 **Osserva le immagini e individua come fanno questi animali territoriali a marcare il territorio.**

COMPETENZE

1. Leggi il testo e rispondi.

L'analisi dei dati GPS registrati dai collari di alcuni panda giganti (*Ailuropoda melanoleuca*) delle montagne Qionglai e Qinling, in Cina, ha rivelato particolari inaspettati sui loro spostamenti. Le femmine sembrano fare concorrenza ai maschi per kilometri percorsi: in particolare, durante la stagione degli accoppiamenti, le femmine giovani tendono a disperdersi più lontano dei maschi per trovare l'amore. Un comportamento anomalo per i mammiferi, non riscontrato in nessun altro animale della famiglia degli ursidi e osservato finora soltanto in specie molto diverse, come scimpanzé e licaoni.
I maschi si allontanano da casa per garantire alla prole un patrimonio genetico il più possibile misto e per evitare di accoppiarsi con esemplari della stessa famiglia. Meno chiaro è il motivo per cui lo facciano anche le femmine, che tendono poi a tornare nel luogo d'origine per partorire e allevare i cuccioli. Le migrazioni stagionali non sono prive di rischi: una delle femmine osservate, dopo un lungo vagabondare, è tornata a casa affamata e ferita, ed è morta poco tempo dopo.

[www.focus.it]

a Quale potrebbe essere il titolo dell'articolo?
b Sottolinea i termini scientifici presenti nell'articolo.
c Per quale motivo i maschi si allontanano da casa?
d Qual è l'aspetto "misterioso" in questo racconto?
e Per quale motivo le migrazioni stagionali possono essere rischiose?

2. Leggi il testo e rispondi.

Continuare a lavorare. Anche se le speranze di rivedere la luce sono pari a zero: sembra essere questa la filosofia di una popolazione di 100 mila formiche rosse della specie *Formica polyctena*, scoperta nel 2013 in un bunker sovietico abbandonato non lontano da Templewo, nella Polonia occidentale.
La colonia ha destato l'interesse degli entomologi del Museo e Istituto di Zoologia di Varsavia per la militaresca organizzazione che gli insetti si sono imposti, nonostante le possibilità di uscire dalla base siano nulle.
Di norma queste formiche nidificano creando un soffice rilievo terroso alla base della foresta, e si nutrono delle secrezioni zuccherine rilasciate dagli afidi sugli alberi.
Nel bunker, hanno allestito la colonia sulla base di terracotta del pavimento, proprio sotto a un condotto di ventilazione lungo 5 m, unico accesso all'esterno. Proprio lì sopra, nella foresta, si trova un nido di formiche della stessa specie, che precipitano nel bunker attraverso un foro creatosi nel condotto arrugginito.
È un viaggio di sola andata: per qualche ragione, una volta nel bunker le prigioniere non provano più a risalire le pareti di 2,3 m del rifugio, e rimangono intrappolate al suo interno.
Fanno allora quello che le formiche fanno sempre: lavorano alla costruzione del nido. Ma intorno non c'è alcuna fonte di cibo e le operaie non fanno che morire di fame, ammassandosi in strati sempre più spessi sul fondo della "gabbia" (dove ci sarebbero ormai 2 milioni di "cadaveri").
Oggi il nido occupa quasi interamente il suolo del bunker, una base di tre metri per uno.
Ma è una costruzione autogestita, perché in questa società non esistono gerarchie: manca una regina e non c'è traccia di larve, pupe o bozzoli.
Non ci sono maschi e l'unico, continuo ricambio di forza lavoro adulta destinata a morire arriva dal condotto dell'aria. Per gli scienziati, questo "nido-non nido" è un'alternativa alla colonia vera e propria presente in superficie. Le formiche l'avrebbero costruito per semplice istinto.

[www.focus.it]

- **a** Quale potrebbe essere il titolo dell'articolo?
- **b** Per quale motivo la colonia di formiche descritta nell'articolo ha destato l'interesse degli entomologi?
- **c** Per quale motivo le formiche continuano a costruire il nido nonostante non riescano più a uscire dalla "gabbia"?
- **d** Quale aspetto del comportamento animale si vuole sottolineare in questo articolo?

3. Calcola e ragiona.

Il tonno dell'Atlantico (*Thunnus thinnus*), depone ogni anno fino a 10 milioni di uova.

- **a** Rappresenta questo numero in notazione scientifica.
- **b** Se mediamente riescono a schiudersi (evitando di essere mangiate dai predatori) solo 2 uova ogni 1000, quante uova di tonno riusciranno a schiudersi ogni anno?

4. Ricerca e comunica.

Cerca in biblioteca il libro *L'Anello di Re Salomone* dell'etologo Konrad Lorenz, oppure fai una ricerca sulle sue scoperte usando Internet. Scrivi una breve relazione sulle sue scoperte organizzandola in una presentazione di almeno dieci slides.

In English

5. Fill in the blanks.

Lorenz • scientific • behaviour • work • discipline

Ethology is the .... and objective study of animal ...., usually under natural conditions. Most scientists believe that the modern .... of ethology began in 1930s with the .... of Austrian biologists Konrad ....

CLIL: let's learn English

Studying the natural world

Audio

Observing animals

Jane Goodall is an ethologist. She studies animals in their natural environment. Jane studies troops of chimpanzees in Africa and her research shows that chimpanzees are very different than from what most people think.

Chimpanzees fight, hunt smaller mammals, make tools, use medicinal plants and learn from each other. Each group of chimpanzees has a leader and the leader is a large male. As the leader, he gets extra food, the best sleeping place and more chances to mate. The chimps in a troop each have a social role, like humans. Males fight for the top position and need to be popular, so they spend a lot of time socialising. They use gestures, calls, facial expressions and body language to communicate. They also clean each other's fur.

Following tracks

Snow leopards live in the mountains of central Asia. They stay hidden so they are rarely seen. They prey mostly on wild sheep and goats.

Scientists can estimate snow leopard numbers by following their tracks and collecting their faeces. Laboratory tests on the faeces can show which animal species they belong to and what it eats.

Using automatic cameras

There are five species of rhinoceros. Three species are critically endangered, which means there are very few left in the world. The Javan rhinoceros lives in rainforests. There are only a few of them left. Scientists use automatic cameras to video them. The animals don't notice the cameras so they continue to behave naturally. The cameras start recording when they sense the movement or the animals' body heat. Scientists hope to learn more about rhino behaviour. It can help them to better protect the rhinos. They also use the cameras to spot poachers.

Using electronic tags

The number of sea turtles is decreasing and scientists want to find out why. Turtles spend most of their lives in the ocean, but they can be observed on land. The turtles can be observed easily when they return to the shore to breed. Scientists can study turtle movements by attaching electronic tags to their backs. The tags transmit signals to satellites that orbit the Earth. These signals show exactly where each turtle is, but the tags are very expensive. For example, this turtle has a tag. The signals show that the turtle travels a lot and goes from one country to another and another. Researchers want to protect parts of the ocean, where most turtles spend their lives.

Objectives

- Understand how scientists study the natural world.

Remember

- Ethologists study animals in their environments by:
  - direct observation;
  - studying their tracks;
  - using automatic cameras and electronic tags.

1 Jane Goodall's research reveals that chimpanzees have complex social lives.

2 Snow leopard tracks and faeces show how many there are and what they eat.

Exercises

1. List four methods scientists use to study animals in their natural environment.
2. Which method is best for studying each of the following:
   - **a** how a lioness brings up her cubs ....
   - **b** the migration of wildebeest ....
   - **c** shy mammals in a tropical rainforest ....
   - **d** whale migration ....
   - **e** the number of arctic foxes in a habitat. ....

12

L'evoluzione delle specie

Digi Scienze

Contenuto integrativo

Preparati per la lezione:
- guarda la presentazione multimediale
- compila la scheda

Nelle prossime pagine troverai altri contenuti digitali

Allegato scaricabile

Contenuto integrativo

Audio

Verifica interattiva

Evoluzione... un cambiamento nel tempo che riguarda tutta la straordinaria varietà delle forme di vita che popolano il nostro pianeta.

1 Le teorie pre-evoluzionistiche

Audio

Prima dell'Ottocento si pensava che le molte specie viventi fossero presenti dalla creazione e fisse nel tempo

Il nostro pianeta è popolato da "*innumerevoli forme, bellissime e meravigliose*", scriveva Darwin, il geniale naturalista la cui teoria conosceremo nelle prossime pagine; ma come spiegare la straordinaria varietà delle forme di vita sulla Terra?
Da sempre gli uomini se lo chiedono. Tra il '600 e il '700 si esplorarono nuove terre, si scoprirono nuovi ambienti e un'infinità di nuove specie.
Come si spiegava a quei tempi la varietà di forme di vita che oggi chiamiamo **biodiversità**?
Non avendo ancora le conoscenze scientifiche di cui disponiamo oggi, con le loro osservazioni gli studiosi di allora erano arrivati alla conclusione che le specie fossero state create così come le vedevano: formularono cioè la teoria della **fissità delle specie** 1, per la quale tutte le specie viventi, animali e vegetali, erano tante quante all'inizio dei tempi e, soprattutto, identiche a quelle che avevano popolato la Terra nel passato, senza mai essersi modificate nel tempo.

Questa teoria sembrava trovare conferma anche nei racconti del primo libro della Bibbia, la *Genesi*, che veniva considerata un vero e proprio libro storico e scientifico e pertanto interpretato alla lettera. A essa si rifacevano in particolare i **creazionisti**, che ritenevano le specie create direttamente da Dio e quindi perfette così come erano apparse.
Tra i fissisti più convinti c'era il grande naturalista **Carlo Linneo** (1707-1778), i cui studi introdussero la nomenclatura binomia e stabilirono un primo metodo per classificare gli esseri viventi.
Nello stesso periodo, tuttavia, erano sempre più frequenti i ritrovamenti di **fossili** di animali e vegetali 2, talvolta simili a specie attuali e altre volte diversi e sconosciuti. Se però le specie erano sempre state le stesse, come si potevano interpretare questi ritrovamenti?

Georges-Louis Leclerc, conte di **Buffon** (1707-1788) 3, fu un importante naturalista francese che per primo intuì che le specie non potevano essere immutabili: esse si modificavano molto lentamente e gradualmente, nell'arco di tempi lunghissimi, influenzate soprattutto dall'ambiente di vita e dalla distribuzione geografica.
Uno dei dubbi che sorgeva era quello dell'età reale della Terra. Fino ad allora gli studiosi avevano cercato di dedurla dagli scritti biblici, stimando l'origine del mondo intorno a 6000 anni fa: un tempo troppo breve per i cambiamenti ipotizzati da Buffon!
Buffon, nel primo volume della sua opera *L'Histoire Naturelle*, formulò le sue ipotesi sulla nascita del nostro pianeta, proponendo un'età di circa 100 000 anni.

Parole di scienze

fossile: dal latino *fodére* = scavare.

1 I "fissisti" credevano che la biodiversità fosse il risultato della creazione e che le specie fossero rimaste tali e quali nel tempo.

2 Un fossile, come questa ammonite, è ciò che rimane di un essere vivente vissuto nel lontano passato. A volte i fossili sono difficili da interpretare, perché appartengono a specie ormai non più esistenti.

C'era però chi dava una particolare interpretazione ai reperti fossili: il francese **George Cuvier** (1769-1832) ■4 li considerava resti di specie che erano scomparse durante catastrofi, brevi e violente, avvenute più volte nel passato della Terra. Sempre secondo questa teoria, dopo ogni catastrofe le specie eliminate erano sostituite da specie provenienti da territori vicini oppure da un nuovo atto di creazione da parte di Dio. A questa teoria, che ebbe molto successo tra gli studiosi dell'epoca, è stato dato il nome di **catastrofismo**. Tra la fine del '700 e l'inizio dell'800 furono pubblicati gli studi di due geologi scozzesi, James Hutton e Charles Lyell ■5: essi sostenevano che i fenomeni geologici che plasmano la Terra di oggi sono gli stessi che hanno agito lentamente nel lontano passato. Cominciarono così a ragionare in milioni di anni, gettando le basi della moderna geologia. Questa teoria fu chiamata **attualismo**: prevedendo che la terra fosse molto più antica di quanto si pensasse al tempo, essa avrebbe avvalorato le successive teorie evoluzionistiche.

Nella prima metà dell'800 il naturalista francese **Jean Baptiste de Lamarck** sostenne che le specie viventi si modificavano gradualmente nel tempo. Lamarck, infatti, riteneva che l'uso continuo di un organo poteva potenziarlo e migliorarlo e, viceversa, il non uso portava al suo indebolimento. Queste modifiche si sarebbero trasmesse alle generazioni successive attraverso l'**ereditarietà dei caratteri acquisiti**. Lamarck fu il primo naturalista a intuire il concetto di evoluzione delle specie: pubblicò la sua opera, *Philosophie zoologique*, nel 1809, lo stesso anno in cui nacque Charles Darwin, il naturalista a cui si deve l'elaborazione scientifica della teoria dell'evoluzione.

Per spiegare come un organo si modifica per adattamento all'ambiente, Lamarck fece l'esempio delle giraffe. Il lungo collo delle giraffe attuali era spiegato dal naturalista con il continuo allungamento messo in atto dal singolo animale per raggiungere le foglie più alte degli alberi. Se in un ambiente ci sono molte specie erbivore a contendersi le foglie degli arbusti e delle piante erbacee, avere accesso ai rami più alti è molto vantaggioso. Nell'arco della sua vita ogni giraffa stirava sempre più il collo, che diventava così sempre più lungo, e trasmetteva questa caratteristica alla sua discendenza. Funziona davvero così? Avendo già studiato un po' il DNA dovresti conoscere la risposta. Cambiamenti come l'allungamento del collo di un individuo per la tensione continua, o l'ingrossamento della muscolatura per il continuo esercizio, non lasciano tracce nel suo DNA. Gli sforzi non saranno premiati permettendo di trasmettere questa "innovazione" ai discendenti. Come funziona allora l'evoluzione?

■3 G. Buffon.

■4 G. Cuvier.

■5 J. Hutton e C. Lyell

Con metodo

Analizzo il testo

1. A quali teorie corrispondono le seguenti definizioni? Sottolineale nel testo.
   - **a** Tutti gli esseri viventi attuali sono identici a quelli vissuti nel passato
   - **b** Tutte le specie sono state create da Dio

Comprendo il testo

2. Rispondi.
   - **a** Che cosa sono i fossili? Perché il loro ritrovamento pose numerosi problemi ai naturalisti del 1700?
   - **b** Che cosa afferma la teoria del catastrofismo? Chi la formulò?
   - **c** Illustra la teoria di Lamarck.
3. Fissista o evoluzionista? Scrivilo di fianco al nome dei seguenti studiosi.

   Carlo Linneo ....

   Jean Baptiste Lamarck ....

   Buffon ....

   George Cuvier ....

2 Charles Darwin

Audio

Darwin è il naturalista che rivoluziona le teorie sull'origine e la varietà delle specie viventi

Non sbagliare anche tu...

Quando si usa la parola "evoluzione" si è portati a pensare a qualcosa che sta "migliorando", ma nell'evoluzione delle specie non è sempre così. In questo caso quindi il suo significato corretto è "cambiamento nel tempo".

Era la fine dell'estate del 1831 quando il giovane **Charles Robert Darwin** 1, di ritorno da un'escursione geologica nel Galles del Nord, ricevette la lettera che cambiò la sua vita e il modo di vedere il mondo di tutte le generazioni successive. Il capitano del *Beagle* (una nave della Marina Britannica), in procinto di partire per mappare le coste meridionali del Sud America, si offriva di dividere la sua cabina con un naturalista volontario, desideroso di intraprendere un viaggio che si sarebbe sicuramente rivelato ricco di scoperte e sorprese. Fino ad allora, Darwin aveva studiato medicina e teologia, ma i suoi interessi erano rivolti più alla storia naturale, alla zoologia, alla botanica e alla geologia: la proposta era sicuramente allettante. Così, incoraggiato dallo zio, ottenne il permesso del padre per partire.

Il viaggio durò cinque anni e il 22enne Darwin seppe approfittare dell'incredibile opportunità: si comportò da vero naturalista e non da semplice turista. Esplorò ambienti per lui nuovi, come le foreste tropicali sudamericane o le isole Galàpagos, fece incontri con popoli indigeni, raccolse migliaia di campioni, prese appunti meticolosi su ogni specie, descrivendola e collocandola geograficamente 2. Durante il viaggio, inoltre, lesse e studiò a fondo i libri di geologia di Charles Lyell.

1 Ritratto del giovane C. Darwin.

2 La rotta del Beagle.

Darwin, inizialmente sostenitore del creazionismo, ritornò in patria completamente trasformato da quell'esperienza. Da allora si dedicò ai suoi studi, riordinò le idee e l'enorme quantità di appunti presi durante e dopo il viaggio.

Curiosità

TEORIA DI DARWIN

In seguito alla pubblicazione della teoria si scatenarono accesissimi dibattiti tra il mondo scientifico e quello religioso, dibattiti che continuano incredibilmente ancora oggi. In alcuni ambienti di molte società, compresa quella statunitense, parlare di evoluzione resta ancora un tabù.

Iniziò così a intuire che le innumerevoli varietà di specie animali e vegetali, che si distinguevano per piccole differenze, potevano essere dovute a cambiamenti graduali nel corso del tempo.

Su una pagina dei suoi appunti si trova una rappresentazione schematica somigliante a un corallo: è la sintesi di tutto quello che aveva capito osservando il mondo. A partire dalla base, che rappresenta un antenato comune, il "corallo" si ramifica a indicare la formazione di nuove specie ■3; oppure i rami si interrompono, per rappresentarne la scomparsa. Alcuni rami poi si dividono di nuovo e così via fino ad arrivare alle specie attuali.
Più le specie si trovano su rami distanti meno saranno imparentate e più saranno diverse tra loro. In alto Darwin scrisse *I think*: "Io penso".

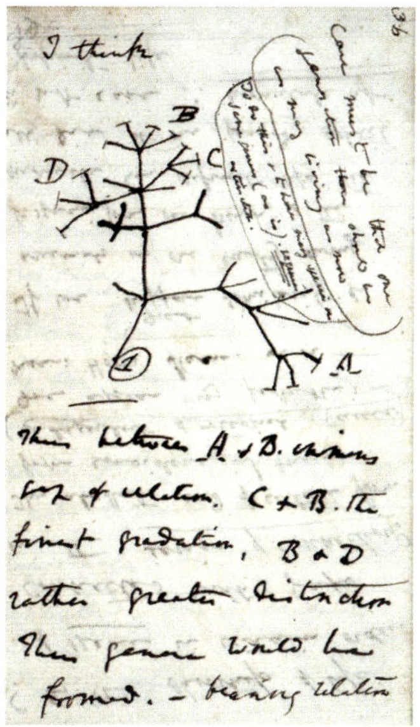

■3 Il corallo della vita.

Darwin era ben cosciente che le sue idee avrebbero sconvolto e scandalizzato il mondo… per questo esitò a divulgarle. Solo nel 1859, infatti, Darwin si decise a pubblicare la sua opera principale: *L'origine delle specie*. Lo fece perché, nel frattempo, gli erano giunti gli scritti del giovane **Alfred Russel Wallace**, che contenevano concetti così simili ai suoi da fargli temere di essere privato del suo "*degno posto fra gli uomini di scienza*".
I due si accordarono come veri gentlemen: pubblicarono entrambi e Wallace riconobbe a Darwin, che teneva i suoi appunti nel cassetto da oltre vent'anni, la paternità della *Teoria dell'Evoluzione per Selezione Naturale*.
Ancora oggi la teoria di Charles Darwin è alla base di ogni studio sulle forme di vita.
In che cosa consiste la selezione naturale? Lo scopriremo nei prossimi paragrafi. Darwin morì nel 1882 con il dubbio che qualcosa nella sua teoria non funzionasse: il fisico inglese **Lord Kelvin** era infatti giunto alla conclusione, in base ai suoi studi sul raffreddamento della Terra, che questa non potesse avere più di pochi milioni di anni. Era un periodo troppo ridotto perché l'evoluzione darwiniana avesse avuto il tempo sufficiente per agire. Kelvin si sbagliava e oggi sappiamo che la Terra ha circa 4,5 miliardi di anni.

Chi ha inventato l'"evoluzione"?

Charles Darwin non inventò l'idea di "evoluzione": egli addirittura utilizzò questo termine solo nell'ultima pagina de *L'origine delle specie*, preferendo parlare di "trasmutazione" o "discendenza con modificazioni" nel resto del testo.
Prima di lui ne aveva già parlato Lamarck, il quale, a sua volta, si era ispirato agli scritti di Erasmus Darwin, il meno famoso nonno di Charles. Erasmus aveva intuito come tutte le forme di vita fossero collegate da un processo di discendenza.
Perché allora quando si parla di evoluzione pensiamo subito al nipote, Charles? Perché a lui si attribuisce la genialità di averne compresi tutti i meccanismi e di essere stato capace di spiegarla in un modo chiaro e completo. I suoi scritti risultano brillanti e attuali ancora oggi, a più di 150 anni dalla loro pubblicazione e nonostante i progressi della scienza moderna.

■4 Charles Darwin è sepolto nell'abbazia di Westminster, a Londra, a pochi passi da Isaac Newton.

Con metodo

Analizzo il testo

1. Sottolinea nel testo l'esperienza che segnò il futuro del giovane naturalista Charles Darwin.
2. Quale teoria sosteneva inizialmente il giovane Darwin?

Comprendo il testo

3. Rispondi.
   - **a** Che cosa fece Darwin durante i cinque anni di viaggio intorno al mondo?
   - **b** Che significato ha il "corallo" rappresentato in una pagina dei suoi appunti?
   - **c** Chi era Charles Lyell? Quale teoria è esposta nei suoi libri?

Lavoro sulle immagini

4. Osservando la mappa del viaggio di Darwin attorno al mondo, scrivi il nome di alcuni animali che non vivono in Europa e che Darwin avrebbe potuto incontrare solo in continenti diversi.

Collaboro

5. A **coppie**, fate una piccola ricerca sulle isole Galàpagos, cercando di comprendere il motivo per cui furono particolarmente importanti per lo sviluppo della teoria di Darwin sull'evoluzione delle specie. Esponete i vostri risultati alla classe.

3 La teoria di Darwin

Audio

La teoria di Darwin afferma che la selezione naturale è uno dei più importanti motori dell'evoluzione delle specie

La teoria che Darwin ha proposto è alla base di tutte le teorie evoluzionistiche moderne, anche se egli non aveva ancora conoscenze di genetica e quindi non poteva spiegare alcuni meccanismi che sono invece ben chiari agli scienziati di oggi. Gli studi di Darwin si concentrarono quindi sulle caratteristiche direttamente osservabili nelle specie prese in esame.

Nella sua opera più famosa, *L'origine delle specie*, Darwin espone i principi che sono alla base della sua teoria:

- la variabilità intraspecifica;
- il potenziale riproduttivo;
- la lotta per l'esistenza;
- la selezione naturale.

1 All'interno della stessa specie gli individui possono essere molto diversi fra loro: tale diversità prende il nome di variabilità intraspecifica.

La variabilità intraspecifica

Guardiamoci intorno: ogni essere umano è diverso dall'altro e questo vale anche per gli individui appartenenti alle altre specie 1.

La **variabilità intraspecifica** è proprio la diversità presente fra gli individui della stessa specie.

Gli individui che appartengono a una stessa specie, pur avendo delle caratteristiche comuni, non sono tutti uguali, ma presentano alcune differenze e tali differenze possono essere ereditate. Darwin, infatti, osservò che, pur nella loro diversità, la prole assomiglia generalmente ai genitori. Da ciò dedusse che gli individui che presentano le caratteristiche più vantaggiose, rispetto all'ambiente in cui vivono, sopravvivono e si riproducono trasmettendo alla propria progenie tali caratteristiche.

Il potenziale riproduttivo

Darwin calcolò che, in 750 anni, una coppia di elefanti genererebbe, se tutti sopravvivessero, circa 19 milioni di discendenti.

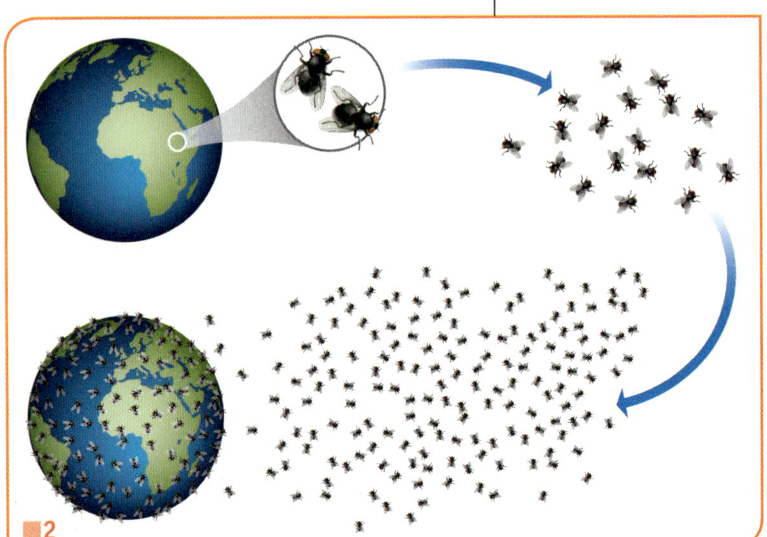

2

Questo accadrebbe in una specie, come l'elefante, in cui le femmine hanno un lungo periodo di gravidanza e possono generare pochi figli nel corso della vita. Immagina il potenziale riproduttivo di una coppia di mosche: la femmina in 8-10 giorni depone anche 1000 uova 2.

Il **potenziale riproduttivo** è, quindi, la capacità di una specie di riprodursi in assenza di ostacoli.

Ciò porterebbe a una crescita rapida del numero di individui.

Darwin, però, osservò che in natura il numero di individui nelle diverse popolazioni resta stabile e ipotizzò che ciò avvenisse poiché le risorse (cibo, spazio ecc.) sono limitate.

La lotta per l'esistenza

Proprio perché non tutti gli individui riescono a sopravvivere, Darwin introdusse il concetto di "lotta per l'esistenza", il che non significa necessariamente scontri violenti. L'insufficienza delle risorse e l'elevato potenziale riproduttivo delle specie generano una competizione fra gli individui: solo chi presenta le caratteristiche più vantaggiose sopravvive e si riproduce 3.

3 In natura le specie competono fra loro (per esempio predatori e prede), oppure gli individui di una stessa specie competono per le risorse di cibo o per riprodursi.

La selezione naturale

Gli individui che presentano le caratteristiche più adatte all'ambiente in cui vivono vengono quindi scelti dall'ambiente stesso, riuscendo a sopravvivere e a riprodursi: Darwin chiamò questo meccanismo **selezione naturale**. Egli ipotizzò che la selezione naturale agisse eliminando le varianti dannose e favorendo invece quelle utili alla sopravvivenza e alla riproduzione degli organismi. È l'ambiente, quindi, che opera la scelta: seleziona le caratteristiche più adatte. Se le variazioni accumulate sono numerose i discendenti possono essere talmente diversi dai loro progenitori da dare origine a una nuova specie. È proprio questo cambiamento nelle generazioni che oggi chiamiamo **evoluzione** 4.

4

Variabilità intraspecifica. La specie di coleotteri presenta due colori diversi. Il colore è ereditario, viene quindi trasmesso alla progenie.

Lotta per l'esistenza. Gli individui con alcune caratteristiche (colore verde), essendo più visibili, vengono predati più facilmente.

Selezione naturale. Gli individui verdi, svantaggiati, sono stati predati maggiormente: la caratteristica "colore verde" è quindi quasi scomparsa. Gli individui marroni, invece, si sono riprodotti aumentando di numero.

Evoluzione. Dopo alcune generazioni, la caratteristica "colore verde" potrebbe scomparire. La specie è quindi cambiata rispetto a quella originaria.

Con metodo

Analizzo il testo

1. Quali sono i quattro principi fondamentali della teoria di Darwin? Elencali.
2. Che cos'è la selezione naturale?

Comprendo il testo

3. Rispondi.
   a All'interno di una specie gli individui sono tutti identici?
   b Perché il numero di individui di una popolazione resta stabile?
   c Perché gli individui sono in competizione tra di loro?
4. Vero o falso?
   a Gli esseri viventi mettono al mondo più figli di quelli che possono sopravvivere V F
   b Le caratteristiche vantaggiose di un individuo non vengono trasmesse ai figli V F

Collaboro

5. A **gruppi di quattro**, ciascuno di voi studi uno dei principi che sono alla base della teoria dell'evoluzione di Darwin. Chiudete il libro e ripetete al compagno quanto appreso.

■5 *Nautilus pompilius* è considerato un fossile vivente.

Se l'ambiente muta spesso e i **fattori limitanti** (temperatura, ore di luce, malattie, predatori, cibo, spazio ecc.) sono in continuo cambiamento, la selezione naturale ha una forte capacità di modificare le popolazioni: un piccolo vantaggio può essere prezioso e un minimo svantaggio letale. Al contrario, quando l'**ambiente resta stabile**, sembra che la selezione naturale non agisca; in realtà anche in questo caso essa opera, eliminando le varianti che si discostano da quella con il miglior adattamento e lasciando alcune **specie inalterate** per milioni di anni: Darwin coniò per queste ultime il termine **fossili viventi** ■5.

La selezione sessuale

I maschi di molte specie hanno caratteristiche fisiche assai appariscenti: per esempio le maestose corna dei cervi o la colorata "ruota" del pavone. Tali strutture sono talmente ingombranti che, a volte, possono addirittura compromettere la sopravvivenza dei loro portatori. Perché allora sono state selezionate? La selezione naturale non dovrebbe favorire le caratteristiche più vantaggiose per gli individui che le portano? La risposta è sì! In alcuni casi, però, all'interno della specie c'è anche una **selezione sessuale**, risultato della competizione molto forte tra individui dello stesso sesso per garantirsi l'accoppiamento ■6.

Ciò avviene quando uno dei due sessi (solitamente la femmina) opera una scelta fra i possibili contendenti: ecco spiegati i colorati piumaggi o le lotte rituali che rendono il maschio più attraente.

Quando la selezione sessuale prevale su quella naturale, il carattere può diventare "eccessivo" e addirittura svantaggioso ma, continuando a essere scelto dalle femmine, viene comunque tramandato rimanendo presente nella popolazione maschile.

Non si sa con certezza perché le femmine preferiscano alcuni caratteri anziché altri. Si potrebbe ipotizzare che caratteri esteriori appariscenti siano preferiti perché indicano un'alta capacità di sopravvivenza, che sarà ereditata dalla prole.

Per questo motivo, un maschio di pavone che presenta una "ruota" con penne più lunghe e colorate ■7 sarà scelto più facilmente dalla femmina perché, nonostante quell'ingombro lo renda una preda più facile, è riuscito a raggiungere l'età riproduttiva e si è dimostrato così più forte e in buona salute!

■6

■7

Non sbagliare anche tu...

Non farti ingannare: uno squalo e un delfino, anche se si assomigliano, sono specie molto lontane fra loro!

È facile capire perché specie diverse, anche non imparentate ma che vivono nello stesso ambiente, hanno sviluppato strutture simili: per opera della selezione naturale tendono ad assomigliarsi moltissimo. Se pensiamo all'ambiente acquatico, per esempio, spesso viene selezionata una struttura adatta per nuotare e una forma idrodinamica. Si parla in questo caso di **convergenza evolutiva**.

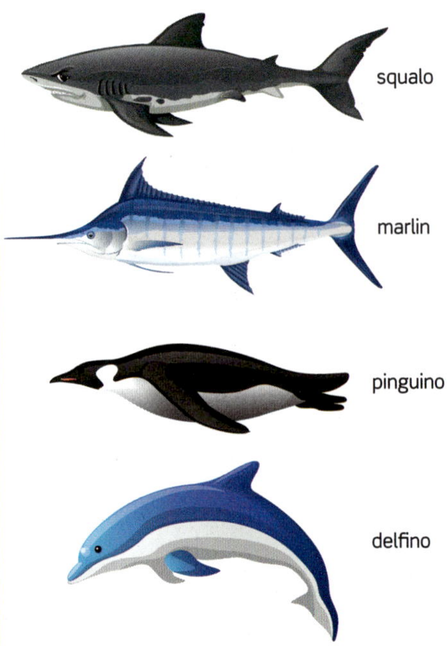

Audio

4 La speciazione

La speciazione è la nascita di nuove specie

Le specie viventi, come abbiamo visto, si evolvono nel tempo e può succedere che in alcuni individui di una stessa specie avvengano delle modificazioni tali da portare alla nascita di due specie distinte.

La formazione di nuove specie prende il nome di **speciazione**.
Darwin pensava che questo meccanismo fosse molto lento: dapprima le differenze avrebbero dato origine a sottospecie (che ancora si possono incrociare tra loro e riprodursi); con il tempo le differenze sarebbero poi aumentate diventando tali da non permettere più l'incrocio riproduttivo.
Come possono accumularsi tali e tante differenze?
Uno dei modi è la separazione di una popolazione di individui della stessa specie a causa della comparsa di una **barriera geografica** (un fiume, una montagna, un mare ecc.): ciò può portare, con il tempo, alla formazione di due specie distinte. Perché avviene questo?

La selezione agisce scegliendo i **caratteri più adatti a un determinato ambiente**. Quando due popolazioni di un'unica specie si ritrovano isolate una dall'altra saranno selezionate caratteristiche differenti nei due gruppi ormai separati.
Se la separazione persiste per molto tempo, le due popolazioni accumulano tantissime differenze, tanto da non potersi più incrociare se si dovessero incontrare di nuovo: ecco quindi che sono nate due specie diverse ■1.

1. La specie vive in una determinata area geografica.

2. La specie viene ora separata da una barriera geografica (un fiume).

3. Nei due territori diversi vengono selezionate caratteristiche diverse. Le due popolazioni nel tempo accumulano differenze.

4. La barriera scompare e le due popolazioni possono riunirsi. Le differenze però ormai sono tali da non permettere più l'incrocio tra i due gruppi: si sono formate due specie distinte.

■1 Esempio di speciazione a causa di una barriera geografica.

Con metodo

Analizzo il testo

1. Che cosa significa speciazione? Sottolinea la definizione nel testo.
2. Dove potè osservare Darwin il meccanismo della speciazione?

Comprendo il testo

3. Completa.
   Il sorgere di una .... che separa le popolazioni di una stessa specie può portare alla formazione di una ....
4. La nascita di una nuova specie è un meccanismo:
   - ☐ lento
   - ☐ veloce
5. La formazione di un fiume può favorire la nascita di:
   - ☐ una nuova specie
   - ☐ nuovi individui

La selezione artificiale

Darwin si rese conto che osservare l'evoluzione in natura sarebbe stato molto complicato, se non impossibile. Il naturalista si dedicò, quindi, allo studio delle specie domestiche. Da perfetto gentiluomo di campagna, infatti, conosceva molto bene gli animali addomesticati. Sapeva che gli allevatori incrociavano animali con le caratteristiche più utili a un determinato scopo, così da ottenere gli esemplari più adatti.

I cavalli da corsa sono molto diversi, per esempio, da quelli da lavoro, così come i cani, pur essendo tutti della stessa specie, sono molto differenti. La selezione di alcuni caratteri, operata dall'uomo, viene chiamata **selezione artificiale**.

Darwin scelse alcune specie (colombi, conigli, cavoli e uva spina), che allevò e incrociò lui stesso per comprendere i meccanismi della selezione naturale.

Notò, per esempio, che i colombi potevano essere divisi in gruppi in base alla forma del becco e al colore del piumaggio; presentavano anche diversità nello scheletro, tanto che Darwin pensava che se fossero state specie selvatiche sarebbero state considerate specie diverse.

Il suo interesse non era limitato alle specie animali: si dedicò anche allo studio della famiglia dei cavoli. Il cavolo selvatico aveva dato origine a tantissime varietà domestiche, molto diverse fra loro: i broccoli, i cavolini di Bruxelles e i cavoli da foglie. Darwin spiegò questa diversità con la selezione operata dagli agricoltori fin dai tempi più antichi per ottenere modificazioni del fusto o delle foglie. Alla fine concluse che, se la selezione artificiale in poche centinaia di anni è riuscita a ottenere così tante varietà partendo da una sola, la selezione naturale, in milioni di anni, ha ben potuto dare origine a tutte le specie viventi.

Gli agricoltori hanno selezionato, attraverso incroci, le caratteristiche desiderate ottenendo tante varietà di cavoli.

I nandù

Darwin stesso poté osservare il meccanismo di speciazione: durante le sue esplorazioni delle coste della Patagonia cavalcò con i *gauchos* (mandriani dell'America meridionale), pranzando spesso con la carne di nandù, un grosso uccello corridore.

I *gauchos* gli raccontarono che esistevano due tipi di nandù, uno dei quali più piccolo, che deponeva uova blu.

Il naturalista era ansioso di vedere questo nandù "minore", ma ripartì senza averlo trovato.

Diciassette giorni dopo, a 1100 km di distanza, un compagno di viaggio catturò un nandù per la cena. A metà del banchetto Darwin si accorse che quello che stava mangiando era proprio il nandù minore e scrisse: «*Era stato cotto e mangiato. Fortunatamente la testa, il collo, le zampe, le ali, molte delle penne più grandi e gran parte della pelle erano rimaste intatte. Da quelli ricostruimmo un esemplare pressoché perfetto*».

Scoprì poi che queste due specie erano separate da un fiume. Il fiume ha rappresentato, quindi, una barriera geografica che ha diviso la specie progenitrice in due popolazioni che, con il tempo, hanno dato origine a due specie distinte: *Rhea americana* (nandù maggiore o comune) e *Rhea pennata* (nandù minore o nandù di Darwin).

5

L'evoluzione oggi

Audio

La teoria dell'evoluzione di Darwin si arricchisce grazie alle nuove conoscenze scientifiche

All'inizio del '900 la teoria di Darwin è stata arricchita e migliorata dalle conoscenze di genetica. Si parla, quindi, di **sintesi moderna dell'evoluzione** che racchiude le idee di Darwin aggiungendovi le nuove conoscenze. Sappiamo, infatti, che la variabilità intraspecifica è prodotta dalle mutazioni del DNA: su di essa agisce proprio la selezione naturale.

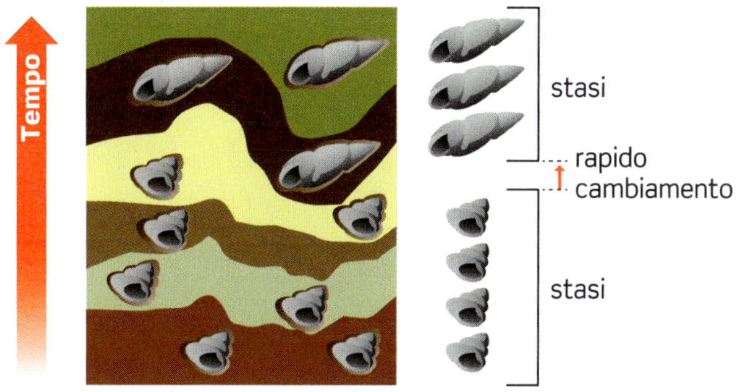

1 La documentazione fossile ci mostra che l'evoluzione non è un processo lento e continuo.

Nel 1972 i paleontologi americani **Niles Eldredge** e **Stephen Jay Gould** scrissero un articolo in cui formulavano una nuova teoria, che ampliava quella di Darwin, confermandone comunque i principi fondamentali: come Darwin, infatti, anche Eldredge e Gould sottolineavano l'importanza cruciale dell'ambiente e di conseguenza della selezione naturale nel processo evolutivo. Essendo paleontologi, erano perfettamente consapevoli che, in una successione di strati, si trovano specie diverse senza alcuna traccia dei passaggi intermedi e questo sembra essere in contraddizione con la trasformazione graduale proposta da Darwin. In realtà, anch'egli si era accorto di questa incongruenza (se ne trova traccia nei suoi appunti): alla fine però si era convinto che il difetto risiedesse nella documentazione fossile, troppo incompleta per far luce sui processi evolutivi 1. Eldredge e Gould, quindi, proposero un nuovo schema dell'evoluzione: la **teoria degli equilibri punteggiati** 2. Secondo questa teoria, a lunghe fasi senza evidenti cambiamenti (**stasi**) si alternano brevi momenti in cui l'evoluzione "accelera". Le specie si trasformano velocemente, sotto la spinta di rapidi mutamenti ambientali.

Volendo rappresentare questa teoria mediante lo schema "a corallo" disegnato da Darwin nei suoi appunti, dovremmo apportare qualche modifica rappresentando anche le fasi di **equilibrio**, cioè di **stasi**, in cui i cambiamenti morfologici della specie sono minimi 3.

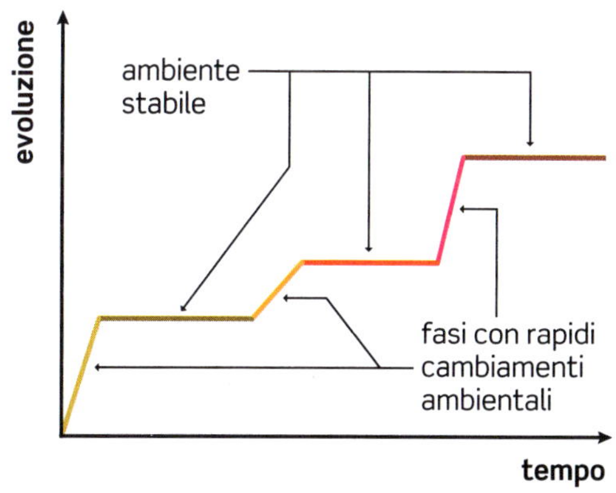

2 Teoria degli equilibri punteggiati.

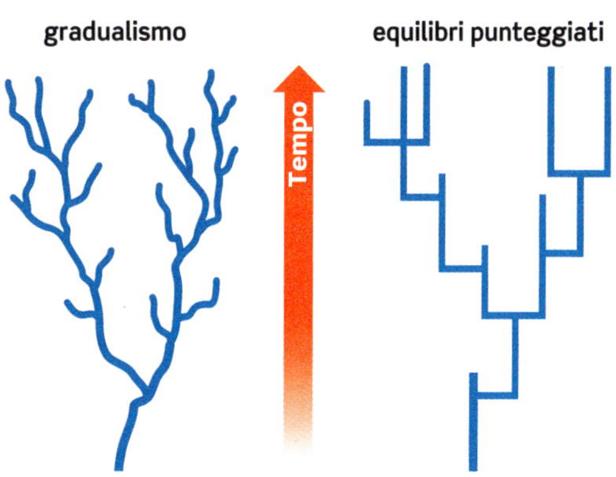

3 Due "coralli della vita" a confronto. Il primo rappresenta l'idea di Darwin della trasformazione continua e graduale, il secondo la teoria degli equilibri punteggiati.

l'apparenza inganna

Con il termine mimetismo si indica sia la capacità di un essere vivente, detto mimo, di assumere i colori o le forme di un altro organismo di specie diversa (modello) sia l'imitazione da parte di alcuni esseri viventi dell'ambiente in cui vivono.

1

Il bruco della specie *Hemeroplanes triptolemus*, un lepidottero, imita perfettamente un serpente. Questo "trucco" evolutivo permette di ingannare i predatori. Quando viene attaccato, il bruco assume l'aspetto di una vipera riuscendo così a scoraggiare il predatore. Questo tipo di **mimetismo** è definito **batesiano**: un organismo, non velenoso e commestibile, imita i colori o la forma di una specie velenosa o non appetibile, che vive nel suo stesso ambiente.

2

I *Membracidi* sono una famiglia di insetti di piccole dimensioni caratterizzata da una notevole varietà di forme. In alcuni casi si sviluppa una cresta dorsale che ricorda una spina. Questi insetti sono un esempio di **mimetismo criptico**: gli organismi assumono forme o colori che permettono loro di ingannare le prede o sfuggire ai predatori.

3

Specie diverse della famiglia dei *Dendrobatidi*, piccole rane tropicali velenose, hanno gli stessi colori: il predatore impara a riconoscere un solo modello e tutti i mimi sono protetti. In questo caso si parla di **mimetismo mülleriano**. I colori sgargianti (rosso, giallo, azzurro) in natura sono colori di avvertimento, poiché avvisano i predatori che la specie che li porta è velenosa o non appetibile.

1
3

Mi preparo all'interrogazione

Erickson

Come si spiegava in passato la varietà delle specie viventi

Quali furono le principali teorie sulla biodiversità prima di Darwin?

Paragrafo 1

Nel corso dei secoli, gli studiosi hanno cercato di capire a che cosa fosse dovuta la biodiversità che si osservava e si osserva tuttora sulla Terra. Nel paragrafo evidenzia con colori diversi le varie teorie formulate nel passato, sottolinea le loro motivazioni e quindi completa il seguente schema.

TEORIE SULL'ORIGINE DELLE SPECIE PRIMA DI DARWIN

fissità della specie	creazionismo	catastrofismo	processi geologici	teoria di Lamarck
....	....	....	....	....

Charles Darwin

Per quale ragione è importante il naturalista Charles Darwin?

Paragrafo 2

Nel paragrafo viene presentata la figura di Charles Darwin. Leggi e sottolinea le informazioni più significative riguardo la sua vita e il suo lavoro di naturalista e poi scrivi una sintesi prendendo spunto da quella proposta. Se credi, riformula il testo, come preferisci ma alla fine confronta le due sintesi per essere certo di non aver dimenticato informazioni importanti.

Nel 1831 l'inglese Charles Darwin, ... di storia naturale, biologia e zoologia, si imbarcò su una nave della Marina inglese che aveva come destinazione il Sud America e come scopo quello di mappare le coste di quel continente. Il viaggio durò 5 anni durante i quali Darwin .... nuovi ambienti, raccolse ...., descrisse con grande precisione ogni specie incontrata.

Tra i suoi appunti si trova un importante ...., simile alla struttura di un corallo, che sintetizza le sue .... e la sua teoria.

A partire dalla base, che rappresenta un antenato comune, il "corallo" si .... a indicare la formazione di nuove specie; a volte i rami si interrompono, per rappresentare la .... di altre. Alcuni rami poi si dividono di nuovo, fino ad arrivare alle specie attuali. Più le specie si trovano su rami distanti, meno saranno imparentate e più saranno diverse fra di loro.

Nel 1859 Darwin pubblica la sua opera più importante: *L'origine delle specie*, dove espone la sua teoria sull'.................... delle specie viventi.

La teoria di Darwin

Che cosa afferma la teoria di Darwin?

Paragrafo 3

Nel paragrafo viene esposta la teoria evoluzionistica di Charles Darwin. Evidenzia i principi formulati da Darwin, sottolinea che cosa affermano e sintetizza tutte le informazioni in una tabella come quella proposta.

variabilità	potenziale	lotta per l'esistenza	.... naturale	selezione sessuale
....	....	....	....	....
....	....	....	....	....
....	....	....	....	....
....	....	....	....	....
....	....	....	....	....
....	....	....	....	....
....	....	....	....	....
....	....	....	....	....
....	....	....	....	....

La speciazione

Che cos'è e in che cosa consiste la speciazione?

Paragrafo 4

Ricerca nel paragrafo 4 la definizione di speciazione e leggi l'esempio osservando anche l'immagine. Scrivi poi di seguito una definizione di speciazione facendo un altro esempio sulla speciazione, prendendo come esempio due gruppi di rane che vivono su un'isola divisa da una montagna. Spiega cosa succederebbe in questo caso seguendo le regole della speciazione.

....

....

....

....

....

....

....

....

....

....

....

....

....

Memo studio

Gli esempi sono un grande strumento per memorizzare un concetto, non usare solo quelli che trovi sul libro, ma cerca di crearne di nuovi e personalizzati. Se credi che il tuo esempio possa essere scorretto, domanda al tuo insegnante. Un esempio inventato da te ti aiuta a memorizzare e fare tuo un concetto molto più in fretta.

Mi preparo all'interrogazione

Contenuti multipli

L'EVOLUZIONE DELLE SPECIE

- la teoria che ne spiega i meccanismi è stata formulata da → **Charles Darwin**
  - la sua teoria si basava su →
    - variabilità intraspecifica
    - potenziale riproduttivo
    - lotta per l'esistenza
    - selezione naturale
  - autore de → L'origine delle specie
- prima dell'Ottocento esistevano → **teorie pre-darwiniane**
  - ipotizzavano → cambiamenti delle specie nel tempo
    - tra i suoi sostenitori più importanti vi erano →
      - Buffon
      - Lamarck
  - ipotizzavano → fissità delle specie, creazionismo e catastrofismo
    - tra i sostenitori più importanti vi erano →
      - Linneo
      - Cuvier

verifica

Verifica interattiva

CONOSCO

1 Completa le seguenti frasi scegliendo tra i termini elencati.

specie • diverse • Darwin • fissista • intraspecifica • esistenza • fossili • Cuvier • ambienti • creazionismo • riproduttivo • trasmettono • Lamarck • Evoluzione • naturale

a Nel passato gli studiosi della natura ritenevano che gli esseri viventi fossero stati creati direttamente da Dio (.........................) e non avessero subito nessuna modificazione nel tempo (teoria ....)

b Per giustificare il ritrovamento dei .... e la presenza di specie molto .... tra loro in zone lontane della Terra, il biologo G. .... propose la teoria del catastrofismo

c Le teorie fissiste vennero messe in dubbio dal naturalista J.B. de .... che sosteneva che le specie viventi si modificano gradualmente nel tempo e che i cambiamenti acquisiti in vita si .... ai figli

d Charles ...., naturalista inglese, nel 1831 intraprese un viaggio di cinque anni attorno al mondo che gli permise di esplorare nuovi .... e osservare numerose specie molto diverse da quelle conosciute fino ad allora. Al ritorno del suo viaggio, Darwin elaborò la Teoria dell'......................... per Selezione Naturale

e I principi della teoria di Darwin sono: la variabilità ....; il potenziale ....; la lotta per l'.........................; la selezione ....

f L'evoluzione nel tempo degli individui di una specie può portare alla formazione di nuove ....

2 INVALSI Segna con una crocetta il completamento esatto.

a Il ritrovamento di fossili:
- ☐ confermava la teoria fissista
- ☐ confermava la teoria creazionista
- ☐ poneva dei dubbi sulla fissità delle specie
- ☐ non interessava agli studiosi

b Le catastrofi secondo G. Cuvier:
- ☐ spiegavano la presenza di fossili
- ☐ confermavano la teoria fissista
- ☐ erano seguite da nuove creazioni
- ☐ sono corrette tutte le affermazioni precedenti

c Secondo la teoria degli equilibri punteggiati l'evoluzione è un processo:
- ☐ molto lungo e graduale
- ☐ molto veloce
- ☐ molto lungo con stasi e accelerazioni
- ☐ sempre accelerato

d La teoria di Lamarck afferma che:
- ☐ i figli ereditano le caratteristiche acquisite in vita dai genitori
- ☐ i figli sono sempre diversi dai genitori
- ☐ le specie non si evolvono
- ☐ tutti i viventi sono stati creati da Dio

e Il viaggio di Darwin:
- ☐ toccò solo l'America del Sud
- ☐ durò cinque anni
- ☐ durò due anni
- ☐ arrivò alle isole Hawaii

f Gli individui che appartengono alla stessa specie:
- ☐ sono tutti uguali
- ☐ non possono cambiare
- ☐ presentano alcune differenze che possono venire ereditate
- ☐ presentano alcune differenze che non possono mai venire ereditate

g La competizione tra individui è generata:
- ☐ dall'elevato potenziale riproduttivo e dalle risorse limitate
- ☐ dal basso potenziale riproduttivo e dalle risorse limitate
- ☐ dall'elevato potenziale riproduttivo e dalle risorse illimitate
- ☐ dall'aggressività di una specie

h Nella selezione sessuale può anche venire tramandato:
- ☐ un carattere nuovo
- ☐ un carattere vantaggioso
- ☐ un carattere inutile
- ☐ un carattere svantaggioso

i L'origine di una nuova specie può avvenire se:
- ☐ gli individui vengono separati per molto tempo da una barriera geografica
- ☐ gli individui competono per le risorse alimentari
- ☐ gli individui vivono per lungo tempo nello stesso ambiente
- ☐ gli individui non si incrociano

l L'esperienza più significativa di Darwin fu:
- ☐ l'escursione geologica nel Galles del Nord
- ☐ lo studio della medicina
- ☐ la lettura degli scritti di Wallace
- ☐ il viaggio intorno al mondo come naturalista

verifica

3 Sottolinea il termine corretto tra i due proposti in corsivo.

a Linneo era un convinto *evoluzionista/fissista*

b Secondo l'ipotesi dell'attualismo le forze che hanno modellato la Terra *agiscono/non agiscono* ancora oggi

c Buffon ipotizzò che la Terra avesse circa *100 000/6000* anni

d L'ipotesi dell'ereditarietà dei caratteri acquisiti è stata formulata da *Cuvier/Lamarck*

e Il "corallo" rappresentato negli appunti di Darwin è una sintesi *della creazione/dell'evoluzione*

f Le mosche hanno un *elevato/basso* potenziale riproduttivo

g La selezione naturale favorisce le varianti *utili/dannose*

h Gli allevatori possono ottenere una nuova razza mediante la selezione *naturale/artificiale*

4 Cuvier, Lamarck o Darwin? Scrivilo accanto a ogni affermazione.

a La presenza dei marsupiali in Australia è dovuta a una catastrofe seguita da un atto creativo di Dio ....

b Se un genitore nel corso della sua vita sviluppa maggiormente un organo, trasmette questo carattere ai propri figli ....

c I fossili sono la testimonianza di specie vissute nel passato e perite durante una catastrofe ....

d Il motore dell'evoluzione delle specie è la selezione naturale ....

e Il mutamento catastrofico dell'ambiente porta all'estinzione di alcune specie ....

5 Abbina a ogni termine la definizione corretta.

Creazionismo ....
Fissismo ....
Attualismo ....
Catastrofismo ....
Fossili ....
Selezione naturale ....
Variabilità ....

a teoria secondo la quale i fenomeni geologici che plasmano la Terra di oggi sono gli stessi del passato

b teoria che afferma che le specie viventi sono state create da Dio

c resti di animali o vegetali vissuti nel passato conglobati in rocce o sedimenti

d diversità presente tra gli individui di una stessa specie

e teoria secondo la quale le specie non si sono mai modificate nel tempo

f meccanismo attraverso il quale gli individui più adatti all'ambiente sopravvivono e si riproducono

g teoria che sosteneva che alcune specie viventi erano scomparse a causa di violente catastrofi

APPLICO

6 Gli animali che vedi rappresentati in queste immagini vivono nelle regioni artiche, dove la temperatura spesso raggiunge i –50 °C.

Volpe artica

Civetta delle nevi

Orso polare

Pernice bianca

a Quali difficoltà hanno dovuto superare questi animali per poter sopravvivere in un ambiente così particolare?

....
....
....
....
....
....

b Quali sono gli adattamenti comuni che permettono loro di vivere in questo ambiente?

....
....
....
....
....
....

7 **Il formichiere è un animale fornito di una lingua lunga e sottile che gli permette di catturare abilmente le prede di cui si ciba. Illustra le ipotesi che avrebbero formulato Cuvier, Lamarck e Darwin per motivare la presenza di un organo così specializzato nel formichiere.**

Cuvier: ....

Lamark: ....

Darwin: ....

COMPETENZE

1. Leggi il testo e rispondi.

La falena delle betulle (*Biston betularia*) è una piccola farfalla notturna diffusa in tutta Europa e in America settentrionale. Nonostante non sia particolarmente appariscente, è molto nota perché appare in tutti i libri di scuola come esempio di **evoluzione per selezione naturale**: le due forme della farfalla (quella bianca e quella nera) hanno una sopravvivenza differente secondo l'ambiente in cui vivono, un fatto che è la base dell'evoluzione. [....] La storia della ricerca su questa farfalla delle betulle risale agli anni Cinquanta del secolo scorso, quando un naturalista inglese, Bernard Kettlewell, studiò le dinamiche evolutive della due forme di questo lepidottero (quella bianca, denominata *typica*, e quella nera, *carbonaria*). La sua ricerca, durata alcuni anni, era volta a chiarire perché in alcune zone la farfalla chiara era molto più diffusa di quella nera, mentre il contrario accadeva altrove. Scoprì così che, in condizioni naturali, la prima si mimetizzava sui tronchi degli alberi coperti di licheni bianchi, mentre la seconda - nera - sullo stesso sfondo era ben visibile e perciò facile preda degli uccelli. Kettlewell chiarì che la forma nera era più frequente di quella bianca proprio nelle zone inquinate.

Nell'Ottocento, infatti, la Rivoluzione Industriale aveva in alcune zone dell'Inghilterra ucciso i licheni e coperto i tronchi di fuliggine. Proprio qui le farfalle scure sopravvivevano di più perché erano meno visibili ai predatori. Il naturalista dimostrò quindi come un agente della selezione naturale (gli uccelli insettivori) potevano cambiare rapidamente l'aspetto di una specie animale e quindi farlo evolvere.

[www.focus.it]

a Quale potrebbe essere il titolo dell'articolo?

b Sottolinea i termini scientifici presenti nell'articolo.

c Basandoti sui quattro principi fondamentali della teoria dell'evoluzione di Darwin, prova a spiegare la formazione di farfalle scure.

d Prepara dei semplici disegni per illustrare le tappe dell'evoluzione della farfalla.

2. Ricerca e comunica.

Leggi il testo e ricerca i motivi per i quali i due tipi di tartarughe possiedono un carapace con forma diversa. Esponi i risultati della tua ricerca alla classe mediante un poster o alcune slides.

Insieme ai fringuelli, le tartarughe giganti delle Galápagos hanno avuto il merito di essere state una delle principali fonti di ispirazione per l'elaborazione da parte di Darwin della teoria dell'evoluzione. Durante il suo storico soggiorno alle Galápagos, nel 1835, Charles Darwin notò infatti che il carapace delle tartarughe differiva a seconda delle isole su cui esse vivevamo. Il carapace di Chelonoidis elephantopus, indigena dell'isola di Floreana, aveva per esempio una forma a sella, mentre quello delle tartarughe presenti su altre isole era a forma di cupola.

["Le Scienze" 10 gennaio 2012]

In English — Verifica interattiva

3. Fill in the blanks.

created • Origin • pre-existing • naturalists • modification • immutable

I will here attempt to give a brief, but I fear imperfect, sketch of the progress of opinion on the .... of the Species. The great majority of .... have believed that species were .... productions and have been separately .... [...] A few naturalists [...] believe, on the other hand, that species undergo ...., and that the existing forms of life have descended by true generation from .... forms.

[Prefazione del libro "On the Origin of Species by means of Natural Selection" 1859]

CLIL: let's learn English

Darwin's theory of evolution

Audio

Objectives

- Describe Darwin's theory of evolution by natural selection

Remember

- Members of a species have different characteristics.
- These make some individuals more likely to survive than others.
- The survivors reproduce and pass their useful characteristics to the next generation.
- Over many generations, these characteristics become more common and the species changes.

Animal with useful characteristics are more likely to survive.

Exercises

1. Plants and animals keep producing offspring, but their total numbers usually stay the same. Why?
2. What kinds of things do plants and animals compete for?
3. Why are some animals more likely to survive than others?
4. Give an example of a characteristic that could improve an animal's chance of surviving for long enough to reproduce.
5. Explain how evolution by natural selection could have made modern cheetahs run faster than their ancestors.

The theory

Darwin's theory of evolution by natural selection depends on a few simple ideas:

- Living things produce many offspring, but most don't survive.
- Every individual is different and some are more likely to survive than others.
- Successful individuals pass their characteristics to their offspring.
- Over time, these characteristics become more common.

Overproduction of offspring

Warthogs like the ones in the picture start reproducing when they are 2 years old. Their numbers could double in size every year, if none of their offspring died. Other animals produce more offspring at a time so their numbers can build up more quickly. One female rabbit can produce up to 40 rabbits in a year. So why aren't there more of these animals?

Competition and selection

The number of plants or animals in a population doesn't usually change a lot. Plants compete for patches of soil, water and sunlight and animals compete for food and places to live. They both need to avoid being eaten. Most plants and animals die before they have chance to reproduce.

Survival of the fittest

The individuals in a population vary and some are better adapted to their environment than others. A warthog that could run faster might escape from its predators. It could survive long enough to produce offspring. A cheetah with a better hunting strategy is more likely to catch its prey. It will collect enough food to raise its offspring successfully. An animal's predators or prey are part of its environment. Other aspects of their environment can also decide which animals survive; these include the temperature, the water supply and the presence of disease organisms. This is called natural selection.

Inheritance of useful characteristics

Well-adapted animals produce more offspring. Their useful characteristics pass to the next generation. Over time, these characteristics become more common and the species changes. It becomes better adapted to its environment. This is evolution by natural selection. If members of a species become separated, natural selection may turn each group into a different species. Evolution never stops. As environments change, the characteristics that make species successful change too, so natural selection starts to produce new adaptations.

Resistance

Many rat populations are resistant to poisons used to kill them. Since 1950, a chemical called Warfarin has been used to poison rats. Like all animals, rats show a lot of variation. Some are not affected by the poison. Whenever the poison is used, it kills most of the normal rats. But the resistant ones survive and breed, so they pass the genes that cause their resistance to the next generation. Eventually, whole populations of rats can become resistant to Warfarin.

13
L'ecologia

Digi Scienze

Video

Preparati per la lezione:
- guarda la presentazione multimediale
- compila la scheda

Nelle prossime pagine troverai altri contenuti digitali

- Allegato scaricabile
- Contenuto integrativo
- Audio
- Verifica interattiva

In molti ambiti scientifici un aspetto teorico ha spesso un riscontro applicativo di interesse per problemi di ordine pratico. Oggi l'ecologia ha un ruolo rilevante nella soluzione di molti problemi della società: conoscere i meccanismi di funzionamento di un ecosistema non ha più solo un valore conoscitivo ma consente di prevedere quali saranno gli effetti sugli ecosistemi degli interventi dell'uomo.

1 Lo studio dell'ecologia

Audio

L'ecologia studia le relazioni tra i viventi e l'ambiente

Parole di scienze

ecologia: dal greco *oikos* = casa + *logos* = discorso.

Qualsiasi specie vivente, uomo compreso, non vive isolata, ma interagisce con tutto ciò che la circonda. Infatti, ogni organismo animale o vegetale presenta necessariamente dei legami e delle interdipendenze con gli altri esseri viventi e con l'ambiente.

L'**ecologia** è la scienza che studia il luogo in cui viviamo, ovvero la Terra, e i delicati equilibri che legano tutti gli esseri viventi tra loro e con l'ambiente di vita che li ospita.

Per meglio comprendere queste relazioni, i biologi hanno previsto e studiano, a partire dal singolo **organismo**, quattro livelli ecologici di crescente complessità:

- la **popolazione**, un gruppo di organismi della stessa specie che vivono nella medesima area geografica;
- la **comunità**, ovvero l'insieme di due o più popolazioni di specie diverse che vivono nella stessa area geografica. Essi costituiscono la **componente biotica** dell'ambiente;
- l'**ecosistema**, costituito dalla comunità e dai fattori che rappresentano la **componente abiotica** dell'ambiente;
- la **biosfera**, il raggruppamento di tutti gli ecosistemi, che si estende dal livello della crosta terrestre allo strato dell'atmosfera in cui sono presenti gli esseri viventi 1.

1 Livelli ecologici.

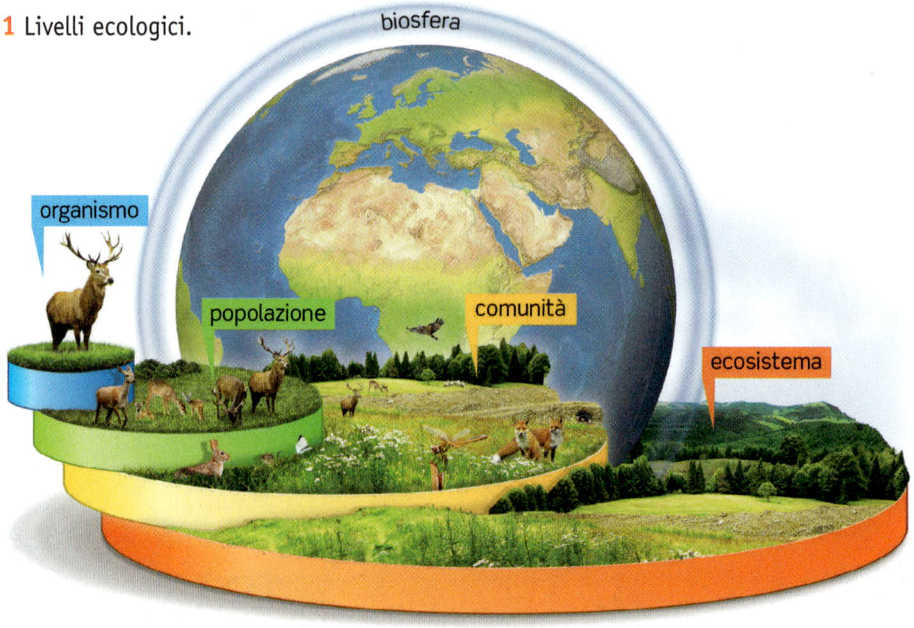

Ogni ecosistema è caratterizzato, quindi, sia da fattori abiotici (non viventi) sia da fattori biotici (viventi). I **fattori abiotici** possono essere di carattere geografico, come la latitudine e l'altitudine, chimici come l'ossigeno, l'anidride carbonica, l'acqua, la composizione del suolo, oppure fisici, come la temperatura, la luce, la pressione, l'umidità, il vento.

I **fattori biotici** comprendono gli animali e le piante e dipendono strettamente da quelli abiotici. Tutti gli organismi possiedono delle caratteristiche specifiche per rapportarsi con i fattori abiotici e biotici dell'ecosistema di cui fanno parte. Queste caratteristiche sono chiamate **adattamenti** e possono riguardare sia le strutture del corpo, sia i comportamenti messi in atto dagli individui. Il delfino, per esempio, è un mammifero che vive in acqua e il suo corpo ha una forma idrodinamica per muoversi più velocemente in questo elemento. Il ghiro, invece, in inverno cade in letargo, mettendo in atto un comportamento adatto per riuscire a superare la cattiva stagione.

Anche le piante presentano adattamenti strutturali o comportamentali: pensa al colore dei fiori che attraggono gli insetti impollinatori oppure al cactus che ha le foglie modificate in spine per ridurre la perdita d'acqua, risorsa preziosa nell'ambiente in cui vive. La *Mirabilis japala*, invece, si è meritata il nome volgare di "Bella di notte", perché apre le corolle dei propri fiori al calar della sera, facendo sì che siano le falene a impollinarla.

In ecologia è altresì importante definire l'**habitat**, ovvero la porzione di ambiente dove un organismo vive e dove trova i materiali e l'energia necessaria alla propria esistenza. Se pensiamo a una gazzella, il suo habitat sarà la savana, quello di un cactus il deserto, e così via.

Parliamo invece di **nicchia ecologica** quando vogliamo considerare come un organismo si procura materia ed energia, ovvero ciò di cui si nutre. Il concetto di nicchia ecologica ci aiuta a identificare il "ruolo" di ogni organismo nella comunità.

■2

Due specie della stessa comunità non possono occupare la medesima nicchia ecologica poiché entrerebbero facilmente in competizione per le risorse disponibili nell'ambiente ■2. Tale competizione spingerebbe a prevalere sull'altra la specie più abile a usare le risorse. Questo fenomeno è chiamato **esclusione competitiva**. La specie in difficoltà può emigrare in un'altra località alla ricerca di condizioni migliori per la sua sopravvivenza, come per esempio l'assenza di competitori, una maggiore disponibilità di cibo ecc.; rimanendo invece nella stessa nicchia ecologica, la specie più debole rischia l'estinzione.

Con metodo

Analizzo il testo

1. Quali sono i livelli ecologici previsti dai biologi? Evidenziali nel testo con colori diversi.
2. Completa.
   L'ecologia è la scienza che studia il luogo in cui viviamo, ovvero la ...., e i delicati .... che legano tutti gli esseri .... tra loro e con l'...................... di vita che li ospita.

Comprendo il testo

3. Rispondi.
   - **a** Quali sono i fattori abiotici? E i fattori biotici?
   - **b** Quali sono gli esempi di adattamenti degli organismi per rapportarsi con fattori abiotici e biotici citati nel testo?
   - **c** Che cos'è l'habitat? Che significato ha il termine "nicchia ecologica"?
   - **d** In che cosa consiste il fenomeno dell'esclusione competitiva?
4. Abbina ogni termine al suo significato
   Comunità ....
   Ecosistema ....
   Popolazione ....
   Biosfera ....
   - **a** organismi della stessa specie che vivono nella medesima area geografica
   - **b** insieme di due o più popolazioni di specie diverse che vivono nella stessa area geografica
   - **c** insieme delle comunità e dei fattori che rappresentano la componente abiotica dell'ambiente
   - **d** raggruppamento di tutti gli ecosistemi

Collaboro

5. Lavorando a **coppie**, scrivete alcuni esempi di adattamenti adottati dagli animali o dalle piante nei confronti dell'ambiente che li circonda. Condividete le idee con il vostro compagno.

2 I rapporti ecologici

Audio

I viventi sono collegati tra loro da rapporti ecologici

All'interno di una comunità è possibile che esista una varietà di specie più o meno ampia: è la diversità biologica, o **biodiversità**, che comprende sia animali sia vegetali. È bene che la biodiversità si mantenga sempre grande: più specie sono presenti in un ecosistema, più fitta si tesse la rete di rapporti tra loro e più stabile è l'equilibrio ecologico.

Quali sono questi rapporti?

Gli esseri viventi sono legati tra loro da tre principali tipi di rapporto, che determinano un controllo sulla densità delle popolazioni: la competizione, la predazione e la simbiosi.

La **competizione**: in un ambiente le risorse necessarie agli esseri viventi per la sopravvivenza, come il cibo, la luce, l'acqua, il territorio, non sono illimitate. Può accadere a volte che non siano più sufficienti per tutta la comunità, e questo genera una competizione tra gli organismi che sfruttano le stesse risorse.
La competizione si definisce **intraspecifica** quando si manifesta tra individui della stessa specie 1-2, e **interspecifica** se gli antagonisti appartengono a specie differenti 3.
A volte la competizione può manifestarsi in modo violento, come nelle lotte tra maschi per la conquista del territorio, ma molto più spesso avviene in modo silenzioso, come tra gli alberi di una foresta che competono in altezza per ottenere più luce.

CLIL for SCIENCE Audio

rapporto ecologico: *ecological relationship*

Look at the picture. What kind of ecological relationship do you see?

- ☐ Commensalism
- ☐ Predation
- ☐ Competition
- ☐ Symbiosis

1 Competizione intraspecifica: in questo bosco gli abeti competono per la luce.

2 Competizione intraspecifica: due maschi di elefanti marini lottano per il territorio.

3 Competizione interspecifica: un'aquila compete con un marabù per il cibo.

La **predazione**: quando un rapporto tra specie è prevalentemente di tipo alimentare, questo prevede che l'esemplare di una specie (il predatore) catturi e si cibi dell'esemplare di un'altra specie (la preda) ■4. Non necessariamente questa azione deve essere sanguinosa e violenta: in ecologia infatti, si classificano tra i predatori anche gli erbivori e tra le prede le piante!

■4 Un orso che cattura un pesce.

La **simbiosi**: tra gli organismi di una comunità si possono instaurare relazioni che si mantengono stabili nel tempo e che prevedono rapporti di strettissima interdipendenza, spesso inseparabili.

La simbiosi può essere suddivisa in **parassitismo**, quando una specie vive a spese dell'altra ■5, **mutualismo**, quando il rapporto dà un vantaggio a entrambe le specie ■6, e **commensalismo**, quando il vantaggio è solo per una specie, ma l'altra non viene danneggiata ■7.

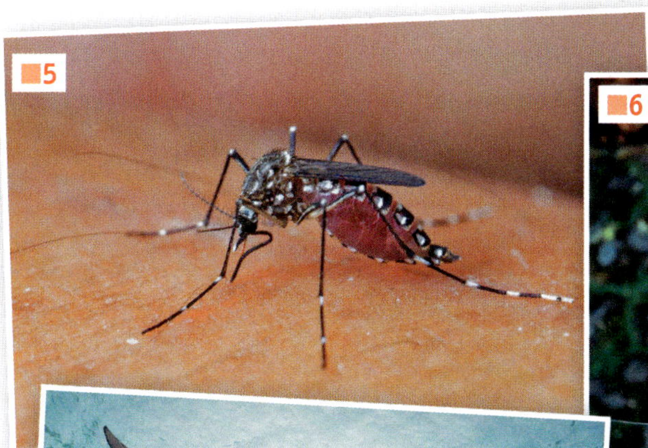

■5 Esempio comune di parassitismo: la zanzara.

■6 Esempio di mutualismo: il gamberetto pulitore si alimenta degli avanzi di cibo dalla bocca della murena mantenendola sempre pulita.
■7 Esempio di commensalismo: grandi animali marini costituiscono, senza accorgersene, un facile "mezzo di trasporto" per le remore.

Con metodo

Analizzo il testo

1. Che cosa significa "biodiversità"? Sottolinea nel testo la risposta a questa domanda.
2. Completa.
   Se in un ambiente le .... necessarie per la sopravvivenza non sono .... per tutta la comunità, si genera una .... tra gli organismi che sfruttano le stesse risorse.

Comprendo il testo

3. Rispondi.
   - **a** Qual è la differenza tra competizione interspecifica e competizione intraspecifica?
   - **b** Che cosa si intende per "predazione"?
   - **c** Che cosa si intende per simbiosi? Qual è la differenza tra parassitismo e commensalismo?

Lavoro sulle immagini

4. Osserva le seguenti fotografie e indica il tipo di rapporto che si instaura.

....

Collaboro

5. A **gruppi di tre**, ricercate informazioni tramite Internet e/o testi sui diversi tipi di simbiosi (parassitismo, mutualismo e commensalismo). Preparate una semplice relazione da esporre alla classe.

3 Le catene alimentari

Audio

In un ecosistema l'energia fluisce attraverso le catene alimentari

Parole di scienze

trofico: dal greco *trophè* = nutrimento.

In tutti gli ecosistemi esiste un flusso di energia e materia che attraversa direttamente gli organismi che ne fanno parte 1.

Sappiamo che tutti gli esseri viventi hanno bisogno di **energia** per vivere. A seconda di come essi si procurano questa energia possiamo dividerli in:

- **produttori**, ovvero i vegetali che, tramite la fotosintesi, immagazzinano l'energia solare nei propri tessuti;
- **consumatori primari**, ovvero gli animali erbivori che ricavano l'energia cibandosi delle piante;
- **consumatori secondari**, ovvero gli animali carnivori che si nutrono di erbivori;
- **consumatori terziari**, ovvero i grandi predatori che cacciano anche altri carnivori;
- **saprofiti** e **decompositori**, animali i primi, funghi e batteri i secondi, che ricavano cibo ed energia da organismi morti e materiale organico in decomposizione, favorendo così il riciclo della materia.

Questa successione prende il nome di **catena alimentare**, in cui a ogni "anello" corrisponde un organismo che occupa un livello ben preciso, detto **livello trofico**. L'energia solare, quindi, si trasferisce da un livello trofico all'altro. Quando un erbivoro si nutre, però, solo una parte dell'energia ricavata dalla pianta diventa nuova massa corporea; il resto viene perso come rifiuto o utilizzato dall'animale per i propri processi vitali. Così, quando un erbivoro viene mangiato da un carnivoro, esso gli passa una quantità di energia minore di quella che aveva a sua volta ricevuto. Di questa energia una parte verrà usata e persa dal carnivoro, per cui questo dovrà mangiare molti erbivori per ricavare l'energia necessaria per vivere e crescere.

CLIL for SCIENCE Audio

catena alimentare: ***food chain***

Look at the picture. Label it correctly with the following words.

secondary consumers • tertiary consumers • primary consumers

1 Il flusso di energia in una catena alimentare.

Si è calcolato che a ogni passaggio di livello trofico solo il 10% dell'energia è disponibile per il livello successivo e di conseguenza diminuisce il numero di organismi che l'ecosistema può sostenere. In ecologia questo numero viene calcolato come la quantità totale di sostanza vivente, espressa in grammi/m^2/anno, la **biomassa**. Per questo motivo il fenomeno viene rappresentato graficamente con una piramide che chiamiamo **piramide ecologica**, alla cui base troviamo i produttori, che sostengono tutti gli altri livelli trofici superiori 2.

2 Piramide ecologica.

Come abbiamo già detto, le relazioni tra gli organismi di un ecosistema possono essere in realtà molto complesse, perché le diverse catene alimentari possono condividere alcuni livelli trofici, arrivando a intrecciarsi in una **rete alimentare** 3.

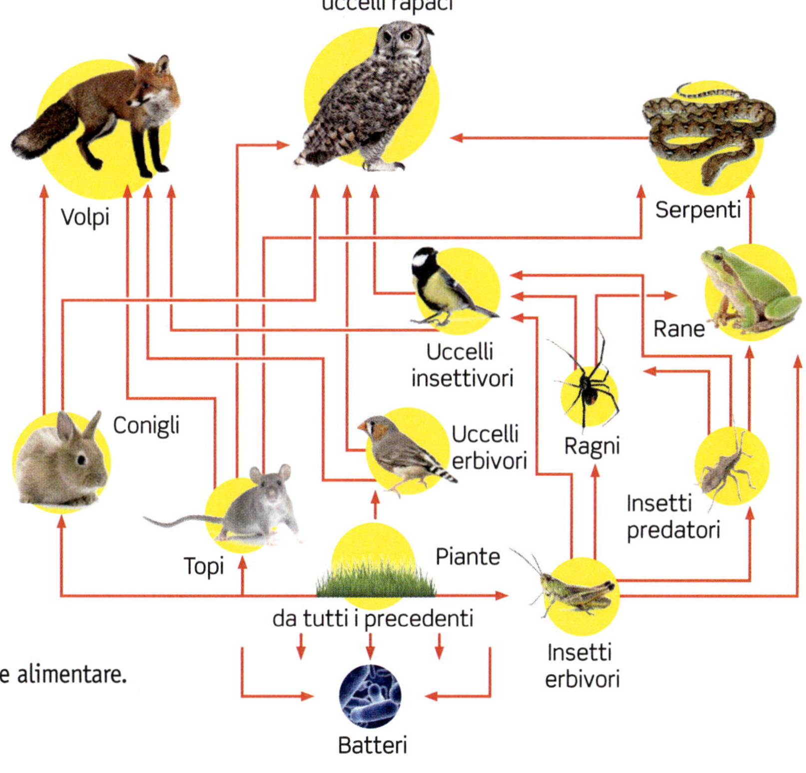

3 Rete alimentare.

Con metodo

Analizzo il testo

1. Quali sono le tipologie di organismi in base al modo con cui si procurano l'energia per vivere? Sottolineale nel testo usando colori diversi.
2. Che cos'è la biomassa? Evidenzia nel testo la risposta a questa domanda.
3. Completa.
   In tutti gli .... esiste un flusso di .... e .... che attraversa direttamente gli .... che ne fanno parte.

Comprendo il testo

4. Rispondi.
   a Che cosa si intende per catena alimentare?
   b Che cosa avviene all'energia disponibile nel passaggio da un livello trofico al successivo?
5. Abbina ogni termine al suo significato
   - Saprofiti/decompositori ....
   - Consumatori primari ....
   - Produttori ....
   - Consumatori terziari ....
   - Consumatori secondari ....

   a vegetali che, tramite la fotosintesi, immagazzinano l'energia solare nei propri tessuti
   b animali erbivori che ricavano l'energia cibandosi delle piante
   c animali carnivori che si nutrono di erbivori
   d grandi predatori che cacciano anche altri carnivori
   e animali, funghi e batteri che ricavano cibo ed energia da organismi morti e materiale organico in decomposizione

Lavoro sulle immagini

6. In un cartellone o nel tuo quaderno elabora almeno due schemi di rete alimentare che riguardano alcuni tra gli organismi viventi che si trovano nell'ambiente in cui vivi.

4 I cicli della materia

Audio

In ogni ecosistema la materia si ricicla

Contenuto integrativo

Mentre l'energia proviene dal Sole e possiamo considerarla inesauribile, altre risorse, come per esempio l'acqua, l'azoto, il carbonio e il fosforo, sono limitate sulla Terra e devono essere riciclate affinché siano sempre disponibili nell'ambiente. Come l'energia, anche il riciclaggio chimico attraversa gli ecosistemi e implica una trasformazione della materia, senza però che questa possa entrare o uscire dal sistema. La materia deve cioè compiere un ciclo continuo all'interno della biosfera.
Tra i numerosi elementi chimici che subiscono trasformazioni cicliche, i più importanti sono l'azoto, il carbonio e il fosforo.

1 Il ciclo dell'azoto.

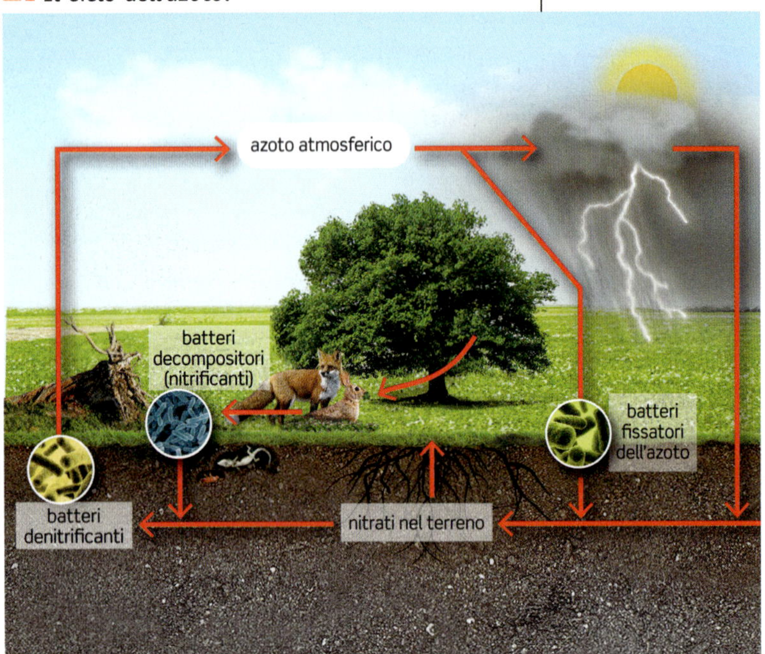

Il ciclo dell'azoto

Il **ciclo dell'azoto** si compone di diverse tappe 1.
Alcuni **batteri** nel terreno, chiamati **fissatori**, catturano l'azoto presente in atmosfera (N_2) e lo trasformano in importanti composti azotati, i **nitrati**.
Questi batteri vivono in particolari noduli delle radici di piante della famiglia *leguminose* e trasferiscono loro i nitrati che vengono utilizzati per costruire le strutture vegetali. Mangiando queste piante, gli erbivori assumono composti azotati, che si trasferiscono attraverso la rete alimentare a tutti gli animali.
Alla morte di piante e animali, i composti azotati vengono incorporati dai batteri decompositori attraverso un processo che prende il nome di **nitrificazione**. Questi batteri ritrasformano poi tali composti in azoto (N_2), che viene rilasciato nell'atmosfera (**denitrificazione**).

2 Il ciclo del carbonio.

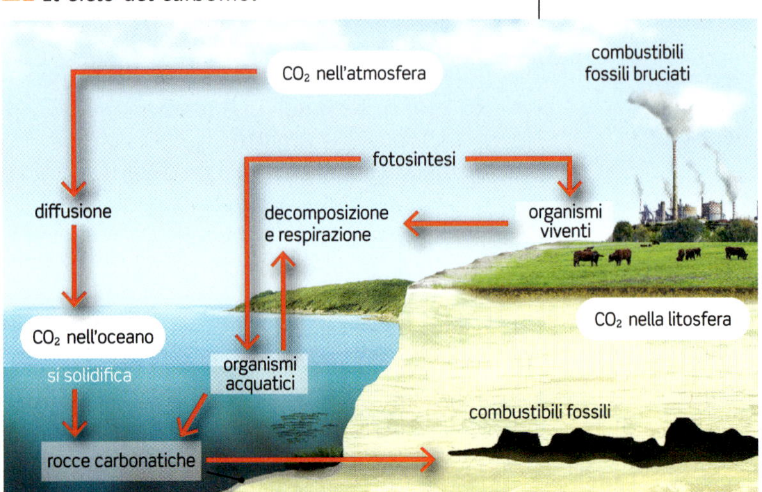

Il ciclo del carbonio

Il carbonio è un elemento chimico contenuto in tutti gli esseri viventi, ma è presente anche negli oceani e nelle rocce.

Il **ciclo del carbonio** attraversa sia la componente biotica sia quella abiotica della Terra. Infatti, in ogni ecosistema gli organismi scambiano continuamente carbonio con la componente non vivente dell'ambiente 2.

Il carbonio in atmosfera è presente sotto forma di anidride carbonica (CO_2), il gas utilizzato dalle piante per svolgere la fotosintesi. Tramite questo processo, il carbonio entra nei tessuti delle piante e, grazie alla catena alimentare, passa nel corpo di tutti gli organismi viventi.

La respirazione cellulare e la decomposizione riportano il carbonio nell'atmosfera sotto forma di CO_2.
Oltre a questo ciclo ne esiste però uno più ampio e complesso, che comporta lo stoccaggio del carbonio anche per periodi lunghissimi.
Questo ciclo coinvolge le acque del mare e le rocce. Infatti, parte dell'anidride carbonica dell'atmosfera si scioglie nelle acque degli oceani e "solidifica" a formare le rocce carbonatiche. In particolari condizioni, per esempio, se queste rocce entrano in contatto con soluzioni acide, si sciolgono rilasciando il carbonio in esse intrappolato.
Il carbonio è anche "immagazzinato" nei depositi di combustibile fossile, per esempio carbone e petrolio. L'uomo, bruciando questi combustibili per le proprie attività, immette eccessive quantità di CO_2 in atmosfera. È stato calcolato che oggi nell'atmosfera vi è il 30% di CO_2 in più rispetto a 150 anni fa e questo contribuisce al surriscaldamento globale del pianeta.

Il ciclo del fosforo

Il fosforo è un elemento che si presenta sulla Terra sotto forma di vari composti contenuti, oltre che negli organismi, anche nell'acqua, nel suolo e nei sedimenti. La presenza nel suolo è però limitata e ciò condiziona la crescita delle piante: per questo motivo, spesso, viene aggiunto al terreno tramite i fertilizzanti. Il ciclo del fosforo si attua quindi attraverso materia vivente e non vivente ■3. Nel tempo gli agenti atmosferici provocano un rilascio di fosforo da parte delle rocce che lo contengono, sotto forma di fosfati.
Tali fosfati inorganici si distribuiscono nel suolo e nell'acqua. Le piante li assorbono incorporandoli nei propri tessuti e, attraverso la catena alimentare, il fosforo passa dalle piante agli animali. Il fosforo organico è contenuto nelle molecole di DNA degli esseri viventi: quando gli organismi muoiono, i batteri decompositori demoliscono la materia organica riportando il fosforo alla sua forma inorganica. Ritornato al suolo, il fosforo può essere trasportato dai corsi d'acqua negli oceani, e qui incorporato in sedimenti che lo immagazzinano ancora in rocce anche per lunghissimo tempo.

■3 Il ciclo del fosforo.

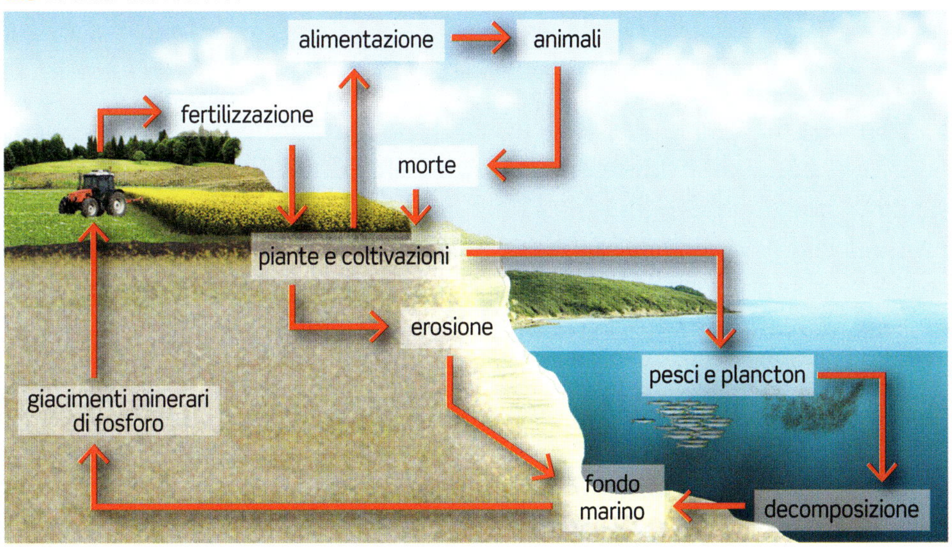

Con metodo

Analizzo il testo

1. Completa.
Il riciclaggio chimico attraversa gli .... e implica una trasformazione della ...., senza però che questa possa .... o .... dal sistema. La materia deve cioè compiere un .... continuo all'interno della ....

Comprendo il testo

2. Descrivi quali sono le fasi principali dei cicli dell'azoto, del carbonio e del fosforo aiutandoti con uno schema.

3. Completa.

a I batteri .... presenti nel terreno catturano l'azoto dell'..................... e lo trasformano in composti azotati.

b Il .... è nell'atmosfera in forma di .... carbonica, gas che viene usato dalle piante per svolgere la reazione di ....

c Il fosforo organico è contenuto nel .... degli organismi viventi; quando gli esseri viventi muoiono, i batteri .... riportano il fosforo in forma ....

Lavoro sulle immagini

4. In un cartellone o nel tuo quaderno elabora uno schema raffigurante il ciclo dell'azoto, il ciclo del carbonio e il ciclo del fosforo.

Collaboro

5. In **gruppi di tre** studiate uno dei cicli trattati in questo paragrafo. Chiudete il libro e a turno provate a indicare le caratteristiche principali del ciclo che avete analizzato.

5 La dinamica delle popolazioni

Audio

La dinamica delle popolazioni studia le variazioni delle loro dimensioni nel tempo

All'interno di una comunità il numero di individui non rimane immutato nel tempo, ma varia. Infatti, ogni popolazione animale o vegetale può crescere o diminuire sotto l'influsso di varie pressioni, sia dell'ambiente, sia di altri organismi. La variazione del numero di individui e i fattori che la determinano è oggetto di studio della **dinamica delle popolazioni**.
I fattori che influenzano l'aumento o la diminuzione di una popolazione sono prevalentemente il numero dei nati, o **natalità**, e il numero dei morti, o **mortalità**. Oltre a questi, si devono considerare l'**immigrazione**, con l'ingresso di nuovi individui provenienti da altre aree geografiche, e l'**emigrazione**, ovvero lo spostamento di una parte degli individui della popolazione in un'altra regione ■1.

Contenuto integrativo

■1

Le popolazioni di qualsiasi specie hanno un proprio **potenziale biotico**, ovvero la possibilità di crescita in ipotetiche condizioni ottimali e in assenza di fattori che ne limitino l'aumento di dimensioni. In tali condizioni, qualsiasi popolazione, sia essa di elefanti, mosche o batteri, tende a crescere all'infinito ■2. Per farci un'idea: partendo da una sola coppia di mosche, nell'arco di 3 mesi si genererebbero 325 mila miliardi di individui! In realtà, nessuna popolazione cresce all'infinito.
In natura, infatti, le risorse di solito non sono mai illimitate, e la crescita di una popolazione può essere limitata da un numero di fattori ambientali, che i biologi dividono in due categorie: **fattori densità-dipendenti** e **fattori densità-indipendenti**.

■2 Ipotetica curva di crescita a J: indica una crescita della popolazione inizialmente lenta, che poi accelera all'infinito in assenza di fattori limitanti.

I primi sono direttamente collegati con la crescita della popolazione: per esempio, un aumento del numero di individui comporta la diminuzione della quantità di cibo disponibile, con conseguente aumento della mortalità e calo della popolazione.

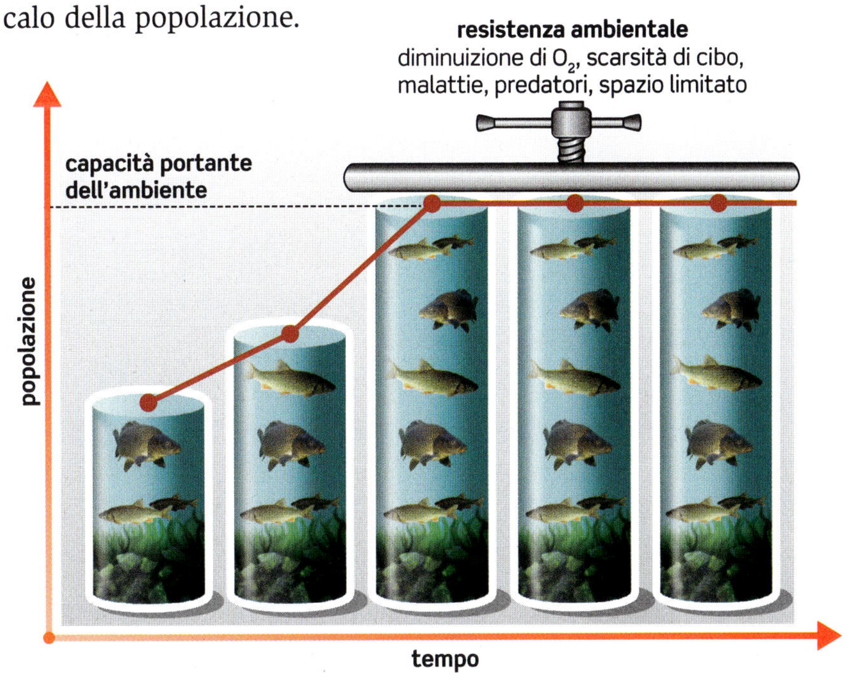

■3 In un lago, fattori come il cibo, l'ossigeno disciolto in acqua, le malattie, i predatori e lo spazio, determinano il numero massimo di organismi che può essere sostenuto in quell'area. I fattori ambientali che limitano le popolazioni nel loro insieme sono chiamati "resistenza ambientale".

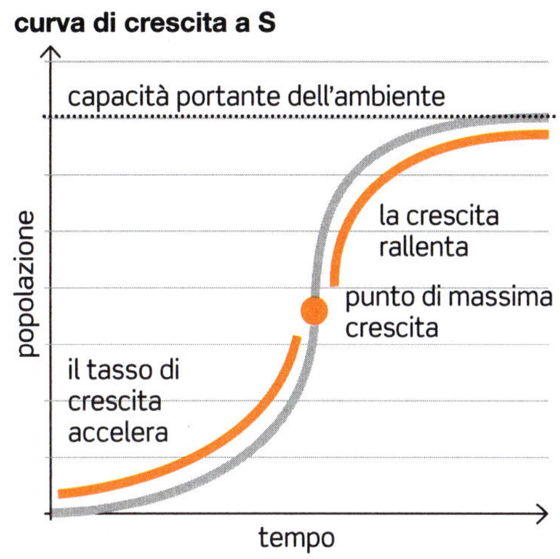

■4 Curva di crescita a S: indica una crescita della popolazione che tende a stabilizzarsi una volta raggiunto il limite massimo che le risorse disponibili possono sostenere.

Gli altri fattori, invece, non dipendono in alcun modo dalle dimensioni della popolazione. Ne sono un esempio il clima, le alluvioni, la siccità ecc.
Questo ci mostra che in realtà una popolazione può aumentare fino a un limite massimo chiamato **capacità portante dell'ambiente**, stabilizzando la propria dimensione sul numero massimo di individui che le risorse dell'ambiente riescono a mantenere ■3-4. L'interazione preda/predatore mantiene entrambe le popolazioni in equilibrio: se le dimensioni della popolazione delle prede aumentano, anche quelle dei predatori aumenteranno perché avranno più cibo a disposizione. Questo aumento avrà come conseguenza una diminuzione del numero delle prede consumate. La loro diminuzione porterà quindi i predatori a competere e si ridurrà il loro numero. Meno predatori significa più possibilità di sopravvivenza per le prede, con conseguente aumento del loro numero... e così riparte l'oscillazione ■5.

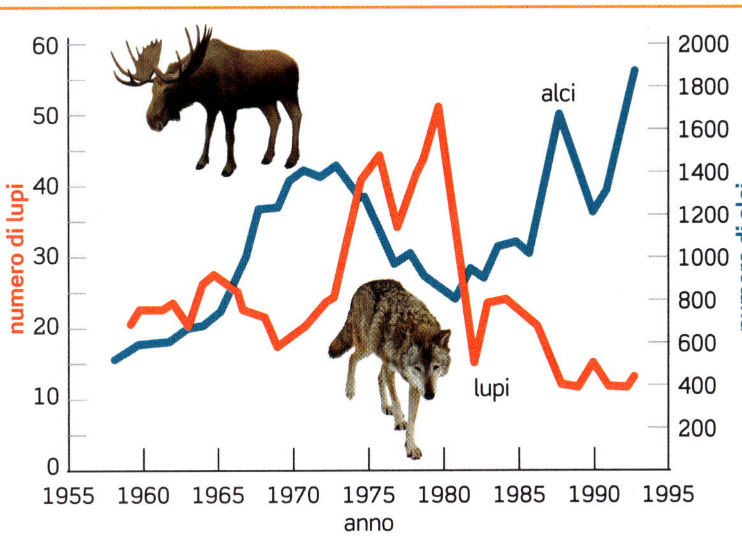

■5 Il grafico mostra la stretta correlazione tra il numero delle prede (le alci, colore blu) e i quello dei predatori (i lupi, colore rosso).

Con metodo

Analizzo il testo

1. Che cosa studia la dinamica delle popolazioni? Sottolinea nel testo la risposta a questa domanda.
2. Completa.
   I fattori che influenzano l'aumento o la diminuzione di una popolazione sono prevalentemente il numero dei nati, o ...., e il numero dei morti, o .... Oltre a questi, si devono considerare l'...................................., con l'ingresso di nuovi individui provenienti da altre aree geografiche, e l'...................., ovvero lo spostamento di una parte degli individui della popolazione in un'altra regione.

Comprendo il testo

3. Rispondi.
   a Che cosa si intende per potenziale biotico di una specie?
   b. Quali sono le differenze tra i fattori densità-dipendenti e i fattori densità indipendenti?
   c. Che cosa si intende per capacità portante dell'ambiente?

L'impatto antropico e l'inquinamento ambientale

Audio Contenuto integrativo

Tutti gli esseri viventi hanno necessariamente un impatto sull'ambiente, ma la specie umana è l'unica capace di rompere il delicato equilibrio che caratterizza gli ecosistemi, modificandoli a volte in modo irreversibile. Negli ultimi secoli, l'uomo ha introdotto nell'ambiente sostanze che la natura non è in grado di riciclare, gli **inquinanti**. Queste sostanze producono effetti negativi che si ripercuotono sulla salute e il benessere dell'uomo stesso e di tutti gli altri esseri viventi, oltre a rovinare l'ambiente che li circonda.

L'**inquinamento** (dal latino *in cunire* = sporcare) dell'ambiente sta producendo una serie di effetti negativi, come i cambiamenti climatici e il riscaldamento globale del pianeta, ma anche le piogge acide e il buco nell'ozono, spesso oggetto di notizia su giornali e TV.

L'inquinamento porta inoltre alla progressiva scomparsa di ecosistemi naturali, con conseguente estinzione delle specie animali e vegetali che li abitano.

Esistono diversi tipi di inquinamento.

Inquinamento dell'aria – gli inquinanti dell'atmosfera provengono prevalentemente dai fumi di scarico dei veicoli a motore e dall'utilizzo di combustibili fossili, come il carbone, il petrolio o il metano. Noti inquinanti dell'aria sono i gas serra, come la CO_2, responsabili del riscaldamento globale. Respirare aria inquinata può provocare malattie dell'apparato respiratorio ■1.

■1

Inquinamento del suolo – comporta una degradazione del terreno. L'accumulo di rifiuti in spazi non adeguati, l'uso eccessivo di pesticidi nelle coltivazioni contribuiscono ad avvelenare il terreno e, compromettendo la crescita delle piante, a distruggere gli habitat naturali ■2.

■2

Inquinamento dell'acqua – può colpire tutte le acque, da quelle degli oceani alle acque sotterranee e ne compromette l'uso da parte dell'uomo e degli altri esseri viventi. Ne sono principale causa gli scarichi delle industrie o delle abitazioni non preventivamente trattati ■3-4.

■3

■4

Sulle spalle dei giganti

Audio

James Lovelock e l'ipotesi Gaia

L'ipotesi Gaia ha origine da un'idea proposta e pubblicata nel 1979 dal chimico britannico James E. Lovelock ed elaborata in collaborazione con la biologa statunitense Lynn Margulis.
Nel suo libro *Gaia: A New Look at Life on Earth*, Lovelock sostenne che tutti gli organismi che sono vissuti e si sono evoluti sulla Terra non si siano solo adattati a un ambiente chimico-fisico, ma abbiano contribuito al suo cambiamento nel tempo.
Pertanto, il clima, la crosta terrestre, l'atmosfera e le acque marine sarebbero cambiate anche per l'influenza degli esseri viventi.
La scelta del nome Gaia, a indicare la Terra, non fu casuale. Gaia, infatti, era il nome della dea Madre Terra nell'antica Grecia.

James Lovelock accanto alla statua della Dea Gaia.

Secondo questa teoria, quindi, tutti gli organismi della Terra, cioè Gaia, dai batteri alle balene, dalle alghe alle sequoie, funzionerebbero come un "superorganismo" vivente e, proprio come le cellule che fanno parte di un corpo, tutti devono contribuire al benessere comune.
Gaia vive grazie all'energia del Sole, respira e, come ogni essere vivente, si può "ammalare" se il delicato equilibrio su cui si basa si dovesse spezzare.
Questo pensiero di Lovelock e Margulis è rivolto in particolare all'uomo che, a differenza delle altre specie, tende a intervenire sull'ambiente per poter soddisfare le proprie necessità.
Gaia reagisce a ogni cambiamento, ma con estrema lentezza: il rischio è quello di non riuscire a comprendere in tempi utili uno stato di eccessiva gravità di tutto il sistema e di non avere poi possibilità di intervenire.
Legato all'ipotesi Gaia è il cosiddetto "Effetto Farfalla": se tutti gli organismi sono collegati tra loro e con l'ambiente, allora nel sistema Terra piccole variazioni producono grandi variazioni a lungo termine, ed è possibile che "il batter d'ali di una farfalla in Brasile possa provocare un tornado in Texas" (*Conferenza scientifica*, 1972):

"... *la Terra è più che una casa. È un organismo vivente e noi facciamo parte di esso*" James Lovelock.

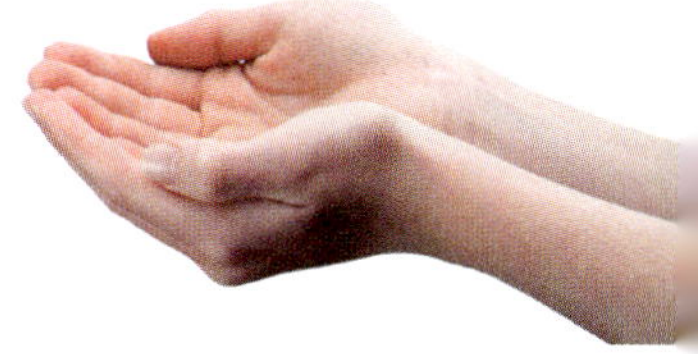

Erickson

L'ecologia

Che cosa studia l'ecologia?

Paragrafi 1-2

Nel paragrafo 1 trovi molti nuovi termini e concetti che stanno alla base dell'ecologia e di cui ti devi appropriare per proseguire nello studio in modo consapevole. Struttura le definizioni all'interno della tabella cercando i termini tra le parole scritte in grassetto. La biodiversità viene spiegata nel paragrafo 2.

livelli ecologici	popolazione	....
	comunità	....
	ecosistema	....
	biosfera	....
fattori abiotici		....
fattori biotici		....
adattamenti		....
habitat		....
esclusione competitiva		....
biodiversità		....

Quali sono i rapporti ecologici tra i viventi?

Paragrafo 2

È possibile schematizzare facilmente il paragrafo 2 in quanto l'argomento è già ben strutturato nel testo: parti dalla mappa che ti proponiamo e completala cercando le informazioni nei tre capoversi in cui è diviso il paragrafo.

I RAPPORTI TRA GLI ESSERI VIVENTI

possono essere

predazione | simbiosi | parassitismo

Memo studio

Un capoverso è una parte di testo compreso tra due "a capo" e contiene un'unica informazione che si inserisce nel discorso più ampio contenuto nel paragrafo. Se isoli l'informazione chiave di ogni capoverso avrai un rapido riassunto del contenuto del paragrafo.

Erickson

Le catene alimentari

Come è strutturata la catena alimentare?

Paragrafo 3

La catena alimentare è strutturata in cinque livelli: leggi l'elenco puntato e riassumili nello schema e in base alla descrizione che è stata presentata nel testo cerca di fare un esempio.

....
....
esempio:
....

→

....
....
esempio:
....

→

....
....
esempio:
....

↙

....
....
esempio:
....

←

....
....
esempio:
....

↖

Come viene riciclata la materia in un ecosistema?

Paragrafo 4

Analizza con attenzione i cicli della materia nei tre sottoparagrafi "Il ciclo dell'azoto", "Il ciclo del carbonio" e "Il ciclo del fosforo". In ciascuno leggi con attenzione le parti evidenziate e analizza il disegno corrispondente: usa il disegno per vedere e comprendere meglio il testo che a prima vista può sembrare complicato. Poi descrivi con le tue parole nella tabella in che cosa consistono i tre cicli: ricordati, anche nella fase di riscrittura, di usare i termini specifici della materia.

ciclo dell'azoto	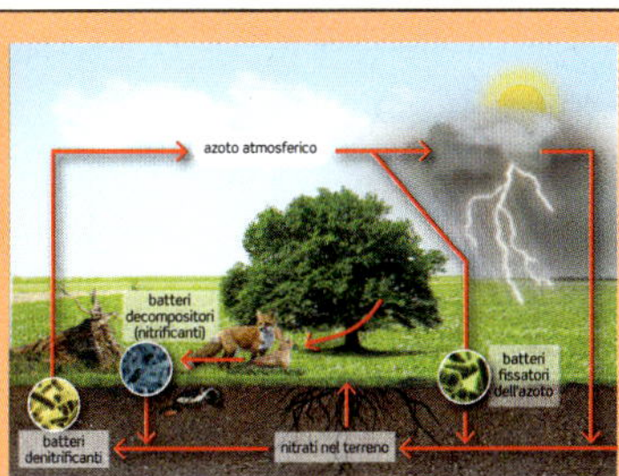	....
ciclo del carbonio	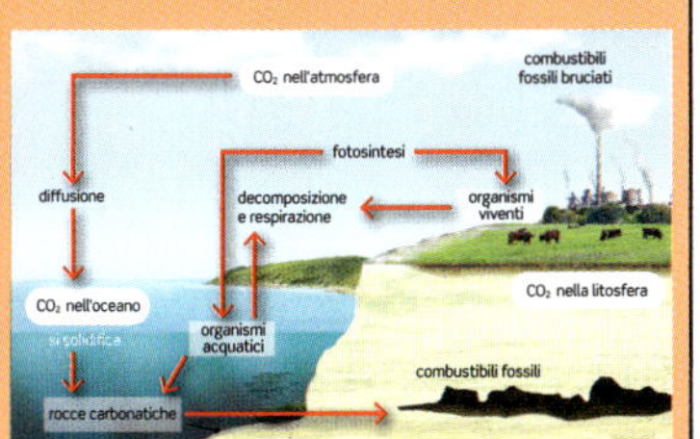	....
ciclo del fosforo	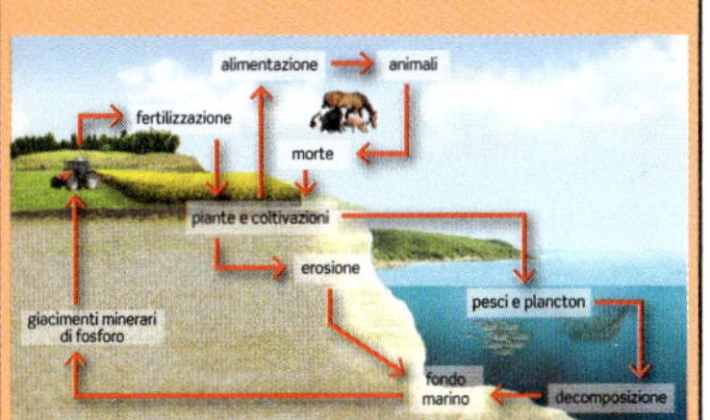	....

Mi preparo all'interrogazione

Contenuti multipli

L'ECOLOGIA

- **studia** → le relazioni tra organismi viventi e ambiente in cui vivono
- **la sua unità fondamentale è** → ecosistema
  - **in cui gli organismi occupano determinati** → habitat; nicchie ecologiche
  - **è caratterizzato da** → fattori abiotici (di tipo geografico o di tipo fisico); fattori biotici
    - fattori abiotici **da cui dipendono** → fattori biotici
  - **tra gli organismi si instaurano** →
    - rapporti ecologici
      - **tra cui** →
        - competizione
        - predazione
        - simbiosi
    - dinamiche di popolazione
      - **influenzate principalmente da** →
        - natalità
        - mortalità
        - immigrazione
        - migrazione
      - **che dipendono da** → capacità portante dell'ambiente
  - **in cui l'energia fluisce attraverso** → catene alimentari
    - **i livelli trofici prevedono** →
      1. produttori
      2. consumatori primari
      3. consumatori secondari
      4. consumatori terziari
      5. saprofiti e decompositori
      - **questa gerarchia viene rappresentata attraverso** → piramide alimentare
    - **che si intrecciano in** → reti alimentari
  - **in cui la materia si ricicla attraverso** →
    - ciclo dell'azoto
    - ciclo del carbonio
    - ciclo del fosforo

verifica

Verifica interattiva

CONOSCO

1 Completa le seguenti frasi scegliendo tra i termini elencati.

competizione • vegetali • piante • carbonio • fosforo • suolo • popolazione • area • comunità • popolazioni • biosfera • ecosistemi • piante • fattori • natalità • mortalità • primari • secondari • carnivori • terziari • saprofiti • morti • Terra • equilibri • abiotici • geografico • energia • solare • immigrazione • emigrazione • crescita • ambientali • chimici • fisici • habitat • materiali

a L'ecologia è la scienza che studia la ...., e i delicati .... che legano tutti gli esseri viventi tra loro e con l'ambiente di vita che li ospita

b La .... è un gruppo di organismi della stessa specie che vivono nella medesima .... geografica

c La .... identifica l'insieme di due o più .... di specie diverse che vivono nella stessa area geografica

d La .... è il raggruppamento di tutti gli ...., che si estende dal livello della crosta terrestre allo strato dell'atmosfera in cui sono presenti gli esseri viventi

e I fattori .... possono essere di carattere ...., come la latitudine e l'altitudine, ... come l'ossigeno, l'anidride carbonica, l'acqua, la composizione del suolo, oppure ...., come la temperatura, la luce, la pressione, l'umidità, il vento

f L'............................ è la porzione di ambiente dove un organismo vive e dove trova i .... e l'............................ necessaria alla propria esistenza

g A volte le risorse non sono sufficienti per tutta la comunità, e questo genera una .... tra gli organismi che sfruttano le stesse risorse

h I produttori sono i .... che, per mezzo della fotosintesi, immagazzinano energia .... nei propri tessuti

i I consumatori .... sono gli animali erbivori che ricavano energia cibandosi delle ....

l I consumatori .... sono gli animali .... che si nutrono di erbivori; i consumatori .... sono i grandi carnivori che cacciano altri carnivori

m I .... e decompositori ricavano cibo ed energia da organismi .... e materiale organico in decomposizione, favorendo così il riciclo della materia

n Alla morte di .... e animali i composti azotati vengono incorporati dai batteri decompositori attraverso la nitrificazione e trasformano i composti nuovamente in azoto atmosferico attraverso la denitrificazione

o Il .... entra nei tessuti delle piante e, grazie alla catena alimentare, passa nel corpo di tutti gli organismi viventi

p Il .... è un elemento che si presenta sulla Terra sotto forma di vari composti contenuti, oltre che negli organismi, anche nell'acqua, nel .... e nei sedimenti

q I .... che influenzano l'aumento o la diminuzione di una popolazione sono prevalentemente il numero dei nati, o ...., e il numero dei morti, o ...., l'............................ e ....

r La .... di una popolazione può essere limitata da un numero di fattori ...., che i biologi dividono in due categorie: fattori densità-dipendenti e fattori densità-indipendenti

2 INVALSI **Segna con una crocetta il completamento esatto.**

a La biosfera è:
- ☐ l'insieme di tutte le popolazioni
- ☐ il raggruppamento di tutti gli ecosistemi
- ☐ l'ambiente in cui gli organismi vivono
- ☐ l'insieme di tutte le comunità

b Un esempio di simbiosi è:
- ☐ predazione
- ☐ competizione interspecifica
- ☐ commensalismo
- ☐ competizione intraspecifica

c L'insieme di tutti gli organismi viventi costituisce:
- ☐ la biomassa
- ☐ la specie
- ☐ la popolazione
- ☐ il fattore abiotico

d Una popolazione può aumentare fino a un limite massimo detto:
- ☐ capacità ecologica
- ☐ limite di biomassa
- ☐ capacità portante
- ☐ livello trofico

e A ogni passaggio da un livello trofico all'altro l'energia disponibile per il livello successivo è il:
- ☐ 100%
- ☐ 50%
- ☐ 10%
- ☐ 30%

3 Vero o falso?

a Le comunità formano la componente abiotica del sistema ☐ V ☐ F

b La competizione si definisce intraspecifica tra individui della stessa specie e interspecifica tra individui di specie diversa ☐ V ☐ F

c L'energia si trasferisce da un livello trofico a un altro ☐ V ☐ F

d I batteri fissatori catturano i composti azotati e li trasformano in azoto atmosferico ☐ V ☐ F

APPLICO

4 Completa le seguenti frasi.

a Un gruppo di organismi della stessa specie che vivono nella medesima area geografica sono una ....

b L'insieme di due o più popolazioni di specie diverse che vivono nella stessa area geografica sono una ....

c La porzione di ambiente dove un organismo vive e dove trova i materiali e l'energia necessaria alla sua esistenza è chiamato ....

d Il ruolo che un organismo svolge all'interno della comunità rappresenta la sua ....

5 Inserisci i termini cui le figure si riferiscono.

....

....

....

....

6 Elenca esempi di fattori biotici e abiotici di un ecosistema.

Fattori biotici

....

....

....

....

....

Fattori abiotici

....

....

....

....

....

7 Indica il tipo di rapporto che ogni figura rappresenta.

a Competizione
b Mutualismo
c Predazione
d Parassitismo

....

....

....

....

8 In un ambiente naturale, quale elemento non può essere riciclato?

☐ Azoto
☐ Acqua
☐ Carbonio
☐ Energia

9 **Il grafico rappresenta la distribuzione di una popolazione di linci e una di lepri in una regione del Canada.**
I dati sono stati registrati dal 1845 al 1935.
Quali conclusioni puoi trarre?

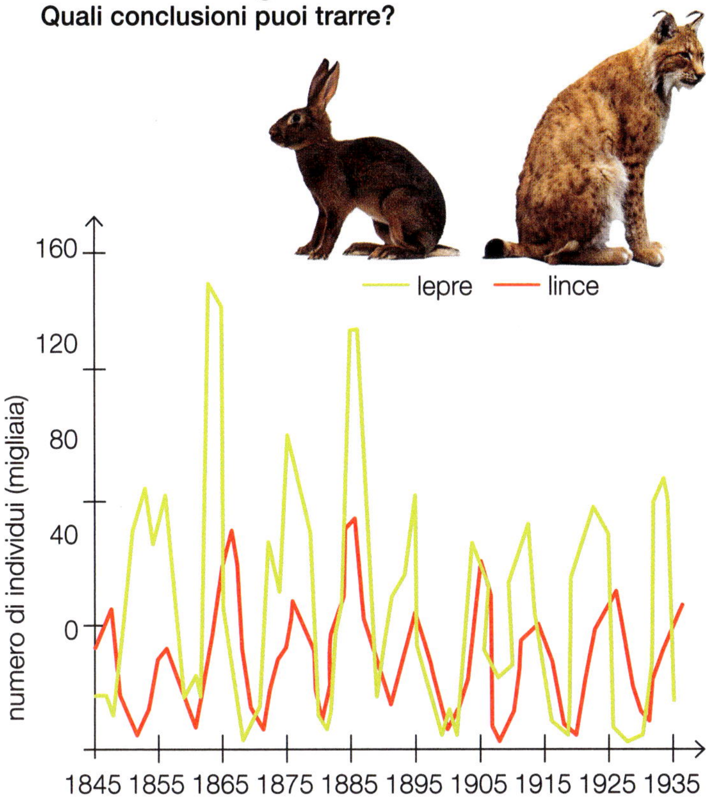

COMPETENZE

1. Leggi il testo e rispondi.

Biodiversità è una parola molto di moda, usata in svariate occasioni e nei contesti più disparati [...].
Secondo gli ecologi la biodiversità si può misurare in tanti modi diversi.
Il più semplice di questi metodi consiste nel *contare il numero di specie* presenti in un determinato ambiente: più specie ci sono più l'ecosistema è ricco.
Ma c'è di più, come si può dedurre dal seguente esempio.
Un ambiente potrebbe avere 10 specie, con 9 rare (un paio di individui l'una) e 1 dominante (una decina di individui).
Un altro ambiente potrebbe ugualmente avere 10 specie, ma in questo caso con 3 rare (un paio di individui l'una) e altre più comuni, con quattro, cinque, sei individui l'una.
La semplice conta porta allo stesso risultato, ma quale dei due ambienti ha maggiori probabilità di mantenersi vario?
Il secondo, è evidente, e la situazione descrive appunto la sua maggiore biodiversità. C'è poi la *biodiversità di ambienti* all'interno di ecosistemi diversi e a questo si possono aggiungere ancora altre letture dello stesso concetto [...]. Dopo molti confronti, il mondo scientifico si è messo d'accordo su un fatto: il numero di specie, e in definitiva la ricchezza di un ambiente, sembra essere collegato a una caratteristica fondamentale degli ecosistemi, cioè la loro stabilità.
La capacità cioè di resistere alle perturbazioni esterne senza modificarsi troppo.
O ancora alla *resilienza*, ossia la capacità di tornare allo stato "naturale" anche dopo grandi modifiche ambientali.

[www.focus.it]

a Quale potrebbe essere il titolo dell'articolo?
b Sottolinea i termini scientifici presenti nell'articolo.
c Come si misura la biodiversità secondo gli ecologi?
d Che cosa significa resilienza?
Perché questo termine è collegato al concetto di biodiversità?

2. Fai una ricerca e comunica i risultati.

Cerca in Internet informazioni relative alle "catene alimentari". Realizza una presentazione usando almeno cinque *slides*.

3. Prova tu.

In gruppi di quattro, realizzate un cartellone nel quale illustrate una rete alimentare esistente in un determinato ecosistema. Potete reperire le informazioni in Internet o in un libro che parla di ecologia e ambienti.

In English

Verifica interattiva

4. Fill in the blanks.

environment • interactions • abiotic • geography • analysis

Ecology is the scientific .... and study of .... among organisms and their .... It is an interdisciplinary field that includes biology, ..., and Earth science.
Ecology includes the study of interactions organisms have with each other, other organisms, and with .... components of their environment.

CLIL: let's learn English

Food chains

Audio

Objectives

- Draw and model simple food chains

Remember

- A food chain shows how energy is passed from one organism to another.
- Food chains begin with producers that make their own food.
- Animals get their energy from producers. This makes them consumers.

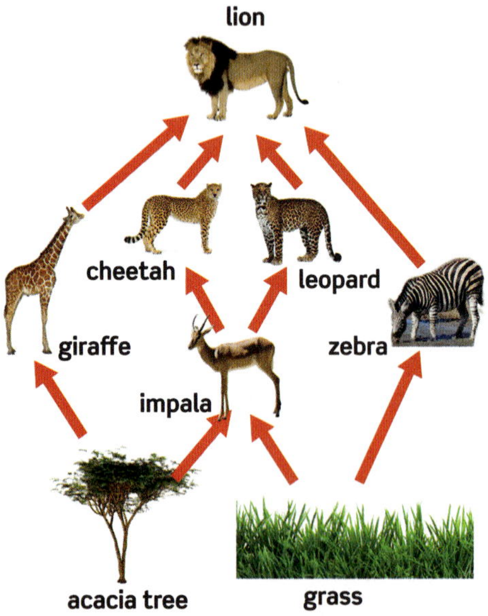

Predators and prey

Caterina is on holiday in Namibia. She sees herds of wild animals roaming freely. She wants to get closer but she knows that it is dangerous. The animals she sees are all herbivores, which only eat plants. Zebra and impala eat grass and giraffes eat the leaves of acacia trees.
There are also carnivores. They are hiding in the undergrowth, just waiting for a chance to catch their next meal. These predators can attack at any moment. Herbivores have sharp senses and they can run fast. They are hard to catch. Many carnivores hunt in packs to improve their success in catching prey. These lions are feasting on their largest prey – a giraffe.
When the lions have finished eating, vultures will pick the bones of the giraffe clean. Vultures are scavengers. They only eat animals that are already dead.

Producers and consumers

Herbivores get their nutrients by consuming plants, so they are called consumers. Plants produce their own nutrients using energy from sunlight, so they are called producers.
The amount of material in a plant (or any living creature) is called biomass. Herbivores feed on a plant's biomass. Herbivore populations are larger in places where there are lots of big and small plants.
Every animal is part of at least one food chain. A food chain always begins with a producer. The arrows represent the flow of energy when herbivores consume plants and carnivores consume animals. Lions are the top predators, so they are the last link in this food chain.
Acacia trees absorb energy from sunlight. This is how they make their own nutrients. They use some of these nutrients to grow leaves and the leaves store some of the energy a plant absorbs. When giraffes eat the leaves of plants, they use some of this energy to build muscles and fat.
When the lions eat giraffes, the energy passes to them. They store some of it in their own muscles and fat. When the lions die, decomposers break down their bodies and use this stored energy.

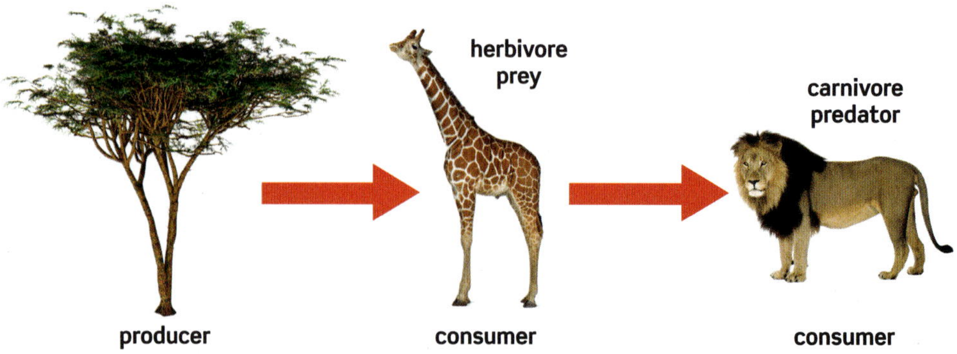

Food webs

Most animals eat more than one type of food. This makes them part of more than one food chain. The diagram shows how some of the lion's food chains link together to form a food web.

Exercises

1. How does a prey animal pass energy to its predator? Give an example.
2. When less rain falls, the soil is drier and plants grow more slowly. Explain what effect this could have on herbivores.

14 La biosfera

Digi Scienze

CLASSE CAPOVOLTA

Contenuto integrativo

Preparati per la lezione:
- guarda la presentazione multimediale
- compila la scheda

Nelle prossime pagine troverai altri contenuti digitali

- Allegato scaricabile
- Contenuto integrativo
- Audio
- Verifica interattiva

La biosfera è l'insieme delle zone della Terra in cui si sviluppa la vita grazie a condizioni ambientali favorevoli.

1 I biomi

Audio

La biosfera comprende biomi terrestri e biomi acquatici

Parole di scienze

bioma: dal greco *bìos* = vita.

Il termine **bioma** indica una grande estensione di territorio con condizioni ambientali omogenee, che ospita una comunità vegetale e animale con adattamenti ben precisi.

Una prima grande suddivisione dei biomi è quella tra **biomi terrestri** e **biomi acquatici**.

A differenziare i biomi terrestri è fondamentalmente il **clima**.

■1 Suddivisione della Terra in regioni climatiche.

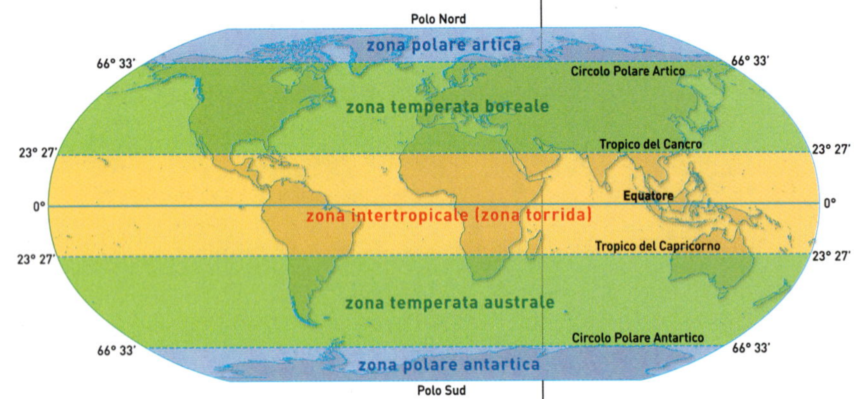

Il clima è definito come l'insieme delle **condizioni meteorologiche** medie di una regione, rilevate nell'arco di 20-30 anni: queste condizioni sono essenzialmente **temperatura** e **piovosità**, che a loro volta dipendono da tanti fattori, come la **latitudine**, ovvero la distanza dall'Equatore, l'**altitudine**, la **distanza dal mare** ecc.

La Terra presenta quindi varie **fasce** o **regioni climatiche**, con una sequenza simile nei due emisferi, con l'aumentare della latitudine.

Alle fasce climatiche corrispondono altrettante **fasce vegetazionali**: la distribuzione dei biomi sulla Terra ■2 segue infatti in modo abbastanza preciso la distribuzione delle fasce climatiche.

Il clima determina le condizioni per la presenza di un tipo di vegetazione piuttosto che un altro: i diversi biomi terrestri sono quindi definiti in primo luogo dalla comunità vegetale che ospitano.

Contenuto integrativo

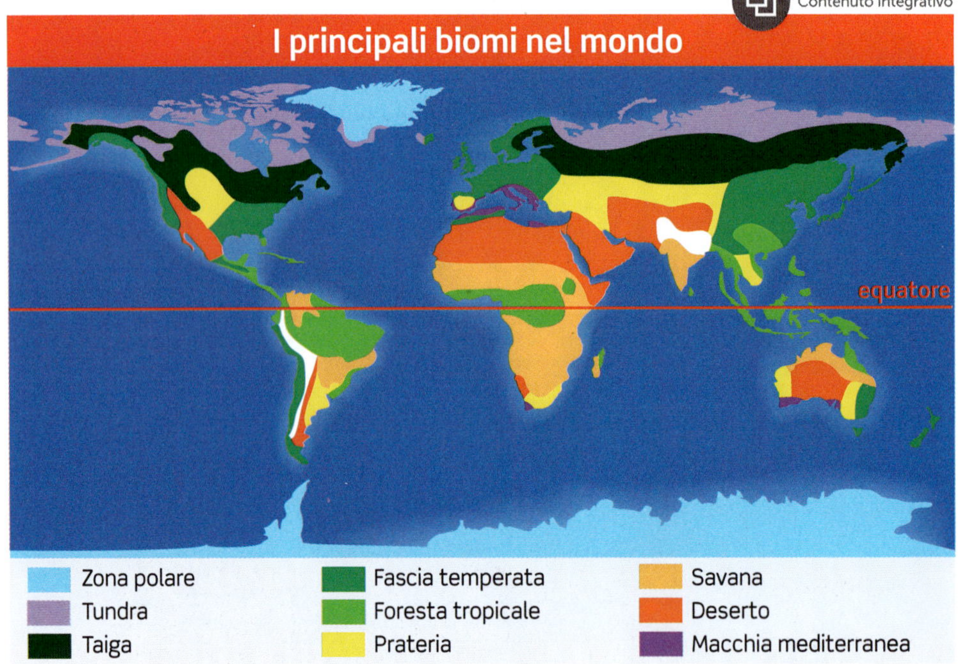

■2 Distribuzione dei principali biomi nel mondo.

Il clima

Il termine **clima** deriva dal greco *klima*, che vuol dire "inclinato": questo perché, semplificando molto, si può dire che le caratteristiche del clima cambiano principalmente in base all'inclinazione con cui i raggi solari raggiungono la superficie della Terra, inclinazione che aumenta man mano che ci si allontana dall'Equatore.

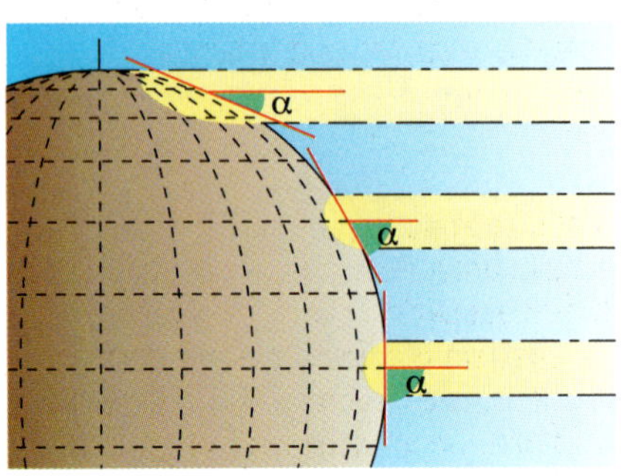

Lo scienziato Whittaker ha creato un diagramma dei biomi terrestri ■3, in base alla temperatura media e alle precipitazioni.

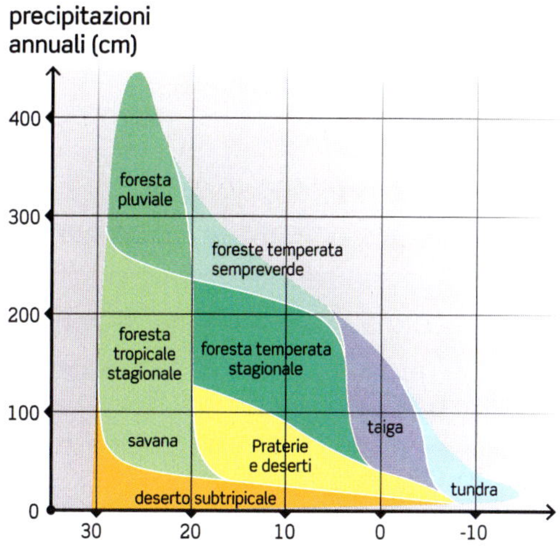

■3

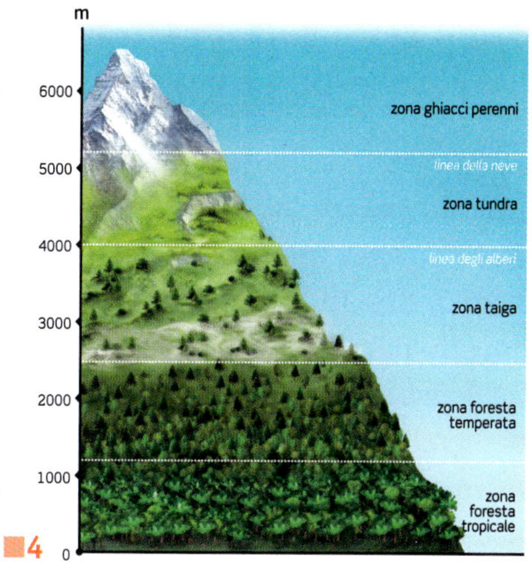

■4

■3 Schema di Whittaker: sulle ascisse è riportata la temperatura media dell'anno, sulle ordinate le precipitazioni annue misurate in cm.

■4 Nella montagna della figura si può notare come la vegetazione cambi a partire dalla base fino alla vetta. A 6000 m la vegetazione scompare del tutto, come ai Poli.

Abbiamo visto come, con l'aumentare della latitudine, cioè allontanandoci dall'Equatore, troviamo fasce vegetazionali diverse: un'analoga sequenza di fasce vegetazionali è presente anche con l'aumentare di un altro fattore, l'**altitudine**. A differenza di quelli terrestri, i **biomi acquatici** non sono condizionati solamente dal clima, ma anche da altri fattori, come la **salinità**, che li differenzia in acque dolci e acque salate, e la **profondità**, che è il fattore che li condiziona maggiormente: infatti, proprio da quest'ultima dipendono la quantità di luce, la temperatura e la pressione che caratterizzano le diverse zone dei biomi acquatici. La temperatura atmosferica infatti influisce solo sulle acque superficiali, più o meno fino a una profondità di 100-200 metri. A profondità maggiori la **temperatura** scende molto rapidamente, fino a essere praticamente uguale negli abissi dei poli come in quelli dell'equatore. Con la profondità aumenta anche la **pressione**: se si scende a 10 metri la pressione è già doppia di quella in superficie, e a 1000 m è ben 100 volte maggiore, sufficiente a schiacciare un normale sottomarino. Il fattore però più importante che influenza le diverse comunità dei viventi nei biomi acquatici è la **luce**, che riesce a penetrare solo fino a 50-100 m di profondità: da quel punto inizia un "crepuscolo" che diventa oscurità perenne oltre i 200-300 metri.

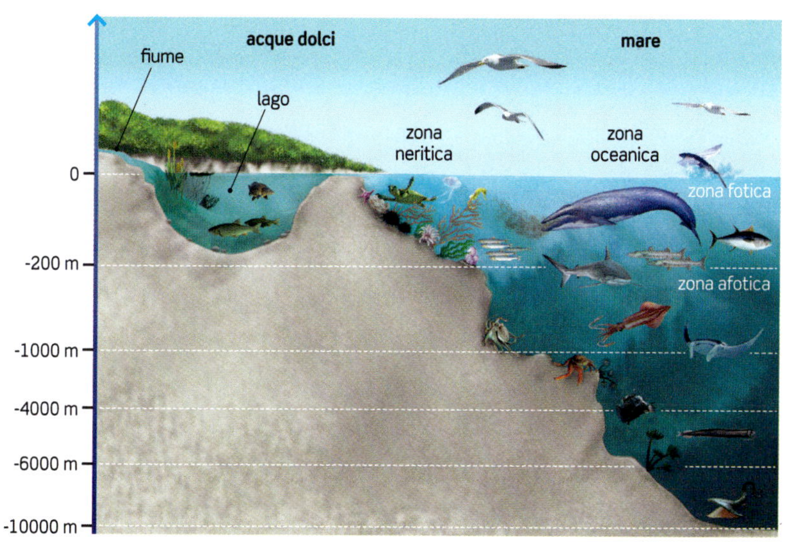

■5 L'aumento della profondità e la distanza dalla terraferma determinano la suddivisione dei biomi acquatici marini in diverse zone. Quella costiera è chiamata **zona neritica**, mentre in quella oceanica si distingue una **zona fotica**, fin dove arriva la luce, e una **zona afotica**, al disotto dei 200 m.

Con metodo

Analizzo il testo

1. Completa.

a A differenziare i biomi terrestri è fondamentalmente il ....

b Il clima è definito come l'insieme delle condizioni meteorologiche medie di una regione rilevate in 20-30 anni: tali condizioni sono la .... e la .... che dipendono dalla ...., dall'..................., dalla distanza dal mare.

Comprendo il testo

2. Rispondi.

a Come variano le fasce climatiche della Terra?

b Da quali fattori sono condizionati i biomi acquatici?

Schematizzo

3. Completa la tabella.

	fattori o condizioni da cui dipendono
biomi terrestri	
biomi acquatici	

Collaboro

4. Formate delle **coppie**. Studiate accuratamente il testo e preparate delle domande. Chiudete il libro e interrogatevi a vicenda, cercando di rispondere al maggior numero di domande.

2 I biomi polari e la tundra

Audio

Nelle zone polari (artica e antartica) e circumpolari si distinguono i biomi polari e la tundra

I **biomi polari**, localizzati nelle regioni dei ghiacci perenni, sono caratterizzati da clima arido (**deserto polare**) e da temperature bassissime per tutto l'anno, da −70 °C a poco meno di 0 °C a seconda della stagione. Il suolo è coperto perennemente da neve e ghiaccio. In queste condizioni la vegetazione è inesistente: tutte le catene alimentari di questo ambiente cominciano nell'ambiente mare.

Il bioma **tundra** è presente quasi esclusivamente nell'emisfero settentrionale. Il suo clima è caratterizzato da scarsa piovosità e da temperature molto basse in inverno, che si alzano fino a 10 °C/12 °C in estate. Il suolo però, al disotto di un sottile strato superficiale, rimane sempre ghiacciato (**permafrost**): questa condizione non permette la crescita di normali alberi, che hanno radici profonde, ma solo di alberi nani, piante erbacee, arbusti, muschi e licheni. La tundra si anima soprattutto in estate, quando vi arrivano animali migratori, come la renna (o caribù), diverse specie di uccelli che si nutrono della ricca vegetazione, e piccoli uccelli insettivori, che trovano abbondanza di zanzare e altri insetti, da cui la tundra è invasa nella bella stagione. Altri animali invece, come il bue muschiato e i lemming, rimangono nella tundra anche nel periodo invernale. In questo ambiente i predatori sono i lupi, gli orsi e alcuni rapaci, come il gufo delle nevi.

Contenuto integrativo

Con metodo

Analizzo il testo

1. Completa.
   a I biomi polari sono caratterizzati da clima .... e da .... bassissime per tutto l'anno. Il suolo è coperto da neve e ....
   b Il bioma tundra è presente nell'emisfero .... Vi è una scarsa .... e temperature .... in inverno, più alte in estate. In queste condizioni crescono solo alberi ...., piante ...., arbusti, muschi e licheni.

Comprendo il testo

2. Rispondi.
   a Quali sono le caratteristiche dei biomi polari?
   b Che cos'è il permafrost?

Lemming.

Audio

3 La taiga

La taiga è la foresta fredda boreale

Taigà è una parola russa che definisce la "foresta di conifere". Si tratta del bioma terrestre più esteso e si trova interamente nel nostro emisfero, l'emisfero boreale. La **taiga**, delimitata a nord dalla tundra, ha un clima un po' meno rigido: in inverno le nevicate sono abbondanti e le temperature possono raggiungere – 30°C, ma durante la breve e secca estate si arriva anche a 20°C. In queste condizioni, il suolo risulta adatto alla crescita di alberi anche molto alti.

Nella taiga la biodiversità vegetale è molto bassa: la foresta è costituita quasi interamente da poche specie di aghifoglie, come abeti, pini e larici, e in piccola parte anche da latifoglie, come betulle e pioppi, presenti soprattutto in corrispondenza dei corsi d'acqua.

Nonostante il clima rigido, le specie animali che si sono adattate a vivere nella taiga sono numerose. Nei mesi invernali i semi delle conifere costituiscono il nutrimento principale di una serie di uccelli granivori e piccoli roditori. Anche gli uccelli insettivori trovano in inverno il loro cibo nelle crepe dei tronchi e sotto le cortecce degli alberi, dove c'è un gran numero di insetti "in letargo". La taiga è anche la dimora di medi e grandi mammiferi. Tra i grandi erbivori si annoverano cervi e alci; tra i carnivori ne troviamo di piccoli, come visoni ed ermellini, ma anche predatori più grandi, come il lupo, il ghiottone e l'orso bruno.

Contenuti multipli

Con metodo

Analizzo il testo

1. Che cosa significa in russo la parola "taigà"? Evidenzialo nel testo.
2. Completa.
   Nella taiga vi è una bassa .... vegetale; vi sono poche specie di .... e rare ...., che crescono soprattutto vicino ai corsi d'acqua.

Comprendo il testo

3. Rispondi.
   a Quali sono le caratteristiche del bioma della taiga?
   b Quali animali vivono nella taiga?

Collaboro

4. A **gruppi di tre**, fate una piccola ricerca sul bioma "taiga" preparando una presentazione di almeno cinque slides.

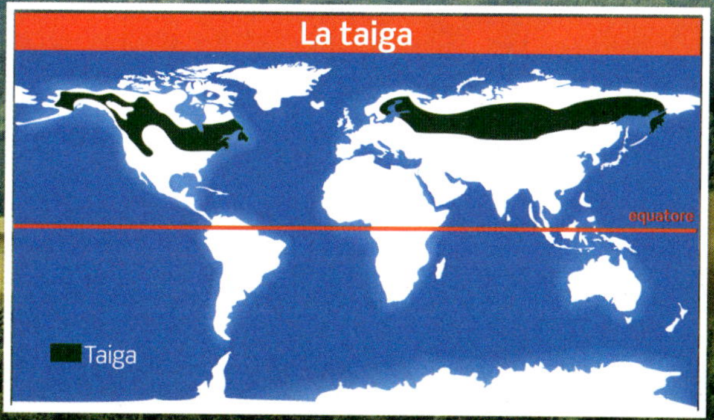

Non sbagliare anche tu...

L'abitante forse più tipico della taiga è il **castoro**, grosso roditore acquatico famoso per la sua capacità di costruire dighe. Spesso erroneamente si pensa che la tana dell'animale si trovi proprio nell'ammasso di rami e tronchi che costituisce la diga: in realtà il castoro, con quello sbarramento, crea una sorta di lago in mezzo al quale allestisce la sua tana, al riparo dai predatori terrestri.

Spesso l'entrata della tana del castoro è subacquea.

4 La foresta temperata e la macchia mediterranea

Audio

Nelle zone di medie latitudini si distinguono i biomi foresta temperata e macchia mediterranea

Il bioma **foresta temperata** è caratterizzato da piante decidue, cioè che perdono le foglie all'inizio della stagione fredda e rinnovano la chioma all'inizio della stagione calda. Questo bioma è diffuso nelle regioni umide della fascia climatica temperata, in cui una stagione calda si alterna a inverni freddi e le precipitazioni sono abbondanti e presenti tutto l'anno. Le piante tipiche di questa foresta sono più o meno le stesse in qualsiasi parte del mondo si trovi questo bioma: faggi, querce, castagni, olmi, frassini ecc.
Il tappeto di foglie cadute che ricopre il suolo delle foreste temperate lo rende particolarmente fertile; inoltre la luce riesce a penetrare tra gli alberi, favorendo la crescita di un rigoglioso sottobosco. Le foreste temperate sono abitate da alcuni dei mammiferi a noi più familiari, come scoiattoli, ricci, tassi, ma anche caprioli, cervi, volpi, linci ecc. Anche le specie di uccelli, sia diurne sia notturne, sono molto numerose. Anfibi e rettili, in letargo durante l'inverno, fanno la loro comparsa nella foresta durante la mite estate.

Nonostante il nome possa trarre in inganno, la **macchia mediterranea** è un bioma che non si trova solamente lungo le coste del nostro mare: esempi di macchia mediterranea si trovano anche in altri continenti, sempre però in zone costiere. Il clima di questo bioma è mite proprio per la vicinanza con il mare, e inverni piovosi si alternano a estati secche. Questo clima favorisce la crescita di arbusti ma anche di alberi non troppo alti, sempreverdi, come leccio, sughera, ginepro, corbezzolo ecc. Queste piante hanno foglie coriacee per evitare la perdita di acqua nel periodo estivo. A differenza della flora, la fauna della macchia mediterranea non è così particolare: cinghiali, daini, scoiattoli, uccelli e rettili di vario genere sono più o meno gli stessi animali che troviamo nella foresta temperata.

Contenuti multipli

5 La prateria

Audio

Il bioma prateria è presente sia in zone a clima temperato sia freddo

In varie regioni del mondo, anche molto lontane tra loro, si trovano interi territori che si presentano come immense distese d'erba: le **praterie**. Il clima delle praterie può essere freddo o temperato: a seconda delle zone, gli inverni possono essere da molto rigidi a miti, ma in ogni caso non eccessivamente piovosi; le estati sono brevi e secche.

È proprio questo clima a permettere solo la crescita, anche molto rigogliosa, di piante erbacee, cioè completamente prive di parti legnose. In questo bioma gli alberi infatti sono rari o addirittura del tutto assenti.

Le praterie sono il regno degli erbivori, dai piccoli roditori che scavano le proprie tane sottoterra ai grandi mammiferi che pascolano indisturbati. Sono animali caratteristici delle praterie nordamericane, per esempio, i cani della prateria, i bisonti americani e le antilocapre.

Nella zona centrale del continente euroasiatico si trova un'immensa prateria fredda, denominata **steppa**. Qui in inverno la temperatura scende anche fino a –40 °C, ma l'estate arriva a essere torrida, oltre che secca.

Nella steppa crescono solo erbe e arbusti radi e bassi. Nonostante il clima inclemente molti animali vivono in questo ambiente inospitale: uno dei più interessanti è il **cavallo di Przewalski**, chiamato anche "pony della Mongolia", i cui branchi vivono allo stato brado nella steppa.

Contenuto integrativo

Parole di scienze

steppa: dal russo *step* = pianura secca.

Con metodo

Comprendo il testo

1. Rispondi.
   a Quali tipi di piante crescono nel bioma della prateria?
   b Quali animali vivono nelle praterie nordamericane?
   c Dove vive il cavallo di Przewalski?

Collaboro

2. A **gruppi di tre**, fate una piccola ricerca sui biomi studiati in questi due paragrafi, preparando una presentazione in almeno cinque slides.

Antilocapra.

Bisonte americano.

6 La savana

Audio

Le praterie tropicali costituiscono il bioma savana

Le praterie che si trovano nelle zone tropicali sono dette **savane**. La più famosa è la savana erbosa africana ma, come puoi vedere dalla cartina, questo bioma è presente anche negli altri continenti, eccetto che in Europa, che si trova al di fuori della fascia climatica tropicale. Il clima della savana è molto tipico: la temperatura è alta tutto l'anno, ma si alternano due stagioni, la stagione delle piogge e la stagione secca. La vegetazione delle savane è prevalentemente costituita da erbe, che in alcune zone raggiungono addirittura i 2 m di altezza, mentre gli alberi sono radi: tra di essi i più tipici sono i baobab, presenti nelle savane africane e australiane, che sono tra le piante più grandi al mondo. Altre piante molto diffuse in questo ambiente sono le acacie.

Nella savana africana vivono gli erbivori più grandi del mondo, tutti molto ben conosciuti perché spesso ripresi nei documentari naturalistici, come elefanti, giraffe, ippopotami e rinoceronti: la loro mole li difende da qualsiasi predatore. Leoni, leopardi, ghepardi, licaoni e iene sono i carnivori più famosi della savana, e predano normalmente erbivori di piccole e medie dimensioni, come le numerose specie di antilopi che popolano questo ambiente. Le savane sono anche sede di imponenti migrazioni: quando in una zona comincia la stagione secca e le pozze di abbeverata tendono a scomparire, mandrie di erbivori si spostano anche di molti kilometri per raggiungere luoghi dove invece c'è ancora abbondanza di acqua. Gli animali più tipici della savana australiana sono le diverse specie di canguri e gli emù, grossi uccelli non volatori, che occupano la stessa nicchia ecologica degli struzzi in Africa.

Contenuti multipli

Con metodo

Analizzo il testo

1. Completa.
   Le savane sono praterie delle zone .... Nel bioma savana la temperatura è generalmente ....; durante l'anno si alternano la stagione delle .... e la stagione ....

Comprendo il testo

2. Rispondi.
   - a Quali tipi di vegetali crescono generalmente nel bioma savana?
   - b Quali sono gli animali che vivono nella savana africana?

Collaboro

3. A **gruppi di tre**, fate una piccola ricerca sul bioma savana, preparando una presentazione in almeno cinque *slides*.

Zebra e coccodrillo in Kenya.

Elefante africano e baobab.

Audio

7 Il deserto

Nelle zone dove scarseggiano le precipitazioni si distingue il bioma **deserto**

Diversi esempi del bioma **deserto** si possono trovare in varie zone del mondo, anche molto lontane tra loro, tutte però caratterizzate da **clima arido**. L'elemento fondamentale che definisce l'aridità di un territorio è la scarsa quantità di precipitazioni.

Perché venga definita desertica, su una regione non devono cadere più di 250 mm di pioggia all'anno (a Roma ne cadono circa 800): si va da deserti in cui questa media di precipitazioni è più o meno rispettata, ad altri, detti deserti **estremamente aridi**, in cui può non piovere per diversi anni (per es. deserto di Atacama in Cile). In generale i deserti possono dare effettivamente l'impressione di essere molto poveri di forme viventi. In realtà esistono piante che riescono a crescere anche in condizioni di estrema siccità, poiché hanno sviluppato adattamenti specifici: ne sono un esempio le cosiddette "piante grasse", i cui tipici rappresentanti sono i cactus americani e alcune euforbie afro-asiatiche. Nel proprio fusto queste piante immagazzinano liquidi e le loro foglie sono trasformate in spine per evitare eccessive perdite di acqua. Gli adattamenti degli animali ai climi aridi sono molto meno specifici di quelli delle piante: potendosi spostare, essi hanno la possibilità di ripararsi in zone d'ombra o talvolta sottoterra nelle ore più calde.

Parole di scienze

deserto: participio passato del verbo latino *deserere* = "abbandonare", significa "abbandonato".

Con metodo

Analizzo il testo

1. Completa.
Il bioma deserto è caratterizzato da un clima ...., in quanto le precipitazioni sono .... In alcuni deserti, come quello di .... in Cile, può non piovere per diversi ....

Collaboro

2. A **gruppi di tre**, fate una piccola ricerca sul bioma del deserto, preparando una presentazione in almeno tre slides.

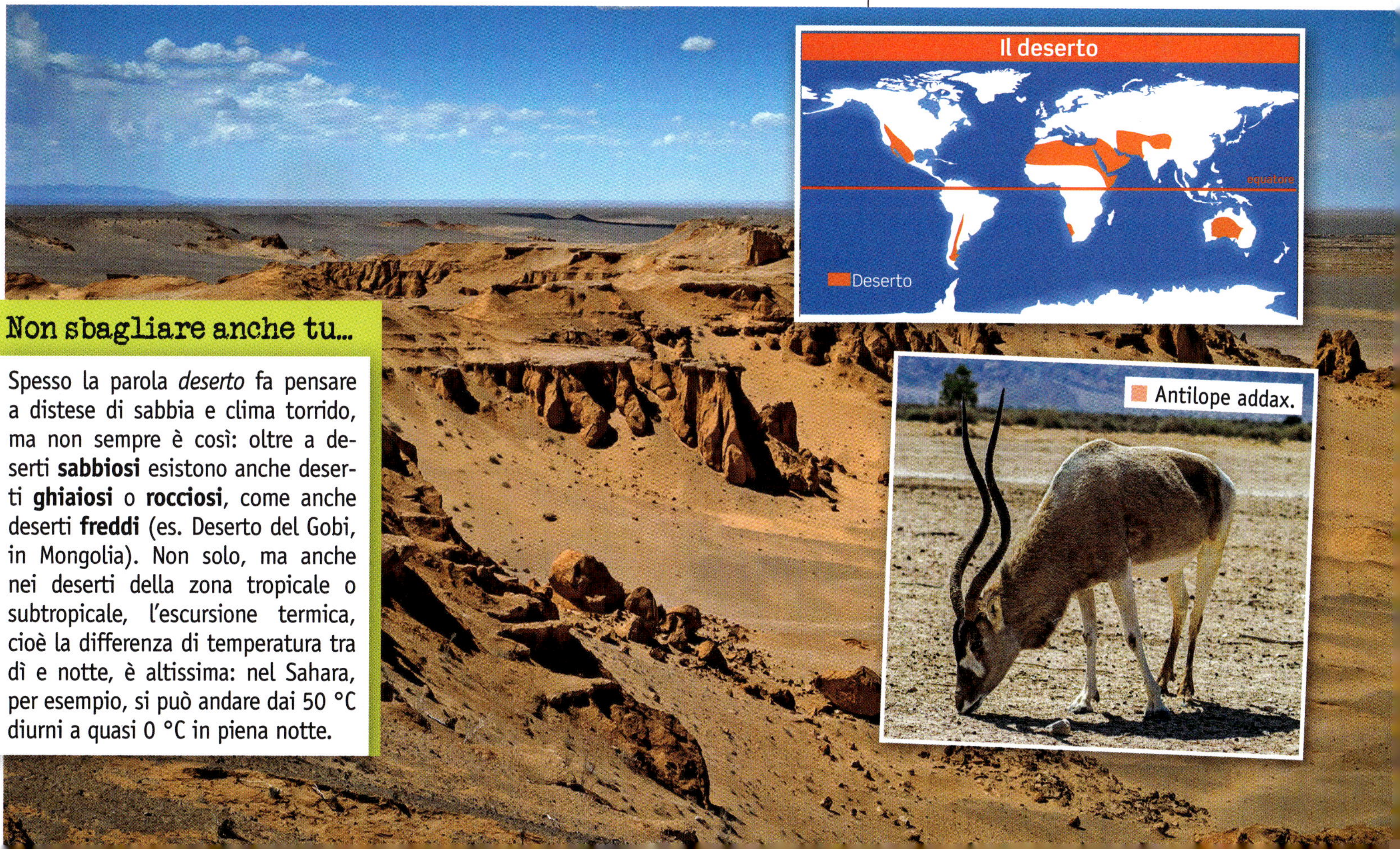

Antilope addax.

Non sbagliare anche tu...

Spesso la parola *deserto* fa pensare a distese di sabbia e clima torrido, ma non sempre è così: oltre a deserti **sabbiosi** esistono anche deserti **ghiaiosi** o **rocciosi**, come anche deserti **freddi** (es. Deserto del Gobi, in Mongolia). Non solo, ma anche nei deserti della zona tropicale o subtropicale, l'escursione termica, cioè la differenza di temperatura tra dì e notte, è altissima: nel Sahara, per esempio, si può andare dai 50 °C diurni a quasi 0 °C in piena notte.

8 La foresta tropicale

Audio

Il bioma foresta tropicale è caratterizzato da clima caldo-umido

1 Gli animali della foresta pluviale presentano spesso splendide colorazioni, come queste due *Ara macao* della foresta sudamericana.

Le **foreste tropicali** costituiscono uno dei biomi più ricchi di vita del pianeta e, come dice il nome stesso, sono distribuite nella fascia compresa fra i due tropici.

Le foreste tropicali vengono spesso indicate anche come **foreste pluviali**, cioè luoghi dove piove molto: sono infatti soggette ad abbondantissime precipitazioni, che in alcune zone possono superare i 4 metri di pioggia all'anno, fino a record di 10 metri.

Data la loro estensione su territori molto diversi, le foreste tropicali presentano differenze che ci permettono di parlare, per esempio, di **foreste di pianura**, di **foreste montane**, di **foreste costiere**, ognuna caratterizzata da una flora e una fauna perfettamente adattate alle diverse condizioni.

La tipica foresta pluviale tropicale è un bioma sviluppato in altezza. La vegetazione crea ombra sul terreno e quindi i giovani alberi cercano di crescere velocemente per arrivare alla luce: questo crea una continua corsa per salire ai "piani alti", e alcune specie possono raggiungere facilmente i 70 metri di altezza, o addirittura superarli. Le fronde di questi alberi creano un fitto tetto di rami e foglie, la cosiddetta **volta forestale**. Scendendo sotto la volta si trova una vegetazione adattata a un'illuminazione più debole: si tratta soprattutto di **piante rampicanti** che approfittano dei tronchi per salire verso la luce. Scendendo ancora si arriva allo strato degli arbusti e delle piante erbacee e quindi al suolo forestale, ricoperto di foglie marcescenti e detriti vegetali di ogni genere, che vengono utilizzati dagli organismi saprofiti come i funghi.

A questa struttura "a strati" della vegetazione corrisponde una fauna anch'essa caratterizzata: ci sono animali che non lasciano mai il suolo, altri che vivono tra la vegetazione arbustiva, altri adattati alla vita tra i rami e altri ancora che vivono nello strato più alto, sopra la volta, come fosse la loro "terrazza".

Dato che nella foresta tropicale non esistono stagioni come nei climi temperati, gli alberi sono sempreverdi e quando una specie finisce di produrre frutti ce n'è subito un'altra che li ha maturati: per i suoi abitanti il cibo quindi non scarseggia mai.

Anche per questo le foreste tropicali sono il bioma terrestre più ricco di specie animali e ogni anno ne vengono scoperte e descritte di nuove. La varietà di uccelli, rettili, mammiferi e soprattutto insetti è straordinaria, una vera fucina della biodiversità!

Le popolazioni di una singola specie, al contrario, non sono mai numerose, in particolare per gli animali di una certa taglia: in una foresta non troveremo mai l'equivalente di un branco di caribù.

Con metodo

Analizzo il testo

1. Come viene anche definito il bioma "foresta tropicale"? Evidenzialo nel testo.
2. Sottolinea nel testo quali diversi nomi può assumere il bioma foresta tropicale a seconda dei territori in cui si estende.
3. Completa.
   La foresta tropicale è sviluppata in ...., in quanto la vegetazione molto .... costringe gli .... a crescere per raggiungere la ....

Comprendo il testo

4. Rispondi.
   - **a** Che cos'è la volta forestale?
   - **b** Dove si possono trovare le piante rampicanti nel bioma foresta tropicale?

Collaboro

5. A **gruppi di tre**, fate una piccola ricerca sul bioma della foresta tropicale, preparando una presentazione in almeno cinque slides.

Il mimetismo nella foresta tropicale

Nelle foreste tropicali troviamo anche gli esempi più stupefacenti di **mimetismo**, un'efficace arma di difesa contro i predatori: ci sono animali che sembrano foglie, ramoscelli 2, fiori 3, o altri che imitano l'aspetto di specie pericolose. Inoltrandosi nel fitto della vegetazione della foresta è molto difficile scorgere gli animali, mentre è molto più facile sentire versi, canti e richiami di ogni tipo. La "voce", infatti, è lo strumento principale di comunicazione in questo ambiente: per molte specie questa è fondamentale per riuscire a rimanere in contatto con i propri simili o avvertirli della presenza di un pericolo, come anche per potersi ritrovare per la riproduzione.

2 Geco foglia secca.

3 Mantide orchidea.

Un particolare tipo di foresta tropicale è la **varzea**, un'area di centinaia di migliaia di kilometri quadrati del bacino del Rio delle Amazzoni, che viene periodicamente sommersa dalle acque del fiume che straripa, modificando completamente il paesaggio che diventa come un immenso "lago" da cui spuntano gli alberi: quando le acque si ritirano tutta l'area ritorna a essere una foresta, tra le più ricche e fertili del mondo.

La **foresta a mangrovie** è un altro tipo di foresta un po' speciale. Le mangrovie sono piante adattate alla presenza di acqua salata: questo tipo di foresta si sviluppa lungo aree umide costiere, dove le acque dolci si mescolano con l'acqua di mare con l'alternarsi dell'alta e della bassa marea.

Le scimmie *Nasica* e gli Hoatzin, strani uccelli dall'aspetto rettiliano, si nutrono esclusivamente di foglie di mangrovia. Le prime vivono nei mangrovieti asiatici, i secondi nei mangrovieti sudamericani, ma hanno sviluppato un analogo adattamento alimentare.

Con metodo

Analizzo il testo

1. A che cosa serve il mimetismo della foresta tropicale? Evidenzialo nel testo.
2. Completa.
   Nel bioma della foresta tropicale lo strumento principale con il quale gli animali comunicano è la ...., importante per restare in contatto con i propri ...., per avvertire di un .... imminente, per riuscire a incontrarsi per la ....

Comprendo il testo

3. Rispondi.
   - **a** Quali sono alcuni dei meccanismi con i quali gli animali della foresta tropicale riescono a mimetizzarsi?
   - **b** Quali sono le caratteristiche della foresta tropicale denominata "varzea"?

Collaboro

4. A **gruppi di tre**, fate una ricerca in Internet sulle caratteristiche della foresta tropicale denominata "varzea"; preparate una presentazione in almeno quattro *slides*.

Contenuto integrativo

9

Il bioma mare

Audio

Il 70% della superficie terrestre è occupato dal bioma mare

L'**ambiente marino**, che occupa quasi i due terzi della superficie terrestre, è il bioma più antico, perché è il luogo dove ha avuto origine la vita. Data la sua enorme estensione, questo bioma non è assolutamente omogeneo, ma presenta numerose zone in cui flora e fauna hanno sviluppato adattamenti diversissimi, a seconda dei fattori ecologici che li hanno condizionati: il clima, la distanza dalle coste, la profondità ecc. Una delle principali forme di vita che popola il mare è il **plancton**, costituito da organismi vegetali e animali, chiamati nel loro insieme rispettivamente **fitoplancton** e **zooplancton**: essi vivono sospesi nell'acqua e vengono per lo più trasportati dalle correnti, essendo dotati di scarsi o nulli movimenti autonomi. Il **fitoplancton** è alla base delle catene alimentari nel mare: è costituito da alghe unicellulari e cianobatteri, entrambi microorganismi fotosintetici, quindi autotrofi, presenti ovviamente solo nella zona dove arriva la luce solare. Lo **zooplancton** è costituito invece da organismi animali, che hanno quasi sempre dimensioni microscopiche, ma possono superare anche i 10 metri di lunghezza, come alcune meduse con i loro tentacoli. La fauna marina in grado di movimenti attivi viene chiamata **necton**: ne fanno parte in primo luogo i pesci, ma anche molluschi cefalopodi, rettili come le tartarughe e i serpenti di mare, e mammiferi come i cetacei.
Il **benthos** è l'insieme degli organismi che vivono e si muovono prevalentemente sul fondo: sono per lo più detritivori, cioè si nutrono di tutto il materiale organico proveniente dall'alto che si deposita sul fondale. Il mare ospita poi una serie di organismi che, allo stadio adulto, conduce una vita sessile, cioè rimane fissata alle rocce sottomarine come spugne e coralli.

Il tasso di biodiversità animale nel mare cambia a seconda delle zone. Nelle acque dei mari freddi si trovano relativamente poche specie, che possono però formare banchi di milioni di individui, come aringhe e sardine. Al contrario, nelle acque calde delle barriere coralline troviamo un enorme numero di specie diverse: si tratta di uno degli ambienti con la più alta biodiversità ■1.
Negli abissi marini, dove l'acqua è molto fredda e la pressione altissima, vivono alcuni tra i pesci più strani, con bocche enormi e organi in grado di emettere luce, l'unica visibile in questo mondo di tenebre perenni ■2.

■1 La straordinaria varietà di forme di vita della barriera corallina.

■2 Esempio di pesce abissale.

■3 Prateria di Posidonia.

Parole di scienze

plancton: dal greco *plankton* = vagabondo.

Non sbagliare anche tu...

Le piante marine appartengono per la maggior parte al gruppo delle alghe, alcune delle quali hanno dimensioni notevoli, come il **kelp**, le cui "lamine" raggiungono anche gli 80 metri di lunghezza.
Tuttavia non tutte le piante acquatiche sono alghe. Per esempio, le "praterie subacquee", così comuni lungo le nostre coste, non sono formate da alghe, ma dalle lunghe foglie a nastro della *Posidonia*, una pianta di origine terrestre che si è adattata a vivere sott'acqua ■3.

Con metodo

Analizzo il testo

1. Completa.
L'ambiente marino è il bioma più ...., nel quale si è originata la .... È un bioma non ...., dove .... e fauna hanno sviluppato .... molto diversi, a seconda dei fattori ....: clima, distanza dalle coste, profondità.

Comprendo il testo

2. Rispondi.
   a Qual è la differenza tra zooplancton e fitoplancton?
   b Quali organismi formano il necton? Quali organismi formano il benthos?
   c Quali sono gli ambienti marini nei quali si ha la più alta biodiversità?

Collaboro

3. A **gruppi di tre**, fate una ricerca sul bioma "mare", preparando una presentazione in almeno cinque slides.

Il bioma acque dolci 10

Audio

Fiumi e laghi costituiscono il bioma acque dolci

Le **acque dolci** sono così chiamate per distinguerle dal mare, al quale comunque sono normalmente collegate: i fiumi, salvo poche eccezioni, sfociano sempre nel mare. Ciò che soprattutto caratterizza le diverse zone del bioma d'acqua dolce è il **movimento dell'acqua**: in uno stesso bacino, dalla sorgente fino all'arrivo in mare, si possono trovare tratti di corrente impetuosa alternati a laghi di acqua ferma, ampie aree di acque calme e lente, cascate, fosse profonde e un'ultima zona dove le acque dolci si mescolano a quelle del mare, creando lagune di acqua salmastra. Nelle zone dove la corrente è forte, come in molti torrenti, la vegetazione è povera, poiché le piante hanno difficoltà a rimanere ancorate al fondo o alle pareti del corso d'acqua. Nei laghi o nei tratti lenti di un fiume, invece, la vegetazione acquatica può diventare anche molto rigogliosa. In ogni caso la varietà vegetale nelle acque dolci è grande: alcune piante vivono totalmente immerse, altre galleggiano come le ninfee o la lenticchia d'acqua.

Contenuti multipli

Non sbagliare anche tu...

STAGNO O PALUDE?

Anche se si sente usare l'espressione "stagno paludoso", come anche "palude dall'acqua stagnante", stagno e palude sono due ambienti dall'origine completamente differente. Lo stagno è un piccolo specchio d'acqua ferma, paragonabile a un minuscolo lago poco profondo, ma senza collegamenti con altri corsi d'acqua, le cui sponde sono caratterizzate da una vegetazione tipica, il canneto ■1. La palude o acquitrino, invece, si forma dove un fiume o un lago occasionalmente straripano e le loro acque impregnano la pianura circostante: nella stagione meno piovosa la palude può seccare e scomparire ■2.

■1

■2

■ Ninfee.

■ Lenticchie d'acqua.

Anche la fauna è adattata alle diverse zone: le acque impetuose ospitano animali in grado di resistere alle forti correnti, come le **trote di torrente**, mentre nelle acque calme dei fiumi ampi e dei laghi vivono pesci che amano una vita più tranquilla, come le **carpe**.
Oltre ai **pesci**, che sono naturalmente i dominatori di questi ambienti, nelle acque dolci sono presenti anche altri gruppi animali: **molluschi** come le chiocciole, **crostacei** come i gamberi di fiume, **rettili** come le bisce d'acqua ■3 o le testuggini palustri ■4, **mammiferi** come le lontre ■5. In particolare trovano qui le condizioni ideali per la riproduzione tutti gli **anfibi**, che depongono le uova in acqua, e anche moltissime specie di **insetti**, le cui larve sono acquatiche, come le libellule ■6 o le zanzare. È da notare che anfibi e insetti sono invece completamente assenti in ambiente marino.

■3 Biscia d'acqua.

■4 Testuggine palustre.

■5 Lontra.

■6 Libellula.

Gli ambienti salmastri

Nelle zone in cui i fiumi si allargano in grandi delta prima di riversare le loro acque in mare, oppure nelle lagune, particolari bacini sottoposti all'azione delle maree e separati dal mare da cordoni di terra, si crea un ambiente di transizione: è il **bioma acquatico salmastro**, le cui acque non sono dolci, hanno una salinità variabile, sempre minore però di quelle marine. Anche se è soggetto a continui cambiamenti e rimescolamenti, l'ambiente salmastro è molto ricco di vita: gli organismi che lo popolano, siano essi animali o vegetali, sono detti **eurialini** (dal greco *eurys* = "ampio" + *halós* = "sale"), cioè in grado di sopportare ampie variazioni di salinità. Questo ambiente abbonda di cibo, e per questo attira in massa crostacei e pesci, nonché i loro predatori, primi tra tutti gli uccelli.

Con metodo

Analizzo il testo

1. Quale elemento caratterizza il bioma d'acqua dolce? Evidenzialo nel testo.
2. Quale ambiente si forma spesso quando le acque dolci si mescolano a quelle del mare? Sottolinealo nel testo.
3. Completa.
   - **a** Nel bioma "acque dolci" la .... si modifica a seconda del .... dell'acqua: nelle zone dove la corrente è forte si ha scarsità di ....; nei laghi o dove la corrente di un fiume è più ...., la vegetazione può diventare anche molto ....
   - **b** Lo .... è costituito da un piccolo specchio d'acqua ferma senza .... con corsi d'acqua. La .... si forma invece dove un fiume o un .... sono straripati e periodicamente può scomparire, come per esempio nella stagione meno ....

Comprendo il testo

4. Rispondi.
   - **a** Quali caratteristiche presentano la vegetazione e la fauna nel bioma d'acqua dolce a seconda del movimento delle acque?
   - **b** Quali gruppi di animali possono vivere nel bioma "acque dolci"?
   - **c** Qual è la differenza tra stagno e palude?

Collaboro

5. A **gruppi di tre**, fate una ricerca sul bioma "acqua dolce", preparando una presentazione in almeno cinque slides.

Sulle spalle dei giganti

Audio

Roald Amundsen e il Polo Sud

Nel suo libro *La conquista del Polo Sud - La spedizione norvegese della Fram verso il Polo Australe*, pubblicato nel 1913, l'esploratore norvegese Roald Amundsen descrisse la sua spedizione in Antartide, durante la quale raggiunse il Polo Sud per la prima volta nella storia 1. Questo record fu il suo più grande successo personale, ma precedentemente Amundsen aveva avuto altre esperienze di spedizioni in condizioni estreme: all'età di 25 anni aveva già effettuato la sua prima esplorazione nell'Artico. Sempre per primo, nel 1906, era riuscito con una piccola imbarcazione a individuare la giusta rotta per il famigerato "passaggio a nordovest", un percorso tra i ghiacci del Mar Glaciale Artico a nord del Canada, che tuttora costituisce un collegamento diretto e veloce tra l'Oceano Atlantico e l'Oceano Pacifico. La sua ambizione però non era ancora soddisfatta: il suo desiderio era quello di raggiungere per primo il Polo Nord, ma quando si accinse a organizzare una spedizione venne a sapere di essere già stato preceduto.

1 Busto commemorativo di Roald Amundsen (1872-1928).

La sua idea fissa divenne quindi quella di conquistare il Polo Sud, un luogo fino allora mai neanche avvicinato: comprò la nave *Fram* (la più resistente nave in legno mai costruita), che aveva già navigato in acque artiche, e partì nell'agosto del 1911 per la lunga e pericolosa avventura 2. Curiosamente, tenne segreta a tutti la destinazione del viaggio, persino allo stesso equipaggio della nave, finché non si trovarono in pieno Oceano Atlantico, quando rese note a tutto il mondo le sue intenzioni. Nel dicembre del 1911 Amundsen raggiunse il suo obiettivo: la sua patria, la Norvegia, diventava quindi la prima nazione ad aver messo piede su uno dei luoghi più inaccessibili del pianeta 3. La sete di esplorazione di Amundsen non si era esaurita: nel 1926 sorvolò il Polo Nord con un dirigibile, insieme all'italiano Umberto Nobile e all'americano Lincoln Ellsworth.

Nel 1928 compì il suo ultimo viaggio, purtroppo questa volta senza ritorno, su un aereo francese destinato a un'ulteriore esplorazione dell'Artico. Qualche mese dopo la partenza si scoprì il relitto del velivolo sulle coste norvegesi settentrionali, ma il corpo di Amundsen non fu mai ritrovato.

2 La nave Fram ha due primati: è considerata la nave di legno più resistente mai costruita ed è quella che ha navigato più a nord e più a sud del pianeta. Le è stato addirittura dedicato un museo a Oslo: il Museo Fram.

3 14 dicembre 1911. In questa foto, divenuta storica, i 5 membri dell'equipaggio della Fram piantano la bandiera norvegese al Polo Sud.

Erickson

La biosfera e i biomi

Che cosa influenza i biomi?

Paragrafo 1

Per capire bene da quali biomi è formata la biosfera, e da che cosa i biomi sono influenzati, può essere utile creare una schematizzazione che identifichi chiaramente, anche attraverso l'uso di colori, gli elementi che caratterizzano biosfera e biomi. Leggi con attenzione il paragrafo 1 e identifica nelle prime righe i nomi dei due biomi di cui è composta la biosfera. Ricerca nella prima pagina le informazioni necessarie a completare il braccio dei biomi terrestri e nella pagina successiva il braccio dei biomi marini.

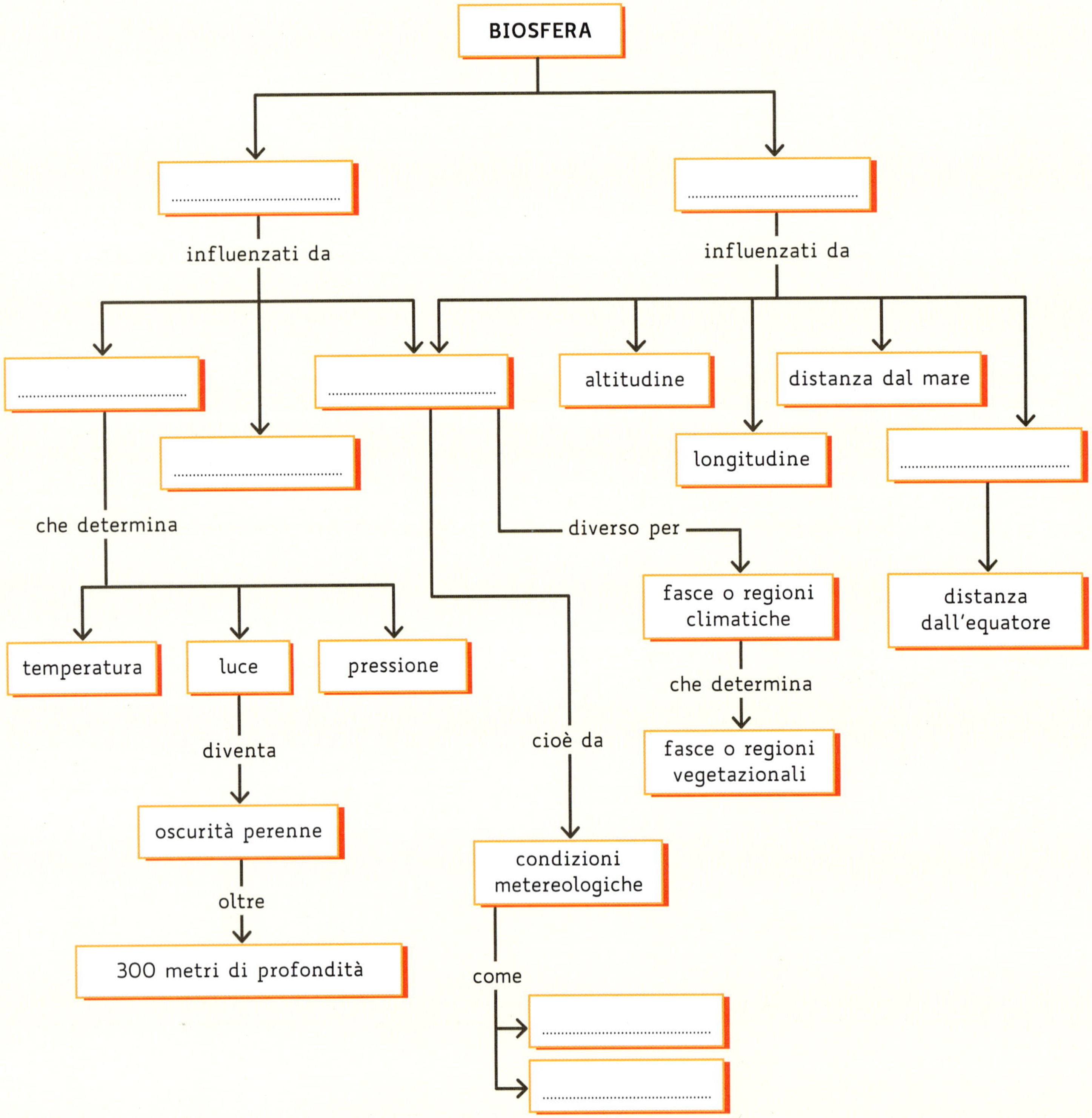

I biomi terrestri

Che caratteristiche hanno i biomi polari, la tundra e la taiga?

Paragrafi 2-3-4-5-6-7-8

Nel paragrafo 2, come in quelli successivi, trovi spiegati i biomi delle diverse zone climatiche. Per ciascuna zona climatica crea sul quaderno una tabella come la seguente in cui raccogli le informazioni principali. Se riesci, cerca di trovare sempre le stesse caratteristiche per descrivere ogni bioma, sentiti comunque libero di modificare la tabella in base alle tue esigenze.

	polare	tundra	taiga
dove si trova	....	....	....
clima	....	....	....
flora	....	....	....
fauna	....	....	....

Memo studio

Quando crei una schematizzazione ricordati che la miglior mappa, la miglior tabella o il miglior riassunto è quello che scrivi tu. La scelta delle categorie, o anche solo della forma della mappa, devi farla tu se vuoi che sia davvero efficace. Prendi solo spunto da quello che trovi sul libro e poi personalizza il tuo studio!

I biomi acquatici

Quali sono le differenze tra il mare e le acque dolci?

Paragrafo 9-10

Prosegui nel lavoro facendo per i biomi marini quello che hai fatto sopra per i biomi terrestri. Decidi tu quali caratteristiche inserire nella tabella.

	mare	acque dolci
....	....	....
....	....	....
....	....	....
....	....	....

Mi preparo all'interrogazione

Contenuti multipli

LA BIOSFERA

- **LA BIOSFERA** comprende:
  - **biomi terrestri**
    - sono distinti in base al **clima**
      - definito da:
        - condizioni metereologiche
        - altitudine
        - latitudine
        - distanza dal mare
      - alle fasce climatiche corrispondono **fasce vegetazionali**
    - i principali sono:
      - bioma polare
      - tundra
      - taiga
      - foresta temperata
      - macchia mediterranea
      - prateria
      - savana
      - deserto
      - foresta tropicale
  - **biomi acquatici**
    - sono condizionati da:
      - clima
      - salinità
      - profondità
      - temperatura
      - pressione
      - luce
    - si distinguono in:
      - **biomi di acque salate**
        - costituiscono il 70% della superficie terrestre
        - popolati da:
          - plancton (fito- e zooplancton)
          - necton (pesci e altri animali)
          - benthos (animali dei fondali)
      - **biomi di acque dolci**
        - tipici di fiumi, laghi e zone umide
        - in base al movimento dell'acqua sono popolati da:
          - pesci
          - crostacei
          - molluschi
          - mammiferi
          - rettili
          - anfibi

verifica

Verifica interattiva

CONOSCO

1 Completa le seguenti frasi scegliendo tra i termini elencati.

necton • cetacei • freddi • fasce • temperatura • altitudine • fondale • movimento • impetuosa • cascate • salmastra • profondità • arido • bassissime • nani • muschi • rigido • alti • aghifoglie • mammiferi • decidue • umide • fredde • bioma • freddo • climatiche • rigidi • piovosità • basse • ghiacciato • piovosi • fredda • steppa • arbusti • tropicali • alta • piogge • desertica • pluviali • stabile • clima • ecologici • mare • plancton • unicellulari • cianobatteri • fotica • autotrofi • latitudine • abbondanti • coste • mare • secche • detritivori

a Il termine .... indica l'insieme delle piante e degli animali con caratteristiche ecologiche simili, che occupa un ambiente in modo .... A differenziare i biomi terrestri è il ....

b La Terra presenta varie .... o regioni ...., con una sequenza simile nei due emisferi, con l'aumentare della ....

c Una sequenza simile di fasce vegetazionali è presente anche con l'aumentare di un altro fattore, l'...........................

d A differenza di quelli terrestri, i biomi acquatici non sono condizionati solamente dal clima, ma anche da altri fattori: la ...., la luce, la .... e la pressione

e I biomi dei ghiacci, localizzati nelle regioni polari, sono caratterizzati da clima .... e da temperature .... Il suolo è coperto perennemente da neve e ghiaccio

f Il bioma tundra è caratterizzato da scarsa .... e da temperature molto .... in inverno

g Il suolo della tundra, al disotto di un sottile strato superficiale, rimane sempre ....: questa condizione permette la crescita solo di alberi ...., piante erbacee, arbusti, ... e licheni

h La taiga, un po' più a sud della tundra, ha un clima meno .... In queste condizioni, il suolo risulta adatto alla crescita di alberi anche molto .... La foresta è costituita quasi interamente da poche specie di .... e in piccola parte anche da latifoglie, come betulle e pioppi. La taiga è anche la dimora di medi e grandi ....

i Il bioma foresta temperata è caratterizzato da piante .... Questo bioma è diffuso nelle regioni .... della fascia climatica temperata, in cui una stagione calda si alterna a inverni .... e le precipitazioni sono .... e presenti tutto l'anno

l Il bioma macchia mediterranea si trova un po' in tutti i continenti, sempre lungo le .... Il clima di questo bioma è mite proprio per la vicinanza con il ...., e inverni piovosi si alternano a estati ....

m Il clima delle praterie può essere .... o temperato: a seconda delle zone, gli inverni possono essere da molto .... a miti, ma non eccessivamente ....; le estati sono brevi e secche. È proprio questo clima a permettere solo la crescita di piante erbacee

n Nella zona centrale del continente euroasiatico si trova una prateria ...., denominata .... Nella steppa crescono solo erbe e .... radi e bassi

o Le praterie che si trovano nelle zone .... sono dette savane. La più famosa è la savana erbosa africana. Il clima della savana è molto tipico: la temperatura è .... tutto l'anno, ma si alternano due stagioni, la stagione delle .... e la stagione secca

p Viene definita .... una regione in cui non cadono più di 250 mm di pioggia all'anno

q Le foreste tropicali vengono spesso indicate anche come foreste ...., cioè luoghi dove piove molto: sono infatti soggette ad abbondanti precipitazioni

r Il bioma marino presenta numerose zone in cui flora e fauna hanno sviluppato adattamenti diversi, a seconda dei fattori ....: il clima, la distanza dalle coste, la profondità

s Una delle principali forme di vita che popola il .... è il ...., costituito da organismi vegetali e animali, chiamati nel loro insieme rispettivamente fitoplancton e zooplancton

t Il fitoplancton è alla base delle catene alimentari nel mare: è costituito da alghe .... e ...., entrambi microorganismi fotosintetici, quindi ...., presenti ovviamente solo nella zona .... Lo zooplancton è costituito invece da organismi animali, che hanno per lo più dimensioni microscopiche

u La fauna marina in grado di movimenti attivi viene chiamata ....: ne fanno parte in primo luogo i pesci, ma anche molluschi, rettili come le tartarughe e i serpenti di mare, e mammiferi come i ....

v Il benthos è l'insieme degli organismi che vivono e si muovono prevalentemente sul fondo: sono per lo più ...., cioè si nutrono di tutto il materiale organico proveniente dall'alto che si va a depositare sul ....

z Le diverse zone del bioma d'acqua dolce sono caratterizzate dal .... dell'acqua: in uno stesso bacino, dalla sorgente fino all'arrivo in mare, si possono trovare tratti di corrente ...., laghi di acqua ferma, aree di acque calme e lente, ..., fosse profonde e una zona in cui le acque dolci si mescolano a quelle del mare, creando lagune di acqua ....

verifica

2 INVALSI **Segna con una crocetta il completamento esatto.**

a Alle fasce climatiche corrispondono altrettante fasce:

☐ biomiche ☐ latitudinali
☐ vegetazionali ☐ biosferiche

b Nel bioma dei ghiacci la vegetazione è:

☐ rigogliosa
☐ formata da piante sempreverdi
☐ inesistente
☐ formata da un sottile strato di piante erbacee

c Il permafrost è:

☐ il suolo della tundra
☐ l'insieme degli alberi che crescono nella tundra
☐ il clima della tundra
☐ l'insieme degli organismi che vivono nella tundra

d Nelle praterie si nota l'assenza di:

☐ vegetazione ☐ piante erbacee
☐ animali ☐ alberi

e Le foreste tropicali sono anche dette:

☐ pluviali ☐ tundra
☐ piovose ☐ praterie

f La fauna marina attiva è chiamata:

☐ benthos
☐ necton
☐ zooplancton
☐ fitoplancton

3 Vero o falso?

a Il bioma tundra è presente quasi esclusivamente nell'emisfero meridionale V F
b Nella foresta tropicale gli alberi sono decidui V F
c L'ambiente marino è il bioma più antico V F
d Il fitoplancton è formato da organismi autotrofi V F
e Nella steppa crescono solo alberi alti V F

4 Scrivi la definizione dei seguenti termini.

latitudine • piovosità • mare • regione

APPLICO

5 Perché nel bioma "tundra" non crescono alberi? Indica la risposta esatta.

☐ C'è poca luce
☐ Il terreno non contiene sufficienti sali minerali
☐ Il terreno sotto la superficie è perennemente ghiacciato
☐ Gli erbivori mangiano tutti i germogli

6 A che latitudini troviamo il bioma "foresta temperata"?

☐ Alte
☐ Medie
☐ Basse

7 Che cosa è la steppa?

☐ Una foresta fredda
☐ Una prateria fredda
☐ Un deserto caldo

8 A quale bioma appartengono le zone segnate su questo planisfero?

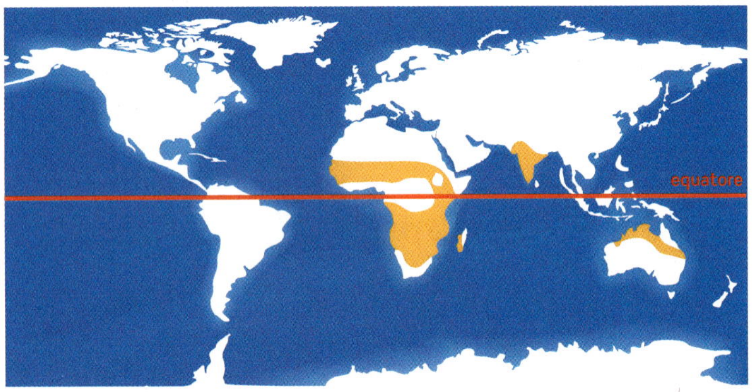

9 Vero o falso?

a I deserti sono ambienti caldissimi V F
b Gli adattamenti degli animali ai climi aridi sono più specifici di quelli delle piante V F
c In tutti i deserti cadono meno di 250 mm di pioggia all'anno V F
d Nei deserti non esistono forme di vita V F

10 A che altezza possono arrivare gli alberi delle foreste pluviali?

☐ 30 metri
☐ 200 metri
☐ 70 metri

11 Vero o falso? Riscrivi le frasi false in modo corretto.

a Nelle foreste pluviali le piogge sono abbondanti V F
b Le foreste pluviali sono ambienti con altissima biodiversità V F
c Nelle foreste pluviali si alternano quattro stagioni V F
d Le piante delle foreste pluviali sono sempreverdi V F

12 Quali tra questi gruppi di animali popolano solo gli ambienti di acqua dolce e non sono presenti in mare?

☐ Molluschi ☐ Rettili
☐ Anfibi ☐ Insetti
☐ Mammiferi

COMPETENZE

1. Leggi il testo e rispondi.

> Nelle savane si trovano principalmente piante xeromorfiche, cioè adattate alla mancanza di acqua, tra cui graminacee, cespugli e alberi di differenti specie. Generalmente, tali adattamenti sono volti a ridurre al massimo la perdita di acqua attraverso l'evaporazione, in diversi modi: caduta delle foglie durante la stagione secca (es. acacia), oppure riduzione della superficie fogliare, o ancora involucri coriacei per proteggere le foglie (sclerofillia), come nel caso dell'euforbia. Un'altra forma di adattamento alla scarsità d'acqua è rappresentato dalla presenza di radici molto profonde per cercare l'umidità (es. *Cactacee*) o dall'accumulo di acqua nei fusti carnosi (es. *Cactacee*, *Euforbiacee*, *Liliacee* o leguminose) o nelle radici. I tipici alberi di questo bioma sono le acacie, con la caratteristica chioma a ombrello, ma sono abbondanti anche altre leguminose irte di spine, che servono appunto per difendersi dagli erbivori ed evitare la traspirazione dell'acqua.
>
> *[www.emiscuola.net]*

a Scrivi un possibile titolo per questo articolo.

b Sottolinea i termini scientifici presenti nel testo.

c Qual è il principale "problema" che devono affrontare le piante della savana?

d Quali adattamenti mettono in atto le piante descritte nell'articolo?

2. Ricerca e comunica.

Che cos'è il microbioma umano?
Fai una ricerca e prepara un poster da presentare alla classe.

3. Prova tu.

Assieme ai tuoi compagni scrivete nella legenda del planisfero rappresentato in basso a quali colori corrispondo i biomi.

In english — Verifica interattiva

4. Fill in the blanks.

continents • plants • smaller • organisms • climates

A biome is a formation of .... and animals that have common characteristics due to similar .... and can be found over a range of .... Biomes are distinct from habitats, because any biome can comprise a variety of habitats.
A biome contrasts with a microbiome. A microbiome is also a mix of .... that coexist in a defined space, but on a much .... scale.

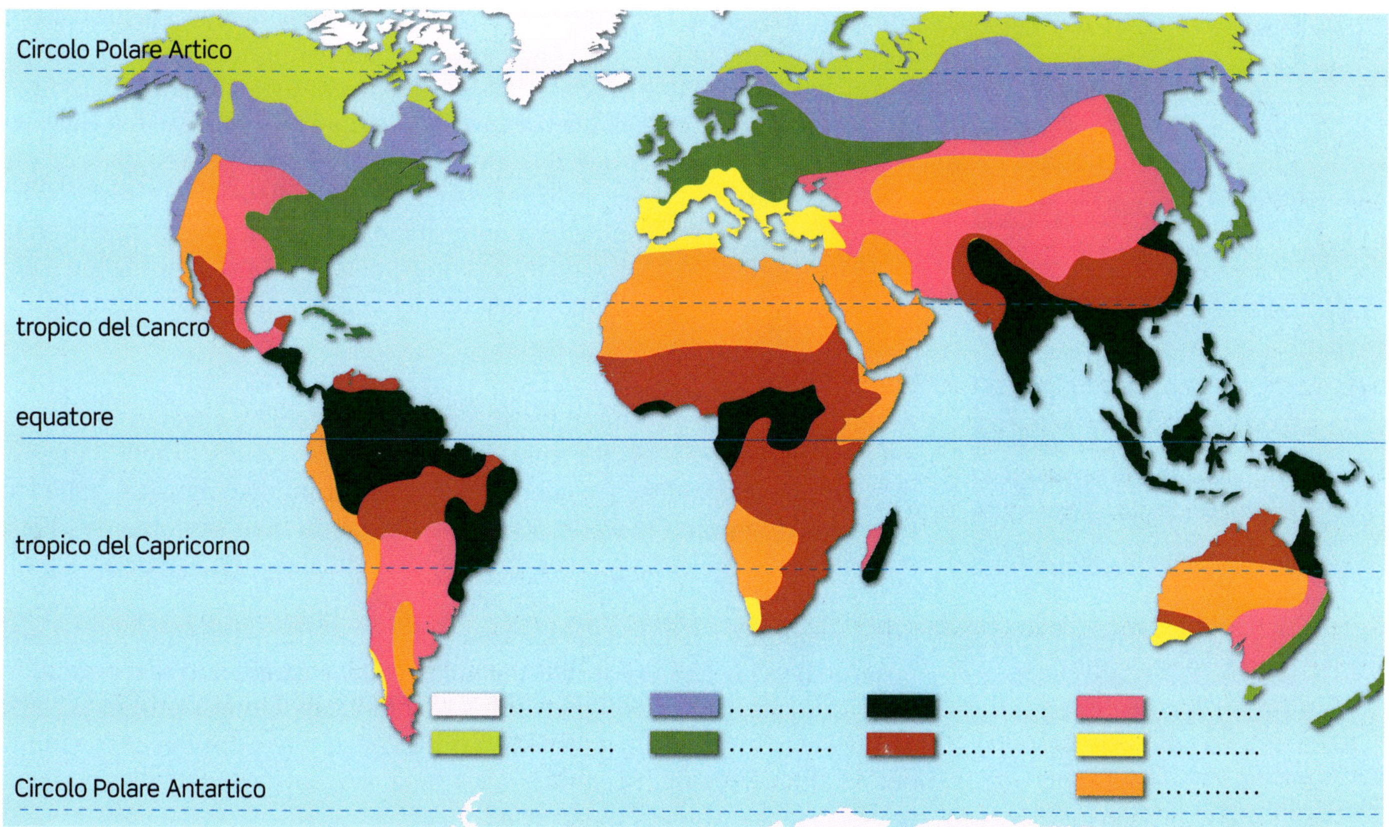

CLIL: let's learn English

Objectives

- Describe how organisms adapt to their habitat

Remember

- Earth has regions with different climates.
- Within each region, there are many habitats where different plants and animals live.
- Organisms have adaptations that help them to survive in their habitats.

1 Deserts are dry environment.

2 Rainforests are warm and wet.

3 Flying frog.

Exercises

1. Choose three different wild animals that live in your country. Describe each animal's habitat and what adaptations help it survive there.

Habitats

Audio

Different environments

Desert and rainforest are very different 1. It rains a lot more in rainforest – the plants grow quickly all year round and there is a lot to eat for animals. It rains much less in deserts. This is why plants grow slower in deserts and there isn't much food for animals. The place where a plant or animal lives is called its habitat. Rainforests provide lots of different habitats for animals – in soil, in water, on the ground, in the darkness under trees or high in the treetops. The plants and animals that live in each habitat can be very different from each other. They all have adaptations. Adaptations are special characteristics that help them survive in their habitat.

Rainforest

Orangutan lives in a rainforest 2. There is less food near the ground, so it stays high up in the treetops, where there are leaves, fruits and seeds to eat. To find food, it needs to move from tree to tree. It is well adapted for this – it has long arms for swinging and it can use its feet to hold onto branches, while its eyes are pointed face forward to help it judge distances accurately.
The air in the rainforest is so damp that even frogs, which usually live in water, have adapted to life in the treetops. This flying frog eats insects 3. It uses suckers on its fingers and toes to climb the trees. It also has webs between its toes to help it glide from tree to tree.

Desert

There are water-holding frogs in Australia that spend most of their lives underground. They grow fast when it rains, then fill their bladders with water and bury themselves in the mud. They lie trapped underground until it rains again, which can take up to a year! When it rains again, they pop out briefly to feed and breed. Native Australians used to dig them up and squeeze out their water to drink. Food and water are in short supply in deserts. Camels and oryx have adapted to life in the desert. They can walk long distances to find food and they can survive for months without drinking any water. Most desert animals survive by hiding underground and saving water. They sleep during the day and come out at night to find food. They use less energy and water this way.

Antarctic

Antarctica is dark for 4 months of the year and mostly covered in snow and ice. Few plants grow on the land, but microscopic plants called plankton fill the oceans surrounding the continent. Small shrimp-like animals, called krill, filter plankton from the water. There are more krill than any other type of animal on Earth. They are food for most of the animals in the Antarctic. First, fish and some types of penguin, seal and whale feed on krill, then sea birds and other penguins eat the fish. In Antarctica, plankton stop growing in winter because there is less to eat, but the animals have adapted to these conditions. They can survive for months without any food. In winter, their bodies shrink as they use up their energy stores. Krill and fish make antifreeze to stop their bodies from freezing. Penguins, seals, and whales have compact bodies and thick layers of fat that help to retain heat.

Il giardino della scuola: un ambiente naturale a portata di banco

Allegato scaricabile

Tempo

16 ore

Materiale

- mappe della città
- collegamento a internet
- videocamera/smartphone
- PC

Guardando i libri di testo o la televisione si possono vedere ambienti lontani e stupefacenti come la savana con i suoi leoni, la foresta pluviale, con la sua caratteristica vegetazione, oppure l'Antartide e i suoi meravigliosi pinguini. In realtà per osservare un ambiente naturale non è necessario viaggiare in luoghi lontani ma è sufficiente fare una passeggiata nel giardino della tua scuola.
Osserva gli animali, le piante e il suolo del giardino della tua scuola e realizza un **documentario** da proiettare durante la festa di fine anno.

OSSERVAZIONE

1ª FASE La natura nella tua Regione

Le risorse Web sono utili per poter conoscere le grandi aree verdi sul territorio nazionale e regionale del nostro paese.

IN GRUPPO

Dividetevi in gruppo e realizzate una ricerca in rete individuando i grandi parchi che tutelano il territorio, terrestre o marino, della tua Regione. Oltre ai grandi parchi, elencate i parchi faunistici, le oasi naturalistiche e gli orti botanici. Raccogliete le informazioni in una tabella indicando il nome del parco, l'anno di istituzione e la sua superficie.

2ª FASE Le aree verdi della tua città

Apri Google Maps e visualizza la mappa della tua città. In alternativa procurati una cartina o uno stradario. Osserva le aree verdi e prova a elencarle in una tabella. Fai attenzione: non tutte le aree verdi sono presenti su Google Maps. Basati anche sulle tue conoscenze, aiutandoti con i punti di riferimento della mappa per inserire in tabella anche le aree assenti. Infine con l'aiuto dei tuoi compagni prova a elencare anche le aree verdi private.
Le aree verdi che avete elencato sono secondo te sufficienti a coprire le necessità dei ragazzi della tua città?

3ª FASE Il giardino della tua scuola

Con l'aiuto dell'insegnante, descrivi le caratteristiche principali del giardino della tua scuola seguendo e ampliando i seguenti spunti: dimensione e forma dello spazio; area verde o cortile pavimentato; presenza di piante a terra o in vaso; presenza di campi da gioco.

SPERIMENTAZIONE

1ª FASE Una flora inesplorata

Raccogli nel giardino della scuola una foglia per ogni tipo di pianta presente e crea una tabella in cui dovrai indicare: il nome comune, il nome scientifico, la famiglia, il luogo e la data di raccolta, se si tratta di una pianta in vaso o a terra ed eventuali osservazioni.

1. Quante piante hai potuto individuare? .... Con l'aiuto dell'insegnante dividile in piante d'alto fusto e arbusti.
2. Quante piante in vaso sono presenti? .... All'interno dell'edificio scolastico sono presenti piante in vaso? ....

2ª FASE Animali nascosti

Il giardino della tua scuola potrebbe essere una vera rivelazione per quanto riguarda la fauna.
Facendo riferimento alla classificazione del regno Animali che hai studiato, ipotizza *phyla* e classi degli animali che secondo te frequentano il giardino della tua scuola, inserendo i dati in una tabella.

IN GRUPPO

Procuratevi una macchina fotografica (va bene anche lo smartphone), il quaderno per gli appunti e una penna. Dividetevi in gruppo e, con l'aiuto dell'insegnante, organizzate un lavoro di documentazione fotografica degli animali presenti nel giardino della vostra scuola. Al termine della raccolta fotografica, salvate le foto sul computer della vostra classe. Proiettate con la LIM le immagini raccolte e completate la vostra tabella con le specie identificate.

3ª FASE Dove c'è suolo e acqua, c'è vita

Flora e fauna devono la loro sopravvivenza alla presenza del suolo e dell'acqua. Individua la fonte d'acqua del giardino della tua scuola.
Con l'aiuto dell'insegnante e di Internet, stabilisci il quantitativo d'acqua necessario per ciascuna specie vegetale individuata in giardino.
L'irrigazione del giardino è sufficiente? Motiva la tua risposta.

....

Osserva e descrivi il suolo. Il tappeto erboso è presente ovunque? ....

4ª FASE Documentario - La natura a due passi dal mio banco

Come hai potuto osservare, anche il giardino della tua scuola è un piccolo mondo pieno di vita. Il tuo compito ora è rivelare questa piccola e sorprendente realtà a insegnanti, studenti e genitori, attraverso un documentario.

IN GRUPPO

Dividetevi in tre gruppi che lavoreranno in sequenza: sul testo, sulle riprese video e al montaggio delle immagini. Un documentario è costituito da una parte di racconto e una parte di video. Il racconto può essere effettuato da una voce fuori campo oppure da uno studente che presta la sua immagine per l'intero video. Sulla base delle osservazioni che avete potuto fare in giardino e il lavoro che avete svolto in classe, realizza un copione sul quale basare le successive riprese video.

Per realizzare il video avete bisogno di una videocamera con cavalletto. In alternativa potete utilizzare uno smartphone dotato di sufficiente memoria. Nel caso non disponeste di un cavalletto, ricordate di tenere la videocamera il più stabile possibile.
Caricate gli spezzoni video sul computer. Se necessario, convertite i file nei formati video più diffusi (.avi e .mp4), in rete potete trovare diversi convertitori gratuiti.
Scaricate sul computer un software di editing video, intuitivo e con licenza gratuita, che permetta di tagliare i video, di aggiungere l'audio della voce narrante e la musica e di inserire della transizioni tra una scena e l'altra.
Quando avrete terminato il lavoro, guardate il documentario in classe sulla LIM con insegnante e compagni.
BUONA VISIONE!

Compito di realtà 2

In quale direzione andiamo?

Allegato scaricabile

Nell'antichità spesso le osservazioni del cielo avevano fini astrologici e religiosi. Per millenni, il Sole e le stelle hanno aiutato l'uomo a orientarsi durante i suoi viaggi e a scandire il passare del tempo. Oggi, senza necessariamente avere una conoscenza astronomica, la tecnologia aiuta l'uomo nell'orientamento sulla superficie terrestre. Ma non sempre si può fare affidamento sulla tecnologia.

Organizza una gara di **orienteering** e metti alla prova le tue capacità di orientamento!

Tempo

10 ore

Materiale

- bussola
- carta da lucido
- cartoncini o fogli
- fogli A4
- pennarelli
- colla o cucitrice
- cordicella

OSSERVAZIONE

1ª FASE Organizziamo una gara di orienteering

Nel XX secolo è nata una nuova disciplina sportiva che si è diffusa in Italia soprattutto negli ultimi decenni: l'orienteering. Questo sport consiste nel sapersi spostare su terreni sconosciuti, principalmente boschivi, servendosi solo della bussola e della carta topografica, nel minor tempo possibile e senza mancare alcun posto di controllo (*lanterna*).
Con i tuoi compagni metti alla prova le tue capacità divertendoti.
Per organizzare una gara di orienteering, fate un sopralluogo con l'insegnante per trovare l'area più adatta: considerate aree interne ed esterne della tua scuola ed eventualmente zone limitrofe.

IN GRUPPO

Dividetevi in gruppi per realizzare:
- la mappa dell'area di gara
- le lanterne per i punti di controllo
- le cartelle di gara

SPERIMENTAZIONE

1ª FASE Realizzazione della mappa del percorso

Per la realizzazione della mappa, si consiglia di visualizzare su Google Maps l'intera area di gara e di fare una stampa. Ricalcate il limite degli edifici di interesse su un foglio lucido con gli appositi pennarelli. Sul foglio riportate anche strade, sentieri, canali o altri riferimenti utili all'orientamento. Utilizzate i colori per indicare i diversi elementi del territorio e ricordate di realizzare la **legenda.**
Se la gara comprende l'interno dell'edificio scolastico, procuratevi una fotocopia della pianta che trovate esposta nei corridoi per il Piano di Emergenza.
Ridimensionate la pianta interna in base alla dimensione dell'edificio riportato sul lucido e ricalcate tutti i locali interni.
L'insegnante provvederà a completare la carta inserendo il tracciato della gara con una serie di simboli standard: un **triangolo rosso** indica il punto di partenza, una serie di **cerchi** numerati progressivamente e congiunti da rette indicano i punti di controllo e il percorso, mentre un **cerchio doppio** segna il punto d'arrivo.

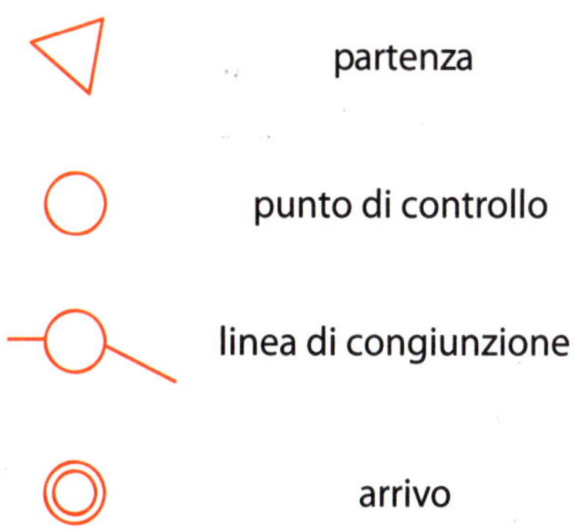

legenda colori
marrone: ciò che appartiene al terreno (curve di livello, buche, canalette asciutte ecc);
nero: tutte le opere dell'uomo, le rocce;
blu: tutto ciò che è inerente all'acqua (canali, torrenti, fiumi ecc);
verde: le piante (indicare solo quelle ad alto fusto o le siepi);
rosso: il percorso di gara.

2ª FASE Realizzazione delle lanterne

Realizzate su fogli A4 le tre facce delle lanterne che devono segnare i punti di controllo. Il colore delle lanterne è bianco e arancione. Colorate il foglio secondo il fac simile qui riportato, tagliatelo e ripiegatelo lungo le linee tratteggiate, incollando o fissando con la cucitrice l'ultima striscia. Le lanterne devono riportare il numero progressivo dei punti di controllo e ognuna sarà dotata di un pennarello di colore diverso che la contraddistingue. Prima della gara, le lanterne verranno appese dall'insegnante nel punto esatto del terreno corrispondente al centro del cerchio rosso.

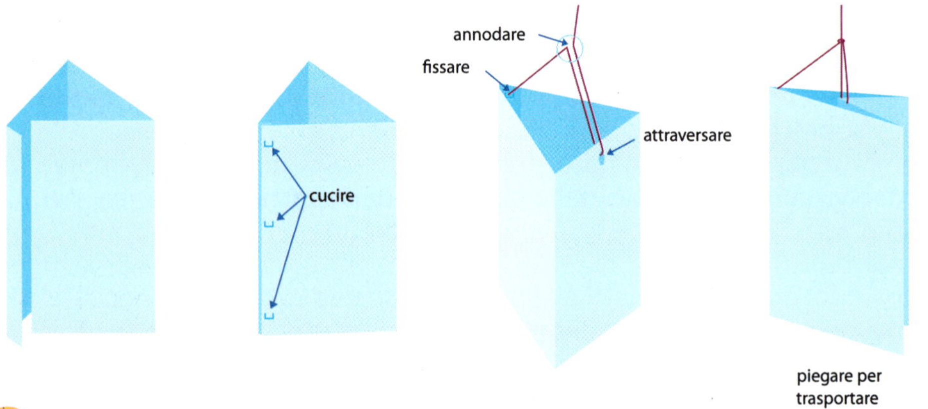

3ª FASE Realizzazione delle cartelle di gara

Riproducete le cartelle di gara come quella qui sotto riportata. È necessaria una cartella di gara per ciascuna squadra.

Nome della squadra o dei partecipanti	Tempo di arrivo				
	Tempo di partenza				
	Tempo effettivo				

4ª FASE La gara

È arrivato il momento della gara. Formate le squadre dividendovi in coppie. Ciascuna squadra deve essere munita di una bussola (tradizionale o su smartphone) e della cartella di gara. Al punto di partenza l'insegnante consegnerà la mappa con il percorso a ciascuna squadra. Le squadre partiranno ciascuna con 10 minuti di differenza e l'orario verrà registrato sulla cartella. Le squadre devono seguire il percorso raggiungendo le lanterne in ordine progressivo e segnando con il pennarello in dotazione il numero della lanterna negli spazi della cartella. La squadra che impiegherà il minor tempo a svolgere tutto il percorso, segnalando correttamente sulle cartelle il passaggio presso le lanterne, avrà vinto la gara. Ricordatevi di indossare un abbigliamento comodo e...buon divertimento!

5ª FASE Il mio percorso: impressioni e commenti

Racconta ora la tua gara! In 500 parole descrivi le fasi del tuo percorso e metti in rilievo le tue impressioni. È stato facile orientarsi?